ISBN 978-0-428-93108-7
PIBN 11210361

Archiv
der Gesellschaft
für
ältere deutsche Geschichtkunde

zur

Beförderung einer Gesammtausgabe der Quellenschriften
deutscher Geschichten des Mittelalters

herausgegeben

von

G. H. Pertz.

Zehnter Band.

Mit zwei Steindrucktafeln.

Hannover.
In der Hahnschen Hofbuchhandlung.
1 8 5 1.

Schrift- und Druck von Fr. Eulemann.

Inhalt.

I.

Verzeichniss der Geschichtschreiber.

(SCRIPTORUM T. I—VIII.)

J. Geschichtschreiber.

II.

Gesetze.

Hludowici I. capitularia.

Regum Francorum, imperatorum, diviso
imperio capitularia.

5

III.

Alphabetisches Verzeichniss.

(Die einfachen Zahlen bedeuten die Bände der
Scriptores, die der Leges sind besonders
bezeichnet.)

Abbonis monachi S. Germani de bellis Parisiacae urbis
libri III. . . . . II. 776—805
Acta concilii Causeiensis a. 995. auctore Gerberto archiepiscopo . . . . III. 691—693
Acta concilii Mosomensis a. 995. auctore Gerberto ar-
chiepiscopo . . . . III. 690. 691
Acta concilii Remensis ad S. Basolum auctore Gerberto
archiepiscopo a. 991. . . . . III. 658—686
S. Adalberonis episcopi Augustensis vitae auctore Ou-
dalscalco praefatio . . . . IV. 383
Adalberonis II. Mettensis episcopi vita auctore Con-
stantino . . . . IV. 658—672
Adalberonis II. Mettensis episcopi epitaphium auctore
Cuonrado . . . . IV. 672. 673
Adalberti diaconi Babenbergensis vita Heinrici II. im-
peratoris . . . . IV. 792—814
    Ex aliis miraculis S. Heinrici . . IV. 814—816
    Vitae S. Heinrici additamentum . IV. 816—820
Sancti Adalberti episcopi Pragensis vitae et miracula
IV. 574—616
Ex Adalbardi abbatis Corbeiensis vita auctore Pascha-
sio Radberto . . . . II. 524—532
Adalboldi episcopi Ultraiectensis vita Heinrici II. im-
peratoris . . . . IV. 679—695
Adalheidae imperatricis epitaphium auctore Odilone
IV. 633—645
Adalheidae imperatricis miracula . . . IV. 645—649
Adami Bremensis gesta Hammaburgensis ecclesiae
pontificum usque ad a. 1072. . . VII. 267—389
Ademari Cabannensis historiarum libri III. IV. 106—148
Adolfi regis constitut. a. 1292—1297. Legg. II. 459—466

3*

Annales Mettenses a. 687—930. . . . I. 314—336
Annales Mettenses brevissimi a. 934—1038. III. 155
Annales S.Michaelis Babenberg. a. 1066—1160. V. 9. 10
Annales Monasterienses a. 528—1194.
    Pars prior a. 528—828. . . . . III. 152—154
    Pars altera a. 1065—1194. . . . III. 154. 155
Annales Mosomagenses a. 969—1452. . III. 160—166
Annales Nazariani. Pars prima a. 708—768. I. 23—31
    Pars altera a. 769—791. . . . . . I. 40—44
Annales Ottenburani. Pars prior ex ann. Hersfelden-
    sibus desumta a. 727—1039. . . . . . V. 1—6
    Pars altera genuina a. 1040—1111. . . V. 6—9
Annales Petaviani. Pars prima a. 687—740. . I. 7. 9.
    Continuatio a. 741—770. . . . . . I. 11. 13
 Pars secunda a. 771—800 et 804. . . I. 15—18
                             Adde III. 170
[Annales plebeii v. Laurissenses.]
Annales poetae Saxonis de gestis Caroli Magni an-
    norum 771—814. . . . . I. 225—279
Annales Pragenses a. 894—1220. . . III. 119—121
Annales Prudentii ep. Trecensis a.835—861. I.429—454
Annales Quedlinburgenses. Pars prior ab O. C. ad
    a. 993. . . . . III. 22—69
    Continuatio a. 994—1025. . . . . III. 72—90
Annales Richeri a. 995—998. . . . . . III. 657
Annales Romani a. 1044—1187. . . . V. 468—480
Annales Salisburgenses a. 499—1049. . . I. 89. 90
Annales Scafhusenses a. 1009—1064. . . . V. 388
Annales Tiliani. Pars prima a. 708—740. . . I. 6. 8
    Pars altera a. 741—807. . . . . I. 219—224
Annales Vedastini a. 877—900. . . . I. 516—531
    melius a. 874—900. . . . . . . II. 196—209
Annales S.Vincentii Mettensis. Pars prior a. 688—1154.
                           III. 156—158
    Pars altera a. 1159—1280. . . . . III. 158—160
Annales Virdunenses a. 822—1024. . . . IV. 7. 8
Annales Weingartenses a. 708—787. et 792—936.
                            I. 64—67
Annales Weissemburgenses a. 763—846. . . I. 111
Annales Weissemburgenses alii. Pars prior a. 708—984.
                            III. 33—65
    Pars altera a. 985—1075. 1087. 1147. III. 70—72

Senones, *Sens.* Annales S. Columbae a. 708—1218.
                                        I. 102—109
De sex aetatibus mundi chronica usque ad a. 810. II. 256
Sigeberti Gemblacensis chronica cum continuationibus
                                        VI. 268—474
Sigeberti gesta abbatum Gemblacensium —1048.
                                        VIII. 523—542
Sigeberti vita Deoderici episcopi Mettensis IV. 461—483
Sigeberti vitae S. Maclovii prologus ad Tietmarum abbatem
                                        VIII. 505
Sigeberti vita Wicberti fundatoris Gemblacensis
                                        VIII. 507—516
E Sigebardi monachi Sancti Maximini miraculis S. Maxi-
  mini . . . . IV. 228—234
Sithiu v. S. Audomari.
Sleswicensium episcoporum ordo et nomina VII. 392
Ex Stephani abbatis S. Iacobi Leodiensis miraculis
  S. Modoaldi . . . . VIII. 223—226
S. Sturmi abbatis Fuldensis vita auct. Eigile II. 365—377
De successoribus S. Hildulfi in Mediano monasterio
  liber a. 703—1011. . . . . IV. 86—92
E S. Symeonis Achivi vita . . . . . IV. 445*. 446*
E S. Symeonis miraculis auct. Eberwino VIII. 209—211
Synodi, exceptis his quae inter capitularia et constitu-
  tiones regum vel imperatorum continentur.
Synodus Causeiensis a. 995. . . . . . III. 691—693
Synodus Dingolfingensis a. 932 . . . Legg. II[b]. 171
Synodus Francofurtensis a. 1007. . . . . IV. 795
Synodus Moguntina a. 950—954. . . Legg. II[b]. 158
Synodus Moguntina a. 1071. . . . . V. 185—189
Synodus Mosomensis a. 995. . . . . III. 691—693
Synodus Papiensis a. 997. Legg. II[b]. 171. 172. SS. III. 694
Synodus Ratisponensis a. 944—966. Legg. II[b]. 171. 172
Synodus Remensis ad S. Basolum a. 991. III. 658—686
Synodus Romana a. 826. . . . . . Legg. II[b]. 11—16
Synodus Romana a. 1027. . . . . . . SS. VIII. 12
Synodus Romana a. 1059. . . Legg. II[b]. 176—180
Synodus Romana a. 1112. . . . . Legg. II[b]. 181
Synodus Romana a. 1123. . . . . Legg. II[b]. 182
Synodus Trecensis a. 1107. . . . . Legg. II[b]. 181
Synodus Warstallensis a. 1109. . . . Legg. II[b]. 180
Ex Syri monachi Cluniacensis vita S. Maioli IV. 650—655

II.

Über das Heldengedicht von König Heinrichs IV. Sachsenkriegen,

vom Herausgeber [1]).

Von den gleichzeitigen Schriftstellern, welche die Geschichte Heinrichs IV. in ihren Werken behandelt haben, sind Berthold von Constanz und Bernold aus dem geistlichen Standpunkte, Bruno von Merseburg als Geistlicher und Sachse entschiedene und heftige Gegner des Königs, Lambert von Hersfeld erscheint als unparteiischer Geschichtschreiber, Eckehard von Urach und Sigebert von Gemblours neigen zu milderer Beurtheilung ihres angebornen Herrschers; wenn neben diesen ausgezeichneten Männern nun auch außer dem Verfasser der Vita noch ein unbekannter Dichter offen für den König und gegen die Sachsen Partei nahm, so mußte dieses als eine besondere Gunst des Schicksals erscheinen, welches der Nachwelt eine unparteiische vielseitige Betrachtung und Erforschung jener wichtigen Zeit der Kämpfe des Königthums und Papstthums gestatten wollte. Die Schrift, wovon hier die Rede ist, hat daher seit ihrem ersten Auftauchen die Aufmerksamkeit und Theil=

---

1) Gelesen in der historisch-philosophischen Classe der Königl. Akademie der Wissenschaften zu Berlin den 13. März 1848.

nahme der Geschichtsforscher auf sich gezogen; sie ist in
mehreren Auflagen verbreitet, und neben den übrigen Quellen
des 11. Jahrhunderts für die Darstellung fleißig und gern
benutzt worden; es kann daher nicht überflüssig erscheinen,
sich über das Verhältniß der Schrift zu den übrigen gleich=
zeitigen Geschichtswerken näher zu verständigen, und ich
erlaube mir hier in der Kürze die Bemerkungen vorzulegen,
worauf ich vorlängst auf Anlaß einer neuen Ausgabe der
Schrift für die **Monumenta Germaniae** geführt bin.

Der erste bekannte [1]) Druck des Gedichts erschien im
Jahre 1508 zu Straßburg bei Johann Grüninger auf
16 Quartblättern, welche in drei Lagen A, B, C von 6, 4
und 6 Blättern vertheilt sind, und weder Custoden noch
Seitenzahlen haben; er ist jetzt sehr selten, das vorliegende
Exemplar verdanke ich dem Herrn Oberbibliothekar **Dr. Hoeck**
von der Göttinger Universitäts = Bibliothek. Eine zweite
Ausgabe soll gleichfalls zu Straßburg und in Quart im
Jahre 1583 erschienen seyn; es ist mir jedoch nicht gelungen,
von ihrem Daseyn Gewißheit zu erlangen; sie findet sich
insbesondere weder in Straßburg, noch in Berlin, Göttin=
gen, Hannover, Frankfurt, und da sie in den gleichzeitigen
Frankfurter Meßcatalogen nicht erwähnt wird, so ist es
wahrscheinlich, daß die einzige Nachricht von ihrem Daseyn,
nämlich Hambergers Angabe im **Directorium historico-
rum medii aevi**, auf einer Verwechslung mit der princeps beruht, also ein Druckfehler 1583 statt 1508 Statt
gefunden hat [2]). Die im Jahre 1583 von Justus Reuber
vorbereitete Ausgabe erschien im folgenden Jahre im ersten
Bande der Scriptores zu Frankfurt; sie ist ein Abdruck
der princeps mit wenigen und nicht bedeutenden Ab=
weichungen, und späterhin im Jahre 1611 in Goldasts
Apologia pro Heinrico IV, so wie 1726 im ersten Bande

1) S. Panzer.
2) In den Kölerschen Ausgaben des Directoriums von 1720
und 1734 wird weder ein Druck von 1508, noch von 1583 erwähnt.

der neuen Ausgabe der Reuberschen Scriptoren wiederholt worden.

Das Werk besteht aus drei Büchern in Hexametern. Das erste und zweite von 237 und 226 Versen giebt die Geschichte des Kampfes Heinrichs IV. mit den Sachsen im Jahre 1073 und 1074, das dritte in 295 Versen den Feldzug von 1075.

Der Name des Verfassers ist unbekannt; Goldast glaubte in ihm den Probst Rupert von Goslar zu erkennen, einen Günstling des Königs, von dem Lambert zum Jahre 1075 berichtet:

(Rex) profectus Babenberg, Ruopertum Goslariensem praepositum in nativitate sancti Andreae apostoli .. ordinari fecit episcopum, virum pessimae existimationis in populo, eo quod regi familiarissimus et omnibus eius secretis semper intimus fuisset, et omnium quae rex perperam et praeter regiam magnificentiam in re publica gessisset, potissimus incentor exstitisse putaretur.

Die Wahl Ruperts fand um dieselbe Zeit Statt, wo das Gedicht schließt; Goldast meinte daher, der Verfasser sey für seine Parteischrift durch das Bisthum Bamberg belohnt, und durch die neuen Amtsgeschäfte an weiterem Dichten verhindert worden.

Indessen trat Goldast von seiner Meinung sofort zurück, als er bemerkte, daß nicht einem Rupert, sondern einem Ruland eine Schrift zu Gunsten Heinrichs IV. zugeschrieben werde[1]), und alle spätern Herausgeber und Benutzer haben sich mit der Annahme, daß der Verfasser ein gleichzeitiger Geistlicher gewesen sey, befriedigt, ohne auf weitere Versuche zur Ermittelung seines Namens einzugehen.

Unternimmt man eine nähere Prüfung des Gedichts, so überzeugt man sich zunächst, daß der Verfasser mit den classischen Dichtern der Römer vertraut war; er kennt die

. 1) **Apologia praefat. p. 15.**

Oden des Horaz, den Lucan, Virgils **Georgica**, vor Allem aber benutzt er so viele Verse und Wendungen der Aeneide, daß man der Vertrautheit mit ihr einen wesentlichen Antheil an der Sprache und der Darstellung des Gedichts zuschreiben muß. Als Beispiel wird es genügen, wenn ich die ersten Verse lese:

> Regis Heinrici volo dicere praelia quarti
> Contra Saxonum gentem sua jura negantem
> Quae dum fallentes sociaret viribus artes
> Plurima belli dolis fidens commisit et armis.
>
> Alme Deus, succurre mihi, proferre latentes
> Usque modo causas, ea gens quo laesa dolore
> Quidve timens tantos belli commoverit aestus
> Adversus regum nulli pietate secundum,
> Cuius et externi gaudent iuga ferre tyranni
> Et cui se nunquam tulit impune obvius hostis.

Der Verfasser schildert den Krieg Heinrichs gegen die Sachsen, aber nur dessen Anfang, die erste Empörung im Jahre 1073, einige Vorfälle des folgenden Jahrs, und schließt mit der vollständig scheinenden Unterwerfung im October 1075; von dem neuen Aufstande im Jahre 1076 und den viel größeren und langjährigen Kämpfen, welche sich daran knüpften, so wie von den kirchlichen Verwickelungen des Königs scheint er keine Ahnung zu haben. Er preis't den König, auf dessen Seite allein in diesem Kampfe das Recht gewesen sey, als einen Fürsten von unübertrefflicher Tugend [1]), beschuldigt die Sachsen der Gesetzlosigkeit, vielfacher Räubereien, der stolzen Widersetzlichkeit gegen den König, des Trugs, welche dann durch das Kriegsunglück die verdiente Strafe leiden, und er schließt mit Aufforderung an die Sachsen, jetzt ruhig zu bleiben, und der Bitte an den König, die nun Unterworfenen zu schonen.

1) I. 222.

Castra petunt humiles Saxonum quique valentes,
Iam diffidentes armisque dolisque fugaeque,
Armis exuti, demissi colla superba
Nudatique pedes, cuncti cum supplice voto
Regi se dedunt omni sine conditione.

Ecce tenes solitum tu rex invicte triumphum,
Cum tua frena pati gentem effrenem docuisti,
Ut virtute geris, sic et pietate parentes
Rex auguste gere, tu substratis miserere!
His satis exempli fortissime iam statuisti,
Si qui forte tuis obsistent amplius armis;
Nunc tibi supplicibus propone quibusque futuris,
Quid de te sperent, dum se tibi rex pie dedent!

Wir verlaffen alfo den Dichter feinem Helden gegen=
über, für die Befiegten um Schonung bittend, auf dem
Schauplatz der Handlung zu Goslar.

Bei diefer Stellung des Verfaffers erfcheint daher das
Gedicht als den erzählten Begebenheiten gleichzeitig, die
Schilderung des Einzelnen empfängt ihre Beglaubigung
durch fich felbft, als Arbeit eines Mannes, der, wenn auch
für den König parteiifch, doch fchilderte, was er gefehen
hatte, und welcher die ihm bekannten Geheimniffe, wenn
auch noch nicht alle Preis giebt, doch in Zukunft aufzu=
fchließen verheißt. Bei der Friedensverhandlung zu Ger=
ftungen fagt er von den Vermittlern:

Sed quibus inducti primates artibus, illi
Genti consensum tunc praebuerint scelerosum,
Hoc alias patefit, mihi vita salusque supersit.
Nunc iuvat ire viam directo tramite coeptam.

Aber diefer einladende Schein ift nicht gleich dem zar=
ten Dufte, den die vollendende Natur über eine reife köft=
liche Frucht ausgießt, fondern die falfche Schminke der
Kunft, womit fie ihren Täufchungen den Schein des Le=

1) Lib. II. 42—45.

bens geben will: der Gehalt des Buches straft die Form
Lügen.

Ein im Spätherbste 1075 zu Goslar von einem dem
Könige nahestehenden, mit den Geheimnissen der Großen
vertrauten Manne verfaßtes Gedicht über den sächsischen
Krieg müßte einen eigenthümlichen Gehalt haben, es
müßte der Ausdruck bestimmter Verhältnisse und Personen
seyn. Aber das vorliegende Gedicht enthält Redensarten
statt Thatsachen. Es zerfällt bei näherer Untersuchung in
zwei verschiedenartige Bestandtheile: die geschichtliche Grund=
lage und die Zuthaten des Verfassers. Jene ist ganz dem
Lambert von Hersfeld entnommen, und nur aus Bruno's
Geschichte des Sächsischen Krieges der Name eines als Red=
ner aufgeführten Mannes Meginfrid entlehnt ¹); Zuthat
des Verfassers ist hauptsächlich die Einkleidung des Stoffs
in die Form des classischen Epos, wobei er sich Abände=
rungen der Erzählung Lamberts, wesentliche Auslassungen,
mithin andere Verknüpfung der Begebenheiten und wider=
geschichtliche Einschiebsel erlaubt hat. Abweichend von Lam=
bert werden I. 75 nur sechs Burgen vom Könige besetzt,
während Lambert sieben, die ihm gerade einfallen, ausdrück=
lich nennt und dann noch zwei andere hinzufügt. Zu Anfang
des dritten Buchs werden die Franken, Bayern, Schwaben,
Lothringer im Heere des Königs aufgeführt, während nach
Lambert die Herzoge von Schwaben, Bayern und Lothrin=
gen und die Erzbischöfe von Mainz und Cöln sich weiger=
ten, am Zuge Theil zu nehmen. Eben daselbst schicken die
Sachsen Gesandte an den König, während nach Lambert
der König zu den Sachsen schickte. Die Erzählung vom
Bau der Sächsischen Veste über der Harzburg II. 83—114
gehört noch ins Jahr 1073. Die Erzählung von dem
Erfrieren der Sächsischen Truppen und der Entmuthigung
der übrigen, in Folge dessen der König mit 6000 Mann
60000 Sachsen unterworfen habe und in Goslar einge=

---

1) I. 37.

zogen sey, V. 46—82. 115—202 beruht auf Erdichtung, nach Lambert und Bruno schloß der schwächere König mit den doppelt so zahlreichen Sachsen förmlichen Frieden und versprach seine Schlösser zu schleifen. Die Zerstörung der königlichen Capelle auf der Harzburg wird lib. III. 26 zu Verbrennung mehrerer Kirchen erweitert. Der Sieg an der Unstrut wird III. 168 dem König persönlich zugeschrieben, nach Lambert entschieden ihn die Herzoge von Lothringen und Böhmen.

Stellen sich nun die einzelnen Züge, welche die Abfassung des Gedichts im October 1075 glaubhaft machen sollen, schon durch die Thatsache der Benutzung Lamberts als absichtliche Täuschung dar, und nöthigen uns, das Werk in eine spätere Zeit zu setzen, so wird man ihm auch schwerlich Unrecht thun, wenn man zunächst die Zeit der Verbreitung als die Zeit des Entstehens ansieht. Dieser Vermuthung steht zuerst zur Seite, daß keine ihr widersprechende Thatsache bekannt ist. Es giebt nämlich keine Handschrift des Gedichts wie keine Ausgabe desselben, welche älter wäre als der Anfang des 16. Jahrhunderts, und es wird von keinem Schriftsteller vor dieser Zeit erwähnt. Der Ort, wo zunächst das Original oder doch eine Handschrift vermuthet werden durfte, die Straßburger Bibliothek, ist von mir genau untersucht worden; nicht nur die älteren Handschriften der Universitäts-Bibliothek sondern auch die damals noch ungeordneten und unverzeichneten Handschriften der Elsassischen Klöster in Straßburg, Colmar und Schlettstadt sind Stück für Stück durch meine Hände gegangen, und die ausgedehntesten Nachforschungen in so vielen Bibliotheken des mittleren Europa haben nur eine einzige Papier-Abschrift zu Tage gebracht, welche Herr Archivar Dr. Lappenberg in der Hamburger Stadtbibliothek auffand. Eine bestimmte Hindeutung auf das Ende des 15. oder den Anfang des 16. Jahrhunderts liegt aber in Form und Haltung der Schrift, welche der Zeit der auf-

lebenden claſſiſchen Litteratur angehört; wer würde es in
eine frühere Zeit ſetzen, wenn der Dichter, I. 197, beim
Ausfall der Beſatzung von Goslar, die Schuſter, Zimmer=
leute, Bäcker und Schloſſer mit den Rittern zur Schlacht
ausziehen läßt:

> Quo facto praedam properanter ad eripiendam
> Gosslaria currunt pariter iuvenesque senesque,
> Sutores fabri pistores carnificesque
> Militibus comites ibant in bella ruentes;

desgleichen I. 185, wo zwei Jünglinge aus Harzburg nach
Goslar gehen,

> Et nova Gosslariae voluerunt arma parare;

dann der lächerliche Grund, weßhalb das Heer des Königs
nicht von der Kälte gelitten habe, wodurch die Sachſen
umkamen[1]):

> Nec praedicta viris nocuerunt frigora tantis,
> Nam sanguis calidus fuit his et bellica virtus.

Die genealogiſche Nachricht vom Herzog Welf[2]):

> Hos Romanorum sequitur de gente vetusta
> Dux Catulus nomen referens moresque genusque.
> Signa ducis sequitur gens inclita Poiariorum
> Quam totiens domitis celebrat victoria Parthis

iſt Ausdruck der ſpäteren fabelhaften Theorien, und die
Ungarn konnten wohl nur von einem ſolchen Dichter Par=
ther genannt werden.

III. 88 ſind Westvali die Soldaten der Cölniſchen
Kirche, was vor dem Jahre 1180 nicht möglich geweſen
wäre, und auf eine ſpäte Zeit hinweiſt.

III. 125 wird das Fechten und Pariren mit dem Stocke
beſchrieben:

> His aliisque modis accensum pectora vulgus

---

1) II. 175. 176.   2) III. 63. 64.

Indomitum, specie belli praeludit agendi
Per virgas discens subducere corpus ab ictu.

Um die Sache außer allen Zweifel zu stellen, braucht nur noch auf die gelehrte Wortbildung Arcipolis [1]) für Harzburg, sogar Arcipolenses [2]) deren Besatzung, die Schreibung des Namens Gosslaria mit dem doppelten s, den Gebrauch von Vangiones statt Wormacienses [3]), urbes Ripheae statt septentrionales [4]), nämlich Thiel und Nimwegen, Unstardus für die Unstrut mit Anspielung auf Unsteert, hingewiesen zu werden; und die Form Hennenberg statt des richtigen Heimenburg findet sich gar buchstäblich so in den Handschriften des Lambert, welche um das Jahr 1500 geschrieben sind.

Besitzen wir also, wie ich glaube außer Zweifel gestellt zu haben, im Bellum Heinrici eine Schrift, nicht des 11. sondern des 16. Jahrhunderts, so ist damit zugleich ausgesprochen, daß sie für die Geschichte ohne allen Werth ist, aus dem Verzeichniß der deutschen Geschichtquellen gestrichen werden muß, und nur noch eine literarhistorische Bedeutung in Anspruch nehmen kann. Es bleibt übrig, die Verhältnisse zu erwägen, unter denen sie in die Welt getreten ist.

Die erste Ausgabe enthält vor dem Gedichte eine Widmung des Herausgebers Gervasius Soupher, eines Breisgauers, an den bischöflichen Richter Itel Johann Rechburg zu Straßburg, worin die Herrlichkeit der Deutschen Kaiser, der Ottonen, Lothare, Karle, Konrade, Friedriche, Heinriche, den Verkleinerungen Französischer aufgeblasener Schriftsteller gegenüber gezeigt, und das Benehmen der Franzosen gegen ihre Könige so bezeichnet wird:

Addo quod ipsi Galli reges ceterosque principes suos cum molestiae esse ceperunt, veneno et alia quavis astutia auferunt.

1) I. 140. 144.　2) I. 170.　3) lib. II. III.　4) III. 69.

6 *

Namentlich weist Souzher die Schmähungen des Fran=
zöfischen Bischofs Wilhelm von Lodeve gegen den Kaiser
Maximilian mit Entrüstung zurück, und erzählt: Trans-
actis diebus in codicem vetustissimum nobilissimorum
etiam auctorum monumenta continentem incidi, quo
hoc elegans opusculum excerpsi virtutem bellicam
magnificaque Henrici Romanorum imperatorum eius
nominis quarti gesta complectens; dieses gebe er nun
heraus. Er verwahrt sich dann gegen die Kritiker, Zoi-
los — quos tanti facimus quanti asellum Socrates —
rhinoceroteo naso praeditos, nitidum et tersum illud
poema laceraturos (wegen Leoninischer Verse). Cuius auctor . . . ignoratur. Quisquis fuerit, certe Latii elo-
quii cernimus non fuisse expertem, in plerisque enim
locis Maronem foelicissime est aemulatus. Vale Ath-
letice. Ex officina litteratoria 16. Kalend. Iunias anno
M.D.VIII. Daran schließt sich die Inhaltsanzeige der drei
Bücher, mit starken Redensarten gegen das vipereum Saxonum genus, gentem perfidam sacrilegam et foedera
pacis saevissime confringentem, vermuthlich als Anspie=
lung auf die Franzosen·

Auf die drei Bücher folgt ein Brief des Beatus Rhe=
nanus an Jacob Wimpheling mit Auszügen aus dem
Dionysius des Baptista Mantuanus zu Gunsten der Ger-
manica libertas. Haec volebam te scire. Bene ac
diu vale et salve cum tuo Keisersbergio vir erudi-
tissime. Ex Selestat VIII. Martii cursim M.D.VIII. Novis excussum typis id operis in lucem primus prodire
fecit propriis impensis: Honestus vir Ioannes Grüninger
civis Argentinus Anno salutis M.D.VIII.

Auf dem Titel wird außer dem Gedichte Beatus Rhe=
nanus Brief cum versibus Baptistae Mantuani contra
errorem cuiusdam Fratricelli de Germanis et Gallis
erwähnt, und ein Gedicht des Gervasius Souzher: Liber
de se, fünf Distichen, hinzugefügt:

Caesaris arma cano Romani et martia gesta
Henrici quarti clara trophea simul.
Teuthonicos quicumque voles novisse triumphos
Et validas vires, me lege, certus eris.
Cernere nempe licet quantum Germana superbos
Gens adversantes presserit arte duces.
Gallica pica sile modico vel parcius ipsos
Iactato reges garrula Francigenas.
Teuthonici de me quid possint, disce, lacerti;
Mordaci linguae frena modumque dato.

Man sieht, der ganze Druck ist aus ächt Deutscher Ent=
rüstung über die Anmaßungen der Franzosen hervorgegan=
gen; eine Gesinnung, die man nur recht bald und allge=
mein in Straßburg wieder heimisch wünschen mögte. Der
Sachsenkrieg ist eine vaterländische Waffe gegen das Aus=
land. Codex vetustissimus bezeichnet bei vielen Heraus=
gebern einen ganz unbestimmten Begriff, woraus nichts
gefolgert werden kann, selbst wenn der Schreiber daran
geglaubt haben sollte. In letzterem Falle würde freilich
nicht Soupher sondern ein anderer Gelehrter, dessen Hand=
schrift ihm in die Hand gerathen wäre, für den Verfasser
zu halten seyn. Und auf wen kann man da leichter rathen,
als auf den angeblichen Auffinder des Ligurinus, Conrad
Celtes, der dieses Epos im Jahre 1507 unter Günther's
Namen hatte erscheinen lassen[1]), der am 4. Februar 1508
gestorben war; in dessen Nachlasse es gefunden seyn mogte.

Man wird sich dabei erinnern, daß Celtes Oberbiblio=
thekar Maximilians I. und Freiburg und der Breisgau
damals Österreichisch war. Gervasius Soupher, aus Brei=
sach gebürtig, hatte zu Freiburg studirt, stand in Verbin=
dung mit Wimpheling, lehrte 1512 in Offenburg, ward
darauf bischöflicher Fiscal zu Straßburg, und verfaßte als
solcher im Jahre 1523 die 24 Klagartikel wider Zell, welche

---

1) **Augustae Vindel.** 1507. fol. durch **Conrad Peutinger.**

aber so widerlegt wurden, daß Soupher selbst zur Refor=
mation überging. Er ward darauf Schaffner des Tho=
mas=Stifts zu Straßburg und starb in diesem Amte am
31. December 1556 [1]).

Die einzige Handschrift des Werks ist jetzt mit mehre=
ren anderen des 16. und 17. Jahrhunderts [2]) zusammen=
gebunden, sie weist in dem Papierzeichen, einer Krone, auf
die Drucke des Martin Schön und der Straßburger aus
der Mitte des 16. Jahrhunderts hin, die Schrift stimmt
damit überein [3]). Der Band gelangte späterhin in die
Bibliotheken Uffenbachs und des Pastors Wolf in Ham=
burg, und mit dieser letztern jetzt in die öffentliche Biblio=
thek dieser Stadt. Der Text der Handschrift verbessert ein=
zelne Versehen des ersten und noch mehrere der folgenden
Abdrücke.

1) Riegger-Amoenitates litterariae Friburgenses T. II. Jung
Geschichte der Reformation in Straßburg S. 160. Röhrich Ge=
schichte der Reformation des Elsasses. Albrecht de singularibus
academiae Albertinae in alias meritis. Friburgi 1808. p. 23.
2) Wilhelmi Hermanni bellum Hollandie Gelriequo vom
Anfang des 16. Jahrhunderts, vielleicht Autograph; eine kurze
Kaisergeschichte von Conrad I. bis Sigismund aus dem 17. Jahrh.,
eine Frankfurter Chronik von 1474—1589, und ein Geschlechtsre=
gister der Grafen von Solms aus dem 17. Jahrhundert.
3) Die Buchstaben sind nicht immer deutlich, c, t, r, i, ferner
o und e, e und a sehen einander oft sehr ähnlich.

III.

Über die Quellen der Gesta Roberti Wiscardi des Guillermus Apuliensis[1)]
von Dr. Roger Wilmans.

Es scheint in der Eigenthümlichkeit der versificirten Geschichtswerke zu liegen, daß sie dem stofflichen Inhalt eine überwiegende Berücksichtigung zu Theil werden lassen, der Erwähnung der persönlichen Verhältnisse und Lebensbeziehungen ihres Urhebers aber nur eine untergeordnete Stelle einräumen. Dies thut wenig, sobald die letzteren uns auch sonst noch bekannt sind. Wenn aber ein solches Gedicht uns als einziges Denkmal der schriftstellerischen Thätigkeit des Verf. entgegentritt, wenn sein Werk keinem der nach ihm lebenden Geschichtschreiber, wenigstens so weit unsere Kenntniß reicht, vorgelegen hat, wenn, wie bei Wilhelm von Apulien, dasselbe aus einer Ausgabe allein, der des Tiremäus, bekannt geworden ist, und von der dieser zu Grunde liegenden Handschrift aus Bec später nie etwas verlautbarte, ja sogar ein Exemplar dieser Ausgabe trotz aller angewandten Mühe in keiner Bibliothek des Festlandes hat aufgetrieben werden können [2)] — so wird eine zu weit

---

1) Die folgenden drei Aufsätze über Wilhelm von Apulien, die Chroniken Otto's von Freisingen und des Alberich geben Resultate der in Beziehung auf die Herausgabe dieser Werke in den Monumentis Germaniae angestellten Untersuchungen. Die Ausgabe des Wilhelm ist druckfertig, die Bearbeitung des Otto und Alberich ist von Herrn Dr. Wilmans gleichfalls schon bedeutend gefördert.

Anm. des Herausgebers.

2) Muratori, Leibniz und Caruso Biblioth. hist. Sic. t. I. p. 87.

getriebene Kritik leicht in den Fehler verfallen, einem sol=
chen Werke den Charakter der Ächtheit abzusprechen; sie
wird versucht seyn, dasselbe in die Reihe der späteren poe=
tischen Schulübungen zu stellen, von denen in der That
mehrere — wir erinnern nur an den sogenannten Gün=
therus Ligurinus — auch heute noch ihren usurpirten Platz
in der geschichtlichen Litteratur behaupten.

Man wird in Betreff Wilhelms von Apulien die Mög=
lichkeit eines solchen Zweifels nicht beſtreiten, sobald man
bei Prüfung seines Gedichtes eine so auffallende Ueberein=
stimmung mit der Alexias der Anna Comnena wahrnimmt,
daß die nothwendig hieraus fließenden Folgerungen all das
Wenige umzustoßen scheinen, was Wilhelm selbſt von sich
und der Zeit, wo er geschrieben, ausſagt, sobald man end=
lich auf Stellen ſtößt, wo der Autor sich verrathen und
durch einen entschiedenen Anachronismus sein wahres Zeit=
alter an den Tag gelegt zu haben scheint [1]).

haben ihre Ausgaben direct nach diesem älteſten Druck gemacht. Dieser
führte den Titel: Guilielmi Apuliensis rerum in Italia ac regno Nea-
politano Normaunicarum libri quinque. Rothomagi apud Rich.
Petit et Rich. Lollemant anno 1582. 4. Der Herausgeber nennt
sich I. Tiremaeus Hautenoeus fisci in Provincia Rothomagensi
patronus; ihm lag ein codex des Coenobium Becohelvinum (d. i.
Beccum Herluini, wie Alberich in seiner Chronik a. 1050 das
Kloster le Bec nennt) vor, den er folgendermaßen beschreibt: oculos tandem conjeci in miseras aliquot male compactas vixque
cohaerentes schaedas, quas iamdudum pulvis tineaeque flagel-
labant. Diese Ausgabe war schon im Anfang des 17. Jahrhun=
derts aus dem Franz. Buchhandel völlig verschwunden, so daß
Duchesne darauf verzichten mußte, Wilhelms Gedicht in seine
Script. rer. Normann. aufzunehmen. — Es ergeht daher nochmals
die freundliche Bitte an alle Bibliothekare und Bücherfreunde,
falls ihnen von dem Vorhandenseyn dieser Ausgabe etwas bekannt
seyn sollte, uns durch gefällige Vermittlung der Hahn'schen Hof=
buchhandlung davon Anzeige machen zu wollen.

1) Eine solche Stelle ist I. p. 608 der Ausgabe von Leibniz,
nach welcher wir citiren werden. Hier sagt der Autor von der
Stadt Amalfi:
— — — — Hac plurimus urbe moratur
Nauta maris coelique vias aperire peritus.
Es ist bekannt, daß man den Amalsitanern, wenn nicht die Ent=

Eine wahre Beruhigung gewährte es mir nun, als
Dr. Bethmann, aus dem Orient und Italien zurück=
kehrend, auch die Collation und das Facsimile des Codex
Abrincensis 154 von unserm Autor, welche eine Erwer=
bung einer seiner frühern Reisen gewesen, wieder zurück=
brachte und ich mich nun überzeugen konnte, daß diese
Handschrift wirklich gegen das Ende des XII. Jahrhunderts
geschrieben ist.

Die Bibliotheken Süd=Italiens, des unzweifelhaften
Vaterlandes unseres Dichters — denn auch die Handschrift
von Avranches nennt ihn Guillermus Apuliensis — ha=
ben keine Ausbeute für sein Werk geliefert[1]), und so steht
das eigenthümliche Factum fest, daß die einzigen zwei Hand=
schriften, welche je von diesem Italienischen Dichter zur
Kenntniß der gelehrten Welt gelangt sind, aus der Nor=
mandie stammen. Liefert dies einerseits einen schlagenden
Beweis von der Lebhaftigkeit des litterarischen Verkehrs,
worin selbst noch im zwölften Jahrhundert die Normannen
Italiens mit ihrem Stammlande sich befanden, so giebt
unsere Handschrift weiter zu einer interessanten Parallele
Veranlassung. Die Bibliothek von Avranches, worin sie
sich befindet, stammt aus dem nahegelegenen einst so be=
rühmten Kloster Mont St. Michel. Dieses eine Tochter=

beckung, so doch die Verbesserung des Compasses verdankt. Die=
selbe soll, der gewöhnlichen Annahme zufolge, um den Anfang des
14. Jahrhunderts erfolgt seyn: Der Compaß selbst wird, so viel
ich aus dem Artikel bei Ersch und Gruber habe ersehen können,
sicher zuerst um 1180 erwähnt. Da nun aber dennoch die Exi=
stenz Wilhelms von Apulien um 1099 feststeht und der angeführte
Vers, insbesondere der Ausdruck: coelique vias aperire peritus
kaum anders als auf den Compaß bezogen werden kann, so würde
die Kenntniß desselben doch in einer früheren Zeit, schon im
XI. Jahrhundert, bei den Amalfitanern voraus gesetzt werden
müssen.

1) Die Handschrift in der Barberina Nr. 2533 saec. XVI.
s. XVII. ist nur eine Abschrift der Ausgabe des Tiremaeus;
ebenso wie zwei andere in Neapel Brancacc. III. B. 48 Borbon.
X. B. 9.

kirche von Monte Gargano unterhielt durch dies Verhältniß immer lebhafte Beziehungen zwischen der Normandie und Unter=Italien. Nach unsers Autors Darstellung knüpfte sich selbst die Eroberung des letztern hieran; die ersten dieser ritterlichen Abenteurer, welche in des Melus Sold traten, waren durch eine Pilgerfahrt nach dem Monte Gargano dorthin geführt worden [1]). Wie aber das Kloster St. Michel der Mittelpunkt war, von dem ihre Züge ausgingen, so kehrte die dichterische Beschreibung ihrer Thaten in eben dieses Kloster zurück. — In Betracht der Schrift und mancher andern Umstände, scheint mir Dr. Bethmann's Vermuthung [2]), daß die Handschrift unseres Dichters unter der Regierung des Abts Robert von Torigny, des als Robertus de Monte vielbekannten Fortsetzers von Sigeberts Chronik, nach einer Italienischen abgeschrieben sey, mehr als wahrscheinlich [3]).

Gehen wir nun auf das Werk und die Person des Verfassers selbst näher ein, so sind die Angaben, welche wir in dieser Beziehung darin finden, äußerst spärlich. Daß er in beiden Handschriften den Beinamen Apuliensis führt, beweis't wohl, daß er nicht Normannischen Ursprungs ist; dieser Umstand möchte weiter seine Bestätigung in verschiedenen tadelnden Urtheilen finden, die der Verfasser über

1) Guil. Apul. p. 579.
   Horum nonnulli Gargani culmina montis
   Conscendere, tibi, Michael Archangele, voti
   Debita solventes.

2) Vergl. überhaupt dessen sehr lehrreichen Bericht über Mont St. Michel. Archiv VIII. 68 sq.

3) Aber auch diese Handschrift, gleichwie die von Bec, hat außerordentlich gelitten. Der Thurm, in welchem die Bibliothek aufbewahrt war, stürzte zusammen, und die Handschrift blieb lange Zeit unter den Trümmern begraben liegen, wo sie der eindringende Regen so beschädigte, daß oft mehrere Reihen, oft einzelne Verse völlig unlesbar geworden sind. — Nach einer handschriftlichen Notiz von Dr. Bethmann.

den Charakter der Normannen giebt¹). Ob aber der et=
was verächtliche Ausdruck grex monasticus, der sich p. 595
m. findet, uns berechtigen dürfte, Wilhelm von Apulien
als einen Laien zu betrachten, muß bei dem völligen Man=
gel aller andern hierin einschlagenden Zeugnisse, dahin ge=
stellt bleiben.

Sicherer läßt sich die Zeit ermitteln, wo Wilhelm sein
Werk verfaßt hat. Der prologus an Herzog Roger, Ro=
bert Wiscard's Sohn giebt die gewünschte Auskunft p. 578.

Parce tuo vati pro viribus alta canenti

Clara, Rogere, ducis Roberti dignaque proles.

Roger aber regierte von 1085—1111. Die Zeit der Ab=
fassung wird dann durch das unmittelbar Folgende p. 579
näher bestimmt:

Et patris Urbani reverenda peticio segnem

Esse vetat, quia plus timeo peccare ne-
gando,

Tanti pontificis quam iussa benigna sequendo.

Wenn diese Worte, wie ich glaube, nur in Beziehung auf
einen, im Augenblick, wo der Verfasser schrieb, noch Leben=
den zu verstehen sind, so würde Wilhelm von Apulien vor
dem 29. Juli 1099, wo Urban II. starb, sein Werk begon=
nen haben. Andrerseits werden wir durch eine Stelle
p. 601.

Tempore Persarum²) gens perfida cepit ab illo

In Romaniam consurgere cede, rapinis;

---

1) p. 590.
  Audit enim quia gens semper Normannica prona
  Est ad avariciam, plus qui plus praebet amatur.
  p. 579.
  Est adquirendi simul omnibus una libido.
  p. 581.
  Sed quia mundanae mentis meditamina prona
  Sunt ad avaritiam, vincitque pecunia passim,
  Nunc hoc, nunc illo contempto, plus tribuenti
  Semper adherebant.
2) Die Selbschuken.

Imperii nec adhuc redigi sub iura valeret,
Gens nisi Gallorum, que gente potentior omni,
Viribus armorum, nutu stimulata superno
Hanc libertati superato redderet hoste,
Que spirante Deo sanctas aperire sepulcri
Est animata vias longo iam tempore clausas.

gezwungen, die Abfaſſung des dritten Buches, worin die=
ſelbe ſich findet, nach dem 15. Juli 1099 zu ſetzen. Doch
ſcheint ihre Faſſung mir der Art zu ſeyn, als ob der Dich=
ter die Einnahme von Jeruſalem als ein jüngſt eingetre=
nes Ereigniß erwähnte. Den Schluß des Werks vollen=
dete Wilhelm jedenfalls noch vor 1111; denn auch hier
redet er im Epilog [1]) den Herzog Robert an. — Anſpie=
lungen, welche die Zeit der Abfaſſungen näher beſtimmen
könnten, finden ſich, mit Ausnahme einer einzigen, ſehr
allgemein gehaltenen [2]), nicht; Beſchreibungen von Örtlich=
keiten, welche vorausſetzen laſſen, daß er als Augenzeuge
von dem Locale der Begebenheiten ſpricht, kommen mehrere
vor, ſo 588 und 589 die von Tarent, 607 von Salern,
608 von Amalfi.

Gehen wir nun zu den Quellen über, die Wilhelm
benutzte, ſo müſſen wir hier zunächſt eines Urtheils geben=
ken, welches der verdienſtvolle, fleißige, aber auch ſehr un=
kritiſche Alessandro di Meo über ihn fällt; Annali critico-
diplomatici del regno VIII. p. 78: *Il Poeta Pugliese
que quasi tesse la storia su quello che si dicea del
popolo, racconta* etc. [3]) Er tadelt ihn dann weiter bei ver=
ſchiedenen andern Gelegenheiten wegen einiger chronologi=
ſchen Fehler, die er begeht [4]). Muß man allerdings die

---

1) Dieſer fehlt aber in der Handſchrift von Abranches.
2) p. 603. Pons *modo* Guiscardi totus locus ille vocatur.
3) Vergleiche VII. 136. il Poeta Pugliese — — con discorsi
confuse e non coerente, ne disse ciò, che n'era a suo tempo
detto dal volgo.
4) VIII. 104 e' l Poeta, di cui per altro non è da farsi
conto in ordine ai tempi; vgl. ib. p. 169 u. 225.

Richtigkeit seiner Bemerkungen in den meisten Fällen zuge=
ben, so kann man aber doch darin mit ihm nicht überein=
stimmen, daß Wilhelm die Sagen, wie sie beim Volke sich
über die Thaten Robert Wiscard's gebildet haben mochten,
in sein Werk aufgenommen habe. Wir hoffen vielmehr
erweisen zu können, daß dasselbe wesentlich auf schriftlichen
Documenten beruht, was indeß keineswegs die Annahme
ausschließt, daß der Dichter auch Erkundigungen bei den
mithandelnden Personen eingezogen hat [1]). Meo's meist sehr
ungünstigen Äußerungen über den historischen Werth sei=
nes Gedichts, stellen wir das Urtheil unseres verewigten
Wilken entgegen, der in seinen: **Rerum ab Alexio I,
Ioanne, Manuele et Alexio II. Comnenis gestarum
libri IV. (Heidelb. 1811.)** genöthigt war, einen großen
Theil desselben kritisch zu untersuchen, aber seinen Angaben
meist immer beitritt und Wilhelm endlich p. 180 als ac-
curatissimus scriptor bezeichnet.

1) Anna Comnena — Latinus Barensis.

Die Übereinstimmung, welche, wie oben angedeutet, in
sehr stark hervortretender Weise zwischen der Alexias Anna's
(lib. I. c. 11 sq. III. 12. IV. V. VI. 1—6) und dem
Werke unseres Dichters obwaltet, betrifft dessen 4tes und
5tes Buch. Meinen ersten Wahrnehmungen mißtraute ich
aus dem Grunde, weil es wohl das erste Mal gewesen,
daß ein Geschichtschreiber des beginnenden zwölften Jahr=
hunderts die Quelle eines Griechischen Schriftstellers ge=
worden, oder — möglicherweise — diesen selbst bei Ab=
fassung seines Werks benutzt hätte. Indessen hatte sich der
Gedanke einer nahen Verwandtschaft zwischen beiden schon
festgestellt, als ich Wilken's vortreffliches Buch über die
Comnenen zu Hülfe nahm. Ich war überrascht, meine

---

1) Dies scheint er p. 592 durch den Vers anzudeuten:
   Et plures alii quorum non nomina novi.

Untersuchungen hier bestätigt zu finden. Die Ausdrücke, in welchen Wilken jenes Verhältniß zwischen Anna's und Wilhelm's Werk bespricht, können nicht bezeichnender seyn: Praef. p. XXVI. singularem atqne incredibilem fere Guilielmi cum Anna C. convenientiam aliquoties notavimus; p. 165 n. Apposuimus integros duorum auctorum locos comparationis causa, propter insignem non solum in rebus traditis, verum etiam in ipsis verbis convenientiam; cf. p. 223. Endlich aber spricht er seine Ansicht über die Verwandtschaft beider dahin aus, daß er p. 158 sagt: Tantus est cum his quae ex Annae C. Alexiade narravimus, Guilielmi Appuli consensus, ut paene credibile sit, alteram ab altero sua accepisse.

Indessen dies Letztere glaube ich nicht annehmen zu können. Es bedarf nur einer flüchtigen Vergleichung ihrer beiderseitigen Berichte, um wahrzunehmen, daß Anna's viel ausgeführtere Erzählung neben einer großen Menge geographischen Details auch eine Fülle der Thatsachen enthält, wie sie unmöglich aus dem die Dinge nur meist obenhin berührenden Gedichte Wilhelm's geflossen seyn konnten [1]).

Wenn dem so ist — und die unten folgende Erörterung wird sich bemühen, dies noch näher darzulegen — was ist nun überhaupt von dieser Sache zu halten? Die Ähnlichkeit, ja die wörtliche Übereinstimmung steht einmal fest, selbst nach dem Urtheil eines der sorgfältigsten, der gewissenhaftesten Geschichtsforscher. An eine Benutzung unseres Gedichts aber von Seiten Anna's, was die Frage auf das Einfachste lösen würde, ist schlechterdings nicht zu glauben, und so bleibt nichts Anderes übrig,

---

1) Ein sehr schlagendes Beispiel hierfür ist die Schlacht bei Dyrrachium, worin Alexius besiegt wurde. Anna hat sich hier wirklich in der ausführlichsten Beschreibung erschöpft IV. 7—10 p. 214--221, im Vergleich womit die Angaben Wilhelm's p. 618. 619. spärlich zu nennen sind. Und doch stimmen sie mit den ihrigen überein.

als an eine dritte Quelle, welche beiden Schriftstellern
vorgelegen habe, zu denken.

Um diese aufzufinden, wird es nöthig seyn, die Resul=
tate der Vergleichung Wilhelm's und Anna's selbst den
Lesern vorzulegen [1]).

Die Übereinstimmung zwischen beiden zeigt sich sogleich
im Anfang des IV. Buchs Wilhelm's p. 612 in seinem
Berichte über die Verheirathung von zwei Töchtern Robert·
Wiscard's mit Raimund von Barcellona und dem Fränki=
schen Grafen Ebalus (von Roussy), vergl. mit der Alexias
I. c. 12 fin. [2]) Entscheidender sehen wir die Verwandt=
schaft beider Geschichtschreiber in dem hervortreten, was sie
über die Zusammenkunft Robert's mit Gregor VII. sagen.
Diese Unterredung fand im Jahre 1080 Statt, und zwar,
nach dem Cencius Camerarius, bei Aquino; Romuald von
Salern giebt noch ein bestimmteres Datum, indem er Ci=
prano, welches in der unmittelbaren Nähe von Aquino
liegt, als den Ort der Zusammenkunft nennt. In der
That wird uns die Richtigkeit dieses Umstandes urkundlich
durch Gregor's VII. Brief über den mit Robert geschlosse=
nen Frieden bestätigt. Actum Ciprani III. Kal. Iulii [3]).
Um so auffallender ist es, daß sowohl Anna I. 13 wie
Wilhelm p. 612 dieselbe nach Beneveht versetzen, was
mindestens 15 deutsche Meilen südlich von jenem Orte ent=
fernt liegt, und demnach in einer thatsächlich fal=
schen Angabe übereinstimmen.

Aber noch mehr; der Inhalt der dort zwischen beiden
Fürsten geführten geheimen Verhandlungen wird von beiden
in völliger Übereinstimmung überliefert, und zwar sind

---

1) Wilken hat außer ben oben angeführten Citaten nur im.
mer ganz kurze Nachweisungen der Stellen gegeben; auch viele
andere, die seinem Gegenstande fern lagen, nicht berührt.

2) In der Ausgabe von Schopen. Bonn, 1839 im Corp.
SS. hist. Byzantinae.

3) Ind. III. (1080) wie alle Briefe des VIII. Buchs. Der
Kürze wegen verweise ich auf Meo VIII. 188.

Wilhelm und Anna die einzigen unter allen dieser Zeit nahe stehenden Schriftstellern, welche Gregor VII. die Absicht beilegen, Robert auf den Römisch=Deutschen Kaiserthron zu erheben [1]).

Die in unserm Gedichte sich unmittelbar an diese Unterredung knüpfende Erwähnung der Deutschen Verhältnisse hat dem Verf. mit Recht den Tadel Meo's (VIII. 191.) zugezogen. Wilhelm p. 612—613 stellt die Sache so vor, als ob vor jener Unterredung Gregor mit den Herzogen der Sachsen Rodulf und Guelf Unterhandlungen angeknüpft, worin er ersterem selbst, wie man sagte, die Königskrone verliehen. Rodulf sey hierauf in einer mörderischen Schlacht gefallen und auf die Nachricht von dessen Tode habe Gregor daran gedacht, sich die Gunst Robert's zu verschaffen. Dies ist allerdings ein arger Anachronismus. Jene Unterredung Robert's mit Gregor fand im Juni 1080 Statt [2]), aber erst 4 Monat später, am 15. October, erfolgte Rudolf's Tod in der Schlacht bei Merseburg. Selbstredend konnte dies letztere Ereigniß den Papst also nicht in der früher Statt findenden Unterredung mit Robert zu jenem Anerbieten bestimmen. — Auch Anna l. 13 erwähnt in unmittelbarer Verbindung mit jener Unterredung in Benevent dieser Deutschen Verhältnisse. Wenn ihre Darstellung auch nichts weniger als genau ist [3]), so fällt sie doch nicht in jenen eben gerügten chronologischen Fehler Wilhelm's; sie setzt die Schilderhebung jener beiden Sachsen=Herzoge Λαντούλφος und Ούέλκος und den Tod Lantulfs d. i. Rudolfs später als jene Zusammenkunft. Trotzdem ist eine entschiedene Verwandtschaft zwischen ihrem und Wilhelm's Berichte er-

---

1) Nach Meo VIII. 191 wird dieser Plan noch von den späteren Chronisten Ptolemaeus Lucensis und Richardus Cluniacensis erwähnt.

2) Auch nach dem Zeugniß des Chron. breve Nortmann. ap. Mur. V. 278. (VI.)

3) Vergl. Wilken p. 145.

fichtlich ¹). Wenn, wie Wilken annimmt, Anna unser Gedicht benutzte, ist es möglich vorauszusetzen, daß die Griechische Fürstin, die in der Zurückgezogenheit ihres Vaters
Geschichte schrieb, den chronologischen Fehler, den ein Italienischer Dichter in Betreff Deutscher Verhältnisse machte,
hat verbessern können? Ohne Zweifel streitet dies gegen
alle Wahrscheinlichkeit. Und so würden wir hier schon zu
der Vermuthung gedrängt, daß ihnen beiden eine gemeinschaftliche Quelle vorgelegen, welche der eine minder treu
als der andere wiedergegeben hat.

Wir hoffen noch schlagendere Beweise für diese Annahme geben zu können und setzen zu dem Behufe die Vergleichung fort.

Zwar das Nächstfolgende im Wilhelm p. 613, welches
einen ziemlich ausführlichen Bericht über den Sieg enthält,
den Alexius vor seiner Thronbesteigung über Basilachius
in Mysien davon trug, kommt wohl in den wesentlichsten
Punkten mit den Angaben Anna's überein (l. 7—9),
weis't aber doch nicht eine solche Übereinstimmung auf, daß
wir an einen Zusammenhang beider Berichte nothwendig
denken müßten.

Von hier aber treten die Parallelen immer gruppen-
weise hervor; so schildern beide (Wilhelm p. 614. Anna
I. 13. p. 69.) in derselben Weise die rücksichtslose Art, wie
Robert in Salern sein Heer zusammenbrachte und es hier-

    1) Wilhelm p. 612:
        Saxonibus mandat . . . . .
        Accitosque duces Guelfumque ducemque Rodulfum
        Admonet.
Anna I. 13. p. 66. τοὺς γὰρ Σάξονας αὐτίκα καὶ τοὺς Σαξόνων
ἡγέμονας Λαντοῦλφόν τε καὶ Οὐέλκον μεταπεμψάμενος etc., was
Schopen merkwürdiger Weise auch übersetzt: accitos enim e ve-
stigio Saxonum duces etc. Beide, Anna und Wilhelm, können
dann die Schlacht nicht blutig genug beschreiben und fügen übereinstimmend hinzu, Wilhelm p. 612. 613.
        Et perhibentur ibi triginta caesi virorum
        Milia . . .
Anna l. c. p. 67 aber: εἰ γὰρ ὑπὲρ τὰς τριάκοντα χιλιάδας ἄνδρες κατ' ἐκείνην τὴν μάχην, ὥς φασιν, ἐπεπτώκεισαν, πόσος etc.

auf nach Jdrunt (Otranto) sandte; sie überliefern dann beide
(ll. c. p. 614. 615. — I. 13. p. 67.) unter allen Schrift=
stellern allein die Nachricht, daß Heinrich IV. sich an
Robert um Hülfe gegen Gregor VII. gewendet, und stimmen
auch in Betreff der Antwort Roberts überein; beide knüpfen
hieran die Erwähnung eines Briefes Roberts an Gregor,
des Inhalts, daß er ihm Hülfe leisten würde, wenn seine
Vorbereitungen zu dem Kriege gegen das Griechische Reich
nicht schon zu weit gediehen wären (Wilh. p. 615. Anna
p. 68.).

Die hieran im Gedichte sich reihende Nachricht von den
Anordnungen, welche Robert vor seiner Abreise in Bezug
auf seine Italienischen Staaten getroffen, und über die
Hülfe, welche seine Söhne im Nothfall dem Papste zu
leisten hätten, scheint ein sehr bezeichnendes Licht auf das
Verhältniß beider Schriftsteller zu werfen. Was wir im
Wilhelm p. 615. lesen:

> Ius proprium Latii totius et Appula quaeque
> Cum Calabris Siculis loca dux dat habenda Rogero;
> Roberto comiti committitur atque Girardo;
> Alter fratre satus, fidissimus alter amator,
> Et virtutis amans erat et probitatis uterque.
> Hos rogat, ut papae solatia si qua valebunt,
> Non adhibere negent.

wird uns ebenso von Anna I. 14. p. 69. berichtet: Τοσοῦ-
τον μέντοι τῷ πάπᾳ προςέθετο, ὅτε τῷ υἱῷ αὐτοῦ Ῥο-
γέρῃ, ὃν Ἀπουληΐας ἁπάσης κεχειροτόνηκεν ἄρχοντα καὶ
Βοριτύλαν τὸν ἀδελφόν, ἐπέσκηψεν, ἐπειδὰν ὁ τῆς Ῥώμης
θρόνος πρὸς βοήθειαν αὐτοὺς προςκαλοῖτο κατὰ τοῦ
Ἐνερίχου ῥηγός, προςθυμότατα πρὸς αὐτὸν ἀφίκεσθαι
καὶ τὴν δυνατὴν εἰσενεγκεῖν συμμαχίαν. Nur tritt uns
hier seltsamer Weise ein angeblicher Bruder Roberts mit
Namen Boritylas entgegen, der sonst nirgends bekannt ist.
Diese Schwierigkeit hebt sich, sobald wir die scharfsinnige
Conjectur von Ducange annehmen, welcher statt Βοριτύλαν

τὸν ἀδελφόν zu lefen vorfchlägt: Λοριτύλαν τὸν ἀδελφι-
δοῦν. Hiernach ift es der **Robertus de Loritello** [1]), Sohn
Godfrids von Capitanata, eines Bruders Robert Wiſcards;
derſelbe den Wilhelm hier als **Robertus comes — fratre satus**
bezeichnet. Wahrſcheinlich alſo hatte die gemeinſchaftliche
Quelle ihn unter dieſen doppelten Namen angeführt, wo=
von Wilhelm dann den einen, Anna den andern auf=
faßte.

Wir kommen nun zur eigentlichen Geſchichte von Ro=
berts Zug in das Griechiſche Reich. Wilhelm bringt zuerſt
Einzelheiten über die Einnahme von Corfu, Buthrotum
und Bundicla [2]) bei, die ihm eigenthümlich ſind. Dann
aber zeigt ſich ſofort die entſchiedenſte Ähnlichkeit mit An=
na's Bericht im III. Buch c. 12. Die Theilung des Heers
unter Robert und ſeinen Sohn Boamund [3]) und der
damit zuſammenhängende Kriegsplan; dann der Verrath,
den Georgius Monomachatus gegen Alexius ſpinnt und
wovon Wilhelm in dem Verſe p. 615 ſpricht:

Hortatus fuerat iam saepe Georgius illuc
Accelerare ducem,

der aber völlig unverſtändlich iſt, wenn man hierzu nicht
Anna's Angaben I. 16 nimmt; hierauf die Beſchreibung
des Sturms am Vorgebirge Gloſſa, wie Roberts Schiff
ſelbſt nur mit Mühe gerettet wurde [4]), die Folgen, welche

1) Er kommt unter dieſem Namen beim Ordericus Vitalis
(cf. Wilken p. 145.) und in einem Briefe Gregor's VII. vor.
(Meo VIII. 203.) Als Robbertus de Laurotello bei Leo Ost.
III. 25. Petr. IV. 48. Mon. SS. VII. p. 715. 786.
2) Dieſen Ort finde ich ſonſt nicht erwähnt.
3) Wilhelm p. 615. Magnae mentes — Obsessum etc.
Anna III. 12. p. 182. κἀκεῖσε ἐνωθεὶς — p. 183. πρὸς τὸν
Δυρράχιον ὁδεῦσαι.
4) Wilhelm p. 615.

— — — — navique procellis,
In qua dux aderat, vehementibus undique fracta
Vix evadendi fuit impertita facultas.
Anna III. 12. p. 184. τὸ δέ γε σκάφος, ἐν ᾧ ὁ ῾Ρομπέρτος ἐνῆν,
ἡμίθραυστον γεγονὸς μόγις διεσώθη.

7*

dieser Unfall für sein Heer gehabt, wie die Lebensmittel
verdarben und die Leichname der Gestorbenen am Ufer
haufenweise lagen — alle diese Einzelheiten finden wir in
beiden Schriftstellern, und nur in ihnen übereinstimmend
erwähnt. Unmittelbar nachher stoßen wir aber bei unserm
Dichter wieder auf eine Stelle p. 615.

· · — — — — — Longas
Hoc agitante moras, multos Paliologus Argos
Dyrrachium duxit, pulsusque Georgius urbe
Fraude fuit; missum sibi gaudet Alexius
hostem.

deren letzter Theil, in der Isolirtheit, wie er sie giebt, mir
wenigstens durchaus unklar war und erst in der ausge=
führten Erzählung Anna's III. 9. p. 172; 12. p. 181.
ihre Erläuterung fand. Wir haben also hier wieder einen
jener Punkte, wo der Dichter untergeordneten Thatsachen
nur eine flüchtige Erwähnung widmet, während der pro=
saische Schriftsteller sie mit allen Einzelnheiten erzählt, wo
dieser also aus jenem seine Nachrichten unmöglich geschöpft
haben kann.

Die nun folgende Einnahme von Aulon (Wilh. p. 616.)
finden wir auch bei Anna I. 12. p. 183. erwähnt, und gelangen
hierauf endlich zu einer Bemerkung des Dichters über die
frühere Geschichte von Dyrrachium, die für mich wenigstens
der Anknüpfungspunkt war, eine nahe Verwandtschaft An=
na's und Wilhelms vorauszusetzen.

Wilhelm p. 616.
Dirrachium obsedit: quondam fuit urbs opulenta
Magnaque precipue tegulosis obsita muris.
Rex Epirotarum dicier hanc Epiduarum [1]
Pyrrhus precepit, quia fortia ferre Quiritum
Bella Tarentinis sociatus non dubitavit.
Inde frequens bellum varios et passa labores
Evacuata viris fuit, ad nihilumque redacta.

1) Epidaurum?

Destructam spacio post composuere minori
Zetus et Amphion et precepere vocari
Dirrachium.

Anna III. 12. p. 185. καὶ δὴ ἐντὸς τῶν ἐρειπωθέντων
τειχῶν τῆς πάλαι καλουμένης πόλεως Ἐπιδάμνου καλύβας
ἐπήγνυντο — — — ἐν ᾗ βασιλεύς ποτε Ἠπειρώτης
Πύρρος Ταραντίνοις ἐνωθεὶς Ῥωμαίοις ἐν Ἀπουλήίᾳ καρ-
τερὸν τὸν πόλεμον συνεστήσατο· καὶ ἀνδροκτασίας ἐντεῦθεν πολλῆς γεγονυίας, ὡς ἄρδην ἅπαντας ξίφους
παρανάλωμα γεγονέναι, ἄοικος πάντῃ καταλέλειπται. ἐν
ὑστέροις δὲ χρόνοις — — ὑπ᾿ Ἀμφίονος καὶ Ζήθου
ἀνοικοδομηθεῖσα εἰς ὃ νῦν ὁρᾶται σχῆμα, αὐτίκα καὶ
τὴν κλῆσιν μεταμείψασα Δυρράχιον προςηγόρευται.

Wir möchten hierbei besonders die historische Widersin=
nigkeit hervorheben, die in beiden sich findet, daß nach den
Tarentinischen Kriegen Zetus und Amphion die Stadt
wieder aufgebaut hätten, die wohl einem Italienischen Dich=
ter des Mittelalters, nicht aber der hochgebildeten, auf ihre
Gelehrsamkeit so stolzen Fürstin[1]) zu verzeihen ist.

Die weitere Beschreibung der Belagerung berühren wir
hier nicht näher und geben nur in der Note eine Zusam=
menstellung[2]) der Übereinstimmungen, welche sich in den
Erzählungen beider von dieser und den folgenden Begeben=
heiten finden, um nach Anführung einer Stelle, die fast

1) Siehe ihre Vorrede.
2) Wilhelm p. 616. Et vigiles und die folgenden zwei Verse
cf. Anna IV. 1. p. 188. 17—20, dann die Beschreibung des
Thurms und der petraria, die Aufschlagung des Lagers und die
hieraus hervorgehende Absicht Roberts, das Gespräch, das die
Belagerten mit ihm gehabt, das Auftreten des falschen Kaisers
Michael und seine Entlarvung als Kellner (pincerna — οἰνόχοος),
Wilh. p. 616. Anna p. 188. lin. 22 — 190. 13. Weniger tritt
eine Ähnlichkeit in ihren Berichten über den Seesieg der Bene-
tianer (Wilh. p. 617. Anna IV. 2.) hervor, obwohl sie auch nicht
einander widersprechen. Endlich enthält die Beschreibung der
Schlacht bei Dyrrachium bei beiden sehr viel Ähnliches, worüber
aber schon Wilken p. 170 die Beweisstellen gesammelt hat.

wörtlich ſich in beiden wiederfindet ¹), zu einer Thatſache zu kommen, deren Erwähnung uns behülflich ſeyn wird, ein beſtimmtes Reſultat aus unſerer Unterſuchung zu ziehen.

Schon der Inhalt des letztangeführten Citats wird von beiden Quellen in eine verſchiedene Verbindung, und als die Folge von zwei ganz verſchiedenen Schlachten geſetzt. Das dritte Capitel des 4ten Buchs der Anna, aus dem die Stelle entnommen iſt, giebt eine Reihe von Thatſachen, und zwar mit ſo widerſprechenden chronologiſchen Angaben, daß man von der Genauigkeit der Geſchichtſchreiberin eben nicht den beſten Begriff bekommt. Nachdem ſie IV. 2. an= geführt, Alexius habe, als er die im Juni der 4ten In= diction 1081 ²) erfolgte Überfahrt Roberts erfahren, die Venetianer zur Hülfe aufgefordert, beſchreibt ſie den von dieſen erfochtenen Seeſieg auf das ausführlichſte (ib.). Dieſer muß im Juli 1081 erfochten ſeyn, wie Lupus Protosp. ³) dies auch ausdrücklich anzugeben ſcheint. Hier= mit ſtimmt aufs Beſte ihr Bericht im vierten Capitel, daß Alexius, μεμαθηκὼς δὲ τὰ κατὰ τὸν Ῥομπέρτον, Truppen geſammelt und im Auguſt der 4ten Indic= tion (1081), alſo deſſelben Jahres, Conſtantinopel ver= laſſen, gegen Robert aber die Schlacht verloren habe ⁴). Wie ſollen wir aber mit dieſem Berichte das reimen, was ſie im dritten Capitel — welches nothwendiger Weiſe die zwi=

1) Wilh. p. 617:
    Roberto soliti, quos insula quaeque fovebat,
    Ferre tributa, mari naves minus esse valentes
    Dum ducis accipiunt, equa feritate rebelles
    Proponunt fieri.
Anna IV. 3. p. 195. οἱ δὲ νησιῶται καὶ τὰ παρὰ θάλατταν τῆς ἠπείρου πολίχνια καὶ ὁπόσοι ἄλλοι φόρους παρεῖχον τῷ Ῥομπέρτῳ, τεθαρρηκότες διὰ τὰ συμπεσόντα αὐτῷ, οὐχ ἑτοίμως τὰ ἐπιτεθέντα βάρη ἐδίδουν, τὴν αὐτοῦ κατὰ θάλατταν μαθόντες ἧτταν.
    2) Vergl. noch IV. 1.
    3) a. 1081. — posueruntque mense Iulii ante Dyrrachium obsidionem per mare et per terram, quam stolus Veneticorum veniens dissipavit aperuitque Dyrracenis mare.
    4) Im Monat October nach Gaufred. Malat. III. 27.

schen jenen Seesieg der Venetianer, Juli 1081, und den
Auszug des Alexius, August 1081, fallenden Ereignisse
umfassen müßte — mit ganz seltsamen chronologischen An=
gaben anführt? Robert sey zwar entschlossen gewesen zu
kämpfen, aber da es Winter war, habe er die
Schiffe nicht ins hohe Meer führen können. Als nun der
Frühling gekommen und die Stürme aufgehört, sey die
Flotte der Venetianer herangerückt, mit der sich der Grie=
chische Admiral Maurix verbündet, worauf beide Roberts
Flotte geschlagen hätten. Nun habe Robert dieselbe zwei
Monat im Hafen der Stadt Jericho zurück gehalten,
während die Griechischen und Venetianischen Schiffe alle
Zufuhr und Hülfstruppen ihm abgeschnitten; aber auch zu
Lande sey dem am Flusse Glykys lagernden Heere es un=
möglich gewesen, Nahrungsmittel zu erhalten. Die hier=
durch entstehende Hungersnoth habe in drei Monaten
von Roberts Heer zehntausend, und von seinen Rittern
und Grafen fünfhundert getödtet. Die Schiffe aber, die,
wie sie angegeben, in den Fluß Glykys gebracht worden[1]),
hätten diesen nicht verlassen können; denn die Hitze des
Sommers, der auf jenen Winter und jenen Frühling
gefolgt, habe ihn ausgetrocknet; da sey Robert auf ein
sinnreiches Mittel verfallen, wodurch sein Bett eingeengt
worden; die so verstärkte Kraft des Wassers habe seine
Flotte ins hohe Meer geführt.

Alle diese chronologischen Einzelheiten schiebt Anna mit
der größten Unbefangenheit zwischen den Juli und den
August 1081. Wohl hat daher Wilken Recht, wenn er
p. 163 sagt: Tempus mire turbat Anna; aber darin
können wir ihm nicht beistimmen, wenn er jenen Seesieg
des Maurix als identisch mit dem setzt, welchen die Vene=
tianer im Juli 1081 erfochten. Er hat hierbei einen Passus
in unserm Dichter übersehen, wodurch der erste Theil von

1) Dieser muß also in seiner Mündung wohl den Hafen von
Jericho gebildet haben; Jericho aber ist, nach einer freundlichen
Bemerkung des Herrn Dr. Grotefend, das antike Oricus in Epirus.

Anna's Erzählung seine Bestätigung, aber auch eine völlig veränderte chronologische Stellung erhält. Dieser befindet sich im 5ten Buch p. 623 [1]). Wilhelm spricht zwar nicht direct von einem Seesieg der Venetianer, aber doch von einer Besetzung der Stadt Dyrrachium durch ihr Heer — nur das Castell blieb in der Gewalt der Normannischen Besatzung [2]) — und was die Hauptsache ist, auch er erwähnt, daß nachdem der Winter vergangen und der Frühling gekommen, der Griechische Admiral Mabrica [3]) sich mit der Griechischen Flotte vereinigt habe. Diese Thatsachen stellt Wilhelm zwischen die Erzählung von den Eroberungszügen Boamunds im J. 1082 [4]) und die Erwähnung des Krieges Robert Wiscards gegen Jordanes von Capua (Juli 1083). [5]) Eine nicht minder sichere chronologische Stellung verdanken wir ihm dann weiter in Bezug auf den zweiten Theil von Anna's Erzählung. Dieser betrifft, wie Wilken p. 164 schon richtig gesehen, den zweiten Zug Robert Wiscards im Herbst 1084, Winter und Frühjahr 1085. Wilhelm von Apulien handelt an zwei Stellen hiervon p. 625 und p. 626; wovon auch die erste Wilken entgangen ist. Da die Übereinstimmung hier geradezu eine wörtliche ist, so theilen wir sie hier mit.

Wilhelm p. 625.

Exin victrices et victas ducere naves

Procurat, tutis stationibus ut locet illas

Tempore hiberni dux incumbente pruina.

Has ratione sagax Cliceum ducit ad amnem;

---

1) Gens redit interea — Absumendarum sunt illis etc.

2) Dirrachium sed praesidiis municio tuta etc. Die Worte sind etwas dunkel.

3) Derselbe Name wie Maurix; denn sowohl au wie ab werben im Neugriechischen wie av ausgesprochen. Übrigens kennen auch andere Italienische Quellen den Namen dieses Feldherrn, so das Chron. breve Nortm. a. 1067 und Lupus Prot. a. 1066, wo die Hdschr. der Monum. statt Mabrica die Form Mumbrita hat.

4) cf. Wilken p. 188—202.

5) cf. Meo VIII. 224.

Naves et nautas ibi collocat et remorari
Dum placide redeant aestatis tempora, iussit.
Ipse suos equites hiemali tempore secum
Bundiciam ducit, mansurus ibique moratur
Gliceo populum fuerat qui proximus amni,
Asperior solito languere pruina coegit.
Frigoris atque famis pars maxima passa labores
Interit, et tantae crescunt incommoda pestis,
Ut prius exactus mensis quam tertius esset,
Sint praeventa decem quasi milia morte virorum.
Nec reliquus tante necis est exercitus expers;
Namque brevi morbus communi clade peremit
Quingentos equites, nec non innobile vulgus
Magna parte ruit; nec eques nec nauta nec ullus
Vir valet instantis leti vitare ruinam.

Wir führen hier nur das Bezeichnendste aus Anna IV. 4.
p. 196 an: — — λιμώττειν ἐντεῦθεν τούτοις συνέβαινεν.
ἀλλὰ καὶ τὸ ἄηθες τοῦ τόπου μεγάλως αὐτοὺς ἐλυμαί-
νετο. διὰ παραδρομῆς τοίνυν μηνῶν τριῶν, ὡς λέγεται,
φθορὰ γέγονεν ἀνδρῶν εἰς χιλιάδας δέκα συμποσουμένων.
ἡ δὲ νόσος αὕτη καὶ τὰς μετὰ τοῦ Ῥομπέρτου ἱππι-
κὰς δυνάμεις καταλαβοῦσα, πολλοὺς διέφθειρεν. ἀπὸ
μὲν γὰρ τῶν ἱππέων κόμητες καὶ λογάδες ἀλκιμώτατοι
ἄνδρες μέχρι τῶν πεντακοσίων νόσου καὶ παρανάλωμα
γεγόνασι, τῆς δὲ χθαμαλωτέρας τύχης ἱππεῖς ἀναρίθμητοι.

Wilhelm p. 626.

Dux repetit positas Gliceo flumine naves,
Et studet inclusas abducere, non minus undis
Quam terris avidus Grecos domitare tumaces.
Bella parare ferox et equis et classe laborat,
Navibus abductis turbetur, ut insula quaeque
Conferat et fisco ducis imperiale tributum.
Temporis estivi reditu defecit aquarum
Copia, nec tantis iam defluit alveus undis,
Ut fluvio naute valeant deducere naves.

Dux qui difficilem facilem facit arte laborem,
Dum fluvium solitis cognovit egere fluentis —
Namque meatus aque brevis arta fauce fluebat —
Multos afferri palos et ab amnis utraque
Margine configi connexos vimine iussit,
Et multis multa precisis arbore ramis
Composuit crates et arenis desuper implet.
Sic aqua lascive dispersa refertur in unum.
Alveus altior hinc cepit capatior esse;
Cogitur unde viam prebere meabilis unda
Navibus, illeseque maris revehuntur ad undas.
Anna IV. 4. p. 196, lin. 19.

τῶν δὲ πλοίων αὐτοῦ εἰς τὸν Γλυκὺν ἐνορμισθέντων πο-
ταμόν, ὡς εἴρηται, τούτου ὀλιγωθέντος διὰ τὴν ἀνυ-
δρίαν, ἤδη μετὰ τὸν χειμῶνα καὶ τὸ ἐπιγεγονὸς ἔαρ τοῦ
θέρους θερμότερον ἐπιβάλλοντος, καὶ μηδ' ὁπόσον ταῖς
χαράδραις εἴωθε καταρρεῖν ὕδωρ ἔχοντος, ἐν ἀμηχανίᾳ
ἦν, μὴ δυνάμενος αὖθις αὐτὰ εἰς τὴν θάλασσαν ἑλκύσαι.
ἀλλ' οἷα μηχανικώτατος ὢν καὶ βαθύνους ἀνήρ, πασσά-
λους ἑκατέρωθεν ἐκέλευε πήγνυσθαι τοῦ ποταμοῦ, συν-
δεδέσθαι δὲ τούτους διὰ λύγων πυκνῶν, εἶτα δένδρη
παμμεγέθη κόπτοντας ἄνωθεν, ὡς εἰς ἕνα τὸ ὕδωρ συλ-
λείβεσθαι τόπον, ὥσπερ εἰς διώρυχα μίαν τὴν ἐκ τῶν
πασσάλων γεγονυῖαν συναθροιζόμενον. καὶ κατὰ μικρὸν
ἀναλιμνάζον τὸ ὕδωρ τὴν κρηπῖδα πᾶσαν ἐπλήρου τοῦ
ποταμοῦ καὶ εἰς βάθος ἀξιόλογον ἤρχετο, ἕως τὰς ναῦς
ἀνεκούφισε καὶ τὰς τέως ἐρηρεισμένας νῆας τῇ γῇ
ἀνέσχε καὶ ἀκρόπλους ἐποίησε. καὶ τὸ ἀπὸ τοῦδε εὐ-
πλοΐας ἐπιδραξάμενα τὰ πλοῖα, εὐκόλως πρὸς τὴν θάλασσαν εἱλκύσθησαν.

Überblicken wir den Gang der Untersuchung, so stellt
sich eine entschiedene Verwandtschaft beider Schriftsteller
heraus, ohne daß wir indeß annehmen könnten, daß einer
die Quelle des andern gewesen wäre. Hätte unser Dichter
der Anna vorgelegen, so würde sie gewiß auch in Betreff

der Deutschen Verhältniſſe jenen oben gerügten chronolo=
giſchen Fehler gemacht haben. Der umgekehrte Fall aber,
daß Wilhelm Anna's Alexias benutzt, iſt — abgeſehen von
allen übrigen Gründen, und von der Unmöglichkeit einer
Ausgleichung der Zeit, wo beide geſchrieben haben wollen
— ſchon um deßwillen nicht annehmbar, weil ſich nicht ein=
ſehen läßt, warum Wilhelm in Bezug auf den zuletzt unter=
ſuchten Punkt, nicht in denſelben Fehler, wie ſie, verfallen wäre.

So bleibt alſo nur die alle Zweifel löſende Annahme
übrig, daß eine gemeinſchaftliche Quelle beiden vorgelegen
habe, deren Erzählung in einzelnen Fällen von beiden
falſch aufgefaßt iſt.

Anna ſelbſt giebt uns ein Zeugniß hierüber. Bei Ge=
legenheit der Belagerung von Dyrrachium ſagt ſie III. 12.
p. 185. συνῆν δὲ αὐτῷ (τῷ ῾Ρομπέρτῳ) καὶ ὁ ταῦτά
μοι διηγούμενος Λατίνος, ὡς ἔλεγε, πρέσβυς τοῦ ἐπισκό-
που Βαρέως πρὸς τὸν ῾Ρομπέρτον ἀποσταλείς, καὶ ὡς
διεβεβαιοῦτο, σὺν τῷ ῾Ρομπέρτῳ τὴν τοιαύτην διέτριβε
πεδιάδα. Auf den erſten Anblick hat dies ganz den Schein,
als ob ſie ſich auf das mündliche Zeugniß eines noch Le=
benden beriefe[1]). Indeſſen eine nähere Unterſuchung in
Betreff der Zeit, wo ſie geſchrieben, muß uns ſogleich von
der Unhaltbarkeit dieſer Anſicht überzeugen. Die allgemeine
Annahme iſt, daß ſie erſt nach dem J. 1143 an die Ab=
faſſung ihres Werkes gegangen. Wilken praef. p. XIII.
iſt der Meinung, daß ſie nur die fünf oder ſechs letzten
Bücher in den letzten Lebensjahren geſchrieben, da die er=
ſteren eine friſchere und kräftigere Schreibart verriethen.
Indeſſen wenn wir in der Vorrede zu ihrem Werke das
ausdrückliche Zeugniß finden (p. 6 und 7), daß ihr Ge=
mahl Nicephorus Bryennius auf Veranlaſſung ihrer Mut=
ter unternommen habe die Thaten des Alexius zu beſchrei=
ben, daß er hierbei von der Regierung des Romanus

---

1) Wilken läßt die Sache unbeſtimmt; er ſagt p. 126:
auctorem suae narrationis ipsa commemorat Latinum quendam.

Diogenes ausgegangen sey, und die Erzählung nur bis in die Zeiten des Nicephorus Botoniates geführt habe[1]), als er durch seinen Tod an der Ausführung dieses Vorhabens verhindert worden, — er starb im Jahre 1137[2]) — worauf sie den Vorsatz gefaßt, dies zu thun; wenn wir hierzu ihre Angabe nehmen, lib. XIV. p. 447[3]), daß sie unter der Regierung des dritten Kaisers nach ihrem Vater, also unter Manuel 1143—1180 schreibe, daß dreißig Jahre ver= flossen seyen, seitdem sie keinen ihrer Verwandten gesehen[4]), so werden wir keinen Grund finden, die Epoche der Ab= fassung des Werks früher als 1143 zu setzen; vielmehr selbst noch ein späteres Jahr als dieses anzunehmen berech= tigt seyn. Ist dem so, so kann in Beziehung auf diesen Latinus nicht mehr von einem mündlichen Berichte die Rede seyn. Denn er, der im Jahre 1081 schon Gesandter des Erzbischofs von Bari — ohne Zweifel Urso's, der im Jahre 1088 starb[5]) — war, müßte ein übermäßig hohes Alter erreicht haben, wenn er später, als 1143 noch einen münd= lichen Bericht abgestattet hätte. Wir haben also Anna's Worte nur so zu verstehen, daß sie aus seinem Buche ihre Nachrichten geschöpft, und daß sie dies anzuführen für um so nöthiger erachte, weil er selbst Augenzeuge der von ihm beschriebenen Begebenheiten gewesen. Sein Buch lag dann ohne Zweifel auch unserm Wilhelm vor, dessen Werk so mit der Alexias Anna's diese eigenthümliche Übereinstim= mung erhielt.

Hätten wir sonach in diesem Latinus einen neuen Schrift=

1) Wir besitzen bekanntlich dies Buch.
2) Wilken praef. p. X.
3) der Pariser Ausgabe; von der Bonner ist der zweite Band noch nicht erschienen.
4) Rechnen wir diese dreißig Jahr auch nur zu dem Todes= jahr ihres Vaters 1118, wo sie im Kreis ihrer Verwandten sich noch sehr durch ihre Intriguen hervorthat, um ihrem Gemahl die Krone zu verschaffen, so erhalten wir auch hier das J. 1148 als die früheste Zeit, wo sie geschrieben haben kann.
5) Anonym. Bar. 1088. ap. Mur. V. 154.

-steller der Litteraturgeschichte gewonnen, so bleibt es doch
zweifelhaft, ob er überhaupt Latinus geheißen, und ob er
in Griechischer oder Lateinischer Sprache geschrieben, welche
beide in Bari im Gebrauch waren. Zu dem Zweifel über
den Namen glaube ich sowohl durch den Umstand berech=
tigt, daß Latinus als Eigennamen sich schwerlich finden
möchte ¹), als auch durch eine Sonderbarkeit, die sich Anna
V. 8. zu Schulden kommen läßt, wo 'sie den Ketzer Jo=
hannes, weil er aus Italien gebürtig, immer Ἰταλός
nennt²). Den letztern Punkt glaube ich dahin entscheiden
zu können, daß er wahrscheinlich sein Buch Lateinisch ver=
faßt, wenn nämlich meine Vermuthung begründet ist, wonach
ich glaube noch anderweitige Spuren seines Werks entdeckt zu
haben. Indem nämlich Gaufredus Malaterra III. 24. von
dem ersten Zug Robert Wiscards nach Griechenland 1081
spricht, wo auch Anna der Anwesenheit des Latinus beim
Normannen=Heere gedenkt, sagt er: non plus quam mille
trecentos milites (Robertum) secum habuisse, a b e i s q u i
e i d e m n e g o t i o interfuerunt, attestatur. Nun
findet sich diese Zahl zwar nicht bei der Anna, die im Gegentheil
IV. 1. von einem unzähligen Heere Roberts spricht; allein dies
mußte sie wohl so darstellen, weil sonst die Niederlage ihres
Vaters um so schmachvoller gewesen wäre. Dieser Umstand
würde also wohl nichts dagegen beweisen, daß Gaufred sich
hier auf das Zeugniß des Latinus beriefe. Von ihm dür=
fen wir aber bei der Barbarei seines Stiles kaum voraus=
setzen, daß er des Griechischen mächtig gewesen. Diese
Annahme würde eine weitere Bestätigung durch den Um=
stand erhalten, daß sein Bericht über die Einnahme von
Dyrrachium a. 1082. (III. 28.) eine große Ähnlichkeit mit
den Angaben Wilhelms von Apulien hat (p. 619 et sq.).

1) Die größte Ausbeute für Süditalische Namen giebt ohne
Zweifel der Index zum IX. Bande der Monum., wo aber Latinus
nicht vorkommt.

2) Seinen wahren Namen hat Wilken p. 203 urkundlich
nachgewiesen.

Wir würden demnach berechtigt seyn, in beiden Berichten die Überlieferung des Latinus zu erkennen[1]).

Aber nicht Gaufred allein scheint dessen Buch gekannt zu haben. Anna giebt an zwei Orten eine Schilderung von Roberts Persönlichkeit I. 10. VI. 7.; in Beziehung hierauf verdanken wir Wilken den Nachweis einer Stelle im Romuald von Salern, **Mur. VII. 175.**, welche mit Anna's Worten eine auffallende Ähnlichkeit haben[2]).

Dürfen wir auch dies auf die gemeinschaftliche Quelle des Latinus zurückführen, so tritt uns, unter Berücksichtigung der letzten im Wilhelm und der Anna übereinstimmenden Stellen (Wilhelm p. 626—628. Anna VI. 6.), welche den Tod Robert Wiscards und die Übertragung seines Leichnams nach Venusia betreffen, ein ziemlich klares Bild von dem Umfang des verloren gegangenen Buches vor die Augen. Denn gerade die von Romuald gegebene Charakteristik, so wie diese letztere Stelle Wilhelms scheinen uns zu der Voraussetzung zu berechtigen, daß Latinus, wenn nicht eine vollständige Lebensgeschichte Roberts, so doch eine Geschichte seiner letzten Jahre und insbesondere seiner Züge nach Griechenland geschrieben und die Erzählung bis zu Roberts Tod geführt habe[3]).

1) Anna V. 1. erwähnt dies Factum nur ganz kurz, ohne aber der Erzählung beider zu widersprechen.

2) Mira convenientia, wie Wilken p. 126 sagt.

3) In den Kreis dieses Buchs gehörten ohne allen Zweifel auch die Züge Boamunds in das Griechische Reich 1082. 1083., wie wir sie bei Wilhelm lib. V. p. 622 sq. und bei Anna V. 4. beschrieben finden. Ist des Ersteren Bericht auch häufig abgekürzt, so ist doch eine nahe, oft wörtliche Verwandtschaft mit dem Anna's unverkennbar; insbesondere tritt dies in folgenden Stellen unverkennbar hervor: Wilhelm 622: Ferrea cum tribulis etc. Anna V. 4. p. 239. lin. 16. τριβόλους γὰρ σιδηροῦς etc.; idem 622. Pars minor abscedit — Anna V. 6. p. 250° lin. 22; Wilh. 623. Tradere membra monet; Anna V. 7. p. 253. lin. 9. Die Übereinstimmung ist unzweifelhaft, und doch sind bei dem älteren Wilhelm die Angaben unendlich kürzer, als der detaillirte Bericht der jüngeren Anna, ein Beweis, daß sie hier nicht des Ersteren Gedicht vor Augen gehabt haben kann. — Beide sind — eine

2) Die Annalen von Bari.

Wir haben die zwei letzten Bücher unseres Gedichts zuerst einer Untersuchung unterwerfen müssen, weil die sich unmittelbar daran knüpfenden Fragen über dessen Ächtheit überhaupt zu entscheiden hatten.

Wir besprechen nun, wenn auch kürzer, die übrigen Quellen des Dichters, so weit es diese zu entdecken gelang, stoßen aber gleich im Anfang auf eine Schwierigkeit, welche beweisen möchte, wie unsicher selbst in ganz historischen Zeiten uns der Ursprung auch der folgereichsten Begebenheiten überliefert ist.

Es betrifft unsere Untersuchung die Frage, in welches Jahr genau der Anfang der Normannischen Eroberung Italiens fällt[1]).

Die allgemeine Annahme entscheidet sich für das Jahr 1017 und hat hierbei wichtige Autoritäten für sich; nicht allein bestimmt dies Leo von Ostia dadurch, daß er den Anfang der Bewegung in das siebente Jahr des Abts Atenulf setzt (**Monum. p. 651.**), sondern auch der **Anonym. Casinensis, Lupus Protospatarius** und der **Anonymus Barensis (ap. Mur. V. 148.)** geben das Jahr 1017 direct an. Hiermit bringt man den ausführlichen Bericht Leo's (**l. c. p. 652. 653**) der Art in Verbindung, daß man die Vertreibung des Melus aus Bari in das Jahr 1013 setzt, wo die **Annales Barenses (ap. Pertz V.)** allerdings einer

---

kleine Notiz bei Zonaras abgerechnet — die einzigen Quellen über diese Kriegsthaten Boamunds. Diese Notiz des Zonaras ed. Paris. p. 297. befindet sich auch in der Epitome Augustana der Alexias (ed. Schopen I, p. 248.) und Schopen nimmt an, daß Zonaras sie aus ihr entnommen hat; indessen da dieser bald nach 1118 schrieb, so ist wohl das Umgekehrte richtiger und die Vermuthung begründeter, daß der spätere Schreiber der Epitome jene Stelle aus Zonaras entlehnte.

1) Daß diese Frage keine müßige ist, beweis't auch Murat. V. 149. not. 9. Nachdem er die verschiedenen Zeugnisse aufgezählt, sagt er: Uter igitur tempora rectius consignarit, inquirendum.

Belagerung der Stadt erwähnen. Allein man übersieht hierbei, daß diese Quelle hierbei des Melus gar nicht gedenkt, zum Jahre 1011 vielmehr nicht eine Vertreibung, sondern einen Sieg des Melus oder Ismael anführt[1]), ihr Bericht also auf die aus Amat entlehnte Erzählung Leo's gar nicht angewendet werden kann. Bei genauerer Betrachtung ergeben sich überhaupt mancherlei Schwierigkeiten. Zuerst, wer ist jener Ismael? Ich glaube, kein anderer als der unmittelbar vorhergenannte Meles[2]), und zwar weil — nach Angabe der **Annales Barenses** — Pastianus in der Schlacht gegen diesen fällt. Dieser aber hat nach dem Zeugniß des Lupus und Wilhelms p. 580 — beide nennen ihn **Leo Patianus** — in der That in einer Schlacht gegen Melus seinen Tod gefunden. Aber Lupus setzt dies ausdrücklich in das Jahr 1017. Man könnte nun annehmen, diese ganze Erzählung der **Annales Barenses** sey mit einem falschen Jahre bezeichnet, sie gehöre nicht zu 1011, sondern zu 1017, und diese Annahme um so begründeter finden, als beide, die **Annales Barenses** und **Lupus**, erst einer Schlacht im Monat Mai, dann aber einer zweiten (22. Juli nach Lupus) erwähnen, in welcher **Leo Patianus** gefallen seyn soll. Allein dem widerstrebt der Anfang des Berichts der **Annales Barenses** zum Jahre 1011, wonach die erste Schlacht gegen den Griechischen Feldherrn Curcua Statt gefunden hat. Curcua aber kam 1008 und starb schon 1010 nach dem Zeugniß des Lupus und des Anonymus Barensis. Haben wir in dieser Angabe zwar noch eine Differenz mit den **Annales Barenses** — die aber sehr wahrscheinlich durch Annahme verschiede-

---

1) Annal. Barenses 1011. Hoc anno rebellavit Longobardia cum Mele ad ipsum Curcua mense Maio 9. die intrante. Et fecerunt bellum in Bitete ubi multi Barenses ceciderunt. Et Ismael fecit bellum in Monte Peluso cum ipsis Graecis et cecidit illic Pasiano.

2) Auch Leibniz zum Wilh. von Apulien p. 581 erwähnt, daß er in der vita S. Henrici l. 22. Ismael genannt werde. Es hat mir aber nicht gelingen wollen, diese Stelle aufzufinden.

ner Jahresanfänge ausgeglichen werden könnte — so wer=
den wir doch immer gedrängt, die erwähnten Ereignisse,
insbesondere den Tod des Pacianus, gegen das Jahr 1010
oder 1011 zu verlegen.

Aber es kommt noch ein anderer Grund hinzu, der dies
zu erheischen scheint. Cedrenus, der diesen Vorgängen unter
allen Schriftstellern zunächst steht, da er bald nach 1058
schrieb, stimmt in der Zeit allem Anschein nach mit den
Annales Barenses, die ebenfalls älter sind[1]), als Lupus
und der **Anonymus Barensis**, überein. Nachdem er II.
p. 456 [2]) zum Jahre der Welt 6518, und zur 8ten In=
diction d. i. 1010, die Zerstörung des heiligen Grabes durch
den Sultan von Ägypten angeführt, bringt er zum fol=
genden Jahre — τῷ δὲ ἐπιόντι ἔτει [3]) — eine Notiz über
einen außerordentlich starken Frost und ein furchtbares Erd=
beben bei. Dies, fährt er fort, seyen nur Vorzeichen der
in Italien hierauf (μετὰ ταῦτα) erfolgten Bewegung ge=
wesen [4]). Ein Dynast und Einwohner von Bari, Meles
mit Namen, habe die Longobarden zur Empörung veran=
laßt, der Kaiser den Basilius Argyrus und den Contoleon
gesandt, Meles sie aber in einer glänzenden Schlacht ge=
schlagen.

Allerdings erwähnt Cedren hierbei noch nicht der Mit=
wirkung der Normannen. Aber abgesehen davon, daß wir
diese uns hierbei thätig denken müssen, da Meles nur mit
ihnen einen Sieg erfocht, nöthigt uns auch der Name

1) Sie gehen nur bis 1043 und sind nach Pertz's Bemerkung
vor d. J. 1071 geschrieben.
2) in der Bonner Ausgabe von Imm. Bekker.
3) Bekker übersetzt: anno insequenti. Da aber Cedrenus in
der folgenden Linie vom Monat Januar τῆς αὐτῆς ἐπινεμήσεως
spricht, ohne daß er die 9te Indiction erwähnte, so möchte ich
glauben, daß er eben in dem, was folgt, nur das Jahr 1010
meint und der Ausdruck τῷ δὲ ἐπιόντι ἔτει nur das zur 8ten
Indiction gehörige Jahr bezeichnen sollte. Dann wäre die unten
angegebene Schwierigkeit gleich gehoben.
4) Ein wenig weiter erwähnt er der Ereignisse der Indict. 12.
i. e. 1014.

des Feldherrn Basilius hierzu. Denn nach Lupus ist es
jener Basilius, der 1018 von den Normannen bei Trano
geschlagen wurde. Und doch wissen wir auch aus dem
Anonymus Barensis, daß Basilius schon 1010 nach Ita=
lien gesandt, freilich aus einer Quelle, die neben dieser
selbständigen Nachricht, auch zum Jahre 1018 die Nach=
richt des Lupus abschreibt.

Sahen wir also oben, wie des Lupus Angaben a. 1017
durch die in den Annales Barenses gegebenen Momente,
insbesondere durch die Erwähnung des Curcua und des
Todes des Pacianus, ins Jahr 1010 oder 1011 zurück=
verlegt werden, so findet in Bezug auf seinen Bericht zum
Jahre 1018 dasselbe durch die Erzählung des Cedrenus
Statt. Den chronologischen Resultaten, welche diese man=
gelhaften Zeugnisse gewinnen ließen, schließt sich aber völlig
ein späterer, schätzenswerther Schriftsteller und zwar in der
Art an, daß er die Normannen selbst schon 1011 auftreten
läßt, Romuald von Salern ap. Mur. VII. 166 a. 1011
ind. 9. Fames valida Italiam obtinuit. Quo tempore
Mel Catipanus *cum Normannis* Apuliam expugnabat.

Gehen wir nun zu dem Berichte des Wilhelm von
Apulien über diese Angelegenheiten, so werden wir sehen,
wie unabweisbar für uns diese Untersuchungen waren.

Er giebt zuerst die Veranlassung, wodurch die Nor=
mannen nach Italien gekommen, in einer von Amat und
Leo völlig abweichenden Weise an. Normannen auf einer
Pilgerfahrt nach dem Monte Gargano begriffen hätten den
Melus gefunden, der ihnen geklagt, wie er aus Bari durch
die Grausamkeit der Griechen vertrieben worden, und sie
zu gleicher Zeit zur Hülfe aufgefordert. Diese hätten sie
ihm zugesagt und nach ihrer Rückkehr in ihr Vaterland Waf=
fengefährten für ihn geworben. Hierauf seyen sie nach
Italien gegangen — und hier nähert sich sein Bericht dem
Amats I. c. 20. —, ohne Waffen durch Rom gezogen und
darauf in Campanien eingerückt. Hier habe Melus sie

wieder aufgesucht, ihnen Waffen gegeben und sie in sein
Vaterland geführt. In dieser Zeit, fährt Wilhelm fort,
wüthete ein so schrecklich harter Winter, verbunden mit
großem Schneefall, daß die meisten Thiere starben und
die Bäume umkamen. In dem darauf folgenden
Frühjahr wäre Melus mit den Normannen nach Apulien gezogen, worauf der Katapan Turnicius ihnen den
Leo Pacianus entgegengesandt, der bei Arenula am Fortore
im Monat Mai zuerst mit ihnen in unentschiedener
Schlacht gekämpft habe; hierauf sey Turnicius selbst mit
verstärkter Macht gegen sie herangerückt, von den Normannen aber besiegt worden; in dieser Schlacht wäre Leo
Pacianus gefallen.

Ein Anhaltspunkt zur chronologischen Bestimmung seiner Angaben ergiebt sich in der Erwähnung des harten
Winters. Cedren, wie wir gesehen, setzt ihn entweder
1009—1010 oder 1010—1011. Abgesehen von den untergeschobenen Schriftstellern, die Meo VII. 11 sq. zu diesem Jahr citirt, wird uns dies Factum auch von Lupus
bestätigt 1009. Cecidit magna nix, ex qua siccaverunt
arbores olivae, et pisces et volatilia mortua sunt —
und hier nähert er sich den Annales Barenses — Mense
Maii incoepta est rebellio. Wir müssen sonach auch nach
Wilhelm von Apulien die ersten Kämpfe der Normannen
in das Jahr 1010 oder 1011 setzen, den ersten Aufstand
des Melus aber, wo die Griechen ihn aus Bari trieben,
einer frühern Zeit zuschreiben.

Das Auffallende hierbei ist aber, daß die ganze Stelle
im Wilhelm allem Anscheine nach aus Lupus selbst entlehnt
ist, und wir also mit dessen Chronologie, wie sie in den
Drucken vorliegt, in den auffallendsten Widerspruch gerathen, ein Widerspruch, der sich nicht nur auf die Jahre
1017, 1018 des Lupus, sondern auch noch auf 1019 aus-
dehnt. Denn die dort erwähnte Schlacht bei Cannä fällt

nach Wilhelm in das Jahr 1011 oder 1012[1]), während nicht bloß Lupus und der Anonymus Barensis sie dem Jahre 1019 zuschreiben, sondern die Annales Barenses selbst sie in das Jahr 1020 setzen.

Wir würden nicht anstehen, diese Schwierigkeit durch Annahme einer Nachlässigkeit von Seiten Wilhelms zu er= klären, wenn nicht eben von ihm ganz unabhängige Gründe vorlägen, wie wir oben gesehen, die uns zur Annahme der früheren Epoche berechtigten.

Wir geben nun eine Übersicht der Stellen, wo Wil= helm von den drei Barensischen Quellen Gebrauch ge= macht hat.

Annales Barenses.

a. 1041. Wilhelm p. 584. 585. a. 1042. p. 586. 587. 588. Zum Jahre 1041. hat Wilhelm eine etwas dunkle Stelle p. 585.

> Cum Grecis aderant quidam, quos pessimus error
> Fecerat amentes, et ab ipso nomen habebant.
> Plebs solet ista Patrem cum Christo dicere passum,
> Et fronti digito signum crucis imprimit uno,
> Non aliam Nati personam quam Patris esse,
> Hanc etiam sancti Spiraminis esse docebant.

Die Herausgeber bringen nichts zu ihrer Erläuterung bei; sie erhält aber Licht durch eine Notiz der Annales Baren= ses 1042. et venerunt ipsi miseri Macedones et *Pauli=ciani.* Ohne Zweifel sind es diese von Johannes Zimisces aus Armenien nach Thracien übergesiedelten Manichäischen Ketzer, die aber später in der Geschichte des Griechischen Heeres eine gewisse Rolle spielten, da ihre Truppen zu den muthigsten gehörten[2]), welche Wilhelm hier im Sinn hat. Für ihre Lehre sind Wilhelms Angaben nicht ohne Wichtigkeit.

In denselben Annales Barenses werden zum Jahre 1041 unter den Griechen auch *Obsequiani* genannt; dieser

---

1) p. 580 — anno movet arma sequenti.
2) Vergl. Anna C. VI. 4. Wilken p. 211.

seltsame Ausdruck erhält seine Erklärung durch eine Stelle Cedrens über dieselbe Schlacht am Aufidus, II. p. 546. wo er von dem τάγμα τοῦ ᾿Οψικίου (legio Opsiciana) spricht.

Lupus.

a. 1017. 1018. 1019. Wilh. p. 580; a. 1042. p. 586. und 587.

Anonymus Barensis.

a. 1042. p. 586. 587. 589; a. 1043. p. 589; a. 1046. p. 589; a. 1051. p. 591; a. 1072 (?) p. 606.

Die Annales Barenses gehen bis 1043, Lupus bis 1102, der Anonymus in erster Redaction bis 1115[1]). Alle drei sind eng unter einander verwandt. Da aber eine Kenntniß derselben bei Wilhelm sicher nur bis 1051 nach= zuweisen ist, so wäre die Annahme von verlorenen Baren= ser Annalen, welche allen dreien zu Grunde lägen und denen die von Pertz herausgegebenen zunächst kommen würden, vielleicht nicht zu gewagt. Bestätigt würde diese Muthmaßung weiter durch das breve chron. Nortmann. ap. Mur. V. p. 278. I—VI., welches, zwischen 1111 und 1127 geschrieben, eine Benutzung des Lupus verräth, aber eine solche, der ein vollständigerer Text desselben, als wir ihn besitzen, zu Grunde gelegen haben müßte.

3) Amatus.

Die Ansicht Champollion=Figeac's, daß auch Wilhelm von Apulien den Amat gekannt habe[2]), schien mir zuerst wenig begründet; indessen habe ich mich doch hiervon, frei= lich ohne Zuthun Champollions überzeugen müssen. Doch sind die Stellen nur wenig zahlreich, wo eine Benutzung Amats nachgewiesen werden konnte. Zweifelhaft bleibt mir dieselbe bei Wilhelm p. 581. über das Ende des Melus

1) Er scheint aber auf gleichzeitigen Aufzeichnungen zu beru= hen; vergl. 1063: Et Robertus dux venit in Bari *et fecimus ei sacramentum et ille nobis.*

2) Prolegomènes p. 66.

(Amat I. 23)[1]) und bei demselben p. 584 fin. über Melfi
(Amat II. 26.); sicherer schon über die Hungersnoth bei
den Normannen (Wilhelm p. 592. Amat III. 37.) Entschieden aber zeigt sich eine Ableitung der Berichte unseres
Dichters p. 607, was aus Amat VIII. 15. 16. 23. entlehnt ist.

Bemerkung.

Di Meo VII. 356 bezeichnet Anna's Bericht I. 11 über
den ersten Grund von Robert Wiscards Größe, den Be-
trug nämlich, den er seinem Schwiegervater Guilelmus
Maskabeles gespielt, und die Grausamkeiten, die er gegen
ihn verübt, als eine Erzählung, welche tutta l'aria di fa-
voloso an sich trüge. Auch Wilken l. c. p. 132 sq. hat
gegen denselben verschiedene Einwendungen zu machen;
nach seiner Meinung hat Anna ganz verschiedene Menschen
mit einander verwechselt; denn der so Betrogene werde
von Gaufred Malaterra I. 17. Petrus de Turre, von Leo
von Ostia aber, III. 15. in der Ausgabe der Monum.,
Petrus Tyrae genannt. Muß man auch zugeben, daß in
Beziehung auf die von Robert angewendete List, die Nachrichten dieser zwei Schriftsteller viel Ähnlichkeit mit denen
Anna's haben, so ist doch Wilkens anderer Einwurf p. 135
insofern völlig unbegründet, als Anna hier keineswegs von
Roberts zweiter Frau Sichelgaita, einer Tochter Guai-
mars von Salern, sondern von der ersten Alberada, der
Mutter Boamunds spricht. Da ihr Bericht hier augenscheinlich aus dem Latinus Barensis geflossen ist, so dürfen
wir ihn wohl nicht so unbedingt von der Hand weisen.
Einmal enthalten die Italienischen Schriftsteller nichts,
was dem von ihr angegebenen Umstande widerspräche, daß

---

1) Was Wilhelm p. 583 in. sagt — — cum sit quasi foe-
mina Grecus, hat viel Ähnlichkeit mit einer Äußerung Amats
I. 21. — — à combatre contre li Grex et virent qu'il estaient
comme fames.

Guilelmus Maſkabeles der Vater von Roberts erſter Frau, alſo Alveraba's, geweſen ſey. Malaterra I. 30 nennt ſie nur: uxorem suae (Roberti) gentis honestam et prae- clari generis; außerdem wiſſen wir noch, daß ſie Roberts Verwandte (Amat. IV. 18.) und die Vaterſchweſter des **Girardus de bono alipergo** (Gyrard de bonne her- berge) war. Amat. III. 11. Leo Ost. III. 15. Wilhelm Maſkabel müßte alſo auch deſſen Vater geweſen ſeyn. Dann aber glaube ich auf Zeugniſſe geſtoßen zu ſeyn, welche die Exiſtenz dieſes Wilhelm Maſkabel feſtzuſtellen ſcheinen, was bis dahin nicht gelingen wollte. Amat näm- lich ſpricht VI. 1. ausführlich von einem Guillerme, den er in dem Capitelverzeichniß **Guillerme Mascarolle** nennt, derſelbe ohne Zweifel, der bei **Leo Ost. III. 23.** (Mon. SS. VII. p. 714.) als **Guilelmus Mostarolus** vorkommt.

Eine weitere Vermuthung über den Latinus Barensis von Dr. R. Wilmans.

In der Erwähnung dieſes Schriftſtellers, wie ſie ſich in der Alexias Anna Comnena's findet, iſt es gewiß Man- chem aufgefallen, daß derſelbe als Geſandter des Erzbiſchofs von Bari — Urſo — bei Robert Wiſcard bezeichnet wird. Seit wann, darf man billig fragen, iſt es herkömmlich, daß Biſchöfe bei ihren Landesfürſten, wenn dieſe auf einem Kriegszuge abweſend ſind, Geſandte unterhalten? Über dieſen Umſtand erhalten wir den genügendſten Aufſchluß, und zwar in vollkommen authentiſcher Weiſe, in der Hi- storia inventionis S. Sabini ep. Canusini auctore Ioanne archidiacono Barensi, wie ſie die Bollandiſten aus einem Ms. eccl. S. Nicolai Barensis in den A. SS. Febr. tom. IX. p. 329. mittheilen. Wir erfahren hieraus, daß Urſo, anfänglich Biſchof von Rapolla, auf den Wunſch Roberts von Gregor VII. zum Erzbiſthum Bari befördert wurde, und erhalten ſodann, bei Erwähnung der Nachforſchungen nach dem Körper des heiligen Sabinus, eine ſehr anſchau-

liche Schilderung der politischen Thätigkeit Urso's und
seines eigenthümlichen Verhältnisses zu Robert: Verum
quia ipse archipraesul multis et variis impeditus erat
negotiis, inquisitio ista (nach dem Körper des Heiligen)
protracta erat — —. Erat namque maiorum causarum
fere omnium ducis Roberti et consiliorum intimus et
particeps, quia et fidelissimum sibi suis in negotiis
iam et probatum habebat aliqua in legatione apocri-
siarium. Er hatte nämlich Roberts Tochter, die den
Markgrafen von Barcellona heirathete, in dessen Land begleitet. Praeterea cum eodem duce, quocumque ibat,
equitabat fere totius anni per spatium, quoniam pro
his quae retulimus et aliis prope se illum volebat de-
gere, suisque in negotiis ut praenotavimus habere
participem. — Hoc itaque modo transeundo per tempora fatigatus et inquietus, sicut ipse nobis retu-
lerat, saepe multis sub laboribus et itineribus et
sollicitudinibus, utpote qui tanto duci servire ac per-
placere volebat, vixerat. Aus diesen Umständen läßt es
sich allerdings erklären, daß Urso, als Robert jene Expe-
dition ins Byzantinische Reich unternahm, einen Gesandten
bei seinem Heere unterhielt, um als geheimster Rath der
Krone durch ihn über alle wichtigen Geschäfte unterrichtet
zu werden. Aber hieß dieser Gesandte in der That Latinus? Ich glaube kaum; in dem für Unteritalische Namen
des XI. Jahrhunderts so überaus reichhaltigen Register
zum 8ten Band der Monumenta findet sich dieser Name
auch nicht ein einziges Mal. Hierzu jenen andern Umstand
genommen, daß Anna Comnena den Ketzer Johannes immer
nur Italus nennt, weil er aus Italien gebürtig war,
Wilken aber seinen eigentlichen Namen Johannes erst aus
Concilienacten hat ans Licht stellen können, sind wir wohl
zu der Vermuthung berechtigt, daß auch Latinus in dem
Munde einer Griechin nur eine uneigentliche Bezeichnung
für einen lateinisch schreibenden Chronisten, sein wahrer

Name aber ein anderer ist. Dürfen wir nun dieser Ver=
muthung eine andere und gewagtere hinzufügen, so würden
wir in eben dem Johannes, Archidiacon von Bari, dem
Verfasser der h. invent. S. Sabini, jenen Latinus von
Bari suchen. Diese Stadt hatte wohl gegen Ende des
XI. Jahrhundertr eben keinen Überfluß an gelehrten und
geschäftskundigen Männern, wenigstens geben die um diese
Zeit schreibenden drei Barensischen Annalisten [1]) uns das
Bild der vollkommensten Auflösung der Lateinischen Sprache.
Hiergegen sticht aber der Stil in der Inventio S. Sabini
auf das Vortheilhafteste ab. Beachten wir weiter, daß
Johannes seiner persönlichen Beziehungen zu Urso, wie
wir oben gesehen, in sehr bezeichnender Weise gedenkt, so=
dann, daß nach einer Translatio S. Nicolai, welche ein
gewisser Nicephorus Barensis verfaßt und aus der die
Bollandisten l. c. Auszüge mitgetheilt haben, eben jener
Archidiacon Johannes mit Urso nach Jerusalem gepilgert
ist, so wie endlich, daß auch dieser Johannes eine Geschichte
der Translation des h. Nicolaus und zwar auf Be=
fehl Urso's geschrieben habe [2]) — so wird man zu=
geben, daß, falls unsere Vermuthung in Betreff seines un=
eigentlichen Namens Latinus überhaupt begründet ist, sich
manche Gründe vereinigen, ihn in dem Archidiacon Jo=
hannes vou Bari zu erblicken.

1) der Verf. der Annales Barenses, dann Lupus Protospatarius, beide bei Pertz, und endlich der Anonymus Barensis bei
Muratori.
2) vollständig gedruckt bei Mosander Append. ad Surium
p. 397, wovon ein Auszug von Ordericus Vitalis lib. VII. ap.
Du Chesne S. R. Norm. p. 680 mitgetheilt wird, der den Verf.
Iohannes archidiaconus Barensis ausdrücklich nennt. — In der
Transl. ap. Mos. p. 402. erwähnt Johannes noch seines Aufenthalts in Trano in der Umgebung Urso's.

IV.

Ist Amatus von Monte Cassino der Verfasser der Chronica Roberti Biscardi?

von Dr. R. Wilmans.

Neben der werthvollen Übersetzung der historia Normannorum des Amatus von Monte Cassino veröffentlichte Champollion-Figeac noch eine andere Arbeit desselben unbekannten Übersetzers [1]. Diese betrifft ein uns erhaltenes Werk, die historia Sicula des Anonymus Vaticanus, welches Carusius [2] und Muratori [3] bekannt gemacht haben.

Auch dies hält Champollion, wenigstens zum großen Theil für eine Schrift des Amatus und sucht seine Ansicht in dieser Beziehung weitläuftig in den Prolegomènes p. LXVIII—XC zu begründen.

Von der Lateinischen Urschrift dieser Chronik sind, abgesehen von den neuern Pariser Handschriften [4], nur zwei der Vaticanischen Bibliothek angehörige bekannt und von Carusius und Muratori ihren Ausgaben zu Grunde gelegt worden, Nr. 6206, welche die Erzählung bis gegen 1150, und Nr. 4936, welche dieselbe bis 1282 führt.

---

1) L'ystoire de li Normant et la Chronique de Robert Viscart, par Aimé moine du Mont-Cassin, publ. par Champollion-Figeac. Paris 1835.
2) Bibl. hist. regni Sic. tom. II.
3) SS. tom. VIII.
4) Vergl. die Proleg. p. LXXXIV.

Es versteht sich von selbst, daß Champollion Alles, was der Codex 4936 mehr hat als der erstere, was also die Jahre 1150—1282 umfaßt, als das Werk eines späteren Fortseßers bei der ihn beschäftigenden Frage wegfallen läßt. Aber auch innerhalb des von der Handschrift 6206 gegebenen Textes, der in demselben Umfange auch dem Übersetzer vorgelegen hat, nimmt er noch eine zwiefache Ausscheidung vor. Er verwirft nämlich sowohl den Schluß (ap. Carus. p. 856.) Post sanctissimus comes — sepultum est, als aus einer Fortsetzung des Gaufred. Malaterra[1]) in die histor. Sicula übertragen, als auch den Theil ihrer Erzählung überhaupt, der über Robert Wiscards Tod (1085) hinausgeht (l. c. p. 853. Anno quo apud Ydrontum — p. 856. sibi possidendum reliquit), weil auch dieser nur einen Auszug aus dem Werke Gaufreds gäbe.

Den Rest aber (l. c. p. 829—853.) spricht Champollion als das eigentliche Werk Amats an und giebt ihm auf Grund von Notizen in den Pariser Handschriften des Textes und der Übersetzung den Titel Chronica Roberti Biscardi.

Dieser Gelehrte hat also nicht nur die geschichtliche Litteratur mit dem Werke Amats bereichert, dessen Titel bekannt[2]), dessen Verlust aber von den Gelehrten betrauert war, er hat auch, wie er glaubt, einer (allerdings schon bekannten, aber bisher noch nicht nach Verdienst gewürdigten[3]) Schrift, den Namen ihres Verfassers, eben desselben Amats, wieder erworben.

Fragen wir nun nach den Gründen, die Champollion zu dieser Annahme berechtigten, so sind dies keine ander-

---

1) Ex codice marchionis Iarratanae ap. Murat. V. 603.

2) Aus Leo Ost. Mon. SS. VII. 728; außerdem hat Petr. Diac. de viris illust. Casin. noch nähere Angaben über den Umfang desselben, cf. Champ. proleg. p. XXXVI.

3) préf. p. LXX. — Carusius et Muratori se sont accordés à en parler avec assez peu d'estime.

weitigen Notizen in gleichzeitigen oder späteren Schrift=
stellern des Mittelalters, sondern einzig und allein eine
Angabe des Übersetzers selbst.

Amat nämlich spricht in der Einleitung zu seinem Werke
von den Thaten der Normannen im Allgemeinen, erwähnt
hierbei der Eroberung Englands 1066 und bemerkt dann:
(I. c. IV. p. 10.)

En cel an apparut un merveillouz signe pour ceste
forte aventure et bataille qui estoit à venir: car l'estoile
qui se clame comète aparut moult de nuiz et tant de
fulgure qui resplendissoit comment la lune. Ceste bataille
brévement fu de li Normant; worauf der Übersetzer fort=
fährt: laquelle fu faite en lo temps de cestui qui
escrist ceste ystoire, quar cestui moine fu à lo temps
que ces Normans vindrent. Mes il lo dira en
l'autre ystoire.

Allerdings ist es richtig, daß der Übersetzer, wenn er
in den Zwischenbemerkungen von der autre ystoire spricht,
hiermit immer die historia Sicula, die er, wie gesagt, eben=
falls ins Französische übertragen hat, meint; Champollion
folgert nun, hierdurch habe er den Schleier der Anony=
mität, welcher bisher die historia Sicula bedeckt gehalten,
gehoben; er gäbe positiv dieselbe als das Werk Amats an.

Aber abgesehen von dem Umstande, daß der Übersetzer
dies schon aus dem Grunde nicht vermochte, weil er den
Namen Amats nicht zu kennen scheint, den Verfasser der
hist. Normann. immer nur als cestui moine oder moine
de Mont de Cassin bezeichnet, und Champollion nur
durch Zusammenstellung älterer Zeugnisse diesen Namen
gewonnen hat — so fragt es sich doch noch, ob seine Aus=
legung dieser Stelle überhaupt eine richtige ist. Die Worte
Amats: Ceste bataille brévement fu de li Normant
bezieht er nämlich proleg. p. LXXVII. auf die Schlachten
der Normannen in Italien zwischen 1063—1066, von
denen die hist. Sicula allerdings redet. Ich weiß aber

nicht, ob mit Recht. Betrachtet man die Worte Amats für sich allein, so weiß man nicht, was ihn hierzu berechtigen dürfte. Hier gehen sie offenbar auf die Schlacht bei Hastings, die von den meisten Chronisten mit dem Erscheinen des Cometen in Verbindung gebracht wird. Aber von dieser spricht die hist. Sicula gar nicht. Der Übersetzer allerdings scheint sie auf die Italiänischen Kriege jener Jahre bezogen zu haben. Aber auch von dessen Standpunkte aus ist Champollions Auslegung doch noch mehr als zweifelhaft. Denn eben so gut wie die hist. Sicula, spricht auch Amat selbst von jenen Kriegen[1]), und hier finden wir beim Übersetzer gerade eine Notiz über Amat, die mit der obigen sehr übereinstimmt. V. c. III. p. 144. loquel dist cestui moine qui estoit à cellui tems vif et escrit ceste cose. Und so fragt es sich dann noch, ob der Ausdruck l'autre ystoire des Übersetzers nicht bloß ein unglücklich gewählter für l'autre livre ist.

Wir glauben die Dunkelheit und Zweideutigkeit seiner Worte hier um so mehr hervorheben zu müssen, als es nicht an Stellen fehlt, wo derselbe geradezu einen Gegensatz, eine Verschiedenheit zwischen den Verfassern der hist. Normann. und der hist. Sicula auszudrücken scheint. So namentlich V. 23. p. 156, wo er dem Berichte Amats hinzufügt: Totes foiz l'autre ystoire met, més c'est à entendre de li chevalier solement. Et ceste ystoire parle de li chevalier et de li pédon. Et met celle ystoire que etc. Dann V. 28. p. 164. Et est de noter que l'autre ystoire met moult mervelloze victoire[2]), woraus man doch wahrlich nicht folgern darf, daß er die Verfasser beider für eine Person hält.

1) im fünften Buche.

2) Andere Stellen hat Champollion noch proleg. p. LXXIII. gesammelt, aber gerade das Gegentheil von dem daraus geschlossen, was sie besagen wollen.

Aber angenommen, jener Übersetzer habe L. c. 4. dies in der That sagen wollen, seine Meinung sey wirklich, daß jener Mönch von Monte=Cassino, der die hist. Norman̄. geschrieben, auch die hist. Sicula verfaßt habe — folgt denn daraus, daß dem wirklich in der That so sey? Ist die Angabe eines Schriftstellers des XIII. oder wahrschein= licher des XIV. Jahrhunderts, dem der Name Amats un= bekannt war, dennoch von solchem Gewicht, daß wir ihr unbedenklich Glauben schenken dürften? Wenn ich den Namen des Verfassers der einen Schrift nicht kenne, wie will ich behaupten, daß auch eine andere ebenfalls namen= lose von jenem sey?

Auch verräth dieser Übersetzer eben nicht so viel ge= lehrte Kenntniß, daß er dadurch unser Vertrauen sich er= würbe. Champollion freilich nennt ihn p. LXXVIII. homme instruit et judicieux; indessen giebt derselbe da= von eben nicht den besten Beweis, wenn er I. c. XXVᵃ. sich vollkommen verwirren läßt durch den Umstand, daß es neben dem Griechischen Kaiser auch noch einen andern, den Deutschen, in Italien gegeben habe.

Aber alle diese indirecten Beweise gegen diese neue Autorschaft Amats, die ihm eben nicht zur Ehre gereichen würde, verschwinden durch eine Wahrnehmung, die Wilken schon lange vorher gemacht hat: Hist. Comn. praef. p. XXVII. Quae Anonymus Vaticanus, saeculi XIII. auctor, — — de Roberti Guiscardi expeditionibus Grae- cis suppeditat, exiguı sunt pretii, atque uni- versa fere ex Gaufredi Malaterrae historia ducta.

Und nicht bloß die Berichte des Anonymus über die Griechischen Feldzüge Robert Wiscards, sondern sein ganzes Werk in dem Umfange, wie Champollion es dem Amat zuschreibt, Carus. p. 829—853. ist weiter nichts als ein armseliges Excerpt aus Gaufred Malaterra, und zwar so abkürzend, so dessen ausführliche Darstellung zusammen=

ziehend, daß der Inhalt von drei Capiteln oft in zwei
Linien zusammengedrängt ist [1]).

Diese Wahrnehmung kann jeder machen; eigenthümlich
nur bleibt es, daß Champollion, der sie gemacht hatte, in
Bezug auf p. 853—856, und dem dieselbe ein Grund war,
jene Theile der Erzählung auszuscheiden, sich nicht versucht
gefühlt hat, auch die früheren Partien einer ähnlichen Un=
tersuchung zu unterwerfen.

Zum Überfluß fügen wir noch einige Bemerkungen
hinzu, die seine Ansicht als völlig unhaltbar erscheinen lassen.

Hätte Amat wirklich beide Werke verfaßt, so würde er
über dieselben Ereignisse in dem einen nicht anders gespro=
chen haben, als in dem andern. Dies bemerken wir aber
an mehr als einer Stelle. So unter andern über die
Veranlassung zur Eroberung Siciliens. Hierüber sagt der
Anonymus in seiner histor. Sicula p. 837. In iisdem
temporibus Bentadus [2]) cum domino Cathaniae, cui
nomen Bothum [3]) erat, pro interfecto ab eodem
sororis suae marito graves inimicitias exercens,
eumque iuquietando maxima parte suae terrae fecerat
expertem, cuius potentiae quibus Barthum per se minime resistere poterat, pro implorando auxilio ad comitem Rogerium transfretavit. Dies ist ersichtlich aus
Gaufr. Mal. II. 3. abgeschrieben: ad quem (Rogerium)
Becumen admiraldus Siciliae a Belcamedo quo principe praelio fugatus, eo quod maritum sororis
suae — — occiderat, apud Rhegium profugus
venit. Amat aber giebt diese Umstände ganz anders an.
V. 8. p. 147. En la grant cité de Palerme en Sycille

---

1) Vergl. Gaufr. I. c. 16. 17. 18 mit p. 836 des Anonymus.
Wir führen dies deßwegen an, um den Einwurf von vorn herein
zu beseitigen, daß dies angebliche Werk Amats vielleicht die Quelle
Gaufreds seyn könne.

2) Berganetus des c. V. 4936. Bercamente der versio
gall. p. 278.

3) Bitumen cod. Vat. Vittumen vers. gall.

estoit amiral un qui se clamoit Vultumine. Un Sar-
razin esmut lo pueple et lo chacèrent de la cité et
se fist amiral. — — Mès que non avoit adjutoire de
sa gent, recisse à lo christienissime duc Robert, was
uns genauer noch durch den Auszug, den Leo Ost. (SS.
VII. 734.) hier aus Amat giebt, dargestellt wird: Cum
igitur Panormitanae civitatis regimen Vulthuminius ad-
mirarius retineret, quidam ex servis ejus Belchus nomine contra eum insurgens, honore eum patriaque
privavit. Pulsus vero illa Sicilia, ad supradicti Rob-
berti ducis confugit auxilium.

Ein ähnliches Ergebniß sind wir befugt, aus des Anonymus Darstellung der Belagerung und Einnahme von
Bari 1071 zu ziehen (ap. Carus. p. 844. 845.), die nichts
weiter als ein dürftiger Auszug aus Gaufr. Malat. II. 40.
43. ist. Vergleicht man hiermit das, was Amat V. 27.
über dasselbe Ereigniß sagt, so tritt uns darin ein ganz
anderes, weit anschaulicheres und getreueres Bild der in
der Stadt obwaltenden Parteiungen entgegen, eine Darstellung, welche durch die vortrefflichen Notizen des Anonymus Barensis ap. Mur. V. p. 153 a. 1069. 1070.
1071. überall bestätigt wird, mit der Gaufreds und des
Anonymus Vatic. aber nichts gemein hat. Hat Amat das
geschrieben, was wir in seiner hist. Normannor. hierüber
lesen, so kann er unmöglich auch der Verfasser solcher Angaben über dies Ereigniß seyn, wie wir sie in der histor.
Sicula antreffen.

Betrachtet man aber überhaupt den Stil und die Dar-
stellungsweise der letztern genauer, so ist es unmöglich anzunehmen, daß dieselbe Feder, welche uns ein in seiner
Weise so abgerundetes, reich ausgeführtes Werk, wie die
hist. Normann. ist, hinterlassen hat, auch eine so kümmer-
liche, inhaltslose Schrift und in so barbarischem Latein
habe verfassen können, wie sich die histor. Sicula jedem
Unbefangenen darstellen muß. Ihr Autor endlich — und

dies Argument, hoffe ich, ist überzeugend — verräth an
einer einzigen Stelle sein Alter. Die Verse nämlich, welche
er p. 836 zu Ehren Robert Wiscards beibringt, schließt er
folgender Gestalt:

> Ut breviter brevibus possim compraehendere verbis,
> Nec primum similem potuit, nec habere sequentem,
> Regibus exceptis, eadem quos duxit origo,
> Per quos diluerit faex et pagana caligo;

was der Französische Übersetzer so wiedergiebt p. 277: et
de liquel descendirent rois, liquel destruistrent puis
la gent Sarrazine. Der Verfasser also kannte schon Kö=
nige von Sicilien und diese Würde erlangten seine Herr=
scher doch erst im Jahre 1130. Der Verfasser schrieb also
erst nach dieser Zeit und jedenfalls sehr viel später als
Amat, der schon 1093 gestorben ist.

Halten wir dies fest, so stellen sich auch die Ausschei=
dungen der verschiedenen Texte, die Champollion vornimmt,
als völlig unbegründet dar; wir werden befugt seyn, nur
einen Grundtext anzunehmen, den nämlich, welchen der
Cod. Vatic. 6206 giebt und der bis gegen 1150 reicht,
wo Sicilien schon unter königlicher Herrschaft war. In
dieser Form hat ihn auch der Französische Übersetzer ge=
kannt und ihn als das Werk eines Verfassers betrach=
tet [1]); so wie dieser Verfasser überall nichts weiter that,
als die Darstellung Malaterra's abzukürzen, eben so ge=
wissenhaft hat er auch die von späterer Hand zu dessen
Werk hinzugefügten Zusätze des Codex Iarratanus in seine
Compilation aufgenommen. Diese Compilation fand dann
einen Fortsetzer im XIII. Jahrhundert, und dies ist die
Gestalt, in der der Cod. Vat. 4936 uns die hist. Sicula
giebt.

---

1) Dies geht aus den Schlußworten hervor p. 313. Et dist
lo maistre qui raconte li fait de cestui et sa grant loenge, que
non suffirait la sagesce de Tullie et ensi met fin de son
livre.

Bemerkung.

Der Name der Stadt Teanum hat den Abschreiber von Amats ystoire de li Normant zu einigen höchst seltsamen Fehlern verleitet, die Champollion=Figeac entgangen sind, und die es hier wohl der Ort ist anzuzeigen. Bei Amat III. 5. p. 73 heißt es nämlich: La malice de Pandulfe avait afflit li conte Détien — — —, wo es offenbar heißen muß: li conte de Tien, dann im Inhaltsverzeichniß des 4ten Buches p. 108: Coment vit Ardretyen et puiz lo conquesta ist um so entschiedener zu lesen: Coment vit ardre Tyen, nämlich Richard, von dem unmittelbar vorher gesprochen ist, als auch im IV. Buch c. 30 wirklich steht: Or avint une nuit que lo prince Richart — vit une lumière come de flame — — Et cellui message sot que la cité de Tyen ardoit.

Über die Chronik Otto's von Freisingen
von Herrn Dr. Wilmans.

Otto's geschichtlicher Standpunkt.

Unsere Schulbegriffe haben uns gewöhnt, zwischen alter, mittlerer und neuerer Geschichte eine absolute Trennung zu erblicken. Unverkennbar verkümmern wir uns hierdurch die Anschauung von der ununterbrochenen Entwicklung unseres Geschlechtes, von der Leitung der menschlichen Geschicke durch e i n e Hand und nach e i n e m Plane. Der mittelalterliche Historiker stand in dieser Beziehung viel vortheilhafter zur Geschichte. Denn abgesehen von dem Begriff der vier Weltmonarchien des Daniel (II. 27. 33.), welcher der Geschichte einen festen Schematismus gegeben hatte, mußten die Chronisten, wenn sie der Deutschen Nation angehörten, sich auch noch als Unterthanen und Mitglieder des Römischen Reiches fühlen, das, indem es alle antiken Entwicklungen in sich, wie in einem Brennpunkte vereinigte, auf sie die Überlieferungen und die Bildung der gesammten alten Welt übertragen hatte. Sie fühlten sich auch zur entferntesten Vergangenheit in einem weit unmittelbareren Zusammenhang, als unsere Zeit beispielsweise zu dem Jahrhundert der Völkerwandrung geistig stehen möchte.

Aber die antike Welt wirkte noch in einer weit innerlicheren Weise auf die geschichtliche Anschauung des Mittelalters ein. Das Schauspiel des zusammenbrechenden

Römischen Reiches hatte zwei Werke hervorgerufen, Augu=
ftin's Buch de civitate Dei und des Orosius historiarum libri VII. adversus paganos, deren in jenen trübften
Zeitverhältniffen wurzelnde Grundanficht für einen großen
Theil der mittelalterlichen Gefchichtfchreiber maßgebend wer=
den follte.

Otto, dritter Sohn Herzog Leopold's von Öftreich
aus deffen Ehe mit der Witwe Friedrich's von Schwaben,
Agnes, einer Tochter K. Heinrichs IV, geboren den 5. De=
cember 1109, und dem Ciftercienfer Orden, wie es fcheint,
aus innerm Drange ungefähr feit dem Jahre 1130 ¹) an=
gehörend, feit dem Ende des J. 1136 Bifchof von Freifin=
gen ²), mußte fich wohl durch den asketifch=myftifchen Geift
feines Ordens zu einer folchen Betrachtungsweife der Ge=
fchichte befonders hingezogen fühlen.   Denn als er es auf
Bitten feines Freundes Ifingrim unternahm, eine Weltge=
fchichte vom Urfprunge an bis auf feine Zeit zu fchreiben,
konnte er nicht glauben fachlich viel Neues zu geben.   Ek=
kehard hatte vor nicht langer Zeit fein Chronicon universale beendigt.   Wenn Otto bezweckt hätte, nur Thatfachen
zu geben, fo würde er weit beffer daran gethan haben,
zu der Recenfion Ekkehard's, die ihm vorlag, und die nur
bis zum Jahre 1106 ging, eine Fortfetzung zu liefern, als
daß er das von Ekkehard Gefagte für den großen Zeit=
raum von Erfchaffung der Welt bis 1106 nach Chr. noch
einmal und fehr oft nur mit den verkürzten Worten deffel=

---

1) Andere nehmen das Jahr 1126 an; fo auch Huber: Otto
von Freifing, gekrönte Preisfchrift. München 1847. p. 4. 5. der
mit Meichelbek feine Wahl zum Abt von Morimund in das
Jahr 1131 fetzt.   Huber's fchätzbares Buch verfolgt im Ganzen
von den unfrigen zu verfchiedene Gefichtspunkte, als daß wir es
hätten häufig benutzen können.

2) Jaffe, K. Conr. III. p. 288.   Rauch, Öfter. Gefch. I. 329.
Merkwürdig in diefer Beziehung und bisher nicht benutzt ift Alberichs (von Troisfontaines) Angabe über Otto: — Chron. a. 1146.
II. p. 315 — episcopi Ottonis, qui fuit vir nobilis et monachus Morimundi, *et una die electus in abbatem eiusdem loci,
sequenti die factus est in Bavaria episcopus Frisingensis.*

ben Chronisten wiederholte. Daß er sich aber diese große Arbeit nicht reuen ließ, beweis't, daß er bei Ausarbeitung seiner Chronik einen ganz andern Zweck vor Augen gehabt, daß es ihm mehr darum zu thun war, den von Augustinus und Orosius gegebenen Standpunkt in der ganzen Welt= geschichte durchzuführen, er also weniger die Thatsachen um ihrer selbst willen berücksichtigte, als insofern sie als Belege für die Construction der Geschichte in seinem Sinne und als Beweismittel zur Darlegung d e r Ideen dienen konnten, welche nach seiner Meinung von Anfang aller Dinge an die treibenden und entwickelnden gewesen.

Gerade hierin, glaub' ich, müssen wir den eigenthüm= lichen Werth seiner Chronik suchen [1]).

Man ist gewohnt, das Zeitalter der Schwäbischen Kaiser als ein Jahrhundert übersprudelnder, selbstbewußter Kraft, reich an den edelsten Schöpfungen des religiösen, litterari= schen und politischen Lebens zu betrachten, mit einer ge= wissen wehmüthigen Sehnsucht von unserm Jahrhundert des abstracten Gedankens auf dies Zeitalter frischer Thaten hinzublicken. Wie ganz anders sah doch Otto, Halbbruder und Onkel zweier jener Kaiser, auf seine Zeit, welche trübe, niederschlagende Gedanken erweckte in ihm die Betrachtung der Geschichte: „Nicht so sehr Geschichte hätten Pompejus Trogus, Justinus, Cornelius, Varro, Eusebius, Hierony= mus, Orosius, Jordanes geschrieben, als vielmehr die qual= vollen Tragödien der Sterblichen [2]); auch er schreibe in der Bitterkeit des Herzens [3]), nicht um eitle Neugierde zu befriedigen, sondern um das Elend und die Hinfälligkeit der

1) Deßwegen möchte auch der Name Chronik ein nicht ganz passender seyn. Otto sagt selbst im prol. zu lib. VIII: Hoc opus quod de duabus civitatibus intitulavimus; im prooem. ad Fri- dericum Imp. aber nennt er es de mutatione rerum; was beides dem Grundgedanken des Werks entspricht.

2) Prooem. ad Isingrim.

3) Prooem. ad Frider.

menschlichen Dinge zu beweisen[1]). Unser Geschlecht gleiche
einem Fieberkranken, der vergeblich in der Veränderung
seiner Lage eine Erleichterung seiner Schmerzen suche; von
Babylon sey die Herrschaft auf die Meder, von diesen auf
die Perser, dann auf die Griechen, endlich auf die Römer
und unter Römischem Namen auf die Franken übertragen
worden; bei jedem neuen Wechsel nur immer neue Schmer=
zen, neue Mühsal[2]). Man nahe sich dem Ende der Zei=
ten[3]). Was sey aus dem Römischen Reiche geworden?
Kaum noch ein Schatten seines Namens sey übrig; die
Welt stehe im Begriff, den letzten Athemzug des erschöpften
Greisenalters zu thun. Nicht anders wäre es mit der
Wissenschaft; auch sie sey von den Babyloniern und
Ägyptern zu den Griechen, von diesen zu den Römern ge=
wandert; diese hätten sie den Galliern und Hispaniern
übertragen, unter welchen in den jüngsten Tagen die be=
rühmten Doctoren Manigold und Anshelm (von Canter=
bury) geleuchtet; im Osten habe sie begonnen, sie fange an
im Westen zu verenden[4]). Von Anbeginn der Welt an
seyen die Völker der Erde in zwei Staaten getheilt gewe=
sen, das weltliche Babylon und das himmlische Jerusa=
lem[5]); das letztere aber bis zur Geburt Christi verborgen
geblieben. Von diesem Zeitpunkt an bis zu Constantins
d. G. Regierung habe sein Reich sich ausgebreitet; hierauf
durch innere Übel, besonders die Ketzerei des Arius, zer=
rüttet, sey es erst nach der Regierung des ältern Theodo=

1) Chron. II. 32.
2) ib. V. 36. und sonst öfters.
3) ib. II. 13.
4) Prooem. ad Isingr.; lib. V. prol.; alle Handschriften fügen zu
Anselm und Manigold an letzterer Stelle noch den Berengar (von
Tours) hinzu. Wer Manigold ist, habe ich bisher nicht finden
können.
5) Prooem. ad Isingrimum. Es ist auffallend, daß auch der
bekannte Gerhoch von Reichersberg, Otto's Freund (cf. Meichelb.
h. Frising I. 344.), dem Papste Eugenius III. eine Abhandlung
über die Vermischung Babylon's und Jerusalem's vorlegte. Ne=
ander K. G. V. 1. S. 257.

sius, als alle Völker und Fürsten zur katholischen Religion sich bekannt, zur allgemeinen Herrschaft gelangt. Von hier ab zeichne er nur die Geschichte eines Staates¹) auf, alle Bücher seiner Chronik, bis zum 7ten und 8ten, durch welche die Ruhe der Seelen und die Auferstehung bezeichnet werde, schreibe er im Gefühle seines Elendes²)."

Diese trübsinnige Anschauung der Weltgeschichte war aber bei Otto nicht allein Nachhall jener Klagen, worin die classisch=christliche Welt ihren Untergang betrauert; sie hatte noch einen andern Grund in seiner persönlichen Stellung. Dem großen weltgeschichtlichen Ereignisse seiner Zeit fand sich Otto in einem innern Zwiespalt gegenüber. Als Bischof und Mönch mußte er die Bemühungen der hie=rarchischen Partei, welche der Kirche Unabhängigkeit und Macht verliehen, billigen, als naher Verwandter zweier Kaiser den Erfolg dieser Bemühungen, insofern sie des Reiches Kraft gebrochen, aber bedauern. Dieser Wider=spruch macht sich oft, und namentlich in den Einleitungen zu den einzelnen Büchern, auf eine eigenthümliche Weise geltend. Außerdem hat uns Radewicus aber noch ein di=rectes Zeugniß in dieser Beziehung in der Erzählung von den zwischen Friedrich I. und Hadrian IV. entstandenen Streitigkeiten aufbewahrt. Nachdem er berichtet, daß die Cardinäle Heinrich und Jacinth dem Kaiser mündlich die Entschuldigungen des Papstes überbracht, fügt er hinzu I. 22. Post haec verba literas efferunt, quae venerabili Ottoni Frisingensi ad legendum simul et interpretan-dum³) datae sunt, viro utique qui singularem

1) Prol. lib. V. et VII.

2) Prooem. ad Fridericum, cf. VI. 36., wo er am Schluß des Buches ebenfalls sagt: Sexto operi finem imponamus, ut ad septenarium requiemque animarum, quae miseriam praesentis vitae subsequitur, properemus. Das achte Buch ist in der That nur eine mystische Abhandlung von der Auferstehung.

3) Verstand Friedrich I. denn nicht Latein?

habebat dolorem de controversia inter regnum et sacerdotium.

Diese Worte zeigen uns Otto am Hofe Friedrichs in
der Stellung eines geistlichen Rathes; wir glauben in der
Chronik noch andere, thatsächliche Spuren dieses Verhältnisses entdecken zu können¹); jedenfalls sind sie für die
richtige Auffassung dessen, was er über die Beziehung zwischen Kirche und Staat sagt, wichtig.

Dies Verhältniß näher zu bestimmen, knüpft er an den
Grundgedanken seines Buches von den beiden Staaten,
welche die Welt beherrscht, an und sagt²), „daß die civitas Dei zwar schon vor Erschaffung der Welt präordinirt
gewesen, Gott aber seinen Staat bis zu dem Augenblicke
habe verborgen halten wollen, wo die in den Verfolgungen
mürbe gewordene Kirche hätte erhöht werden sollen. Hierzu
sey der Römische Kaiser als die geeignetste Person von
ihm auserwählt worden, dem er nicht allein den Glauben
gegeben, um zum wahren Lichte zu gelangen, sondern auch
die Liebe, damit er die Kirche durch viele Ehren erhöhe,
durch viele Güter und Besitzungen bereichere. So sey es
gekommen, daß die vorher unterdrückte Kirche bald über
Könige geherrscht und über sie zu Gericht gesessen habe."
Hier aber trifft er auf Einwürfe der Gegner, welche theils
unter dem Schein das geistige Wohl der Kirche zu fördern, theils um die Interessen des Staates zu vertreten,
behaupteten, daß diese weltliche Ehre der Kirche nicht zu-
käme. Denn in der Kirche, sagten sie, wären zwei Personen von Gott eingesetzt, eine geistliche zur Spendung der
Sacramente und den übrigen kirchlichen Verrichtungen, und
eine weltliche, um die Kirche mit dem gladius materialis
zu vertheidigen³). Wie der ersteren die geistlichen Ein-

1) S. unten den Artikel Historia Romana.
2) IV. prolog.
3) IV. prol., VII. prol. Vergl. auch Gesta Epp. Camerac.
SS. VII. 474. 20. wo Bischof Gerhard sich auf ganz ähnliche
Weise ausspricht.

künfte, als Zehnten, Erstlinge und Oblationen [1]), so käme der weltlichen der Besitz der Herzogthümer, Grafschaften und ähnlicher Güter der Kirche zu. Beide Gewalten habe der Herr nicht unter einander vermischen wollen, das beweise sein Wort: Gebet dem Kaiser, was des Kaisers ist, seine That, daß er für sich und Petrus den Zins gegeben, das beweise auch Paulus, da er angeklagt nicht an Petrus den Bischof von Rom, sondern — an Nero appellirt habe." Otto scheint die Stärke dieser Gründe gefühlt zu haben; er kann hierauf nur erwiedern, man müsse doch annehmen, daß Gott die Kirche durch diese Begabung mit den Regalien habe ehren wollen; sie, der er den Geist der Wahrheit gegeben, könne mit seinem Willen nicht vom Geiste des Irrthums getäuscht seyn. Also habe Constantin eben so gerecht der Kirche die Regalien schenken, als diese sie annehmen können [2]), und wenn Gott nicht darin ungerecht gehandelt, daß er den Königen ihre Würde und Gewalt ertheilt [3]), so sey er um so weniger ungerecht zu heißen, wenn er anordnete, daß die Gewalt von der weltlichen Person auf die geistliche übertragen würde.

Man sieht, diese Argumentation bewegt sich in einem Kreis; die Umkehr der Gewalten nimmt er als Beweis an, da die Thatsache ihrer Rechtmäßigkeit doch erst hätte bewiesen werden müssen. Otto's Worte erwecken fast das Gefühl, als ob er so recht eigentlich und innerlich selbst nicht von dem überzeugt gewesen, was er für seine Pflicht und dem Interesse seines Standes gemäß hielt zu sagen. Dies tritt besonders gegen den Schluß dieser Digression hervor. Denn wenn auch seine Wahrheitsliebe gegen den neuen Einwand der Gegner: "daß es der weltlichen Person wohl erlaubt

1) Hierauf wollte auch Paschalis, wenn Heinrich V. in die völlige Befreiung der Kirche willigte, die Geistlichkeit allein beschränken, allen weltlichen Besitz der Krone aber zurückgeben.
2) Vergl. unten Historia Romana.
3) Sie hätten dieselbe ex electione populi et ordinatione Dei.

gewesen sey zu schenken, was der geistlichen, wegen der
Heiligkeit ihres Amtes weder anständig noch nützlich gewesen zu besitzen," kein andres Auskunftsmittel (refugium)
als den Umstand weiß, daß heilige Männer wie Sylvester,
Gregor I, Udalrich mit diesen Besitzungen das Reich Gottes erworben, so beruhigt er sich doch schließlich durch die
Autorität der Römischen Kirche: Assentio tamen Romanae sanctae ecclesiae, quam supra firmam petram ae-
dificatam non dubito : credendaque quae credit, licite
possidenda quae possidet, credo.

Es konnte aber nicht fehlen, daß andrerseits auch die
kaiserliche Gesinnung sich in ihm regte. Er erkennt es an
einem andern Orte¹) als eine Thatsache an, daß die Kirche
den Staat nur dann erst habe so tief erniedrigen können,
als er sich ihr zu Liebe zerfleischt und seine Kräfte erschöpft hätte; auch sey er dann von ihr nicht mit dem
geistlichen, sondern mit dem weltlichen Schwerte niederge-
schmettert worden und die Priester daher sehr anzuklagen,
welche es unternähmen, das Reich mit dem Schwerte zu
verwunden, welches sie seiner Gnade verdankten ²).

Gerade dieser Zwiespalt zwischen der Standesansicht
und den Gefühlen der Anhänglichkeit und Liebe für sein
Vaterland und dessen ihm so nahe verwandten Kaiser,
läutert seinen Geist von den Vorurtheilen und einseitigen
Parteiansichten seines Jahrhunderts ³) und erhebt ihn auf
einen für seine Zeit merkwürdigen Standpunkt allgemein
objectiver Betrachtung. Er erkennt die geschichtliche Noth-

1) VII. prol.
2) Nisi forte David imitari cogitent, qui Philistheum primo
virtute Dei stravit, postmodum proprio gladio iugulavit, fügt
er vorsichtiger Weise hinzu.
3) Aeneas Sylvius hist. Frid. schreibt daher mit Recht von
Otto: Illud in Ottone dignum laude, qui licet fratris nepotisque
gesta memoriae traderet, qui Romanorum pontificum hostes
fuere, ita tamen historiae legem servavit, ut neque cognatio
veritati neque veritas cognationi officeret.

wendigkeit des Siegs der Kirche über den Staat an¹),
und findet in diesem Ereigniß nur die Vorhersagung Da=
niels (II. 33. 42. 45) bestätigt²). So kommt er zu dem
beruhigenden Abschluß: da Gott nicht hassen kann, was er
gethan (Weisheit 11.), so müssen auch alle Umwälzungen
ohne Grausamkeit und Haß seinerseits, vielmehr nach den
zureichendsten und nützlichsten, wenn auch uns verborgenen
Gründen erfolgt seyn. Denn die Quelle aller Güte könne
nur die Übel zulassen, die, wenn sie auch an sich schadeten,
doch der Allgemeinheit nützten. Daher wäre es auch nicht
die Sache menschlicher Betrachtungsweise, die Früchte jeder
Revolution nachzuweisen; man müsse das Gott überlassen,
vor dem Nichts unnütz dahin fließen könne. — Wie Otto
nun mehrfach angiebt, daß er in den letzten Büchern nur
die Geschichte eines Staates, des mit der Kirche Eins ge=
wordenen Staates Gottes, zu schreiben gehabt hätte, so
mußte er aus demselben Grunde — von seinem Stand=
punkte aus — den Sieg der Kirche als die letzte Kata=
strophe in der geschichtlichen Tragödie der Menschheit be=
trachten und grade aus der Schwächung und Abnahme
der weltlichen Gewalt, im Vergleich mit dem Wachsthum
der Kirche, den Schluß ziehen, daß die Welt zu verach=
ten sey³).

In der That, um diesen Satz zu beweisen, unternahm
er auf Bitten seines Freundes Isingrim eine Darstellung

1) VI. 34. **Itaque cum (ut saepe dixi) diadema regni a
sacerdotali gladio feriendum foret.**

2) Auf das Römische Reich deutet er das Bild Daniels von
jener Gestalt, deren zum Theil erzene, zum Theil thönerne Füße
von einem Felsen zermalmt werden, der ohne Zuthun der Hände
von den Bergen herabgerissen wurde. Doch ist mir die Ausfüh=
rung des Bildes VI. 36 nicht klar.

3) VII. prol. — **ea quae sequuntur, praesertim cum ad
nostra tempora recentemque memoriam ventum sit, tam defectu
rerum temporalium quam profectu spiritualium mundi con=
temptum prodentia, in hoc opere dicenda restant.**

der ganzen Weltgeschichte in diesem Sinne, von seinem Standpunkte aus [1]).

Aber wie jede Construction der Geschichte als eine dem freien Geiste der Menschheit auferlegte Fessel erscheinen muß, wie in allen solchen philosophischen Formeln nur der beschränkte Geist des Zeitalters sich abspiegelt, in welchem der Verfasser schrieb, wie die Thaten der Einzelnen, der Völker, der Menschheit solchen Vorherbestimmungen ihrer künftigen Schicksale, ihrer einstigen Entwicklung spotten — so widerfuhr es auch unserm Otto, daß er in seinem Jahrhundert den Schlußpunkt aller bisherigen Geschichte wahrzunehmen glaubte, welches wir das Recht haben als den Beginn eines neuen Zeitraumes zu bezeichnen. Eine Zeit, wo die Gesammtheit der Romanisch=Germanischen Nationen sich vereinigte, um die überströmende Kraft ihrer Stämme in Colonien über Asien, Nord = Africa, das Byzantinische Reich, Ungarn und alle Slawischen Länder von der Elbe bis zur Newa zu ergießen, wo der Geist dieser Völker sich losmachte von dem Gängelbande antiker Litteratur, die Autorität classischer Muster verließ, und in den tiefsinnigsten und zartesten Schöpfungen nationaler Litteratur zum Bewußtseyn seiner geistigen Selbständigkeit und Eigenthümlichkeit gelangte — ein solches Zeitalter mußte ihm als Ergebniß aller bisherigen Entwickelungen die Überzeugung gewähren, daß die Welt ihrer Auflösung und die Menschheit der ewigen Ruhe nahe wäre.

Immerhin bleibt eine solche Construction der Geschichte,

[1] Prooem. ad Isingrimum: Quia ergo propter has et huiusmodi varietates mundus probatur contemnendus, necessarium ratus sum ad petitionem tuam, frater charissime Singrime, historiam texere, per quam — aerumnas civium Babyloniae, gloriam etiam regni Christi post hanc vitam sperandam, in hac expectandam ac praegustandam Hierusalem civibus ostenderem. Dieser Isingrim ist mir nicht weiter bekannt, doch hat auch der Codex Hannov. nur die Form Singrime, während die Hdsch. von Schefflarn (jetzt in München), Heiligen Kreuz, Admont und Straßburg alle: Isingrime schreiben. Vergl. unten über die erste Redaction der Chronik.

so seltsam sie in dieser Weise uns dünken mag, ein eigen=
thümliches Zeugniß für Otto's Bestreben, die Masse des
geschichtlichen Stoffes geistig zu durchdringen und ein in=
nerliches Verständniß des Geschehenen zu erlangen. Es
unterscheidet ihn dies, wie mich dünkt, auf das Vortheil=
hafteste von der rein compilatorischen Thätigkeit der meisten
ihm gleichzeitigen Geschichtschreiber.

Die erste Redaction der Chronik.

Die Gestalt, in welcher Otto dem Isingrim seine Chro=
nik, von einem seine geschichtliche Grundansicht enthaltenden
Briefe begleitet [1]), überschickte, war die erste Redaction.
Ihre Abfassung muß er im Anfang der vierziger Jahre
des zwölften Jahrhunderts unternommen und die Chronik
dann allmählich beendet haben. Der Prolog des zweiten
Buchs ist zwischen dem März und Juli 1143 geschrieben [2]);
im 21. Cap. des 7. Buches erwähnt er dagegen der durch
den h. Bernhard vermittelten Versöhnung zwischen Lud=
wig VII. von Frankreich und Theobald von Blois, welche
im Jahre 1144, wahrscheinlich nach dem 9. März 1144
stattfand [3]), als eines jüngst erfolgten Ereignisses und
beruft sich VI. 32 auf die von den Römern bei seinem

1) Auch der Prolog des 3ten Buches: Sponsionis meae non
immemor, dilecte frater N., de duabus civitatibus ist ohne Zwei=
fel ebenfalls an denselben gerichtet. Die Handschriften geben aber
statt frater N. nur frater.

2) In diese Zeit nämlich fällt der Krieg zwischen Heinrich von
Österreich und Welf, den er in dem Augenblick, als er schrieb,
noch dauernd erwähnt: Denique dum praeteritorum temporum
calamitatem reminiscimur, instantis quodammodo pres-
surae quoquo modo obliviscimur. Modo nempe ubique terrarum, et praecipue in provincia nostra, quam nuper Welfo —
hostiliter invasit, — — clamor auditur, — discrimen animae timetur. Inter ipsum quippe et Henricum — — cum
de ducatu sit controversia etc.

3) Cf. Sigeb. Contin. Praemonstr. a. 1144. Merkwürdig bleibt,
daß Otto VII. 21. von Stephan von England sagt: in tantum quod
in manus eiusdem foeminae (Mathildis) praedictus rex ante
paucos annos incidens captus sit, was 1140 geschah, und von
seiner in demselben Jahre erfolgten Befreiung kein Wort erwähnt.

Aufenthalte in Rom eingezogenen Nachrichten.   Da nun ſeine Reiſe dorthin nach VII. 32 und beſonders 33 dem er=ſten Jahre des Pontificats Eugenius III. angehört, er auch ſeine Anweſenheit in Witerbo den 18ten November 1145 erwähnt [1]), ſo können auch VI. 25. 32. VII. 16. 32. 33, wo er ſich auf Traditionen der Römer oder das von ihm in Rom Geſehene beruft, erſt im Jahre 1146 verfaßt ſeyn. Beendet aber hat Otto die Chronik, die er bis zum Schluß des Jahres 1145 führt, jedenfalls vor dem 9ten April 1147, da er den Erzbiſchof Konrad von Salzburg, welcher an dieſem Tage ſtarb, als noch in voller Kraft ſein Biſchofs=amt verwaltend darſtellt [2]).   Nach Maßgabe der Äußerun=gen am Schluſſe der Chronik VII. 34: Ecce enim inter nostrum et Ungarorum regnum, non solum isto mili-tem instaurante sed et illo multos ex nostris pecunia corrumpente, valida expectatur commotio, muß die=ſer Schluß einige Zeit vor dem unglücklichen Kriege der Deutſchen gegen die Ungarn, welche mit der Erſteren Nie=derlage am Leythafluſſe am 11. November 1146 endigte, geſchrieben ſeyn [3]).

Die zweite Redaction der Chronik.

Otto war zehn Jahr älter geworden; es waren Jahre vergangen, nachdem auch er jenem unglücklichen zweiten Kreuzzuge beigewohnt hatte [4]), als er auf Verlangen Kai=ſer Friedrichs I. dieſem ſeine Chronik überſandte und den

1) Jaffé, K. Conrad III. p. 289.
2) VII. 13. qui hactenus in ecclesia Dei florere fructuoso labore noscitur.
3) Gesta Frid. I. 32. cf. Rauch, Öſtr. Geſch. I. 364.
4) Schon Ablzreitter nach Meichelb. I. 330 wundert ſich über das Schweigen, welches er in Beziehung auf ſich bei Erwähnung des Kreuzzugs beobachtet, da doch das Chr. Reichersp. über ihn Ein=zelnes mittheile.   Mit Recht macht dann Meich. auf die Beſchei=denheit aufmerkſam, mit der er von ſich und ſeiner Familie ſpricht. Wüßte man es nicht, daß Konrad III. ſein Halbbruder, Leopold und Heinrich von Öſtreich ſeine Brüder ſeyen, man erführe es durch die Chronik nicht.

moralischen Gesichtspunkt, den dieser beim Lesen der Tha=
ten seiner Vorgänger festhalten sollte, in einem Begleitschrei=
ben dahin aussprach, daß die Könige, die allein von allen
übrigen Personen über die Gesetze erhaben und ihnen nicht
unterworfen seyen [1], in der Geschichte eine Lehrerin finden
möchten, die sie vor der Gefahr bewahre, in Gottes Hände
zu fallen. Daß Otto seine Chronik bei dieser Veranlassung
noch einmal überarbeitete, möchte schon an sich wahrschein=
lich seyn, wenn sich nicht noch ausdrücklich Spuren dieser
verbessernden Hand nachweisen und besonders dort erkennen
ließen, wo es darauf ankam, Erlebnisse und Erfahrungen,
die er auf dem Kreuzzuge gesammelt, in die Chronik am
gehörigen Orte einzufügen [2].

Die Zeit, wann er dem Kaiser die Chronik in dieser
Gestalt übersandte, kann ziemlich genau ermittelt werden;
denn da Otto in dem Begleitschreiben an Friedrich (Prooemium ad Fr.) den Empfang des kaiserlichen praeceptum
super expeditione quam contra Mediolanensium super-

1) Dieser Ausspruch scheint mir um so merkwürdiger, als
kaum zwei Jahr nachher der Erzbischof von Mailand auf den
Roncalischen Feldern zu Friedrich I. sagte: Quod principi placuit,
legis habet vigorem. Radevic. II. 4.

2) So namentlich I. 26. Hic (Ulysses) in Hispania Ulys-
sibonam, quae a nostris nuper Sarracenis ablata est, primus condidisse dicitur. Lissabon wurde nach Sigeb. Contin.
Praem. gegen Ende Septembers 1147 eingenommen; V. 18. Quod
et nuper dum Hierosolymitana expeditio sub Conrado Romanorum, Ludovico Francorum regibus ageretur, nos cum multis
aliis experti fuimus. VII. 3 ut a probatis transmarinorum
viris cognovimus und das Folgende über Babylon oder Baldach;
VII. 7. Schluß des Capitels, wo er selbst einen Spruch des Coran
citirt, ohne Zweifel aus der Übersetzung entnommen, die der Angli-
gena Rodbertus Ketenensis (von Kent?) auf Geheiß des Abtes
Petrus von Clugny im Jahr 1143 anfertigte. Dies Datum theilt
Dr. Bethmann aus einer Hdschr. der Pariser Arsenalbibl. Nr. 105
mit (Archiv IX. 359); es wird durchaus bestätigt durch eine Notiz
Alberichs von Troisfontaines a. 1143 (II. p. 301) und ist auch
zur Bestimmung der Zeit, wo Otto geschrieben, nicht ohne Werth.
— Über andere Stellen, die einer zweiten Bearbeitung angehören
möchten, vergleiche unten über Aristoteles.

biam ordinastis, bescheinigt, dieses Praec. aber, das er in der ihm mitgetheilten Fassung [1]) in den Gest. II. 30 giebt, aus dem J. 1156 und nach der Verbindung der Thatsachen in den Gesta aus dem Juli ist, so muß die Übersendung in der zweiten Hälfte des genannten Jahres stattgefunden haben. Dies wird noch durch den Umstand bestätigt, daß Otto zur selben Zeit ein vertrauliches Schreiben an den Kanzler Reinald erließ [2]) und wir diesen als solchen erst vom 10. Mai 1156 in den Recognitionen der Urkunden finden [3]).

Otto's Gesta Friderici mit der Fortsetzung Radevic's.

Bald nach Vollendung der Chronik in ihrer ersten Gestalt, zu der Zeit, wo der Christenheit zum zweiten Male das Kreuz geprebigt wurde, oder, wie Otto sagt, wo der Geist des peregrinus Deus das Abendland entflammte [4]),

1) Fridericus — dilecto patruo suo Ottoni Frisingensi episcopo.

2) in welchem er ihn bittet, in Betreff dessen, was er vielleicht Ungünstiges über des Kaisers Vorfahren und Verwandte in der Chronik gesagt haben möchte, ein freundlicher Vermittler bei Friedrich zu seyn. Otto's Worte (Urst. p. 6): Ea propter non ut rudi, sed ut philosopho, vestrae industriae confidentius scribo, scheinen mir nicht ohne Bedeutung für die Haltung zu seyn, welche Reinald später als Erzbischof von Cöln in dem Kampfe mit Alexander III. der hierarchischen Partei gegenüber annahm. Er gilt ihr als incentor et auctor schismatis, sie nennen ihn und den Kaiser fumigantes titiones. Epp. S. Thom. Cant. ed. Lupus I. ep. 169 und öfter.

3) nach einer gütigen Bemerkung des Herrn Dr. Wattenbach.

4) Prolog. ad Frid. Imp. vor den Gesta (Urst. p. 405). Er rechtfertigt diesen sonderbaren Ausdruck durch Mittheilung von Stellen aus einer seltsamen Flugschrift, die in dieser Zeit in Frankreich verbreitet wurde: Tibi dico L. pastor corporum primo elemento materiae tuae sylvae, quem inspiravit spiritus diei peregrini Dei. Cum perveneris ad costam tetragoni sedentis aeterni et ad costam tetragonorum stantium aeternorum et ad multiplicationem beati numeri per actuale primum cubum, surge etc. Einige meinten, es wäre den Sibyllinischen Büchern entnommen, Andere hielten es für eine göttliche Offenbarung, der ein Armenier gewürdigt worden.

hatte er seine schriftstellerische Thätigkeit — er sagt uns nicht, ob durch Fortsetzung seiner Chronik oder in anderer Weise, — wieder aufnehmen wollen und schon zu schreiben begonnen. Doch — aus welchem Grunde weiß er selbst nicht zu sagen — er warf das angefangene Werk wieder bei Seite [1]). Friedrichs Aufforderung, ihm die Chronik zu übersenden, scheint ihm indessen Veranlassung gewesen zu seyn, zur Geschichtschreibung zurückzukehren. In dem **Prooemium ad Frider.** vor der Chronik erbietet er sich, seine Thaten der Nachwelt zu überliefern, wenn der Kaiser ihm die amtlichen Aufzeichnungen seiner Notare zukommen laffen wolle [2]), und überschickt ihm die Chronik durch den Abt Rapato von Weihenstephan [3]) und seinen Capellan Ragavin, um in letztgenannter Beziehung die Befehle des Kaisers zu vernehmen.

Dieses Prooemium der Chronik gehört, wie wir sehen, der zweiten Hälfte des J. 1156 an; noch im Herbste deffelben Jahres erfüllte Friedrich den Wunsch seines Oheims, indem er ihm mit dem Dank für seine Chronik [4]) eine kurze Übersicht seiner Thaten in den ersten fünf Regierungsjahren [5]) übersandte. Dieselbe wird, indem sie die deutschen Ereignisse der J. 1152, 1153, 1154, die Otto selbst genau kennen mußte, nur leichthin berührt, erst mit dem Schluß

1) Prol. ad Frid. Imp. vor den Gesta p. 405.

2) Prooem. ad Frid. Imp. vor der Chronik p. 5. per notarios vestrae celsitudinis digestis capitulis mihique transmissis.

3) In Meichelb. finde ich Rapoto's Unterschrift erst im Jahr 1157. H. Fr. I. 336; dann im J. 1163. (ib. p. 360.); in den Jahren 1140, 1143, 1144 kommt Sigimar als Abt von Weihenstephan vor, ib. p. 318. 322. 328.

4) Urst. p. 403. Chronica quae tua sapientia digessit vel desuetudine inumbrata in luculentam erexit consonantiam, a dilectione tua nobis promissa et transmissa cum ingenti gaudio suscepimus et post bellicos sudores interdum delectari in his et per magnifica gesta imperatorum ad virtutem informari praeoptamus.

5) l. c. Ea vero quae ab ingressu regni a nobis gesta sunt, ad petitionem tuam breviter compilata etc. — — tantillum hoc quod in Romano orbe per quinquennium fecimus, paucis perstringere curamus.

des letztgenannten Jahres, wo der Italische Zug beginnt,
ausführlich und werthvoll.   Diese, ohne Zweifel von kai=
serlichen Notaren herrührende Aufzeichnung, reicht bis zum
17. und 18. September 1156 [1]); eben so weit gehen auch
die zwei Bücher Otto's de Gestis Friderici I.   Für die
Zeit ihrer Abfassung ergiebt sich aus dem oben Gesagten,
daß sie erst nach dem September 1156 niedergeschrieben seyn
können; der Umstand aber, daß Otto im Prolog mehrfach
und ausführlich von der pacis inaudita serenitas, der
firma quies, dem tempus ridendi spricht [2]), läßt auf eine
allgemeine Ruhe im Reiche im Augenblick der Abfassung
schließen und erweist, daß diese beiden Bücher wahrscheinlich
schon im J. 1157, jedenfalls aber vor dem Mitte Som=
mers 1158 unternommenen Kriegszug beendet worden sind.

Man hat bisher geglaubt, daß Otto mit dem zweiten
Buche der Gesta seine Thätigkeit als Geschichtschreiber be=
schlossen habe; diese Meinung könnte sich eben darauf stü=
tzen, daß Otto nicht weiter als die ihm mitgetheilten amt=
lichen Materialien gegangen sey und sein treuer Begleiter
Radevic dann die Fortsetzung übernommen habe.   Dennoch
aber scheint uns die Ansicht nicht begründet.   Otto selbst
sagt am Schluß des zweiten Buchs [3]): „Quare huic secundo
operi terminus detur, ut ad ea quae sequuntur tertio
locus servetur volumini" und giebt damit wenig=
stens seine Absicht zu erkennen, daß er noch ein drittes Buch
habe hinzufügen wollen.   Dann sind aber so viele und so
ausdrückliche Zeugnisse Radevic's vorhanden [4]), daß nicht

---

1) Dies ist auch der Grund, aus dem wir glaubten Friedrichs
Antwort in den Herbst dieses Jahres setzen zu müssen.
2) Urst p. 405. 406.
3) Urst. p. 474.
4) Radevici — in suam appendicem prooem. Urst. p. 476.
— etiam praesentis operis pagina suum nobis exinde
praebet documentum, quae ab auctore suo felicis memoriae
inchoata, ipso — — infausta morte praevento, nostrae parvi-
tati — ejus iussu pariterque — imperatoris Friderici nutu fo-
venda et promovenda committitur; Rad. Gesta Frid. II. c. 11.

er, sondern Otto der Verfasser des größten Theils der un=
ter Radevic's Namen vorhandenen Geschichte Friedrichs I.
ist, daß man nicht einsieht, wie diese einfache Wahrnehmung
den frühern Herausgebern hat entgehen können. Erst vom
11ten Capitel des zweiten Buchs an gehören demnach Ra=
devic's Gesta Friderici diesem an, wenn auch nicht zu
leugnen ist, daß früher von ihm einzelne Nachträge und
Zusätze gemacht worden sind [1]). Eine spätere Ausgabe wird
daher wohl nur eine Pflicht zu erfüllen haben, wenn sie
das unter Otto's Namen zurückstellt, was Radevic gar nicht
die Absicht hatte, für sich in Anspruch zu nehmen. Aber
auch derselbe amtliche Charakter, welchen die beiden ersten
Bücher Otto's de gestis Frider. imp. haben, scheint die=
sen Fortsetzungen ebenfalls zugesprochen werden zu müssen.
Dies möchte wenigstens Radevic's Vorrede an den Kanz=
ler Ulrich und den Notar Heinrich bezeugen [2]), und seine
Worte sowohl als der ganze Charakter seiner Schrift uns
in der Ansicht bestärken, daß unter den Hohenstaufen da=

p. 512. In numero quorum primus fuit Otto Frisingensis ecclesiae — praesul, huius historiae auctor et feliciori fine
futurus consummator, nisi — — fata virtutibus invidissent. Ib.
p. 513: Otto im Augenblicke des Todes: inter caetera quae sol-
licitus de salute sua praevidebat, etiam hunc codicem manibus suis offerri praecepit, eumque literatis et religiosis viris
tradidit, ut si quid pro sententia magistri Gileberti (ut patet in
prioribus) dixisse visus esset, quod quempiam posset offendere,
ad ipsorum arbitrium corrigeretur; ib. p. 514. Ego autem qui
huius operis principium eius ex ore adnotavi, finemque
eiusdem — perficiendum suscepi etc.; endlich p. 558 der Epilog
Radevic's, der sich ganz in derselben Weise ausspricht. Da die
Stelle über Gilbert, welche er p. 513 meint, in Otto's Gesta I.
46. 47 steht, und diese als in demselben Codex befindlich angeführt
wird, so sieht man recht, wie das Ganze, sowohl Otto's erstes und
zweites Buch, als auch Radevic's erstes und zweites Buch bis zum
11. Capitel, von Letzterm als ein nur dem Otto angehöriges Werk
betrachtet wurde.

1) So namentlich wohl I. 22 über Otto von Freisingen selbst.
2) Ed. Urst. p. 476. Et vestrae quidem prudentiae potissimum labor iste debebatur, apud quos exacta fides historiae reperitur. — — Vos itaque ambos in hoc opere prae-
ceptores, testes et iudices eligo.

mals ein Anfang officieller Geschichtschreibung gemacht wurde.
Es wäre zu untersuchen, ob dies Anklang und Nachahmung
gefunden hätte.

Wir erwähnten oben, daß Otto seine Chronik durch den
Abt Rapato von Weihenstephan und seinen Capellan Ra=
gabin überschickt habe; er empfiehlt denselben noch beson=
ders durch die Worte (ed. Urst. p. 5): qui hanc historiam
ex ore nostro subnotavit. Ganz in derselben Weise
spricht Rabevicus von sich (ib. p. 514): Ego autem
qui huius operis principium eius ex ore adnotavi.
Sollten die Beiden nicht eine Person seyn? Schon Pi=
thou ist der Meinung; aber was ist dann sein eigent=
licher Name, oder sind Ragabin und Rabevic nur ablautende
Formen desselben Wortes? Aeneas Sylvius nennt ihn Ra-
deuinus, Aventin, der die Wiener Handschrift des Schot=
tenklosters benutzte, Rigouinus, die Hannoversche Hand=
schrift hat an der angeführten Stelle Ragevvinum;
ebenso die wenig jüngeren Handschriften von Schefflarn,
Heiligen Kreuz und Admont [1]). Beim Pithou und Ursti=
sius verändert sich im Appendix zum Rabevicus dieser Name
mit einem Male in Radewinus. Alle diese Formen sind
verwandt und gehen augenscheinlich in einander über; wel=
ches ist die richtige, d. h. die vom Verf. selbst gebrauchte?

Der genannte Appendix ist in mancher Beziehung
ein nicht uninteressantes Actenstück; es sind Aufzeichnungen,
wie sie sich der damalige Historiker behufs einer spätern
Ausarbeitung wohl anlegen mochte, nicht eben ganz gleich=
zeitig, denn hin und wieder ist der Autor über das genaue
Jahr eines Ereignisses in Zweifel gewesen [2]), wie überhaupt
die Chronologie — wenigstens in dem uns vorliegenden
Druck des Urstisius — nicht durchaus tadelfrei ist. Diese
Aufzeichnungen schließen sich in der Zeit unmittelbar an
das Ende des Rabevic'schen Buchs und führen die Ereig=

1) die Straßburger s. XIII. aber Ragevinum.
2) p. 558 lin. 27. eodem anno vel proximo.

nisse von 1160 bis Ostern 1170. Ihre Abfassung muß aber vor dem J. 1177 erfolgt seyn, Alexander III. würde sonst wohl schwerlich als Roland angeführt werden. Ist nun unter diesen Umständen die Vermuthung natürlich, daß Radevic ihr Verfasser sey, so möchte man beinahe noch eine andere gewagtere äußern; Pithou bemerkt zum Appendix, daß er una cum epistola sequente in vetustiori exemplari eadem omnino manu adscripta erat. Dieser Brief handelt vom Kreuzzug des J. 1190. Die Richtigkeit beider Vermuthungen vorausgesetzt, hätte Radevic auch noch den kaiserlichen Neffen seines Bischofs sterben sehen, er der dem Oheim selbst die Augen zugedrückt [1]). Warum setzte er dann aber sein Werk nicht fort? warum unterbrach er es gerade in dem Augenblicke des heftigsten Kampfes seines Herrn und Kaisers mit der hierarchischen Partei? Welche Fülle reicher und authentischer Denkmale besäßen wir, wenn Radevic fortgefahren hätte, den weitern Kampf Friedrichs und Alexanders ebenso urkundlich und actenmäßig zu beschreiben, wie er dies für den Anfang dieses Zwistes zwischen Kirche und Staat gethan. Die Gegensätze des öffentlichen Lebens greifen so oft störend in die Entwickelung des innern Menschen ein; hat der Triumph der Gegner, das Obsiegen des Papstthums und der Lombarden ihm, dem durchaus kaiserlich gesinnten Radevic, die Lust vergällt, auch die fernern Thaten seines Kaisers aufzuzeichnen [2])?

1) Rad. Gest. I. 11. Radevic müßte sehr alt geworden seyn; indessen wissen wir von seinem Leben nichts; im Prooemium an Ulrich und Heinrich nennt er sich Radevicus S. Frisingensis ecclesiae professione canonicus, ordine diaconus. In den Freisinger Urkunden finde ich ihn unter den Zeugen nicht.

2) Welchen Gegensatz bildete der bei Legnano geschlagene Kaiser zu dem jugendlichen Helden, den Otto im Prooemium der Chronik als Victor und Triumphator begrüßte und von dem er im Prooemium zu den Gesta sagen konnte p. 406: Inter omnes enim Romanorum principes tibi pene soli hoc reservatum est privilegium, ut quamvis a prima adolescentia bellicis desudasse cognoscaris officiis, obscoenum tibi nondum vultum fortuna verterit.

11*

Waren doch auch die letzten Tage Otto's, die er im Cistercienserkloster Morimont zubrachte, durch die Furcht gestört, daß er durch seine Äußerung über die Lehre Gilbert's von Poitiers Anstoß gegeben, und hielt er, der vorzugsweise religiöse Geschichtschreiber, die feierliche Versicherung für nothwendig, daß er als Bekenner des katholischen Glaubens nach der Regel der Römischen Kirche sterbe [1]). Sein Tod erfolgte am 22sten September 1158 [2]) im bald vollendeten 49sten Jahre.

———

Die nachfolgenden Bemerkungen gehen allein die Chronik an. Bevor wir aber die Quellen derselben besprechen, haben wir einige allgemeine Bemerkungen über die Art und Weise, wie Otto sie benutzte und verarbeitete, und über seine classische Gelehrsamkeit vorauszuschicken.

Im Allgemeinen, muß man in ersterer Beziehung sagen, folgt Otto nicht dem Beispiel der meisten mittelalterlichen Geschichtschreiber, die sich der möglichsten Treue in Beibehaltung der Worte ihres Originals befleißigen. Es scheint beinahe, daß er zuweilen absichtlich einen andern Ausdruck als den seiner Quelle wählt [3]). Aber hiervon abgesehen, veranlaßte der seine geschichtliche Ansicht beherrschende Grundgedanke von den beiden Staaten ihn häufig zu Bemerkun-

1) Rad. G. II. 11. vergl. oben S. 17. Anm. Es wäre interessant zu untersuchen, ob das, was Otto Gesta I. 46 u. 47 über Gilbert sagt, in andern Handschriften sich vielleicht verändert vorfände und die Cistercienser dem Befehle Otto's nachgekommen wären. Die Fassung im Abdrucke bei Urstisius ist sehr mäßig.

2) Daß dies das Todesjahr ist, erweis't Meichelb. I. 348 aufs Bestimmteste.

3) Orosius: insignis hic annus, Otto II. 19: insignia haec tempora; Oros. cohorte regia, Otto II. 20· exercitu fratris; Oros. per multa et gravia proelia, Otto III. 43: per multa et fortia bella. Statt bellum, expeditio, exercitus setzt er regelmäßig procinctus; so III. 41. V. 9; auch II. 21, wo der Druck hat: exercitum movent, geben alle Handschriften procinctum movent.

gen und oft sehr eigenthümlichen Exclamationen [1]), die sich mitten in den Gang der Erzählung drängen und ihre Darstellung verändern. Treten aus diesem Grunde schon die Quellen nicht immer ganz klar hervor, so erschwert noch der Umstand ihr Auffinden, daß Otto neben den ältesten Quellen, wie Hieronymus, Augustinus, Orosius, auch ihre späteren Ableitungen, wie Ekkehards ·Chr. univ., benutzt und sehr häufig diesen letztern da den Vorzug vor ihnen gegeben hat, wo jene nur eben auf denselben Quellen beruhen, die er doch auch besitzt. So kann uns denn oft nur ein unscheinbarer Zug, eine veränderte Wenduug Gewißheit über den Ursprung seiner Nachrichten geben. — Die Quellen verarbeitet Otto nun gewöhnlich in der Weise, daß er die ihm vorliegenden Berichte abkürzt, Namen, die grade ohne große Bedeutung sind, ausläßt, und nur die sich an sie knüpfende Thatsache giebt. Indem er nun seine Chronik dem Ragavin (oder Radevic) dictirte, bemühte er sich, aus den ihm vorliegenden Listen der geistlichen und weltlichen Regenten, für jedes Ereigniß den Leser in synchronistischer ·Übersicht der Geschichten anderer Völker zu erhalten. Die Chronologie überhaupt scheint eine seiner Lieblingsstudien gewesen zu seyn, da er nicht selten eine chronologische Kritik übt, wie II. 8, und Zweifel, welche seine Quellen aufgeworfen haben, durch Herbeiziehung anderer Schriftsteller zu lösen sucht [2]). Aber auch sonst zeigen sich Spuren der Kritik, wie I. 26, II. ·25, IV. 1, V. 3, VII. 7; namentlich die letztere Stelle macht seinem Herzen wie seinem Verstande Ehre, indem er nicht dulden will, daß man selbst den Sarazenen etwas Falsches (die Anbetung von Götzenbildern) nachsage; sie beweist zugleich, daß er seinen Aufenthalt im Morgenlande benutzt, um richtigere Vorstel-

---

1) IV. 31 sagt er selbst: Exclamare contra rerum mutabilium miserias tempore et loco exigente cogimur.

2) Dies geschieht z. B. II. 15 in Beziehung auf Ekkeh. 56. 50. durch Benutzung des Josephus und des Augustinus.

lungen über den Islam zu erlangen, als in Europa all=
gemein herrschten.   Worin nach ihm die Aufgabe des Ge=
schichtschreibers bestand, drückt er VI. 23 sehr schön aus: res enim
gestas scribere, non gestarum rerum rationem reddere
proposuimus [1]) und führt dies II. prolog. weiter aus:
Historiam enim — non disputantis more, sed disse-
rentis ordine prosequi intendimus.   Nehmen wir hierzu,
daß sein Bericht, wenn dessen Bestandtheile auch aufs Ge=
naueste nachgewiesen werden können, sich doch nach Inhalt
und Form meist als ein selbständiges Ganzes darstellt, so
wird man zugestehen müssen, daß Otto's Art und Weise
Geschichte zu schreiben einen anerkennenswerthen Anfang
höherer Historiographie macht.

Otto's classische Gelehrsamkeit.

Otto ging an die Abfassung seiner Chronik mit einer
für einen Bischof so erlauchten Geschlechtes immerhin be=
deutenden Gelehrsamkeit.   Neben Virgil (cf. I. 19. 25. 26.
28.) und Lucan (I. 25. II. 45 [2]), die er beide im Prooem.
der Gesta seltsamer Weise unter die scriptores Urbis rech=
net, waren ihm auch Horaz (I. 27) und Juvenal (II. 6)
bekannt; unter den Lateinischen Prosaikern beruft er sich beson=
ders häufig auf Cicero (Rhetorik I. 6, über die Pflichten
II. 19. 31. 34. 40. 44; Paradoxa II. 44; Rede für den
Marcellus II. 50); er kannte auch Seneca's Brief an die
Lucilia (II. 40) und den Dares Phrygius (I. 26). Wenn
er aber auch Trogus Pompejus und Justin, so wie Varro,
Sueton und Tacitus zu seinen Quellen rechnet und nicht

1) Diesen Punkt führt er noch weiter im Prolog des dritten
Buchs aus, der manche wahrhaft erhabene Gedanken enthält, und
unter andern die tiefsinnige Frage aufwirft: cur in fine temporum — salvator omnium nasci voluerit? cur universitatem gentium tamdiu, tot retroactis seculis, in errore perfidiae perire
permiserit?
2) An dieser Stelle folgt Otto dem Orosius, der diesen Vers
citirt, ohne Lucan's Namen zu nennen.   Otto ist belesen genug,
diesen hinzufügen zu können.

ansteht, sich auf sie zu berufen, so theilt er hierin nur die
Schwäche älterer und neuerer Gelehrten, Schriftsteller an=
zuführen, ohne sie gelesen zu haben [1]).   Ähnlich verhält es
sich mit Berosus, Hieronymus Ägyptius, Nicolaus Dama=
scenus [2]), Philo, Estius, deren Anführungen er aus den
Antiquitäten des Josephus, dem Clemens Alexandrinus, den
er aus Eusebius, und dem Chronographus Castor und dem
Lactantius, die er aus Augustinus hinübergenommen hat.

Weniger bestimmt ist über die Frage zu urtheilen, ob
Otto Griechisch verstanden habe.   In der That finden sich
nicht undeutliche Spuren seiner Kenntniß dieser Sprache.
Abgesehen von III. 13, wo der Druck hat: ἢ Πλάτων φι-
λωνίζει ἢ Φίλων πλατωνίζει, was aber nur eine unnöthige
Verbesserung der Herausgeber zu seyn scheint, da die Hand=
schriften von Hannover, Schefflarn und Admont mit Lateinischen
Buchstaben hier Folgendes geben: ỷ Philon Platanon, ỷ
Platon Philanon, haben wir zwei Stellen, die eine Kennt=
niß der Griechischen Buchstaben bei Otto und selbst bei den
Schreibern jener drei Handschriften darzuthun scheinen.
Diese sind IV. 1. ἐν τούτῳ νίκα und IV. 25 ἅγιος ὁ
θεός, ἅγιος ἰσχυρός, ἅγιος ἀθάνατος, ἐλέησον ἡμᾶς. Beide
werden von den drei genannten Handschriften freilich etwas
verändert, aber in Griechischen Buchstaben ausgedrückt, die
indessen der Art sind, daß sie von den heutigen Typen nicht
wiedergegeben werden können. Wollte man die Frage aber
kurzweg durch die Annahme bejahen, daß Otto seine Reise
durch das Byzantinische Reich — bei Gelegenheit des Kreuz=

---

1) Trogus Pompeius seu Iustinus führt er an I. 14. 18.
II. 32; dies ist entlehnt aus Oros. I. 8. IV. 6; Sueton citirt er II.
48. III. 4. 15, entlehnt aus Oros. VI. 7. 21. VII. 6; Tacitus
citirt er I. 18, abgeschrieben aus Oros. I. 10; Sueton und Tacitus
zusammen III. 19, entlehnt aus Oros. VII. 9.   Wenn Otto III.
9 sagt: huc usque Cornelius Tacitus, so ist das ein arges Mißverständniß der Stelle des Oros. VII. 3.   Varro's Anführung I.
15 ist aus August. de civ. Dei 18. 15 abgeschrieben.

2) Dieser führt I. 3 den seltsamen Namen Manaseas.   Siehe
darüber unten bei Josephus.

zuges — benutzt habe, das Griechische zu erlernen, so wäre nur die weitere Voraussetzung zu machen, daß die angeführten Stellen erst in der zweiten Redaction hinzugefügt worden seyen. Radevic. II. 11. berichtet von ihm: Literali scientia non mediocriter aut vulgariter instructus, inter episcopos Alemanniae vel primus, vel inter primos habebatur, intantum ut — philosophicorum et Aristotelicorum librorum subtilitatem in topicis, analyticis atque elenchis fere primus nostris finibus apportaverit, womit ein Zusatz in den Handschriften von Hannover, Schefflarn und Admont zu II. 8. übereinstimmt, der sehr ausführlich von den Werken des Aristoteles handelt [1]). Haben wir Recht, diesen der zweiten Redaction zuzuschreiben, so wäre daraus noch nichts über seine Kenntniß des Griechischen zu folgern. Denn steht auch fest, daß er auf dem Kreuzzuge zur Kenntniß und zum Besitz Aristotelischer Bücher, namentlich logischen Inhalts, gelangt sey —

---

1) Auch eine von Dr. Wattenbach eingesehene Handschrift in Zwettel, mbr. n. 284. qu. s. XIII. hat jenen Zusatz. — Der Text des Urstisius II. 8: alter (Aristoteles) vero dialecticae libros artis vel primus edidisse, vel in melius correxisse, acutissimeque ac disertissime inde disputasse invenitur, giebt, scheint es mir, deutlich zu erkennen, daß Otto dies aus einem andern Schriftsteller — ich kann nicht sagen, welchem — entlehnt hat. Dagegen beruht die Fassung dieser Stelle in dem Zusatz jener Handschriften auf directer Kenntniß des Schriftstellers: Alter logicam in sex libros id est praedicamenta, periermen., priora analetica, topica, posteriora analetica, elencos distinxit; es folgen dann nähere Nachrichten über den Inhalt der einzelnen Bücher; hierauf wird der Schluß des sechsten Buches und eine andere Stelle über die Syllogismen in des Aristoteles eignen Worten mitgetheilt. Unter Berücksichtigung dieses ganzen Verhältnisses scheint die Annahme nicht zu gewagt, den Zusatz der Handschriften als der zweiten Redaction angehörig und als ein Ergebniß seines Kreuzzugs zu betrachten. Das Zeugniß des Radevic, welches bisher für die Geschichte der Philosophie nicht beachtet wurde, erhält hierdurch eine eigenthümliche Bestätigung. Wir fanden wenigstens nicht, daß vor dem Ende des 12. Jahrhunderts Aristotelische Bücher im Besitz Fränkischer Gelehrten gewesen sind. Es ist kein geringer Ruhm für unsern Otto, daß er schon um 1150 dieselben kannte und in Europa einführte.

was auch durch den der zweiten Redaction angehörigen,
also nach dem zweiten Kreuzzuge geschriebenen Brief Otto's
an den Kanzler Reinald bestätigt wird, der sich ausführlich
über die Aristotelische Philosophie verbreitet und eine Stelle
aus Aristoteles anführt [1]) — so ist damit doch keineswegs
gesagt, daß Otto den Aristoteles im Originale gelesen;
vielmehr ist wahrscheinlich, daß er nur Lateinische Übersetzun=
gen aus dem Arabischen gehabt [2]). Eine andere Anfüh=
rung des Aristoteles bei Otto I. 6. kann hier nicht in Be=
tracht kommen, da er diese Stelle dem Ekkehard entlehnt,
der das Citat des Aristoteles wiederum dem Plinius ent=
nommen hat. — Aus Plato führt Otto drei Stellen an:
Prooem. ad Isingrim., VII. prolog. und VIII. 8. angeb=
lich aus dem Timaeus; es ist wohl nicht anzunehmen, daß
er den Plato selbst gelesen; ich möchte diese Stellen eher
für Lesefrüchte aus den Schriften Cicero's oder Augustin's
halten, doch gelang es mir hier nicht, die Quellen seiner
Gelehrsamkeit zu entdecken [3]).

Die Quellen der Chronik [4]).

Josephus und Egesippus.

Von Josephus kannte Otto sowohl die Antiquitäten,
als auch die Geschichte des Jüdischen Krieges; besonders von
dem ersteren Werke machte er den häufigsten Gebrauch und

1) Auch in dieser Beziehung ist das Prädicat philosophus, das
Otto ihm ertheilt, wohl nicht ohne Bedeutung.

2) Die beiden Fragmente aus Aristoteles, die jene Handschrif=
ten mittheilen, verdienten wohl eine nähere Untersuchung von Sei=
ten eines mit der Aristot. Philosophie und ihrer Geschichte vertrau=
ten Gelehrten. Beide Stellen, so viel ich weiß, sind inedita und
die frühesten Spuren von der Verbreitung der Ari=
stotelischen Bücher in Deutschland.

3) Vergl. unten S. 172.

4) Wir bemerken, daß wir hier nicht eine nähere Vergleichung
der Chronik mit ihren Quellen anstellen, auch die einzelnen Stel=
len, wo die letztern benutzt worden sind, nicht angeben werden.
Die Ausgabe der Monumenta wird für Beides die Belege
enthalten.

benutzte es in der Übersetzung des Ruffin von Aquileja[1]).
Da dieser aber auch der Übersetzer der Kirchengeschichte des
Eusebius ist, so mag Otto es für gleichgültig angesehen
haben, wenn er den Josephus citirte, wo er doch nur den
Eusebius abschrieb. Dies findet Statt III. 8 (**Euseb. I. 8.**),
III. 11 (**Eus. I. 13. 14.**), III. 14 (**ib. II. 8. 11. 12.**);
denn an diesen Stellen mußten die Fragmente des Jose=
phus ganz in derselben Gestalt erscheinen, wie im vollstän=
digen Texte; die Lateinische Form beider rührte ja von ei=
nem Übersetzer her.

Neben der Geschichte des Jüdischen Krieges vom Jose=
phus hatte Otto aber auch noch desselben Buches christliche
Umarbeitung, die unter des Egesippus Namen im Mittel=
alter im Umlauf war. Sein Vertrauen auf die Glaub=
würdigkeit dieses fabelhaften Schriftstellers ging so weit,
daß er nicht anstand, die Nachricht, welche **Eusebius hist.
eccl. IV. 8.** vom ächten Hegesippus ertheilt: In quibus
Egesippus celeberrimus habebatur, qui integerrimam
traditionem apostolicae praedicationis simplici sermone
conscriptam in quinque libris memoriae tradidit, in sei=
ner Chr. III. 23. folgendergestalt zu amplificiren: Inter
quos Egesippus clarissimus habebatur, qui apostolicae
praedicationis traditionem simplici sermone quinque
libris conscripsit. Sed et historiam Iudaici belli
a Machabeis usque ad excidium Hierosoly-
morum luculenter ac prudenter contexuit.
Diese Erweiterung stützt sich augenscheinlich auf den Pro=
log des falschen Egesippus, der in der That, um den Be=
trug vollzumachen, auch sein Werk in 5 Bücher getheilt

---

1) Außer der wörtlichen Übereinstimmung seiner Anführungen
mit dieser Übersetzung in der Ausgabe Basel 1524 ap. Frobenium
zeugt hierfür auch noch der Umstand, daß die seltsame Form **Manaseas Damascenus**, bei Otto I. 3 aus dieser Übersetzung I. 5 herstammt;
während Otto I. 7 nach Iosephus ex int. Rufini I. 15 doch den rechten
Namen Nicolaus kennt, den der Griechische Text auch an ersterer Stelle
hat. — Auch Hugo a S. Victore führt in einer Pariser Hdschr. seiner Chronik den Nicolaus Damascenus als Manaseas Damascenus an.

hat [1]). — In diesem Irrthum befangen citirt ihn Otto III. 16. 24, indem er den Eusebius ausschreibt, wo es der ächte Hegesippus ist, und führt ihn auch II. 48 an, wo es die genannte untergeschobene Schrift ist (ed. Colon. 1575. II. c. 9, p. 240). Der Textlaut dieser Stelle im Urstisius: Meminit etiam horum fortitudinis — Iosephus seu Egesippus in oratione Agrippae ließe vermuthen, daß Otto doch eine dunkle Vorstellung davon gehabt, daß dieser Ege= sippus nur der Überarbeiter der Josephischen Geschichte ge= wesen; es fragt sich aber, ob hier die Lesart der Hannover= schen Handschrift: Iosephus a c Eg. nicht den Vorzug ver= diene [2]), wonach er die Werke Beider als ganz verschiedene betrachtet hätte.

Des Eusebius Weltchronik in der Übersetzung des Hieronymus.

Von diesem gangbarsten Hülfsmittel machte Otto nicht den häufigen Gebrauch, wie die meisten seiner Vorgänger, wohl aus dem Grunde, weil dessen meiste Angaben ihm schon verarbeitet im Ekkehard vorlagen. Ob er dasselbe unter des Eusebius Namen citirt, möchte zweifelhaft seyn, da die Anführungen I. 33 secundum Eusebium in den Cod. von Hannover, Schefflarn, Jena [3]) und Admont fehlen, die Berufung auf Eusebius Chronik II. 7. aber aus Augustin de c. D. 18. 25. abgeschrieben ist [4]). Unter des Hieronymus Namen führt er die Weltchronik häufig an (z. B. I. 3. 4.

1) Es kommt in diesem untergeschobenen Machwerk manche Stelle vor, die der Römischen Kirche sehr erwünscht wäre, wenn sie in der That aus dem apostolischen Zeitalter herrührte. So namentlich III. c. 2. über Petrus und Paulus; die Unächtheit erweisen viele Anachronismen, unter andern die Erwähnung der Stadt Constantinopel.

2) Doch haben die Handschriften von Schefflarn und Admont das seu der Ausgabe.

3) nach der Vergleichung, die Compter nach Goethe's An= weisung (Werke XXXII. p. 165) von dieser Handschrift des XII. Jahrhunderts veranstaltete.

4) Vergl. indessen I. 6.

II. 14.), oft aber bezeichnet er sie nur durch alii oder aliae
historiae (so II. 15.) [1]); von andern Schriften des Hiero=
nymus führt er noch an: die supputatio in prophetiam
Ezechielis II. 14. 20, in Daniel. II. 42. III. 2 (cf. II.
9. 10. 47. III. 7), de illust. vir. III. 16 [2]).

Die Kirchengeschichte des Eusebius
kennt Otto unter des Eusebius Namen; III. 25. bezeichnet
er sie ausdrücklich als historia Eusebii quam ecclesiasticam vocant. Es ergiebt sich leicht, daß bei den zahl=
reichen Entlehnungen, die er aus derselben machte, ihm die
bekannte Lateinische Übersetzung derselben von Ruffin von
Aquileja vorlag. In dieser Beziehung muß Otto's Irr=
thum auffallen, daß er diese Übersetzung und die dem Ruffin
angehörige Fortsetzung beide dem Hieronymus zuschreibt.
So sagt er nicht allein IV. 6.: qui scire vult, legat Tri-
partitam historiam sive ecclesiasticam a beato
Hieronymo scriptam, sondern führt dies auch noch
näher aus IV. 21: Hieronymus ecclesiasticam historiam
ab Eusebio scriptam transtulit, duobusque libris apposi-
tis usque ad mortem Theodosii deduxit, vergl. mit IV.
18. hucusque (ad mortem Theodosii Magni) Hieronymus ecclesiasticam perduxit historiam [3]), während es
doch grade feststeht, daß Ruffin des Eusebius Kirchenge=
schichte übersetzt und zwei Bücher hinzugefügt, die überein=
stimmend mit Otto's Angaben bis zum Tode Theodosius

1) III. 25 hat der Druck bei Urst. p. 68: Eo tempore apud
castrum Divionense Benignus Polycarpi discipulus, in Gallias
missus, martyrio coronatur. Diese Stelle fehlt in den Handschriften von Hannover, Schefflarn und Admont. Sie ist aus Hiero=
nymus entlehnt, fehlt aber auch in dem gewöhnlichen Text und
ist von Pontacus in den Anmerkungen zu seiner Ausgabe p. 637
a. aus dem Codex Fuxensis nachgetragen.
2) Woher Otto das Zeugniß des Hieronymus über Philo
entnommen hat (III. 13), weiß ich nicht, eben so wenig als die
Quelle der unmittelbar vorhergehenden, ebenfalls den Philo betreffenden Nachrichten.
3) cf. I. 15. IV. 14.

des Großen gehen. Auch diese letzteren, freilich unter des
Hieronymus Namen, sind fleißig von Otto benutzt worden,
eben so wie

die Historia tripartita,

die er entweder unter diesem Namen oder unter den ihrer
einzelnen Verfasser anführt (vergl. besonders IV. 10), na=
türlich aber nur in der Übersetzung, die Epiphanius auf
Cassiodor's Geheiß unternahm, wie Otto IV. 23 dies selbst
anführt.

Augustin's Buch de civitate Dei und des Oro=
sius Geschichten bilden, wie schon oben bemerkt, einen
sehr wesentlichen Bestandtheil seiner Chronik. Er spricht
sich hierüber selbst aufs Bestimmteste in dem Prooem. ad
Isingrim. p. 8 aus: Sequor autem in hoc opere praeclara, potissimum Augustinum et Orosium, ecclesiae
lumina, eorumque de fontibus ea, quae ad rem propo-
sitamve pertinent, haurire cogitavi. Sie sind seiner
ganzen Anschauungsweise der Geschichte zu nahe verwandt,
als daß er nicht überall, wo es nur anging, ihren Berich=
ten vorzugsweise gefolgt wäre. Dies geht so weit, daß er
sehr viele geschichtliche Notizen aus Augustin entnimmt, der
doch eigentlich kein Geschichtswerk im strengen Sinne des
Wortes schreiben wollte, und um dem Orosius zu folgen,
den Hieronymus verläßt, wenn des Ersteren Nachrichten auch
nur eben auf diesem beruhen (cf. III. 25). An andern
Stellen verarbeitet er die beiden letztgenannten, wie II. 1,
wo er, um beider Angaben aufrecht zu erhalten, in den
Fehler verfällt, zwei Diocles oder Dejoces statt eines an=
zunehmen [1]), den einen vor Phraortes nach Hieronymus,
den andern, unmittelbar ihm nachfolgend, nach Oros. I. 19.
Zu bemerken ist noch, daß er des Letzteren Jahre der Stadt
Rom in den vorchristlichen Zeiten auf Jahre des Ninus reducirt.

Man könnte sich berechtigt glauben, auch die Chroniken

---

1) Die Form Diocles stammt aus Orosius.

des Isidorus und des Victor Tununensis unter
feine Quellen zu rechnen, da er den Endpunkt ihrer Bücher,
nach feiner gewöhnlichen Sitte, V. 4 und 9 angiebt. Von
einer Benutzung des Isidorus möchten sich aber nur schwache
Spuren, wie I. 27, von der des Victor, so viel ich gese=
hen habe, keine nachweisen lassen.   Da er diesen letzteren
als Turonum episcopus anführt, so lag die Vermuthung
nahe, daß hierunter die Chronik des Georgius oder Gregorius Ambianensis gemeint sey, die als das Werk eines
Victor Turonensis angeführt wird (Arch. VII. 51) und
eins mit dem bei Scaliger thes. p. 80 abgedruckten ist [1]).
Doch ergab eine Vergleichung sowohl mit Georgius Ambianensis, als auch mit dem Chron. Victoris ep. Turonensis,
das in der unten genannten Hamburger Abschrift ebenfalls
sich befand, kein Resultat [2]).'

Die wenn auch spärliche Benutzung von Beda's
Schrift de sex aetatibus mundi scheint sicherer zu seyn;
ich finde Spuren davon III. 24: Huius diebus Hermes
librum pastoris conscripsit; ib. 39: Valerianus luminibus orbatus; IV. 26 über die vierte oekumeni=
sche Synode, wenn letztere Nachricht nicht aus Sigebert a.
452 herstammt.   Eigenthümlich aber ist, daß Otto IV. 1
die Taufe Constantin's d. G. in der St. Johanneskirche
zu Rom als Traditio Romanorum anführt; ich habe dies
Factum allein im Beda finden können.

Diese Traditio brauchte indessen nicht grade eine schrift=
liche, mit Beda übereinstimmende Überlieferung zu seyn, sie
könnte zu jener großen Menge Erkundigungen gehören, die
Otto bei feiner Anwesenheit in Rom über dessen frühere

1) Dieser letztere Umstand geht auch aus einer Hamburger
Abschrift des Georgius Ambianensis hervor.
2) Nur daß eine Nachricht, die Otto IV. 4. unmittelbar vor
feiner Erwähnung des Victor Turon. ep. beibringt: Corpus S.
Antonii repertum, Alexandriae reconditur, welche ich im ächten
Victor Tunuyens. nicht finden kann, sich in dem Victor Turon.
der Hamburger Handschrift p. 90 nachweisen läßt.

Geschichte eingezogen hat [1]). Man wäre versucht, hierunter
ebenfalls einzelne Angaben zu begreifen, die er aus der
Historia Romana entnommen haben will. Denn daß
er die unter diesem Namen bekannte Schrift oder die Hist.
miscella benutzt habe, konnte, aller Mühe ungeachtet, nicht
ins Klare gebracht werden; es ergab sich fast überall, daß
Otto dem Orosius allein und, wo dieser ihn verließ, dem
Ekkehard gefolgt ist. Zwar beruft er sich I. 30 ausdrücklich
auf das Zeugniß der Hist. Rom. [2]), doch geht aus einer
Vergleichung mit Ekkehard p. 50. lin. 30. hervor, daß dieser
benutzt und dies Citat nicht im strengsten Sinne zu nehmen ist [3]), eben so wie er II. 15. die Anführung Romanorum historia aus demselben abgeschrieben hat.   Spuren
einer selbständigen Benutzung der Hist. Rom. ließen sich
vielleicht III. 32. in den Namen Iulius und Trax und V.
1. nachweisen, wo senatum — commendans, mit der Hist.
Rom. übereinstimmt, während Ekkehard 128. committens hat.
Doch ist dies zu unbedeutend, um eine Folgerung darauf
gründen zu können.   Um so auffallender muß es dann erscheinen, daß Otto IV. 3, nachdem er dem Eusebius hist.
eccl. IX. 10. folgend angeführt hat, daß unter Constantin
pax desiderata diu tribulatae ad plenum red-

1) Vergl. weiter unten. — In Bezug auf jene obige Stelle
IV. 1. würde dies aus einer Marginalnote, welche eine Hand s.
XII. ex. zum Abmonter Codex giebt, hervorgehen: Quotquot enim
in superiore Roma consistunt, usque hodie babtisterium habent
in testimonium quomodo a Silvestro Rome baptizatus est post
tirannorum peremptionem.

2) Diese Stelle: Roma enim constructa a duobus fratribus,
se. Romulo et Remo, historia Romana testante etc.
bis avium quaerebatur steht dem Ekkehard p. 50. 30. außerordentlich ähnlich, findet sich aber nur in den Drucken, also wahrscheinlich auch in der Wiener Schottenhandschrift, nicht aber in den
Codd. von Hannover, Schefflarn und Abmont. In
der Jenaer Handschrift fehlt sie im Texte auch, wird aber in kleinerer Schrift unten am Rande gegeben.

3) Der Ausdruck: Urbis scriptores II. 2. bedeutet wohl mehr
die Römischen Dichter als die eigentlichen Geschichtschreiber; man
vergl. was wir oben über Virgil und Lucan gesagt haben.

ditur ecclesiae, hinzufeßt, et ut Romanorum habet historia, non solum his (daß die Kirche Güter be=
kam) serenissimus imperator assensum praebebat, sed et
aliis exempla dans, caput omnium intantum Romanam exaltavit ecclesiam, ut beato Sylvestro eiusdem urbis pontifici, insignibus regni traditis, ipse
se Byzantium transferret — um so auffallenber, sage ich, als
sich hiervon, so viel ich weiß, in der H. Rom. keine Spur
findet [1]) und das Römische Volk wenige Jahre vor Otto's
Reise nach Rom bei Konrad III. gegen die Ächtheit der
Constantinischen Schenkungsurkunde auf das Entschiedenste
Einspruch eingelegt hatte.   Mendacium vero illud et fabula haeretica, schrieben die Römer an ihn, in qua refertur Constantinum Silvestro imperialia simoniace con-
cessisse, in Urbe ita detecta est, ut etiam mercenarii
et mulierculae quoslibet etiam doctissimos super hoc
concludant.   Neand. K. G. V. 199. nach der Amp. Coll.
II. fol. 556 (ep. 384).   War diese Ansicht nach dem Sturze
Arnolds von Brescia durch die entgegengesetzte verdrängt
worden? hatte diese letztere sich wissenschaftlich geltend ge=
macht, und ging sie nun in Otto's Chronik und von da
in Friedrichs I. Brief über?   Fast möchte man es ver=

---

1) Otto müßte denn unter diesem Namen die Vitae Pontiff.
Roman. verstehen, wo diese Urkunde allerdings vorkommt, Anastas.
ed. Bianchini I. 35; außerdem wird sie erwähnt in dem Briefe
Friedrichs I. an Hadrian IV. Cont. Aquic. Mon. SS. VII. 408.
21. Nusquam enim ante tempora Constantini Silvester
regale aliquid habuisse dinoscitur; sed eius pietatis concessione
pax reddita est ecclesie, libertas restituta et quidquid
hodie papatus vester regale habere dinoscitur, largitione principum optinet; etwas abweichend der Abbruck hinter Radev. ed. Urst.
p. 563. Diese Übereinstimmung läßt vermuthen, daß Otto der
Verf. dieses Briefes ist; vergl. was wir oben p. 6. über seine
Stellung an Friedrichs Hofe gesagt. Lies't man in Bezug hierauf
in diesem Brief bei Urstisius — und diese Stelle fehlt im
Texte der Cont. Aquic. —: Revolvite annales et si lectum
neglexistis, quod asserimus illic invenitur, so möchte es fast scheinen, als ob Otto seine eigne Chronik citirte; denn andere Chroniken erwähnen dieser Constantinischen Schenkung doch nicht.

muthen, da Otto IV. 3. unmittelbar nachher sich auf das Zeugniß der Römischen Kirche beruft: Exhinc Romana ecclesia occidentalia regna, tanquam sui iuris a Constantino sibi tradita affirmat, in argumentumque tributum (exceptis duobus Francorum regnis) usque hodie exigere non dubitat. Könnte es demnach nicht scheinen, daß eben auf Otto's Veranlassung Kaiser Friedrich dieser den Rechten seiner Krone keineswegs günstigen Ansicht von der Ächtheit der Constantinischen Schenkungsurkunde vor jener andern beim Römischen Volke herrschenden den Vorzug gegeben hat [1])?

An die Erwähnung der Histor. Roman. knüpfen wir wohl am besten seine Anführung der Gesta Romanorum VI. 13. Reperi ego in quibusdam gestis Romanorum post Carolum tertium, tanquam imperio a Francis ad Longobardos translato, Arnolfum in catalogo imperatorum taceri et Ludovicum caeterosque post ipsum in numero augustorum poni. Obwohl diese Stelle auf eine ausgeführte Geschichte schließen lassen möchte, so scheint doch nichts weiter als Kaisercataloge damit gemeint zu seyn, wie er denn auch in dem Briefe an Reinald p. 6. sagt: item de catalogo imperatorum seu pontificum Romanorum usque ad eum qui inpraesentiarum est disserui. An einer andern Stelle, VI. 22, bezeichnet er diese Cataloge als Römischen Ursprungs (secundum Romanos). In der That findet der von ihm angeführte Umstand, daß Arnulf in der Reihe der Kaiser übergangen wird, sich in dem Kaisercatalog des Cod. Vatic. Mon. III. p. 218 [2]).

1) Ich weiß nicht, ob schon nachgewiesen ist, seit wann amtliche Berufungen der Päpste auf diese Urkunde vorkommen. Für die Geschichte des hierarchischen Systemes eine sehr interessante Frage! Findet sich vor jenem Briefe Hadrians I. an Karl d. G. aus dem Jahre 777 schon eine solche Berufung? Neand. III. p. 168. nach Cenni Cod. Carol. p. 352.

2) Ebenso in den Codd. Cavensis et Vindobon. ib. p. 215. 217.

Dasselbe Merkmal erweist dann aber auch eine nähere Be=
ziehung der Chronik Otto's zu der Kaiferlifte, die in der
Hannoverfchen Handfchrift neben den angehängten **Gesta
Pontiff. Roman.**, dem fogenannten **Codex Eccardi** [1]), fich
befindet. Auch hier haben wir auf **Karolus** folgend: **Arnolfus iuxta quosdam; iuxta quos(dam) Romanos Lon-
cobardi Ludewicus, Berengarius etc.** [2]). — Daß Otto
aber auch die Gesta Pontiff. der genannten Handfchrift
benutzt, möchte aus **III. 20. Alii vero hunc Cletum dicunt et Anacletum post Clementem ponunt** hervorgehen,
indem fie diefelbe Reihenfolge giebt, während die älteften
Papftliften (l. c. tom. I) darin mit den von Otto unmittel=
bar vorher aus Eufebius gezogenen Angaben überein=
ftimmen [3]).

Jordanes beide Werke werden von Otto **V, 4.** aus=
drücklich angeführt. Wenn er nun in Betreff feiner auch
oft das gewöhnliche Verfahren beobachtet, und feine Nach=
richten durch **Ekkehard's** Vermittelung übernimmt, fo hat er
das Original beider Schriften doch auch direct benutzt, fo
II. 10. 36. de successione temp. und **IV. 16. 26.** die
Gothifche Gefchichte. Daffelbe ift von **Paul Warne=
fried** zu fagen; **V. 11. 16. 18.** geben den Beweis, daß
er ihn vor Augen gehabt.

Eine Benutzung **Regino's** ift von dem Jahre 841
an fichtbar (**V. 35.**); von diefem Zeitpunkt an gehört R.
und fein Fortfetzer zu den Schriftftellern, welche Otto am
fleißigften ausgefchrieben hat. Dies geht bis **VI. 24. a. 966.**
Welche Handfchrift er vom Regino benutzt, könnte man

---

1) tom. II.

2) Auch die übrigen Handfchriften haben: **Arnolfus iuxta quosdam. Iuxta Romanos Longobardi Ludewicus, Berengarius etc.**

3) Was Otto **VI. 32 fin.** fagt: **Exhinc Romana ecclesia in
electione canonica pontificum intantum infirmata invenitur, quod
iste (Suidegerus) quatuorque sequentes ab imperatore ibi
positi in catalogo inveniantur**, findet fich dort freilich nicht.

vielleicht daraus bestimmen, daß VI. 6. die Lesart **patruus** der Codices 3. 4. 8. der **Monumenta**, VI. 7. aber die Lesart **Ratisponam** der **Cod.** 5. 6. giebt. VI. 13. erweist endlich, daß er den **Codex Frising.** vor Augen gehabt haben muß, weil er die in demselben befindliche Marginal= note hier wieder giebt.

Im VI. Buch capp. 28—31 hat Otto von **Wippo's Vita Conradi** sehr fleißig Gebrauch gemacht; ebenso wie von dessen **Versus pro obitu Conradi,** aus denen er VI. 31. einige Verse anführt. Ob er aber auch Wippo's **Pane-gyricus Heinrici III.** gehabt, möchte zweifelhaft und wenig= stens nicht aus den beiden Versen, die er VI. 28. daraus anführt, zu erweisen seyn, da dieselben ebenfalls in der **Vita Conradi** sich befinden.

Eigenthümlich ist Otto's Verhältniß zu den geschichtlichen Werken des **Hermannus Augiensis,** dessen Chronik Otto, so viel wir sehen konnten, nur VI. c. 31. 32. und vielleicht auch c. 33. benutzt, worauf er in der Erzählung des Lebens Heinrichs IV. sogleich wieder auf Ekkehard über= geht. Bringt man hiermit den Umstand in Verbindung, daß er VI. c. 33. sagt: **Caeterum tam eius (Henrici III.) quam patris sui actus et virtutes Hermannus Con-tractus in libello quodam, quem ipsi destinavit, luculenter satis disseruit,** so möchte man, da Otto Hermanns Chronik nur für die Regierungen Konrads II. und Heinrichs III. benutzt hat, bei Heinrich IV. aber, wie gesagt, zu Ekkehard zurückkehrt, fast auf den Ge= danken kommen, daß er in den angeführten Stellen nicht Hermanns Chronik, sondern desselben **Gesta Conradi II. et Henrici III.** vor Augen gehabt. Die Übereinstim= mung des Textes seiner Chronik mit der Hermanns wäre dann daraus zu erklären, daß Hermann einen Theil der verloren gegangenen Gesta in seine Chronik übertragen habe. — Man hat aus einer andern Stelle Otto's ver= muthet, daß diese Gesta in Versen abgefaßt waren; wie

12*

mir scheint, nicht mit Recht. Denn Otto's Worte in Be=
treff dieses Umstandes (VI. 32.): Unde rursus [1]) est ille
rhythmus [2]) Hermanni Contracti de praefato triumpho (Heinrichs über die Ungarn), qui sic incipit:

Vox haec melos pangat

lassen, wie mich dünkt, keinen Zweifel über die Verschieden=
heit dieser beiden Schriften Hermanns. Wären beide ein
und dasselbe Werk, wie könnte er hier c. 32. als ein Ge=
dicht über den Triumph Heinrichs III. allein anführen,
was er c. 33. eine schön und lichtvoll geschriebene Lebens=
geschichte [3]) Konrads II. und Heinrichs III. nennt?
Und wenn er c. 32. dies Werk schon erwähnt hätte, wie
wäre es zu erklären, daß er c. 33. dessen Anführung durch
ein Caeterum einleitete und nicht den geringsten Bezug
darauf nähme, daß er unmittelbar vorher schon dasselbe
besprochen hätte? Ich glaube also annehmen zu müssen,
weder daß die Gesta Ch. et H. in Versen geschrieben, noch
daß sie zwar in Prosa verfaßt, aber einzelne Verse darin
eingelegt seyen [4]), sondern vielmehr, daß Hermann zwei
Werke verfaßt, die Gesta Ch. et H. in Prosa, und einen
Rhythmus von dem Triumphe Heinrichs III. über die
Ungarn.

Bevor wir zu Ekkehard übergehen, haben wir unter den
Quellen der Chronik Otto's noch die Gesta Trevirorum
anzuführen, welche er I. 8. III. 15. 45. IV. 7. benutzt hat.

Daß Ekkehards Chron. universale die Haupt=
quelle für Otto's Chronik gewesen, haben wir schon öfter

1) Dies rursus ist nur ein schiefer Ausdruck, wie ich meine,
in Beziehung darauf, daß er unmittelbar vorher, c. 31, auch schon
Verse und zwar die Wippo's angeführt hat.

2) Der Cod. Hannov. hat nur rursus est rhitimus, so
daß das bezeichnende ille fortfällt.

3) Cf. Berthold. Mon. SS. V. 268: Gesta quoque Chounradi
et Henrici imperatorum pulcherrime descripsit.

4) wie Waitz Sc. VII. 554. will.

erwähnt. Es ist auffallend, daß er den Namen des Ver=
fassers dieses von ihm so oft gebrauchten Hülfsmittels nicht
gewußt zu haben scheint[1]), indem er VII. 7. ihn nur als
quidam ex his qui se eidem expeditioni interfuisse
testatur bezeichnet und VII. 11. ihn ganz allgemein unter den
Fortsetzern des Orosius und Eusebius nennt. Diese letztere
Stelle, die sich beim Jahre 1106 findet: Hucusque tam
ex Orosii quam Eusebii et eorum qui post ipsos usque
ad nos scripserunt libris lecta posuimus, giebt zugleich
deutlich zu erkennen, daß er nur den ersten Theil der Ekke=
hardischen Chronik, der bis 1106 geht, vor Augen gehabt.
Eine Benutzung der pars altera ist nicht nachzuweisen[2]).
Ist daher die Handschrift, die ihm vorlag, zu der in den
Mon. mit B bezeichneten Classe zu rechnen, wie Waitz SS.
VII. p. 14. mit Recht bemerkt, so läßt sich aus II. 25.
(ed. Urst. p. 36. lin. 12.) verglichen mit Ekk. p. 68.
lin. 61. der weitere Schluß ziehen, daß er den Codex
Gothanus (in den Mon. No. 5.) oder eine diesem entspre=
chende Handschrift benutzt hat, da dieser allein von allen
Handschriften jene Angaben enthält[3]). — In der Benutzung
Ekkehards durch Otto lassen sich zwei Abschnitte erkennen.
Nachdem er ihm im I. Buche bis zum 8. Capitel gefolgt
ist, verläßt er ihn im Allgemeinen, wenn er auch Einzelnes

1) In dieser Beziehung hat Ekkehard überhaupt ein eignes
Unglück gehabt.

2) wenn man nicht anführen will, daß er VII. 14 fin. das=
selbe Wortspiel mit privilegium und pravilegium, und bei dersel=
ben Gelegenheit, wie Ekk. p. 246. 20, braucht. Doch war das=
selbe im 12. Jahrhundert sehr gebräuchlich.

3) Vergl. Otto VII. 8. von der rebellio Henrici V, wo Otto
auch mit der ersten Redaction Ekkehard's, dem Text der Monum.,
nicht mit der spätern Überarbeitung desselben übereinstimmt. Hier=
gegen ist es wohl ohne Bedeutung, wenn sich VI. 34. eine dunkle
Spur zu finden scheint, als ob er auch die spätern Zusätze der
Codd. C. D. E. zum Jahre 1074 gehabt habe. Die Nachricht ist
zu allgemein und betrifft ein zu bekanntes Factum, Gregor's VII.
erste Synode, als daß man etwas Sicheres daraus schließen
könnte.

nur in Beziehung auf ihn sagt, wie I. 27, oder an einzel=
nen Stellen ihm aufs Neue folgt, wie II. 1. 2. 25 (wo
er die fabelhafte Hist. Alexandri M. aus ihm entnimmt),
und III. 2. — bis daß er IV. 23, wo Eusebius, Augustin,
Orosius und die H. tripartita ihn verlassen, auf ihn zurück=
kehrt, um ihm von da bis VII. 11. mit seltenen Unterbre=
chungen treu zu bleiben.

Von Lebensbeschreibung der Heiligen benutzte
er die Vitae SS. Mauricii, Gereonis, Viti et Afrae (III.
45.), S. Basilii (IV. 10.), S. Severini (IV. 30.), S. Columbani (V. 7.), S. Corbiniani (V. 24.), S. Bonifacii (V. 25.).
Außerdem hatte er die Epp. S. Gregorii V. 2. 16. und
auch wohl V. 5. (doch sind die Citate aus denselben IV. 28.
und V. 3. aus Ekkehard abgeschrieben) und die Epp. Ambros. IV. 18.

Dies sind die schriftlichen Quellen, von denen sich mit
Sicherheit urtheilen läßt, daß sie Otto bei Abfassung seiner
Chronik vorlagen. Doch giebt es noch eine Zahl anderer,
von denen dies zweifelhaft seyn möchte. Wir rechnen dahin
die Gesta Franc. V. 9. 16. und sonst, das Chr. Wirziburg.
V. 4. über Priscian, vergl. mit der Ausg. in den Mon. VII.
24. lin. 35. Berthold. VI. 33. 34. Bruno VI. 34. Annal.
Quedl. et Hildesh. VI. 28. 31. Sigebert. VI. 24. Annal.
Saxo VI. 31. — In folgenden Stellen aber beruft er sich
auf Schriftsteller ganz im Allgemeinen, ohne sie näher an=
zugeben: II. 2. über die Abstammung des Romulus und
Remus von einem Priester, III. 17. über Nero als Anti=
christ, IV. 18. Zeugniß der Theologen seiner Zeit, IV. 27.
über den Ursprung Venedigs, VI. 15. quidam modernus,
VI. 17. Kaiser=Chroniken, VI. 23. deutsche Chroniken, VI.
36. quidam ecclesiasticus scriptor [1]).

An dem Punkte, wo die ihm vorliegende Recension Ekke=
hards ihn verließ, VII. 11, bemerkt Otto ausdrücklich: Cae-

1) Diese Anführung fehlt aber in den Handschriften von
Schefflarn, Heiligen Kreuz und Admont.

terum quae recentis memoriae sunt, a probabilibus viris tradita, vel a nobis visa et audita ponemus. Seine Nachrichten nehmen also von hier ab ursprünglichen Werth in Anspruch. Es ist nicht unsere Aufgabe diesen näher zu untersuchen. Doch finden wir, daß er auch schon in den frühern Theilen seine eignen Anschauungen und Erkundigungen in die Erzählung einfließen ließ, so III. 15. IV. 21. IV. 27. IV. 32. V. 9. VI. 11. 27. VII. 7[1]). 14; daß er sich namentlich auf Volkssage stützte, so I. 25. III. 4. 13. V. 3. 11. VI. 15. 20. und daß er insbesondere seine Nachrichten über Rom, die mit dem Ende des zehnten Jahrhunderts bedeutend zu werden beginnen, aus den Berichten glaubwürdiger Männer dieser Stadt gezogen hat[2]). Wir rechnen hierhin folgende Stellen VI. 25. 32. 33. 34. 36. VII. 1. 14. 16.

Hülfsmittel für die neue Ausgabe.

Wir haben vier Ausgaben von Otto's Chronik; doch bildet die erste, welche Cuspinian nach der Handschrift des Schotten-Klosters zu Wien, Straßb. 1515, machte, die Grundlage der drei spätern: Pithou und Urstisius thaten wesentlich nichts Anderes, als daß sie den Druck Cuspinians in ihren Ausgaben (Basel 1569 und Frankfurt 1585) wiederholten. Doch dürfen wir nicht übersehen, daß der Erstere p. 346. seiner Ausgabe auf besondern Blättern einzelnes Neue aus zwei Handschriften des M. Flaccius, von denen die jüngere dem Ende des 15. Jahrhunderts angehörte, nachtrug, wohingegen Urstisius am Rande seines Buchs verschiedene Lesarten, aber nur an wenigen Stellen,

---

1) Hier ergänzt er Ekkehard in Betreff von Nachrichten über seine eigene Familie; er führt den Namen Itta hinzu, der bei Ekk. p. 220. nur durch N. angedeutet war.

2) VI. 32. ut egomet in Urbe Romanis tradentibus audivi, und ebendaselbst: sicut probatorum virorum relatu cognovimus. VII. 16. dicunt Romani.

anmerkt. Da nach seiner Angabe ihm kurz vor dem Drucke
zwei Züricher Handschriften — wovon aber die·jüngere eine
Abschrift der älteren war — zukamen, so ist vorauszusetzen,
daß jene Lesarten den Züricher Handschriften entnommen
sind [1]).   Die vierte Ausgabe endlich machte Tissier im
achten Bande der Bibl. Cisterc. Sie ist ohne allen Werth
und ebenfalls nur eine Wiederholung des Drucks; wir
werden aber später noch einmal auf seine Ausgabe sämmt=
licher Werke Otto's zurückkommen müssen.

Die drei ersteren Ausgaben geben also wesentlich nur
eine Recension, die der Wiener Schotten=Handschrift, welche
überhaupt die zweite Redaction der Chronik, also die Form
zu repräsentiren scheint, in der Otto sein Werk an Fried=
rich II. übersandte [2]). — Doch sind auch Interpolationen
aufgenommen worden, die ersichtlich von späterer Hand
herrühren.

Eine dritte Redaction ist dann unzweifelhaft in der
Gestalt des Textes wahrzunehmen, wie ihn übereinstimmend
die Handschriften von Hannover, Schefflarn, Heili=
gen Kreuz und — gewisse Eigenthümlichkeiten abgerechnet
— auch die von Admont geben. Sie haben, im Ver=
gleich mit dem Drucke, überall dieselben Lücken und die=
selben Erweiterungen [3]).

Dieser dritten Redaction scheinen nun ebenfalls die
Handschriften des Flaccius und die Züricher des Urstisius,
so wie die Jenaische und die Straßburger anzugehören.
In Betreff der ersteren kann ich dies freilich nur aus

1) Urstisius bemerkt p. 196. außerdem noch, daß ihre Fassung
kürzer wäre, und er eine durchgreifende Änderung nicht für thun-
lich erachtet habe. Über diese Züricher Handschriften vergl. Auffeß
Anzeiger für Kunde des Deutschen Mittelalters. 1832. p. 74.

2) Ob aber noch Handschriften vorhanden sind, welche die
erste Recension, d. h. die Gestalt des Textes, in welcher der
Verfasser es dem Isingrim widmete, darstellen, kann ich nicht sagen.

3) Dies näher darzulegen wird mit Erfolg erst dann möglich
seyn, wenn ich eine noch größere Zahl von Handschriften aus eigner Anschauung kennen gelernt habe.   .   .

dem Umstande folgern, daß sie die Briefe Otto's an
Kaiser Friedrich I. und an seinen Kanzler Reinald ebenfalls
vor der Chronik geben, während sie in der Wiener Hand=
schrift sich am Schluße derselben befinden. Deutlicher hin=
gegen tritt eine Verwandtschaft der Züricher Handschriften
mit der dritten Redaction hervor. So geben diese, in
Übereinstimmung mit den Handschriften von Hannover (1),
Schefflarn (2), Heiligen Kreuz (3), Admont (4) 1), IV. 25.
Bleda statt Buda der Ausgaben; V. prol. illustrium
doctorum Berengarii, Managaldi et Anshelmi statt
ill. d. Manigoldi et Anshelmi; VI. 34. Kadolumque
statt Karolumque 2).

Mit Bezug auf das, was Radevic I. 11. von Otto
gesagt, daß er im Augenblicke des Todes Reue über die
Art und Weise gefühlt, wie er von Gilbert von Poitiers
gesprochen (Gesta I. 46. 47.), und die Handschrift den
Cistercienser Mönchen zu Morimont übergeben habe, um
die anstößige Stelle zu verbessern, könnte man vermuthen,
daß Tissier in seiner Bibl. Cisterciensium die Gesta nach
einer andern in diesem Sinne veränderten Text=Recension
gegeben habe. Vergl. Archiv I. 169. Aber er erwähnt
der Quellen für seine neue Ausgabe mit keinem Worte;
dieselbe verräth sich vielmehr, sowohl in Beziehung auf die
Chronik als auch auf die Gesta, auf den ersten Blick als
ein nicht immer treuer Abdruck des Textes des Pithou;
namentlich hat auch die Stelle in den Gestis I. 46. 47,
welche den frommen Verfasser noch auf dem Todtenbette
beunruhigte, ganz dieselbe Form und Fassung, wie in den
früheren Ausgaben. Es fragt sich, ob diese, die nicht zu

---

1) Mit diesen Zahlen werden wir die genannten Handschriften
in der Ausgabe bezeichnen.

2) mit Ausnahme der Admonter indeß, die hier ebenfalls
Karolumque lies't. Beiläufig bemerken wir aber, daß diese Admon=
ter doch auch Ähnlichkeit mit den Züricher Handschriften hat, daß
sie den Text namentlich in den spätern Büchern verkürzt und selbst
verstümmelt giebt.

stark und wenig anzüglich ist, nicht schon durch Cistercienser=
hand verbessert ist.

Wir erwähnten oben, daß Otto dem Kaiser Friedrich
seine Handschrift durch den Abt Rapato von Weihenstephan
und seinen Capellan Ragavin oder Radevic übersandte.
Mit Beziehung hierauf ist der Umstand wichtig, daß die
Münchener Handschrift der Chronik ehemals dem Kloster
Weihenstephan angehörte (Archiv IV. 512.); es wäre
möglich, daß wir in ihr das Original der dritten Redaction
entdeckten.

In Betreff der Frage, ob jener Capellan Otto's Raga=
vin oder Radevic geheißen, habe ich· in den handschriftlichen
·Nachrichten des Archivs nichts finden können. Der Fort=
setzer der Gesta wird überall Radevicus genannt. Doch
ist in dieser Beziehung noch zu bemerken, daß eine der
Handschriften des Flaccius ebenfalls Ragewinus liest und
hierdurch ihre Verwandtschaft mit der dritten Redaction
ebenfalls bezeugt.

Bemerkungen.

1) Ich stellte oben, als von Otto's classischen Studien
die Rede war, die Vermuthung auf, daß er das Citat aus
dem Timaeus Plato's (Chron. VIII. 8.) wohl aus Cicero
entnommen haben möchte. Meine Nachforschungen in die=
ser Beziehung waren fruchtlos; die Stellen, wo Cicero den
Timaeus des Plato citirte, entsprachen der Anführung
Otto's nicht. Es bliebe zu untersuchen übrig, ob er dies
nicht aus Macrobius genommen hat. Jedenfalls ist hier=
für aber wichtig, was Cousin in dem Anhang zu den Oeu-
vres inédits d'Abélard (Doc. inéd. sur l'hist. de Fr.,
Paris 1836) p. 646. in dieser Beziehung beibringt. Es
steht nach ihm fest, daß Plato's Timaeus seit dem achten
oder neunten Jahrhundert nach dem Commentar des Chal=

cidius im Abendlande bekannt war. In den Fragmenten des Honoratus von Autun über eben dieselbe Schrift Plato's, die Cousin p. 648. bekannt macht, habe ich indeſſen die in Frage ſtehende Stelle nicht finden können[1]).

2) Folgende Anführungen, die Otto in ſeiner Chronik macht, habe ich in den von ihm citirten Werken nicht finden können:

I. 6. Eusebius. — I. 7. Philo. — III. prolog. Augustinus. — III. 6. Iosephus. — VII. prolog. Augustinus.

---

1) Auch Abälard bekennt ausdrücklich, daß er von Plato nichts habe leſen können, weil ihm nichts in Lateiniſcher Überſetzung bekannt geworden. **Dialect. ed. Cousin p. 205.** Vergl. Neander d. h. Bernhard 2. Aufl. 1848. p. 200.

V.

Über die Chronik Alberich's von Dr. Wilmans.

I. Capitel.

Der Verfasser der Chronik. — Die Zeit wann er geschrieben.

Dürfen wir die künstlerische Verarbeitung des geschicht=
lichen Stoffes, bis auf wenige Ausnahmen, überhaupt nicht
als ein Verdienst der mittelalterlichen Historiker betrachten,
so tritt uns in der unter dem Namen Alberich's, angebli=
chen Mönchs von Trois=fontaines, bekannten Weltchronik,
obwohl sie doch schon einem späteren, gebildeteren Zeitalter
angehört, das formelle Element geradezu noch in dem Zu=
stand der ersten Rohheit entgegen. Das geschichtliche Ma=
terial ist auf das Äußerlichste an einander gereiht und nur
durch den Faden der Chronologie mit einander verbunden;
von leitenden Ideen, von einer geschichtlichen Grundanschau=
ung, welche alle Theile des Werkes beherrschte, findet sich
keine Spur. Es ist eins der merkwürdigsten Denkmale für
jene Gebundenheit des wissenschaftlichen Geistes im Mittel=
alter, welche den überlieferten Stoff aufs Strengste in der
gegebenen Form der Nachwelt zu vermachen strebt und die
sich an den Dingen zu vergreifen fürchtet, wenn sie dieser
Form auch nur einen Buchstaben nimmt.

Man sollte meinen, der Urheber einer so rohen Zusam=
menstellung hätte nicht eben, was seine Persönlichkeit betrifft,

Gegenstand wissenschaftlicher Untersuchung seyn können. Aber grade umgekehrt scheint in der Äußerlichkeit seiner wissen= schaftlichen Arbeit der Grund zu liegen, warum man in Alberich's Chronik entweder ein von mehreren Schriftstel= lern fortgesetztes Werk oder doch die Hand verschiedener Autoren hat entdecken wollen.

Diese Kritik dürfen wir aber wohl eine völlig unbe= gründete nennen. Wir werden die verschiedenen, in dieser Beziehung geäußerten Ansichten einer Prüfung unterwerfen und hierbei das zur Lösung der Frage nöthige Mate= rial, wie wir hoffen, vollständiger als unsere Vorgänger sammeln.

1) Durch Lelong [1]) und die Benedictiner [2]) war ein Widerspruch zwischen dem Umstand hervorgehoben worden, daß die Chronik von einem Mönch von Trois=fontaines herrühren solle, während doch der Verfasser sich mehrfach als ein Mönch von Neu=moustier bei Huy selbst bezeichne. Dieser Widerspruch — auf den wir unten zurückkommen werden — bildet den Ausgangspunkt für die verschiedenen über diese Frage laut gewordenen Meinungen. In dieser Beziehung glaubte der Baron von Villenfagne [3]) eine wich= tige Entdeckung gemacht zu haben, als er in Alberich a. 1127. II. p. 254. [4]) bei Gelegenheit des Mordes Herzog Karl's von Flandern die Bemerkung fand: In authores sceleris acerrime vindicatum est a rege Ludovico — Eorum progenies tota exiliata est, et multi innocentes quae non rapuerant exsolverunt, inter quos fuerunt pater meus Hermannus et frater eius Helebaudus, qui

1) Bibl. hist. prem. ed. n. 7103. p. 355. und n. 16803. t. II. p. 151.
2) Vorrede zu Rec. XIII. §. 44. und t. IX.
3) Recherches pour servir à l'hist. de la ci-devant prin= cipauté de Liège. 1817. t. II. 433—451. Diese Abhandlung ver= dient kaum der Erwähnung; sie ist so leichtfertig gemacht, daß der Verfasser, wie er selbst gesteht, im Augenblick, wo er schrieb, den Text Alberich's nicht vor Augen hatte.
4) nach der Ausgabe von Leibniz Acc. hist. t. II.

pueri nobiles et pulcherrimi — de Flandriis in Franciam aufugerunt. Dieſer Sohn Hermanns, mit Namen Alberich, habe die Chronik, wie Vill. — man weiß nicht aus welchem Grunde — annimmt, bis 1163 geführt, ein anderer Alberich ſie dann bis 1220 fortgeſetzt, worauf endlich ein Mönch von Neu=mouſtier die zweite Fortſetzung bis 1241 hinzugefügt habe. In dieſem letztern will er dann den Mauritius Canonicus dieſes Kloſters erkennen, bekannt durch den Umſtand, daß ihm Giles d'Orval (Aegidius Aureae-Vallis mon.) ſeine Gesta Epp. Leodiensium widmete. Wir kommen auf dieſen letztern Punkt bei Beſprechung der Quellen [1]) zurück, müſſen aber, hiervon abgeſehen, Villenfagne's Anſicht von vornherein als unſtatthaft verwerfen [2]), und zwar aus dem einfachen Grunde, weil Alberich dieſe Nachrichten ausdrücklich unter den Namen und die Autorität Helinands ſtellt, in deſſen Chronik (ap. Tissier Bibl. Cisterc. VII. p. 182.) ſich in der That die angeführten Worte finden. So zerfällt dieſe Conjectur mit allen ihren Folgerungen entſchieden in Nichts.

2) Begründeter dürfte ſchon die Meinung Ernſt's erſcheinen, die, obwohl früher entſtanden, erſt 1838 im Appendix zu ſeiner histoire de Limbourg II. 6—10. von Lavalleye veröffentlicht wurde. Er nimmt es p. 9. als ſeine Entdeckung in Anſpruch, daß drei Canoniker in Huy an dieſer Chronik und zwar in der Art gearbeitet, daß der erſte die Erzählung bis 1221 geführt, der zweite die Jahre 1222—1227 hinzugefügt, der dritte endlich den Schluß bis 1241 verfaßt habe. Dieſer letzte, nimmt auch Ernſt an, ſey ohne Zweifel jener oben beſprochene Mauritius geweſen. Was den Namen des Verfaſſers betrifft, ſo läßt er dieſen völlig ungewiß; ihm ſcheint es ſelbſt nicht

---

1) unter dem Artikel: Geſchichte einzelner Diöceſen, Lüttich.

2) Ein Gleiches thut Lavalleye zu Ernſt h. de Limbourg Noten p. 10. aber aus einem andern Grunde; den wirklichen hat er nicht wahrgenommen.

wahrscheinlich, daß dieser mit der öfter vorkommenden Be=
zeichnung Albericus sich selbst gemeint habe, vielmehr
glaubt er in den bis 1111 vorkommenden Anführungen
als Autor die Hand des eigentlichen Compilators zu erken=
nen. Die Frage, was unter Albericus zu verstehen sey,
wird bei Untersuchung der Petit=Radelschen Ansicht näher
besprochen werden; die Gründe aber, aus welchen Ernst
verschiedene Fortsetzungen annimmt, beruhen einzig auf den
Worten, mit welchen Alberich die Erzählung des Jahres
1227 schließt: haec omnia infra sex annos gesta [1]) causa
continuationis explevimus. Ernst würde Recht haben mit
seiner Ansicht über die Fortsetzungen, wenn diese Stelle
Bezug nähme auf das ganze Werk; dann umfaßten diese
sechs Jahre 1222—1227 allerdings eine besondere Fort=
setzung. Aber nicht allein giebt es hierfür keine andere
Belegstelle, sondern es muß auch eine unbefangene Betrach=
tung des ganzen Zusammenhangs uns die Meinung Petit=
Radels als wohlbegründet erscheinen lassen [2]), welcher die
angeführten Worte nur auf Alberich's unmittelbar vorher=
gehenden Bericht über Polnische Ereignisse bezieht, in dem
der Chronist allerdings die Vorfälle mehrerer Jahre zusam=
menfaßt. Dies wird in der That durch den Ausdruck:
tandem Dei iudicio a luxuria interficitur (Logestelaus)
bestätigt, der auf eine längere Reihe hier zusammen berührter
Jahre schließen läßt [3]).

Aber abgesehen von dieser gewiß richtigen, und durch
die Lesart der Pariser Handschrift noch bestätigten Ausle=
gung jener Stelle, hätte Ernst noch Beweise genug finden
können, daß das ganze Werk von einem Verfasser her=
rühre und seine Zerlegung der Chronik in drei Abschnitte

1) Gesta ist Zusatz des Pariser cod. 4896 A; was die Frage
sehr aufklärt.

2) H. litt. de la Fr. XVIII. p. 281. not.

3) In den Jahren 1222—1296 erwähnt Al. Polens mit kei=
nem Wort.

nur auf willkürlichen Voraussetzungen beruhe. Um hier
gleich die schlagendsten Gründe vorzulegen, so ist wohl nicht
glaublich, daß, wenn in demselben Werke es einmal von dem
Abt Alexander von Huy heißt, a. 1208. p. 449: de quo
in loco opportuno dicemus, und dann a. 1236
p. 557: obiit dominus Alexander primus abbas nostrae ecclesiae novi Monasterii Hoyensis [1]) — fuit hic
vir laudabilis vitae, — daß dies von zwei Verfaffern her=
rühren könne. Wer jenes a. 1208 geschrieben, muß ge=
wußt haben, daß er noch einmal von ihm zu sprechen hatte
und zwar bei seinem Tode. Also zeichnete auch Alberich
die Ereignisse des Jahres 1208 später als 1236 auf, und
wir können somit unmöglich an die Beendigung des Haupt=
werks mit dem Jahre 1221 denken. Dies wird durch eine
große Zahl anderer Stellen bestätigt. Wir sehen selbst, daß
er das ganze, vollendete Werk vor Augen gehabt und unter
den frühern Jahren seine Worte aus späteren citirt; so
namentlich a. 878 I. p. 208. qualiter dictus liber per
300 circiter annos auctoritatem obtinuerit et tandem
damnationem incurrerit, habetur inferius in a. D.
1225, quando idem liber iussus est comburi, vergl.
1225. II. 515, wo sich ein ausführlicher Bericht hierüber
findet [2]). Eine Hauptstelle aber, die aufs Überzeugendste
darthut, nicht allein, daß das ganze Werk von einem Ver=
faffer und zwar nach dem Jahre 1239 geschrieben ist, und
die ebenfalls wie die obigen völlig übersehen ist, giebt das
Jahr 281. I. p. 23. Manichaeorum haeresis turpissima
in Perside exorta est. Isti sunt qui nostris diebus
vocantur Bulgari, per quam diabolus multos sibi falsos
martires per ignem acquisivit. Et ò proh dolor!
pessima luxuria ad quantam caecitatem devenisti. Dies
bezieht sich unzweifelhaft auf den Bericht des Jahres 1239.

1) So und nicht Leodiensis ist zu lesen.
2) Ähnlich verweist er a. 941. I. p. 278. auf das Jahr 1227
II. p. 525.

II. p. 569. factum est maximum holocaustum et placabile Domino in combustione Bulgrorum etc. [1]).

Wir stellen hier gleich die Stellen zusammen, welche auf die Zeit der Abfassung ein entscheidendes Licht werfen. So muß sein Bericht über Bischof Hugo von Lüttich a. 1200. p. 421. später als 1229 geschrieben seyn (vergl. b. J. II. 530.); dann beziehen sich die Worte nostris diebus des Jahres 1160. II. p. 335. entschieden auf das Jahr 1233. und beweisen für die Worte des Jahres 1160 eine spätere Abfassung als 1233; endlich aber wird im Jahre 1113. p. 223 und 224 direct das Jahr 1240, und a. 1239. p. 571. das Jahr 1246 als Epoche angegeben, wo wir annehmen müssen, daß die vorliegenden Worte niedergeschrieben wurden [2]).

Müssen wir die Zeit der Abfassung später als das Jahr 1239, die der Schlußredaction aber über 1246 hinaussetzen, so dürfen wir doch andrerseits in letzter Beziehung das Jahr 1251 nicht überschreiten [3]). Dies möchte vor Allem aus dem Umstande hervorgehen, daß Kaiser Friedrich II. als modernus imperator a. 1168. II. 351, andrerseits aber Richard von Cornwallis II. 557. a. 1236. noch nicht als rex Romanorum bezeichnet wird, wie dies a. 1241. p. 578. doch in Bezug auf Heinrich Raspe stattfindet.

Dieser Umstand ist um so nachdrucksvoller hervorzuheben, als wir durch die gestattete Benutzung der Collationen der Pariser Handschrift 4896 A, der besten, die wir kennen, und welche die verdorbenen Lesarten meist immer und vor-

1) In beiden Berichten tritt gleich stark die Freude des fanatischen Mönchs an dem Brandopfer der Ketzer hervor. Dies ist ein inneres Zeichen der Einheit des Werks.

2) II. p. 223 und 224. Im Jahre 1240 hätten die Hospitaliter 350 Capellen, die Templer 7000 Häuser gehabt; p. 571. Johannes de Plano-Carpino wäre 1246 zu den Tartaren gesandt worden.

3) Vergl. was wir unter der Geschichte der einzelnen Diöcesen, beim Artikel Lüttich, über Ägidius von Orval bemerken werden.

trefflich verbessert, in den Stand gesetzt sind, in dieser einen interpolirten Text zu erkennen, dessen Zusätze nach dem Jahre 1256 und vor dem Jahre 1295 von unbekannter Hand den Worten Alberich's hinzugefügt worden sind[1]).

Halten wir nun mit den Ergebnissen unserer Untersuchung die Ansicht Ernst's zusammen, so tritt uns mit der bestimmten Zeit der Abfassung auch eine ebenso bestimmte Persönlichkeit des Verfassers entgegen. Die verschiedenen Theile des Werks stehen dann in einem so innigen Zusammenhange zu einander, daß wir sowohl in der Person des Verfassers als auch in dem Werke den Charakter der Einheit nicht verkennen dürfen.

1) a. 1241. p. 577. lin. 22. mortuus qui (Otto IV. imp.) de filia marchionis de Marborch habuit filium ducem de Bronsvic et Elisabeth uxorem Guillelmi de Hollandia regis Romanorum qui genuit Florencium qui nunc est Hollandiae comes. Tandem etc. und a. 1239. p. 574. lin. 14: Obiit comes Simon de Pontivo, quatuor relinquens filias, quarum unam duxit rex Castellae de Hispania Fernandus, et filius eius Alfunsus duxit filiam regis Arragonensis, ex qua genuit Sanctum regem qui nunc est; alteram etc. Sancho, der Sohn Alfons X. († 1284) und Enkel Ferdinands III. († 1252) regierte von 1284—1295. Anno 1224. p. 513. wird in einem ähnlichen Zusatze Conradins erwähnt. Ich war erst versucht in dem gedruckten Texte eine ähnliche, bis über 1265 hinausgehende Interpolation an einer Stelle zu finden, die nur des schiefen Ausdrucks entkleidet zu werden braucht, um unsre Ansicht von der Zeit der Redaction zu bestätigen. A. 1236. p. 560: Frater Robertus qui hoc tempore per Galliam haereticos comburebat, cum esset vir magnae religionis apparens et non existens, circa tempus magni concilii apostavit, sectitusque mulierculam Manichaeam Mediolanum abiit et factus est de secta illa pessima per annos viginti, ita quod inter eos fuit perfectissimus; qui de novo resipiscens ad mandatum papae permultos haereticos denudavit per solam loquelam, et per solos gestus quos habebant haeretici deprehendebat eos. Ich bezog dies zuerst auf das Concil zu Lyon 1245, wobei durch Hinzufügung der 20 Jahr, die Zeit um 1265 als die der Bekehrung des Mönchs Robert sich herausstellen würde. Vielmehr ist die Sache so zu fassen. Robert war um die Zeit des Lateranensischen Concils 1215 zur Ketzerei abgefallen, in der er 20 Jahr verblieb, worauf er um 1235 in den Schooß der Kirche zurückkehrte und nun seine früheren Glaubensgenossen verfolgte.

3) Petit-Radel schließt sich so weit der Meinung von Ernst an, daß er in der bis zum Jahre 1111 öfter vorkommenden Bezeichnung autor[1] den wirklichen Urheber des ganzen Werks, einen ungenannten Mönch von Neufmoustier bei Huy, in dem von 1163 an auftretenden Albericus aber einen späteren Interpolator erkennen will, der von diesem Jahre an bis 1222 — später kommt der Name nicht mehr vor — unter diesem Namen Bemerkungen in die Chronik des unbekannten Hoyensers eingeschoben habe. Die Frage dreht sich also bei ihm wesentlich um den Punkt, ob man dies Geschichtswerk mit Recht oder mit Unrecht unter des Albericus Namen angeführt hat. Gesetzt seine Annahme wäre richtig und der Mönch von Huy, der das ganze Werk bis 1241 einschließlich vollendet, habe bis zum Jahre 1111 zu den ausgezogenen Quellenstellen seine besonderen Bemerkungen unter dem Namen autor gemacht, vom Jahre 1163 aber der Interpolator Albericus diese Rolle übernommen — so kann man fragen, einmal, warum der Erstere diese nicht über das Jahr 1111 hinaus fortgesetzt, dann aber, aus welchem Grunde der Interpolator als Albericus nicht schon vor dem Jahre 1163 unter diesem Namen sich habe vernehmen lassen?[2]

1) an. 674. 678. 717. 748. 750. 955. 1095. 1097—1100. 1106. 1111.

2) Petit-Radel stützt seine Ansicht noch auf einen Grund, der hier eine nähere Erörterung verdient. Im Anfange der Erzählung des Jahres 1213, II. p. 468. berichtet der Verfasser über Flandrische Ereignisse und erwähnt hierbei den Tod des Grafen von Namur. Bei dieser Gelegenheit macht er ohne Anführung seines eignen Namens eine seiner gewöhnlichen Bemerkungen und zwar genealogischen Inhalts. Dieser fügt er ein Zeugniß des Cäsarius von Heisterbach über den Grafen von Namur hinzu, unterbricht dies aber wiederum durch eine eigne Bemerkung unter dem Rubrum Albericus und fährt hierauf im Berichte des Cäsarius über den Grafen von Namur fort. Dann aber kehrt er zu den Flandrischen Angelegenheiten zurück und zwar unter der Überschrift: sequitur in eadem chronica. Petit-Radel nimmt nun an, daß Alberich der Interpolator mit diesen Worten die eigentliche Chronik des unbekannten Mönchs von Huy bezeichnet habe. Aber wer sieht nicht,

Ist es nicht viel wahrscheinlicher, daß Laune oder vielleicht der Wunsch, seinen Namen der Nachwelt nicht verloren gehen zu laffen, den Verfaffer, einen Mönch von Huy, wel= cher bis 1111 sich nur als **autor** einführte, bewogen habe, in den späteren Theilen direct mit seinem Namen Alberich hervorzutreten? Petit=Radel scheint sich diese überflüssige Schwierigkeit selbst geschaffen zu haben, um einer andern, schon erwähnten, aus dem Wege zu gehen. Wir werden aber sehen, mit wie wenig Glück. Alberich nämlich sagt a. 1180. p. 264: **Exponit etiam (Hugo de S. Victore) regulam b. patris nostri Augustini,** was vortrefflich mit dem Umstande übereinstimmt, daß der Verfaffer Mönch in Neuf=mouftier, Augustiner=Ordens, war; — dann aber in einer andern Stelle: a. 1100. II. p. 183: **Insuper et de principio nostri Cisterciensis ordinis idem Urbanus (papa) memorabile perpetuum semper habebit.** Indem Petit=Radel nun jene erstere Stelle auf den eigent= lichen, nach seiner Meinung anonymen Verfaffer bezieht, glaubt er auch für die letztere einen bequemen Ausweg durch die Annahme gefunden zu haben, daß dieser, jedenfalls auch der Lütticher Diöcese entstammende Interpolator mit Namen Alberich ein Cistercienser Mönch gewesen sey, und unter der

daß diese Annahme allenfalls gültig sein könnte, wenn die Schei= dung zwischen Chronik und Interpolation auch sonst aufs Schärfste hervorträte, wenn dieser angebliche Interpolator Alberich sich auch noch anderswo über dies fein Verhältniß zum Chronisten von Neu= mouftier bestimmt und deutlich ausspräche. Allein dies ist nirgends der Fall, und so muß man zugeben, daß Petit=Radel's Erklärung seltsam ist. **Eadem chronica** setzt die Identität mit einer schon früher genannten voraus. Dies ist nirgends geschehen; auch die uns zugänglichen Vergleichungen der drei Pariser Handschriften geben nichts, was die Sache aufklären könnte. Wir können also nur annehmen, Alberich habe zum Anfange des Jahres 1213 seine Quelle gewohnter Weise angeben wollen, dies dann aber vergessen. So wäre das **sequitur** nur eine Berufung auf diese Quelle, wie dies in ähnlichen Fällen oft vorgekommen. Ich habe nicht entdecken können, woher Alberich diese Flandrischen Nachrichten hat. Einige Ähnlichkeit ist mit der Genealog. Flandr. p. 402 und 411 vorhanden.

genannten Voraussetzung nur dem Kloster Val S. Lambert[1])
angehört haben könne. Indeßen eben jene Stelle, wo von
den Cisterciensern die Rede ist, steht unglücklicherweise —
nach dem Text der Leibnitz'schen Ausgabe — unter dem
Rubrum autor und würde also vom Mönch von Huy her=
rühren. Hierdurch geräth P. Nadel mit sich in Widerspruch
und kann sich nur dadurch helfen, daß er hier grade eine
Interpolation statuirt. Aber abgesehen von der Bedenklich=
keit, eine Interpolation in der Stelle anzunehmen, die den
letzten Beweis liefern soll, hat der beste Pariser Eyder
(4896.A) dieselbe in einer Faßung, die, wenn sie auch nicht
alle Zweifel aufklärt, und vielmehr neue schafft, doch über
den Umstand uns völlige Gewißheit giebt, daß der Ver=
faßer der Chronik Albericus hieß und daß die unter diesem
Namen und unter dem Rubrum autor angeführten Bemer=
kungen von einer Person herrühren. Die Stelle lautet
nun nach der genannten Handschrift in ihrem Zusammen=
hange folgendermaßen: Anno 1100 Urbanus papa moritur. Sigebertus. Guibertus et Urbanus de papatu
Romano contendentes, moriendo uterque finem faciunt
contentionis. Autor. Indiscrete loquitur et confuse.
Guibertus mortuus est schismaticus, et ut dicit episcopus Otto, horribili schismati tamquam densissi-
mis Aegypti tenebris finem moriendo imposuit. Dicit
autem quod Urbanus mortuus est catholicus et in multis laudandus, cui tantum honorem contulerit Dominus,
ut in eius diebus recuperarentur Antiochia et Hiero-
solyma et fierent omnia illa quae supra memoravimus.
Auctor Albericus. Insuper et de principio nostri

1) dem einzigen Mönchskloster Cistercienser=Ordens in jenem Bis=
thum; ein Argument, das möglicher Weise seine Ansicht unterstützen
könnte, hat P. Nadel noch dazu übersehen: Es ist die Stelle a. 1224. II.
514: Cardinalis Conrardus — Leodium venit ibique Vallem Ben e-
dictam ordinis Cisterciensis de novo fundatam — consecravit. —
Daß mit letzterem Namen das Nonnenkloster Val Benoit, ebenfalls
Cistercienser=Ordens, in der Diöcese Lüttich gemeint sey, verdanke
ich einer gütigen Bemerkung des Herrn Dr. Grotefend.

Cisterciensis ordinis idem Urbanus memorabile perpetuum semper habebit. Sigebertus etc.

Daß aber jene Handschrift in der Bezeichnung des
Autor als Albericus Recht hat, daß an eine Trennung
zwischen dem ungenannten Augustiner von Huy — auctor
— und einem Interpolator Albericus nicht zu denken ist —
dies beweisen, glaube ich, eine größere Zahl von Stellen,
die von den früheren Gelehrten bisher nicht in den Kreis
der Forschung gezogen waren. Insbesondere aber a. 1165.
II. p. 345; an der ersteren sagt er als Albricus monachus: Ex hoc tempore Ioannes presbyter Indorum
rex literas suas — misit, — ex quibus literis quaedam hic annotabimus; in der zweiten aber finden sich ohne
alle weitere Anführung unmittelbar im Texte die Worte:
Inveniuntur quaedam papae Alexandri literae, quas
misit presbytero Iohanni superius memorato.
Wäre also Albericus der spätere Interpolator, so folgte
daraus, daß der frühere Verfasser zum Jahre 1170 Rücksicht nähme auf dessen später seinem Werke einverleibte Bemerkungen, was ein Unding ist. Das umgekehrte Verhältniß findet sich 1163. II. p. 341. unter dem Rubrum Albericus monachus: et licet ipse poenituerit ut postea dicemus, was zweifelsohne sich auf das Jahr 1178.
II. 359. und 1181. II. p. 362. bezieht [1]). Wäre Albericus
nur Interpolator, wie könnte er sich für eine und dieselbe
Person mit dem Verfasser ausgeben und ausdrücklich bemerken: wie wir später sagen werden, wenn die bezüglichen Stellen sich doch im Texte, und nicht, wie sie eigentlich
müßten, in einer besondern Note des Interpolators befinden.

Wer überhaupt unbefangen und den Blick von den
Meinungen der früheren Gelehrten ungetrübt, die vorliegende Chronik liest, wird nicht auf den seltsamen Gedanken gerathen, in diesem Albericus einen von der Person
des Autors verschiedenen Mann zu erkennen. Die weiteren

[1]) Die Frage betrifft den Pfalzgrafen Heinrich von Champagne.

Stellen, wo diese Anführung vorkömmt [1]), thun, wie mir scheint, aufs klarste dar, daß die unter seinem Namen der Erzählung eingewebten Bemerkungen meist den bestimmten Zweck haben, moralische oder wissenschaftliche Noten zum Text seiner Quellen zu seyn, in dieser Hinsicht durchaus also nicht von einem Interpolator herzurühren brauchen, oder aber dazu dienen, den Bericht der einen Quelle von der andern scharf zu sondern [2]).

Nach allem Bisherigen dürfen wir uns wohl befugt erachten, da P. Nadel eigentlich für seine Ansicht keine Gründe beibringt, für die unsrige aber sehr entschiedene sprechen, nur einen Verfasser anzunehmen und diesem den Namen Alberieus zu vindiciren, und dies um so mehr, als das magnum chronicon Belgicum seine ganze Chronik unter diesem Namen kennt.

Es fragt sich nun, welche nähere Umstände dieser Chronist von sich und seinen Verhältnissen angiebt.

Hier werden wir mit Nothwendigkeit zur Überzeugung geführt, daß dieser Verfasser Mönch von Neuf=moustier bei Huy ist und dem Augustiner=Orden angehört. Petit=Radel hat schon die Stellen gesammelt, wo der Autor von Huy redet; wir vervollständigen sie mit noch einigen [3]) und sehen aus ihnen, daß der Ton und die ganze Haltung dieser vom Anfang des Werks bis zu seinem Schluß sich durchziehenden Stellen der Art ist, daß nur ein Bewohner von Huy sie geschrieben haben kann.

a) Es treten hier ganz specielle Traditionen von Huy auf, theils schriftliche, wie 899. I. 235, theils mündliche

1) an. 1167. II. p. 348; 1187. p. 372; 1190. p. 384 bis; 1193. p. 398; 1196. p. 408; 1197. p. 412; 1198. p. 414; 1200. p. 419 bis; 1204. p. 436; 1222. p. 510 Bezug nehmend auf das Jahr 1221.

2) wie 1204. p. 436: Albericus. Quod hic adiungitur sumtum est ex alia relatione.

3) an. 626. 899. 996. 1035. 1047. 1066. 1075. 1101. 1116. 1130. 1208. 1224. 1229. 1230. p. 535 und 536; 1235. 1236. 1237. 1240. p. 576.

1035. II. p. 66. Alii dicunt et maxime antiqui Hoienses etc., wo der weitere Bericht es außer Zweifel setzt, daß der Verfasser in Huy geschrieben und eine andre Volkssage über die Mutter des berühmten Wilhelms des Eroberers auszugleichen sucht mit der in Huy im Schwunge befindlichen [1]).

b) Wir haben in den Angaben über Huy den Bericht eines Augenzeugen vor uns; so 1224 über ein alterthümliches daselbst mit Verkleidungen gefeiertes Fest, der in eine allgemeine Chronik nicht aufzunehmen gewesen wäre, wenn den Verfasser hierzu nicht ein besonderes Interesse veranlaßt hätte; dann über zwei Überschwemmungen 1230. p. 535, wo der Verfasser nach Aufzählung der verursachten Schäden hinzufügt: et in diocesi Leodiensi apud Hoium, Hoiolus ille fluvius enormia damna intulit oppidanis und 1235. p. 554: In hac hyeme — inundatio aquarum — enormia damna intulit. Sic in Hoio etc. und nun folgen die detaillirtesten Angaben, die jedenfalls das Domicil des Schreibers anzeigen.

c) An zwei Stellen endlich giebt der Verfasser selbst sein Vaterland an: 1236. p. 557. IV. Kal. Aprilis — obiit d. Alexander primus abbas nostrae ecclesiae Novi Monasterii Hoiensis und a. 1237. p. 561. wiederum beim Bericht über eine Überschwemmung: fuit enim apud nos fere aequalis (Mosa) planitiei claustri nostri videlicet Novi Monasterii.

So weit ist Alles klar; unsre Chronik rührt von einem Verfasser her, dem Mönch Alberich von Neufmoustier bei Huy, der sich als solchen mehrfach angiebt und hiermit in Übereinstimmung auch den Augustiner=Orden als den seinigen bezeichnet [2]).

1) Sehr bezeichnend ist in dieser Beziehung sein Ausdruck: et ut satis quaerentibus faciamus, was seiner Erzählung einen unmittelbar localen Ton giebt.
2) a. 1130. II. p. 264: regulam beati patris nostri Augustini.

Es findet sich, meines Wissens, nichts im ganzen Werke, was dem widerspräche, mit Ausnahme der einen von uns oben gegebenen Stelle des Jahres 1100. Ich gestehe aufrichtig, daß ich die namentlich aus ihrer Faffung im Cod. Par. 4896 A. herrührenden Schwierigkeiten nicht zu lösen vermag, daß ich nicht begreife, wie der Autor Albericus sich zum Cistercienser=Orden rechnen kann [1]).

Ich möchte annehmen, die Wendung noster Cisterciensis ordo wäre nur der Ausdruck der Verehrung, die auch wohl ein Augustiner für einen durch seine innige Frömmigkeit so bekannten Orden gebrauchen könnte. Allein der Cistercienser=Orden spielt noch in ganz anderer Weise in die uns hier beschäftigenden Fragen hinein.

Dies ist die Bezeichnung, unter der man gewohnt ist Alberich in der Gelehrtengeschichte anzuführen, nämlich als Mönch von Trois=fontaines (monachus Trium Fontium). Sie gründet sich in keiner Weise auf irgend einen Ausspruch oder eine Andeutung des Chronisten selbst; vielmehr sind die Erwähnungen dieses Klosters, die wir bei ihm an zwei Stellen finden: a. 1204. II. 437. Iam exierant a Roma literae continentes mandatum papae ut abbas Guido Trium Fontium fieret archiepiscopus Remensis und 1214. p. 475: Huius autem mater fuit Agnes nobilis comitissa, quae in abbatia Trium Fontium est sepulta, nicht der Art, daß wir auf einen nähern Zusammenhang desselben mit dem Schreiber zu schließen berechtigt wären. Dagegen führen die drei ältesten Pariser Handschriften [2]), so wie die neuere Wolfenbüttler, welche Leibniz benutzte, im Titel den Verfasser als monachus Trium Fontium an, letztere noch mit dem Zusatze: dioece-

1) Übrigens ist das doppelte Autor hinter einander in jener Stelle seltsam genug und läßt mich fast hoffen, daß die Lesarten anderer, noch nicht benutzter Handschriften dieser Frage eine entscheidende Wendung geben werden.
2) No. 4896 A. s. XIV. 4896 B. und C. s. XV.

sis **Leodiensis.** Allein Leibniz hat wohl Recht, wenn er
diesen Zusatz einer neuern Abschrift die Conjectur eines
Gelehrten nennt [1]), da, so viel ich aus den Bearbeitungen
der Lüttichschen Geschichte habe ersehen können, ein Kloster
dieses Namens in dem Gebiete dieses Bisthums sich nicht
findet [2]). Allerdings führt Lavallaye einen Ort Trois-
fontaines im **Marquisat de Franchimont** im Lüttichschen,
und einen zweiten bei Brüssel an [3]). Allein er weist nicht
nach, daß dies Klöster gewesen seyen. Und so müssen wir
auf das einzige bekannte Kloster, welches so geheißen, zu-
rückgehen, nämlich auf das Cistercienser-Kloster Trois-fontaines in der Diöcese Châlons-sur-Marne. Wenn Alberich
daher wirklich Mönch von Trois-fontaines war, so kann
er aller Wahrscheinlichkeit nach nur diesem und somit auch
dem Cistercienser-Orden angehört haben. Allein sehen wir
von der einzigen räthselhaften Stelle a. 1100 ab, wo er
den letztern als **noster** bezeichnet, so widerstrebt dieser
Annahme der ganze Inhalt seiner Chronik. Denn nicht
allein sind, wie eben gesagt, seine Erwähnungen dieses Klosters höchst gleichgültiger Natur, sondern es spricht auch
noch ein indirecter Grund dagegen. Aegidius nennt lib.
H. p. 265. den Jacobus, Bischof von Praeneste: **quondam
abbas Trium Fontium ordinis Cystercii,** bei einer
Veranlassung, der auch Alberich a. 1240 — also in einer
Zeit, wo er mit Abfassung der Chronik beschäftigt war —
eine ausführliche Besprechung widmet. Wäre unser Chronist also Mönch von Trois-fontaines gewesen, was ist na-
türlicher, als daß er denselben Ausdruck gebraucht, daß er

1) in der Vorrede zu seiner Ausgabe.
2) Vergl. insbesondere den dritten Band der **Gall. christ.,**
wo unter den sämmtlichen Klöstern der Lüttichschen Diöcese sich
keins dieses Namens findet, ebensowenig als ein **Drübeck,** auf
welches Gieseler K. Gesch. den Namen **Trium Fontium** deuten will.
3) im Appendix zum zweiten Bande von **Ernst hist. de Lim-**
bourg. Nach den Angaben einiger Lüttichschen Gelehrten ist das
erstere aber nur ein Weiler; in neueren geographischen Werken über
Lüttich habe ich aber auch dies nicht finden können.

nicht verschwiegen hätte, daß jener päpstliche Legat einst sein Abt gewesen? Allein in seinem Berichte findet sich Nichts dergleichen. — Von demselben Gesichtspunkte ausgehend, müßten wir auch grade ausführliche und sehr bestimmte Nachrichten über Chalons in seiner Chronik erwarten. Allein seine Berichte über die Angelegenheiten dieser Diöcese sind überaus dürftiger Natur [1]).

Trotz der anscheinenden Übereinstimmung des Ausdrucks: ordo noster Cisterciensis, mit jener Angabe der Pariser Handschriften, die ihn als Mönch des Cistercienser Klosters Trois-fontaines bezeichnen, müssen wir, glaube ich, dieselbe doch als völlig unbegründet betrachten, vielmehr als sicher annehmen, daß Alberich im Lüttich'schen, und zwar in dem Kloster Neuf-moustier bei Huy geschrieben habe.

Eine andere Frage ist es freilich, wie die Bezeichnung Alberich's als Mönch von Trois-fontaines hat entstehen können. Meine Nachforschungen in der ziemlich reichen Literatur des Cistercienser-Ordens haben zu keinem Resultate geführt. Man könnte versucht seyn anzunehmen, der Erste, der ihn also benannt, habe ihn mit jenem Mitstifter des Cistercienser-Ordens Albericus verwechselt. Allein eine Beziehung zu diesem ist schon aus dem Grunde undenkbar, weil Trois-fontaines erst 1118, also neun Jahre nach dessen Tode, gegründet wurde. Wichtiger dürfte schon eine Angabe des Gaspar Iongelinus, Notitia ord. Cisterc. (Colon. 1640) p. 38. erscheinen: Trium fontium, Trois-fontaines in d. Catalaunensi. — — Extat Historia MS. Alberici huius coenobii monachi. Müssen wir dies auf unsere Chronik beziehen, so ist weiter nichts zu sagen, als daß Iongelinus, gleich wie Miraeus [2]), auch schon vor

----

1) Aus diesem Grunde verdient auch der Zusatz des Cod. Paris. Claromont. (Soc. Iesu), welche unsern Verfasser monach. Trium Fontium dioec. Catalaunensis nennt, keine Berücksichtigung.

2) Vergl. die Vorrede von Leibniz.

der Ausgabe Leibnizens, wahrscheinlich durch Pariser Hand=
schriften,. Kunde von derselben erhalten habe.· Anders frei=
lich stellt sich die Sache, wenn wir annehmen könnten, daß
ein bisher noch unbekannter Geschichtschreiber Albericus in
Trois=fontaines, Diöcese Chalons, gelebt habe. Dann läge
die Vermuthung nahe, daß eine Verwechslung mit eben
diesem die Schreiber der Pariser Handschriften zu jener·
falschen Bezeichnung veranlaßt habe. Doch gaben die Be=
merkungen von Fabricius über die Schriftsteller dieses Na=
mens Nichts an die Hand, was diese Vermuthung näher·
begründen könnte [1]).

II. Capitel.
Plan des Werks und Verarbeitung des Stoffs.

Bei einem die. geschichtlichen Thatsachen von so äußer=
licher Seite, wie die chronologische, betrachtenden Werke ist
es eigentlich überflüssig, nach dem Plane, der dem Verfasser
bei Ausarbeitung desselben vorgeschwebt, zu fragen. In=
dessen hat auch eine reine Chronographie immer einige
Ideen, die ihr zu Grunde liegen, die sie beherrschen.

Diese treten bei Alberich in einer Form uns entgegen,
wie sie aus der Anwendung der Disputirkunst der dama=
ligen Universitäten auf die Wissenschaften entspringen mußte.
Dies zunächst in den vorchristlichen Partien, die im Grunde
nur eine chronologische Übersicht geben. Wir erfahren, daß
Alberich durch Ausarbeitung des Werks der Aufforderung
seiner Freunde genügt: ed. Leibnit. I. p. 3. Voluerunt
amici nostram opinionem habere super istis, et qui
voluerit contradicere, parati sumus pro posse respon-
dere. Das Selbstgefühl, mit dem er hier redet, zeigt sich

---

1) Aus jenem Stifter des Cistercienser=Ordens macht Fabricius
fälschlich zwei Personen. Der Alberich, von dem in den Script.
Cabilonenses p. 136 gehandelt wird, ist eben nur derselbe heilige
Alberich.

auch an andern Stellen und giebt einzelnen Theilen den
Anſtrich, als ob ſie nur niedergeſchrieben wurden, um ge=
wiſſe chronologiſche Theſen zu unterſtützen. Sehr häufig
ſpricht er in dem Bewußtſein der völligen Sicherheit, ſo
l. c. Quod vero 74 annis et antiquius ponimus nativitatem Abrahae quam Eusebius et secundum hoc caetera omnia, quae sequuntur, ordinavimus, haec est
tota vis propter quam laborem istum de annis ita subtiliter calculandis assumsimus;
ein andermal fordert er gleichſam ſeine wiſſenſchaftlichen
Gegner heraus, I. p. 31. Dico ergo non per opinionem
sed per affirmationem et certitudinem, quod b. Martinus obiit hoc anno (400), et hoc paratus sum
probare certis autoritatibus contra omnes
compotistas et cronographos, si fuerint
contradictores, und nun folgt der Beweis, den wir
uns erſparen, um einige von den ſehr bezeichnenden Schluß=
worten dieſes Abſatzes hier folgen zu laſſen: Haec omnia
ad hoc ingessi ut illa auctoritas quae dicitur a passione
Domini usque ad transitum S. Martini anni 412 computantur (sic), aut corrigatur aut deleatur, cum ibi sit
mendacium 45 annorum. Non est autem mirum, si
usque ad haec tempora istud non fuit correctum, quia
sancti viri, qui sunt in claustris, plus inten-
dunt contemplationi et sermonibus quam
cronicis, et literati qui sunt in seculo ad prae-
bendas tendunt vel ad pecuniam. Dieſer ſelbſt=
gefällige Glaube, durch ſeine Arbeit wunderwelchen großen
Dienſt der Wiſſenſchaft geleiſtet zu haben, tritt auch ſonſt
noch hervor [1]); er bemerkt es a. 238 in Betreff der Paſ=
ſion der 11000 Jungfrauen ausdrücklich: de quarum
sanctarum tempore et de revelatione huius historiae
omnes usque ad tempus Elyzabeth istius errabant historiarum scriptores et chronographi, und vertraut den

---

1) So I. p. 5. Quomodo ergo — Valerianus Decius.

Visionen, welche die heilige Elisabeth von Schönau im XII. Jahrhundert über die angeblichen Ereignisse des Jahres 238 gehabt, so weit, daß er ihnen den Namen des angeblichen Erzbischofs von Cöln entnimmt, und zum Jahre 1156. II. 327. die obige Bemerkung noch einmal macht: de quo errabant omnes chronographi. In andern Punkten ist er doch seiner Sache weniger gewiß, so p. 8: de praedicto autem Menelao — qui poterit concordet ad secundum librum Machabaeorum, und p. 13: Evasi inter utramque prout potui, et qui tutiorem viam salvis auctoritatibus praedictis mihi ostenderit, libens et voluntarius eius in hac arte ero discipulus, wobei er zum Schlusse doch wieder die Hoffnung ausspricht, solche und ähnliche Zweifel durch Offenbarungen und Visionen auch in seiner Zeit noch gelöst zu sehen [1]).

Diese Eigenthümlichkeit seines Werkes, daß er sich und seine Meinungen gleichsam academischen Gegnern gegenüber gestellt denkt, macht es nun auch unmöglich, an mehrere Verfasser zu denken, da, wenn diese darin mitgewirkt hätten, ein solch persönliches Element sich nirgends zeigen könnte [2]).

Sehen wir nun von der Form ab, welche die Chronik in den kurzen Aufzeichnungen bis etwa 500 n. Chr. hat, so trägt sie bis c. 1220, wo seine letzte große Quelle: die Historia regis, d. h. die Geschichte Philipp August's von Rigord und Wilhelmus Brito, ihn verläßt, den Charakter der dürrsten Annalistik an sich, welche aus zusammengestoppelten Notizen der verschiedenen unter ihrem Namen angeführten Quellen eine fortlaufende Erzählung herzustellen sucht. Ich weiß nicht, ob ich mich irre, aber mir scheint aus einer Stelle hervorzugehen, als ob unserm Verfasser

---

1) Vergl. noch a. 340. determinanda est a peritis.
2) Und doch nehmen wir Spuren hiervon auch noch in den späteren Jahren wahr, so insbesondere II. p. 66. 1035: quaesitum est a quibusdam — et ut satis quaerentibus faciamus.

diese Form ausdrücklich vorgeschrieben worden sey[1]). Hier=
mit könnte man eine andere Bemerkung in Verbindung
bringen, die er zum Ende des Jahres 1110. II. p. 211.
macht, wo er nach ausführlicher Besprechung der genealo=
gischen Verhältnisse vieler französischer und lotharingischer
Familien zum Schluß sagt: Nulli sit onerosum quod
personas illas hic annotavimus, quarum nomina
frequenter in chartis abbatiarum inveniuntur,
und hieraus vielleicht folgern, sein Werk habe unter andern
auch den Zweck gehabt, den lotharingischen Klöstern einen
genealogisch=historischen Leitfaden an die Hand zu geben.
Ein solcher mochte wohl manchem unter ihnen bei den Gü=
terstreitigkeiten mit den benachbarten Familien wünschens=
werth und nothwendig erscheinen.   Dieser Grund würde
auch die unverhältnißmäßig große Zahl von ausführlichen
genealogischen Nachrichten, die Alberich mittheilt, erklären
und wäre vielleicht mit der nicht minder auffallenden Er=
scheinung in Beziehung zu bringen, daß er an manchen
Orten nur die Anfangs= und Endworte seiner Quellen
giebt, seinen Lesern also überläßt, diese nachzuschlagen, und
diese Quellen selbst folglich durch sein Werk nicht überflüssig
machen will [2]).

1) a. 855. Usque ad hunc annum minor ecclesiastica historia Hugonis monachi pertingit, quem etiam magist. Richardus
in exceptionibus suis non transit. Unde quoniam tales viri —
in medio itinere nos relinquunt — — prout melius poterimus,
quae ab istis quasi despecta conculcata sunt colligere et
secundum praescriptam formulam ordinare co-
nabimur.

2) Besonders auffallend waren mir a. 852. I. 184. Et hoc
totum ep. Otto verbis suis testatur, wo aber die Stelle aus Otto
von Freisingen fehlt; dann 1072. II. 115: Balduino iuniori Flandrensi comite etc., was der Anfang eines Citats aus Sigebert
ist. Hierauf folgt ein Citat aus Guido, das aber in ebenso räth-
selhafter Weise beschlossen wird: pacem cum Philippo — compa-
ravit, data sibi in uxorem privigna etc.; 1094. II. p. 142:
Elinandus. Quidam venerabilis abbas etc. usque dilatave-
runt. Episc. Otto. Ea tempestate usque profectus est; vergl.
1111. p. 219; 1127. p. 252: Anselmus. Rex Lotharius natale

Allerdings sind diese Stellen nur in geringer Zahl, und für gewöhnlich bleibt er seinem Verfahren getreu, die Citate aus seinen Quellen vollständig zu geben. Es ist nicht ohne Interesse, die Art und Weise, wie er seine Erzählung zusammenstellt, näher zu beobachten. Im Allgemeinen sucht er einen Bericht durch den andern zu vervollständigen und zwar so, daß die Erzählung chronologisch fortgeht, die Ereignisse auch in den einzelnen Jahren unter diesem Gesichtspunkt geordnet, und aus dem Grunde dieselben Schriftsteller unter einem Jahre oft drei= und mehrmal angeführt werden. Hierin geht Alberich so weit, daß er zuweilen die Worte eines Chronisten mitten im Satze abbricht, die Bemerkung eines andern dazwischenschiebt und den Text des ersteren dann wieder da aufnimmt, wo er ihn verlassen hatte.

Spuren von Kritik finden sich wenige und unbedeutende. Nur zuweilen unternimmt er es, seine Quellen zu tadeln, so 1100, wie wir schon oben gesehen haben, den Sigebert von Gemblours: Indiscrete loquitur et confuse, und 1116. II. p. 229. den Helinand oder eigentlich den Anselm von Gemblours: Ideo nimis negligenter annotantur casus qui sic annotantur. Wir werden unten (vergl. Sagengeschichte) sehen, wie gewissenhaft er auch den in den Romanen und Sagen ihm gebotenen vorgeblichen historischen Stoff seinem Werke einverleibt hat, und wie selten er daran verzweifelt, ihren Inhalt mit der wahren, thatsächlichen Geschichte auszugleichen. Dasselbe findet in Beziehung auf Legenden und Wundergeschichten (s. d. A.) statt; auch hier stoßen ihm zuweilen Zweifel auf; so 1224. p. 512. multa alia de ea dicta sunt, quae alii approbant, alii non credunt.

Vom Jahre 1220 ungefähr an trägt die Chronik den

Domini etc. usque labuntur; a. 1204. p. 436: prout habetur in epistola imperatoris Balduini quae sic incipit: Reverendo patri usque dat terga devictus.

Charakter einer größeren Selbständigkeit. Denn obwohl auch frühere Partien nicht immer auf ihre Quellen zurückgeführt werden konnten, so sieht man doch deutlich, daß er von diesem Zeitpunkte ab seinen Bericht aus eignen Anschauungen, Erkundigungen, Actenstücken und fliegenden Blättern niederschrieb. Dies wird am Schluß der Abhandlung näher von uns besprochen werden; hier nur noch die Bemerkung, daß diese Aufzeichnungen mehr die Eigenthümlichkeit eines Tagebuches als die einer Chronik haben [1]). Hat Alberich die Ausarbeitung der Chronik, wie wir sahen, auch erst nach dem Jahre 1239 angefangen, so verräth der Ton und die Haltung der letzten Jahre doch, daß diese auf unmittelbar die Ereignisse vergegenwärtigenden Aufzeichnungen beruhen [2]).

III. Capitel.

Die Quellen seiner Chronik.

Wir haben zuvörderst eine kleine Zahl von gelegentlichen Citaten einzelner Quellen anzugeben, welche sich besonders im Anfange des Werks finden, nämlich:

1) Wir nehmen als Beispiel das Jahr 1240. p. 575: Legatus Iacobus Praenestinus ep. — inhibuit Leodiensibus — ne episcopum eligerent nisi de suo consilio — tandem coram ipso consenserunt in tres personas, id est in ep. Lingonensem etc.; anstatt nun das Resultat dieser Verhandlungen zu geben, was, wie wir gleich sehen werden, sich noch in demselben Jahre herausstellte, bringt er eine Menge anderer Geschichten bei: M. Iacobus de Vitriaco — Kalendis Maii Romae obiit — — — Feria VII. ante festum S. Iohannis tempestas maxima — — — endlich gegen den Schluß: Robertus Ling. ep. — datur a legato Iacobo — Leodiensibus episcopus, qui veniens curialiter susceptus est a Hoiensibus et crastino admissus in vigilia natalis Domini — — et in die S. Stephani processionaliter a Leodiensibus recipitur.

2) So 1240: Comes de Dolehen — duxit filiam Valerianni fratris ducis (Henrici) de Lemborc; dux tamen Brabantiae nullo modo vult reddere castrum de Dolehen — Robertus consecratur in ep. Nivernensem.

Rufins hist. eccl. a. 398.

Gregor von Tours a. 400. hist. Francorum; a. 310. liber de miraculis S. Martini.

Beda a. 633. 674. 726.

Paulus Diaconus a. 680. 738. 712. 856. und besprechen nun zuerst:

A. die größeren Geschichtsquellen.

1) Liudprand.

Liudprand's Antapodosis führt Alberich 890 unter dem Titel an: historia de regibus et principibus Europae ad quendam episcopum Libertanae ecclesiae de Hispania Regemundam nomine, und benutzt sie bis zum Jahre 950, die historia Otton. aber von 960—965. Ich habe in beiden Beziehungen nichts zu bemerken gefunden.

2) Sigebert von Gemblours und seine Fortsetzer.

Zu dem, was schon Hirsch de Sigeb. p. 361 und 425 und Bethmann SS. VI. 398. über die Eigenthümlichkeit des Textes gesagt haben, welcher von Sigebert und dessen Amplificatoren und Fortsetzern unserm Alberich vorgelegen hat, ist wenig mehr hinzuzufügen. Er hat ohne Zweifel eine Handschrift benutzt, die dem Coder der Monumenta B 3* (SS. VI. 288.) aufs Genaueste entsprochen haben muß. Der Schreiber dieses letztern hatte bekanntlich nicht nur den Cod. Affligem. B 3, sondern eine Redaction vor Augen, welche in Bezug auf Sigebert der Handschrift F 2, in Be= zug auf Anselm und die Cont. Gemblac. dem Codex B 4* am Nächsten kommt. Folgendes nun sind die Zusätze, welche aus dem Auct. Gemblac. — durch Vermittlung jenes dem B 3* entsprechenden Textes — in Alberich's Chronik über= gegangen sind:

Alberich.	Sigebert und seine Fortsetzer.
a. 652. I. p. 53.	
- 693. — 66.	Auct. Gembl. 1 η. B 3*. F 1. 2. 3.
- 711. — 71.	
- 762. — 99.	Auct. Gembl. 1 ζ. B 3*. F 1. 2. 3. bis dilavit; von Idem Rex — vocatur aus 1 η. B 3*. F1. 2. 3.
- 849. — 184.	Auct. Gembl. 1 η. B 3*. F 1. 2. 3.
- 876. — 205.	— 1 ζ. B 3*. F 1. 2. 3.
- 888. — 218.	ist der Zusatz quamvis esset — dilata aus 1 δ. B 3*. F 1. 2. 3 (Note zum Texte Sigeberts).
- 890. — 222.	Auct. Gembl. 1 η. B 3*. F 1. 2. 3.
- 1016. II. p. 51.	— 1 ϑ. B 3*. F 1. 2. 3.
- 1088. — 135.	— — —
- 1118. — 235.	Henricus rex Angl. — — ditavit aus 1 λ. B 3*. 4*. F 3 (fälschlich als Anselm angeführt).
- 1130. — 265.	Auct. Gembl. 1 x. F 1. 2. 3 (fälschlich als Anselm angeführt).
- 1133. — 271.	Rex Anglorum — benignitatis aus 1 ι. F 1. 2. 3. Dasselbe noch einmal mit der aus der Cont. Gembl. herrüh= renden Erweiterung ac per hoc etiam multae — zum Jahre 1135 fälschlich als Anselm angeführt.
- 1135. — 273.	Auct. Gembl. 1 ι. F 1. 2. 3.
- 1143. — 299.	— 1 λ. B 3*. 4*. F 2. 3.
- 1150. — 319.	— 1 x. F 1. 2. 3.

Der dreimal sich wiederholende Irrthum unter Anselms Namen Nachrichten zu geben, die keineswegs von diesem herrühren, ist ein Beleg mehr für die oben aufgestellte An= sicht über die Beschaffenheit von Alberich's Handschrift, die eine Verarbeitung des Gemblours'schen Textes, seiner Am= plificationen und Fortsetzungen durch Anselm und den un=

14*

bekannten Verfasser der Cont. Gembl. mit den Erweite=
rungen und der Fortsetzung des Mönchs von Afflighem
enthielt. Aus eben derselben Quelle stammt dann auch sein
Text des Anselm; a. 1112 führt er dessen Nachrichten noch
unter dem Rubrum Sigebertus an, beweist aber durch
den Zusatz p. 221. qui etiam — reliquit, daß seine Quelle
auch hier aus B 3*. F 1. 2. 3. entspringt [1]). Ob dasselbe
Verhältniß in Bezug auf die Elemente stattfindet, welche
aus der Cont. Gembl. in seine Quelle übergegangen sind,
möchte zweifelhaft erscheinen [2]).

Aus dem Auct. Afflig. entnimmt Alberich Stellen zu
folgenden Jahren: 931. 1020. 1023. 1036. 1038. 1048.
1057. 1061. 1063. 1067. 1083. 1086. 1091. 1093. 1094.
1096. 1100. 1105. 1106. 1110. 1111. 1117. 1140. 1151.
1155—1162 [3]).

Auch hier wiederholt sich ein ähnlicher Irrthum, wie
wir ihn oben in Betreff Anselms angemerkt haben. Unter
den Jahren 1057. 1067. 1086. 1100 führt Alberich unter
Sigeberts Namen Stellen an, die eben nur dem erweitern=
den Mönch von Afflighem ihr Daseyn verdanken, die er
aber doch als Sigeberts Product angesehen haben muß.

Abgesehen von diesen Zusätzen finden sich aber im
Texte Sigeberts noch andere, insbesondere zu dessen Papst=
catalogen. Wir werden die Vermuthung aufstellen, daß

---

1) Wir merken noch folgende, vom gewöhnlichen Text abwei=
chende Stellen an: a. 1120. II. p. 240. Comes Hainon. — eius
aus F 1. 2. (Anf. a. 1121); 1128. p. 256. Guilelmus — succe-
dit aus B 3*. 4*. 4**; a. 1132. p. 270. hic tumultuante —
cassala est aus B 1. 3*. 4*. 4**. F 1. 2. 3.

2) a. 1136. II. p. 277. domnus Adelb. — episcopus aus F1.
2. 3. (desunt B 3*. 4*); a. 1140. p. 288. obsidere — recepit aus F 1. 2. 3. (des. B 3*. 4*); 1145. p. 304. Godefridus
— moritur ist ein Zusatz von F 1. 2. allein.

3) Wir bemerken hierbei, daß viele dieser Stellen in Beth=
manns Ausgabe des Auct. Afflig. sich nicht vorfinden, da er sie,
als aus den Ann. Blandin. herstammend, mit Recht für überflüssig
erachtet hat, noch einmal abdrucken zu lassen.

diese aus der Chronik Hugo's von S. Victor entlehnt sind [1]).

3) Die Chroniken von Hugo Floriacensis und Hugo a S. Victore.

Da die historischen Werke des Ersteren bisher nur mangelhaft, die des Letztern aber noch gar nicht herausgegeben sind, so wurde die Untersuchung über beide und die Scheidung dessen, was jedem Einzelnen von ihnen angehört, einigermaßen erschwert. Als Anhaltspunkt hierbei dient uns vorzugsweise das Jahr 1130, wo er von Hugo von Fleury sagt, indem er ihn von zwei andern Schriftstellern desselben Namens unterscheidet: Tertius qui scripsit minorem ecclesiasticam historiam ad comitissam Campaniae Adalam, matrem comitis Theobaldi, fuit niger monachus Floriacensis, id est de S. Benedicto super Ligerim in dioecesi Aurelianensi. Hiermit ganz in Übereinstimmung äußert der Verfasser 855: Usque ad hunc annum minor ecclesiastica Hugonis monachi pertingit, quem etiam mag. Richardus — non transit, unde quoniam tales viri, qui multa et bona et bene dicere potuissent, in medio itinere nos [2]) relinquunt, und giebt dadurch deutlich zu verstehen, daß er von Hugo von Fleury's Werken keins über das Jahr 855 hinaus benutzt hat [3]). Das erste Citat, das ich aus der hist. eccl. entlehnt finde, gehört dem Jahre 674, das letzte aber dem Jahre 844 an. Aus der oben erwähnten Widmung an die Gräfin Adala ersehen wir aber, daß Alberich's

1) Nach Ausweis des Jahres 1055 hat Alberich auch das Auct. Mortui Maris und nach 1024 das Auctarium Bellovac. gekannt.

2) so Cod. A, statt des non im Drucke.

3) Hiermit wird auch sogleich die Möglichkeit der Annahme abgeschnitten, daß er vielleicht jene allgemeine Chronik Hugo's von Fleury ad Mathildem reginam Anglorum, welche bis zum Anfange des zwölften Jahrhunderts geht, und woraus bei Bouq. XII. 799. ein Fragment des Jahres 1095 steht, vor Augen gehabt habe.

Original ein und dasselbe ist mit dem bei **Du Ch. III. 357.** herausgegebenen [1]).

Ganz unabhängig hiervon sind seine Anführungen aus der Papst= und Kaiserchronik Hugo's a S. Victore. Er trennt beide sorgfältig a. 769 (I. p. 104.): Unde magister Hugo de S. Victore: Hie obiit etc. — solus. Hugo Floriacensis: Karolus in Noviomensi etc. und wie er den letztern öfter ausdrücklich noch Hugo monachus de S. Benedicto super Ligerim nennt (vergl. 752), so bezeichnet er den ersteren nur immer als magister Hugo. Entlehnungen aus seiner Chronik finden sich 769. 886. 890. 892. 903. 951. 971. 988. 1033. 1038. 1042. 1059. 1073. 1079 (?). 1087. 1100 und 1130, wo er sich folgendermaßen über ihn ausläßt: Lambertus qui et Honorius papa moritur. Sedit annis quinque, mensibus duobus. Huc usque magister Hugo de Sancto Victore chronicam suam de Romanis pontificibus et imperatoribus digessit [2]). Unde manifestum est illum hoc tempore floruisse. Hic multa scripsit laude digna quae in armariis habentur, in quibus haec sunt: Hugo de sacramentis. Hugo super hierarchiam Dionysii. Didascalicon Hugonis [3]). Hugo de tribus virtutibus, fide, spe et charitate. Exponit etiam luculento sermone regulam b. patris nostri Augustini et multa alia scripsisse dicitur. Sed et quandam epistolam prolixam scripsit ad beatum Ber-

---

1) nur daß dies nicht über 841 hinausgeht; Rottendorf's Ausgabe von Hugo's Chronicorum libri VI. ad Ivonem Carnot. habe ich nicht erhalten können.

2) Diese Worte haben Ähnlichkeit mit denen Roger's de Wendover († 1237) in seinem Chronicon sive Flores historiarum, ed. Coxe, Lond. 1841 sq. II. p. 209. a. 1128.: et magister Hugo de S. Victore chronica sua huc usque digessit, ohne daß es mir indessen möglich gewesen wäre, eine weitere Übereinstimmung zwischen beiden zu entdecken.

3) Cf. 1225. (II. 515) De libello supradicto (Iohannis Scoti) testatur magister Hugo de Sancto Victore in libro didascalicon quod Ioannes Scotus scripsit theologiam de decem cathegoriis in Deum.

nardum. **Dicunt eum natum fuisse de Saxonia** [1]**).** Die
Chronik nun ist, wie gesagt, bisher ungedruckt. Was ich
aber aus einer handschriftlichen Notiz von Waitz über drei
Pariser Handschriften derselben 4891. mbr. s. XII. fol.,
4999 A. mbr. s. XIV. 4to und 4862. mbr. s. XIII. [2]) —
entnehmen kann, stimmt vollkommen mit den Citaten Albe=
rich's überein.

Ich vermuthe aber, daß dieser Hugo's von S. Victor
Chronik noch an vielen andern Stellen gebraucht habe, ohne
sie direct anzuführen: in der Papstgeschichte nämlich folgt
Alberich gewöhnlich dem Sigebert, hat aber meist überall
die Jahre, Monate und Tage des Pontificats, die Sigebert
nirgends angiebt, so wie das Vaterland und die Abkunft
des Papstes aus einer andern Quelle ergänzt. Eine Ver=
gleichung mit Helinand, der ebenfalls den Hugo a S. Vic=
tore benutzt hat, macht es wahrscheinlich, daß diese Ergän=
zungen eben aus dessen Chronik herstammen.

Noch möchte ich indessen in Betreff Hugo's von Fleury
eine Vermuthung äußern, die sich aber gern bescheidet,
nichts weiter als eben eine solche zu seyn. Guilelmus Thorne
liefert in seinem Werke **de rebus gestis abbatum S.**
Augustini Cantuariae von 578 (sic) — 1397, gedruckt bei
Twysden et Selden II. p. 1758, die Abkürzung einer
Chronik des **Thomas Sprot,** die bis 1272 ging. Was die=
ser nun ib. p. 1794—1798 über jenen **Hugo de Floriaco,**
natione Normannus et regis Willielmi consanguineus,
sagt, der im Jahre 1091 Abt von S. Augustin in Can=
terbury wurde, bin ich versucht, auf den bekannten Chro=

---

1) Diesen letztern Umstand bespricht Leibniz ausführlich in der
Vorrede.
2) In den beiden ersten Handschriften wird die Chronik liber
de tribus maximis circumstantiis gestorum id est personis locis
temporibus genannt. Es fängt an: Fili sapientia thesaurus est.
Sind die nach Archiv VIII. 304. in S. Victor befindlichen Hand·
schriften 567. 577. Hugonis a S. Victore chronicon hierin ein·
begriffen?

nikenschreiber Hugo von Fleury zu beziehen. Das Jahr
des Todes, 1124, welches hier p. 1798 angegeben wird,
paßt vollkommen in die Zeit, wo der Chronist geschrieben.
Außerdem sind aber noch zwei Gründe, welche die Sache
mir wahrscheinlich gemacht haben. Unter den verschiedenen
Chroniken, die Hugo zum Verfasser haben, befindet sich auch
eine ad Mathildem Angliae reginam, dann aber besitzen
wir von ihm noch einen tractatus de regia potestate et
sacerdotali dignitate, bei Baluze Misc. edit. in 8vo. IV.
9—68, der auf Geheiß Heinrichs I. von England, des Sohnes
eben dieser Mathilde, in seinem Streite mit Anselm von
Canterbury geschrieben und vom Verfasser eben diesem
Könige gewidmet wurde [1]). Ist es nun wohl anzunehmen,
daß ein Französischer Mönch einer Englischen Königin seine
Chronik widmen, zur Vertheidigung ihres Sohnes gegen
die Übergriffe der Kirche, zu deren Dienern er selbst gehörte,
geschrieben, wenn er nicht in einem besondern Verhältniß,
in eigenthümlicher Beziehung zu England gestanden hätte?
Wir haben, so viel ich weiß, keine Nachricht über Hugo's
Leben; daß er Mönch in Fleury gewesen ist — und so
scheint ihn ja auch Thomas zu bezeichnen — und daß er als
solcher einzelne seiner Werke geschrieben hat, verhindert noch
nicht, daß er später Abt von St. Augustin in Canterbury
wurde.

4) Wilhelm von Malmesbury

gehört ebenfalls zu den am häufigsten benutzten Quellen.
Seinen Bericht aber entnahm er, häufig in abgeleiteter
Form, nicht nur aus Helinand, sondern auch aus Guido de
Bazochiis, worüber unten mehr. Eine selbständige Benutzung
kann etwa vom Jahre 962 an nachgewiesen werden; sie ist
besonders für das 11. und 12. Jahrhundert sehr stark.
Nach Ausweis v. 1092. II. 141. hat Alberich von ihm eine

---

[1]) ut per loca plurima dispergitur, also mit entschiedenen
publicistischen Zwecken.

Handschrift vor Augen gehabt, die mit den **Codices A. L.** des Hardy verwandt gewesen seyn muß[1]). Über die ver=
schiedenen Redactionen dieses Werks bringen Helinand und Alberich dankenswerthe Notizen bei. So sagt der erstere p. 178: huc usque (a. 1117) Guilelmus Malmesburien-
sis historiam suam scripsit ad Robertum comitem Nor-
manniae, Helinand kannte also nur eine Ausgabe, welche die vier ersten Bücher umfaßte, unserm Alberich aber lag noch das fünfte Buch, welches mit dem Jahre 1124 ab=
schließt, vor; a. 1124: huc usque pertingere videtur hi-
storia Guillelmis Malbesberiensis; er besaß also nicht die **historiae novellae libri III.**

5) Otto Frisingensis.

Alberich kennt von dessen Geschichtswerken nur das **Chronicon**, nicht die **Gesta Friderici.** Er benutzt das erstere vom Jahre 747 bis 1147, wie es scheint, mit einer besondern Vorliebe für die ascetisch=moralische Betrachtungs=
weise dieses Schriftstellers[2]), indem er aus ihm gern die Recapitulationen, welche die geschichtlichen Resultate ganzer Zeiträume unter einem Gesichtspunkte zusammenfassen, ent=
nimmt, und zum Schluß noch a. 1146 unter dem Titel: **Ep. O. de quadrifaria ecclesiae persecutione,** einen Aus=
zug aus dem achten Buche, dem apocalyptisch=mystischen Anhange der Chronik giebt. Die Nachricht, welche er hier=
auf von dessen Leben folgen läßt: **Huc usque pertingit narratio ep. Ottonis, qui fuit vir nobilis et monachus Morimundi, et una die electus in abbatem eiusdem loci, sequenti die factus est in Bavaria episcopus Frisingensis ecclesiae,** wäre wichtig, wenn dieselbe auch sonst noch bestätigt würde. Be=
nutzt hat er Otto's Chronik in einer Redaction, die der Hannoverschen Handschrift nahe kommt. A. 1060: Inde

1) cf. 1095. II. p. 144 aus Cod. L.
2) cf. 842. Episcopus Otto qui semper maturius incedit sic ait.

ad Hispanias, nuperrime ad Gallias in diebus illustrium virorum Berengarii, Managaldi, Lamfranci,
Anselmi.

6) Helinandi Monachi Frigidi - Montis Chronicon.

Dieses nur einmal gedruckte[1]) Geschichtswerk gehört mit
zu den vorzüglichsten und von Alberich meist namentlich
angeführten Quellen; doch ist sein historischer Werth nur
sehr unbedeutend. Helinand schrieb im Jahre 1206 und
führt die Ereignisse bis zum Jahre 1204[2]), hat aber, im
Widerspruch mit den meisten andern Chroniken, grade für
die letzten Zeiten nur höchst dürftige Aufzeichnungen. Be=
kanntlich kamen dem Autor selbst schon bei seinen Lebzeiten die
Quaternionen abhanden, welche die ersten 44 Bücher von
Erschaffung der Welt bis zum Jahre n. Chr. 639 enthiel=
ten[3]). Ob diese vielleicht uns dennoch in einer Cottonianischen
Handschrift des Brittischen Museums erhalten seyn möchten,
bleibt dahin gestellt[4]). Alberich kennt den Helinand eben=
falls erst von jener Epoche an, was er beim Jahre 633
angiebt[5]); die letzte Anführung aber macht er von ihm,
so viel ich weiß, zum Jahre 1193. Einen sehr wesentlichen
Dienst leistete Helinand dem Alberich dadurch, daß er die
ausgeführtere Erzählung Wilhelms v. M. und mehrerer
Anderer ihm mundrechter machte, so daß, wenn er gleich
dessen Quelle hatte, er es doch vorzog, ihre Erzählung in
der verkürzten Form Helinands zu geben[6]). Aber nicht

---

1) bei Tissier Bibl. Cist. VII.
2) Hirsch. p. 369. 427.
3) Hirsch. p. 427.
4) Prima pars chronicorum Helinandi, que n'ont pas les
manusc. de ces chroniques conservés en France
manusc. Cottonien Claud. B. IX. erwähnt Bullet. de l'hist. de
France II. 416.
5) Lib. III. Bedae incipit et liber Elinandi.
6) So 882. Elin. ex dictis Odonis Cluniacensis, 1044. Quam
terribilem visionem, ut scr. domnus Elinandus, Petrus Damianus
in alia ep. ita refert; 1078. Item secundum Elinandum quaedam

immer war er aufrichtig genug, dies ausdrücklich anzugeben; sehr oft nämlich führt er den Wilhelm von Malmesbury an, wo er entschieden nur dessen Bearbeitung im Helinand vor Augen hatte [1]).

Indessen nicht diesen Schriftsteller allein benutzte er häufig aus Helinands Werk, auch viele Elemente der Sige-bertinischen Chronik sind durch dessen Vermittelung in sein Buch übergegangen, der, wie Hirsch nachgewiesen hat [2]), die Sigeb. Chronik in der Redaction des Mönchs von Mor-temar benutzte. Auffallend war mir noch, daß er 878 einen Bericht über Iohannes Scotus wörtlich aus Helinand entnimmt, hierbei schon auf das Jahr 1225 verweist, wo dessen Buch verbrannt wurde, und daselbst (II. 515.) sei-nen obigen Bericht als aus der nova historia Anglorum gezogen bezeichnet [3]). Überhaupt ist mir, um dies hier gleich anzuknüpfen, nicht klar geworden, woher Alberich gewisse England betreffende Nachrichten hat, so 867. 929. 966. 995. 1053. 1093. 1104. 1109. 1115. 1133. 1136. 1143. 1164. 1171. 1220. Die Vergleichung mit den be-kannten Englischen Chronisten, mit denen ich glaube auch sonst einigermaßen vertraut zu seyn, ergab kein Resultat.

Noch will ich endlich mit Übergehung des schon von Hirsch in seinem so verdienstvollen Werke angeführten Zeug-nisses Helinands über die Fortsetzer Sigeberts [4]), ein anderes von ihm mittheilen, das mir für die Entwicklung der Deut-schen Historiographie sehr bezeichnend zu seyn scheint. Abhinc (1155), sagt Helinand ed. Tiss. VII. 195, nil inveni de

de Petro Damiano occurrunt hic notanda. — Wir werden unten sehen, daß er Petr. D. Briefe selbst kannte; dann Elinandus ex dictis oder ex relatione Wilhelmi (Malmesb.) kommt vor 759. 846. 856. 867. 933. 945. 946. 1054 und öfter.

1) So 912. 934. 1073.
2) p. 369.
3) De quo Ioanne habetur in nova historia Anglorum, quod martyr aestimatus est, lege supra in anno 878 (c. A. ed. 877).
4) Hirsch p. 369.

temporibus imperatorum Alemanniae et ideo pro eis annotandi sunt anni regum Franciae. Man sieht, die Deutschen Geschichtbücher verloren ihren universellen Charakter und löſten sich in Provincial= und Localchroniken auf.

7) Guido de Bazochiis († 1203),

Cantor zu St. Stephan in Châlons schrieb unter andern Werken einen liber historiarum vom Anfang der Welt bis zu dem Tode Richards von England (1199) und als Anhang hierzu einen libellus de mundi regionibus [1]).

Seine Werke ſind ſämmtlich verloren gegangen; Alberich allein hat uns eine ſo große Zahl Bruchſtücke aus ſeinem Geschichtsbuch erhalten, daß wir deſſen Eigenthümlichkeit wohl zur Genüge erkennen können, und deſſen Verluſt nicht ſehr zu bedauern Urſache haben. Mit Ausnahme der auf die Kreuzzüge und die orientaliſchen Angelegenheiten bezüglichen Stellen würde es ſchwer fallen, in allen ſeinen Nachrichten auch nur einen Punkt nachzuweiſen, der etwas weſentlich Neues enthielte oder unſere bisherige Kenntniß der Dinge auch nur in Bezug auf geringfügige Details erweiterte. Dagegen ſcheint Guido ſeinen Stolz in einer ſchwungvollen, möglichſt pomphaften Darſtellung geſucht und Alberich dieſe Eigenthümlichkeit ſeiner Quelle ſehr wohl gefühlt zu haben, da er zum Jahr 842 ſagt: Guido more suo Gallicano coturno incedit ita dicens. Dieſer Eigenthümlichkeit ganz angemeſſen erſcheint dann der Umſtand, daß er der Sage und zwar ſchon in der Geſtalt des Ritterromans große Rechnung trägt. So treten bei ihm (Alb. a. 752.) Garin von Lothringen und ſein Vater Hernin ſchon als hiſtoriſche Perſonen auf; ihm wie Helinand erſcheint der Zug Karls des Großen a. 802 nach Jeruſalem und Conſtantinopel als eine ſo ausgemachte geſchichtliche Thatſache, daß er dieſen als den erſten Kreuzzug betrachtet haben muß und die große Kreuzfahrt des Jahres 1190 daher als die vierte

---

1) Alb. a. 1203. II. 431.

bezeichnet; cf. Alb. II. p. 382. Diesen machte Guido im Gefolge des Pfalzgrafen von der Champagne, Heinrich des jüngern, mit, a. 1190. II. 383. Ich will nicht leugnen, daß hier sein Bericht von Werth ist, wie denn überhaupt seine Nachrichten vom heiligen Lande wohl noch eine nähere Würdigung verdienten, der wir uns aber nicht unterziehen können. Insbesondere mache ich auf die Stelle 1059. II. p. 96. **Guido de origine et potentia Turcorum,** und auf 1186 aufmerksam, wo er von den **Assassinen** handelt. Da diese letztere Nachricht in mehreren Punkten große Ähnlichkeit mit den Angaben hat, die der spätere **Oliverus Padarbr.** in seiner **histor. reg. terr. s. c. 43.** über sie macht, so müßten wir annehmen, daß **Oliver** ebenfalls **Guido's** Buch gekannt hat. In Betreff der ersteren wäre ich versucht, sie als aus seinem Buch **de mundi regionibus** entlehnt zu betrachten.

In Betreff der Quellen Guido's bemerken wir, daß Wilhelm's v. M. Chronik eine der bedeutendsten ist, wie dies auch unserm Alberich keineswegs entging, da er sie sehr oft mit den Worten: **Guido ex dictis Guilelmi** einführt[1]), und sehr viele andre Stellen ihren derartigen Ursprung nicht verkennen lassen; außerdem hat er über die Thronbesteigung der Capetinger den sogenannten **Aimoin** benutzt, und scheint für den ersten Kreuzzug dem **Baldricus Dolensis** gefolgt zu seyn, cf. 1096. II. 167.

Wir bemerken noch, daß uns a. 674 das erste, a. 1197 das letzte Citat Guido's aufgestoßen ist. Sämmtliche von Alberich aus Guido angeführte Stellen aber hier zusammenzustellen, scheint überflüssig, wesentlicher dagegen ist die Bemerkung, daß a. 1095. II. p. 146. — **Sequitur Hugo de institutione peregrinationis Hierosolimitanae** und 1099. **II. p. 176. his dictis evanuit. Sequitur Hugo** — nach dem **Codex Par.** 4896 A, dem besten in Betreff der Lesarten,

1) so 880. 927. 990.

Guido statt Hugo zu setzen ist; wie dies auch dem Stil der beiden Stellen vollkommen entspricht [1]).

8) Historia regum. Chronica S. Dionysii.

Unter diesem allgemeinen Titel, der zuweilen in histo-ria regni [2]), oder in historia regis Francorum [3]), oder regis Philippi [4]) variirt, citirt Alberich eine Compilation der Werke Rigords und Wilhelms des Bretagners über die Regierungszeit Philipp Augusts von Frankreich. Über die Art und Weise ihrer Abfassung äußert er 1179 (II. 360): Itaque quae de eo (rege Philippo) habentur in chronica ecclesiae [5]) S. Dionysii annotata secundum magistrum Ri-gordum et secundum Guilelmum Britannicum presbyterum, vitam ipsius regis et omnia praeclara gesta, sicut sunt veraciter digesta, in hoc opusculo nostro annotare de-crevimus. Diese Bezeichnung beider Werke als Chronik von St. Denys muß zuerst die Vermuthung erregen, daß er, wo er sonst dieselbe anführt, eben nur die Vereinigung beider genannter Chroniken meine. In der That ist das, was er 1165 (II. p. 344.) ex chronica Sancti Dionysii beibringt, zum größten Theil dem Anfang von Rigords **Gesta Philippi** entnommen, enthält aber doch auch eine bedeutende Amplification, die Äbte von Citeaux betreffend, deren Quelle ich nicht zu entdecken vermochte, und welche sich auch nicht in den Altfranzösischen **Chroniques de S. Denys** tom. IV. befindet. Gar nicht unterzubringen ist aber das 1171 unter gleichem Titel: **Ex chronica S. Dio-nysii** über das Leben und die Passion des S. Thomas von Canterbury Angeführte, wovon auch weder in der

---

1) Ein Schreibfehler aber ist es jedenfalls, wenn a. 1189. p. 379. sowohl die Ausgabe als auch jene Handschrift **Hugo** statt **Guido** hat.

2) 1193. 1197. 1198.

3) 1181. 1189.

4) 1185. 1187.

5) eccl. fügt c. A. hinzu.

Übersetzung noch in den Annales S. Dionysii sich irgend eine Spur vorfindet. Indessen in einer besondern Beziehung zu dessen Kloster stehen immerhin Rigords und Wilhelms Werk. Rigord selbst sagt: (ed. **Du Chesnes V. p. 3.**) opus decennio elaboratum habui in voluntate supprimere, tandem ad preces patris Hugonis b. Dionysii abbatis, cui ista familiariter revelaveram, et ad istius instantiam hoc opus in lucem protuli, und Wilhelm bestimmt ib. p. 68. dies näher dahin: (Rigordi) Gesta — Philippi — in archivis ecclesiae b. Dionysii — habentur. Rigords Werk ging, nach ebendessen Aussage, bis ins 28. Regierungsjahr Philipp Augusts. Von diesem Zeitpunkte, dem Jahre 1209, an setzt Wilhelm selbständig die Chronik fort, nachdem er von 1180—1208 nur einen Auszug aus Rigords Chronik geliefert hat. Seltsamer Weise aber giebt **Du Chesne** die Erzählung der Jahre 1209—1214 (V. p. 49—66.) durch Wilhelm unter dessen Namen unmittelbar hinter Rigords Werk und in Zusammenhang mit demselben, läßt sie aber in Wilhelms Ausgabe fort. Er benutzte, wie er selbst sagt, eine Handschrift von St. Denys, ohne Zweifel den jetzigen Codex No. 1075. Über diesen aber giebt **Dom Brial XVII. p. 114** genügende Auskunft, die uns auch über die Beschaffenheit der von Alberich benutzten Handschrift belehrt. Hinter Rigords Werk, das, wie wir sahen, in den Archiven von St. Denys sich befand, habe ein Mönch desselben Klosters die Jahre 1209—1214 aus Wilhelms Chronik zugeschrieben und dem einige eigenthümliche Nachrichten hinzugefügt. Dies ist das, was bei Du Ch. V. p. 66 und 67 gedruckt steht und Notizen über die Jahre 1215, 1216 und über den Tod Philipp Augusts enthält. Es muß aber dieser unbekannte Mönch dies schon vor dem Jahre 1246, wo Alberich schrieb, gethan haben, da dieser dessen letzte von Wilhelm völlig unabhängige Nachricht ebenfalls in seine Chronik a. 1223 aufgenommen hat. Hieraus sehen wir dann auch, daß es diese von **Du Chesne** benutzte Handschrift von S. Denys ist, die unserm Alberich vorgelegen hat und die er als Chronica S. Dionysii citirt. Für die Erweiterung, die sich 1165 vorfindet, so wie für die Nachricht des Jahres 1171 läßt sich indessen ohne eigne Ansicht dieses Codex nichts feststellen. Denselben benutzte ohne Zweifel aber auch der Verfasser jener Altfranzösischen Übersetzung. Denn tom. IV. p. 137 in der Ausgabe von **Paulin Paris** geht er bei eben dem Jahre 1209 unmittelbar von Rigords zu Wilhelms Text über, dessen Bearbeitung der früheren Jahre 1180 bis 1208 ihm völlig unbekannt gewesen ist. Nicht so aber unserm Alberich, denn dieser giebt auch für diese Zeit meist immer dem Auszuge Wilhelms den Vorzug und gebraucht Rigords vollständigere Darstellung nur subsidiarisch [1]). Er muß also neben dieser S. Dionyser Handschrift auch noch eine besondere des Wilhelm gehabt haben, die aber nur der bei Duchesne gedruckten Redaction entsprach, keineswegs aber die Fortsetzung in sich schloß, welche **Dom Brial XVII.** p. 769 aus einer Londoner Handschrift gegeben.

Die **Gesta Ludov. VIII. ap. Du Ch. V.** 287 sind ihm ebenfalls unbekannt geblieben.

B. Geschichtschreiber der Kreuzzüge.

Außer **Guido de Bazocchiis,** dessen Werk sich ausführlich mit den Kreuzzügen und den Verhältnissen des heiligen Landes beschäftigt und unter diesem Gesichtspunkt allein, wie schon oben gesagt, einigen Werth haben mag, benutzte Alberich noch folgende hierin einschlagende Schriftsteller:

1) **Bernardi monachi peregrinatio in terram sanctam.** Er erwähnt es zum Jahre 970 zwar so, daß man glauben könnte, er habe dies Buch selbst gelesen. Dennoch aber hat er hier nur den Wilhelm v. Malmesb. (II. 562.) abgeschrieben, aus dem er auch alle seine Nachrichten über

---

[1]) So 1185 (II. p. 367.). 1192 (p. 397.). 1196 (p. 406.). 1199 (p. 417.).

die Reihe der Patriarchen von Jerusalem a. 1012. 1069.
1099 entnimmt[1]). Das Auffallende hierbei ist nur, daß,
während Wilhelm von M. die Reise jenes Mönchs in das
Jahr 870 setzt — wie dies auch richtig ist, da Kaiser Ludwig
von Italien darin als gleichzeitige Person vorkommt, —
Alberich sie um ein Jahrhundert später annimmt, und
seine Annahme durch eine Handschrift des Brittischen Museums
Bib. Cott. Faust. B. 1. unterstützt wird, die ebenfalls das Jahr
970 hat. Es ist daher möglich, daß Alberich diese oder
eine ihr verwandte Handschrift des Bernardus gehabt, hierbei
aber, wie er dies häufig thut, vorgezogen hat, die ihn inter-
essirenden Nachrichten in der Form, die Wilhelm von M.
seinem Auszug gegeben, mitzutheilen.

2) **Robertus** und **Baldericus.**

Wie bekannt ist Roberts Buch de expeditione Hierosolimitana das ursprüngliche Werk, wovon Baldericus in
seiner histqr. Hierosolimit. nur eine Überarbeitung gegeben.
Da der Erstere sich ausdrücklich als Robert Mönch von
St. Remy in Rheims nennt (ed. Bongars. p. 81.), Alberich II. p. 149. 151—172 unter diesem Namen Citate
seines Werks beibringt, so ist es auffallend, daß **Baldricus
Dolensis** sich über dies ihm vorliegende Original in folgender Weise auslassen konnte — ed. Bongars. p. 85. —
neque visa narravi; sed nescio quis compilator,
nomine suo supspresso, libellum super hac re nimis
rusticanum ediderat, — — sed propter inurbitatem
codicis nobilis materies viluerat, simpliciores etiam in-
culta et incompta lectio confestim a se avocabat. Ac-
cessi igitur ad hoc studium. Von dieser Überarbeitung
machte Alberich durchgehends einen häufigern Gebrauch als
von der Urschrift. Seine Entlehnungen sowohl als die
Helinands überzeugten mich aber bald, daß beide vom Bal-
drich einen weitergehenden Text gehabt, als uns im Bongars gedruckt vorliegt. Hier hat das Werk vier Bücher,

1) ob auch a. 1116?

schließt mit der Einnahme von Jerusalem und endet p. 138 mit den Worten: Nos autem librum quartum istius historiae — — opitulante Deo claudimus et sic soluto promisso quiescimus. Im Alberich nun finden sich zum Jahre 1102 drei Stellen und 1105 eine Stelle unter Balderich's Namen, deren Inhalt später als 1099 fallende Ereignisse betrifft; von diesen vier Stellen ergeben sich allerdings die zweite und dritte des Jahres 1102 (II. p. 191. His associatus est und Solimannus admiratus) als solche, die Alberich dem Balderich irrthümlich zugeschrieben. Er hat sie aus Helinand p. 169 entlehnt, die zunächst stehende Überschrift Wilhelmus Malmesb., dem sie wirklich p. 591 angehören, übersehen, und geglaubt, daß sie zu dem Citat aus Balbrich gehören, das unmittelbar vorhergeht. Anders verhält es sich mit der Stelle 1102 p. 190: Dum Boemundus Antiochiae etc. und 1105 p. 196: Hoc factum fuit etc., für welche sich zwar auch im Helinand p. 169 und 171, aber nicht im Wilhelm von M. oder in einem andern Schriftsteller die Quelle nachweisen läßt. Helinand führt, wie Alberich, sie direct unter Balderich's Namen an. Wir müssen also glauben, daß er und wahrscheinlich auch Alberich eine Fortsetzung der Schrift Balderich's gehabt haben. Dies wird uns durch das bestätigt, was Bethmann Arch. VIII. 387 über dessen Handschrift zu Chartres sagt: „130. Baldrici Dolensis hist. Hierosolimitanae libri quatuor, schließt et sic soluto promisso quiescimus (siehe oben); der Rest der Seite ist leer. Dann beginnt von derselben Hand aber ohne Überschrift, eine Fortsetzung: Cum audissent domnus Boamundus — insidiarum revocasset suspitio; da schließt die Seite, die erste des Blattes; die folgende ist leer, also nichts verloren." [1]

, 8): a. 1098. (II. 167.) führt Alberich eine Stelle aus

---

1) Ich weiß nicht, wie es sich mit der Handschrift der Pariser Bibliothek 4892. verhält, worin von einer Hand des XII. J. Baldericus Dol. de itinere Ierusalem libri quinque. Arch. VIII. 342.

einer Chronik eines Radulphus an, der hierbei sich als einen Zeitgenossen des heiligen Bernhard von Clairvaux bezeichnet. Aus diesem Grunde schon können wir nicht wohl an den Radulphus a Diceto denken, der, so viel mir bekannt, um 1210 schrieb.

4) **Oliverus Padarbrunnensis und Iacobus a Vitriaco.** Oliver, Scholaster zu Cöln, Bischof von Paderborn und endlich Cardinal von Sancta Sabina [1]), schrieb zwei Werke: historia regum terrae sanctae — 1213 und historia Damiatina 1217—1222. ap Eccard. II. 1349 und 1398. Beide scheint Alberich nur als ein Buch betrachtet zu haben. a. 1223. (II. 512.) Hac usque magister Oliverus Pataburgensis episcopus perduxit historiam suam Hierosolimitanam incipiens eam ab anno creati mundi. Von diesem Umstande abgesehen, muß es auffallen, daß er den Anfangspunkt mit Erschaffung der Welt setzt, da man die wenigen allgemeinen Bemerkungen über die ersten Besitzer des heiligen Landes schwerlich als eine Geschichte bezeichnen kann. Die hist. reg. t. s. desselben fängt eigentlich erst 1096 an. Alberich aber hat sie nicht benutzt, und aus der histor. Damiatina nur eine Stelle angeführt, a. 1234. II. 552 [2]).

Dieses letztere Werk aber ist von Iacobus a Vitriaco abgeschrieben und als drittes Buch seiner historia orientalis angehängt worden. Dies ist um so merkwürdiger, da Jacob selbst im heiligen Lande gegenwärtig gewesen und die Eroberung Damiettes in einem besondern Briefe beschrieben hat [3]). Da dies dritte Buch in der Ausgabe der

[1] a. 1214. II. p. 485. kommt eine ganz interessante Nachricht über Olivers Kreuzpredigten in Brabant vor.

[2] Was sich am Anfang des Jahres 1220 findet (II. 506.), eine Prophezeiung betreffend, hat unser Autor schwerlich aus Oliv. hist. Damiat. c. 33. entlehnt, weil dessen Angaben minder vollständig sind. Dieselbe Prophezeiung wird auch vom Chron. Dunstapliae a. 1220 (ed. Hearne p. 101.) mitgetheilt.

[3] ap. Bongars. I. 1147, verschieden von dem gleich zu erwähnenden Briefe des Oliverus ib. 1185—1192.

15 *

hist. orient. Douai 1597 fehlt, so könnte man vermuthen, daß es dem Werke selbst fremd sey. Dieser Annahme steht aber die ausführliche Einleitung dieses Buches in der Ausgabe Eccard's im Wege, die von Oliverus unabhängig ist und einen Auszug aus dem Bericht des Patriarchen von Jerusalem an Innocenz III. über den Zustand der transmarinischen Reiche nach dem Tode Saladdins enthält [1]), und dann in weiterer Ausführung des Verfassers Absicht darlegt, die Einnahme von Damiette zu beschreiben. Immerhin bleibt dies ein seltsames Unternehmen, Selbsterlebtes mit den Worten eines Dritten zu beschreiben. Jacob aber muß nicht das vollständige Buch des Oliver besessen haben; mit dem 27. Capitel der Ausgabe Ecc. II. 1423 bricht sein Bericht oder vielmehr sein Plagiat ab. Noch weniger vollständig aber war die Ausgabe, welche dem Roger von Wendower ed. Coxe IV. 7—62. bei seinen Flores temporum vorgelegen hat. Nach Maßgabe der daselbst p. 62. befindlichen Notiz über den Ranulphus comes Cestrensis scheint Rogers Abschrift aus derselben Handschrift herzurühren, aus welcher Gale in seinen Script. rer. Angl. die historia Damiatina des Oliver, aber ohne dessen Namen, gegeben hat. Rogers Text und Gale's Abdruck schließen beide mit dem 24. Capitel Eccard's. Wir haben sonach — abgesehen von dem Briefe des Oliverus — drei verschiedene Redactionen seiner historia Damiatina:

a) den Codex des Roger von Wendower, den ebenfalls Gale bei seiner Ausgabe benutzte, und der die 24 ersten Capitel des Drucks bei Eccard umfaßt;

b) die Handschrift des Iacobus a Vitriaco, die bis zum Ende des 27. Capitels geht;

c) die Handschrift des Eccard, ursprünglich im Besitz von Bernhard Rottendorf, später nach St. Ludger in Helmstädt gekommen, welche 45 Capitel zählt und die Er-

1) welchen auch Alberich a. 1217. p. 496. selbständig excerpirt hat.

eignisse bis 1222 führt. Diese hat Alberich gehabt, da er erst zum Jahre 1223 den Schluß von Oliverus Werk anführt, und sein Citat a. 1234 aus dem 36. Capitel entlehnt ist.

Des Iacobus a Vitriaco hist. orientalis wird von Alberich nirgends ausdrücklich erwähnt; man müßte dann die Anführung a. 1217. p. 496. hierauf beziehen [1]); allein ich gestehe, sie weder dort noch in seinem oben erwähnten Briefe finden zu können. Ein anderes Werk desselben Verfassers, das Leben der heiligen Maria von Ognies, benutzte unser Chronist an zwei Stellen [2]). Den Iacobus selbst, zuerst Kreuzprediger, dann Bischof von Accon, endlich Cardinal, einen in den damaligen Verhältnissen bedeutsam hervortretenden Mann, erwähnt Alberich noch an mehren andern Stellen [3]).

5) Über die Einnahme Constantinopels hat unser Chronist a. 1204 die zwei Redactionen vom Briefe Kaiser Balduins bei Duchesne V. 275. und 278 nur zum Theil benutzt. Was er unter der Bezeichnung item supra de alia relatione p. 433, sequitur narrationis persecutio p. 435 und quod hic adiungitur sumtum est ex alia relatione p. 436 anführt, ist mir bisher nicht gelungen unterzubringen.

6) Die Ereignisse der Albigenser Kriege werden von Alberich mit einer gewissen Vorliebe erzählt; vom Jahre 1207 bis zum Jahre 1240 finden wir fast unter jedem Jahre Nachrichten über diese Secte, deren Ursprung er von jenen Euniten oder Eoniten ableitet, die im Jahre 1148

1) Magister vero Acconensis episcopus (ebenderselbe vergl. 1217. p. 496.) de duce Austriae et aliis qui transierant mare scribit ita: *Postquam a Caesarea recessimus, in via quae ducit Ierusalem munitionem ereximus* etc. usque *Soldanus quoque prae dolore turris (ita) mortuus est. Huc usque magister Iacobus.*)

2) 1211. II. p. 457 und 1213. p. 472.

3) 1216. p. 494. 1227. p. 522 u. 523. 1229. p. 530. 1240. p. 575. 1241. p. 579.

von Eugenius III. verurtheilt wurden, und die er für eins
hält mit den Popelitani oder Popelicani [1]). Obwohl er
nun ein bekanntes Buch, das des Peter von Vaur=Sernai [2])
über diese Kriege, an zwei Stellen ausdrücklich citirt [3]), so
kann man doch kaum sagen, daß er ihm gefolgt sey; we=
nige schwache Spuren abgerechnet [4]), steht sein Bericht über
diese Religionskriege durchaus selbständig und häufig in
Widerspruch mit den Angaben Peters da. Alberich's Quelle
hierfür waren mündliche und briefliche Nachrichten [5]), wie
sie durch die Geistlichen und insbesondere den Cistercienser=
Orden über die occidentalische Welt verbreitet wurden.

7) Wir fassen hiermit gleich Alberich's Bericht über ein
anderes Ereigniß zusammen, das nicht minder als die
Eroberung Constantinopels und die Albigenserkriege ein
Resultat des Geistes war, der in den Kreuzzügen die Ger=
mano=Romanischen Völker Europa's beherrschte. Wir mei=
nen die Eroberung Preußens und Lieflands. Über die
erstere hat Alberich nur zwei Nachrichten: 1207. II. p. 444.
unter dem Titel: de principio christianitatis in Prutia
und 1228. p. 527, wo er die merkwürdige Angabe macht,

1) Vergl. a. 1148 und 1200. p. 420. Die letztere Form ist
wohl eine Verstümmelung von Publicani; cf. Neander V. 770.

2) Es führt eigentlich, nach den Schlußworten ed. Tissier
Bibl. Cist. VII. p. 71, den Titel: historia de factis et trium-
phis memorabilibus nobilis viri d. Simonis comitis de Monte-
forti, geht nur bis 1217 und ist Innocenz III. dedicirt. Außer
Tissier haben dies Werk noch Camuzat besonders und Duchesne
im fünften Band der Scr. herausgegeben.

3) 1203. p. 432. Per abbatem Arnoldum Cisterciensium
et Petrum de Castro — coepit contra haereticos Albigenses
fervens praedicatio. — — Qui de historia ista Albigensium
plenius cognoscere voluerit, habetur libellus monachi Guidonis
abbatis Saunaio. — — — Wie dies zu verstehen sey, lehrt die
zweite Stelle 1209. p. 451. In civitate Carcassona positus fuit
Guido episcopus, abbas de Sarnaio, cuius monachus libellum,
sicut superius memini, de historia Albigensium conscripsit, cf.
Petrus c. 20. 28.

4) Eine solche zeigt sich 1208. II. p. 446.

5) Letztere namentlich angeführt 1224. p. 514.

daß der päpstliche Legat episcopus Mutinensis Guillelmus
— Donatum in illam barbaricam lingnam cum
maximo labore transtulit. Zahlreicher sind seine Anführun=
gen über Lievlands Geschichte: 1194. p. 404; 1201. p. 424;
1207. p. 445; 1215. p. 486 seltsamer Weise wiederholt
1221. p. 510; 1228. p. 527; 1229. p. 533; 1232. p. 542;
1236. p. 560, letztere ziemlich ausführlich. Der hier
erwähnte Bischof von Semgallen, Balduin de Alna, wird
schon 1225. p. 517. 518. bei der Geschichte des falschen
Kaiser Balduin von ihm als Autorität für seine Nachrich=
ten angeführt [1]); vielleicht, daß er ebendemselben seine Nach=
richten über die Bekehrung der Ostseeprovinzen verdankt.
Einen merkwürdigen Beleg aber für die Neigung seiner
Zeit, jede neuauftauchende Erscheinung durch die willkür=
lichsten Gebilde der Phantasie, nur durch zufällige Namens=
ähnlichkeit geleitet an die Personen und die Geschichte des
Alterthums zu knüpfen — eine Neigung, die einen großen
Einfluß auf die Gestalt der Sage gehabt und wohl früher
da war, ehe die Gesta Trevirorum und Godfried von
Monmouth's Werk sie in ein gewisses System brachten —
einen Beweis hierfür liefert Alberich in seiner Bemerkung
zum Jahre 1232. p. 542: Cur Semigallia dicatur illa
terra, revolve historiam Brenni et Beli et
Senonensium Gallorum, qui capta Roma Senam
veterem et Senegalliam et quasdam Italiae civitates aedi-
ficaverunt. Horum quidam per mare Adriaticum et
per brachium S. Georgii mare Ponticum intraverunt,
inde per fluvium Nepre iuxta Russiam quandam provinciam obtinuerunt, quam Semigalliam vocaverunt et
talis est concordia novorum et veterum.
(Vergl. unten den Abschnitt Sage.) Es ist mir nicht
gelungen, eine Spur dieses historischen Romans sonst auf=
zufinden.

.1) 1225. p. 517. Dicit ergo episcopus Semigalliae (so cod.
A.) Balduinus de Alna.

C. Geschichtsquellen für die einzelnen Diöcesen.

Unter diesen fangen wir, wie billig, mit der eignen Albe= rich's an.

1) Lüttich.

Aus den am Schluß des ersten Capitels gemachten Zu= sammenstellungen sahen wir, daß Alberich in Neufmouftier bei Huy geschrieben, also der Diöcese Lüttich angehörte[1]). Die große Zahl der Lüttich's Geschichte betreffenden Stellen war ich zuerst geneigt, insbesondere in Betreff der letzten Jahrhunderte, als auf unbekannten Quellen beruhend zu betrachten und anzunehmen, daß er von noch vorhandenen Chroniken nur den Heriger und den Anselm gekannt habe. Erneuerte Forschungen ergaben indeß ein abweichendes Re= fultat und stellten heraus, daß Alberich's Quellen für Lüt= tich'sche Geschichte sich auf drei Werke beschränkten: die Chronik des Aegid von Orval, das Chronicon S. Huberti und die Schrift eines gewissen Hirnard.

a) Aegidii Aureae-Vallis religiosi gesta pontificum Leodiensium.

Es ist bekannt, daß Aegidius den Text des Heriger und des Anselm in einer verkürzten und interpolirten Gestalt seinem Werk einverleibt hat[2]). Bei Untersuchung der hier= auf bezüglichen Stellen in Alberich kam es darauf an, fest= zustellen, ob derselbe die beiden Lüttich'schen Chroniken in ihrer ächten, ursprünglichen oder in jener verfälschten Ge= stalt benutzt habe. Köpke[3]) hat sich für das Erstere ent= schieden; ich glaube aber mit Unrecht. Denn von den hier in Betracht kommenden Stellen[4]) beweisen wohl die Nach= richten zu den Jahren 319. 511. 617. 626. 647. 656.

1) Vergl. noch a. 1239. p. 568. noster electus Leodiensis.
2) Köpke M. Germ. S. VII. 159. Codex D.
3) ib. p. 157. Gesta integra exscripsit.
4) an. 319. 511. 595. 617. 626. 647. 656. 832. 925. 945. 960. 1016. 1021. 1025. 1036. 1041.

882. 925. 945. 960. 1021. 1025 ¹) auf das Entscheidenste, daß Alberich hier weder den reinen Text, noch auch den verkürzten des Coder C, sondern den interpolirten des Aegid mit allen seinen Additamentis vor Augen gehabt.

Eine nicht minder schlagende Übereinstimmung zwischen Aegid und Alberich findet sich aber auch für die spätern Zeiten in Bezug auf das eigentliche Werk des Aegid, wo dieser meist solche Quellen benutzte, die uns nicht mehr zugänglich sind. Besonders sind hier die Nachrichten Alberich's zu den Jahren 1047. 1066. 1091. 1105. p. 196. über Abt Stephan, 1106. p. 204 und 205. 1168. p. 349. 1191. p. 392 und 393? 1218. p. 475. 1230. p. 531. und 1239. p. 568. hervorzuheben, die ebenso entschieden wie die früheren sich als aus Aegids Chronik entsprungen documentiren. Nicht auf diese Quelle zurückzuführen sind Alberich's Nachrichten über Lüttich'sche Ereignisse 1096. p. 147. 1099. p. 182. 1101. 1142. 1164. p. 343. 1165. p. 344. 1192. p. 397. 1194. p. 403. 1195—1197. 1200. 1202. 1226. 1238. p. 565. 1240 in.; für manche, namentlich 1192. 1194. 1196 init., möchte Lambert der Kleine das Original seyn, was ich näher zu erörtern einer weitern Prüfung überlasse.

1) Die Erwähnung des angelus a. 319. nur im Aegid, nicht im Heriger, ebenso 617 die Übertragung nach Cöln; a. 626 gründet sich die genaue Bestimmung der Zeit nur auf einer annotatio in cod. Aureae vallis des Aeg. c. 37; ebenso zeugen die Formen a. 647 Hadelinus und 832 Pirardus statt Badelinus und Girardus für den Ursprung aus Aegid; a. 656 rühren die sieben Jahre aus der Interpolation Aegib's zu Anselm c. 8. her, der die 925 vorkommende Notiz des Begräbnisses von Bischof Richar allein hat. Auffallend war es mir, daß die Nachricht Alberich's zum J. 945: Apud Leodium iuxta cartam Gemblacensem Hugo fuit episcopus per annos duos et dimidium, in keiner Geschichtsquelle von Gemblours sich vorfindet und allein durch Aegib's Interpolation zum Anselm c. 43 bestätigt wird. Die Nachrichten zu den Jahren 960 und 1021 ergeben sich auf den ersten Blick als Ableitungen aus Aegib's Interpolation zu Anselm c. 48 und 71, ebenso wie auch a. 1025 die Lesart collateralis des Alberich statt colliteralis des Anselm auf dieselbe Quelle hinweist.

So viel steht aber jedenfalls fest, daß Alberich das ganze Werk des Aeg. von Orval und zwar nach seiner völligen Beendigung gekannt hat. Dies ist wichtig, um uns die Zeit kennen zu lehren, wo auch unser Autor die letzte Hand an seine Chronik gelegt haben muß. Sahen wir oben schon, daß die Schlußredaction nach dem Jahre 1247 zu setzen ist, so erhalten wir durch Aegid noch ein genaueres Datum. Dieser nämlich fing im Jahre 1247 zu schreiben an[1]) und hatte im Jahre 1251 sein Werk vollendet.[2]). Durften wir nun aus den oben ausgeführten Forschungen das Resultat ziehen, daß Alberich sein Werk nach dem Jahre 1239 zu schreiben begonnen, und bis zum Jahre 1247 das= selbe in seiner Grundmasse vollendet hatte, so sehen wir, daß er auch in späteren Jahren immer noch neue Notizen nachgetragen und insbesondere erst nach 1251, aus des Aegidius Buch den größten Theil der Notizen für die Lüt= tich'sche Geschichte entnommen haben muß.

Hier wollen wir nun auch gleich jenen Zusammenhang erörtern, in welchem Alberich mit Aegid nach der Meinung einiger Gelehrter gestanden haben soll. Daß er dessen Chronik gekannt und benutzt habe, ist freilich von Nieman= den bisher bemerkt worden. Wohl aber bringt man, wie wir schon oben gesehen, beide in eine andere Beziehung. Aegid nämlich widmete sein Werk dem Mauritius, einem

----

1) Aegidii ep. dedicatoria ad Mauritium ap. Chap. p. 2. Et inde ab anno 1048 — nostram dignum duximus initium habere portiunculam, finem vero in Henricum tertium b. n. episcopum, quem praefecit ecclesiae Leo- diensi Petrus dictus Caputius diaconus cardi- nalis — — anno Dom. 1247. 6. Kal. Aprilis.

2) Aegid. c. 137. — praeficitur ecclesiae Leodiensi Hen- ricus tertius huius nominis — quem praefecit Petrus dictus Caputius — — a. Dom. 1247. 6. Kal. Octobris, de quo quid scribere debeamus certum nondum habemus, praeter id quod satis dignum memoria duximus, videlicet quod usque in finem anni Domini 1251 quando calamo silentium im- posuimus episcopatum rexerit adolescens et inconsecratus.

Canonicus von Huy[1]), über dessen Persönlichkeit uns eine
Marginalnote zum c. 16 des Aegid noch einige nähere
Nachrichten giebt[2]). Diesen Mauritius nun hält Ernst
— augenscheinlich durch die obigen Worte Aegid's veran-
laßt — für den Verfasser von einer ziemlich bedeutenden
Zahl von Marginalnoten[3]), welche Chapeaville aus seinem
Codex des Aegid hat abdrucken lassen, und will in ihm den
Fortsetzer der Alberich'schen Chronik von 1227—1241 sehen.
Diese letztere Meinung hat auch Villenfagne, dehnt aber
dessen Thätigkeit noch auf die sieben früheren Jahre aus
(1220—1227). Ernst's Meinung scheint uns in beiden
Beziehungen unhaltbar. Chapeaville selbst, der doch die Handschrift vor Augen hatte, sagt I. p. 10: Reperies hanc an-
notationem adscriptam hoc loco margini codicis Aureae
Vallis, procul dubio ab ipso Aegidio codicis
auctore[4]), welcher Ansicht auch Hirsch l. c. beipflichtet.
Einen klaren Beweis aber, daß die Marginalnoten eben
nur von Aegid, und in keinem Falle von Mauritius herrühren, giebt die oben angeführte Stelle, II. c. 16. p. 48,
welche Villenfagne und Ernst allein zu ihrer Meinung veranlaßt hat und den Mauritius selbst betrifft. Wenn es
hier im Texte von Peter dem Eremiten heißt: cuius cor-
pusculum digne mandatur sepulturae, und nun in Beziehung hierauf in der Marginalnote gesagt wird: In sequenti tempore cum liber quidam aeditus a mag. Iacobo
Aconensi episcopo devenisset in manus nostras,
dann die Translation des Petrus folgt und die Erzählung

1) p. 1. Mauritio ecclesiae novi monasterii Hoyensis canonico frater Aegidius — — Tibi ergo, frater Mauriti, hanc
tertiam partem voluminis gestorum pontificum Leodiensium
transmittimus humiliter et devote deprecantes, quatenus lima
correctionis tuae emendes, si quae in his quae scripsimus, ali-
ter quam se veritas habet, repereris.

2) p. 48.

3) von S. Hirsch aufs fleißigste gesammelt: de Sigeberto
p. 424.

4) cf. II. p. 67. auctor noster in marginali annotatione.

alles dessen, was hierbei gethan worden, mit den Worten schließt:
Mauritio eiusdem ecclesiae canonico omnia supradicta
procurante — so glaube ich, können wir diesen Mauritius
uns wohl unmöglich als den Verfasser eben dieser Aufzeich=
nungen denken [1]). Gesetzt aber auch, sie rührten aus seiner
Feder her, so ist damit noch nicht im Mindesten bewiesen,
daß derselbe auch Fortsetzer der Alberich'schen Chronik sey.
Wir erkennen, wie schon oben bemerkt, eine solche Fort=
setzung in derselben durchaus nicht an: am allerwenigsten
aber möchte sie vom Mauritius herrühren. Denn wäre
er wirklich der Verfasser der Marginalnoten und zugleich
Fortsetzer unserer Chronik, so würden sich Übereinstim=
mungen in beiden Werken entdecken lassen an den Orten,
wo beide dasselbe Ereigniß behandeln. Diese zeigen sich
aber nirgends.

b) Chronicon S. Huberti Andaginensis.

Alberich führt es a. 750 unter dem Titel an: ex libello
qui cancerellus dicitur. Hierfür möchte ich cantarel-
lus oder etwas Ähnliches lesen [2]) und dieses Wort in Be=
ziehung bringen mit dem Namen: cantatorium S. Huberti,
unter welchem diese für die Geschichte der Lütticher Diöcese,
so wie für die Verhältnisse Lothringens am Ende des XI.
und Anfang des XII. Jahrhunderts wichtige Schrift im
Mittelalter bekannt war [3]). Alberich benutzte dieselbe aufs
fleißigste und entlehnte ihr selbst eine auf König Wilhelm I.
von England bezügliche Anecdote, die man überall anders

---

1) Einen ähnlichen Beweis haben wir c. 133. p. 264: wo
Aegid vom Bischof Wilhelm von Lüttich († 1239) sagt: Cuius tam
obitus quam sepulturae locus ista scribentibus huc usque
manet incognitus und in der Marginalnote den spätern Zusatz
giebt: Sed postea transportatus est in Sabaudiam etc.

2) Der Cod. Paris. 4896 A, der einzige von den drei Pari-
sern, welcher auch den ersten Theil — 960 enthält, giebt keine
abweichende Lesart.

3) Mon. Germ. Sc. VIII. p. 567. lin. 13. 44.

eher als hier hätte suchen sollen[1])... Bruchstücke des Chr.
S. Huberti finden sich beim Alberich unter den Jahren:
750. 809. 1033. 1052. 1057. 1063. 1064. 1065. p. 108
vergl. auch. p. 105. 1068. 1072. 1076[2]). 1081[3]). 1084.
1088. 1090. 1096. 1099. p. 178. 1105. p. 196 und 1119.
p. 238, wo eine Notiz, die einer frühern Zeit angehört,
nachgetragen wird. — So viel wir sehen, ging die Alberich
vorliegende Redaction des Chr. S. Huberti nicht weiter als
die den Ausgaben zu Grunde liegenden Handschriften, welche
bekanntlich bei Erwähnung eines Ereignisses des Jahres
1106 mitten im Satze abbrechen. Was indessen doch ver=
muthen lassen könnte, daß Alberich eine weitergehende Tex=
tesrecension gehabt, wäre, wenn diese Thatsache nicht zu
vereinzelt dastände, der Umstand, daß die Notizen, welche
sich 1064 an sein Excerpt aus dem Chr. S. Huberti schlie=
ßen (Fulco vero — Lemborch), dieses Kloster zwar be=
treffen, aber über das Jahr 1106 hinausgehen.

c) Chronica Hirnardi archidiaconi Leo-
diensis.

Alberich schließt den Bericht des Jahres 1213 mit der
Bemerkung: Occasione huius belli quidam archidiaconus

1) zum Jahre 1068.

2) Die Notiz zum Jahre 1079: Et hoc tempore primus
comes Arnulphus de Chisneio a Mathilde marchisa erat insti-
tutus, vermuthete ich ebenfalls, wie die 1063 und 1105 Chinay
betreffenden aus dem Chr. S. Huberti entsprungen; ich habe sie
aber darin nicht finden können.

3) Hier giebt Alberich eine wichtige, wahrscheinlich richtigere
Lesart Guisnensem (v. Par. 4896 A. Guinnensem, 4896 B
und C oder Guinensem) abbatiam statt Iuviniensem des Chr. S.
Huberti c. 43. An derselben Stelle kommt unmittelbar vorher
ein Gerardus Florinensis vor, der im Chr. S. Hub. c. 42.
Flamensis heißt, was schwer zu erklären ist. Doch giebt grade
hier die älteste Pariser Handschrift 4896 A wieder die Lesart des
Originals Flamensis, aber die zweite Handschrift 4896 B hat
merkwürdiger Weise Florinensis über Flammensis geschrieben.

Leodiensis magister Hirnardus [1]) quendam libellum chro-
nicae de hiis tantum quae suo tempore contigerant dicitur edidisse, ubi ea quae facta sunt ibidem diligen-
tius exequitur. Obwohl der Ausdruck dicitur schließen
laſſen möchte, daß Alberich das Buch ſelbſt nicht gekannt,
ſo möchte ich dennoch der Meinung Lavalleye's zu **Ernst
h. de Limbourg** beipflichten, daß jene Chronik Hirnard's
eins ſey mit dem **triumphus S. Lamberti M. in Steppes
obtentus ap. Chapeav. II. p. 604—640.** und zwar aus
dem Grunde, weil Alberich in der Erzählung unmittelbar
vorher ſagt: **Hugo Leodiensis episcopus de duce Lova-
nii et de Brabantinis per b. Lambertum mirabiliter
triumphavit loco qui vocatur custodia sive garda
de Stopes,** wobei zu bemerken, daß auch der **triumphus
p. 624** von einer **custodia de Steppes** ſpricht [2]).

Dieſer **triumphus** bildet aber nur den dritten Theil
eines für Lüttich und Deutſchland im Allgemeinen wichtigen Werkes, nämlich der **vita S. Odiliae et B. Iohannis
filii eius,** welche die Geſchichte Lüttichs von **Abelbero II.
1135** bis zu **Hugo de Petra Ponte, † 1230,** umfaßt. Dieſe
iſt bis jetzt noch nicht herausgegeben, aber von Aegidius
vielfach abgeſchrieben worden. Chapeaville, der die beiden
erſten Theile aus einer Handſchrift der **Bibl. S. Martini
Lovaniensis (p. 119** und **603),** den letzten Theil, den
triumphus, aber aus einer Handſchrift des **Daniel Rai-**

---

1) So die Pariſer **Codices 4896 A** und **C** und der **cod.
membran.** des Leibniz; **4896 C** und Leibnizens Text aber geben
die Form **Hernaldus.**

2) **Aegid. c. 111.** hat den **triumphus** ebenfalls und noch viel
ausführlicher ausgeſchrieben, wie Chapeav. p. 224. dies ſchon bemerkt. Doch hat er auch Eignes, ſo namentlich den Schluß des
Capitels: **Celebrata est ergo haec victoria — dominica qua
cantatur *Iustus est Dominus* — — 3 Idus Octobris id est in
vigilia S. Calixti. Unde versus: *Ac Brabantini caeduntur nocte
Calixti.*** Dies iſt faſt wörtlich im Alberich p. 475; wenn dieſer
aber hinzufügt: **De hoc bello quidam hunc versum composuit:
Ac Brabantini etc.** ſo meint er wohl jedenfalls den Aegidius
damit.

mundi, eines Canonicus S. Materni in eccl. Leodiensi und aus einer Pergamenthandschrift Arnolds von Wachtendonk, Decans zu S. Martin in Lüttich, benutzte, bemerkt, daß Aegidius folgende Capitel aus der vitae Odiliae entlehnt: c. 40 (vergl. Chap. p. 119. Adn.). 47.[1]) 52. 53. (a. 1183, wo angegeben wird, die Gesta episcoporum diversorum wären mit der St. Lambertskirche verbrannt) cf. 95. 99. not. 2. 100. 101. 102. 103. 104. cf. 105. 106—118. cf. 119. not. 3. 124. cf. 125. not. 1. 126. cf. 127. 128.

2) Verdun.

Die Nachrichten, welche Alberich über Verdun unter den Jahren 775. 800. 805. 829. 852. 875. 921. 960. 975. 984. 988. 1005. 1008. 1024. 1038. 1064. 1066. 1078. 1084. 1090. 1107. 1108. 1111—1114. 1118. 1123. 1124. 1128. 1129 mittheilt, entlehnt er ohne Zweifel aus der bekannten hist. ep. Virdun. und ihren beiden ersten Fortsetzungen (d'Acher. Sp. II. 234.)[2]); von dem letztgenannten Jahre ab, insbesondere aber 1131. 1151. 1170. 1181. 1187. 1207. 1208. 1210. 1225, sind, so viel ich weiß, seine Angaben selbständig.

3) Toul.

Für die früheste Geschichte dieser Diöcese bis zu dem Jahre 1064 ungefähr haben unserm Alberich unstreitig die Gesta episcoporum Tullensium (Monum. SS. VIII. 632.) vorgelegen, vergl. an. 446 (cod. 3. der Monum.). 487. 644. 719. 764. 796. 822. 860. 887 (cod. 3. der Monum.). 905. 921. 992. 1051. 1064; am bezeichnendsten trat dies Quellenverhältniß zu den Jahren 644. 764. hervor; auf

1) Dies findet sich fast wörtlich auch im Alberic. a. 1168. p. 349. Es muß dahin gestellt bleiben, ob dieser es aus der vita Odiliae oder aus Aegidius genommen hat.
2) Was 1019 Verdun betreffend beim Alberich vorkommt, konnte ich daselbst nicht finden.

andern. Quellen beruhen müssen aber seine Touler Nach=
richten an. 895. 1005. 1036.

Waitz (Mon. l. c.) ist der Meinung, daß die von ihm
herausgegebenen Gesta ep. Tull. erst nach dem im Jahre
1106 erfolgten Tode Pibo's niedergeschrieben worden seyen;
ich möchte einige Zweifel hiergegen hegen und behaupten,
daß in denselben uns ein von Mehreren fortgesetztes Werk
vorliegt, insbesondere aber die Geschichte Pibo's später hin=
zugefügt ist. Meine Gründe für die Ansicht, daß es eine
Redaction dieser Gesta gegeben haben muß, in denen das
Episcopat Pibo's nicht enthalten war, die also vor dessen
Beginn[1]) abgefaßt seyn muß, beruhen außer auf der ziem=
lich merklichen Verschiedenheit des Styls auf zwei Thatsa=
chen. Einmal hat Alberich zweifelsohne die früheren
Theile dieser Gesta vor sich gehabt (— 1064), weicht aber
trotzdem in Beziehung auf Pibo von ihrem Bericht ab[2]),
dann aber hat Hugo von Flavigny dieselben ebenfalls schon
benutzt, was bisher noch nicht bemerkt worden[3]). Da die=
ser Chronist nun nicht später als 1101 geschrieben hat, die
letzten Theile der Gesta ep. Tull. aber erst nach dem Jahre
1106 hinzugefügt seyn können, so leuchtet es ein, daß auch
er eine Redaction benutzt hat, welche die Regierungszeit Pibo's
nicht umfaßte.

Für die Nachrichten über die späteren Bischöfe von
Toul, insbesondere 1090. 1107. 1126. 1163. 1191. 1192.
1196. 1210. 1212. 1217. 1218. 1228. 1230. habe ich die
Quelle nicht entdecken können. Daß er aber dennoch eine
bestimmte Schrift hierbei vor Augen gehabt, möchte aus
dem Umstande hervorgehen, daß er a. 1212. p. 465. eine
Thatsache in näherem Bezug auf Toul mittheilt, die er ib.

---

1) 1090 nach Alberich.

2) an. 1090 nennt er ihn monachus S. Benigni Divionensis,
die Gesta l. c. p. 646 machen ihn zum Cölnischen Schüler und Hal=
berstädtischen Canonicus.

3) Vergl. Hug. Flav. Mon. Se. VIII. 341. lin. 31—34. mit
den Gest. ep. Tull. ib. p. 636. lin. 17—20.

p. 466. ohne diese Beziehung aus **Wilhelmus Brito** noch einmal giebt.

4) Trier. Die Gesta Trevirorum.

Dies für die mittelalterliche Historiographie, insbesondere als Ausgangspunkt für willkürliche Sagenbildung so überaus wichtige Werk, hat Alberich zu folgenden Jahren benutzt: 52. 76. 91. 143. 157. 174. 238. 319. 345. 357. 368. 385. 397. 446. 450. 487. 511. 546. 577. 592. 617. 647. 681. 723. (765.) 766. 784. 796. 810. 837. 851. 864. 884. 905. (921.) 923. 953. 960. 966. 970. 972. 993. 1003. (1007.) 1015. 1029. 1047. 1067. Waitz macht die Bemerkung [1]), daß unser Autor einem Codex der mit B bezeichneten Handschriftenfamilie gefolgt sey; dies trifft fast durchgehends zu; doch habe ich einzelne Fälle wahrgenommen, wo er auch andere Codices gehabt haben muß [2]).

Hier ist es wohl der Ort, einen Umstand zu erwähnen, der überhaupt in Alberich's Nachrichten von der Geschichte der einzelnen Bisthümer entscheidend hervortritt, den nämlich, daß seine Quellen insbesondere für die früheren und frühesten Zeiten fast nie das Antrittsjahr der einzelnen Bischöfe angeben. Hat er nun gleich in vielen Fällen seine chronologische Angabe durch Summirung der Pontificatsjahre gefunden — und auf solche chronologische Berechnungen bildet er sich, wie wir oben gesehen, nicht wenig ein — so möchte ich doch in andern Fällen, und namentlich in Bezug auf seine Trierschen Nachrichten glauben, daß er nach Jahren Christi geordnete Bischofsverzeichnisse benutzt hat. So ist seine Jahreszahl 319 wohl richtig, aber in offenem Widerspruch mit der durchaus falschen Zeitangabe der Gesta c. 19, eben so bemerkenswerth erscheint es, wenn er a. 765 sagt: Milo — Treverensis — archiepiscopus — hoc anno moritur, da doch nach Waitz die Zeit von dessen Tode unbestimmt ist, und wenn er a. 1067 bemerkt: Odo

1) SS. VIII. p. 128. n. 44.
2) So stammt a. 157 aus A 5ᵇ. 784. 810. 864 aus C und D.

fit archiepiscopus Treverensis, wobei die Gesta M. SS. VIII.
174. u. Contin. p. 183. ihm durchaus keinen Anhaltspunkt
für diese Bestimmung geben. Ob daher Alberich's chronolo=
gische Epochen nicht in dieser Beziehung eine größere Berück=
sichtigung verdienten, als ihnen bisher zu Theil geworden?

Was seine spätern Notizen zur Trierschen Geschichte
unter den Jahren 1124. 1131. 1132. 1151. 1152. 1155.
1158. 1168. 1187. 1188, p. 376. 1212, p. 464. betrifft, so
stehen dieselben, so viel ich bisher habe sehen können, selbständig
da, sowohl von den Gesta Trev. cont. I. als auch von den
Gesta Godefridi und der kurzen bis 1258 gehenden Fort=
setzung, die p. 126. der Monumenta (SS. VIII.) abgedruckt ist.

5) Cöln.

Alberich's Cölnische Nachrichten unter den Jahren 347.[1]
511. 577. 626. 651. 726. 731. 758. 796. 832. 851. 863.
870. 966. 968. 972. 993. 1037. 1075. 1132. 1155. 1158.
1163. 1167. stammen ohne Zweifel aus dem Catalogus bei
Hahn Coll. Mon. I. 385, wie insbesondere das zuletzt ge=
nannte Jahr beweisen möchte. Die Überarbeitung und
Fortsetzung dieses Catalogs durch Cäsarius von Heisterbach
ap. Boehmer Font. II. 271. hat er dagegen nicht gekannt,
obwohl er dessen Werke doch sonst fleißig benutzte. Seine
übrigen Angaben über Cölns Geschichte an. 1191. 1196.
1198. 1216. 1225. mögen aber meist wohl auf Erkundi=
gungen beruhen.

6) Metz.

Für die Angaben über die Geschichte von Metz unter
den Jahren 446. 487. 546. 696. 719. 796. 801. 860.
868. 877. 883. 1006? 1042. 1073. 1111. 1119. 1164.
1209. lag unserm Chronisten aller Wahrscheinlichkeit das
Chr. ep. Mettens. ap. d'Ach. Sp. II. 224. mit seiner ersten
vor dem Jahre 1210 geschriebenen Fortsetzung vor[2]. Hin

---

1) a. 238 ist aus der passio 11000 virginum entlehnt. S. oben.
2) Sehr entscheidende Zeichen der Abstammung finden sich na=
mentlich a. 883.

und wieder finden sich indessen chronologische Zusätze[1]), welche anderswoher entnommen seyn müssen. — Die zweite Fortsetzung dieser Chronik bis 1260 kannte Alberich nicht[2]).

7) Rheims.

Flodoard's historia Remensis benützte Alberich von dem Jahre 336 bis zum Jahre 946, führt deren Ende aber erst 950 mit den Worten an: **Hucusque Flohardus Remensem historiam deduxit.** Von dessen Annalen machte er, so viel ich sehe, nur einmal zum Jahre 954 Gebrauch. — Doch müssen ihm noch andere Quellen vorgelegen haben; was er beispielsweise a. 806. p. 149. in Bezug auf Rheims **in annalibus** gefunden haben will, und die von ihm zu den Jahren 816 und 845 gegebenen chronologischen Bestimmungen kann ich eben so wenig im Flodoard als in den beiden Rheimser Chroniken bei Labbe I. 358 und 362 finden. — Die Nachrichten, welche er dann über die spätern Erzbischöfe von Rheims unter den Jahren 961. 975. 986. 1023. 1034. 1056. 1070. 1085. 1096. 1108. 1124. 1125. 1161. 1162. 1175. 1176. 1201. 1202. 1205. 1211. 1218. 1220. mittheilt, fanden weder in den genannten beiden Chroniken, noch in handschriftlichen Annales Remenses (Montpellier No. 280.), welche bis zum Jahre 1150 gehen und die der Herr G. R. R. Pertz mir gütigst mittheilte, irgend einen Anknüpfungspunkt.

8) Dijon.

Das Chronicon abbatum S. Benigni Divion. (ap. d'Acher. Spic. II. 357.) wird von Alberich als **chartae S. B. D.** a. 925. 991. oder als **collectaneum S. B.** a. 939. oder endlich als **liber collectaneus monasterii S. B.** a. 926. angeführt; er benützt es von dem Jahre 890 bis 1051. Was er aber a. 877 mit den Worten: **tamen apud S. Benignum scribitur** beibringt, und die unter dem Jahre

1) So 1042 und 1073.
2) Das Urtheil über Bischof Konrad a. 1210 weicht aufs Auffallendste von den Angaben dieser Quelle ab.

1001 gegebene den Abt Wilhelm betreffende Nachricht habe ich daselbst eben so wenig als in den hiervon meist ganz selb=ständigen excerpta ex chr. S. Ben. Div. ad cyclos pa-schales — 1285. bei Labbe I. 293 finden können.

9) Clairvaux.

Das nach 1223 abgefaßte Chron. Clarevallense (ap. Chiflet, genus illustre S. Bernardi assertum. Divion. 1660. p. 81—89), welches von 1147 bis 1192 geht, bildet eine unbedeutende Quelle unsres Schriftstellers; er hat ihm unter folgenden Jahren Nachrichten entlehnt: 1147. 1155. 1171. 1172. 1174. 1179. 1181. 1184. 1188. 1189. 1191. 1192; hierbei aber, wie die Jahre 1171 und 1182 (qui fuit —) beweisen möchten, eine vollständigere Redaction gehabt, als im Chiflet gedruckt vorliegt.

10) Gesta Romanorum pontificum.

Ich war zuerst versucht, Alberich's Nachrichten über die Römischen Päpste als directe Entlehnungen aus den Gestis zu betrachten, überzeugte mich indessen bald, daß er hierbei für die Zeiten bis 1100 aller Wahrscheinlichkeit nach nur Hugo's a S. Victore und Helinand's Chroniken vor Augen gehabt. Dem Letztern entnimmt er insbesondere eine Stelle, welche für die Geschichte des Textes des sogenann=ten Anastasius nicht unwichtig ist[1]). Ob er für die spätere Zeit die vollständigen Gesta benutzt habe, kann bei den spärlichen Notizen, die sich unter den Antrittsjahren der einzelnen Päpste finden, nicht mit Sicherheit entschieden, möchte aber doch eher bejaht als verneint werden. Denn wenn anders der etwas sagenhafte Bericht des Inder-Pa=triarchen Johannes bei Alberich a. 1122. p. 243—244. wirklich, wie er behauptet, ex gestis Calixti (II.) herstammt,

---

1) Helin. a. 758. p. 97: huc usque invenitur liber de ge-stis Romanorum pontificum continue scriptus, sed a quo post Damasum nescitur. Aberic. a. 758: huc usque pertingit liber de gestis pontificum Romanorum et abhinc de Romanis pontificibus sparsim et varie tractant diversi auctores.

so wäre uns hierin ein sehr bedeutendes Bruchstück jener jetzt verlorenen Gesta erhalten.

D. Geschichte einzelner Länder.

Wir fassen unter diesem Namen gewisse Reihen von fortlaufenden Nachrichten über bestimmte Länder zusammen, von welchen es uns nicht gelang die Quelle nachzuweisen.

1) **Ungarn.** Alberich's Angaben über dies Land schienen uns insbesondere alle Aufmerksamkeit zu verdienen, weil sie in ihrer einfachen Form meist nur Notizen über die Thronbesteigung der einzelnen Könige mit genauer Angabe der Regierungszeit geben und hierdurch ihren Ursprung aus alten Annalen zu verrathen schienen. Sie finden sich bei ihm unter den Jahren: 893 (Zusatz zu Otto's von Freis. Worten). 957 (merkwürdige Erklärung der Sclaverei in Ungarn). 1006. 1010 (mit Berufung auf das Zeugniß der Ungarn: dicant Hungari). 1040. 1041. 1043. 1045, p. 77 (Zusatz zu Otto von Fr.). 1061. 1065. 1075. 1078. 1095, p. 144. 1111. 1126. 1127, wiederholt zum Jahre 1128. 1135, p. 276. 1146. 1151. 1167. 1171. 1194. (1196, p. 407.) 1204. 1206. 1213, p. 473. 1227, p. 524. 1237, p. 564, wo mir die Erwähnung der vetus Hungaria in Bezug auf die Frage über den Ursprung der Ungarn berücksichtigt zu werden verdient; 1239, p. 573. 1241. p. 478.

Mit den mir bekannten Quellen der ältesten Ungarischen Geschichte stehen diese Nachrichten in keiner Beziehung, insbesondere auch nicht mit den Annales Posonienses. Darf ich mir eine Vermuthung über ihren Ursprung erlauben, so wäre es die, daß Alberich sie durch Vermittelung des **Robertus Vesprimensis, de Leodiensi dioecesi,** der ep. Strigonensis wird (a. 1227), erhalten haben möchte.

2) **Dänemark:** 985. 1055. 1095. 1124. 1130. 1135, p. 273. 1151. 1158. 1181. 1206. 1227, p. 523.

3) **Norwegen:** 1027. 1149, p. 317.

4) **Schweden:** 1130, p. 265.

5) Polen: 1146, p. 309. 1227 in fin.

6) Böhmen: 1197, p. 412.

7) Oesterreich: 1141, p. 290. 1195, p. 405.

8) Italien: Mailand 850. 928, p. 265. 1073, p. 118. 1076, p. 120. Genua 1131. 1183. Sicilien 1179. Sardinien 1211.

9) Spanien: 1062. 1063. 1106. 1116. 1143, p. 301. 1144. 1196. 1212 (Bericht eines Augenzeugen). 1213, p. 472. 473.

10) Portugal: 1144. 1174.

Hieran schließen wir am besten die Normannischen Nachrichten, die Alberich unter den Jahren 740. 912. 928. 945. 1020. 1026. 1028. 1060. 1183. giebt, und wobei er eine vollständigere Quelle, als uns im Chr. Fiscanense bei Labbé I. 325 vorliegt, die aber dieser jedenfalls verwandt ist, gehabt zu haben scheint.

E. Geschichte der Heiligen, der Translationen, Visionen, Reliquien und ähnliche Schriften[1]).

a. 45. Historia Clementis.

a. 238. 1156. Passio SS. 11000 virginum.

a. 750. Vita S. Eucharii Aurelianensis.

a. 764. De Bonito habetur illa narratio ritmica in miraculis B. Mariae etc.

* a. 766. Vita S. Gengulfi.

a. 806. Vita S. Guillelmi Aquitan.

a. 841. Vita S. Audoeni.

* a. 842. 843. 845. 849. 850 die Vision des Audradus (heißt Andradus 845. 846.) corepiscopi Senonensis.

a. 845. Translatio S. Kalixti per Radulfum.

a. 867. Passionem S. Dionysii quidam Methodius Constantinopolitanus graece conscripsit.

a. 877. Henricus monachus vitam S. Germani Antisiodorensis heroico metro in 6 libellis luculenter exaratam Karolo imperatori obtulit.

1) Die mit * bezeichneten Stellen geben größere Bruchstücke.

a. 877. Translatio S. Cornelii pap.

* a. 880. 883. 995. 1104. 1115. Translatio S. Cuthberti. Das unter dem Jahre 880 Gesagte scheint aber unmittelbar aus Helinand herzustammen.

* a. 913. De relatione corporis S. Martini ab Antissiodoro ex dictis S. Odonis Cluniac. abbatis.

* a. 938. Translatio S. Agili Resbacensis, cf. 1197. II. p. 410.

a. 940. Vita S. Dunstani, 1071 ej. miracula.

* a. 976. Narratio Maioli de duce Sardiniae Eusebio et duce Siciliae Ostorgio.

a. 994. Miracula S. Fidis de Conchis auct. Bernardo scholastico Andegav.

a. 1002. Libellus de sanctuario Lateranensis ecclesiae, cf. 907.

a. 1004. Vita S. Heinrici imp.

a. 1029. 1035. Vita S. Symeonis Trevirensis, cf. Gest. Trev. Cont. I. c. 2.

a. 1045. 1059. 1066. 1071. Vita, visio et transl. S. Edwardi regis.

* a. 1051. 1056. 1063. Vita S. Hugonis Cluniac. (1073. 1110 sind aus Wilhelm von Malmesbury und 1109 aus Helinand).

* a. 1061. 1074. 1075. 1076. 1081. 1082. Vita S. S i m o - n i s consulis et regis Francorum primipili post monachi.

* a. 1099. 1141. 1153. 1155. 1170. Vita, visiones et opera S. Hildegardis.

* a. 1113. 1115. 1130. 1132. 1137. 1147. 1153. Vita S. Bernardi Clarevall. ej. canoniz. 1174. epist. 1146 (cf. 1142 aus Helinand). sermones 1149. Über die Wunder desselben führt Alberich 1130. 1135. 1166. 1167 den liber miraculorum Clarevallensis des Herbert — zum Jahre 1166 mit dem Zusatze: indicante abbate Gerardo de Alna — an; wobei ich jedoch bemerke, daß nur die Anführung des Jahres 1135 in der Ausgabe Herberts bei Chiflet (gen.

ill. S. Bernardi ass. p. 186—193) sich fand, dagegen ins=
besondere die ausführliche narratio Herberti — de inferno
Hyssellandiae — in libro miraculorum Clarevallis a.
1130 daselbst nicht entdeckt werden konnte. Außer Herbert's
benutzte Alberich aber auch noch Goswin's Buch über den=
selben Gegenstand a. 1203: Dominus Gosvinus Clarevall.
monach. scripsit miracula et visiones, de quibus quaedam in superioribus annotavimus, und hierauf beziehen sich
ohne Zweifel auch noch seine Worte 1173: mirabilis — narratio, quam qui plenius scire voluerit, apud Clarevallem
inveniet.　Aus Clairvaux hatte Alberich auch noch andere
Schriften, vergl. 1188, p. 377: occasione legationis archiepiscopi Balduini, de qua legatione proprius apud
Clarevallem libellus invenitur, continens illius (Walliae)
descriptionem.

　　* a. 1141. Narratio de purgatorio S. Patricii p. 291
—295.

　　a. 1149. Visio Thugdali de poenis inferni.

　　* Novus libellus miraculorum fratris Caesarii (von
Heisterbach) 1150. 1188. 1196. 1200. 1210. 1213.

　　a. 1154. Vita S. Volverii auct. Iohanne abbate de Forda.

　　a. 1155. 1156.　Vita et opera S. Elisabethis Treverensis de Sconaugia.

　　a. 1163. Inventio S. Hildae, cf. 333.

　　a. 1171. Vita S. Gundrici Dunelmensis.

　　a. 1202. Vita et visiones Humelinae Ambianensis.

　　a. 1209. Vita S. Guilelmi Bituric. archiep., ej. miracula 1211.

　　a. 1211. 1213. Vita S. Mariae de Ognies auct. Iacobo de Vitriaco.

　　a. 1212. p. 467. Nova hist. beatae Mariae Salomae.

　　a. 1233. De S. Clavo ap. S. Dionys. reinvento, vergl.
Anhang Gelehrten=Gesch.

　　a. 1234. Passio S. Lamberti (auctore Nicolao gebr. bei
Chapeau. p. 114); hieraus ist auch die Notiz a. 686. entnommen.

F. Briefe.

Petrus Damiani. a. 764. (901. 965. 981. 1023.) 1044[1]). 1055[2]).

Ivo von Chartres. a. 858. 879. 930. 1013. 1060. 1061. 1094. 1103. 1108. 1110. 1111. 1115. 1116.

Papst Lucius II. an Konrad III. a. 1144[3]).

Ioannes presbyter Indorum rex. a. 1165, 1170.

Außerdem theilt Alberich den Inhalt folgender Briefe mit:

a. 1213. p. 473. De morte autem huius reginae (Gertrudis) quaedam archiepiscopi Strigonensis publicatae sunt literae amphibologicae duplicem habentes constructionem etc.

eod. a. p. 474. zweier Briefe Papst Innocenz III. über Versammlung des Concils und einen zu unternehmenden Kreuzzug.

a. 1221. p. 508. eines Briefes Honorius III.[4]), worin der Inhalt eines Berichts des Cardinals Pelagius über den Tartarenkönig David aufgenommen ist[5]). — Eben daselbst werden Briefe der Templer über dieselbe Angelegenheit erwähnt.

a. 1224. p. 514. eines Briefes über den Erzbischof von Arles.

a. 1227. p. 525. eines Briefes des Minoriten Petrus de Barvech aus St. Jean d'Acre.

a. 1230. p. 536. Ad generale capitulum Cisterciense huius anni venerunt literae über eine Niederlage der

---

1) lib. Elucidarius.
2) 1078 ist das Citat aus Helinand entlehnt.
3) Die ganze Stelle ist aus Otto von Freisingen entlehnt. Daß aber Alberich den Brief selbst gehabt, beweist der Umstand, daß er die Anfangsworte des Briefes weiter giebt als die Ausgaben und Handschriften Otto's.
4) Hiervon ein Excerpt im Chron. Dunstapl. p. 107.
5) Dieser Bericht ist vollständig ohne des Verfassers Namen abgedruckt bei Eccard. II. 1451.

Saracenen. — ib. In curia Campaniae lectae fuerunt literae, betreffend einen vom Sultan Ägyptens über den Schach von Persien davongetragenen Sieg.

a. 1237, p. 562. werden die literae Philippi prioris transmarini de fide Iacobianorum vollständig gegeben, ebenso wie

a. 1239, p. 570 der Brief des Templermeisters Hermann an Walter von Avesnes.

G. Mündliche Nachrichten, fliegende Blätter.

Wir äußerten oben, daß von dem Jahre 1220 an Alberich's Chronik selbständig aufträte. Wir sahen eben unter dem Abschnitt Briefe einen Theil der Documente, worauf sich seine Darstellung jener Zeiten stützt. Außerdem aber benutzte er hierzu noch andere Relationen [1], fliegende Blätter, insbesondere Prophezeiungen [2], Berichte von Augenzeugen [3] und die mündlich sich fortpflanzenden Gerüchte [4].

[1] wie die schon oben besprochene Relation des Patriarchen von Jerusalem a. 1217, p. 496.

[2] So a. 1220, p. 506 und a. 1240, p. 576. Über die Verbreitung solcher Schriften, wie sie damals schon über ganz Europa stattfand, ist die Bemerkung nicht ohne Interesse, daß das Chron. Dunst. p. 101 ebenfalls erwähnt, daß die erstere nach England gebracht worden sey, und die zweite p. 241 mit denselben Worten wie Alberich anführt, obwohl doch sonst auch nicht die geringste Verwandtschaft zwischen beiden Chroniken wahrzunehmen ist. Vgl. noch Bethmann Arch. VIII. 91.

[3] a. 1200, p. 420: Haec omnia retulit dominus Petrus abbas de Chaerio (so cod. A., Charono cod. B., Charerio cod. C.) qui fuit socius eiusdem cardinalis, prout propriis oculis aspexit et audivit. a. 1205, p. 440 über den Tod Kaiser Balduins von Konstantinopel — sed simpliciter quod a quodam presbytero Flandrensi dicitur, qui per civitatem Tornoam — repatriando iter habuit, haec retulit — — — Ad hoc etiam quod in Tornoa fuerit occisus consentit d. archiepiscopus Iohannes Mitilinensis et unus monachus magister Albertus qui eodem anno ibi per Tornoam transitum habuit, addidit supra dictus presbyter (so cod. A.) Flandriae; in Bezug auf den falschen Balduin beruft er sich auf das Zeugniß des Mönchs Simon von Alna, und des Bischofs Balduin von Semgallen a. 1225, p. 517 und 518. — A. 1208, p. 449: Dicit episcopus Carmi-

H. Sagen.

Diese spielen eine bedeutende Rolle in unserer Chronik. Zwar entgeht dem Verfasser ihr fabelhafter Inhalt nicht, und er spricht sich häufig aufs Schärfste gegen die Urheber derselben aus[1]); doch sucht er, wenn irgend möglich, die Angaben der Sagen mit der ächten Geschichte auszugleichen[2]).

niensis (so cod. A, Caminiensis cod. B. C.) de Armenia, quod Tartari hoc anno primum bellum fecerunt in maiori Armenía etc. Man sieht nicht, ob dies eine Berufung auf ein mündliches oder schriftliches Zeugniß ist. Vielleicht das Letztere, und dann in Beziehung zu bringen mit der Nachricht die Roger von Wendower IV. 176. zum Jahre 1229 über einen reisenden Bischof von Groß-armenien giebt. In dem Berichte dieses Bischofs tritt die Sage vom ewigen Juden in milder, fast freundlicher, von der heutigen Tradition ganz abweichender Gestalt auf. A. 1212 über den Kreuz-zug der Kinder — p. 460: Addidit qui hoc retulit.

4) Über Heinrich's VI. Tod 1196, p. 412: Ab uxore sua Constantia ut dicitur toxicatus. 1206, p. 442: De Iohanicio rege Bulgariae audivimus. 1212, p. 459: Itaque traditores horum infantium dicuntur fuisse Hugo Ferreus et Guillelmus Porcus mercatores Massiliensium. 1221, p. 508: In isto quoque anno nunciatum est in Francia quod idem rex David. 1232, p. 541: Dicitur enim de ea (Margareta). eod. a. p. 543: De rege Angliae dicitur quod religioni valde consentit. 1233, p. 548. De morte principis Antiochiae — nunciatum est etc. 1236, p. 560: Über die Fortschritte der Christen in Spanien: De istis quotidie meliora melioribus a peregrinis nunciantur. 1237, p. 562: Ibi, sicut dicitur, usque ad 140 novi milites creati sunt. 1241, p. 577: Treugae ergo transmarinae dicuntur esse ad soldanum de Damasco.

1) Schon der mehrfach von ihm gebrauchte Ausdruck cantilena (a. 753. 777. 788. 805.) läßt auf sein Mißtrauen in dieser Beziehung schließen. Dann sagt er noch 806: de gestis eiusdem Guidonis satis pulchra decantatur sive fabula sive historia und 810: et caetera sive fabulosa sive historica connexa; und endlich 770 sehr bezeichnend: Quae omnia quamvis delectent et ad risum moveant audientes, vel etiam ad lacrimas, tamen a veritate historiae comprobantur nimis recedere lucri gratia ita composita; also Romanschriftstellerei für Geld!

2) In Betreff der Geschichte des Amicus und Amelius a. 774. p. 108: videndum est si de historia illorum aliqua reperiri possit concordia und ib. p. 110: Licet igitur praedicta narratio videtur in aliquibus apocrisa, ea tamen quae sequuntur autentica sunt; was aber eben so wenig der Fall ist.

Waren in Benutzung der Sagen doch zwei seiner haupt=
sächlichsten Quellenschriftsteller, Helinand und Guido de
Bazochiis, ihm mit gutem Beispiel vorangegangen, und
hatte im Jahre 1122 Papst Calixt II. das Werk Turpin's
für authentisch erklärt [1]), so konnte auch er nicht wohl an=
stehen, das Wesentliche dieses Romans in seine Chronik
aufzunehmen. Dies thut er unter den Jahren 778. 790.
795. 798. 802. 805. 806; eine Amplification des ursprüng=
lichen Textes, wie ich ihn in der Ausgabe Ciampi's benutzte
(Turpinus de vita Caroli M. Florentiae 1822), findet sich
in den Jahren 795. 798. 805. Ich vermuthe, dieselbe be=
ruht auf einer, so viel ich weiß, ungedruckten Erweiterung
des Turpinischen Romanes selbst, worüber Ciampi l. c. p. 141
auf Grund einer Florentiner Handschrift s. XIII. ex.
Bibl. Laurentiana pluteo 66. cod. 27. Lat. nähere Nach=
richt giebt. Diese Handschrift enthält außer dem Turpin
noch die nicht minder fabelhaften **Gesta Caroli M. ad Car-
cassonam et Narbonam** et de aedificatione monasterii
Crassensis, die sein iuratus scriptor **Filomena** (Roma=
nisch oder Deutsch) niedergeschrieben und ein **Wilhelmus
Paduanus** ins Lateinische übersetzt haben soll [2]). Was mich
glauben läßt, daß Alberich den erweiterten Text Turpin's
gekannt habe [3]), ist der Umstand, daß Ciampi (Turp. p. 142)
aus dieser Handschrift die Überschrift eines der Capitel an=
führt, die in den übrigen Codd. und in den Ausgaben
fehlen, nämlich: **De miraculo Rotolandi comitis quod
apud Granopolim dominus per eum fecit,** und Alberich)

1) Diese bekannte Thatsache giebt auch Alberich an a. 806.
p. 149: **De Turpino — multis vulneribus debilitato colligi-
mus ex dictis Calixti papae** etc. Doch sagt er nicht in
welchem Werke. Ich vermuthe, in den miracula **B. Iacobi,** wor=
aus Alberich a. 1118 eine größere Stelle beibringt.
2) von Ciampi ebenfalls herausgegeben Flor. 1823. Über
diesen angeblichen Philomena vergleiche man eine Abhandlung Le=
beuf's, abgedruckt in den dissertations relatives à l'hist. de
France XVIII. p. 103.
3) Von einer Benutzung Philomena's findet sich keine Spur.

a. 784 und 795 von demselben Ereigniß spricht 1). Ob
dasjenige, was unser Chronist dann noch a. 777 über Roland berichtet, zu demselben Sagenkreis gehört, kann ich
nicht entscheiden.

Außerdem führt Alberich noch folgende Sagen an, über:

a. 653. Quaedam historia de rege Floovenz, ab isto
descendunt duces Saxonum 2), Clodovei filio; huius filia
Helvides dáta Iustamundo regi Saxonum peperit Bru-
nomundum et heredes Wichetindi.

a. 752. Dux Herninus pater Garrini Lotboringi aus
Guido de Baz.

a. 753. Auctarius dux, qui in cantilena vocatur Lotharius superbus.

a. 763. Reimundus dux et filius eius Belinus, dann über
Pippins Bastarde Holdricus u. Raginfred; ohne Zweifel aus
li Romans de Berte aux grands piés (ed. Paulin. Paris 1832).

a. 770. Carls Gemahlin Sibilia pulcherrima contexta
est fabula —, deren Sohn Ludewig und dessen Gemahlin
Blancaflora, endlich de sex proditoribus ex genere Ga-
nalonis.

a. 774. Die Geschichte des Amicus und Amelius; cf.
an. 788. fin.

a. 779. über das genus Nemerici sehr ausführlich, in
welche Verwandtschaft auch Turpin verflochten wird.

a. 802. Comes Aurelianensis Arnais.

a. 806. Guido, Sohn Samso's von Burgund.

a. 810. Sewinus dux Burdegalensis.

a. 837. Aymerus, Sohn des Nemericus.

a. 866. Gerhard von Roussillon.

a. 945. über den bekannten Grafen Gero — iste Gero
est comes Gerinus qui vixit ut postea compertum est
plus quam annis 300.

1) ebenso wie Helinand p. 101.
2) ab i. desc. d. Sa. ergänzt der Cod. Par. 4896 A. über
diesen Roman hoffe ich im neuesten Bande der Hist. littér. de
France einige Aufklärung zu finden.

Wie aber die sagenhafte Richtung des **XIII.** Jahrhun=
derts Wissenschaft und Leben beherrschte und aufs Selt=
samste durchdrang, sieht man aus zwei Thatsachen.

Einmal scheint es Mode geworden zu seyn, mächtige
Dynastenfamilien von Personen aus Karolingischem Sagen=
kreise abzuleiten: so die Grafen de Arceis et Ramerut von
dem Verräther Ganalo, vergl. **Alb. an. 805. p. 145** und
an. 989. und die beiden Gräfinnen Ida von Bouillon und
Namür vom Ritter mit dem Schwan **a. 1076.** Dann
aber müssen die Bilder dieser sagenhaften Geschichte so auf
die Vorstellungen der Menschen gewirkt haben, daß Einzelne
von dem Wahne befallen wurden, Personen dieser Geschichte
selbst zu seyn: **a. 1210. p. 456:** A partibus Hispanorum
venit hoc tempore quidam senio valde confectus miles
grandaevus qui dicebat se esse Ogerum de Dacia, de
quo legitur in historia Caroli Magni. — — Hic itaque
obiit — hoc anno in diocesi Nivernensi — prout illic
tam clerici quam laici qui viderunt, postea retulerunt.
a. 1234. p. 553: In Apulia mortuus est hoc tempore
quidam senex dierum, qui dicebat se fuisse armigerum
Rolandi Theodoricum, qui dux Guidonius dictus est,
et imperator ab eo multa didicit.

Hier ist dann auch wohl der passende Ort, um Albe=
rich's Anführungen aus den sogenannten Prophezeiungen
Merlins zu erwähnen. Diese finden sich unter den Jahren
434. 565. 717. 1136. 1139.

Anhang.

1) Gelehrten=Geschichte.

Ein nicht geringes Verdienst unsres Chronisten besteht,
nach unserer Meinung, in der großen Zahl von Notizen
zur Gelehrtengeschichte, welche derselbe unter den verschie=
denen Jahren beibringt. Wir glauben nicht etwas Über=

flüssiges zu thun, wenn wir dieselben, jedoch nur insofern sie nicht anderswoher entnommen waren, hier kurz zusammenstellen.

a. 767. **Floruit hiis diebus Ambrosius Autpertus** qui prolixam expositionem super Apocalypsin edidit, worauf die Schlußstelle des Werks folgt.

a. 844. **Rabanus** librum de laude s. crucis figurarum varietate distinctum difficili et mirando poemate composuit et Sergio papae Sancto Petro offerendum misit.

a. 850. Sub eodem etiam Ebbone collectus est et compilatus per **Halithgarium** Cameracensem episcopum liber qui intitulatur de vitis sacerdotum, wohl eins mit den VI libellis de remediis peccatorum, worüber zu vergleichen Bethmann zu den G. ep. Camer. SS. VII. 416. 15.

a. 864. Sub Nichola papa floruit Romae **Anastasius** biblothecarius qui vitam Iobannis eleemosinarii, passionem decem milium martyrum et quaedam alia de Graeco in Latinum transtulit, qui etiam Romanam historiam et multa alia scripsit.

a. 990. **Herigerus** — cuius habentur regulae numerorum super abacum Gerberti, ohne Zweifel eins mit dem libellus Herigeri ad monachum Hugonem, cf. **Köpke** ad Herig. SS. VII. 145.

a. 992. Abbas **Adzo** Deruensis monasterii — qui scripsit vitam S. Mansueti Tullensis ad eundem episcopum Tullensem, refert (sic) vitam S. Bertharii, vitam S. Basoli et multa alia et vitam S. Frodoberti primi abbatis Cellae bobini [1] Sequanicae insulae et in suburbio Trecorum Augustae.

a. 1053. Anno 13. imp. Henrici filii Conradi Pa-

[1] So Cod. Par. 4896 A.

pias librum suum, videlicet elementarium doctrinae rudimentum edidit.

a. 1084. Floruit in Burgundia d. Bisuntinensi magister Gerlandus, cuius opusculum Candela vocatur.

a. 1106. Iste est Petrus Alphonsus qui librum optimum contra Iudaeos edidit.

a. 1111. Eiusdem monachi (S. Laurentii Leodiensis) discipulus fuit prior eiusdem loci nomine Robertus, qui scripsit librum famosum de divinis officiis per annum et multa alia.

a. 1130. Huc usque magister Hugo de S. Victore chronicam — de Saxonia (f. oben). Hugo vero qui scripsit de avium natura moraliter et allegorice et de claustro animae et de medicina animae fuit de ordine Praemonstratensi, ut dicitur, canonicus. Tertius qui scripsit minorem ecclesiasticam historiam ad comitissam Campaniae Adalam, matrem comitis Theobaldi, fuit niger monachus Floriacensis, id est de Sancto Benedicto super Ligerim in dioec. Aurelianensi.

a. 1143. Quo anno per industriam Petri abbatis Cluniacensis liber qui dicitur Alcoranus — de Arabico in Latinum translatus est. Dies stimmt vollkommen mit den Angaben, die Dr. Bethmann aus der Hdschr. 105 der Pariser Arsenalbibliothek s. XII. ex. beibringt. Arch. VIII. 359.

a. 1151. Et electus est in episcopum (Catalaunensem) Haimo archidiaconus vir nobilis et religiosus de Basochiis, qui fecit enchiridion in decretis secundum Panormiam Yvonis Carnotensis.

a. 1154. Hoc tempore magister Guillelmus de Concis philosophus magni nominis habitus est.

a. 1155. Elizabeth ancilla Christi de Sconaugia Treverensis dioecesis, librum viarum Dei hoc anno inchoavit — — — Ista vero Elizabeth de assumptione B. Mariae V. gloriosae satis brevem edidit sermonem — cf. 1156.

a. 1156. Item in eodem anno, id est Frederici imperatoris quinto, quidam magister egregius Omnibonus nomine librum de concordia discordantium canonum ordinavit in duas partes — — hic liber a nomine authoris Omnebonum; et hunc secutus est (l) tempore Alexandri papae Gratianus cardinalis qui multa addidit, ita quod de viginti sex distinctionibus centum distinctiones fecit. — Vergl. den abweichenden Bericht von Robertus de Monte a. 1130. — — — Unter demselben Jahre zählt Alberich noch die Werke des Petrus Lombardus (liber sententiarum, glossatura continua super B. Pauli epistolas et opus satis grande super psalterium) und des Richardus de S. Victore (opus de contemplatione, liber exceptionum, de visionibus Ezechielis, de mystico somnio Nabuchodonosoris) auf.

a. 1157. Zacharias Chrysopolitanus de ordine Praemonstratensium apud S. Martinum Laudunensem fecit volumen egregium super quatuor evangelia — et Radulphus ille niger monachus Flaviniacensis in territorio Belluacensi fecit opus super Leviticum per viginti libros dispositum.

e. anno: ad quem (Theobaldum Cantuar. arch.) Iohannes Salisberiensis scripsit librum famosum Polycraticon intitulatum, de nugis vel contra nugas curialium.

a. 1169. Parisius post magistrum Petrum Manducatorem magister Petrus Pictavinus († 1205, vergl. dieses Jahr) cathedram tenuit, qui Manducator cum esset Trecensis decanus, Scholasticam historiam edidit — cuius etiam Manducatoris habetur liber qui dicitur Paraenesis et liber sermonum eius, de solemnitatibus per anni circulum. Praedictus vero Pictavinus fecit librum de theologicis sententiis.

a. 1172. Gislebertus monachus et abbas quon-

dam de Croilandia in Anglia, qui fecit in morem
B. Bernardi sermones super cantica canticorum, hoc
anno obiit.

a. 1175. In Anglia quidam prior S. Trinitatis
Londonensis fecit de omnibus divinae scripturae libris
quoddam opus mirabile, et vocatur Pantheologia.

a. 1177. Mag. Lambertus Leodiensis de S. Chri-
stophoro obiit . . . . Iste antigraphum scripsit et tabulam quae Lamberti intitulatur edidit, sed et multos
libros et maxime vitas sanctorum et actus apostolorum de Latino vertit in Romanum.

a. 1182. Floruit mag. Iohannes Beleth in ecclesia
Ambianensi, qui scripsit librum de divinis officiis per
annum.

a. 1195. Apud Leodium — quidam mag. Iohannes praedicator cog. Dalich — fecit sermones per
anni circulum.　　.: :.

a. 1200. Apud Mediolanum' Humbertus theolo-
gus et cardinalis fuit archiepiscopus, qui rexit Parisiis
decem annis et scripsit librum de concordia veteris et
novi testamenti.

a. 1202. Apud Cistertium mortuus est hoc anno
mag. Alanus de Insulis — scriptor ille Anticlau-
diani, qui in theologia fecit quandam artem praedi-
candi et contra Albigenses, Valdenses, Iudaeos et Sar-
racenos libellum edidit succinctum ad Guillelmum
Montispessulani dominum, et alia quaedam illius habentur opuscula.

a. 1205 (vergl. 1169). Obiit mag. Petrus Pictavinus cancellarius Parisiorum, qui per annos 38 theologiam legerat Parisius, cuius habentur sententiae,
distinctiones et postillae etc.

a. 1206. Obiit Bartholomaeus Turonensium archiepiscopus, ad quem scribitur Tobias versificatus.

a. 1228. In Anglia mortuus arch. Cantuariensis mag. Stephanus de Languenton; unter seinen Werken zählt Alberich auf: super Isaiam, super 12 prophetas et super epistolas Pauli.

a. 1230. Mortuus est Romae mag. Guillelmus Antissiedorensis — huius habetur magna summa theologica et eius abbreviatio quam fecit episcopus Florentiae mag. Ardingus (Andegus) Papiensis.

a. 1233. De s. clavo ap. S. Dionysium perdito et iterum reinvento — — scripsit optimam narrationem mag. Philippus cancellarius Parisiensis; über seine Sermones et Homiliae vergl. noch 1237, wo er stirbt.

2) Alberich's Entlehnungen aus dem Corp. iur. canon.

Diese sind ziemlich häufig und wohl alle aus Gratian's Decret, welches er 1156 anführt, entnommen. Als liber qui Canones inscribitur wird dies angeführt unter den Jahren 756. 776. 864. 873[1]). 878. 899; Gratian's distinct. 63 insbesondere citirt er 775. 817. 867. 871, und führt im Allgemeinen noch die Decrete an 872. 965. 1022. 1060[2]). Noch haben wir eine Stelle zum Jahre 905 in dieser Beziehung zu bemerken: Treveris Tukerus[3]) erat archiepiscopus, qui fecit et compilavit quendam librum decretorum ad episcopum Virdunensem Dadonem, vergl. Mon. VIII. 168. und dürfen auch seine Worte zum Jahre 1085: Registratum huius septimi Gregorii — apud Claram Vallem invenitur nicht mit Stillschweigen übergehen. Was er über Haimo's enchiridion in decretis 1151,

---

1) Iste (Ioh. VIII.) scripsit quasdam interpretationes super librum Gothicae legis, sicut invenitur in libro qui Canones inscribitur. Ist hier nicht codicis legis zu lesen? Der Cod. Par. 4896 A. giebt keine abweichende Lesart.

2) 890. decretalis Stephani IV. invenitur.

3) So auch Cod. Par. 4896 A., es ist Ruotgerus.

über Omnibonus und Gratian 1156 sagt, haben wir oben unter der Gelehrtengeschichte schon angeführt. Wir schlie=
ßen diese Auszüge mit Alberich's Bemerkung zum Jahre 1234. p. 554: Nova compilatio decretalium sub bulla domni papae canonizata allata est Parisios et ceciderunt quinque paria decretalium, quarum somma redacta est in istam compendii gratia et intelligentiae faci-
lioris.

VI.

Paulus Diaconus Leben und Schriften von Herrn Dr. Bethmann.

Die Quellen über Paulus Leben sind zunächst Pau=
lus eigne Werke, namentlich einzelne Stellen der Lango=
bardengeschichte [1]) und der Bischofschronik von Metz; die
Briefe an Adelperga, Adelhard, Theudemar; die Gedichte
an Adelperga, an Peter von Pisa und an Karl den Großen.
Letztere finden sich freilich zum größeren Theile nur in einer
einzigen Handschrift [2]), und werden außerdem von Keinem

[1]) I, 5. 26. II, 13. 27. III, 24. IV, 38. VI, 7. 16.

[2]) Paris n. 528, einst S. Martialis Lemovicensis, mbr. oct.
saec. IX. ex. in derselben Weise zusammengeschrieben wie die ebenda
entstandene Leidener Handschrift Vossian. Lat. 15, welche ich
Arch. VIII, 574 beschrieben habe. Ebenso wie diese, ist die Pariser
Handschrift eine Sammlung sehr verschiedenartiger Stücke, zum
Gebrauche der Klosterschule, woraus sich die große Unordnung er=
klärt, in der die verschiedensten Sachen durch einander geworfen
sind, sowie die Weglassung mancher Namen, da die Gedichte nur
als Schulmuster und die Briefe als Formeln aufgenommen waren.
Die Handschrift enthält zuerst allerlei theologische und rhetorische
Werke; dann Hymnen; de cyclo decennov.; de figuris
scripturae sacrae; Eingangsformeln für Briefe; Beda in
libros regum; Oratio Eugenii Tol. „Rex Deus; Formel
„Illi germano; Predigt „In nomine; Epitaphium Constantis „Hic decus Italiae; Ep. Toctronis „Clauditur hoc, das
auch Paulus in seine Geschichte aufgenommen hat; Item versus
Petri grammatici „Nos dicamus in Karls Namen, hieraus
edirt von Lebeuf S. 404; Versus Pauli „Sensi cuius, Lebeuf
406; De puero qui in glacie extinctus est „Trax puer,
Lebeuf 409; Item v. Petri ad Paulum „Lumine purpureo,

erwähnt; doch sind sie weder aus äußern noch aus innern Gründen irgendwie verdächtig; und wenngleich der einfache Name Paulus ohne weitern Beisatz die einzige Bezeichnung ist, die sie tragen, so muß man doch ihrem Entdecker und Herausgeber Lebeuf Recht geben, daß sie sich nur auf unsern Paulus beziehen können. Dasselbe gilt von Petrus Pisanus Gedicht an Paulus und von Karls des Großen zwei Gedichten an ihn in derselben Handschrift. Ein drittes, ebenfalls in Karls Namen, wahrscheinlich von Alcuin verfaßt, ist eben so unbezweifelt [1]). Auch das vierte

Lebeuf 409; Versus Pauli ad Petrum „Candido lumbifido, Lebeuf 411; Item v. Pauli missi ad regem „Cynthius, Lebeuf 412; Item v. Pauli ad regem precando „Verba tui, Lebeuf 414; Epitaphium Sophiae neptis „Roscida; Incipit epistola „Amabillimo, Lebeuf 415; Versus de episcopis sive sacerdotibus „Ad perennis; De malis sacerdotibus „Aquarum meis; Versus in laude s. Benedicti „Ordiar; Gedicht „Cartula perge cito, Lebeuf 423, ohne Inschrift, es ist von Alkuin an seine Freunde; Versus Petri in laude regis „Culmina si regum, Lebeuf 419; Sententiae septem philosophorum „Periander; Epitaphium Chlodarii pueri regis „Hoc satus; Item versus metr. „Paule sub umbroso von Karl, Lebeuf 413; Epistola „Ille Christi von Karl, Lebeuf 421; Glossar; ein rhetorisches Werk. Bis hierher ist alles von Einer Hand geschrieben; nun folgt von einer andern: Vita Audoeni; Martyrologium; Theologisches. Dies ist der Inhalt der Handschrift. Der Schreiber benutzte, wie man sieht, eine Sammlung Karolingischer Gedichte und Briefe; manche davon sind Antworten und setzen andere voraus, die wir nicht mehr haben. Da das unzweifelhaft Paulinische „Ordiar dennoch seinen Namen hier nicht trägt, so können auch von den übrigen anonymen einige sehr wohl von Paulus seyn, nämlich: Ep. Constantis, Ep. Sophiae neptis, Versus de episcopis, De malis sacerdotibus, Ep. Chlodarii. Allein daß sie mitten zwischen ganz sicher Paulinischen stehen, beweist immer noch nichts, da ja auch das „Cartula perge cito und „Clauditur hoc darunter stehn, welche beide nicht von Paulus sind.

1) „Parvula rex Carolus — regat“, gedruckt bei Duchesne opp. Alcuini carm. 186; Mabillon annales a. 787; Gattula hist. Cas. I, 23; Fabricii bibl. med. Lat. ed. Mansi I, 345; Froben Alcuini opp. II, 551; Bouquet V, 411; Liruti letterati del Friuli I, 191.

ist durch Leos Zeugniß gesichert[1]). Bei einem fünften
dagegen scheint es wenigstens ungewiß, ob der darin von
Karl angeredete Paulus der unsrige ist, obgleich nichts ge=
radezu dagegen spricht[2]). Karls Rundschreiben[3])
über die Homiliensammlung ist das letzte ganz gleichzeitige
Zeugniß über Paulus Leben. Das Nekrologium von
Montecasino ist in seiner jetzigen Gestalt zwar jünger[4]),
aber es ist mit großer Sorgfalt aus einem älteren abge=
schrieben. Seine Angabe „Eidus Aprilis obiit veneranda
memoriae domnus Paulus diaconus et monachus. Giso
sacerdos et abbas," könnte sich freilich auch auf einen an=
dern Paulus beziehen, da deren mehre im Kloster gelebt

---

1) „Christe pater mundi — optime salve" citirt von Leo
von Ostia I, 15, der dort auch die letzten zehn Verse „Hinc celer —
optime salve" in sein Werk aufgenommen hat. Letztere gingen
aus Leo über in die Vulturneser Chronik und in die Casineser
Handschrift n. 449 saec. XVI. und sind in dieser Gestalt gedruckt
von Marus ad Petrum Diac. c. 8; daraus bei Fabricius bibl.
med. aevi; daraus bei Froben opp. Alcuini. Das ganze Gedicht
steht in der einzigen Casineser Handschrift 257, zur Zeit des Petrus
Diaconus geschrieben und von ihm corrigirt; aber dort fehlen gerade
die beiden letzten Verse „Colla mei Pauli gaudendo amplecte benigne; Dicito multotiens: Salve pater optime salve", in welchen
allein Paulus Erwähnung geschieht. Angelus de Nuce hat am
Rande der Handschrift, aber schon hinter tecta require, den einen
davon aus dem Gedächtniß so ergänzt: Colla mei Pauli persaepe
amplecte benigne. An der Ächtheit beider Verse kann man jedoch
nicht zweifeln, da Leo sie beglaubigt und auch von Paulus jetzt verlorner Antwort spricht. — Gedruckt ist das ganze Gedicht aus dieser
Handschrift zuerst von Charles de Montrond in Biblioth. de
l'école des chartes 1840. I, 305; dann von Tosti storia di Montecasino I, 105. und aus diesem von Giesebrecht de litter. studiis
apud Italos. 1845. p. 26. Merkwürdiger Weise haben sie aber
alle im elften Verse die falsche Lesart: „Atque meo Paulo certam
deleto salutem" und ergehn sich in Vermuthungen, während in
der Handschrift ganz unzweifelhaft steht „Atque meo Petro certam de leto salutem" womit Peter von Pisa gemeint ist.

2) „Et tibi Paule Deus — caret" bei Duchesne opp. Alcuini carm. 187. und daraus bei Froben II, 552.

3) bei Pertz Leg. I, 44.

4) geschrieben zwischen 1159 und 1181, in der Casineser
Handschrift n. 47; gedruckt bei Gattula.

haben. Aber die Worte venerandae memoriae werden in
der Casineser Handschrift gerade sehr oft von unserem Pau=
lus gebraucht, und kein anderer des Namens bekommt sie;
ferner ist Paulus diaconus et monachus zu besonderer
Auszeichnung roth geschieben; und da Abt Gisulf, der 816
starb, hinter Paulus steht, so muß dieser vor ihm gestorben
seyn, so daß also kein anderer als eben unser Paulus übrig
bleibt. Hilbrics Grabschrift, die der Mönch von Salerno
noch auf Paulus Grabe las [1]), ist um so zuverlässiger, da
Hildric Paulus Schüler war; und doch scheint er über die
Zeit von Paulus Reise nach Frankreich und seinem Eintritt
ins Kloster schon im Irrthum zu seyn; so bald verdunkelte
sich in jenen Zeiten die sichere Kunde der Begebenheiten.
Johannes Diaconus, um 872, in seiner Chronik der
Bischöfe von Neapel, erwähnt Paulus nur einmal und ganz
in der Kürze [2]); Erchempert, um 882, desgleichen [3]).
Bei dem Salernitaner Chronisten, um 978, tritt zuerst
die Sage in Paulus Geschichte ein. Die dichtungsreiche,
dramatisirende Weise, womit er alle früheren Begebenheiten
ausschmückt, giebt uns den Maßstab zur Beurtheilung seiner
Erzählung von Paulus Schicksalen [4]), die er gewiß nicht
selbst erfunden, sondern aus der Volkssage geschöpft und
nur mit eigener Phantasie ausgeschmückt hat. Wie wenig
Historisches aber in der Volkssage jener Zeit und jenes
Landes zu suchen ist, davon giebt die ganze Chronik des
Salernitaners, das Werk Benedicts vom Soracte, die Ro=
valeser Chronik, zahlreiche Beweise. Nichtsdestoweniger ist
diese Darstellung des Salernitaners die Grundlage aller

---

1) c. 36. Uns ist davon nur eine Abschrift aus der Mitte
des zehnten Jahrhunderts erhalten in der Casineser Handschrift
353, woraus sie gedruckt ist von Marus ad Petrum Diac. c. 8;
Mabillon annales II, 716; Muratori SS. I, 402; Gattula hist.
Casin. p. 26; Liruti notizie de' letterati del Friuli I, 180.

2) Muratori SS. I^b, 310.

3) c. 1.

4) c. 9. 10. 17. 20. 36.

folgenden unteritalischen geworden. Leo von Ostia, um
1101, hat seine ganze Erzählung über Paulus dem Salernitaner geradezu nachgeschrieben, zum Theil mit dessen
eigenen Worten; die wenigen Zusätze[1]) hat er fast alle
aus Paulus eigenen Werken, die er in seinem Kloster vor-
fand. Johannes in der Vulturneser Chronik[2]) schreibt
wörtlich den Leo ab; das Wenige, was er außerdem hat,
ist werthlos und zum Theil irrig. Petrus Diaconus,
um 1145, giebt nur einen kurzen Auszug aus dem Salernitaner und aus Leo; die wenigen Zusätze, die er zu letzterem macht, sind voll Irrthümer[3]). In des sogenannten
Anastasius Casineser Chronik, einem Machwerk desselben
Petrus, sind die zwei auf Paulus bezüglichen Zeilen ebenfalls aus Leo geschöpft[4]). Romuald von Salerno[5]),
um 1178, hat einzig und allein den Salernitaner benutzt,

---

1) I. 15 sind die Worte Iste siquidem, — Theod. fuit aus
P. IV, 38; In historia etiam Romana — annexuit aus P. Briefe
an Adelperga; Necnon — composuit, ferner ubi multa — Langobardorum und Inter quae — maximas studuit aus P. übrigen
Werken; utrumque palatium, unum in Ben. alterum aus der
ältesten Casineser Chronik. Desiderii notarius, und Diomedis i.
quae h. a t. m. Tremiti n. und propter Deum und in claustro
iuxta capitulum sind das Einzige, was Leo eigen bleibt.

2) Muratori SS. I^b, p. 326. Pauli — descripsit beruft sich
auf Urkunden seines Klosters, die er jedoch nachher nicht beibringt,
und die höchst wahrscheinlich falsch waren; p. 360. Testatur — scripsit
beruft sich auf P. Langobardengeschichte; p. 365. Libet — cognitio
bezieht sich auf dieselbe; Hic cum esset — salve ist wörtlich aus
Leo; nur a Roma setzte Johannes zu, um das Hinc in Karls
Versen zu erklären, indem er nicht bedachte, daß Leo den Anfang
des Gedichts wegließ, aus dem gerade hervorgeht, daß es in Frankreich geschrieben ist, und nicht in Rom.

3) De ortu et ob. iustorum Casinensium c. 25 ist ganz
aus dem Salernitaner; De viris ill. Cas. 8 aus Leo; Zusätze:
sanctitate — quoque ist unbedeutend; s. Iohannis baptiste ist
richtig; s. Fortunati ep. vitam ist ein Mißverständniß; homilias q.
quinquag. desgleichen; s. pont. Greg. vitam ist richtig; a principio mundi u. ad s. a. una cum ist ein Mißverständniß.

4) Muratori II^a, 368. Sub hoc — refertur.

5) Muratori SS. VII, 144. Huius — floruit; 150. Paulus —
praecepit.

aber durch Weglassung der Einzelheiten, der Unwahrschein=
lichkeiten und des dichterischen Schmuckes, seiner kurzen
Erzählung so. den Charakter der Einfachheit und Natürlich=
keit. gegeben, daß er hierdurch mehrfach die irrige Ansicht
veranlaßt hat, Romuald habe aus unbekannter Quelle die
ursprüngliche, wahre Geschichte erhalten, von der Leo's und
des Salernitaners Erzählungen nur Ausschmückungen seyen.
Vielmehr hat Romuald gar nichts Eigenes, und ist daher
ganz ohne Werth. — Während sonach die süditalischen
Quellen alle auf Einem Grunde, der Volkssage, beruhen,
sind die wenigen Fränkischen wahrhaft und einfach, freilich
aber auch sehr dürftig. Sigebert von Gemblours, 1110,
giebt in seiner Fortsetzung des Gennadius [1]) eine ganz kurze
und sehr unvollständige Nachricht über Paulus, die er in
Metz bekommen oder aus Paulus Schriften geschlossen hat;
was er in der Chronik über Paulus sagt. ist wörtlich aus
Karls Rundschreiben genommen, aber zu dem falschen Jahre
807 gesetzt. Hugo [2]) hat nur eine ganz kurze, aber gute
Nachricht. Radulfus de Diceto, um 1210, und die An=
nalen von Waverley, um dieselbe Zeit [3]), schreiben Sige=
berts Chronik aus. Albericus, 1245, giebt nur Sige=
berts und Hugos Worte wieder.

Unter den Neueren haben über Paulus Leben nur Ma=
billon und Lebeuf Neues und Eigenes gegeben; über seine
Werke außer ihnen noch Vossius, Marus, der fleißige Fa=
bricius, Champollion=Figeac und Papencordt; alle Übrigen
sind nur Nachtreter, so groß ihre Zahl und zum Theil
ihr Name auch klingt. Trithemius (de ss. eccl.), Arnold
Wion (lignum vitae), Melchior Hispanus (de locis theo-
logiae), Gerhard Vossius (de histor. Lat. II, 30), Bellar=
min (de ss. eccl.), Baronius (ann. 774. 807), Pagi, Mi=
räus (bibl. eccles. 1639. ad Sigeb. c. 80), Marus (ad

---

1) de SS. eccles. c. 80.
2) ap. Albericum Trium Fontium a. 807.
3) bei Pertz SS. II, 223 not.

Petrum Diac. 1655), Cointe (annales ad a. 784), Palla-
bio (historie del Friuli. Udine 1660. fol. p. 79), Angelus,
be. Nuce (chronica Casinensis. 1668. fol. p. 137), Dupin
(bibl. des auteurs eccles. 1686), Moller (de Paulo Diacono. Altdorf. 1686. 4º), Cave (hist. litt. 1688), folgen alle
den Süditalischen Quellen. Der große Mabillon war der
erste, der ohne Hülfe anderer Quellen, allein durch seinen tiefen Blick geleitet, jene Erzählungen für fabelhaft er-
klärte und das Richtige theils bestimmt, theils ahnend an-
gab (analecta I, 319. annales 1703. XXIV. c. 73). Aber
so fest waren jene Irrthümer eingewurzelt, daß selbst Leibniz (ann. imperii I, 121. 136) sich noch nicht davon los-
sagen konnte. Die Folgenden, Oudinus (de ss. eccl. ad
a. 785. 1722), Gattula (hist. Casin. 1733. I, 23), die
Histoire littéraire de France (1738. IV), de Rubeis (monum. Aquilei. 1740. p. 358 und dissert. varii argumenti),
folgen Mabillon, ohne irgend Eigenes zu geben. Erst Lebeuf (diss. sur l'histoire de Paris. 1739. 8. I, 370) brachte
durch die von ihm entdeckten Gedichte und Briefe der Limoger Handschrift ein ganz neues Licht in Paulus Geschichte,
das Mabillons Vermuthungen aufs Glänzendste bestätigte.
Die Folgenden haben nichts Neues hinzugefügt. Fabricius
(bibl. med. aevi) hat das Verdienst, unter allen am fleißig-
sten gesammelt zu haben, was bis dahin bekannt war. Muratori (SS. I. 397. annali 782. 797) ist unbedeutend, wie
auch Ceillier (hist. des auteurs eccles. 1752. 4º. XVIII,
239). Liruti (notizie de' letterati del Friuli. 1760. 4º. I,
163) ist ein Muster von leerer Weitschweifigkeit. Tiraboschi
(letteratura Ital. 1773. lib. III, c. 3 ff.), Meusel (bibl.
hist. 1790. V, 2, 81), Erhard (Wiederaufblühn wissenschaftlicher Bildung. 1827. I. 44), Bähr (christl. Dichter
und Geschichtschr. Roms), Wächter (in Ersch und Grubers
Encycl. 1840), Tosti (storia di Montecas. 1842. I.), Giesebrecht (de studio litt. apud Italos. 1846. 4º) geben nur
Bekanntes. Häusser (Teutsche Geschichtschreiber, 1839) ist

unwissend. Champollion=Figeac (ystoire de li Normant. 1835. préf. 24.) gab zuerst Paulus Brief an Adelperga, eine wich= tige Quelle für sein Leben; Papencordt (Geschichte der Van= dalen, 1837. p. 394.) bestimmte näher die Entstehung von Paulus Römischer Geschichte; Knust endlich entdeckte 1841 in Spanien das Gedicht an Adelperga, vor dessen Heraus= gabe ein früher Tod ihn abrief.

Paulus Diaconus [1]) stammte aus einem edlen Lango= bardischen G e s ch l e ch t e im Friaul[2]). Sein Urahn Leupichis war aus Pannonien mit Alboin nach Italien gekommen, und hatte sich in dem festen Forojuli niedergelassen, dem heutigen Cividale del Friuli. Dort hinterließ er fünf Söhne, die beim Einfalle der Avaren im Jahre 610 noch jung von diesen weggeschleppt wurden. Vier davon blie= ben in der Gefangenschaft; Leupichis aber, der fünfte, als er das männliche Alter erreicht hatte, beschloß zu fliehen und kam nach manchem Abenteuer glücklich in die Heimath. Dort fand er sein Erbe in fremden Händen, und das älter= liche Haus ohne Dach und voll Dornen und Gestrüpp.

[1] So nennt er sich selber in der Homilie auf den h. Bene= dict, während er sonst immer nur Paulus schreibt. Paulus dia= conus nennen ihn auch Karl der Große in seinem Rundschreiben, das Nekrologium von Montecasino, der Mönch von Salerno, Leo, Johannes vom Bolturno, Petrus Diaconus, Hugo, Sigebert und die Folgenden; Paulus levita Hildric und Johannes von Neapel. Der Name „Paul Warnefried" und gar „Paul Winfried", den einige Neuere aufgebracht haben, entbehrt jeglicher Begründung.

[2] Leupichis meus abavus ex eodem Langobardorum genere cum eis pariter adventavit, sagt Paulus selbst IV, 38. Seines Schülers Hildric Worte eximio dudum Bardorum stemmate gen= tis in Paulus Grabschrift drücken zwar nicht nothwendig Adel aus, ebensowenig wie das parentibus secundum saeculi dignitatem non infimis des Mönchs von Salerno; doch nennt Paulus II, 9 die Faras, welche sich im Friaul niederließen, Langobardorum prae= cipuas prosapias, und seine Klage nobilitas periit miseris in dem Gedicht an Karl über die Gefangenschaft seines Bruders, ist kaum anders zu verstehen. Auch die Erziehung am königlichen Hofe setzt edle Abstammung voraus.

Mit Hülfe seiner Verwandten und Freunde stellte er es
wieder wohnlich her; doch sein anderes väterliches Gut
konnte er nicht wieder erlangen. Er hatte einen Sohn
Arichis, der wieder den Warnefried, und dieser endlich hatte
von Theudelinde zwei Söhne, Arichis und Paulus, und
eine Tochter, welche früh schon ins Kloster ging[1]).

Paulus wurde in Forojuli[2]) ums Jahr 730 geboren[3]).
Seine Erziehung genoß er in Pavia am Hofe König
Ratchis, der von 744 bis 749 herrschte[4]). Noch in hohem
Alter gedenkt er seines dortigen Lehrers Flavianus[5]), dessen
Unterricht nach dem großen Umfange von Paulus späterer
Bildung vortrefflich gewesen seyn muß. Er lernte dort

1) IV, 38. erwähnt P. diese nicht, aber in dem ersten Gedicht
an Karl sagt er: Est mihi quae primis Christo sacrata sub annis Excubat egregia simplicitate soror. Dort sehen wir auch,
daß Arichis, der wahrscheinlich der ältere Bruder war, vier Kinder hatte.

2) Er selbst sagt nichts Bestimmtes darüber, aber IV, 38.
spricht dafür, und der Mönch von Salerno sagt geradezu: Paulus
qui fuit ortus ex Foroiulanensis civitas. Demnach sind Hildrics
Worte: genitus nitidos ubi sepe Timabus amnis habet cursus
wohl auch von Forojuli zu verstehn. Mabillon meint zwar, daß
er damit vielmehr Aquileja zu meinen scheine, weil dieser Fluß
zwischen Aquileja und Triest sey; allein dafür ist kein einziges
Zeugniß, denn Mabillons Worte: Aquileia natum tradit Herkem-
pert, sind wohl nur eine Verwechslung mit Hilbric.

3) Eine bestimmte Angabe findet sich nirgends; man nimmt
meistens 720 an, weil der Mönch von Salerno ihn aetate maturus sterben läßt, aber diesem Jahre widerspricht Hilbrics Angabe
von der Erziehung an Ratchis Hofe, wohin Paulus dann schon
24 Jahre alt gekommen wäre. Damit läßt es sich auch recht gut
vereinigen, daß er in dem Gedichte an Karl „Sensi cuius etc.
das nicht vor 781 und nicht nach 786 geschrieben ist, von sich
selbst sagt: iam gravante senio; denn das kann man in einem
Alter von etwa 54 Jahren schon sagen, namentlich von sich selbst
und in Versen.

4) Hierfür ist die einzige Quelle Hilbric: Tam digna postquam . . . . genitus tu prole suisti, Divino instinctu regalis
protinus aula Ob decus et lumen patriae te sumpsit alendum
. . . . Rege monente pio Ratchis. Paulus selbst erwähnt diesen
Aufenthalt nur ganz beiläufig II, 27. vergl. VI, 7.

5) VI, 7.

auch das Griechische[1]). Nach dieser Erziehung am Hofe zu ur=
theilen, war Paulus ursprünglich nicht zum geistlichen Stande,
wenigstens nicht zum Klosterleben bestimmt; es scheint viel=
mehr aus Hildries Grabschrift zu folgen, daß er am Hofe
blieb während Ratchis ganzer Regierung, vielleicht auch
noch unter dessen Nachfolgern Aistulf und Desiderius. Einen
Aufenthalt bei De s i d e r i u s erwähnt freilich weder er selbst,
noch sein Schüler Hildric, der doch die größte Veranlassung
dazu hatte; nur der fabelreiche Mönch von Salerno weiß,
daß. Paulus „praecelsus atque carus ab ipso rege et
ab omnibus erat, in tantum ut ipse rex in omni archana
verba consiliarium eum haberet," und Leo, Johann vom
Volturno und Romuald schreiben ihm das gläubig nach.
Wohl nur aus eben diesen Worten allein hat auch Leo
geschlossen, daß Paulus regis Desiderii notarius gewesen
sey; was Johann vom Volturno und Petrus Diaconus
ihm wiederum nachschreiben, jener sich auf Urkunden beru=
fend, die er beibringen will, aber nicht beibringt[2]); die aber
Petrus anführt, ist falsch, und wahrscheinlich von ihm selbst
geschmiedet[3]). So erscheint also Paulus Verhältniß zu
Desiderius ungewiß, wenn gleich keineswegs unmöglich.

[1] Mihi quae fuerunt tradita puerulo sagt Paulus in dem
Gedicht Sensi cuius.

[2] Chron. Vulturnense bei Muratori SS. I[b], 326. Pauli
quoque diaconi edita ex margine adicientes, qui diversa praecepta, cum esset regis Desiderii cancellarius, nostro monasterio
descripsit. Aber in der ganzen Chronik kommt keine solche Urkunde
vor, also sind obige Worte an und für sich flüchtig und ungenau.
Allein selbst wenn solche Urkunden da wären, würden sie doch
nichts beweisen, da alle die ältesten Urkunden dieses Klosters merkwürdig falsch sind, wie schon Muratori bemerkt.

[3] n. 101 in seinem Regestum zu Montecasino, daraus gedruckt bei Tosti storia di Montecasino I, 93, wo es am
Schlusse heißt: Paulus notarius et diaconus ex iussu domini
nostri Desiderii serenissimi regis scripsi. Actum civitate Papie,
data vero anno eiusdem gloriosissimi regis V, mense Decembris,
indictione XV. Dies würde im December 761 seyn; aber die
Unächtheit der Urkunde bedarf keines Beweises, und andre Urkunden mit Paulus Namen sind mir nicht bekannt. Des sogenannten

Desto sicherer ist seine treue Anhänglichkeit an Arichis von Benevent und dessen Gemahlin Adelperga, Desiderius Tochter. Schon im Frühjahr oder Sommer 763 feierte er sie in dem Gedichte A principio seculorum, das durch eine Anfrage oder ein Gespräch der Herzogin über Chronologie veranlaßt, von Paulus zugleich zu einer feinen Wendung an das Fürstenpaar und zu dem artigen Acrostichon Adelperga pia benutzt ward. Daß dieser Verkehr noch lange fortbestand, zeigt der mehre Jahre später geschriebene Brief an Adelperga. Paulus war, wie er darin sagt, immerfort der Leiter ihrer Studien gewesen; er hatte ihr kürzlich Eutrops zehn Bücher Römischer Geschichten zu lesen gegeben. Da sie aber klagte, daß diese so kurz wären und über die Geschichte des Christenthums gar nichts enthielten, so schrieb Paulus für sie eins seiner Hauptwerke, die **Historia Romana**, indem er den Eutrop aus andern Quellen erweiterte und in sechs Büchern vorläufig bis auf den Fall der Gothenherrschaft fortsetzte, mit der Absicht, später noch bis auf seine eigne Zeit herabzugehen. Mit jenem Briefe, der das schönste Denkmal der frommen und hochgebildeten Fürstin ist, überreichte er ihr sein Werk zwischen den Jahren 766 und 781; aber weit über diese Zeit und diesen Kreis hinaus ist es beinahe ein Jahrtausend hindurch ein Lehrbuch des gesammten Abendlandes geworden. Paulus machte auch die Verse, mit denen Arichis in Salerno seinen neuen Palast und die Kirche St. Peter und Paul verzierte [1]); und als Arichis im Jahre 768 die Gebeine des heiligen Mercurius nach Benevent bringen ließ, schrieb Paulus zu dieser Feier einen Lobgesang, der noch jetzt in Benevent alljährlich gesungen wird, so wie einen

---

Anastasius chronicon breve Casinense, bei Muratori SS. II^a, 368. ist, wie schon Mabillon andeutet, ein Machwerk desselben Petrus Diaconus, daher seine Angabe Paulus diaconus venerabilis regis Desiderii notarius ganz ohne Werth.

1) Chron. Salern. 32. Ughelli Italia sacra VII, 498.

anderu anf das Marterthum des Heiligen[1]). Auch sein Lobgesang auf Mariä Himmelfahrt mag dieser Zeit ange= hören[2]); vielleicht auch der auf Johannes den Täufer, den Schutzheiligen der Langobarden, das berühmteste unter sei= nen Gedichten, das noch jetzt von der ganzen katholischen Kirche gesungen wird, und von dessen ersten Versanfängen

VT queant laxis REsonare fibris

MIra gestorum FAmuli tuorum,

SOLve polluti LAbii reatum, sancte Iohannes,

Guido von Arezzo die Namen für seine Noten und die noch jetzt gebräuchliche Solmisation hernahm.

Es ist hiernach, und namentlich nach dem Briefe an Adelperga, sehr möglich, ja eigentlich sehr wahrscheinlich, daß Paulus längere Zeit an Arichis Hofe gelebt habe; ganz sicher ist es jedoch keineswegs, trotzdem daß der Mönch von Salerno und aus diesem Leo, Johann vom Volturno und Romuald es ausdrücklich erzählen, und wir müssen mit Mabillon zugeben, daß Arichis familiaritas cum eo facile cum monacho intercedere potuit. Jedenfalls hatte er damals schon den geistlichen Stand ergriffen, denn Laien schrieben und dichteten in jener Zeit nicht, wenigstens nicht in solchem Umfange. Wann aber und wo er die Weihen empfing, ist unbekannt. Diaconus nennt ihn Karl der Große in seinem Rundschreiben über die Homiliensamm= lung, das bald nach 782 fällt, und er selbst nennt sich so in seiner Homilie auf den heil. Benedict, deren Zeit unbe= kannt ist; sonst nennt er sich überall nur Paulus; bei den Übrigen aber heißt er allgemein Paulus diaconus, und bei Hildric und Johannes von Neapel Paulus levita, was dasselbe ist. Patriarchio Aquilegae civitatis dyaconus nennt ihn der einzige Mönch von Salerno, und diesem nachschreibend Leo, Petrus und Johann vom Volturno,

___

1) Petrus Pipernus de magicis effectibus. Neap. 1634. 4.

2) da er sich in einem Beneventanischen Ritualbuche findet, und noch dort gesungen wird, nach Marus ad Petrum Diac. c. 8.

welcher letztere gar einen **archidiaconus** daraus macht.
Aber bei dem gänzlichen Mangel aller andern Zeugnisse ist
dies eine, sonst schon so verdächtige, ganz ohne Gewicht.
Eben so ungewiß ist es, wann und warum er ins Kloster
ging; sicher ist nur, daß er es in Montecasino that[1]), dem
berühmtesten Kloster jener Zeit, wo sein Gönner Ratchis
vielleicht noch lebte, als Paulus das Gelübde dort ablegte.
War es der Schmerz um den Fall seines Volkes, der ihn
trieb, den Schauplatz zu verlassen, wo er dem Eroberer
seines Landes, dem Feinde seines Königs hätte dienen
müssen? oder war es nur der Überdruß am weltlichen Le=
ben, was ihn in die Stille des Klosters zog? Nur so viel
ist gewiß, daß er darin schon vor seiner Reise nach Frank=
reich war, also schon vor 782, nicht aber erst nach dieser
eintrat, — ein Irrthum, der aus der Verwechslung des
Eintritts mit der Rückkehr ins Kloster leicht und darum
schon früh entstand. Denn er findet sich schon bei Hildric,
und der Mönch von Salerno hat ihn noch weiter ausge=
sponnen, indem er Paulus erst nach Arichis Tode, im August
787, ins Kloster gehen läßt. Ihm folgt Leo, der auch wohl
nur aus dieser Erzählung, nicht aus andern Quellen, die
Angabe selbst gemacht hat, Paulus sey unter Abt Theude=
mar[2]) Mönch geworden. Ihm schreiben wieder Johann
vom Volturno und Petrus nach, während Hugo und Si=
gebert ganz richtig sagen, Paulus sey aus dem Kloster nach
Frankreich gekommen. Die Neueren aber sind alle jenen
gefolgt, bis zuerst Mabillons tiefer Blick[3]) das Rechte ahnete,
noch ohne Hugo's Stelle und die Beweise zu kennen, die

1) Das sagt ausdrücklich seine Grabschrift.
2) 778—797.
3) Mabillon annales Bened. XXIV, 73: Mihi a vero non vi-
debitur aberrare, qui Paulum capta Papia in Franciam cum
Carolo venisse dixerit, et post reditum monachum induisse, et
forte principio suspectum fuisse Carolo, qui eum postea maxime
familiarem habuit . . . . Magna Pauli cum Adalhardo familiaritas non video ubi coalescere potuit nisi Casini, ubi Adalhard

erſt nach ihm Lebeuf in dem Briefe an Theudemar ent=
deckt hat.

Über Paulus Aufenthalt in Frankreich ſchweigen die
Italieniſchen Quellen gänzlich; Sigebert ſagt, er ſey propter
scientiam litterarum a Carolo adscitus, und Hugo: at-
tractus amore et opinione Caroli; Genaueres haben aber
erſt Lebeufs Entdeckungen ergeben. Karl nämlich hatte,
wahrſcheinlich nach Hrodgauds Aufſtand[1]) im Friaul um
Oſtern 776, unter deſſen Anhängern auch Paulus Bruder
Arichis gefangen weggeführt und ſein Vermögen eingezogen,
wodurch deſſen Gattin mit ihren vier Kindern in Elend und
Armuth gerathen war. Im ſiebenten Jahre dieſer Gefan=
genſchaft, alſo um Oſtern 782, richtete Paulus an den
König die Elegie „Verba tui famuli, um ihn zur Frei=
laſſung ſeines Bruders und zur Rückgabe des eingezogenen
Vermögens zu bewegen. Ob er ſie dem Könige durch einen
andern überreichen ließ, oder, wie Tiraboſchi meint, in Rom
ſelbſt überreichte[2]), oder perſönlich nach Frankreich brachte,
iſt ganz ungewiß. Möglich wäre auch, daß Karl ihn ſeiner
Gelehrſamkeit halber von Montecaſino nach Frankreich ge=
rufen hätte, wie Hugo und Sigebert ausdrücklich angeben,
und daß Paulus dann erſt vom Hofe aus für ſeinen Bru=
der bat. Seine Bitte hatte nicht gleich Erfolg, wie das
ſein Brief an Theudemar zeigt, der an einem 10. Januar,
nach 781, geſchrieben iſt, von der Moſel, wo Paulus da=
mals theils am Hofe, alſo zu Dietenhofen, theils in einem
Kloſter, wohl zu Metz, lebte. „Wenngleich eine weite

versatus est sub tempus obsidionis Papiensis. An forte Paulus
iam tunc ibi monachus erat? . . . . . Et forte non semel in
Galliam accesserit Paulus. Sed hae coniecturae.

1) Paulus Worte: Debuimus, fateor, asperiora pati, ſchei=
nen eine Schuld einzugeſtehn; bei Deſiders Unterwerfung 774 aber
konnte von einer Schuld der damals mit Deſider weggeführten
Großen nicht die Rede ſeyn.

2) Dies müßte im April 781 geweſen ſeyn, wo Karl dort
Oſtern feierte. Damit ſtimmt aber nicht das Septimus annus adest, was nur auf Oſtern 782 oder 780 paßt.

Ferne", schreibt er darin, „mich von euch trennt, so ver=
bindet mich doch mit euch eine feste Liebe, die sich nie tren=
nen läßt; und mich quält fast jeden Augenblick ein solch
Verlangen nach euch und meinen Herren und Brüdern,
daß ich es gar nicht sagen kann. Denn wenn ich an die
Zeit denke, wo ich nur mit göttlichen Dingen mich abgab,
an die anmuthige Lage meiner kleinen Zelle, an eure wohl=
wollende Zuneigung, an die fromme Schaar so vieler eifri=
ger Streiter Christi, an die leuchtenden Vorbilder einzelner
Brüder in allerlei Tugenden, an die süßen Gespräche über
das himmlische Vaterland: dann faßt mich ein Verlangen,
und ich kann die Thränen nicht zurückhalten. Ich lebe hier
unter guten Christen; alle nehmen mich gut auf; Freund=
lichkeit wird mir um die Wette erwiesen um unsers Vaters
Benedictus und um euretwillen: aber im Vergleich mit
eurem Kloster ist der Hof mir ein Kerker, gegen die Ruhe
bei euch ist das Leben hier ein Sturmwind. Nur mit mei=
nem armen schwachen Körper hänge ich an diesem Lande;
mit ganzer Seele, die mir allein gesund ist, bin ich bei euch,
und glaube bald euren ach so süßen Gesängen zuzuhören,
bald mit euch im Speisesaale mehr am Vorlesen als am
Essen mich zu erquicken, bald die verschiedenen Beschäftigun=
gen eines Jeden wahrzunehmen, bald zu sehen, wie es den
Alten und den Kranken geht, bald die heilige Schwelle zu
betreten, die mir lieb ist wie das Paradies. Glaube mir,
Herr und Vater, glaube mir, du ganze fromme Schaar:
nur das Gefühl des Mitleids, nur das Gebot der Liebe,
nur die Förderung der Seele hält mich hier für eine Weile,
und was noch mehr ist als dies alles, unseres Herrn und
Königs stille Macht. Sobald ich aber gesund bin, und der
Herr mir durch unsern gnädigen Herrscher die Nacht der
Trübsal und meinen Gefangenen das Joch des Elends ab=
nimmt, werde ich gleich, sowie ich nur vom gnädigsten Für=
sten Urlaub erlangen kann, zu euch ohne den allergering=
sten Aufenthalt zurückwandern; und weder Geld noch Gut

18*

noch Schätze Goldes noch irgend eines Menschen Liebe soll mich von eurem Kreise trennen. Darum bittet alle unab=
lässig unsern gemeinsamen Vater und Lehrer Benedictus, daß er durch sein Verdienst bei Christus es erlange, daß ich recht bald wieder bei euch sey. Das hoffe ich zu Gott, der einen niemals in guten Wünschen zu Schanden werden läßt. Ich brauche euch nicht erst zu schreiben, daß ihr für unsere Herren[1]) und ihr Heer betet; denn das thut ihr ohne Unterlaß. Bittet Christum auch für den Herrn Abt ...[2]), von dessen besonderer Güte, nach der königlichen Gnade, ich hier lebe. Ich grüße euch alle insgemein, und bitte euch, meiner nicht zu vergessen. Dich aber, mein Herr und ehrwürdiger Abt, ersuche ich, mir über Dein und der Brüder Befinden schreiben zu lassen, und zugleich die Na=
men der Brüder zu senden, die aus den irdischen Banden erlös't zu Christus gegangen sind. Denn ich höre, daß ihrer viele gestorben sind, namentlich aber .., der, wenn dem wirklich so ist, keinen kleinen Theil meines Herzens mit sich genommen hat." Wir sehen hieraus, daß Paulus auch noch für andere Gefangene außer seinem Bruder gebeten hatte, daß Karl aber mit der Bewilligung lange zögerte, und den Paulus gegen dessen Neigung durch Anerbietungen von Geld und Gut in Frankreich zu halten suchte. Endlich aber muß die Freilassung erfolgt oder wenigstens in Aus=
sicht gestellt seyn; denn Paulus dankte in einem jetzt ver=
lornen Gedichte dem Könige, daß er nun frohlocken könne, weil er von ihm zu Ehren angenommen sey, und pries den Himmel, der ihn habe nach der Finsterniß das Licht schauen lassen. Karls Antwort „Paule sub umbroso freut sich

---

1) Karl und seine Söhne Pipin und Ludwig, die Ostern 781 in Rom von Hadrian zu Königen geweiht waren. Also fällt die=
ser Brief frühestens in den Januar 782; aber da war Karl in Carisiacum, also ist der Brief höchst wahrscheinlich den 10. Januar 783 geschrieben, wo Karl in Dietenhofen war.

2) Der Name fehlt, wohl ein Abt von St. Vincenz oder St. Arnulf in Metz.

dieser Änderung in Paulus Stimmung, er habe jedoch drei
Fragen unbeantwortet gelassen, nämlich ob er wolle schwere
Ketten tragen, oder in hartem Kerker liegen, oder zu den
Nortmannen gehn und deren König Sigifrit taufen? Wahr=
scheinlich hatte Karl im Scherz diese Fragen als Bedingun=
gen der Freilassung gestellt. Er fügt zuletzt noch ein Räth=
sel bei, das Paulus lösen soll. Dieser erzählt dem Könige
in einem andern Gedichte „Cynthius occiduas, ihm sey
am vorigen Abend vom Hofe ein Bote geschickt mit feurigen
Pfeilen von seinem alten und lieben Freunde Petrus. Früh=
morgens sey er zu Hofe geeilt zum Wettkampfe, aber die
Kürze der Zeit habe dem Petrus nicht erlaubt sich gehörig
zu wehren; so solle der denn morgen früh büßen, daß er
seinen Freund wie einen Feind behandelt habe. Offenbar
ist Petrus von Pisa gemeint. Dieser schreibt ein andermal
an Paulus „Lumine purpureo, ihm sey ein Räthsel auf=
gegeben, das er nicht zu rathen wisse; was seine schwachen
Arme nicht vermöchten, das werde Paulus können, die
große Leuchte auf dem Berge; er, der Büchergewaltige, der
ohnlängst starke Fesseln habe lösen können[1]), möge auch dies
lösen. Er solle aber ablassen, auf den trefflichen Bruder
loszubeißen, der aus Zorn nicht mehr am Hofe gesehen
werde. In der Antwort „Candido lumbifido löst Pau=
lus das Räthsel und giebt dafür ein neues auf; er ver=
traut noch auf die königliche Gewährung seiner Hoffnun=
gen, womit er vielleicht seine Rückkehr nach Montecasino
meint. Endlich aber entschloß er sich zu bleiben. Darüber
spricht Karl in dem von Petrus verfaßten Gedichte „Nos
dicamus seine große Freude aus, und preist sich glücklich,
daß der Gelehrteste der Dichter nnd Seher, ein Homer im
Griechischen, Virgil im Latein, Philo im Hebräischen, Ter=
tullus in den Künsten, Horaz in der Verskunst, Tibull im
Ausdruck — daß der im Boden seiner Liebe Wurzel schla=
gen wolle, und nicht mehr nach der alten Heimath sein

[1]) Wohl eine Anspielung auf die Freilassung der Gefangenen.

Herz wende. Besonders dankt er ihm für den Unterricht
im Griechischen, den. er so Vielen ertheile, namentlich den
Geistlichen, die seine Tochter Rotrud bald nach Konstanti=
nopel begleiten sollten; so erhebe sich jetzt für Frankreich
ein Ruhm, den er, der König, früher nie gehofft habe.
Paulus lehnt in der Antwort „Sensi cuius bescheiden alle
diese Lobsprüche ab; er wisse gar wenig; nicht Schätze
könne er dem Könige bieten, sondern nur seinen guten
Willen. Nur der Anker seiner Liebe halte ihn am Hofe
zurück; nicht eitlen Ruhm suche er in den Wissenschaften.
Wenn die Geistlichen dort in Konstantinopel nicht mehr
Griechisch vorbrächten, als was sie bei ihm lernten, würden
sie dastehen wie die stummen Bildsäulen. Doch um sich
nicht ganz unkundig in Sprachen zu nennen, fügt er die
Übersetzung eines griechischen Epigramms hinzu, dessen er
sich aus seiner Schulzeit erinnere; das Andere habe er unter
der Last des Alters vergessen. Ein andermal hatte Paulus
in einem jetzt verlornen Gedichte dem Könige, wohl in
dessen Krankheit oder zum Geburtstage, gewünscht, Gott
möge seiner Lebensdauer noch funfzehn Jahre zusetzen, wie
dem Hiskia. Karl wünscht ihm dafür in der Antwort „Et
tibi Paule eine Lebensverlängerung von eben so viel Ta=
gen, und macht sich zugleich über ihn lustig, der erst habe
den Feinden mit dem Messer den Hals abschneiden wollen,
und jetzt vor Furcht und Alter nicht einmal Schild und
Schwert halten könne.

Wir sehen aus diesen Gedichten, wie der König selber
Theil nahm an den Versen, Späßen, Räthseln, Wettkäm=
pfen, dramatischen Darstellungen und Lösungen von allerlei
Fragen, — darunter sogar die Rechnung mit Arabischen Zif=
fern[1]) — womit der gelehrte Kreis an seinem Hofe, ähn=
lich wie zu derselbigen Zeit an den Höfen der Arabischen
Herrscher in Spanien und Asien, sich unterhielt. Wie er

---

1) Das zeigt ein in Italien entdecktes, noch ungedrucktes
Gedicht.

jedoch alle diese Kräfte, jeden in seiner Weise, auch zu nütz=
lichen Zwecken zu verwenden verstand, so wußte er auch
aus Paulus vielseitigen Kenntnissen allerlei Nutzen zu zie=
hen. Seine damals so seltene Kenntniß des Griechischen,
deren sich Karl besonders freut, wird nicht allein auf den
Unterricht von Rotruds Begleitern beschränkt seyn, sondern
ist vielleicht auch der Anfangspunkt für das Studium die=
ser Sprache, das in den Klosterschulen von Metz, Elnon,
St. Riquier schon unter Karl sich nachweisen läßt. Auf
seinen Befehl dichtete Paulus auch die Grabschriften für
die Königin Hildegard, ihre Töchter Adelheid und Hildegard,
und Pipins Töchter Adelheid und Rotaidis, womit der
König, ohne Zweifel im Sommer 783[1]), deren Gräber in
St. Arnulf zu Metz schmücken ließ. Sein wichtigster Auf=
trag aber war die Homiliensammlung, die wohl sicher in
eben diese Jahre fällt[2]). Karl sagt in dem darüber erlasse=
nen Rundschreiben: „Da wir gefunden haben, daß die
Vorlesungen für den Nachtgottesdienst von Einigen zwar
in guter Absicht, aber in wenig zweckmäßiger Weise zusam=
mengestellt sind, indem sie ohne Namen der Verfasser sind
und von zahllosen Fehlern strotzen: so beabsichtigen wir,
die Fassung dieser Vorlesungen in bessern Stand zu brin=
gen, und haben dies Werk dem Paulus Diaconus, unserm
lieben Getreuen, übertragen, der Art, daß er die Schriften
der katholischen Väter durchgehen, und wie in blumenreichen
Wiesen die schönsten Blüten derselben auslesen und alles

1) nach Hildegards Tode 30. April, und gewiß vor der Vermählung mit Fastrada im October 783.
2) Paulus Worte in der Widmung an den König: En iutus
patris Benedicti mira patrantis Auxilio meritisque piis, vestri-
que fidelis Abbatis dominique mei, könnten vermuthen lassen, daß
er die Sammlung in Montecasino gemacht habe, also erst nach
786, da sein abbas dominusque doch eigentlich Theudemar war.
Allein Karls Ausdruck in dessen Rundschreiben: Paulo discono
familiari clientulo nostro kann doch nur von einem gebraucht
sein, der in der Umgebung des Königs ist; und der abbas dominusque meus kann sehr wohl derselbe Abt in Metz seyn, den Paulus in dem Briefe an Theudemar auch domnus abbas nennt.

Brauchbare gleichſam in Einen Kranz flechten ſoll. Der=
ſelbe hat in Folge dieſes unſeres hohen Auftrages die Ab=
handlungen, Predigten und Homilien verſchiedener katholi=
ſcher Väter durchgeleſen, das Beſte herausgezogen und in
zwei Bänden als Vorleſungen für alle Feſte des geſammten
Jahres klar und ohne Fehler uns vorgelegt. Nachdem wir
nun ſelbige mit Umſicht geprüft haben, verordnen wir hier=
mit beide Bände zu beſtändigem Gebrauche, und übergeben
ſie Euer Ehrwürden für die chriſtlichen Kirchen zum Vor=
leſen." So iſt denn Paulus Sammlung ein Jahrtauſend
hindurch in der geſammten katholiſchen Kirche in Gebrauch,
und es erhellt auch ohne weitere Ausführung, welch tiefen
Einfluß nicht bloß in kirchlicher Hinſicht, ſondern auch auf
Kultur und Litteratur er dadurch geübt hat.

In eben dieſer Zeit nach 783 ſchrieb Paulus auf Bit=
ten des Metzer Biſchofs Angilram die Geſchichte der Bi=
ſchöfe von Metz. Mit beſonderer Ausführlichkeit behandelt
er darin die Familie und die Ahnen Karls des Großen,
vielleicht auf deſſen eignen Wunſch oder wenigſtens ihm zu
Gefallen; und nicht undeutlich blickt die Abſicht durch, die
Thronbeſteigung der Karolinger zu rechtfertigen und ſie
als ein durch Heilige gleichſam legitimes Herrſcherhaus dar=
zuſtellen. Außer dieſem Werke faßte er das Biſchofsver=
zeichniß auch noch in kurze Verſe. Beide Schriften ſind
wohl in Metz oder Dietenhofen entſtanden, wo Paulus ſich
die meiſte Zeit aufgehalten haben mag, und wo auch der
Brief an Abt Adelhard von Corbie geſchrieben iſt, wenn
der wirklich unſern Paulus zum Verfaſſer hat. Doch hielt
er ſich auch zuweilen anderswo auf, wie in Poitiers [1]) im
Kloſter des heil. Hilarius, wo er auf Bitten des Abtes
Aper eine Grabſchrift auf den Dichter Fortunatus verfaßte.

Aber die Sehnſucht nach ſeinem Kloſter trieb ihn ſchon
nach wenigen Jahren, Frankreich zu verlaſſen; denn
im Sommer 787 finden wir ihn wieder in Benevent. Er

1) II, 13.

war also entweder mit dem Könige im December 786 über die Alpen gegangen, oder er hatte schon vor diesem Zuge Frankreich verlassen. Der Mönch von Salerno erzählt darüber Folgendes: "Paulus stand dem Könige Karl zwei= mal nach dem Leben aus alter Treue zu Desiderius. Und da solches dem Könige von seinen Getreuen berichtet war, so litt er es doch lange wegen der großen Liebe, die er zu ihm trug. Als er es aber das dritte Mal versuchte, ließ er ihn greifen und vor sich führen, und redete ihn an in diesen Worten: "Sage mir, Paulus, warum hast Du mir zweimal und dreimal nach dem Leben gestanden?" Paulus, hohen Sinnes wie er war, antwortetete ihm unverzagt: "Thue mir, wie Du willst, aber ich rede die Wahrheit, und Falsches soll nicht aus meinem Munde kommen. Ich bin treu gewesen meinem Könige Desiderius, und die Treue bewahre ich ihm noch heute." Da er das vor Allen sagte, gebot der König erzürnt seinen Kriegern, daß sie ihm un= verzüglich die Hände abhieben. Als sich die aber anschickten, so fing der König vor gar großer Liebe zu ihm an zu seuf= zen, und brach in die Worte aus: "Wenn wir ihm die Hände abhauen, wo finden wir einen so anmuthigen Schrift= steller wieder?" Die Großen aber, denen er wegen seiner An= hänglichkeit an Desiderius verhaßt war, sagten: "Wenn Du diesen unbestraft läßt, so wird Dein Reich keine Festigkeit haben. Laß ihm die Augen ausstechen, damit er nicht mehr Briefe oder sonst etwas gegen Dich und Dein Reich anzet= teln kann." Aber der König sagte wieder: "Wo werden wir denn einen so herrlichen Dichter und solch tüchtigen Geschichtschreiber wiederfinden?" Da riethen ihm seine Großen, daß er ihn auf eine Insel in die Verbannung schickte[1]). Das geschah, und er wurde in Ketten dahin geschickt und lebte dort lange in Noth und Pein. Aber Christus erbarmte sich seiner; denn ein Mensch, der ihm

---

1) Leo fügt hinzu: Diomedis insula, quae hodie a tribus montibus Tremiti nuncupatur.

lange gedient hatte, entführte ihn heimlich von der Insel
und brachte ihn nach Benevent. Da das Arichis erfuhr,
schickte er ihm einige von seinen Großen entgegen, die ihn
einholen sollten; und als er in die Stadt kam, fiel der
Fürst ihm um den Hals und küßte ihn und weinte vor
Freude. Und als Paulus die Fürstin Adelperga sah, die
Tochter seines ehemaligen Herrn, warf er sich vor ihr nie=
der und sprach: „Ich habe Deinen Vater verloren, aber
der Herr hat mir seine Kinder erhalten, und läßt mich noch
dazu Deine Kinder sehen." Da weinte die Fürstin laut.
Arichis aber gab ihm Diener und Kleider im Überfluß, und
ließ ihn in seinem Schlosse wohnen, und unterredete sich
häufig mit ihm über die heilige Schrift und die freien
Künste." So weit der Mönch von Salerno. Hildric, der
dem Paulus doch ganz nahe stand, schweigt gänzlich davon,
aber Leo, Johann vom Volturno und Romuald schreiben
dem Salernitaner gläubig nach und ebenso alle Neuere,
bis Mabillon auch hier zuerst die Wahrheit sah, und das
Ganze für eine Volkssage erkannte[1]). Das ist es denn
auch wirklich, wie beim Durchlesen des Mönchs von Sa=
lerno Jeder sogleich sehen wird. Man würde dies auch
schon früher erkannt haben, hätte man nicht die Erzählung
bei Leo und noch mehr bei Romuald, der das Unwahrschein=
liche ganz zu mildern suchte, für die ursprüngliche Gestalt
genommen, wie das selbst noch Leibniz thut, während sie
doch nur einzig und allein ein Ausfluß aus dem Mönch
von Salerno, der einzigen Quelle dieser ganzen Geschichte,
ist. Zum Grunde liegen mag eine Verwechslung mit der
Verschwörung von Paulus Bruder, wie Lebeuf meint; das
Volk sieht überall Verschwörung, namentlich wo es unter=
legen ist; auch bei Desiderius Fall trösteten die Besiegten
sich mit der Klage über Verrath; aber der Mönch, oder
überhaupt Italien jener Zeit, bedarf nicht einmal solcher
Anlässe, um in dichterischen Schöpfungen dieser Art Un=

1) Haec exposuisse perinde est ac refutasse, sagt er.

glaubliches zu leisten. Daß aber gar nichts an der ganzen Geschichte ist, selbst nicht einmal an einer Spannung zwischen Karl und Paulus, geschweige denn an einer Verbannung, das zeigen genugsam die beiden Gedichte voll inniger Liebe, die Karl später an Paulus nach Montecasino schrieb. Es ist vielmehr wahrscheinlich, daß er mit Bewilligung und im Auftrage Karls zu Arichis ging, um diesen zur Huldigung zu bewegen, und so seinen beiden Gönnern zu nützen; ein Auftrag, zu dem Niemand so geeignet erscheinen konnte als Paulus, der beiden Fürsten befreundet und lieb war.

Dieser zweite Aufenthalt in Montecasino bildet den letzten und für uns reichsten Abschnitt seines Lebens. Bald nach seiner Rückkehr aus Frankreich, die wir, wie gesagt, nicht nach dem December 786 und wohl auch nicht viel vorher setzen dürfen, starb sein Gönner Arichis, am 25. Aug. 787. Paulus feierte sein Andenken durch die schöne Grabschrift[1]), ein ehrendes Denkmal für den treuen Sinn des Dichters wie für den Fürsten, der solch Lob und solche Treue fand. Seiner Wittwe Adelperga, die im nächsten Januar eine Zusammenkunft mit ihrem Bruder Adelgis hatte, wird Paulus in dieser wie in andern Angelegenheiten mit treuem Rathe beigestanden haben; alles Nähere jedoch, was Neuere über seine Theilnahme hierbei angeben, ist aus der Luft gegriffen. Über sein Leben im Kloster erzählt der Mönch von Salerno: „Er lebte dort in großer Unschuld und Niedrigkeit, und beobachtete dabei ein Stillschweigen über menschliche Weise. Als der Abt und die Brüder ihn darum tadelten, daß ein übermäßiges Schweigen nicht gut sey und den Aussprüchen der heiligen Väter gar entgegen, so erwiederte er: „Ich habe viel unnütze Worte vorzeiten geredet; so ist recht, daß ich mich jetzt auch der erlaubten enthalte, wie Gregorius sagt: Wer Unerlaubtes gethan hat,

1) geschrieben als Grimoald noch in Frankreich war, der im Frühjahr 788 zurückkam. Dies ist der einzige, aber sichere Beweis dafür, daß Paulus 787 wieder in Benevent oder Montecasino war.

der enthalte sich des Erlaubten." Darauf entgegnete ihm
der Abt: "Laß Dir genügen an dem, was unser Vater Be=
nedict in seiner Regel verordnet." Wie Paulus das hörte,
gab er seinen angelobten Vorsatz auf, und begnügte sich
bei der Klosterregel mit den übrigen Brüdern." Dies Ge=
schichtchen mag entstanden seyn aus dem Kapitel De taciturnitate, das der Mönch hinter Paulus Erklärung der
Regel fand[1]); es stimmt aber gar nicht mit Paulus Wesen
und den Ansichten, die er in seiner Homilie "Sacrae lectionis über das richtige Verhältniß des beschaulichen und
thätigen Lebens aufstellt. Das Ansehn und die Liebe, die
er im Kloster genoß, bezeugt sein Schüler Hildric in der
Grabschrift:

"Durch Dein leuchtendes Beispiel begann die fromme
Versammlung
"Hier bald wie ein schimmernd Gestirn in Strahlen
zu glänzen.
"Denn in Dir war Frömmigkeit stets, sanftmüthige Liebe,
"Nektarsüße Friedfertigkeit, war siegende Langmuth,
"Einfalt, emsig und still, in Dir war christliche Eintracht,
"In Dir, würdiger Vater, war alles Gute lebendig.
"Darum wohnest Du nun im Glanze des himmlischen
Reiches,
"Und in Ewigkeit trägst Du die Sternenkrone des
Lebens."

und eben so innige Liebe und Verehrung spricht König
Karl dem Greise wiederholt aus in seinem Gedichte "Christe
pater und noch mehr in dem andern "Parvola rex Carolus. Der Ruhm seiner Bildung sammelte um ihn viele
Schüler, unter denen sich besonders hervorthaten Hildric
von Benevent der Verfasser seiner Grabschrift, und Jo=
hannes, einer von den jungen Geistlichen, welche Bi=
schof Stephan von Neapel ihm zum Unterrichte zugesandt

---

1) in der von ihm vielfach benutzten Handschrift No. 353
zu Montecasino.

hatte[1]). Montecasino war aber damals nicht bloß eine
hohe Schule für die Wissenschaften, und ein angesehenes
Kloster, in das Könige von ihrem Throne sich zurückzogen:
es war zugleich immer noch das Musterkloster, und bedeu=
tende Männer, wie Adelhard, Liutger, Willibrord[2]), hielten
sich dort längere Zeit auf, um das Klosterwesen an der
Urquelle kennen zu lernen. So kam auch der König, wahr=
scheinlich durch seinen Besuch im Frühjahr 787, auf den
Gedanken, das Klosterwesen im fränkischen Reiche hiernach
zu verbessern, und ersuchte bald nach seiner Heimkehr[3]) den
Abt Theudemar, ihm zu diesem Zwecke eine treue Abschrift
der Regel aus Benedicts eigenhändiger Urschrift und zu=
gleich den Mönch Joseph zu schicken, den er an die Spitze
seines Musterklosters stellen wollte. Die Antwort an den
König im Namen des Klosters übertrug der Abt unserm
Paulus. Sie ist wohl auch der Anlaß zu der ausführ=
lichen Erläuterung dieser Regel geworden, welche Paulus
auf Bitten des Abts und der Mönche verfaßte[4]). Er

1) nach Iohannis chron. epp. Neapol. bei Muratori SS. I^b,
310. Stephan war Bischof 767—800.

2) Adelharb um 772, Liudger 782—783.

3) nach Leo I, 12: Reversus igitur post ista in Franciam,
mox ad hunc abbatem per Adelgarium episcopum litteras destinavit, rogans ut aliquot sibi de monasterio nostro fratres ad
ostendendam seu constituendam in illis partibus regularis disci-
plinae normam transmitteret. Quod et fecit ... et universas
prorsus consuetudines, quae in hoc loco tunc temporis habe-
bantur, in scriptis ei transmisit, was übrigens alles nur aus
Paulus Brief an Karl geschöpft, also nicht eine selbständige Quelle
ist. Die protelationem finium victoriamque de hostibus, welche
Karl in seinem Briefe berichtet hatte, kann man nur entweder auf
die, jedoch schlachtenlose, Unterwerfung Thassilos im October 787,
oder lieber auf den Zug gegen die Wilzen im Sommer 789 beziehn. Der Avarenkrieg 791 möchte zu spät fallen; die folgenden
aber können deßhalb nicht gemeint seyn, weil sie nach Fastradens
Tode, 10. Aug. 794, fallen, von der der Brief noch als domna
nostra regina spricht. Denn daß damit nicht Lutgarba gemeint
ist, folgt aus Theudemars Todesjahr 797.

4) Chron. Salern. 37. daraus Leo I, 15. und aus diesem
Petrus Diaconus de viris illustr. Casin. 8.

scheint sie nur für sein Kloster geschrieben zu haben; wenig=
stens sind außer Casino und Bobbio keine Handschriften
davon bekannt. Die Gedichte auf den heil. Benedict und
Scolastica sind wohl vor der Reise nach Frankreich entstan=
den; dagegen gehören hierher, nach der Rückkehr ins Klo=
ster, die Homilien, hierher endlich auch das bedeutendste
Werk seines Lebens und zugleich sein letztes, die Geschichte
der Langobarden. Als er Adelpergen die Römische.Geschichte
überreichte, hatte er die Absicht, sie späterhin bis auf seine
Zeit herabzuführen. Anderes war dazwischen gekommen,
der Fall des Reichs hatte viel geändert. Jetzt, am Abend
eines langen bewegten Lebens, auf dem sonnenhellen Gipfel
des ruhigen Klosters, wo an dem freien Auge die Geschicke
der Völker wie die Wolken ohne Schatten vorüberziehn:
da gedachte er wieder jenes alten Planes, und führte ihn
aus in veränderter Gestalt, als Geschichte seines Volks, in
die er die Griechische und Fränkische gelegentlich mit hinein=
wob. Aber noch vor der Vollendung [1]) ereilte den Greis
der Tod am 13. April; das Jahr ist unbekannt [2]). Er
wurde begraben im Kloster neben dem Kapitelsaale [3]), und
sein Schüler Hildric schmückte seine Gruft mit der Grab=

1) VI, ult.: Cuius nos aliquod miraculum, quod postea gestum est, in loco proprio ponemus.

2) Necrolog. Casin. siehe oben. Um 799, vermuthet
Mabillon und nach ihm die Neuern alle, aber ohne irgend ein
Zeugniß oder auch nur eine Andeutung. Ich möchte eher glauben,
daß er schon vor Theudemar, also vor 797 gestorben sey, denn
sonst würde man bei der Abtswahl ihn kaum übergangen haben.
Doch ist dies allerdings nicht beweisend. Iam aetate maturus
huius vitae cursum explevit, sagt der Mönch von Salerno, und
aus ihm Leo. Senex nennt ihn auch Karl in dem Gedichte „Parvula rex, und Paulus selbst sagt schon um 783—786 von sich iam
gravante senio.

3) In praedicto monasterio digno tumulo est humatus, atque super eius tumulum . . . . sacris litteris exaratum invenimus, sagt der Mönch von Salerno; in claustro monasterii iuxta
capitulum honorabiliter est sepultus, sagt Leo; sepultus est in
eodem cenobio iuxta ecclesiam s. Benedicti ante capitulum,
Petrus Diaconus.

schrift, die der Mönch von Salerno noch sah. Jetzt ist jede
Spur seiner Ruhestätte verschwunden.

————

Paulus Leben ist das Leben eines Gelehrten. Große
Eigenschaften zu entfalten war ihm nicht gegeben. Still
und bescheiden, aber geehrt und geliebt von allen die mit
ihm lebten, theuer seinen Fürsten und selbst dem großen
Karl, fand er volle Befriedigung in der Zurückgezogenheit
und im Wirken durch Lehre und Schrift. Kein Tadel wird
irgendwo gegen ihn erhoben, nicht Ein unedler Zug erscheint
in seinen Werken wie in seinem Leben; nur Liebe und
Verehrung spricht alles aus, was an ihn und über ihn ge=
schrieben ist. Hoher Schwung war seinem Wesen fremd;
aber als Grundzug erscheint darin Treue, Anhänglichkeit an
seine Fürsten und Liebe für sein Volk. Seine religiöse
Richtung ist vorwiegend praktisch und verständig, dogmati=
schen Streitfragen eben so wie beschaulicher Speculation
entschieden abgeneigt. In Gregors Leben erklärt er es für
unnöthig, Wunder zu erzählen, da es ihrer nicht bedürfe,
um Menschen zu beurtheilen; auch in seinen übrigen Schrif=
ten läßt er sich selten und nur ganz im Vorbeigehn darauf
ein, wie er denn auch von dem Hange zum Aberglauben,
zum Fabelhaften und Wunderbaren im Vergleich zu seinen
Zeitgenossen sehr frei zu nennen ist. In der Homilie auf
Mariä Himmelfahrt spricht er ganz schüchtern die Ansicht
aus, auch ihr Leib sey mit der Seele zum Himmel erhoben,
aber er fügt sogleich hinzu, man müsse auf diesen Punkt
kein Gewicht legen, sondern nur das für gewiß halten, daß
Mariä Lohn groß sey. Ebenda führt er sehr einfach, und
man darf sagen wahrhaft schön, den Gedanken aus, wie
das beschauliche Leben und das ·thätige immer zusammen
nöthig sey und sich wechselseitig durchdringen müsse, und wie
eins ohne das andere einseitig und nur schädlich werde.
Eben so spricht er sich aus in der lesenswerthen Erklärung

zu der Regel des heil. Benedict, deſſen Grundgedanke Ora
et labora eben kein anderer iſt. Wegen der Art, wie er
III, 26 die Aquilejiſchen Streitigkeiten über die drei Kapitel
erzählt, hat man ihm den Vorwurf ſchismatiſcher Geſinnung
gemacht. Allerdings ſteht Paulus dort auf der Seite, welche
die geſammte Geiſtlichkeit ſeiner Heimath zwei Jahrhunderte
lang mit voller Überzeugung und mit gutem Recht verthei=
digte, als wirklich innerhalb der Kirche ſtehend und von den
Päpſten Pelagius und Vigilius gebilligt und als katholiſch
vertheidigt. Wenn derſelbe Vigilius ſpäter den Inſinua=
tionen des Byzantiniſchen Hofes nachgab, und ſeine Nach=
folger dann der Conſequenz und des Friedens halber dabei
blieben, ſo kann das keinen Vorwurf gegen P. begründen
darüber, daß er an jener Stelle das ungerechte und gewalt=
ſame Eingreifen des Exarchen in die innern Angelegenheiten
der Kirche, wie billig, tadelt. Ihn leitete vielmehr das
richtige Gefühl, welches auch Gregor der Große in derſelben
Angelegenheit mehrmals in ſeinen Briefen ausſpricht, daß
für den Frieden und die Einheit der Kirche hierin Schweigen
und gegenſeitige Nachſicht das beſte und das einzige Mittel
ſey, den Streit vernarben zu laſſen. Darum übergeht er
auch in ſeinem übrigen Werke, ſowie in dem Leben Gregors,
dieſe Angelegenheit ganz mit Stillſchweigen; deßhalb aber
ihn, den begeiſterten Lobredner Gregors, ſchismatiſcher Ge=
ſinnung zeihen, das kann nur, wer ſich einer andern Auto=
rität gefangen gibt als der Wahrheit.

Paulus Bildung gehört zu den umfaſſendſten ſeiner
Zeit. Langobarde von Geburt, lernte er von Kindheit an
die Sprache ſeines Volks, ſein Recht, ſeine Sagen und ſeine
alten Heldenlieder, deren reiche Bruchſtücke Paulus Geſchichts=
werk zieren. Die lateiniſche Sprache, die alten und die
chriſtlichen Schriftſteller, und was ſonſt zur Bildung eines
Geiſtlichen gehört, ſtudirte er an Ratchis Hofe in Pavia
unter den beſten Lehrern des Langobardiſchen Reiches, und
nach Hildrics Angabe vom Könige ſelbſt dabei aufgemuntert;

wie denn Theudelinde, Cunincpert, Liutprand und Ratchis
persönlich Gönner und Beschützer der Gelehrten waren. Daß
dieser Unterricht gründlich gewesen, zeigt die Gewandtheit
und verhältnißmäßige Reinheit seines Ausdrucks, der Um=
fang seiner Kenntnisse und seine Belesenheit. Was ihn
aber besonders auszeichnete, namentlich im Frankenreiche,
war die dort so seltene Kenntniß des Griechischen. In Ca=
labrien und Sicilien hat dies noch bis nach Friedrich II
nie ganz aufgehört, in einigen Gegenden gesprochen und
geschrieben zu werden; ebenso in Ravenna, so lange das
Exarchat bestand. Auch in Grottaferrata bei Rom lebten
Griechische Mönche, und in Rom selbst war seit den ältesten
Zeiten eine Schola Graecorum; noch bis ins zwölfte Jahr=
hundert sang die päpstliche Kapelle zu Ostern nach der Vesper
vor dem Papste eine Griechische Sequenz, und die Schul=
kinder sangen zu Mitfasten ein halb Lateinisches, halb Grie=
chisches Lied durch die Straßen. Aber nichts desto weniger
war im übrigen Italien die Kunde des Griechischen sehr
selten, und wenn schon Gregor der Große in seinen Brie=
fen, VII, 30, klagt, daß selbst in Konstantinopel Niemand
zu finden sey, um ein Griechisches Buch ins Lateinische oder
umgekehrt zu übersetzen, so hatte das zu P. Zeiten eher
zu= als abgenommen. Paulus hat das Griechische aber
nicht etwa in Unteritalien gelernt, sondern, wie er selbst sagt,
schon als Knabe, also in Pavia: ein merkwürdiges Zeug=
niß für die hohe Blüthe des dortigen Unterrichts unter den
Langobardenkönigen, während diesseit der Alpen erst Karl
der Große das Studium des Griechischen einführte [1]), zu=

1) Nach England waren von Rom aus des Griechischen kun=
dige Geistliche schon weit früher gekommen; aber es scheint nicht,
daß von dorther ihre Kenntniß sich über den Kanal verbreitet habe;
wenigstens nicht vor Paulus. Eine merkwürdige Notiz hierüber,
von einem gewissen Gautbertus, die freilich nicht ohne Irrthümer
ist, mag im Anhange Platz finden; ich gebe sie aus der von mir
A. VIII, 574 beschriebenen Limoger Handschrift s. X. in Leiden,
auf f. 174' „Theodorus monacus quidam u. s. w.

nächſt nur für diejenigen, welche ſeine Tochter Rotrud nach
Konſtantinopel begleiten ſollten, und zwar übertrug er dies
eben unſerm Paulus.   Wie ſich nun an dieſe zufällige
Veranlaſſung ein bleibendes Studium in der Hoffſchule, den
Klöſtern von Metz, Limoges, Elnon, Centula angeknüpft
hat, ſo kann Paulus wohl mit Recht der Vater des Grie=
chiſchen Unterrichts dieſſeit der Alpen genannt werden, ſo
beſcheiden er auch Karls Lobſprüche darüber ablehnt.   Die
Kenntniß des Hebräiſchen aber, wegen der Karl ihn dem
Philo vergleicht, müſſen wir wohl mit Paulus ſelbſt für
nichts als eine Artigkeit des Königs nehmen, der ihn durch
Lob und Ehren in Frankreich zu halten ſuchte. Wenigſtens
würde P. dadurch in jener Zeit ganz einzig daſtehn. Hinter
dieſer ungewöhnlichen Sprachkunde blieb ſeine Beleſenheit
nicht zurück.   Die Bibel, die Kirchenväter, die gangbaren
Klaſſiker, Eutrop, Florus, Euſebius, Oroſius, Proſper,
Jordanes, Fortunatus, Gregor d. Gr., Gregor von Tours,
Iſidor, Eugippius, die verſchiedenen Lebensbeſchreibungen
der Päpſte, Marcus von Montecaſino, Ambroſius Autper=
tus, Secundus von Trident, die alte Langobardenchronik,
Rotharis Geſetzbuch, die Lebensbeſchreibungen Columbans,
Arnulfs u. a. finden wir von ihm erwähnt und benutzt;
und das wird lange noch nicht Alles ſeyn, was er geleſen
hatte.

Dieſe vielſeitige Beleſenheit zeigt ſich auch in ſeiner
Schreibart, die auf ein fleißiges Leſen der Klaſſiker und
auf viele Übung ſchließen läßt. Daher iſt ſeine Sprache
im Ganzen richtig und rein von Barbarismen, die wenigen
ausgenommen, welche dadurch, daß die Lateiniſche Sprache
im Mittelalter keineswegs eine todte war, ſondern als eine
wirklich lebende eine eigenthümliche, nicht zu hindernde Ent=
wicklung hatte, gewiſſermaßen unvermeidlich und zur Regel
geworden waren, und welche ſich daher bei allen Schrift=
ſtellern der Zeit in demſelben Maße finden, ſelbſt Beda,
Alkuin und Einhard nicht ausgenommen, bei denen nur die

Herausgeber sie zum Theil wegcorrigirt haben. Von der
Einmischung Griechischer Wörter, worin sich schon bald
nach ihm so Viele auf die geschmackloseste Weise gefielen —
Abbo, Liutprand, Atto von Vercelli sind die bekanntesten
Muster dieses gelehrten Schulunsinns, aber noch lange nicht
die ärgsten; seine ganze, kaum begreifliche Höhe zeigt der
Grammatiker Virgilius und die wunderlichen Hisperica
famina, beide von Angelo Mai zuerst bekannt gemacht —
von dieser geschmacklosen Sprachenmischung hält sich Paulus
gänzlich frei, sogar in seinen Gedichten, während doch hierin
seine Zeitgenossen und die Späteren, z. B. noch Sigebert, mit
dergleichen gelehrten Flittern gern prunkten. Jedenfalls ge=
hört er, was Sprache und Ausdruck anlangt, zu den Besten
des früheren Mittelalters, und wird darin selbst von Alkuin
und Einhard nicht übertroffen — eine Folge einmal seiner
vielseitigen Belesenheit, die ihn davor bewahrte, mit Gre=
gor von Tours und Fredegar in den barbarischen, oder mit
den andern kirchlichen Schriftstellern, selbst mit Alkuin, in
den biblisch=theologischen Stil zu verfallen; sodann aber auch
der schlichten Einfachheit seines Wesens, die ihn eben so
entfernt hielt von Jordanes blumenreichen Redensarten im
Africanischen Stil, wie von Einhards Kokettiren mit erborg=
ten Suetonischen Wendungen. Nicht ohne poetischen Sinn,
ist er doch wie im Charakter so im Ausdruck ganz ohne
Schwung, natürlich, schmucklos, stets von gleicher Ruhe;
nur wenn sein Gemüth mitredet, färbt auch den Ausdruck
ein warmer Hauch der Innigkeit. So besonders in den
Briefen und einigen Gedichten, namentlich in der schönen
Elegie auf Arichis Tod. Zum Dichter war er nicht ge=
boren, wenngleich es einzelnen seiner Gedichte nicht an Schön=
heiten fehlt, und er sich mit Leichtigkeit in verschiedenen
Dichtungsformen bewegt. Vorzugsweise wählt er antike, den
Hexameter, das elegische, Sapphische, Alkaische, Archilochische
Versmaß; aber auch die mehr moderne Strophe von drei
Langzeilen, jede von acht Hebungen und sieben Senkungen,

kommt bei ihm einige Male vor. Von den Verskünsteleien,
die bei den christlichen Dichtern allmählich überhand nahmen,
hat er sich ganz freigehalten bis auf zwei Ausnahmen: das
Akrostichon an Adelperga, nach Ennodius und Fortunatus
Muster; und die reciproken (lyrischen, paraktorischen, epa-
naleptischen) Distichen auf Benedikt und Scolastica, eine
Spielerei, die als Scherz schon bei Martial IX, 98 vorkommt, bei Pentadius sehr häufig wird, und auch von
Sedulius, Beda und Alkuin angewandt ist, nachher sich
aber wieder verloren hat. Den Reim, der aus Zufall,
Scherz oder Gleichgültigkeit schon bei den Alten sich findet,
mit Absicht aber zuerst von Commodianus im Jahre 270
und dann von Hilarius, Damasus, Augustinus, Sedulius,
Eugenius, Fortunatus, Aldhelm, Beda, Bonifacius angewandt und immer beliebter geworden ist, hat Paulus gar
nicht; er mag seiner mehr den Alten zugewandten Natur
nicht zugesagt haben. Die einzige Ausnahme würde der
Lobgesang auf die Translation des h. Mercurius machen,
der mir aber eben dadurch verdächtig erscheint. Jedoch dürfen wir hierbei nicht vergessen, daß uns von Paulus Gedichten nur sehr wenig erhalten ist. Vorneigend ist aber
die poetische Richtung bei ihm gewiß nicht gewesen, ebensowenig wie die theologische, wenngleich er sich auch
in dieser versucht hat. Er ist auch hierin nicht selbst schaf-
fend und forschend; speculativem Nachdenken eben so abgeneigt wie dogmatischen Streitfragen, hatte er nur Sinn
für das Praktische; die Homiliensammlung, einige Predigten
und die Erklärung der Klosterregel sind daher seine einzigen Werke auf diesem weiten Gebiete. Seine Hauptrich-
tung ging auf die Geschichte; darin hat er am meisten
geleistet.

Paulus fand die Geschichtschreibung in mehren
Richtungen ausgebildet. Die umfangreichen Geschichtswerke
der Alten waren der späteren Zeit zu mächtig geworden;
Ammianus Marcellinus, der letzte dieser Art, steht schon sehr

allein, wenn nicht etwa die verlorenen Symmachus, Renatus Frigeridus, Sulpitius Alexander und Maximian von Ravenna in seiner Art geschrieben haben. Man zog lieber die ganze Römische Geschichte übersichtlich zusammen, wie Aurelius Victor, Justinus, Florus, Rufus, Eutrop; und wenn die Christen schrieben, so begannen sie mit der Erschaffung der Welt, und fügten im Abriß die Jüdische nebst der alten vorrömischen und der christlichen Geschichte mit hinein; so Dexter, Sulpitius Severus, Orosius, Jordanes. — Eine andere Art historischer Thätigkeit knüpfte sich an die Consularfasten. Schon in den Capitolinischen Fasten finden sich, wenngleich sehr selten, einzelne geschichtliche Bemerkungen; in den spätern Consulnverzeichnissen wurden diese häufiger, und bildeten sich schon im vierten Jahrh. in Alexandria, Konstantinopel und nachher in Ravenna zu solchem Umfange aus, daß sie unter dem Namen der **Consularia**, Ὑπατάρια, als bedeutende Geschichtsquellen vielfach benutzt, erweitert, abgekürzt und fortgesetzt wurden. — Neben diesen, und ihnen sehr ähnlich, hatte sich noch eine dritte Art historischer Aufzeichnungen gebildet aus der für die ganze damalige Welt hochwichtigen Bestimmung und Begründung der Ostertafeln. Als die Nicänischen Väter beschlossen hatten, daß das Osterfest fortan überall auf denselben Tag zu feiern sey, übertrugen sie die Berechnung dieses Tages den in Chronologie und Astronomie vor Andern altberühmten Alexandrinern. Diese mußten alljährlich allen andern Kirchen den Ostertag ankünden durch eine **epistola encyclica paschalis**, welche zu Advent oder Weihnachten in der Kirche verlesen ward. Weil die verschiedenen Länder, und oft selbst Städte und Kirchen, ihre verschiedenen Jahresanfänge, Monate, Ären hatten, so mußte der Tag in jenem Rundschreiben nach allen diesen angegeben werden. Er ward dann in jeder Kirche auf ein Täfelchen, **Breviculus**, geschrieben und dies an die Osterkerze gehängt. Auch hatten die einzelnen Kirchen Tafeln, **Annales**, Πασχάλια, worauf aus dem Rundschreiben die sämmtlichen Feste des Jahres angemerkt wurden, nach dem Ortskalender, wozu man auch oft noch die Bestimmung nach andern Kalendern hinzufügte, um die allgemeine Gleichheit der Feier zu bekunden. Am weitesten verbreitet und daher am leichtesten war die Jahresbestimmung nach Consuln; daher wurde diese vorzugsweise benutzt; aber auch die Olympiaden, Indictionen, die Jahre nach Christi Tode oder Christi Geburt wurden bisweilen zugesetzt, nebst andern chronologischen und selbst historischen Notizen. Man berechnete auch ganze Cyclen im Voraus, und hing die in der Kirche auf oder schrieb sie in Bücher; im Abendlande besonders die von Victorius, Dionysius dem Kleinen und Beda. Am Rande trug man dann die Consuln, die Kaiser, und oft auch andere Notizen allmählich nach. Solche größere Tafeln theilte man sich einander mit, schrieb sie ab, unverändert oder mit Weglassungen und Zusätzen, wie es jedem gerade paßte, und setzte sie in der eigenen Kirche selbständig fort. So bildeten sich die Annalen, zu gleicher Zeit im Morgenlande wie im Abendlande, wo das älteste Exemplar, das sich noch im Autograph erhalten hat, eine vaticanische Handschrift aus S. Andrea della Valle ist, bald nach 575 aus noch ältern Annalen abgeschrieben und von andrer Hand gleichzeitig bis 613 fortgesetzt. Von Rom aus kam derselbe Gebrauch nach Irland und dann nach England, und von dort aus erst nach Gallien, Süddeutschland und Belgien, wo diese allerdürftigste, aber doch wichtige Art der Geschichtschreibung sich am reichsten und zu wirklich bedeutenden Werken entwickelt hat. — Die Wichtigkeit der Ostertafeln führte auch schon früh zur Darlegung ihrer Theorie, meist mit Tafeln begleitet. Die ersten Anleitungen der Art, Κάνων, Κύκλος, Σύνταγμα, Computus, Cursus genannt, entstanden in Alexandrien. Damit verband sich schon früh die χρόνων ἀναγραφή; wer einen Cyclus aufstellte, suchte dessen Richtigkeit durch alle Zeiten nachzuweisen, und begann deßhalb mit der

Schöpfung; so zuerst Hippolytus von Porto d'Anzo unter Severus Alexander. Um hierbei die Jahre der Welt richtig zu erhalten, mußte man die sämmtlichen Geschlechter, Reiche, Könige, Consuln genau aufführen; damit war ein nothwendiges Schema gegeben, und so entstanden die Χρονικά des Hippolytus, Epiphanius, Heron und Julius Africanus, letzteres besonders angesehn. Zu dem chronologischen kam noch der apologetische Zweck. Die Heiden nannten den Gott der Christen einen neuen, im Gegensatze zu ihren uralten Göttern; die Christen bemühten sich daher zu zeigen, daß letztere nach den eigenen Quellen der Heiden nur Menschen seyen, und zwar alle jünger als Moses, der gleich alt mit Inachos; daß dagegen die christliche Offenbarung von Anfang an in ununterbrochener Reihe per vicissitudines temporum mutabilitatesque regnorum decurrit. Dies zeigten Justinus Martyr, Tatian, Clemens, Athenagoras, Theophilus aus den eignen Schriften der Heiden. Eusebius zuerst wollte es auch aus Moses selbst nachweisen, und schrieb vornehmlich zu diesem Zwecke seine zwei Bücher der παντοδαπή ιστορία, die in Hieronymus trockener Bearbeitung den tiefsten Einfluß auf die Gestaltung der abendländischen Geschichtschreibung geübt hat. Ihm folgten als Fortsetzer Idatius, die Kaiserchronik, Marcellin; Auszüge mit eignen Fortsetzungen machten Prosper, der Karthagische und der Vaticanische Chronist, Severus Sulpicius, Victor Tununensis, Marius, der Langobardische Chronist, und die große Zahl der Späteren, die das ganze Mittelalter hindurch auf diesem Wege fortgingen. — Einen fünften Weg hatte Isidor eingeschlagen, indem er zuerst die schon von Eusebius, Ambrosius und Augustinus aufgebrachte Idee der sechs Weltalter in der Form eines historischen Abrisses ausführte, der durch ihn und noch mehr fast in Bedas Erweiterung eine sehr beliebte Form für die Folgezeit geworden ist. — Mit dem Untergange des Römischen Weltreichs treten als ein neuer Zweig in die Geschichtschreibung

ein die einzelnen Germanischen Völkergeschichten: Cassiodor,
Jordanes, Gregor, Gildas, Nennius, Beda, Maximus von
Saragossa, Isidor von Sevilla, Isidor von Beja und Secundus von Trident. — Die siebente Richtung endlich bildeten die Lebensbeschreibungen, unter denen die Heiligenleben, durch Hieronymus begonnen, bald einen außerordent-
lichen Umfang und einen überall gleichen Charakter bekommen, während die Leben der Päpste zu einer ganz eigenthümlichen Wichtigkeit und sehr frühen Verbreitung kamen.
— Was aber in allen diesen Zweigen der Geschichtschreibung früh schon einriß und den Verfall des geistig-schaffen-
den Lebens in überraschender Weise bekundet, das ist das
immer mehr überhandnehmende Compiliren und Abschreiben.
Eutrop, Orosius, Hieronymus, Sulpicius, Prosper, Idatius,
Marcellin, Jordanes, Victor Tunnensis, Marius, Maximianus schreiben alle mehr oder minder wörtlich aus Andern ab; der Langobardische Chronist, so wie der von Kar-
thago, haben fast nichts Eignes; Fredegar ist zu vier Fünf-
teln nur eine barbarische Abschrift aus Andern; Isidor
endlich und Beda führen das Compiliren im größten Stile
als Grundsatz durch, so daß sie eigentlich nichts Eigenes
geben wollen, und diese Selbstverleugnung gleichsam als
ein Verdienst ansehn; eine Ansicht, die durchs ganze Mittelalter vielfach Anhänger gehabt hat, und in der ganzen Art
des Bücherwesens allerdings volle Begründung findet.

Dies war der Zustand der Geschichtschreibung, als P.
sich derselben zuwandte. Er hat von jenen Richtungen nur
die erste und die beiden letzten eingeschlagen; aber auch er
konnte sich dem Geiste oder vielmehr dem Geistesmangel der
Zeit nicht entziehn; auch er ist vorzugsweise Compilator;
seine Natur ist, Vorhandenes in bequemerer Form zu sammeln und weiter zu überliefern, nicht Neues zu schaffen.
Wie er die Homiliensammlung bloß aus den Kirchenvätern,
so stellt er das Leben Gregors nur aus Bedas und Gregors Worten zusammen, fast ganz ohne Eignes; ja die

Fortsetzung zum Eutrop ist durchaus nur Compilation, ohne
alle eigne Zuthat, und daher für uns ganz ohne Werth,
für seine Zeit aber und das ganze Mittelalter höchst befrie=
digend, wie als sichrer Beweis die große Zahl der Hand=
schriften und Ausgaben zeigt. In der Geschichte der Metzer
Bischöfe giebt er mehr Eignes, namentlich aus mündlicher
Überlieferung; doch auch hier hat er aus Gregor von Tours,
dem Leben Arnulfs und andern Metzer Quellen große
Stücke geradezu herübergenommen. Auch in der Langobar=
dengeschichte sind sehr große Stellen aus der alten Königs=
chronik, aus Eugippius, Autpert, Beda, Gregor, den Papst=
leben ganz wörtlich abgeschrieben, das noch ungerechnet,
was er eben so aus jetzt verlornen Quellen genommen hat.
Doch ist es nie bei ihm ein rohes Zusammenstoppeln, wie
später Alberich, Vincenz von Beauvais u. A. die Sache
trieben. Er wählt und prüft seine Quellen, sucht ihre Nach=
richten in Übereinstimmung zu bringen, und ist überhaupt
bemüht Kritik zu üben, z. B. I, 8. II, 28, wenngleich er
hierin nicht immer glücklich ist; er war mehr verständig als
kritisch. Besonders hat das kritische Bemühen, vereinigt
mit dem Compiliren, bei ihm nachtheilig auf die Chrono=
logie gewirkt. Um die hier und dort hergenommenen
Stücke seiner verschiedenen Quellen zu verbinden, fügt er
zu deren Worten ganz von seinem Eignen hinzu Post annos aliquot, oder Hoc tempore, oder His diebus, oder
Post haec, oftmals ganz irrig, so daß dergleichen Angaben
niemals als Autorität gelten dürfen, da sie sich auf gar
nichts gründen, sondern bloß jenen stilistischen Ursprung
haben. Zuweilen wirft er, selbst wo er die Worte seiner
Quellen getreu beibehält, dennoch die Reihenfolge ihrer
Erzählung durch einander, so daß eine ganz andere Chro=
nologie herauskommt. Anderes reiht er ganz lose zusam=
men, ohne innere Verbindung, wo denn sein Nacheinander=
stellen gar nicht beweist, daß diese Dinge wirklich nach ein=
ander sich begeben haben. Für Chronologie ist er daher

im Ganzen nur mit der größten Umsicht zu gebrauchen;
und namentlich, wo er von andern alten Quellen abweicht,
ist immer die Wahrscheinlichkeit dafür, daß der Irrthum
bei ihm, und nicht bei jenen liegt. Auch an anderen Irr=
thümern, außer den chronologischen, fehlt es bei ihm
nicht, und er ist mannigfach darüber angefochten; doch sind
diese viel öfter seinen Quellen zuzuschreiben, nicht ihm; und
so alte Schriftsteller haben voraus, daß selbst ihre Irrthü=
mer wichtig sind wegen des Vielen, was allmählich sich dar=
auf gegründet hat. Was ihm aber in Beziehung auf das
Aquilejische Schisma als Irrthum Schuld gegeben wird,
haben wir schon oben zurückgewiesen. Man hat ihm Leicht=
gläubigkeit vorgeworfen; und Zweifel oder wie man jetzt
zu sagen pflegt, wissenschaftliche Kritik ist allerdings nicht
seine hervorstechende Eigenschaft. Aber was er von Wun=
dern und wunderbaren Dingen erzählt, kommt theils auf
Rechnung seiner Zeit, der sich Niemand entziehen kann,
theils der Volkssage, die er mit Vorliebe erzählt, ohne da=
mit überall ihre Wahrheit vertreten zu wollen, wie er das
zuweilen nicht undeutlich durchblicken läßt. Seine Wahr=
heitsliebe, die erste Eigenschaft des Geschichtschreibers,
ist unbezweifelt. Er will stets und überall die Wahrheit
geben; wo er sie verfehlt, ist es nie mit Wissen und Willen.
Seine ganze Natur war sine ira et studio; Parteiansich=
ten, lebhaftes Urtheil, oder gar der heilige Zorn eines Ta=
citus, eines Ambrosius, eines Jeremias, sind nicht bei ihm
zu erwarten, wohl aber Unparteilichkeit und Selbständigkeit
des Urtheils. Während seine Quellen, die officiellen Lebens=
beschreibungen der Päpste, nur Schlimmes von Liutprand
wissen, lobt P. ihn aufs Entschiedenste; alle Liebe für sein
Volk hindert ihn nicht, Gregor dem Großen volle Gerech=
tigkeit widerfahren zu lassen; und wiederum, bei aller Ver=
ehrung für Gregor, tritt er doch in dem Streite des Pap=
stes mit der Aquilejischen Kirche entschieden auf die Seite
der letztern. Mit Unrecht nennt ihn Muratori parteilich

für sein Volk. Allerdings liebte er sein Volk; diese Liebe
veranlaßte ihn, seine Geschichte zu schreiben; sie läßt ihn
darin vorzugsweise seiner besonderen Heimath ausführlicher
Erwähnung thun; sie hindert ihn, den Katholiken und Be=
wunderer Gregors, gegen die Arianischen Langobarden par=
teiisch zu seyn, wie die Gothen und Vandalen ihres Glau=
bens halber solche Ungunst der Geschichtschreiber erfahren
haben. Aber keineswegs hat sie ihn dazu gebracht, die
Wahrheit zu entstellen, oder parteiisch nur den Ruhm seines
Volks hervorzuheben; und wenn er allerdings zuweilen
Dinge wegläßt, deren Verschweigung parteiisch erscheinen
kann, — z. B. was Procop, die Papstgeschichte, Gregor d.
Gr. Schlimmes von den Langobarden erzählen, oder Gre=
gors Antheil an den Aquilejischen Streitigkeiten, — so ist
das noch grade kein Beweis, daß er es habe verstecken wol=
len. Denn er läßt auch viel Anderes weg, oft sehr Wich=
tiges, was jeder Leser bei ihm zu finden erwarten mußte;
und erzählt dagegen grade von den Langobarden manches
Nachtheilige, ja sein Urtheil über das Volk wie über die
Einzelnen ist zuweilen sehr ernst. Gegen Karl den Großen
zeigt er in seiner Geschichte der Metzer Bischöfe allerdings
einige Gefälligkeit in der langen Abschweifung über Karls
Vorfahren und seine Familie, aber auch da entfernt er sich
nirgends von der Wahrheit; denn wenn er von Karls
Altervater Anschis sagt: cuius Anschisi nomen ab An-
chise patre Aeneae creditur esse deductum, so leitet er
damit keineswegs ihn selbst von Anchises ab, ja er scheint
nicht einmal der Erfinder dieser gelehrten Schmeichelei zu
seyn; nur daß er sie unter seine Autorität nimmt. Wenn
er ferner sagt, Karl habe Rom, iampridem ejus praesen-
tiam desiderantem, quae tunc a Langohardis depressa
gemebat, duris augustiis entrissen, so ist das vollkommen
richtig, selbst im Munde eines Langobarden; daß er aber
den Besieger seines Volkes besonders wegen seiner Milde
preis't, kann man wohl nicht Schmeichelei nennen. Wie

wenig ihm die vorzuwerfen ist, zeigt das Ende desselben
Werks, wo er Angilrams Leben zu beschreiben mit höflicher
Wendung ablehnt, eben um nicht zur Schmeichelei veran=
laßt zu werden. — Derselbe Sinn für Wahrheit und Ein=
fachheit zeigt sich auch in der schlichten Darstellung. Da
sind keine Reden nach der Alten und Jordanes Weise; keine
großen Charakterschilderungen, die mehr oder minder immer
auf Ausmalung beruhen; keine Beschreibungen, die einzige
sehr lebendige der Pest II, 4 ausgenommen, die er aber
gewiß nicht aus der Phantasie erfunden hat. Abschweifun=
gen und Anekdoten ist er nicht abgeneigt, nach Weise jeder
Zeit, wo sich die einzelnen Wissenschaften noch nicht ent=
wickelt haben, wo daher am leichtesten die Geschichte alles
aufnimmt. In der Anlage seiner Geschichtswerke nahm
er zu Mustern: für das Leben Gregors Beda und die
Heiligenleben; für die Geschichte der Metzer Bischöfe die
älteren dortigen Bischofsverzeichnisse und die **Gesta pontificum**; doch ist hierin die Form am rohesten und ungleich=
mäßigsten von allen, besonders durch die Abschweifung über
Arnulfs Nachkommenschaft, wobei wir freilich nicht wissen,
wie viel Einfluß Angilrams Wunsch und Bestellung auf
dies nur für ihn und in seinem Auftrage geschriebene
Werkchen gehabt hat. In der Fortsetzung Eutrops war
Plan und Inhalt ganz genau durch Eutrop und den
Wunsch der Fürstin Adelperga bestimmt; in der Langobarden=
geschichte dagegen ist er mehr als in den andern eigenthümlich.
Ursprünglich hatte sie eine Fortführung der Fortsetzung Eutrops
werden sollen, also universalhistorisch in rein chronologischer
Anordnung. Als er statt dessen nun später eine Volks=
geschichte schrieb, so mochte er dennoch jenen frühern Ge=
sichtspunkt nicht ganz aufgeben, und führt daher die Ge=
schichte in drei Fäden neben einander fort, indem er neben
der vorwiegenden Langobardischen auch noch die Byzanti=
nische und Fränkische abhandelt, viel kürzer freilich und kei=
neswegs zum Vortheile der Darstellung, da sein Haupt=

faden hierdurch unaufhörlich zerrissen wird, ohne daß dafür der Leser in den Einschiebseln Ersatz fände; denn sie sind sämmtlich aus bekannten Quellen wörtlich abgeschrieben. Auf die Kirchengeschichte, die bei Gregor und Beda so stark hervortritt, daß sie selbst ihre Werke danach **Historia ecclesiastica Francorum** und **Anglorum** nannten, nimmt Paulus bei seinem Volke mit Ausnahme der Kirche seiner Heimath Aquileja sehr wenig Rücksicht; ihm ist die Hauptsache die Volksgeschichte, und mit Vorliebe, mehr als irgend einer vor ihm, flicht er den reichen Schatz der schönsten Sage hinein, womit sein Volk seine ganze Geschichte geschmückt und selbst um seinen dunkeln Untergang den Schleier der Poesie gewoben hat, der, das Ende der Langobardischen Sage, zugleich der Anfang des Italienischen Nationalepos ist.

Fragen wir zuletzt, wie Paulus die Geschichtschreibung gefördert, ob er angeregt, ob sich nach ihm wer gebildet hat? so zeigt schon die große Zahl seiner Handschriften, an zweihundert, in welch weitem Kreise er gewirkt hat. Außerdem ist er von den meisten folgenden Geschichtschreibern benutzt; die Geschichte der Metzer Bischöfe, das älteste Werk der Art diesseit der Alpen, fand fast in allen Bisthümern und Klöstern Nachfolger; die Römische Geschichte regte den Landulf an, sie in derselben Weise zu bearbeiten und fortzusetzen, wie Paulus es mit Eutrop gethan hatte; die Langobardengeschichte hat mehr als funfzehn Auszüge und zehn Fortsetzungen hervorgerufen, unter denen Andreas von Bergamo, Erchempert und der Mönch von Salerno eine keineswegs geringe Stellung unter den Geschichtschreibern des frühern Mittelalters einnehmen.

Paulus Werke sind im Obigen schon nach ihrer Zeit=
folge aufgeführt; sie mögen daher hier nach ihrem Inhalte
folgen, erst die Gedichte, dann die Briefe, darauf die theo=
logischen, zuletzt die historischen Schriften; den Schluß mag
eine Angabe der zweifelhaften und der ihm mit Unrecht bei=
gelegten bilden. Vollständig, oder auch nur großentheils,
führt sie weder Leo, noch Petrus, noch Sigebert auf; jeder
giebt nur einige wenige davon an; ihr Schweigen allein
kann also keinen Grund gegen die Ächtheit abgeben.

Versus de miraculis S. Benedicti citirt Pau=
lus selbst H. L. 1, 26. Leo I, 15: versus quoque reci-
procos elegiaco metro digestos et hymnum de singulis
b. B. miraculis satis diserto sermone conscripsit. Pe=
trus Diaconus 8: composuit in laudem b. B. versus
elegiaco metro digestos. Es sind reciproke Distichen „Ordiar
unde — laus et honor“, mit einem kurzen Vorworte
„Diebus Iustiniani — contexui“ und einem Nachworte
„Libet me — composuit“, woran er Marcus Gedicht
„Caeca — bruta tui“ schließt. Geschrieben ist es in Mon=
tecasino (in hunc ubi requiescit locum; huc veniret;
huc autem, hoc est in Cassini arcem, perveniens; huc
veniens) also entweder nach 787, oder wahrscheinlicher vor
782, da Paulus schon nach Frankreich hinkam mit dem
Rufe eines großen Dichters. Handschr. 1) Montecasino 453.
s. XI; 2) Montecasino 55. s. XI; 3) Rom Vatic. 1202. s. XI. in
Montecasino prächtig geschrieben; 4) Montecasino 353. s. X. in.,
die älteste Chronik des Klosters, edirt von Pertz SS. III, 198,
hat das Ganze in sich aufgenommen, aber Zusätze gemacht und
die Verse zum großen Theil weggelassen; so ist es hieraus zuerst
und allein gedruckt von Tosti Storia di Montecasino I, 129.
Die ursprüngliche Form war bisher nicht bekannt; ich lasse sie
daher im Anhange folgen. Paulus selbst aber hat es später
in seine Langobardengeschichte I, 26 aufgenommen, indem
er den Schluß seines Gedichts und Marcus ganzes Gedicht

wegließ, und dafür den von ihm selbst gedichteten Hymnus einschob. So findet es sich in den Handschriften der H. L. und daraus hat es auch Aimoin in seinen sermo de S. Benedicto aufgenommen. Einzeln, ohne Vor= und Nachwort, steht das Gedicht „Ordiar — apta tibi" noch 5) **Rom Casanatens. B. IV. 18. s. IX in.;** 6) **Paris 528. s. IX;** 7) **Leiden Voss. Lat. quart. 15. s. X;** 8) **Escurial B 1. 12. s. XIV;** 9) **Brüssel 5666. s. XI;** 10) **Paris St. Germain 1455. s. XI;** 11) **Rom Vall. B 106;** 12) **ebend. C 9. und** 13) **C 113.**

Versus de S. Scolastica „Sponsa decora Dei petit alta S. caeli — hic et ubique Deus" 42 reciproke Distichen, citirt von Keinem, aber so ganz in P. Weise, **quod nemo P. diaconi fetum esse negabit,** sagt Mabillon. Gedichtet sind sie gewiß mit denen auf den heil. Benedict zusammen. Sie sind in der einzigen ehemals Casineser Handschrift anonym, und folgen dort auf ein ebenfalls anonymes Leben der Heiligen „Tempore quo Iustinus senior Romanae reip. — s. s. amen", noch unedirt; sollte das auch von Paulus seyn? Bekannt gemacht hat sie zuerst Martinengius. Handschr. **Rom Vat. 1202. s. XI** in Montecasino geschrieben. Daraus floß die Ausgabe in **Prosperi Martinengii poemata. Romae 1590. 4. tom. III;** daraus **Mabillon acta I. 42.**

Hymnus de S. Benedicto „Fratres alacri — sequax tui", später als die obigen beiden, citirt von Leo I, 15, Petrus de vir. ill. 8 und P. selbst **H. L. I, 26;** bekannt gemacht zuerst von Petit. Handschr. die meisten der H. L.; daraus das ganze Kapitel besonders abgeschrieben in * **Brüssel 5666. s. XI;** * **Paris St. Germain 1455. s. XI.** Ausg. in der **H. L. I, 26.**

Hymnus de S. Iohanne baptista „Ut queant laxis . . . Sapphisch, citirt nur von Petrus de vir. ill. 8: hymnos quoque S. Iohannis baptiste sanctique Benedicti; von Hugo bei Albericus: Fertur idem Paulus com-

posuisse ymnum de S. Iohanne baptista; von Durandus
Rationale divin. offic. libro VII: Paulus hystoriographus
Romane ecclesie dyaconus Cassinensis monachus quadam die cum vellet paschalem cereum consecrare,
rauce facte sunt fauces eius, cum prius vocales essent.
Ut ergo vox sibi restitueretur, composuit in honore b.
Ioh. hymnum Ut queant laxis. Dieſe Sage iſt vielleicht
aus den Worten der erſten Strophe Solve polluti labii
reatum entſtanden. Wann P. ihn gedichtet, iſt ganz unbe=
kannt. Guido von Arezzo nahm von den Anfangsſilben
der ſechs erſten Hemiſtichien ut re mi fa sol la die Namen
für ſeine Noten, welche in Frankreich, Italien, Spanien
noch jetzt gelten, und woher der Name Solmiſation kommt.
Dies ſetzt eine große Berühmtheit des Hymnus voraus;
die katholiſche Kirche ſingt ihn auch noch jährlich am Jo=
hannisfeſte. Handſchr. Rom Urbin. 532. s. X anonym; und
in den Breviarien. Ausg. Valentiani hymnodia Romana.
1646 fol.; in den Breviarien; u. a.

Hymnus de assumptione b. Mariae „Quis
possit amplo famine prepotens . . . Alcäiſch; die einzige
Nachricht darüber ſind die Worte von Marus zu Petrus
de vir. ill. Cas. 8: Extat pariter hymnus Alcaico metro
e veteri ms. Langobardo Beneventanae ecclesiae ritu
in festo assumptae Virginis deiparae decantari solitus,
a nostro Paulo ut asseritur scriptus.

Hymnus in translatione S. Mercurii beruht
auf dem einzigen Zeugniſſe des höchſt wunderlichen Buches
von dem Arzte Petrus Pipernus de magicis effectibus.
Neap. 1634. 4. wo es S. 147 heißt: Oratio S. Mercurii
composita per Paulum diaconum sanctissimae vitae
monachum montis Casini, quondam secretarium principis Arichis Beneventani: „Salve miles“ u. ſ. w. Seine
Quelle nennt Pipernus nicht; vielleicht iſt es Marius de
Vipera de sanctis Beneventanis, der es aus dem Bene=
ventaniſchen Breviar haben wird. Daß Paulus zu der

Translation 768, die sein Gönner Arichis veranstaltete und selbst beschrieb, einen Hymnus gedichtet hat, ist sehr wahrscheinlich; ob es aber grade dieser Hymnus ist, mit seinen vielen ausgebildeten reichen Reimen und der sehr kurzen Erwähnung Arichis, scheint wenigstens zweifelhaft. Handschrift wird wohl in Benevent zu suchen seyn. Ausg. Petrus Pipernus l. l. Da dies Buch selten ist, so wollen wir daraus den Hymnus im Anhange folgen lassen.

Hymnus de passione S. Mercurii, wird einzig erwähnt von demselben Pipernus: Composuit etiam alium de eius passione; weiter steht da nichts. Er wird in Benevent zu suchen seyn.

———

Epitaphium Hildegardis reginae „Aurea — tuis“ in Distichen, wohl gleich nach ihrem Tode 30. April 783 gemacht für ihr Grab in St. Arnulf in Metz, und dann von Paulus in die Geschichte der Metzer Bischöfe aufgenommen nebst den folgenden, die also wohl alle auf einmal gemacht sind, quarum omnium epigrammata a nobis iussu gloriosissimi regis Caroli composita, wie er dort selbst sagt. Freher hat diese fünf Grabschriften zuerst bekannt gemacht. Ausg. in den Gesta epp. Mettensium; und daraus in Acta SS. Apr. III, 789; Meurisse hist. de Metz; Froben Alcuini opp. II, 553.

Epitaphium Rotaidis f. Pipini „Hic ego — parentes“ in Hexametern, desgl. Ausg. Gesta epp. Mett.; Meurisse hist. de Metz; Froben II, 553.

Epitaphium Adeleidis f. Karoli „Hoc tumulata — tenet“ in Distichen. Ausg. Gesta epp. Mett.; Meurisse l. l.

Epitaphium Adeleidis f. Pipini „Perpetualis — pater“ in Distichen. Ausg. ebenda.

Epitaphium Hildegardis f. Karoli „Hildegard — petis" in Diſtichen. Ausg. ebenda.

Epitaphium Fortunati „Ingenio — precor"
in Diſtichen, ſchrieb P. zwiſchen 782—786 in Poitiers, auf
Verlangen des Abts Aper von St. Hilaire, der nach den
Urkunden in der Gallia christiana 775 noch nicht Abt
war, aber 780 ſchon, und 792 ſchon nicht mehr. Er nahm
es ſpäter auf in die H. L. II, 13: Ad huius ego tumulum cum illuc orationis gratia adventassem, hoc epitaphium rogatus ab Apro eiusdem loci abbate scriben-
dum contexui. Handſchr. außer denen der H. L. *Paris
2832. Ausg. außer der H. L. Duchesne I, 518. Bouq. II, 537.

Epitaphium Arichis „Lugentum lacrimis — lari"
in Diſtichen, citirt nur vom Chron. Salern. I, 17, das es
auch allein erhalten hat; gedichtet in Benevent, gleich nach
Arichis Tode 25. Auguſt 787, noch ehe Grimoald aus
Frankreich zurück war, der im Frühjahr 788 wieder kam.
Es iſt eigentlich eine Elegie, ſchön und voll inniger Empfin-
dung. Ausg. Chron. Sal. I, 17; Baronius ad a. 787; Muratori SS. IIa, 310; Bünau Reichsgeſchichte III, 758. Liruti
letterati del Friuli I, 180.

Versus in palatio Arichis citirt Chron. Salern.
32: ipsum palatium quod princeps struxit in Salerni-
tana urbe, undique ipsum versibus illustravit; set quia
fuerunt ... vetustati, numerare legereque illos nequi-
vimus. Von zweien· ſpricht Leo I, 15: utrumque palatium,
quae idem princeps unum in Benevento alterum in
Salerno construxerat, idem Paulus versibus luculentissimis exornavit; daraus floß Chron. Vulturn. bei Murat.
Ib, 326: a quo palacium infra Beneventum et alium in
Salerno constructum ,versibus decorari fecit. Sie fallen
alſo vor 782, ſind aber verloren.

Versus in ecclesia SS. Petri et Pauli in Salerno, zu derselben Zeit von Arichis gebaut, citirt der einzige Ughelli Italia sacra VII, 498: ecclesiam luculentissimis versibus exornavit, quorum aliquos consumpsit antiquitas; qui superfuerunt, hi sunt:

> Christe salus utriusque decus, spes unica mundi,
> Duc et educ clemens Arichis, pia suscipe vota,
> Perpetuumque tibi haec condas habitacula templi.
> Regnator tibi summe decus trinominis ille
> Hebreae gentis Solymis construxit asylum
> Pondere quod factum sic circumsepsit obrizo;
> Duxit opus nimium, variis sculptumque figuris
> Brac . . . .

Versus de annis a principio „A principio — perenniter" von Keinem citirt, sind erst 1841 von Knust entdeckt in der einzigen, in Montecasino s. X in. geschriebenen Handschrift * Madrid A, 16, beschrieben Pertz Arch. VIII, 187. 786, wo sie unter vielerlei Sachen verschiedener Verfasser stehen als: Item versus Pauli diaconi de annis a principio. Daß das unser P. ist, zeigt der Inhalt, das darin angegebene Datum 763 indict. 1. und das von Knust nicht bemerkte Akrostichon Adelperga pia. Es ist eine, wohl durch ein Gespräch mit der Fürstin entstandene Aufzählung der sechs Weltalter und ihrer Dauer, in zwölf Strophen, jede zu drei reimlosen blos accentuirten Langzeilen von 8 Hebungen und 7 Senkungen; gedichtet ohne Zweifel in Benevent.

Versus de lectiunculis annalis computi citirt Leo I, 15: Necnon et universas fere annalis computi lectiunculas rithmice composuit; woraus Petrus de viris ill. 8 gemacht hat: Universas etiam lectiunculas a principio mundi usque ad suam aetatem una cum annali computo rithmice composuit, wahrscheinlich indem er die Verse de annis a principio für eins mit diesen lectiunculis hielt, und daraus Leos Worte vervollständigen wollte. Diese Verse sind verloren; Liruti meint, P. habe seine Homiliensammlung in Verse gebracht und den computus anni hinzugefügt. Aber höchstens könnte es doch nur ein verfsificirtes Verzeichniß der Lectionen gewesen seyn; cf. Labbe II, 779. In der Handschrift Madrid A. 16 folgt auf P. Versus de annis a principio sogleich ein anderes anonymes Gedicht: Item versus de annis a principio: „Deus a quo facta fuit huius mundi machina u. s. w. Sollte das vielleicht unser verlorenes seyn? oder ist es von Beda?

Versus de episcopis Mettensibus „Qui sacra — per evum" citirt Niemand, und auch in der einzigen Handschrift sind sie anonym; auch Meurisse, der sie zuerst bekannt machte, kennt den Verfasser nicht. Doch daß sie von P. sind, vermuthe ich aus dem offenbaren Zusammenhange mit den Gesta epp. Mett. und weil sie unter Angilram mit einem Glückwunsche für diesen schließen, der 791 starb und für den P. auch die Gesta schrieb. Also liegt keiner so nahe zum Verfasser als Paulus. Handschr. Paris Evangel. de Drogon, um 830 in Metz prächtig geschrieben, also nicht Original. Ausg. Meurisse histoire de Metz; Calmet hist. de la Lorraine I, preuves 81.

Versus ad Arichis citirt allein Petrus 8; sie sind verloren, falls nicht Arichis Grabschrift oder die Versus de annis a principio damit gemeint sind.

Versus Pauli ad regem precando „Verba tui famuli, für seinen gefangenen Bruder; wegen septimus annus adest nach Ostern 780, und wenn der, wie wahrscheinlich ist, nach Hrotgauds Empörung Ostern 776 gefangen wurde, so fallen sie erst nach Ostern 782. Tiraboschi meint, P. hätte sie dem Könige selbst überreicht, als der in Rom 781 Ostern hielt; eben so gut können sie aber in Frankreich am Hofe geschrieben seyn. Entdeckt sind sie von Lebeuf.

Handschr. *Paris 528; Rom Vat. . . . zwischen Werken des heil. Paulinus, ohne Verfasser. Ausg. Lebeuf dissert. sur l'hist. de Paris I, 414, aus der Pariser; Mai auct. class. V, 30. aus der Römischen Handschrift giebt es als carmen S. Paulini ad Deum!

Versus ad Karolum, am Hofe geschrieben, sind verloren; wir wissen davon nur durch Karls Antwort:

"Paule sub umbroso misisti tramite versus . . .
In quibus exultans animo te ludere posse
Dixisti, quoniam nostro es susceptus honore . . . .
Et Patris egregiis sublimas cantibus agnum,
Quod te post tenebras fecit cognoscere lumen . . . . . .

Versus Pauli missi ad regem "Cynthius occiduas, Hexameter, Antwort auf eine Botschaft Karls über einen Wettkampf mit Petrus (von Pisa). Ist die im letzten Verse: Tu quoque cum fructu felix ciparisse begrüßte Königin Hildegard, so sind die Verse vor 30. April 783 gedichtet; ist es Fastrada, so fallen sie nach 784 med. Entdeckt von Lebeuf. Handschr. *Paris 528. Ausg. Lebeuf I, 412.

Versus Pauli ad Petrum "Candido lumbifido — paviscant", Hexameter, Antwort auf Petrus von Pisa Gedicht "Lumine purpureo. Am Hofe geschrieben. Lebeuf hat sie zuerst entdeckt. Handschr. *Paris 528. Ausg. Lebeuf I, 411.

Versus Pauli (ad regem) "Sensi cuius — senio" in Strophen von je drei accentuirten Langzeilen ohne Reim, Antwort auf Karls von Petrus verfaßtes Gedicht "Nos dicamus in eben solchen Langzeilen. Gedichtet am Hofe, iam gravante senio, und wegen der Erwähnung der Begleiter Rotruds nach Constantinopel nach 781, wo Rotrud mit Constantin verlobt ward, und vor 786, wo sich das zerschlug. Er hängt die Übersetzung eines Griechischen Epigramms an: De puero qui in glacie extinctus est

„Trax puer — dixit aquis", welche nach dem Schluſſe dieſes Gedichts offenbar von Paulus iſt, alſo irrig in der Anthologie dem Germanicus beigelegt wird. Entdeckt von Lebeuf. Handſchr. *Paris 528. **Ausg.** Lebeuf I, 406.

Versus ad Karolum, verloren; wir wiſſen davon nur aus Karls Antwort:

> Et tibi, Paule, Deus ter quinas augeat horas,
> Addidit Ezechiae qui tria lustra pio,
> Ut mihi ter quinos optas super augeat annos
> Post metas vitae carmine Pierio u. ſ. w.

Versus ad Karolum „Summo apici — vigorem" mit der Homilienſammlung. Mabillon hat ſie zuerſt bekannt gemacht. Handſchr. *Leiden Voss. Lat. quart. 4. s. X; Voss. Lat. fol. 3. s. X; Reichenau, Mabillon annales II, 328. Ausg. Mabillon anal. p. 19 ed. sec.

Versus ad Karolum:

> „Utere felix munere Christi
> Pluribus annis, luxque decusque
> Magne tuorum, Carole princeps,
> Atque togatae arbiter orbis
> Dardanidaeque gloria gentis"

ſtehn mit der Überſchrift „Paulus Diaconus" in der Ausgabe des Homiliars v. Colinus, Baſel 1557. und daraus bei Mabillon analecta p. 19 ed. sec. und Liruti letterati del Friuli I, 184. An der Ächtheit zu zweifeln ſcheint kein Grund.

Versus ad Karolum, Antwort auf deſſen Gedicht nach Montecaſino, alſo nach 787, citirt Leo I, 15: Cui similiter idem Paulus versifice rescribere et gratias pro visitatione et salutatione sua cunctorumque fratrum referre maximas studuit; daraus Petrus: versus ad Carolum imperatorem. Sie ſind verloren, ſtanden aber wohl in der Handſchrift, welche nach Petrus chron. Casin. 36 Abt Deſiderius ſchreiben ließ: Versus Arichis, Pauli et Caroli.

Epistola ad Adelpergam „Domnae A. — utere felix" mit der Römischen Geschichte, geschrieben bei Arichis oder in Montecasino, als die Fürstin erst drei Kinder hatte. Da nun der älteste, Romnald, 763 geboren ist, sie aber 787 fünf Kinder hatte (Chron. Sal. 20.), so wird der Brief, sowie die **Historia Romana**, zwischen 765—782 fallen. Handschr. Paris 2320. 4963ᵇ. 5800; Rom Vat. 4853. Ottobon. 1702; Wien hist. prof. 516; Salisburg. 42ᵇ; *Bamberg E. III. 14. Ausg. Champollion-Figeac l'ystoire de li Normant. 1835. 8. praef. 24 ist der Entdecker und erste Herausgeber. Papencordt Geschichte der Vandalen 1837. p. 399; Endlicher Handschr. der Wiener Bibl. p. 305; Waitz in Pertz Archiv IX, 675.

Epistola ad Theudemarum „Amabillimo — sine fine valete" von Keinem citirt, aber durch Lebeuf, den Entdecker und bisher einzigen Herausgeber, richtig als von P. nachgewiesen, ist in einem Kloster an der Mosel, nahe beim Hoflager, also wahrscheinlich in Metz, geschrieben an einem 10. Januar. Er kann nicht vor 782 fallen wegen pro nostris dominis, da Pipin und Ludwig Ostern 781 erst zu Königen gesalbt wurden; und nicht nach 786, wo Paulus nach Italien zurückkehrte; wahrscheinlich 783, wo Karl im Januar zu Dietenhofen war. Handschr. *Paris 528 ist er als Formel benutzt, und deßhalb einige Namen in ille verwandelt. Ausg. Lebeuf I, 415.

Epistola ad Adalardum „Carissimo — in omne tui" an den berühmten Abt von Corbie, der P. um eine correcte Handschrift der Briefe Gregors d. Gr. gebeten hatte; steht in dieser an Adalard übersandten Handschrift, die aus Corbie später nach St. Germain kam und jetzt in Paris ist, wie Mabillon, der Entdecker und erste Herausgeber meint, von P. eigner Hand. Der Verfasser nennt sich bloß Paulus, und citirt wird der Brief von Keinem; also ist es nicht durchaus sicher, daß dies wirklich unser P. ist; aber alles paßt recht gut auf ihn, so daß Mabillon nicht Unrecht zu haben scheint, wenn er ihn unserm P. beilegt. Er schrieb ihn im Winter, nachdem er a mense Septembrio pene usque ad diem nativ. Domini lectulo detentus gewesen, am Ufer der Mosel; im Sommer vorher war er in der Gegend von Corbie gewesen. Handschr. *Paris St. Germain 280 nach Mabillon autographum Corbiense, Pauli calamo ut quidem videtur exaratum, dagegen scheint aber der Brief selbst — clericulo illi qui haec scripsit — zu sprechen. Facsimile Mab. de re dipl. 360. Ausg. Mabillon acta SS. I, 397; annales 787.

Epistola ad Karolum regem „Propagatori — noster et altus amor" im Namen seines Abts Theudemar und der übrigen Mönche, als Karl nach seinem Besuche im Kloster 787 n..ch Frankreich zurückgekehrt (Leo I, 12) durch Bischof Adelgar sie um eine Abschrift der Klosterregel gebeten hatte. Er ist nach 789 geschrieben wegen der darin erwähnten Siege, aber vor 797, weil da Theudemar starb; wenn die domna nostra regina Fastrada ist, so gehört er noch vor 10. August 794. Er wird von Keinem citirt, aber die Handschriften legen ihn P. bei. Cointe und Menard halten ihn für unächt, widerlegt durch Mabillon annal. 787 und praefat. ad saec. IV. Benedict.; vergl. Gattula historia Casin. 17. Handschr. St. Gallen 914. s. IX med. (überschrieben Epistola ad regem K. de monasterio S. Benedicti directa et a Paulo dictata); *Montecasino 353. s. X in. (überschrieben vom Schreiber selbst Incipit ep. Pauli diaconi ad Carolum regem), woraus 179. 352. 442. und Turin Bobbio 26. s. X abgeschrieben sind; Rom Chigi D. VI, 82. s. X ist verloren; Rom Vallicell. . . . .; Trier S. Maximini, edirt von Häften; Salzburg Archiv IX, 481; Paris Pithoeanus, edirt von Breul; Paris 2989. s. XI. Ausg. Haeftenus disquis. monast. p. 1086, ist der erste Herausgeber; leider habe ich diese Ausgabe nicht gesehn; Breulius chron. Casin. 1603. p. 797; Angelus de Nuce ad Leonis chron. I, 12; Mabillon anal. Par. 1723. p. 19.

Expositio in regulam S. Benedicti schrieb P.
nach dem Mönch von Salerno 31: Dum valde fuisset
oratus a patre monasterii et a fratribus, ut regulam
quicquid obscurius invenire ibidem, in patulo proderet,
ipse vero obedienter omnimodis sese talia nimirum
adimplere respondit, atque quicquid obscurius ibidem
repperire potuit, mirabili relatione in patulo protulit,
codicemque illum *super regulam* appellari praecepit. Leo schreibt dies aus: Rogatusque a praedicto abbate vel fratribus, expositionem super regulam S. Benedicti valde utilissimam edidit, ubi multa de veteri
huius loci consuetudine necessaria attestatur. Petrus
Diaconus de vir. ill. 8: in regula S. Benedicti expositionem, und in seiner kurzen Erklärung der Regel an Kaiser Lothar: in huius rei negotio operam dederunt Paulus Casinensis diaconus, Rabanus Maurus, doctor Ysidorus, Stephanus ac Paulus abbates, was er in seiner
Explanatio brevis fast wörtlich wiederholt. Es ist also
außer Zweifel, daß P. eine Erklärung der Regel geschrieben
und zwar höchst wahrscheinlich nach 787. Eine solche findet
sich nun auch in der Hf. Montecasino 353 von einer sehr
alten Hand prächtig geschrieben unter Abt Johann I. (915—
934), wie aus dem ersten Blatte (bei Tosti I, 100) erhellt, wo
IOHANNES ABBAS diese Handschrift dem heil. Benedict überreicht. Nach diesem Bilde folgt gleich: † Incipit prologus
regulae S. Benedicti monachorum. Obsculta, o fili
— consortes. Amen. Explicit prologus. Item expositio huius prologi. Tres enim sunt — salventur
in alio loco. De taciturnitate. Notandum est enim
quia hoc quod — sed omnes taceant. Deo gracias amen.
Inc. cap. Ludowihi imp. cum ceteris. Anno inc.
dom. n. I. C. octing. dec. sept. — potestatem. Inc. epistola Pauli diaconi ad Carolum regem. Propagatori — custodiat. Dann noch allerlei auf die Regel Bezügliches. Alles dies ist von Einer Hand in Einem Zuge aus

einer ältern Handschrift abgeschrieben, ohne Namen des Verfassers. Eine andre, wenig oder gar nicht jüngere, hat in der
Überschrift hinter expositio ein ∴ gesetzt, und am Rande
supplirt ∴ Pauli diaconi et monachi S. Benedicti. Montecasino
352 und 360. beide s. XI, sind aus 353 abgeschrieben. Turin
Bobbio 26. s. X von Einer schönen Hand: Inc. expos.
Pauli diaconi super reg. S. B. abbatis. Obsculta
— mali servi. Expl. prol. Inc. cap. reg. mon. (73).
Expl. capp. inc. textus regulae. I. Monachorum quattuor esse genera — salventur in alio loco. Expl. exp.
reg. a Paulo d. exposita feliciter αμην. Inc. de
taciturnitate. Notandum — taceant. Expl. de tac.
Inc. capit. Ludov. imp. cum cet. Anno — potestate.
Inc. ep. Pauli diac. ad K. regem. Prop. — custodiat.
Ausg. Tosti storia di Montecasino I, 102 giebt nur den Anfang; das Ganze ist noch ungedruckt. Die beiden fleißigen und
gelehrten Casineser Don Sebastiano Calefatti, der Archivar,
und Don Luigi Tosti, der Bibliothekar des Klosters, beabsichtigen aber, es zusammt den übrigen alten Commentaren über
dieselbe Regel herauszugeben. Angelus de Nuce in seinen
Noten zum Leo spricht unserm P. diesen Commentar ab
aus folgenden Gründen: quia barbarissime scripta (aber
das ist keineswegs der Fall, in der Bobbienser Handschrift
und in der Casineser kann es Schuld des Abschreibers seyn);
quia antiquorum nemo eam citat a Paulo diacono factam (aber die obigen Handschriften legen sie ihm alle bei);
quia ibi nil de monasterio Casinensi dicitur, quum tamen Leo dicat: „ubi multa de veteri huius loci
consuetudine necessaria attestatur‟ (aber diese
Worte Leos beziehen sich auf den Brief an K. Karl, und
in dem Commentar selbst kommt genug auf Montecasino
Bezügliches vor); quia Italia dicitur illa terra (das ist
ganz gebräuchlich, und einmal heißt es: longinquas
terras dicimus velut Ravennam, Burgundiam,
was doch nur in Unteritalien geschrieben seyn kann oder in

England); quia iam memoratur monachus canonicus; quia semper scribitur abba; quia auctor non
usus est autographo S. Benedicti quod Pauli tempore
adhuc ibi extabat. Er und Menard halten für den Ver=
faſſer Ruthard, den Schüler Hrabans; Mabillon Annales
a. 840. Analecta vet. p. 418 ed. sec. legt ſie dem Fran=
ken Hildemar um 850 bei, weil ſie in einigen Handſchriften
deſſen Namen führt und wegen deſſen vorgeſetzten Briefes.
Ihm folgen Martene und Gattula. Aber es fragt ſich, ob
jene Handſchriften nicht interpolirt ſind.

Omiliarius. Karl d. Gr. ſagt in ſeinem Rundſchrei=
ben bei Pertz LL. I, 44: Paulo diacono familiari clientulo nostro iniunximus, ut studiose catholicorum patrum dicta percurrens . . . . . . et optima quaeque
decerpens, in duobus voluminibus per totius anni circulum congruentes cuique festivitati . . . . obtulit lectiones . . . Eadem volumina . . . ecclesiis tradimus
ad legendum. Sigebert in ſeiner Chronik a. 807 ſchreibt
dies wörtlich ſo aus: Karolus imperator per manum
Pauli diaconi sui excerpens optima queque de scriptis
cathol. patrum, lectiones unicuique festivitati conve-
nientes per circulum anni in ecclesia legendas compi-
lari fecit; was Albericus, Radulf de Diceto und die An=
nalen von Waverley bei Pertz SS. II, 223 wiederum dem
Sigebert nachſchreiben. Die Italiener wiſſen gar nichts
davon. Alſo iſt die einzige Quelle Karls Rundſchreiben
und P. Dedicationsverſe an Karl. Aber beide nennen nur
einen Paulus diaconus; daß es unſer P. ſey, ſagen ſie
nicht; es iſt erſt von den Neueren angenommen, jedoch
höchſt wahrſcheinlich. Karls Rundſchreiben zeigt, daß es
nach der von ihm durch Alkuin veranſtalteten Correctur
der Bibel, aber vor ſeiner Kaiſerkrönung fällt; ſeine Worte
familiari clientulo nostro laſſen vermuthen, daß der Ver=
faſſer damals am Hofe lebte; dann muß der vester fidelis
abbas dominusque meus in P. Widmung nicht Theude=

mar, sondern der in dem Briefe an Theudemar erwähnte
domnus abbas cuius hic singulari nutrior largitate in
Metz seyn, und das Werk wäre zwischen 782—786 ent=
standen. Wäre es in Montecasino verfaßt, so würden auch
die Italiener nicht gänzlich davon schweigen. Die Quellen
führt auf Fabricius s. v. Paulus, der auch bemerkt, daß
es sehr bald durch Stücke aus Spätern interpolirt ist,
was sehr natürlich. Über die altdeutschen Übersetzungen
vergl. Koeler de biblioth. Karoli Magni. Altd. 1727. 4;
Henricus a Seelen selecta litteraria. Lubecae 1721. 4.
p. 252. Eine spanische erschien Valencia 1552. fol. Handschr.
Leiden Voss. Lat. quart. 4. saec. X, enthält nur das Debi=
cationsgedicht und das Verzeichniß der 190 Capitel; Reichenau
s. X, mit der Dedication, Mabillon ann. II, 328; St. Wandrille
s. IX in. Pertz SS. II, 296; Rom Vallic. A 3; Wien. Ausg.
Spirae 1482 von Peter Drach; Basileae 1495. 1505. 1516;
Coloniae 1517. 1525. 1530. 1539. 1576; Lugduni 1520.
1525; Paris 1537. 1569.

Omeliae citirt der einzige Petrus de vir. ill. 8: homilias quoque quinquaginta, was aber ein grober Irr=
thum ist, entstanden durch die flüchtige Ansicht des Casineser
Exemplars von Bedas Homilien. Zeit und Anzahl sind
ungewiß; nach Marus ad Petrum de vir. ill. 8 sollen
einige in der Mediceischen Bibliothek seyn; bekannt sind
nur folgende vier:

1) Auf den heil. Benedict: „Quia venerabilis Beda
presb. ultimam omeliarum suarum, hoc est quinquagesimam, de vita et actibus cuiusdam Benedicti inclausi
sui monasterii pene totam contexuit, que utique minime ad legendum nostris congruere videbatur officiis:
ego Paulus diaconus extremus b. Benedicti servulus,
ne numerus ipse quinquagenarius harum omeliarum
esset deminutus, hanc quinquagesimam omeliam ad
Dei gloriam et sanctissimi nostri patris B. laudem gratia superna suffragante composui. Lectio s. ev. sec.

Lucam: In illa dixit Iesus disc. suis: Nemo accendit
lucernam — et rel. Omelia venerabilis Pauli
diaconi de eadem lectione: His s. ev. verbis
quae modo audivimus u. f. w. Darin wird, als ante
hoc decennium geſchehen, von einem Wunder mit einem
Engländer geſprochen, welches ſich nach Leo unter Abt
Theudemar zutrug; danach fällt dieſe Homilie früheſtens
788. Handſchr. Montecaſino 453. 473; Rom Vat. 1202
mit obiger Einleitung; in Montecaſino 110. 146. 419. 449.
502. 37 ohne Einleitung. Ausg. Lucentii Italia sacra p. 535
fenne ich nur aus Citaten; Quirini v. S. Benedicti desgl.;
Mabillon annales I, 674.

2) Auf Mariä Himmelfahrt. Sermo venerabilis
Pauli diaconi „Licet omnium sanctorum u. f. w.
Handſchr. Montecaſino 98. 100. 102. 109. 115. 305. Ausg.
Martene thes. IX, 268.

3) Homilia venerab. Pauli diac. in evang.
Intravit Iesus... „Sacrae lectionis series. Handſchr.
Montecaſino 34. 98. 101. 102. 109. 111. 115. 305. 419.
Rom Vallic. G, 93. Ausg. Martene IX, 270 mit einer Lücke;
Angelo Mai nova coll. VI, praef. 35 ſupplirt dieſe; Tosti
storia di Montecasino I, 406 zuerſt vollſtändig.

4) Pauli diac. homilia super illud Matthei:
Simile est regnum celorum regi qui vol. rat.
ponere ... „Presens s. ev. lectio u. f. w. Handſchr.
Montecaſino 100. 109. 111. 305. 310. 419; Rom Vat. 6454.
Vallic. G, 93. Ausg. Opera sanctorum aliquot patrum. Lugd.
1615. p. 450; Magna bibl. patr. Paris. XV, 834; Bibl. patrum
max. Lugd. XXVII, 484.

Vita S. Gregorii Magni citirt P. ſelbſt III, 24:
iam ante aliquot annos eius vitam Deo auxiliante te-
xuimus; Sigebert: scripsit vitam primi Gregorii papae;

Petrus Diaconus: sancti pontificis Gregorii vitam . . .
edidit. Nun findet sich in vielen Handschriften ein Leben
„Gregorius urbe Romana patre — gloria“, welches
nicht bloß die Handschriften von Conches (edita a Paulo
Cassinensi monacho im Titel, von derselben Hand, die
die ganze Handschrift schrieb nach Mabillon), Evreux, Lire,
Bec, Garet unserem P. beilegen, sondern woraus auch schon
um 872 Johannes Diaconus vita Gregorii IV, 99 mit den
Worten ut cum Paulo viro disertissimo fatear eine Stelle
anführt, die in unserm Leben c. 24 steht. Daß er aber
unsern P. und nicht einen andern meint, zeigt seine Vor=
rede, wonach der Papst Johann VIII geklagt hatte, daß
Gregor gerade in Rom keinen Biographen gefunden hätte;
visus es a venerabilibus episcopis . . . requirere, cur
tantus pontifex, qui multorum sanctorum vitas texuerat,
gestis propriis in propria dumtaxat ecclesia caruisset,
praesertim cum et apud Saxones et apud Langobardorum sibi prorsus infestissimam gentem gestis propriis ubique polleret. Gegen diese Zeugnisse der Hand=
schriften und des Johannes zweifelten Guffainville und Cani=
sius doch an der Ächtheit dieses Lebens; Mabillon Anal.
vet. I, 319 vertheidigt sie; Basnage thes. III, 252 spricht
gegen Mabillon; Grabonico Gregorii opera. Venet. XVI,
praef. 92 widerlegt Basnage; vergl. Gattula hist. Cas.
I, 24. Mabillon analecta I, 497. annales I, 267. Wie
Mabillon nachweis't, ist das Leben fast ganz aus Beda hist.
Angl. I. und aus Gregors eignen Werken compilirt; Eige=
nes ist sehr wenig darin. Über den Verfasser erfahren wir
gar nichts, als daß er in Rom selbst schrieb (1. hac urbe
Roma . . . quamvis hic florerent studia, nulli in urbe
hac putaretur esse secundus; 2. urbis huius; 4. haec
Romana civitas . . . sedem huius Romanae et apostolicae sedis; 18. in civitate hac Romana; 24. in hac civitate Romana). Wann ein solcher Römischer Aufenthalt
in P. Leben fällt, ist gänzlich unbekannt; jedenfalls vor

feinen Eintritt ins Kloster. Eine Schwierigkeit machen aber die Worte c. 23. a viro ... huic nostro patri sanctissimo ... valde familiarissimo fideliter post obitum eius n o b i s narratum didicimus. Aus Johannes Erzählung derselben Geschichte IV, 69 erhellt, daß dieser vir Petrus Diaconus ist, der Freund des 604 gestorbenen Gregors. Danach müßte der Verfasser nothwendig hundert Jahr vor unserm Paulus gelebt haben. Allein wie die Mauriner bemerken, fehlt nobis in den ältesten Handschriften, wird also eine Glosse eines Abschreibers seyn. Ja wir dürfen noch weiter gehn. Die ganze Erzählung von Gregors Wundern, worin jene Stelle vorkommt, c. 17 med. — 23 widerspricht eigentlich den dichtvorhergehenden Worten des Verfassers: „Gregor hätte wohl können Wunder thun, aber er hätte es nicht gewollt." Sie ist gar nicht in der Art des übrigen Werks, ist mit ihm nur wie ein Einschiebsel verbunden, und fehlt gänzlich in der Handschrift von Moissiac. Johannes Diaconus ferner erzählt dieselben Wunder nicht aus unserm Leben, obgleich er das kannte und benutzte, auch nicht aus Beda, denn bei dem stehn sie gar nicht, sondern aus einem bei den Angelsachsen geschriebenen Leben: II, 41. Quae autem de Gregorii miraculis penes easdem Anglorum ecclesias vulgo leguntur, omittenda non arbitror u. f. w. von dem Meßopfer, dem blutenden brandeus, dem wilden Pferde; II, 44. Legitur etiam penes easdem Anglorum ecclesias, quod G. per forum Traiani u. f. w. von Trajans Seele; IV, 69 erzählt er die Geschichte von der Taube aus Tradition, sicut a maioribus traditur. Hätte er sie in P. Leben gelesen, so würde er sie daher geschöpft haben, und namentlich die letzte nicht aus Tradition erzählen. Er fand also die ganze Wundererzählung c. 17 med. — 23 gewiß nicht in P. Leben, und sie ist in dasselbe erst später eingeschoben, vielleicht eben aus jener alten Angelsächsischen jetzt verlorenen Vita. Überhaupt ist dies Leben, wie so viele andere, später sehr inter=

polirt durch Wundergeschichten; Canisius spricht von einer Sangaller Handschrift, die so von Fabeln entstellt sey, daß man sie gar nicht brauchen könne. Jedenfalls ist gewiß, daß zu Johannes Diaconus Zeit, 872, nur zwei Vitae Gregors existirten, die apud Saxones (die älteste Quelle der für die Geschichte der Transsubstantiationslehre wichtigen Erzählung von dem Meßopfer, vergl. Mabillon analecta I, 497. annales I, 267) und die apud Langobardos, deren Verfasser er Paulus nennt. Da nun unser P. ausdrück= lich sagt, er habe eine solche Vita geschrieben, so kann es keine andere als die vorliegende seyn. Handschr. Monteca= sino 110. 145. 146. und die von den Maurinern benutzten in Conches, Evreur, Lira, Bec, Bonnefontaine, Moissiac, Beauvais, Jumieges, St. Germain, St. Omer, Maioris Carthusiae, Trier St. Martini, Orford Merton, Rom Christinae, Paris Gare= tianus. Ausg. Rembolt Gregorii opera. Paris. apud Ioh. Parvum 1518 fol. soll die erste Ausgabe seyn, doch hat sie noch Niemand gesehn; Acta SS. Martii II, 1668. p. 130 ebenfalls ohne den Verfasser zu kennen; Gussainville Gregorii opp. Paris 1675 fol.; Mabillon acta SS. I, 385 beweist zuerst, daß es von Paulus; Sancti Gregorii opera ed. congr. S. Mauri. Par. 1706 fol. nachgedruckt Venet. 1776. 4.

Gesta episcoporum Mettensium citirt er selbst H. L. VI, 16. ego in libro quem de episcopis eiusdem civitatis conscripsi flagitante Angilramno; und Sigebert: scripsit gesta pontificum Mettensium. Er schrieb es nach Fastradens Vermählung mit Karl im October 783, aber ehe sie Kinder hatte, auf den Wunsch B. Angilrams († 791). Leibniz Meinung, P. habe es diesem überreicht, als der 786 in Italien war, wird durch nichts bewiesen; es ist viel wahrscheinlicher, daß P. es in Frankreich schrieb; in Metz selbst, scheint weniger glaublich, da das immer heißt eadem urbs, in illis regionibus, eiusdem loci, ibi. Paulus be= nutzte dazu: das Leben Arnulfs von einem Zeitgenossen, Gregor von Tours, Fredegar, Bischofsverzeichnisse, Erzäh=

lungen Kaiser Karls und andere mündliche Nachrichten. Es
ist aber sehr dürftig und ungleichmäßig behandelt; die Episode über Karls Abstammung und Familie ist unverhältnißmäßig lang gegen das Übrige, und wohl auf Angilrams
besondern Wunsch, Karl zu Gefallen. Handschr. *Paris 5294
aus St. Symphorian in Metz; Gent aus St. Maximin in Trier,
Arch. VIII, 550; Metz aus St. Arnulf von Calmet benutzt;
Frehers Handschr.; Duchesnes Fragment. Ausg. Freher corpus hist. Franc. 1613 hat das Verdienst der ersten Herausgabe; Duchesne script. rer. Franc. 1636. II, 201 giebt nur
ein Bruchstück; Bibliotheca patrum max. Lugd. 1677. XIII,
329; Calmet histoire de Lorraine 1728; Pertz SS. II, 260.

Historia Romana „Primus in Italia ut q. p. r.
Ianus — libello promenda sunt" citirt nur Leo: In historia etiam Romana, quam Eutropius breviter composuerat, eiusdem Adelpergae rogatu plurima hinc inde
ex historiis ecclesiasticis addidit; ad ultimum vero duos
libellos a tempore Iuliani apostate, in quem ipsam hystoriam Eutropias terminaverat, usque ad tempora primi Iustiniani imperatoris eidem annexuit; und daraus
Petrus Diaconus: In historia autem Eutropii quamplu-
rima adiunxit. Die meisten Handschriften des Werks selber
haben am Ende des zehnten Buches: Hucusque historiam
Eutropius composuit, cui tamen aliqua Paulus diaconus
addidit iubente domna Adilperga christianissima Beneventi ductrice coniuge domni Arrichis sapientissimi et
catholici principis. Deinde quae sequuntur, idem Paulus ex diversis auctoribus proprio stilo contexuit. Einige
Handschriften haben auch den Titel: Inc. historia Romana
a Paulo dyacono S. Benedicti ecclesiae Montis Cassini
edita ex historiis Eutropii. Wenn dagegen Ptolemäus
Lucensis in der Vorrede seiner Historia ecclesiastica unter seinen Quellen citirt Paulus diaconus cardinalis et
scriptor historiarum Eutropii, alius Paulus in historia
Langobardorum et ipse origine Langobardus, so ist das

ein unbegründeter Irrthum. Über die ursprüngliche Form
dieses Werks herrschte, indem man P. Historia Romana
mit Landulfs daraus überarbeiteter Historia miscella ver=
wechselte, lange Ungewißheit und Verschiedenheit der Mei=
nungen. Obgleich schon Gerhard Vossius im Ganzen das
Richtige gesehen hatte (priores XI libri iidem sunt ac X
Eutropii, nisi quod aliqua subinde de suo addat Paulus. Exinde Eutropium continuat Paulus quinque libris.
Caeteri inde a XVII a Landulpho Sagace additi sunt)
und ebenso auch schon Canisius (Paulus diaconus primus
est qui Historiam Miscellam collegit et Eutropium paene
descripsit, additis subinde quibusdam ex aliis auctoribus; deinde Landulfus Sagax auxit), so brachte doch die
große Verschiedenheit der Handschriften und Ausgaben im=
mer wieder Verwirrung in die Ansichten, von der auch
Muratoris Ausgabe nicht frei blieb. Erst Champollion=
Figeac hat durch die Entdeckung und erste Bekanntmachung
des Briefs an Adelperga in seiner L'ystoire de li Normant. 1835. préf. 24. das wahre Verhältniß festgestellt,
was dann Papencordt, Geschichte der Vandalen. 1837. S.
394 durch Hülfe der Römischen Handschriften noch genauer
und klarer auseinandergesetzt hat, und zwar so gründlich,
daß wir außer einigen Nachträgen über Handschriften und
Ausgaben nichts thun können, als seine Ergebnisse hier kurz
zusammenfassen. Paulus sagt in der zwischen 766 und 782
verfaßten Widmung an Adelperga: Legendam tibi Eutropii historiam obtuli, quam cum . . . perlustrasses, hoc
tibi in eius textu praeter immodicam brevitatem displi-
cuit, quia in nullo . . . divinae historiae cultusque
nostri fecerit mentionem. Placuit itaque tuae excellen-
tiae, ut eandem paulo latius extenderem . . . At ego
. . . paulo superius ab eiusdem historiae textu narrationem capiens, quaedam etiam . . . . interserens, eandem sacratissimae historiae consonam reddidi . . .
Deinceps meo ex maiorum dictis stilo subsecutus, sex

in libellis ... usque ad Iustiniani augusti tempora
perveni, promittens, si tamen aut vestrae sederit voluntati, aut mihi ... maiorum dicta suffragium tulerint,
ad nostram usque aetatem historiam protelare. Er ließ
dabei Eutrops Worte im Ganzen unverändert, machte aber
vor dessen Beginnen und dann auch das ganze Werk hindurch allerlei Zusätze, welche Mansi in Zaccharia iter lit-
terarium per Italiam. Venet. 1762. 4. p. 19 genauer
nachgewiesen hat. Sie sind sämmtlich aus noch bekannten
Quellen, Aurelius Victor, Orosius, haben also gar keinen
Werth für uns. Aber auch Paulus eigne Arbeit, Buch
XI—XVI, ist nichts als eine wörtliche Compilation aus
Orosius, Prosper, H. trip. Marcellin, Victor Tununensis,
Jordanes, Isidor, Beda, Gesta Pontificum u. a., einige
wenige Stellen ausgenommen, deren Quellen wir nicht
mehr haben, worin aber auch mancherlei Unrichtigkeiten sind.
Also hat das ganze Werk jetzt gar keinen Werth mehr, und
verdient gar nicht als Quelle citirt zu werden. Daß nichts=
destoweniger P. damit ein Bedürfniß seiner Zeit vortrefflich
befriedigt, ja selbst ein für das ganze Mittelalter hoch be=
deutendes Werk geschaffen hat, zeigt sowohl die ungemeine
Benutzung desselben bei den Spätern, als auch die sehr
große Zahl der Handschr. Mailand Muratoris A; Rom Vat.
303 s. XIV. 1933 s. XV. 1979 s. XI. 1980 s. XV. 1981
s. XI. 1983 s. XV. 3339 s. XI. 4853 s. XV. Christinae
1749 s. XV. Ottobon. 1400 s. XV. 1702 s. XV. 2006 s.
XV. Urbin. 433 s. XV. 456 s. XIV. Archiv. S. Petri s. XIII.
Corsini 122 s. XV; Florenz Bandini I, 755. 763. 819. 826.
II, 711. III, 405. IV, 147. Suppl. II, 171; Benedig Marc.
hist. prof. 31 s. XV; Paris 2320ᵃ. 4963ᵇ. 5692. 5693.
5796—5800. 6815. Notredame 127. Navarro 1. Zu diesen
von Papencordt aufgeführten kommen noch: Rom Christ. 710;
Rossi s. XV; Straßburg Haenel p. 462; Bamberg A. VI, 417.
VII, 1024; Wien Univ. 5 s. XV. 239 s. X; Sal. 42ᵇ. s. XV.
Hist. prof. 178 s. XIV. 679 s. XII; Kremsmünster s. XII; Zwetl

298 s. XII; Einsiedeln Arch. VIII, 744; Salzburg S. Petri, mit
Victor Vit.; Hersfeld, benutzt von Canisius; Brüssel A. VII, 530.
540; Leiden A. VII, 135; London A. VII, 77. 79. 81. 82;
Cambridge ib. 85. 273. 274. VIII, 760; Orford A. VII, 91.
93. 94. 95. 273; Eaton 1901. 103; 1850. 52; Edinburg
auf der Abvokatenbibl. 18. 3. 10. chartac. s. XV enthält Eutrop,
Paulus, Cäsar u. a. nach einer Mittheilung des Dr. Pauli;
Middlehill A. VII, 100. IX, 500. 502; Madrid A. VIII, 803.
804 gehören vielleicht hierher; Escurial ib. 813. 814; Pom-
posa, Morbio municipj Ital. I, 29; Montecasino Leo Ost. II, 53
jetzt verloren. Ausg. giebt es noch nicht, doch kann als solche
dienen Muratori SS. I. in allem was er aus der Handschrift A
im Terte mit gewöhnlicher und in den Noten mit cursiver
Schrift giebt. Unsere Ausgabe wird vor Allem auf genaue
Nachweisung der Quellen gerichtet seyn.

Am Ende seines Werkes hatte P. versprochen, die folgende Zeit im nächsten Buche zu behandeln. Er ist nicht
dazu gekommen, sondern hat daraus später ein besonderes
Werk, die Langobardische Geschichte, gemacht. Ein Anderer
aber hat aus dieser einen Auszug gemacht „Cum iam ut
praemissum est — Anastasius presbiter ordinatus est"
und ihn als siebzehntes Buch an P. Werk gehängt. Daß
nicht P. selbst dies gethan, zeigt die Inschrift in der Handschrift St. Victor, wo das siebzehnte Buch beginnt: Inc.
liber XVII quem ex Winilorum id est Langobardorum
istoria decerpsimus, a praefato quam constat auctore
editam. Wer aber der Verfasser sey, ist unbekannt; Muratori hält Landulfus Sagax dafür, aber irrig; Papencordt
meint, er möge in die Mitte des neunten Jahrhunderts
gehören. Vielleicht hat auch er schon die Eintheilung der
Bücher geändert; denn in 17 Büchern kommt es nur in
den zwei Handschriften zu Paris und Berlin vor; die andern sammt den Ausgaben haben 18, so daß P. Werk 17
Bücher, und die Fortsetzung das 18te bildet; die Wiener
hat sogar P. Werk in 15 zusammengezogen, so daß die

Fortsetzung bei ihr das 16te ausmacht. Handschr. Paris
St. Victor 289 s. XIV in 17 Büchern; Berlin Lat. qu. 1 s.
XI besgl.; Wien Hist. prof. 516 s. XIV in 16 Büchern;
Mailand Ambros. 85 s. XV in 18 Büchern, wie die folgenden
Rom Urb. 463 s. XV. Ottob. 1371 s. XV; Neapel Borbon.
IV, C, 38 s. XIII; IV, C, 40 s. XIV; Kopenhagen Arch. VII,
153. 1024. Ausg. Ed. princeps mit Varro de L. L. Romae
1471; Suetonius, Historiae augustae scriptores, Eutropius,
Paulus. Mediolani apud Philippum de Lavagna 1475. 4º.
von Bonus Accursius besorgt; Historiae augustae script. Venet.
1489. fol.; Eutropius, Paulus, Paris. 1512. fol. und 1531
8º; Sueton., Aur. Victor, Eutropius, Paulus. Venet. ap. Aldum
1516. 8º neue Auflage 1519 und 1521 ist von Egnatius
besorgt; Herodianus, Eutrop., Paulus. Florentiae apud Iuntam
1517. 8º; Suet., Hist. aug., Aurel. Vict., Eutr., P., Amm. Mar-
cell. Basil. ap. Froben. 1518. fol. ist von Erasmus; Historiae aug. scriptores. Coloniae 1527 fol.; Historiae aug. ss.
ed. Sylburg. Frcft. 1588. fol.; Eutropius, Paulus. Lugd. Bat.
apud Elzevir. 1592 und 1594. 8º von Merula; Historiae
antiquae ex 27 auct. contextae l. 6 ed. Gothofredus 1591, und
1684. 8º. stückweise; Historiae Romanae scriptores Aureliae
Allobrog. 1609. fol., neu gedruckt Ebroduni 1621. fol. und
Heidelb. 1743. fol.; Historiae Romanae epitome. Amst. 1625.
16º. neu 1630. Lugd. Bat. 1648. 12º; Muratori SS. I, 179
gibt bloß die Fortsetzung aus der Ambros. Handschr. 85.

Ganz in derselben Weise, wie Eutropius von P., wurde
letzterer wieder überarbeitet und bis 813 fortgesetzt in einem
Werke, welches gewöhnlich den keineswegs alten Namen
Historia Miscella führt „Primus in Italia ut quibusdam
placet — et obsessam Adrianopolim cepit." Der Ver-
fasser wird Landulfus Sagax genannt in den Titeln einiger
Handschriften (Palat. 909 saec. X ex., Vat. 1984 s.
XI und Bern 29: Inc. historia Romana Eutropii . . . .
deinde idem Paulus . . . . ad tempora Iustiniani. Quem
Landulfus Sagax secutus, plura et ipse ex diversis

auctoribus colligens in eadem historia addidit, et perduxit usque ad imperium Leonis quod est a. inc. 806
ind. 7.), woran kein Grund ist zu zweifeln, wenngleich wir
über denselben gar nichts wissen. Alfonso Ciacconio in der
vita Leonis c. 125 nennt ihn Johannes Diaconus, aber
ohne Gründe. Champollion meint, P. selbst habe es geschrieben als zweite Ausgabe seiner Historia Romana; aber
Papencordt weist nach, daß dies nur aus einem Irrthum
des altfranzösischen Übersetzers entstand, welcher P. Brief
an Adelperga so mißverstanden, daß er den Eutrop, welchen
P. der Herzogin zu lesen gegeben, für ein Werk von P.
selbst hielt. Landulf legte P. Werk, ohne die obengenannte
Fortsetzung, aber in 17 Bücher getheilt, zum Grunde, in-
terpolirte es noch reichlich aus Aurelius Victor, Orosius,
Rufinus, Anastasius Kirchengeschichte und fügte noch neun
Bücher hinzu, die er aber ebenfalls ganz aus Anastasius
abschrieb, so daß das ganze, aus 26 Büchern bestehende
und viel gebrauchte Werk gar keinen Werth hat. Bekannt
gemacht ist es zuerst von Gelenius. Handschr. Rom Pal.
909 s. X. Christ. 718 s. XIV. 745 s. XIV, sehr schlecht;
Paris 4998. 5795. St. Germain 77; Avesnes s. XII; Brüssel
A. VII, 530; Leiden A. VII, 134; Coblenz A. VIII, 617;
Bern Sinner II, 156; Bamberg A. VI, 43; London Harl. 3242.
Andere haben nur 24 Bücher, indem sie im 15ten, bei Muratori p. 97, hinter amicum se Gothis simulans eine große Lücke
haben in den Jahren 450—498, die bis ins 17te Buch geht,
und indem sie, diese Lücke übersehend, das folgende 18te Buch
bezeichnen XVI u. s. w. Es sind: Wien Hist. prof. 230 s.
XIII; Rom Christ. 549 s. XIV; Metz, benutzt von Pithou.
Ausg. beruhen sämmtlich auf Handschriften der letzten Art mit
der Lücke: Eutropius, Paulus. Basil. ap. Froben. 1532. fol.
von Gelenius besorgt; Historia miscella ed. Pithoeus. Basil.
1569. 8.; Goulart historia augusta. Lugd. 1593. 8. vol. IV
giebt nur das Ende; Hist. misc. ed. Canisius. Ingolst. 1603. 8.
aus Pithou; Gruter hist. aug. script. Hanoviae 1611. fol.;

Bibl. max. patrum. Lugd. 1677. XIII, 202 aus **Canisius**; **Muratori** SS. I, 1.

Eine andere sehr willkürliche Überarbeitung ist vielleicht in Neapel auf Anlaß des Herzogs Johann bald nach 942 entstanden. Sie umfaßt nur P. Historia Romana in 16 Büchern, folgt aber darin weit mehr dem Texte Landulfs, dessen Titel sie auch führt, und läßt als 17tes Buch die Gesta Francorum folgen „Inc. liber XVII. Est in terra de Asia civitas — abierunt omnes in itinere suo." Handschr. Rom Vat. 1984 s. XI, beschrieben von Pertz A. V, 81. und von Papencordt Vandalen p. 401; Bamberg A. VI, 44. IX, 686; Salisbury A. VII, 244; Orford ib.; Paris Navarre 1. saec. XI gehört vielleicht auch hierher; Brüssel A. VII, 540 vielleicht auch. Ausgaben giebt es nicht.

Historia Langobardorum ist geschrieben in Montecasino (I, 26. huc autem, hoc est in Cassini arcem perveniens. VI, 39 hunc Casinum castrum petiit) nach der Rückkehr aus Frankreich (II, 13. I, 5. VI, 16). Als P. damit bis zu Liutprands Tode gekommen war, überraschte ihn, wie es scheint, der Tod; denn daß er noch weiter schreiben wollte, zeigen die Worte des letzten Kapitels: cuius nos aliquod miraculum, quod posteriori tempore gestum est, in loco proprio ponemus. Mit Unrecht sagt daher Erchempert: Longobardorum seriem .... Paulus vir valde peritus, compendiosa licet brevitate set prudenti composuit ratione, extendens nichilominus a Gammara et duobus liberis eius hystoriam Ratchis pene usque regnum. In his autem non frustra exclusit aetas loquendi, quoniam in eis Langobardorum desiit regnum. Mos etenim hystoriographi doctoris est, maxime de sua stirpe disputantis, ea tantummodo retexere, quae ad laudis cumulum pertinere noscuntur. Eben so fällt durch jene Stelle auch Wachters Meinung in sich zusammen: „Da Paulus ein so gewandter Schriftsteller war,

kann man sicher schließen, daß er darum keine Zeitgeschichte
schrieb, weil ihr Joch zu prosaisch auf ihn drückte, und er
zu wenig Schmeichler war, um sie auszuschmücken." Es
ist gewissermaßen eine Fortsetzung der **Historia Romana,**
welche er ursprünglich hatte bis auf seine Zeit herabführen
wollen. Seitdem war die ganze Weltlage anders geworden; Adelperga lebte vielleicht nicht mehr, und der Einzug
der Langobarden in Italien, womit er den Faden seines
Werks wieder aufnehmen mußte, führte ganz von selbst auf
ihre frühere Geschichte, die sich nach der Anlage der **Historia Romana** gar nicht mehr nachholen ließ. So gab er
den Plan einer Weltgeschichte auf gegen ein ganz neues
Werk, eine Volksgeschichte. Aber leider konnte er sich von
jenem nicht so ganz freimachen, daß er nicht die Geschichte
der Griechen und Franken immerfort hineingewoben und
dadurch den natürlichen Faden alle Augenblicke zerrissen
hätte, zum Schaden der Darstellung wie der Zeitrechnung,
und ohne Nutzen für den Leser, wenigstens den jetzigen, da
alles dies nur aus bekannten Quellen abgeschrieben ist.
Aber auch in der Langobardischen Geschichte hat er sehr
viel aus Anderen abgeschrieben. Seine Quellen sind:
Origo Langobardorum, von dem in dem folgenden
Aufsatze über .die Langobardische Geschichtschreibung ausführlicher die Rede seyn wird. Paulus citirt dies wichtige
Werkchen .I, 21 und hat es fast ganz und wörtlich ausgeschrieben. **Secundi Tridentini hist. Langobardorum** citirt Paulus nur III, 28. IV, 27. 42. und
sonst nirgends; also beweist sein Ausdruck cuius saepe
fecimus mentionem, daß er ihn auch noch an manchen
anderen Stellen ausgeschrieben, und nur den Namen zu
nennen unterlassen hat. , **Gregorius Turonensis** ist
eine der ·von P. am stärksten benutzten Quellen; oft sind
vier bis fünf Kapitel hinter einander wörtlich daher genommen. **Bedae chronica** desgleichen; nur einmal, VI, 14,
die Englische Geschichte. **Gesta pontificum** sind für

die späteren Zeiten ebenfalls stark benutzt. **Gregorii dialogi** und einzelne andere seiner Werke. **Eugippii vita Severini** einmal. **Liber provinciarum Italiae** liegt zum Grunde in II, 15 ff.; es scheint verloren zu seyn, ist aber vielfach auch von Andern benutzt, z. B. vom Geographen von Ravenna; vielleicht ist der Verfasser der dort citirte Castorius. **Autperti vita Paldonis et Tasonis** citirt Paulus VI, 40. · **Marcus Casinensis** Gedicht auf den heil. Benedict citirt I, 27. **Catalogus regum Langobardorum et principum Beneventi,** über welchen unten in dem genannten Aufsatze weiter geredet werden soll. **Catalogus patriarcharum Aquileiensium,** jetzt verloren. Außerdem benutzte er vielfach Erzählungen von Augenzeugen, wie I, 2. 6. 15. II, 8 u. a., mündliche Überlieferung, und besonders den reichen Schatz der Volkssage, die sich bei den Langobarden bis tief in die historische Zeit, ja bis ans Ende des Reichs herabzieht, und deren Erhaltung wir fast ganz unserm Paulus verdanken.

In der Benutzung dieser Quellen ist Paulus im Ganzen genau und treu, ja oft ganz wörtlich. Zuweilen arbeitet er zwei in einander, wirft dabei auch durch einander, was in seiner Quelle ganz anders geordnet steht, z. B. III, 1; anderswo fügt er Einzelnes ganz aus sich selbst hinzu, besonders um die Verbindung mit dem Vorigen und den Übergang zu bilden, namentlich die Worte **Post annos aliquot,** oder **Hoc tempore,** oder **His diebus,** oder **Post haec,** was bisweilen chronologisch ganz irrig ist. Wie schon oben bemerkt, darf man solche Fälle durchaus nicht als chronologische Autorität betrachten, wie überhaupt Paulus Chronologie sehr schwach und unbestimmt ist und nur mit Vorsicht gebraucht werden kann. Von den übrigen Irrthümern unseres Paulus ist ebenfalls schon oben die Rede gewesen, ebenso aber auch von seiner unverdächtigen Wahrheitsliebe. Auch die höchst ungleichmäßige Auswahl dessen, was er

giebt und was er nicht giebt, ist dort berührt, und wie er
Unbedeutendes aufnimmt, und dagegen höchst wichtige Dinge
ganz ausläßt. Doch wem wir so Vieles und so Bedeutendes
verdanken, mit dem mögen wir nicht strenge rechten um
das, was er nicht gegeben, sondern uns lieber dessen freuen,
was er allein der Vergessenheit entrissen hat.

Wie groß die Einwirkung der Langobardengeschichte auf
die Geschichtschreibung gewesen ist, zeigt die Menge ihrer
Fortsetzer, Auszüge und Benutzungen. Jene werden besser un=
ten in der Übersicht der gesammten Langobardischen Geschicht=
schreibung aufgeführt werden; Benutzer aber sind: Einhard
829; Andreas von Bergamo um 876; Johannes Diaconus in
seiner Lebensbeschreibung der Bischöfe von Neapel um 872;
die Casineser Chronik um 876; die Brixener Chronik um 880;
Landulfus Sagax; Regino vor 908; Walafrid Strabo citirt
ihn de divin. off. c. 28; Widukind citirt ihn I, 14; Bene=
dict vom Soracte um 990; Agnellus von Ravenna um 839;
die Novaleser Chronik um 1048; Herimann von Reichenau
1054; Marianus Scotus 1082; Petrus Damianus in
einer Predigt hat die Stelle aus I, 26; Johann von Grado
1008; Landulf in seiner Geschichte von Mailand um 1085;
Saxo Grammaticus citirt ihn im achten Buche; Leo von
Ostia um 1101; Johann vom Volturno um 1105; Ekke=
hard um 1105; Sigebert von Gemblours 1110; der Anna=
lista Saxo beim Jahre 890 hat alles aus ihm; Petrus
Diaconus um 1135, namentlich in der sogenannten kurzen
Chronik des Anastasius; Hugo von Fleury 1117; Romuald
von Salerno um 1178; Otto von Freisingen; Aimoinus;
Ordericus Vitalis 1197; Gotfried von Viterbo, der ihn durch
einen der wunderlichsten Lesefehler Toclacus nennt, indem
er aus P. Worten refert hoc loco antiquitas machte
refert Toclacus historiographus antiquitatis; Albacruclus,
ein Commentator der Lombarda nach 1158, giebt in seinem
Prolog in den Bologneser, Pariser und Olmüzer Hand=
schriften eine ganz kurze Geschichte der Langobarden, die

nichts ist als ein fast wörtlicher Auszug aus Paulus;
Radulfus de Diceto um 1210; Sicard von Cremona um
1220; Helinand 1227; Albericus 1246; Martinus Polonus
1268; die Chronik um 1271 in Rom Minerva A III, 10;
Jacob von Acqui 1290; Iacobus de Voragine 1298; die Fer=
rareser Chronik um 1300 in Turin n. 1061 und Rom Minerva
A II, 34; Ptolemäus von Lucca um 1300; Riccobald von
Ferrara 1312; Galvaneo Flamma; Morigia 1343; Andreas
Dandolo; Bernhard Guidonis um 1330; Spicilegium Raven-
natis historiae um 1346; die Mailänder Chronik in Turin
n. 1025; die Chronik in Turin n. 1045; Antoninus von
Florenz; Malvezzi 1412; Palmerius um 1437; Raimundus
Turchus, im funfzehnten oder sechzehnten Jahrhundert un=
tergeschoben, bei Pasini cat. bibl. Taurinensis II, 200.

Handschriften zerfallen in drei Familien; sie sind zum grö-
ßeren Theile aufgezählt Arch. VII, 274, da aber noch viele
hinzugekommen sind, so mögen sie hier geographisch zusammengestellt folgen. Die Zahl aller uns bekannt gewordenen ist
113; davon sind folgende 79 für unsere neue Ausgabe benutzt:
Rom Vat. 1795. 1981. 1983. 1984. 3339. 3852. 4917.
Palat. 927. Ottob. 909. 941. 1378. 1702. Urbin. 984.
Christ. 578. 597. 710. 905. Minerva A I, 21. A II, 34.
Vallicell. B, 61; Chigi G, 6, 156; Mailand Brera; Madrid
V, 188; Paris 4877. 5315. 5872. 5873. 6158. 6159.
6160. 6815. Bouhier 93. St. Victor 289. Notredame 127;
Rouen 28, 25; Alençon; St. Omer 736; Brüssel 8246.
18395; Haag 906. 907; Leiden publ. 71; Utrecht 287;
Trier 1142; Kassel; Leipzig I, 60; Gießen 688; Gotha 139;
Heidelberg 912; Stuttgart h. 26; Bamberg E, 3, 14; Mün=
chen Fris. 191. Teg. 571. Bened. 102; Wien h. prof. 477.
516. 680. hist. eccl. 75. 81. ius civ. 64. Hohend. 16.
arch. univ. 5; Pesth; St. Gallen 547. 620. 635; Bern 83ª.
208; Middlehill 1886. 1887; London Kings 12. C. IV; Kings
15. C. VI; Harlei. 5393; Brit. Mus. 14092; Orford Laud

H. 39; Dorvill. X. 1. 9. 39; Corp. Christ. 1549. 88; Balliol 295. C. 21; Magdal. 2155.

Noch nicht benutzt sind folgende 19: Rom Angelica V, 3, 19 saec. XV; Florenz Laur. pl. 65 cod. 35. s. X; Leop. Strozzi 83 saec. XIV; Cesena Malatesta; Bologna San Salvat. 276. s. XI; Parma Lat. 35. s. XII; Mantua Liceo; Udine beim Grafen Carlo della Pace; Cividale s. IX; Mailand Ambros. 72. s. X; Monza s. X; Brixen im Dom; Paris 1750. s. XIV und eine andere, ehemals dem Marchese Gian-filippis in Verona gehörig s. X; Avignon musée Calvet 226. s. XIII; Grenoble 338. s. XIII; Salisbury cathedr. 1060. 134. s. XIV; Middlehill 1885. s. IX nur wenige Excerpte; Kopenhagen 2158.

Verloren sind 15: Montecasino Paulus Autograph und die beiden von Leo II, 53 und Petrus Diaconus III, 63 erwähn-ten; Rom Pal. 851. Urb. 413; Novalese, noch von de Lewis im Jahre 1780 gesehn; St. Gallen s. X mit goldenen Ini-tialen, sah noch Gerckens Reisen II, 275; Kostnitz Serapeum 1840 März 31; Bec; Mont St. Michel s. XII; Bonne Espe-rance Sanderus bibl. Belg. 311; Oudemborg Sanderus 224; Ter Duyn Sand. 187; Frehers Handschrift, Moller de Paulo Diacono Altd. 1686. p. 21; Abraham Ortels Handschrift, von Lindenbrog benutzt.

Ausgaben sind A. VII, 344 beschrieben: Guilelmi Parvi, Paris bei Ascensius 1514. fol. die erste, aber auch die schlech-teste; Peutingeri, Augsburg 1515. fol.; Gelenii, Basel bei Froben 1532. fol.; Lindenbrogii, Leiden bei Plantin 1595. 8⁰, und bei Maire 1617. 8⁰; Lindenbrogii, Hamburg 1611. 4⁰; Gruteri, Hanau 1611; Elzeviri, Amst. 1655. 8⁰; Bibliotheca max. patr. Lugd. 1677. XIII; Horatii Blanci, bei Muratori I, 1, 397; Bouquet II, 634 giebt nur Excerpte.

Übersetzungen: Storia di Paolo Diacono, handschriftlich in Turin n. 77; Storia de' Longobardi, trad. da Lud. Dome-nicho. Ven. 1554. 8⁰. Milan. 1631. 12⁰; Storia de' Long.

trad. da Viviani. Udine 1826; Paulus Warnefried, übersetzt von K. von Spruner. Hamb. 1838. 8°. Eine neue von Dr. Otto Abel ist unter der Presse.

Zweifelhaft, ob von Paulus, sind: Vita et obitus S. Scolasticae „Tempore quo Iustinus senior Romam — amen" steht ohne Namen des Verfassers in der in Montecasino s. XI prächtig geschriebenen Handschr. Rom Vat. 1202 auf fol. 232, vor Paulus dort ebenfalls anonymen Versen auf die Heilige. Erwähnt wird ein solches Werk von ihm gar nicht.

Ars Donati quam Paulus diaconus exponit „D. Partes orationis quot sunt? M. Octo — similia" in der Hf. aus Lorsch Palat. 1746. s. IX dasselbe citirt der alte Lorscher Katalog bei Mai Spic. V, 191: Ars s. Augustini. item Pauli diaconi ad Carolum regem; und die Vaticanische Hf. bei Keil Analecta grammatica p. 16: Fuit et alter Asper . . . cum Paulo diacono et grammatico in uno vet. codice inveni. Ob P. der unsrige ist, wird durch die große Menge der P. D. schwierig; dafür aber möchten die Verse Karls an ihn sprechen: Cum grammatice Latinis fecundare rivalis Non cesses nocte dieque cupientis viscera; sie wäre dann am Hofe geschrieben. Sie ist erst 1846 von Dr. Heinrich Keil entdeckt, und noch unedirt.

Epitaphium Sophiae neptis „Roscida de lacrimis — dira procella rosam" sehr schön, steht anonym in der Handschr. *Paris 528 mitten unter Paulus obenerwähnten Gedichten; doch da ebendort auch Gedichte von Alkuin, Petrus von Pisa, Beda u. a. stehn, so kann dies eben so gut von Petrus seyn.

Epitaphium Chlodarii pueri regis „Hoc satus in viridi — illa sacris" eine sehr schöne Elegie, im Namen Hildegardens, also vor 783 gedichtet, steht anonym

(es kann also eben so gut von Petrus von Pisa oder Al=
kuin seyn) *Paris 528; *Rom Christ. 421 aus St. Gallen.

Epitaphium Constantis „Hic decus Italiae —
te cupiente parens", auf einen Römischen Senator, der
die Pannonier besiegt hatte, im Namen seiner Gattin Theo=
dora, die sich mit ihm begraben ließ; steht anonym, also
ganz ungewiß von wem, *Paris 528.

Versus de episcopis sive sacerdotibus „Ad
perennis fontem vitae — origine" alphabetisch, anonym,
vielleicht von Paulus, oder von Paulinus, oder Walafried
Strabo. Handschr. *Paris 528. St. Gallen 573. Ausg.
Dumeril poésies populaires Latines p. 131.

De malis sacerdotibus „Aquarum meis quis
det fontem oculis — gaudia regni" alphabetisch, ein Ge=
genstück zu dem Vorigen, also von demselben Verfasser.
Handschr. *Paris 528. St. Gallen 573.

Versus de Aquileia „Ad flendos tuos — in
aevum" alphabetisch auf A. Zerstörung durch Attila, ganz
in der Weise des vorigen, und gewiß von demselben Ver=
fasser. Cassander hält dafür den heil. Paulinus, der 804
iu Aquileja starb, und ganz in demselben Versmaß ein
alphab. Gedicht auf Christi Geburt dichtete. Handschr. *Wien
philol. 425. s. X; *Haag 830. s. IX. Ausg. Endlicher
codd. Latini bibl. Vindob. p. 298; daraus Dumeril p. 234.

„**Glossae Pauli diaconi. item glossae**" finde ich
im alten Katalog von Lorsch bei Mai Spicil. V, 193.
Was kann das seyn?

———

Mit Unrecht werden Paulus zugeschrieben:

Excerpta ex libris Pompeii Festi mit einer
Epistola ad Karolum regem, worin es heißt civitatis vestrae Romuleae; also muß es nothwendig Karl
der Große seyn, da Karl der Kahle und Karl der Dicke
Rom erst als Kaiser besessen. Der Verfasser nennt sich

darin nur **Paulus ultimus servulus**, und es ist nichts weiter über ihn daraus zu ersehen; eben so wenig aus den **Versus ad Karolum regem**, womit er das Werk übergab:

> Multa legit paucis, qui librum praedicat istum;
> Hoc servus fecit, Karole rege, tuus.
> Sic una ex multis nunc fiat ecclesia templis.
> Det David vires scilicet ipse Deus.

Die Überschrift des Briefes lautet in einigen Handschr. Epistola Pauli pontificis, in einer andern Pauli sacerdotis, in einer andern Pauli Atheniensis; in keiner aber, so viel ich weiß, Pauli diaconi. Scaliger, Mabillon und Tiraboschi glauben, es sey unser Paulus, obgleich keine einzige alte Quelle es ihm beilegt. Aber schon Angelus de Nuce behauptete, daß der es nicht seyn könne. Seitdem hat man darüber geschwankt, und noch der neueste Herausgeber, Otfried Müller, sagt: Quis ille homo fuerit, non quaerimus; nisi quod id testatum habemus, fuisse sacerdotem, Karoli magni aequalem. Quod dicit, se penitus abstrusa stilo proprio enucleasse, in eo vanus deprehenditur, quum difficilioribus ita esset impar, ut etiam vitia librariorum pleraque aut improvidus describeret aut omittendis verbis evitaret. Interdum inter excerpendum ne structuram quidem verborum ita attendit, quin eam foedissime perturbaret. Plerumque Festi verba brevius reddidit; paucissima addidit; integros articulos namquam addidisse videtur. Da nun solche Unwissenheit gewiß nicht auf unsern Paulus paßt, und kein einziges altes Zeugniß und keine Handschr. ihm dies Werk zuschreibt, so halten wir den Verfasser für einen Zeitgenossen unseres Paulus. Handschr. Neapel drei; Rom Vat. 1550—1554. 2732. 2733. Corsini 844; Rossi zwei Handschr.; Florenz Laur. 50, 5. 90, 14. 90, 6, 1. 2; Paris 7573—7575. 7661—7664; Leiden Voss. Latini quart. 116; Wolfenbüttel; Berlin; Leipzig; München; Basel;

Escurial A. VIII, 818. saec. IX u. a. Ausg. Princeps, Mediol. 1471; die letzte und beste von C. O. Müller 1839.

Diplomata von Desiderius, s. oben.

Miracula S. Arnulfi legt ihm noch neben den Gesta ep. Mett. der einzige Sigebert bei, und aus diesem Tri=themius. Deßhalb meinen Surius, Caveus und Marus, dies sey die bei Surius zum 24. August und in Bedas Werken gedruckte Lebensbeschreibung. Aber schon Vossius und Oudinus haben nachgewiesen, daß diese vielmehr einen Zeitgenossen des heil. Arnulf zum Verfasser hat, und die=selbe ist, welche Paulus selbst **H. L. VI, 15** und **Gesta Mett. p. 324** als von einem Andern citirt; daß Paulus nie eine solche geschrieben hat, und daß Sigeberts Irrthum eben aus jenen von ihm falsch verstandenen Citaten unseres Paulus entstanden ist.

S. Fortunati ep. vitam eleganter descripsit sagt der einzige Petrus Diaconus; es ist offenbar eine Verwechs=lung mit der Grabschrift **II, 13.**

De Papiensibus episcopis beruht allein auf Galesini, der im Martyrologium sagt, er habe dies Werk des Paulus gesehen. Liruti glaubt halb und halb daran; Mabillon **Annales II, 342** zweifelt nicht ganz entschieden; Muratori zweifelt sehr stark. Paulus Worte **H. L. VI, 57** in loco proprio ponemus hat man nur ganz irrig als Beweis angeführt.

Historia Treberensium Pauli diaconi im Katalog von Corbie aus Rom Palat. 520 gedruckt bei **Mai Spicilegium V, 209** beruht auf einem Lesefehler; in der Handschrift steht nämlich: „Historia Treberensium. **Pauli diaconi Romanorum historia.**“

Vita S. Petri Damasceni auct. P. D. in der Papierhandschrift Rom Vallicell. H, 13. s. XVI ist nichts als ein Excerpt aus der **Historia miscella.**

Vita S. Germani Constantinopolitani auct.

P. D. ebenda, auch nur Excerpt ebendaher; Marus ad Petrum diac. 8 citirt sie aus einer Casineser Handschrift als von Paulus historicus.

Martyrium S. Cypriani legen unserm Paulus bei Arnold Wion, Labbe, Marus. Aber Tillemont mem. hist. eccles. IV, 638 zeigt, daß der Verfasser ein anderer Paulus unter Karl dem Kahlen war, weil es darin heißt: Nos ergo, fratres karissimi, oremus Deum pro serenissimo imperatore Karolo, quatenus qui b. Cornelium papam et martirem de Romanis partibus ... sibi proximari fecit, welche Translation nach Compiegne erst 877 durch Karl den Kahlen geschah. Ausg. Cypriani opera ed. Pamelius.

Vita S. Mariae Aegyptiacae legen ihm erst Spätere bei; Sigebert de SS. eccl. 69 und die ältesten Handschriften alle haben: de Greco transtulit in Latinum Paulus venerabilis s. Neapolitanae ecclesiae, der seine Übersetzung Karl dem Kahlen dedicirte. Ausg. Surius 9 Apr.; den Brief an Karl hat Fabricius ed. Mansi V, 210.

Poenitentia Theophili ist von demselben Neapolitaner aus dem Griechischen des Eutychius übersetzt; denn in dem Briefe sagt er, er habe die vita S. Mariae Egipt. cum tomulo de cuiusdam vicedomini penitentia dem Kaiser Karl dedicirt. Ausg. Acta SS. Febr. I, 183.

Epistolarum ad diversos librum unum legt ihm Zancaroli bei, und danach Arnold Wion und Marus; es ist aber, wie auch bei Tritheim gewöhnlich, nur ein Zusammenfassen der einzelnen oben angeführten Briefe.

Versus de S. Scolastica „O benedicta soror... anonym in der ursprünglich Casineser Handschrift Vat. 1202 legen Arnold Wion Lignum vitae II. und Mabillon Acta SS. I, 44 unserem Paulus bei, während Baronius mit Recht bemerkt, daß es vom Abt Bertharius ist, als Pendant zu seinen Versen auf den heil. Benedict.

Versus de b. Mauro „Dux via vita tuis . . .
anonym in derselben Handschrift werden von Marus unserm
Paulus zugeschrieben; aber Mabillon, der sie Acta SS. I,
274 edirt hat, weist nach, daß sie nach 845 gedichtet sind,
weil **Anaguareth** darin erwähnt wird; oder gar erst nach
1000, weil der Arm des Heiligen darin vorkommt, den erst
Abt Odilo schenkte.

Vitae patrum Emeritensium ist von einem Spa=
nischen Diaconus Paulus; Liruti wundert sich, daß es außer
ihm Niemand unserm Paulus zuschreibt!

Versus. Die Casineser Handschrift 349, von zwei Lan=
gobardischen Händen s. X geschrieben, enthält eine anonyme
Expositio in N. T., deren erste Quaternionen verloren sind,
so daß die Handschrift mitten in der Apostelgeschichte beginnt;
dann folgen die Briefe Jacobi, Petri, Johannis, Judä, die
Offenbarung, die Paulinischen Briefe, alle so, daß vor jedem
Briefe ein kurzer Prolog und ein Inhaltsverzeichniß vor=
hergeht, dann der Brief selbst, ohne Commentar und Ein=
theilung in Verse. Auf den Hebräerbrief folgt Hieronymus
Brief an Minervius und Alexander über die Paulinischen
Briefe, und zuletzt, von derselben Hand und Dinte:

Incipit versis.

Clare beati agnosscere Pauli dogmata qui vult,
Volvere hunc studeat cum magna indagine librum.
Carmen enim vitae retinet pariterque gehennae;
Aecclesiae pretiosa Dei munilia gestat;
Hic quoque repperiet lector frumenta animarum,
Et satiem sine fastidio requiemque beatam.
Scriptoris si forte vellis cognoscere omïa,
Paulus diaconus vocitatur et ipse monachus,
Hoc opus auxiliante Deo perfecit et ille
Ipsius ad laudem et sancti archangeli Michaelis.
Oro, ne Dominum cesses lector rogitare,
Gratus ut accipiat scriptoris votum et ipse.
Deo gratias. alius incepit. ego finibi.

womit der Quaternio schließt. Sie sind gedruckt von Tosti storia di Montecasino I, append. 104. Die letzten Worte alius incepit. ego finibi beziehen sich auf die beiden Hände der Handschrift und sind offenbar vom Schreiber dieser Handschrift. Das Gedicht hingegen scheint er nicht selbst gemacht, sondern nur zugleich mit dem ganzen Werke aus einer ältern Handschrift abgeschrieben zu haben; denn den Lesefehler omīa statt nomen kann nur ein Abschreiber, nicht ein Verfasser der Verse gemacht haben. Der Paulus diaconus et ipse monachus hatte also im neunten oder Anfang des zehnten Jahrhunderts diese Exposition geschrieben und dazu die obigen Verse gemacht, um sich als Schreiber zu nennen. Ob er auch Verfasser der Exposition, ist ungewiß; die Verse sprechen eher dagegen als dafür; jedoch hat der Casineser Handschriftenkatalog Unrecht, wenn er als Verfasser Gilbertus nennt; denn Gilberts expositio in epp. Pauli, in n. 235, ist ein förmlicher Commentar, aber ein ganz anderes Werk als das in 349, obgleich Gilbert dieselben Inhaltsverzeichnisse hat, und auch die Prologe aus 349 benutzt zu haben scheint. Daß aber dieser Paulus diaconus nicht unser Paulus seyn kann, scheint mir die barbarische Versifikation sattsam zu beweisen.

Anhang zu Seite 288.

Versus in laude S. Benedicti [1]).

Diebus Iustiniani orthodoxi imperatoris b. Benedictus pater, qui monachorum regulam instituit, et prius in loco qui Sublacus dicitur, qui ab urbe Roma quadraginta milibus abest, et postea in castro Casino quod ARX appellatur, et magnae vitae meritis et apostolicis virtutibus fulsit. Cuius vitam, sicut no-

---

1) so 6. Incipit prohemium venerabilis Pauli diaconi in versus de miraculis s. patris Benedicti 3. Incipit prologus Pauli diaconi 2. Cronica de monasterio s. B. 4. ohne Überschrift 1. 5. 7.

tum est, b. papa Gregorius in suis dialogis suavi sermone composuit. Ego quoque pro parvitate ingenii mei ad honorem tanti
patris singula eius miracula per singula distica elegiaco metro
contexui [1]).

Ordiar unde tuos, sacer o Benedicte, triumphos?
　　Virtutum cumulos ordiar unde tuos?
Euge beate pater, meritum qui nomine prodis!
　　Fulgida lux secli, euge beate pater!
Nursia, plaude satis tanto sublimis alumno;
　　Astra ferens mundo, Nursia, plaude satis.
O puerile decus, transcendens moribus aevum [2]),
　　Exsuperansque senes, o puerile decus.
Flos, paradise, tuus despexit florida mundi;
　　Sprevit opes Romae flos, paradise, tuus.
Vas pedagoga tulit diremptum pectore tristi;
　　Laeta reformatum vas pedagoga tulit.
Urbe vocamen habens tironem cantibus abdit;
　　Fert pietatis opem Urbe vocamen habens.
Laudibus antra sonant mortalibus abdita cunctis;
　　Cognita, Christe, tibi laudibus antra sonant.
Frigora flabra nives perfers tribus impiger [3]) annis;
　　Tempnis amore Dei frigora flabra nives.
Fraus veneranda placet, pietatis furta probāntur;
　　Qua sacer altus erat, fraus veneranda placet.
Signat adesse dapes agapes, sed lividus obstat;
　　Nil minus alma fides signat adesse dapes.
Orgia rite colit, Christo qui accommodat [4]) aurem;
　　Abstemium pascens orgia rite colit.
Pabula grata ferunt avidi ad spelea subulci;
　　Pectoribus laetis pabula grata ferunt.
Ignis ab igne perit, lacerant dum viscera sentes;
　　Carneus aethereo ignis ab igne perit.
Pestis iniqua latens procul est deprensa sagaci;
　　Non tulit arma crucis pestis iniqua latens.

1) Explicit prohemium. incipiunt versus 3. Die ganze Vorrede fehlt 5. 6. 7.
　2) so 1. 3. 6. 7. annos Paulus zweite Ausgabe in seiner
Langobardengeschichte.
　3) alacer 6. 7.
　4) quia commodat zweite Ausg.

Lenia flagra vagam sistunt moderamine mentem;
    Excludunt pestem lenia flagra vagam. .
Unda perennis aquae nativo e marmore manat;
    Arida corda rigat unda perennis aquae.
Gurgitis ima calibs capulo divulse petisti;
    Deseris, alta petens, gurgitis ima, calibs.
Iussa paterna gerens dilapsus vivit[1]) in aequor
    Currit vectus aquis iussa paterna gerens.
Prebuit unda viam prompto ad praecepta magistri,
    Cursori ignaro prebuit unda viam.
Tu quoque, parve puer, raperis nec occidis undis;
    Testis ades verax tu quoque, parve puer.
Perfida corda gemunt stimulis agitata malignis;
    Tartareis flammis perfida corda gemunt.
Fert alimenta corax digitis oblata benignis;
    Dira procul iussus fert alimenta corax.
Pectora sacra dolent inimicum labe peremptum;
    Discipuli excessum pectora sacra dolent.
Lyris amoena petens ducibus comitaris opimis;
    Caelitus adtraheris Lyris amoena petens.
Anguis inique, furis, luco spoliatus et aris;
    Amissis populis, anguis inique, furis.
Improbe sessor abi, sine dentur marmora muris;
    Cogeris imperio; improbe sessor abi.
Cernitur ignis edax falsis insurgere flammis;
    Nec tibi, gemma micans, cernitur ignis edax.
Dum struitur paries, lacerantur viscera fratris;
    Sospes adest frater, dum struitur paries.
Abdita facta patent, patulo produntur edaces;
    Muneris accepti abdita facta patent.
Seve tiranne, tuae frustrantur retia fraudis;
    Frena capis vitae, seve tiranne, tuae.
Moenia celsa Numae nullo evertentur[2]) ab hoste;
    Turbo, ait, allidet[3]) moenia celsa Numae.
Plecteris hoste gravi, ne lites munus ad aram;
    Munera fers aris; plecteris hoste gravi.

1) currit zweite Ausg.
2) subruentur zweite Ausg.
3) evertet zweite Ausg.

Omnia septa gregis praescitum est tradita genti;
   Gens eadem reparat omnia septa gregis.
Fraudis amice puer suado captaris ab ydro;
   Ydro non caperis fraudis amice puer.
Mens tumefacta sile tacita et ne carpe videntem;
   Cuncta patent vati; mens tumefacta sile.
Pellitur atra fames delatis coelitus escis;
   Nilhominus mentis pellitur atra fames.
Pectora cuncta stupent, quod eras sine corpore praesens;
   Quod per visa monens [1]), pectora cuncta stupent.
Vocis ad imperium tempnunt dare frena loquelis;
   E bustis fugiunt vocis ad imperium.
Vocis ad imperium sacris non esse sinuntur;
   Intersunt sacris vocis ad imperium.
Tellus hiulca sinu corpus propellit humatum;
   Iussa tenet corpus tellus hiulca sinu.
Perfidus ille draco mulcet properare fugacem;
   Sistit iter vetitum perfidus ille draco.
Exitiale malum capitis decussit honorem;
   It procul imperiis exitiale malum.
Fulva metalla pius, nec habet, promittit egenti;
   Caelitus excepit fulva metalla pius.
Tu miserande, cutem variant cui fella colubri,
   Incolumen recipis, tu miserande, cutem.
Aspera saxa vitrum rapiunt, nec frangere possunt;
   Inlesum servant aspera saxa vitrum.
Cur promocunde [2]) times stillam praebere lechiti?
   Dolia cerne fluunt; cur promocunde times.
Unde medela tibi, spes est cui nulla salutis?
   Qui semper perimis [3]), unde medela tibi.
Ah lacrimande senex, hostili concidis ictu;
   Ictu sed resipis, ah lacrimande senex.
Barbara lora manus ignaras criminis arcent;
   Sponte sua fugiunt barbara lora manus.
Ille superbus equo reboans clamore minaci,
   Stratus humi recubat ille superbus equo.

1) fo 5. 6. 7. monet 1. 2. 3. mones zweite Ausg.
2) promoconde 5. 6. 7.
3) perimes 7. metuis zweite Ausgabe.

Colla paterna ferunt extincti viscera nati;
    Viventem natum colla paterna ferunt.

Omnia vincit amor; vicit[1] soror imbre beatum;
    Somnus abest oculis. Omnia vincit amor.

Simplicitate placens instar petit alta columbae;
    Regna poli penetrat simplicitate placens.

O nimis apte Deo, mundus cui panditur omnis,
    Abdita qui lustras, o nimis apte Deo.

Flammeus orbis habet iustum super aethera nantem;
    Quem pius ussit amor, flammeus orbis habet.

Ter vocitatus adest testis novitatis habendus;
    Carus amore patris ter vocitatus adest.

Dux bone, bella monens exemplis pectora firmas;
    Primus in arma ruis dux bone bella monens.

Congrua signa dedit vitae consortia linquens; -
    Ad vitam properans congrua signa dedit.

Psalmicen assiduus nunquam dabat otia plectro;
    Sacra canens obiit psalmicen assiduus.

Mens quibus una fuit, tumulo retinentur eodem;
    Gloria par retinet, mens quibus una fuit.

Splendida visa via est, facibus stipata coruscis;
    Qua sacer ascendit, splendida visa via est.

Rupea septa petens nacta est errore salutem;
    Errorem evasit rupea septa petens.

Poemata parva dedit[2] famulus pro munere supplex,
    Exul, inops, tenuis poemata parva dedit.

Sint, precor, apta tibi, caelestis tramitis index
    O Benedicte pater, sint precor apta tibi[3].

1) vinxit 5.
2) dedi 5. 6. 7.
3) Die folgenden Distichen stehn nur in 1. 2 (in beiden mit
der Überschrift Precatio pro se et aliis) und in 5 (hier jedoch in
dieser Folge: Sint, Vincula, Arce, Nunc, Funde, Currere). In
6. 7 folgen davon nur noch die beiden: Vincula und Arce; und
6 fügt außerdem oben vor Poemata noch die beiden Nunc und
Funde ein. In 4 steht: apta tibi. Et in ultimo: Perfice cuncta
precor per eum quem semper amasti; Dulcis amande pater perfice cuncta precor. Ymnus: Fratres alacri p. v. c. p. f. h. i:
festivitatis gaudiis. Haec alibi requirantur suo in loco. Libet
me breviter u. s. w. Er hatte also in seinem Originale alle Verse,
ließ aber die letztern weg, wie er sie in der Langobardengeschichte

Nunc, venerande pater, cunctis celeberrime saeclis,
Mitis adesto gregi nunc, venerande pater.
Funde benigne preces, caveat quo noxia vitae;
Quo vitam capiat, funde benigne preces.
Vincula solve mei solita virtute piacli;
Pectoris et plectri vincula solve mei.
Arce piis meritis varias a corde figuras;
Desidium et somnos arce piis meritis.
Currere cede viam tua per vestigia sursum;
Nil remorante fide[1]) currere cede viam.
Guttura claude lupi semper lacerare parati;
Ne male me rapiat, guttura claude lupi.
Cor labiumque meum fac laudent Cunctacreantem;
Christum habeant semper cor labiumque meum.
Pestifer ille draco[2]) mea ne procul intima turbet;
Nonque michi occurrat pestifer ille draco.
Me tua sancta phalanx habeat post funera carnis;
Oro, ne excludat me tua sancta phalanx.
Omnia nempe potes meriti pro lampade summi;
Magnus amice Dei, omnia nempe potes.
Perfice cuncta, precor, per eum quem semper amasti;
Dulcis amande pater, perfice cuncta precor.
Sit tibi laus et honor, pietas immensa, per aevum,
Qui tam mira facis, sit tibi laus et honor.

Libet[3]) me breviter referre, quod b. Gregorius papa minime in huius sanctissimi patris vita descripsit. Denique cum
divina ammonitione a Sublacu in hunc ubi requiescit locum
per quinquaginta ferme milia adventaret, tres eum corvi, quos
alere solitus erat, sunt circumvolitantes secuti. Cui ad omne
bivium, usque dum huc veniret, duo angeli in figura iuvenum

weggelassen sand, und fügte aus letzterer die Verweisung auf den
Hymnus ein. In 3 und der zweiten Ausg. fehlen alle diese Verse.
Daß sie aber von Paulus sind, unterliegt wohl keinem Zweifel.
  1) fidem 1.
  2) so 1. 2. latro 5.
  3) Alles Folgende Libet — bruta tui steht so in 1. 2. 3. 4.
fehlt aber in 5. 6. 7. Als Paulus es in die Langobardengeschichte
aufnahm, ließ er Marcus Gedicht weg, und änderte seine letzten
Worte so um: huc veniens aliquot v. i. e. l. c. quos in his libellis, cavens nimiam longitudinem, minime descripsi.

apparentes ostenderunt ei, quam viam arripere deberet. In
loco autem isto quidam Dei servus tunc habitaculum habebat, ad quem divinitus ita dictum est: *His tu parce locis; alter
amicus adest.* Huc autem, hoc est in Cassini arcem perveniens, in magna se semper abstinentia coartavit; sed praecipue
quadragesimae tempore inclausus et remotus a mundi strepitu
mansit. Haec omnia ex Marci poetae carmine sumpsi, qui ad
eundem venerabilem patrem huc veniens, hos versus in eius
laude composuit:

Caeca prophanatas coleret dum turba figuras,
Et manibus factos crederet esse deos . . . . . [1]
Sic, rogo, nunc spinas in frugem verte malignas,
Quae lacerant Marci pectora bruta tui.

1) u. f. w. gebruckt bei Angelus de Nuce chron. Cas. append.
p. 3; Mabillon acta SS. Bened. I, 28; Muratori SS. IV, 605.
In 4 folgt auf esse deos statt der übrigen Verse: requirantur
alibi. Certum est hunc egregium patrem vocatum caelitus ob
hoc ad hunc fertilem locum et cui opima vallis subiacet adve-
nisset, ut hic multorum monacorum, sicut et nunc Deo presule
factum est, congregatio fieret, ut scriptum est: Quos pater omnipotens hic mundi a finibus unum Esse dedit plures diverso germine ductos. Coenobium vero
b. Benedicti patris, quod in hoc Casini vertice situm fuerat,
quodque postea rursus ab edificantibus castrum
Eublogimonopolis, id est Benedicti civitas, a Lan-
gobardis noctu invaditur. Qui universa diripientes, nec unum
ex monachis tenere potuerunt, ut prophetia venerabilis patris
Benedicti quam longe ante prescriverat impleretur, qua dixit:
„Via obtinui apud Deum omnipotentem, ut ex hoc loco animae
mihi cederentur." Fugientes quoque ex eodem loco monachi
Romam petierunt, secum codicem sanctae regulae, quam pre-
phatus pater composuerat, necnon pondus panis et mensuram
vini et quicquid ex supellectili subripere poterant deferentes.
Siquidem post b. Benedictum Constantinus, post hunc Simpli-
cius, post quem Vitalis, ad extremum autem Bonitus congrega-
tionem ipsam rexit, sub quo haec destructio facta est. Mit
Ausnahme des gesperrt Gedruckten steht dies alles wörtlich bei
Paulus I, 26. IV, 18, und es könnte scheinen, als habe es ursprünglich den Schluß unseres kleinen Werkchens gebildet, und sey
nachher von Paulus in seiner Geschichte an jene beiden Stellen
vertheilt. Allein es paßt nicht zu dem Titel Versus de mirac.
s. B. und findet sich nur in der einzigen Hf. 4 in eine Klosterchronik eingefügt; daher anzunehmen ist, daß es von deren Verfasser aus jenen beiden Stellen des Paulus compilirt und seinem
Zwecke gemäß hier angefügt worden.

Anhang zu Seite 291.

Oratio S. Mercurii composita per Paulum Diaconum sanctissimae vitae monachum montis Casini, quondam secretarium principis Arichis Beneventani:

Salve miles egregie,
Mercuri martir inclite!
Esto nobis refugium
Apud Patrem et Filium
Et Spiritum paraclitum.
Ora pro nobis, sancte Mercuri,
Ut digni efficiamur promissionibus Christi.

Oremus: Deus, qui b. Mercurium martirem tuum per angelicam visionem in tua fide solidasti, presta quesumus, ut intercessionis eius auxilio ab insidiis inimicorum omnium defendamur et in tuo semper amore crescamus, per dominum nostrum Iesum Christum.

Hymnus eiusdem in transl. corp. Beneventum.

Martir Mercuri, seculi futuri
Perpeti dona gloriae corona,
Qui tuam totis venerantur votis
   Translationem.
Qui dudum Romae Decio dictante
Multa pro Cristo passus, ipso dante,
In Caesarea vir virtutis ante
   Victor occumbis.
Quem cesar Constans inter precessorum
Deferens secum fines Appulorum
Preterit intrans more tirannorum
   Cuncta consumens.
Interim urbem vastat opulentam
Samniam iusta vere luculentam;
Cuius ruinam Deus violentam
   Ita solatur.
Tres cenobitae gratae Deo vitae,
Ista dolentes, tristes et merentes
Corpus beatum sibi commendatum
   Humant ibidem.

Urbs desolata ita consolata
Super humata corporis beata
Ossa, pro rata sit ut Deo grata,
           Construit templum.
Caesar progressus venit Beneventum,
Sed vi repressus sibi resistentum
Romam festinat, Samniam declinat
           Bellipotentem.
Post plures annos Arechis insignis
Samniae princeps multis motus signis
Martiris corpus laudibus condignis
           Samniam transfert,
Donans id ara nobili preclara.
Cuius precatu omni nos reatu
Peugma beatum purget, et optatum
           Conferat statum.
Honor et virtus, regnum et potestas
Sit Deus noster tibi, qui sic prestas
Tuos attolli contra res infestas
           Opem ferendo. Amen.

Anhang zu Seite 275, Anm. 1.

Theodorus monacus quidam a Tharso Cilitiae atque Adrianus abbas scolae Grecorum, Romae quondam positi simulque Grecis ac Latinis litteris, liberalibus quoque artibus instituti, a papa Romano Britanniarum insulae sunt directi, ac eandem tam salubribus fidei documentis quam eciam secularis philosofiae inlustrarunt disciplinis. Quorum discipulatui Aldhelmus quidam vir venerandus inherens, Bedam dinoscitur habuisse successorem. Ex cuius fonte quidam, cuius nomen excidit, fluenta hauriens doctrinae, Rhabanum cognomento Maurum eruditorem propriae reliquit scolae. Qui ab episcopis Gallicanis sive a regibus Francorum transmarinis a partibus docendi causa accitus ac postmodum episcopatus honore ditatus, Alchuini cognomento Albini institutione est dotatus. Qui susceptae scolae eruditioni naviter inserviens, doctrinae philosoficae Smaragdo

reliquit gimnica campestria. Quae ille Theodulfo, postmodo
Aurelianensi episcopo constituto, contradidisse nisus agnosci-
tur. Qui per Iohannem Scotigenam, Heliam aeque eiusdem gentis
patriotam virum undecunque doctissimum philosoficis artibus
expolivit. At Helias Heiricum informans, sapientiae merito
Egolismensis donatus est throno. Heiricus porro Remigium,
sancti Germani Autricae urbis monacum, alium quoque sancti
Amandi eiusdem ordinis edocens Hubaldum, alterum litteris
alterum praefecit musis. Remigii porro cum plurimi extiterint
successores, hi fuerunt eminentiores: Gerlannus Senonum archiepiscopus, Wido Autisioderensium praesul, Gauzbertus quoque ipsius germanus Nevernensium pontifex, Daoch quoque
Brittigena, qui omnes Gallias doctrinae suae radiis inlustrarunt;
Ambrosius quoque Hisraelis praeceptor auditoris; Egroalis,
Gontio nihilominus, quorum alter Brittaniam alter Italiam sep-
templici Minerva celebrem reddidit. E quorum sentibus hi qui
hodieque studere dinoscuntur, eruditionis eorum rivulos exhau-
riunt ac sitibundi doctrine pocula refundunt. Quorum ciatos,
quia fialas nequaquam assequi valet, quidam non modo opere
verum monacus Gautbertus sola professione guttatim sitiens
exsorbet; scutellarum nihilominus mensis illorum sublatarum
reliquias lingendo adlambit; infelix prorsus, qui sensus acumine
hebetatus exsaturari nequit famelicus. Recapitulatio nominum:
Teodorus monacus et abbas Adrianus Aldelmo instituerunt gram-
maticam artem. Aldelmus Bedam. Beda Rhabbanum. Rhab-
banus Alcuinum. Alchuinus Smaragdum. Smaragdus Theodul-
fum. Theodulfus Iohannem et Heliam reliquit, sed non imbuit.
Elias Heiricum. Heiricus Hucbaldum et Remigium. Remigius
Gerlannum episcopum. Gerlannus Widonem episcopum Autisioderensium.

VII.

Die Geschichtschreibung der Langobarden.
Von Dr. Bethmann.

Es sind zwei Richtungen, in denen sich die Aufzeich=
nung der Geschichte bei den Langobarden entwickelt hat:
die Volksgeschichte und die Königsreihen.

A. Die Volksgeschichte.

Älter und bei weitem reicher als der Zweig, welcher sich
aus den Königsreihen hervorbildete, beginnt die Volksge=
schichte, wie fast überall, so bei den Langobarden mit der

Sage.

Reich und in großer Ursprünglichkeit erhalten für die
Vorzeit, zieht sich bei ihnen die Sage auch noch in die histo=
rischen Zeiten viel tiefer herab, als bei den meisten andern
Völkern; kein Zeitraum der Langobardischen Geschichte ist
ganz ohne Spuren ihres Lebens; selbst bei dem Untergange
des Reichs hat sie sich zu neuer Blüte erhoben, eben so
frisch wie die erste älteste war, und flicht so um den Weg
des Volkes von seiner Wiege bis zu seinem Grabe ihren
nirgends abgerissenen Kranz. „Die Geschichte", sagen die
Brüder Grimm, „hat den Langobarden große Ungunst be=
wiesen; ein besserer Stern hat über ihren Sagen gewaltet,
die ein aneinanderhängendes Stück der schönsten Dichtung
bilden, von wahrem epischen Wesen durchzogen." Sie sind

die erſten und einzigen, die in ihren Deutſchen Sagen den
Langobardiſchen Sagenſchatz geſammelt und in unſre Sprache
überſetzt haben. Die älteſte Quelle dafür iſt der Völker=
ſtammbaum bei Nennius und in den von Pertz zum
Hugo von Flavigny edirten Engliſchen, Franzöſiſchen und
Italieniſchen Handſchriften; er iſt, wie Pertz bemerkt, nicht
vor dem fünften und nicht nach dem ſechsten Jahrhundert
entſtanden, ſeinen Anfang aber kennt ſchon Tacitus. Das
Angelſächſiſche Lied des Wanderers nennt Sceafa, einen
der Ahnen Wodans, als Herrſcher der Langobarden. Saxo
erzählt im achten Buche Ebbos und Aggos Ausfahrt zur
Zeit König Snios, gewiß nach nordiſcher Sage, in der
Veranlaſſung etwas vollſtändiger als Paulus, auf den er
ſich jedoch ſogleich bezieht und den weiteren Verlauf weg=
läßt; ob alſo ſein Blekingen und Gothland wirklich ſagen=
haft, oder nur eine gelehrte Erklärung Saxos von Paulus
Skoringa und Golandia iſt, bleibt ungewiß. Das jüngere
Däniſche Lied in den Kämpeviſer „Der boede en konning
i Danmark u. ſ. w. ſingt von der Hungersnoth unter Kö=
nig Snio, von Gambaruks Rath, Ebben und Aaghen
Ausfahrt nach Halland, dann nach Blekingen; in Cimbris=
haven beſteigen ſie die Schiffe, ſegeln nach Gutland, dann
nach Ryland. Nachher ziehen ſie in die Marken, wählen
Hagelmunder zum König, ziehen nach Pannonien, kriegen
mit den Herulern, dann mit den Gepiden; Albuinus bela=
gert Paphie, ſtirbt durch Roſemundens Falſchheit; ſie führen
lange Kriege mit den Römern, die endlich Kaiſer Karl rufen.
Der Anfang bis zum Aufenthalt in Ryland iſt ganz genau
wie bei Saxo; das Folgende iſt ſehr kurz, und weiſt durch
die Lateiniſche Form Albuinus auf eine gelehrte Quelle hin;
ſo ſcheint das ganze Gedicht nicht ſowohl ein wirklich altes
Volkslied, ſondern erſt aus Büchern gemacht und unter
das Volk gekommen zu ſeyn. Ein anderes Gothländi=
ſches Lied bei Lyſchander „Ebbe oc Aaghe de hellede fro
u. ſ. w. erzählt: Ebbe, ein Vendelboer, und Aaghe, ein

Godinger, aber beide Söhne Einer Mutter, trieb Hungers=
noth aus Skaanen; sie und die mit ihnen zogen, nannten
sich nun Vinnilender; nachher hatten sie einen König Ha=
gelmunder; sie zogen nach Pannonien, dann nach Valland
(Welschland), wo endlich Kaiser Karl sie unterwarf. Das
ist der ganze Inhalt des kurzen dürftigen Liedes; Snio,
Gambara, Blekingen und sämmtliche Lande und Wohnsitze
vor Pannoniens Einnahme werden gar nicht genannt, auch
kein König nach Hagelmunder; so scheint es viel eher alt
und wirklich dem Volke angehörig, als das vorige Lied.
Was Sächsische Volkslieder und Bairische über Albuin
enthielten, ist bis auf Paulus kurze Angabe I, 26 verloren.
Dagegen finden sich im Orient bei Procopius zwei kleine
Züge, die sagenhaft aussehn: die Verdunkelung des Him=
mels über den Langobarden in der Herulerschlacht II, 14
und der panische Schrecken im ersten Kriege Auduins mit
Thorisin IV, 18; außer diesen hat er gar keinen Zug der Art,
obgleich er es sonst sehr liebt. Außer ihm hat nur das Ety=
mologikon eine Spur der Sage; denn was Theophy=
laktus VI, 10 einen Gefangenen über Rosemundens Ent=
führung durch Albuin erzählen läßt, kann völlig historisch
seyn. Die älteste einheimische Quelle, der Langobarden
Herkunft, nebst der verwandten Darstellung in der Go=
thaer Handschrift, gibt den Auszug und Albuins Tod
ziemlich kurz, die Geschichte von Wodan und den Langbär=
ten aber ist hier vollständiger als sonst irgendwo. Aus ihr
schöpfte Paulus Diaconus; aber noch weit mehr
schöpfte er aus der lebendigen Überlieferung seines Volks,
die er in so anmuthiger Einfachheit wiedergibt, daß wir
daraus auf die Treue seiner Auffassung und seine Enthalt=
samkeit von eignen Ausschmückungen wohl mit Sicherheit
schließen dürfen. So viel Sinn er aber für die Sage hat,
und so zahlreiche Stücke derselben er mittheilt, so hat er
doch keineswegs den gesammten Sagenschatz seines Volkes
aufgenommen; denn Andre haben manches, was bei ihm

anders, manches auch was bei ihm gar nicht vorkommt, und doch unzweifelhaft ächte Sage iſt. So die Obigen; ſo das Leben des heil. Barbatus, wo mit der Legende Züge wirklicher Sagen verbunden ſind; Fredegar IV, 65. V, 49—51. 69—71, nur daß hier der feindſelige Frän= kiſche Geiſt die reine Sage etwas trübt; im Leben der heil. Julia die Schlange und Deſiders Wahl; bei Agnellus 124 Albuins Tod, 173 Aiſtulfs Geburt, 177 Verrath ge= gen Deſider, 180ᵇ Zeichen am Himmel. — Der Untergang des Reichs bildete bald einen eignen epiſchen Dichtungskreis von derſelben romantiſchen Färbung und wohl auch in derſelben Zeit wie der von Roncesvalles; und ich glaube, daß dies der Anfang des romantiſchen Nationalepos der Italiener iſt. Aber dieſelbe Ungunſt, die ſeinen Helden, iſt auch dieſem Epos ſelbſt widerfahren; nicht vom Reiche bloß, auch aus dem Liede hat der Sieger ſeine Gegner verdrängt, ſo weit er ſein Schwert trug; und Karl und ſeine Pala= dine ſind die Helden der geprieſenſten Dichter Italiens, während die Dichtung der Beſiegten im eignen Lande un= tergegangen iſt bis auf wenige Trümmer in den Kloſter= chroniken und den Legenden der Feinde. Nächſt Agnellus 177. 180ᵇ iſt der Mönch von St. Gallen das älteſte Zeugniß für ſie, II, 17; die reichſten Bruchſtücke aber, und wahrhaft köſtliche an Gehalt und Urſprünglichkeit, hat die Novaleſer Chronik III, 7. 9—14. 22—24 erhalten. Die Legende von Amicus und Amelius enthält nur wenig; aber auch das muß alt und ſagenhaft ſeyn, da ſie in Mor= tara, Novara und Mailand Localheilige ſind. Noch Jacob von Acqui am Ende des dreizehnten Jahrhunderts hat Bruchſtücke davon, die nicht aus den vorigen geſchöpft ſind, obwohl er die Legende von Amicus und Amelius anführt; und ſelbſt im funfzehnten Jahrhundert hat Malvezzi, der ſonſt Paulus wörtlich ausſchreibt, doch einige Züge aus der Tradition. Das Ende der Langobardiſchen Unabhän= gigkeit in Benevent, Karls Zug gegen Arichis, die Schick=

sale Paulus Diaconus erzählt der Mönch von Salerno, dessen ganze Chronik ein Beweis ist, wie sehr im zehnten Jahrhundert dort Sage und Geschichte in einander spielen. — Während alle genannten auf reiner lebendiger Sage beruhen, ist diese in einer andern Reihe von Quellen verwirrt, entstellt und am Ende ganz ins Willkürliche gezogen. Der älteste dieser Art ist Benedict vom Soracte um 1000 in dem, was er von Narses Einverständnisse mit König Rotharis fabelt; dagegen scheint in seiner Erzählung von Sicard und Sicoulf wirkliche Sage erhalten. Ariprand um 1120 bringt Gambara mit Narses zusammen; so sehr war die alte Sage von Godan und Frea vergessen; und so verbreitet erscheint diese Entstellung, daß Gotfried von Viterbo sie ebenfalls erwähnt, obgleich er im Übrigen nur aus Paulus schöpft. Albacrucius nach 1150 hat sie auch, aber allein aus Ariprand. Der Florentiner Epitomator von ungewissem Zeitalter, aber schon von Morigia 1343 benutzt, folgt im Ganzen dem Paulus, aber Godan ist ihm bloß ein Zauberer, und bei Pavias Belagerung läßt er den Diaconus Thomas mit Albuin kämpfen, und Albuin deßhalb den Eid thun, den Paulus dem viel spätern Alahis in den Mund legt. Morigia 1343 schreibt den Florentiner mit einigen Änderungen und Interpolationen aus, und fügt Einiges über die Stiftung von Monza aus dortiger Localsage zu. Johannes Codagnellus, der unbekannte Verfasser einer Chronik von den vier Weltaltern bis auf den Übergang des Kaiserthums an die Deutschen „Quattuor sunt aetates, aurea, argentea — de Francia in Alemannia", welche ungekannt und von Niemandem angeführt in der Pariser Handschrift 4931 vom Ende des dreizehnten Jahrhunderts aus einer ältern abgeschrieben steht, voll der wunderlichsten Fabeln, z. B. wie Titus Christi Tod rächte; der Langobardische Feldherr Maximianus kriegt mit Kaiser Diocletian; König Theodorich von Ticinum führt Krieg mit Alboin, wobei ein

Subbiaconus (der Name wird nicht genannt) sich für den König ausgibt und mit Alboin kämpft, der ihn gefangen nimmt und dieses Schimpfs halber die Langobarden aus Pannonien nach Italien führt; Geschichte des Königs Peribeus von Mailand und seiner Kriege mit dem Römischen Kaiser und dessen Feldherrn C. Bebius und L. Cornelius; Geschichte von König Karls Neffen Papirius, der ganz Italien erobert im Jahre 604 nach Christi Geburt; da kommt der Römische Kaiser C. Cäsar aus Asien, nebst Malius Torquatus der Corsica den Römern unterworfen hatte, und kämpft mit ihm elf Meilen von Rom drei Tage und drei Nächte lang, bis er nach Ticinum abzieht, das von ihm Papia heißt. Später zieht er dem König Karl zu Hülfe nach Ronchivalia gegen die Sarazenen und ihren König Marsilius. Zum Jahre 752 erzählt er den Zug der Prinzessin Gambara aus Scatinovia nach Italien und alles Folgende fast ganz wie bei Ariprand; Narses nimmt sie erst auf, aber bald denkt er sie zu vertreiben; man verabredet eine Schlacht, und Gambara läßt alle Frauen sich bewaffnen und ihre Haare wie Bärte tragen, wodurch sie siegt und zehn Jahre lang über Italien herrscht; nach ihr Rothar, Ginaldus, Liuprand, Rachis, Astulf. Da ruft der Papst, von allen Seiten bedrängt, den Lombardenkönig Guisilbert (von dem weiß Ariprand nichts) und König Karl zu Hülfe, und krönt diesen zum Kaiser. Ihm folgen Pipin, Ludwig u. s. w., bis endlich nur noch eine Prinzessin da war. Der Papst und die Römer sagten, der solle Kaiser werden, den sie zum Gemahl wählen würde. Zufällig war damals in Rom der König der Deutschen, Enricus de Gibellengis, der den Römern gegen die Griechen zu Hülfe gekommen war; den wählte sie, und so kam das Kaiserthum an die Deutschen. Damit schließt die Chronik; angehängt ist in der Handschrift noch Istoria Longobardorum, ein ganz kurzer Auszug aus Paulus bis auf Luprandus, der auf einem Spazierritte, als Klage über ungerechtes

Maß vor ihn kommt, seinen Fuß auf einen Stein setzt, dessen Spur noch heute zu sehen ist und Pes Liprandus heißt. Galvaneus Flamma, der 1297 starb, hat entweder den Codagnellus oder dieselbe Quelle wie der gehabt, scheint aber auch den Florentiner gekannt zu haben, und wirft damit noch allerlei Anderes aus Paulus, dem Leben des heil. Barbatus, Gotfried u. A. zusammen. Er erzählt c. 50: König Maximinian von Mailand, der 489 gekrönt war, befiehlt den Langobarden und ihrem Könige Gisulf, Pannonien Cremona Verona Mantua zu räumen. Sie ziehn nach Hungarien und von da in die Romandiola; Maximinian liefert ihnen da eine große Schlacht bei Imola, worauf sie abziehn. Später (c. 62) erlegt Alboin den Herzog Azo von Mailand, und nimmt die eiserne Krone an; um die Kundschafter über die Stärke seines Heeres zu täuschen, läßt er die Frauen ihre Haare als Bärte vors Gesicht hängen (Andere jedoch, fügt Galvaneus hinzu, erzählen dies von Godan und den Winulern); König Theudericus in Pavia zieht gegen Alboin nach Verona; vierzehn Tage stehn sie sich gegenüber, da soll ein Zweikampf beider Könige entscheiden. Die von Pavia schieben statt ihres Königs einen Subdiaconus unter, den Albuin erlegt und wegen dieses Schimpfes schwört, Pavia zu zerstören (den zweiten Theil des Eides bei dem Florentiner so wie den Namen Thomas hat Galvaneus nicht). Die Einwohner übergeben die Stadt endlich an Alboin, der darin einen Palast baut. Theudericus geht nach Mailand, das ihn aufnimmt; von hier aus vertreibt er Alboin aus Pavia, zerstört seinen Palast und führt dessen Marmorsäulen sammt der eisernen Krone nach Mailand. Nach ihm wählen sich die Mailänder Perideus zum Herzog; der baut den Palast wieder, unterwirft den König Floris von Hungarien; kriegt mit dem Römischen Kaiser, der zwei Consuln, L. Cornelius und F. Flavius, und nachher auch noch den C. Bebius gegen ihn schickt u. s. w. Die folgenden Langobardenkönige

23*

werden ganz kurz behandelt; Liutprand mit der Erzählung von dem pes Liprandi; der Untergang des Reichs nach der Legende von Amicus und Amelius. Wie sich um diese Zeit die Kunde von den alten Langobarden gänzlich ver= wirrt und verloren hatte, zeigt auch die anonyme Be= schreibung Italiens vom J. 1391 in der Handschrift Wien h. prof. 800, worin es u. a. heißt: In Trivisio ci- vitate Marcus quidam Romanus Longobardis se poten- ter opposuit, qui tres humanas facies in clipeo porta- bat. et ob hoc a Iustino imperatore eius patrie duca- tum meruit. und nachher von der Einnahme Italiens: Dicti sunt Longobardi a longis barbis, quas qui non habebant, ex capillis mulierum sibi faciebant. Capta autem patria, tres reges supra se statuerunt sub Albino monarcha, quorum primus in Aquilegia, secundus in Ravenna et tercius in Papia regnavit. tenueruntque terram annis tribus vel citra, et facti sunt catholici omnes, expuleruntque consules Romanorum. Das Deutsche Heldenbuch endlich in dem Gedicht von Theude= linde und dem Meerwunder schweift ins Ungeheuerliche, wäh= rend grade denselben Stoff und denselben Gedanken Boc= caccio nach dem andern Extrem hin recht ins frivole Men= schenleben herabzieht.

Was nun diese Quellen an Langobardischer Sage er= halten haben, ist kürzlich Folgendes: Die Stammväter des Volks: die Völkerstammbäume bei Pertz SS. VIII, 314 und bei Nennius c. 13; vergl. Jacob Grimms Myth. S. ... Sceafa: Wandererslied v. 64 in Kembles Beowulf und Conybeares illustrations of Anglosaxon poetry. Auszug: Fredegar IV, 65 ganz kurz; Paulus I, 2. 3; Saxo VIII etwas anders und ausführlicher, aus Dänischer Sage; das Gothländische Volkslied "Ebbe oc Aaghe de hellede fro bei Lyschander Synopsis histor. Danicarum 1622. fol. p. 263 nennt Ebbe einen Vendelboer, Aaghe einen Gobinger, aber beide Söhne Einer Mutter, deren

Namen nicht genannt ist; Hungersnoth vertrieb sie aus Skaanen mit dem Volke, das sich Vinnilender nannte; weiter enthält es gar nichts. Das andere „Der boede en konning i Danmark u. s. w. bei (Wedel) Kämpeviser. 1787. p. 26 ist modern und ganz aus Saxo geschöpft. Ariprand hat einiges Eigenthümliche, wie es scheint aus der Sage. Codagnellus ganz aus Ariprand; der Florentiner Epitomator ganz aus Paulus. Die Langbärte: der Langobarden Herkunft enthält die ächte ausführliche Form. Paulus I, 7 läßt den wesentlichen Zug aus, daß zuerst die Vandalen Godan um Sieg bitten, und daß Frea Godans Bett heimlich verschiebt. Fredegar IV, 65 erzählt es von der Schlacht mit den Hunnen beim Donauübergange. Der Florentiner und aus ihm Morigia macht aus Godan einen Zauberer, im Übrigen dem Paulus folgend. Ariprand und aus ihm Codagnellus weiß von Godan und Frea gar nichts mehr, sondern läßt Gambara von Narses nach Italien gerufen, aber bald von ihm wieder weggewiesen werden, worauf sie den Frauen befiehlt, sich mit ihren Haaren als Männer zu verstellen. Gotfried von Viterbo zum J. 752 erzählt eben so. Galvaneus Flamma und aus ihm Dandolo bei Muratori XII, 93 erzählen, Albuin habe dies einst den Frauen befohlen, um Kundschafter über die Stärke seines Heeres zu täuschen. Die Beschreibung Italiens endlich vom Jahre 1391, in Wien h. prof. 800, sagt: Hii vero dicti sunt Longobardi a longis barbis. quas qui non habebant, ex capillis mulierum sibi faciebant. Eine andere, noch mehr verschwimmende Form der Sage bietet das ums Jahr 900 compilirte Etymologicum magnum s. v. γένειον, wovon ich die Kunde Jacob Grimms Geschichte der Deutschen Sprache S. 688 verdanke: ἔϑνος γὰρ εἴκοσι καὶ πέντε χιλιάδων ἐπελϑὸν παρεκάϑετο τοῖς Ῥωμαίοις. ἐκεῖνοι δὲ ὀλίγοι ὄντες, ἀνοίξαντες ἑτέρας πύλας, ἔφερον τὰς σκλαβηνίας. ἔτι δὲ οἱ σκλάβοι ὀλίγοι ὄντες, ἔφερον τὰς γυναῖκας αὐτῶν, καὶ περιϑέμενοι αὐταῖς σχῆμα ἀνδρεῖον καὶ γενειάδες ἐξήρχοντο. ἰδόντες δὲ τὸ πλῆθος τὰ ἔθνη, ἠρώτων τοὺς Ῥωμαίους, Τίνες εἰσὶν οὗτοι; καὶ ἔλεγον, Λογγόβαρδοι, τουτέστι βαθεῖαν ὑπήνην καὶ μακρὰν ἔχοντες. Hier führen also die Römer den Feinden, um ihre kleine Zahl zu verbergen, ihre Sklaven vor, und diese wieder aus demselben Grunde ihre Weiber in Män= nergestalt; den Namen aber giebt den Römern auf die un= erwartete Frage die erfindungsreiche Noth des Augenblicks ein. Die Assipitten: Paulus II, 11. 12. Agelmund der erste König: Paulus I, 14—16; die beiden Dänischen Lieder nennen ihn Hagelmunder; auch der Angelsächsische Wanderer nennt unter den Königen, die er besucht, einen Agelmund, ohne aber den Namen des Volkes beizufügen. Lamissio: Paulus I, 15—17. Heinrich Leo zum Beo= wulf p. 31 sieht in seiner Geburt die Welfensage, in seiner Mutter eine Prinzessin, in der Amazone eine Schwanen= jungfrau, und in ihm selbst den Schwanenritter, der wieder niemand anders ist als jener alte Sceafa. Rodulf und Tato: der Langobarden Herkunft nur ganz kurz; Paulus I, 20 ausführlich. Albuin und Turisend: Paulus I, 23. 24. Albuin und Rosimunde: der Langobarden Herkunft; Gregor. Tur. IV, 41; Paulus I, 27; nach einer andern gleichzeitigen Erzählung des Gefangenen bei Theo= phylakt VI, 10 hatte Albuin sie entführt, und daher erst war der Krieg ausgebrochen, in dem ihr Vater fiel. Nar= ses ruft Albuin: dies erzählt der wie es scheint gleich= zeitige Epitomator des Idatius; der Langobardische Chro= nist, der im Jahre 641 schrieb; Fredegar IV, 65; der L. Herkunft; die Papstleben; Paulus II, 5 und aus ihm der Florentiner. Constantinus Porphyrogenitus de admin. imp. 27 nennt die Kaiserin Irene, übrigens mit Paulus stim= mend. Die Verwirrung der Sage beginnt schon bei Be= nedict von St. Andrea c. 9, der allerdings Paulus folgt, aber dann auch noch Narses mit Rothari zusammenbringt. Ariprand läßt gar statt Albuins die Gambara von Narses

gerufen werden, und dabei die Frauen ihre Haare als
Bärte tragen, wodurch Narses besiegt wird. Gotfried von
Viterbo in den Versen zum Jahre 752 ebenso; Codagnellus
desgleichen aus Ariprand; er hat aber auch noch eine an=
dere Erzählung, wonach Albuin sein Volk aus Pannonien
nach Italien führt wegen des im Kriege mit Theodorich
von Pavia ihm angethanen Schimpfs. Albuins Ein=
zug Paulus II, 9. Über die Einnahme der einzelnen Städte
scheinen in diesen noch später hier und da Traditionen ge=
wesen zu seyn; so von Brescia giebt eine solche Malvezzi,
die jedoch großentheils nichts Anderes ist, als das was
Paulus von Gisulf im Friaul erzählt, auf Brescia über=
tragen; von Treviso erzählt die Beschreibung Italiens in
Wien h. prof. 800, daß dort Marcus quidam Romanus
Longobardis se potenter opposuit. qui tres humanas
facies in clipeo portabat. et ob hoc a Iustino imperatore eius patrie ducatum meruit, eine Fabel, die offenbar
erst sehr spät entstanden ist, um den Namen der Stadt
Trivisio durch die tres visus in dem Schilde zu erklären.
Dieselbe Beschreibung sagt später: Capta autem patria
tres reges supra se statuerunt sub Albino monarcha,
quorum primus in Aquilegia, secundus in Ravenna et
tercius in Papia regnavit. tenueruntque terram annis
tribus vel citra. et facti sunt katholici omnes. Albuin
in Pavia: Paulus II, 27; der Florentiner wirft damit
den Diaconus Thomas aus Cunincperts Geschichte zusam=
men; Codagnellus und Galvaneus Flamma entstellen das
noch weiter. Albuins Tod erzählen Gregor. Tur. IV,
41 und aus ihm Fredegar IV, 65; Marius; der Lango=
bardische Chronist; der L. Herkunft; Paulus III, 28; Agnel=
lus p. 124 aus wirklicher Sage; der Florentiner aus Pau=
lus. Jacobus Aquensis und Galvaneus Flamma führen als
Rosamundens Grabschrift in Ravenna an die Verse „Hac
iacet in tumba Rosemunda, non rosa munda. Non
redolet, sed olet, quae redolere solet" welche sonst auch

als Grabschrift der Englischen Rosamunde Clifford in Wood=
stock angegeben werden. Sanctulus: Gregor der Große
Dialog. III, 37. Der heil. Hospitius bei Gregor. Tur.
VI, 6 und daraus bei Paulus III, 1 scheint zum Theil der
Legende von Sanctulus nachgebildet. Der Sachsen
Heimfahrt Gregor. Tur. V, 15. Paulus III, 5. König
Authari Gregor. Tur. IX, 25. X, 3. Paulus III, 16.
27. Autharis Brautfahrt Paulus III, 29. Die
Königssäulen Paulus III, 30. Agilulf und Theu=
delinde Paulus III, 29. 34. Die Stiftung Mon=
zas: Morigia bei Muratori XII, 1069 aus dortiger Lo=
calsage; die Monzaer Handschrift des Paulus aus dem
elften Jahrhundert, welche über diese Stiftung eine lange,
von Morigia benützte Interpolation hat, kennt jedoch diese
Legende von der Taube nicht. Die wunderliche Sage von
Th. und dem Meerwunder im Dresdener Heldenbuche
und daraus bei Hans Sachs IV, 130 der Kemptener Aus=
gabe, ist, wie Grimm II, 47 bemerkt, verwandt und viel=
leicht entstanden aus der ganz ähnlichen von Merwig bei
Theophanes 268. Boccaccio im Decamerone III, 2 hat sie
ins Frivole gezogen. Der heil. Sabinus Paulus IV,
17. Adaloald: Fredegar V, 49 läßt ihn durch Zauber=
salben wahnsinnig werden und endlich an Gift sterben;
Paulus IV, 43 ist kürzer und ganz historisch. Rodoald
und Gundiperga: Fredegar V, 51. ähnlich Paulus
IV, 49. Rothar und Gundiperga: Fredegar V, 70.
Leupichis und der Wolf Paulus IV, 39. Grimu=
alds Kindheit Paulus IV, 38. 40. 41. 46. etwas an=
ders Fredegar V, 69. Berthari Paulus IV, 53. V, 2—4.
32. Grimualds Kriegslist Paulus V, 5. Romuald
Paulus V, 6—11. das Leben des heil. Barbatus bringt
diesen Heiligen mit hinein, von dem Paulus nichts weiß
oder nichts wissen will; Benedict c. 12. 13 wiederholt es
mit eignen, jedoch sagenhaften Zusätzen. Herzog Lupus
Paulus V, 18—22. Wectati Paulus V, 23. Sicard

und Sikinulf Benedict c. 14. Bertharis Rückkehr
Paulus V, 33. Cunincpert und Theodota Paulus
V, 37. Alachis Empörung Paulus V, 36. 38—41.
Die aufopfernde Treue des Diaconus Thomas ist der Sage
lieb geblieben noch bis in die spätesten Zeiten; nur hat sie
sie mit Albuin in Verbindung gesetzt, wie schon oben aus
dem Florentiner, Codagnellus und Galvaneus angeführt ist.
Pest in Pavia: Paulus VI, 5. Aldo und Grauso
Paulus VI, 6. Cunincpert und der Bischof Pau-
lus VI, 8. Ferdulf und Argait Paulus VI, 24.
König Liutprand Paulus VI, 22. 38. 43. 58. Li-
prands Fuß als Maß: die Novaleser Chronik III, 1.
Sicard von Cremona bei Muratori VII, 574. Codagnellus;
Galvaneus Flamma. Aripert Paulus VI, 35. Herzog
Pemmo Paulus VI, 26. 45. 51. König Ratchis:
die Papstgeschichten; Benedict c. 16; Leo von Ostia I, 8.
Petrus de obitu iustorum Casinensium 24; der Wein-
berg, den er bebauet haben soll, heißt noch jetzt im Kloster
Rachisios Vigna. Karlmann im Kloster: die Papstleben; die Salernitaner Chronik c. 31. Leo I, 7. Guido bei
Albericus Trium Fontium a. 747. Es ist eigentlich keine
Langobardische, sondern eine Klostersage, wie die mit ihr
gewiß zusammenhängende von Waltharis Klosterleben in
der Novaleser Chronik II, 7. Walthari ist kein Langobardischer Held, so wie auch das Kloster Novalese nicht im
Langobardischen Reiche, sondern noch innerhalb des Fränkischen Gebiets lag. Aistulfs Geburt: Agnellus p. 173
offenbar nach der Sage von Lamissio gebildet. Desider
und die Schlange: Leben der heil. Julia bei Muratori
VII, 577 und daraus Malvezzi in seiner 1412 geschriebenen
Chronik bei Mur. XIV, 847; die artige Sage scheint nicht
ohne Einwirkung der Geschichte von Guntrams Seele bei
Paulus III, 33 entstanden zu seyn; Brescia, wo die heil.
Julia besondere Verehrung genießt, war Desiders Heimath;
daher hat auch Malvezzi S. 845 Einiges über dessen Be-

ſitzungen aus Localtraditionen. Sibilia: über die mit
Karl vermählte aber bald von ihm verſtoßene Tochter De=
ſiders herrſchte ſchon früh ein Dunkel, wie man aus Ein=
hard ſieht; ſelbſt ihr Name ſchwankt zwiſchen Deſiderata,
Bertrada und Sibilia. In den Franzöſiſchen Romanzen, die
Albericus zum J. 770 anführt, wird Sibilia vom Kaiſer
verſtoßen; der Ritter Alberich von Montdidier, der ſie ge=
leiten ſollte, wird von dem Verräther Macharius ermordet;
ſein Jagdhund zeigt den Mörder an in Gegenwart Karls;
Macharius und ſeine Genoſſen werden mit dem Tode be=
ſtraft; der Bauer Warocher führt Sibilia nach der Hei=
math, unter allerlei Fährlichkeiten mit dem Räuber Giri=
mard u. a.; ſie kommt dann zum König Rothar, und ſöhnt
ſich am Ende wieder mit Karl aus. Karls Anzug beim
Mönch von St. Gallen II, 17 iſt Fränkiſche Sage, ganz
im Fränkiſchen Stil; die Novaleſer Chronik III, 7 hat einen
Schatz herrlicher Localſagen erhalten. Daß Verrath im
Spiele geweſen, der gewöhnliche Troſt der Beſiegten und
diesmal nicht ohne Grund, erwähnen ſchon Agnellus p. 177;
der Salernitaner c. 9; die vorbedeutenden Himmelszeichen
Agnellus 180ᵇ. Die letzten Schlachten erzählen die
Novaleſer Chronik, die Paſſion des Amicus und Amelius,
Jacobus Aquenſis und Galvaneus Flamma c. 121. Was
Malvezzi bei Muratori XIV, 850 hat, ſcheint kaum ſagen=
haft, ſondern von ihm ſelbſt nach Paulus Beſchreibung von
Lamiſſios Sieg über die Bulgaren gemacht. Deſiders
Ende iſt ſchon bei den hiſtoriſchen Quellen dunkel; die
St. Galler Annalen laſſen ihn in Corbie in frommen Wer=
ken ſein Leben beſchließen; nach Anſelm u. a. ſandte Karl
ihn nach Lüttich; die Salernitaner Chronik ſchreibt c. 9:
„man ſagt, er ſey geblendet"; die Novaleſer III, 13 desglei=
chen; Jacob von Acqui läßt ihn erſt in Vienne, dann in
Pahſana im Pothale leben; Malvezzi p. 851 im Kloſter zu
Paris; er hat die ſchöne Sage von den Thüren, die ſich
von ſelbſt vor ihm öffnen zu Karls Verwunderung; ſo

ward auch von dem geblendeten Taſſilo erzählt, Karl habe
mit Staunen einſt geſehen, wie ein Engel den blinden
Greis im Kloſter geleitet habe. Adelgis iſt wie Her=
zog Ernſt ein Liebling des Volksliedes geworden, das ſich
immer denen zuwendet, die im Elende ſind. Was die No=
valeſer Chronik III, 10. 14. 21 ff. daraus erhalten hat,
gehört zu dem Prächtigſten, was wir von alter epiſcher
Dichtung kennen; Adelgis, der Heimathloſe, erſcheint darin
ſo gewaltig an Muth und Kraft, daß ſelbſt der große Karl
daneben klein wird und zu niedrer Liſt greift. So endet
die Sage der Langobarden groß und edel, des kräftigen
Volkes werth. Ein Nachklang iſt, was die Salernitaner
Chronik c. 9. 37 von Paulus Diaconus Verbannung
und Flucht zu Arichis, c. 10—13 von Karls und Ari=
chis Begegnung, c. 19 von Arichis Jugend, und c.
14—16 von ſeiner Gerechtigkeit und Weisheit erzählt.

Secundus von Trident.

Secundus wird von Paulus Diaconus an drei Stellen
genannt, zuerſt III, 28 Secundus qui aliqua de Langobardorum gestis scripsit; dann erſt wieder IV, 27 Adaloald . . susceptus de fonte est a Secundo servo Christi de Tridento, cuius saepe fecimus mentionem, wo
das Wort saepe zeigt, daß Paulus ihn noch an vielen
andern Stellen ausgeſchrieben und nur ſeinen Namen zu
nennen vergeſſen hat; zuletzt IV, 42 Sequenti quoque
mense Martio defunctus est apud Tridentum Secundus
servus Christi, de quo saepe iam diximus, qui usque
ad sua tempora succinctam de Langobardorum gestis
composuit historiam. Dies ſind die einzigen Stellen, wo
Paulus ihn erwähnt. Gregor d. Gr. nennt ihn Abt in
dem Briefe an Theudelinde XIV, 12, wo Secundus als
Anhänger der drei Kapitel und als Schützling Theudelin=
dens erſcheint, die den Papſt gebeten hatte, auf ſeinen Brief
und ſeine Schriften über den Aquilejiſchen Kapitelſtreit zu

antworten; und IX, 52 schreibt Gregor an ihn mit sehr großem Lobe. Nach den obigen Stellen bei Paulus taufte er im Jahre 603 in Monza Agilulfs und Theudelindens Sohn Adaloald, und starb in Trident im März 612. Das ist alles, was wir von ihm wissen. Den bescheidenen Titel servus Christi hatte er ohne Zweifel selber im Titel seines kurzen Buches Gesta Langobardorum gebraucht; sonst würde Paulus ihn nicht zweimal so eigenthümlich nennen. Das Werk selbst scheint leider verloren; daher verdient genaue Nachforschung die Angabe des Rovereder Notars Anton Emmert in Mone's Anzeiger 1839 p. 282, daß eine Handschrift desselben aus dem zwölften Jahrh. sich im Archiv zu Brixen befinde. De Rubeis hält dafür den kleinen von Christ herausgegebenen Abriß, von dem weiter unten die Rede seyn wird; allein außerdem daß der viel zu kurz ist, um Paulus Angaben auf ihn beziehen zu können, geht er auch über Secundus Tod herab. Auch das Fragment, in welchem Garampi und Bonelli den Schluß von Secundus verlorner Geschichte entdeckt zu haben glaub= ten, scheint doch vielmehr der Schluß einer von Secundus im J. 580 geschriebenen Urkunde oder Synodalacte zu seyn. Der Kardinal Garampi fand es in Weingarten in einer Kanonsammlung des neunten oder zehnten Jahrhunderts und theilte es an Bonelli mit, der es herausgab in seinen Notizie storiche della chiesa di Trento. Trento 1762. 4⁰. und Anmerkungen dazu gab in seinen Monumenta eccle-siae Tridentinae. Trid. 1765. 4⁰. woraus Carlo Troha es wieder gedruckt hat in seinem Codice diplomatico Lango-bardo. Nap. 1845. fol. I, 10. Es lautet: A principio usque ad passionem Domini sunt anni 5229. passo Christo usque in presentem annum sunt 554. et a pre-sente pascha iuxta prophete eloquium, secundum quod humane fragilitati datur capere intellectum, restant de presenti seculo anni 217. et in hoc supramemorato anno fuit bissextus, residentibus in Italia Longobardis

annis 12, eo quod secunda indictione in ea ingressi
sint mense Maio. Acta sunt suprascripta omnia in civitate Tridentina, in loco Anagnis, presedente Agnello
episcopo, anno 3° expleto. Ego Secundus servus
Christi scripsi hec conversionis sacre relegionis mee
anno 15°, imperii Tiberii anno 1°, mense Iunio, indictione 13ª. Diese Indiction beginnt mit September 579,
also ist der Juni derselben Juni 580; bissextus war auch
580; folglich Tiberii anno I, welches vom 5. Oct. 578
—579 läuft, ein Irrthum des Secundus oder ein Fehler
des Abschreibers statt anno II. Der Ort Anagnis ist nach
Cluver Castel Nan im Val di Non, am Noce, der in die
Etsch fließt. Civitas Tridentina ist die ganze Diöcese, nach
einem gewöhnlichen Sprachgebrauche, wie schon Bonelli an=
merkt. Hiernach wäre Secundus im Alter von wenigstens
70 Jahren gestorben.

Der Langobarden Herkunft.

A. Als ich im Winter 1838 zusammenstellte, was von
kurzen Geschichten der Langobarden und von Auszügen aus
Paulus Diaconus bekannt war, theilte mir Pertz aus der
Madriter Handschrift des Langobardischen Gesetzes ein Stück
mit „In nomine Domini incipit origo gentis Langobardorum id est sub consule — et post ipsum regnavit
Bertharis", welches ebenfalls nur ein Auszug aus Paulus
schien, da es mit dessen Worten fast wörtlich übereinstimmte.
Die Sprache jedoch und der Stil hatte den barbarischen
Anstrich früherer Zeit, in den Namen war manche Abwei=
chung, und hier und da kam Einzelnes vor, was sich bei
Paulus gar nicht findet. So bitten hier Ambri und Assi
Godan um den Sieg, bei Paulus bloß die Vandalen. Frea
giravit lectum ubi recumbebat vir eius, et fecit faciem
eius contra orientem, et excitavit eum, ein ächt sagen=
hafter Zug, der bei Paulus fehlt. Lamissio heißt ex genere Gugingus, also ein Verwandter Agilmunds, während

P. ihn zu einem Findling macht. Auboachari zieht aus de Ravenna cum exercitu Alanorum, was bei P. fehlt. Wacho heißt bei P. filius Zuchilonis, hier dagegen occidit Wacho filius Uniquis Tatonem regem barbanum suum cum Zuchilone, womit auch Rotharis Vorrede stimmt. Wachos erste Gemahlin heißt Tochter des Thüringerkönigs Fisud, welchen Namen P. nicht kennt. Vor der auch bei P. vorkommenden genealogischen Bemerkung Isti omnes Lethinges fuerunt steht hier das Wort Farigaidus. Bei Albuins Einzuge in Italien heißt es: Secunda vero indictione ceperunt praedare in Italia, tertia autem indictione factus est dominus Italiae, was P. fehlt. Albuin wird ermordet von Hilmichis und Rosemunde per consilium Peredeo, also grade umgekehrt wie bei Paulus. Der Exarch schickt der Rosemunde eine navis angarialis. König Cleph heißt de Beleos, wie in Rotharis Prolog, was P. fehlt, und herrscht annos duos, bei P. nur anderthalb. Die Herzöge herrschen a. duodecim, bei P. zehn. Theubelindens Mutter heißt Walderada, und ihren Bruder Gundualb ordinavit Autaris rex ducem in civitatem Astense, was beides bei P. fehlt. Authari herrscht a. septem, bei P. sechs. Agilulf heißt Thuringus, wie bei Rothari, was P. fehlt. Rothari herrscht a. decem et septem, bei P. nur sechszehn und vier Monate. Rodoald fehlt ganz, ebenso Bertari und Godipert, die P. funfzehn Monate regieren läßt; und mit Grimualds Nachfolger Bertari schließt das Ganze, ohne dessen Regierungsjahre anzugeben.

Diese Abweichungen können unmöglich von einem bloßen Epitomator herrühren, sondern setzen eine eigne Quelle voraus. Als ich, um sie genauer auszuscheiden, Zeile für Zeile mit Paulus Text verglich, so fielen mir dessen Worte über Wacho I, 21 auf: Hoc si quis mendacium, et non rei existimat veritatem, relegat prologum edicti quem rex Rothari de Langobardorum legibus composuit, et paene in omnibus hoc codicibus, sicut nos in hac istoria, scriptum repperiet. Diese Worte können auf die bekannte Vorrede Rotharis nicht gehn, denn in der steht kein Wort der Art; dagegen passen sie vollkommen auf die vorliegende kurze Geschichte, welche wörtlich grade das enthält, worauf P. sich beruft. Sollte sie nicht eben jener Prologus edicti selbst seyn? In dieser Annahme erklärt sich die barbarische Sprache, die alten Namensformen und das Langobardische Wort Farigaidus, die wörtliche Übereinstimmung mit Paulus, und vor allem das, was hier anders und mehr als bei Paulus steht. Paulus, der die Ausdrücke seiner Quellen überhaupt gern beibehält, hat es auch hier gethan, so viel es bei seiner Ausführlichkeit und der Kürze dieses Werkchens möglich war. Einzelnes hat er dabei ausgelassen, namentlich Namen und kurze Bemerkungen; bei Anderem gibt er anderen widersprechenden Quellen den Vorzug, z. B. bei Lamissios Abkunft, über Peredeus und in den Königsjahren, wo er offenbar noch ein zweites Verzeichniß benutzte; einmal hat er gradezu etwas mißverstanden, nämlich indem er Wacho filius Zuchilonis nennt. Nicht allein aber, daß er diese kurze Geschichte benutzt hat: sie ist der Faden, dem er in seinem Werke folgt, und auf den er von allen Abschweifungen zurückkommt. Gewöhnlich gibt er es auch selber an, wenn er ihn verläßt oder wieder zu ihm zurückkehrt, z. B. I, 4 nec ab re esse arbitror, paulisper narrandi ordinem postponere. I, 6 his ita prelibatis, ad ceptam narrandi seriem redeamus. I, 26 his cursim narratis, ad nostrae seriem revertamur historiae. II, 13 nunc ad historiae seriem revertamur. II, 24 nunc ad historiae ordinem redeamus. III, 34 sed nos his breviter contactis, ad historiam revertamur. IV, 38 exigit locus postposita generali historia und nachher Nunc generalis historiae revertamur ad tramitem. Diese so oft genannte series historiae nun ist eben keine andere als unsere kurze Geschichte. Auch das verdient Beachtung, daß sie sich auf mündliche Überlieferung beruft (et dicitur quia fecerunt sibi regem nomine Agilmund, und von Lethuc et dicitur quia regnasset a. 40), wo Paulus das nicht thut. Endlich paßt auch P. Ausdruck paene in omnibus hoc codicibus scriptum repperiet vollkommen. Es mußte demnach ſchon damals Handſchriften des Langobardiſchen Geſetzes geben, in denen dieſe Geſchichte nicht ſtand; und ſolcher ſind auch unter den ſiebzehn mir bekannten zehn, im Vatikan, in Wolfenbüttel, Venedig, Florenz, Verona, Mailand, Wien`, die Pinelliſche, Eſtenſiſche und die Thuaniſche; von zwei andern, der Sangaller und der Pariſer 4613, iſt es ungewiß, da ihr Anfang verloren iſt. Vorhanden iſt ſie dagegen in der Madrider und in der von La Cava, wie aus deren Beſchreibung bei Pertz Arch. V, 248 hervorging. Auch von der Modeneſer vermuthete ich, daß, was Muratori SS. Iᵇ, 8 darin nennt narratiuncula de illius gentis origine ac regibus expressa est ex Pauli Diaconi historia, ideoque uti superfluam suis tenebris dimisi, nichts Anderes ſey als dieſelbe kurze Geſchichte, die Muratori nur irrig für einen Auszug aus P. hielt. Von der Vercelleſer ſagt Blume Arch. V, 233: „Mit der erſten Quaternion iſt Rotharis Vorrede und der Anfang des Inhaltsverzeichniſſes verloren; da aber die zweite ſchon mit der 26ſten Nummer dieſes Verzeichniſſes beginnt, ſo kann das Fehlende unmöglich acht ganze Blätter gefüllt haben; es iſt daher nicht unwahrſcheinlich, daß die erſten Blätter zu Gemälden benutzt waren.“ Da aber vor Grimualds und Liutprands Geſetzen in dieſer Handſchrift keine Gemälde ſtehen, ſo ſchien mir wahrſcheinlicher, daß auch im Anfange nicht Bilder, ſondern jene kurze Geſchichte geſtanden habe. In der Gothaer endlich ſteht vor den Langobardiſchen Geſetzen ebenfalls ein Abriß der Geſchichte bis auf Pipin, der zwiſchen 807 und 810 abgefaßt iſt und jene kurze Geſchichte faſt ganz in ſich aufgenommen hat.

Alles dies befeſtigte meine Anſicht von dem Alter und der Wichtigkeit dieſes nun als älteſte Quelle des Paulus erscheinenden Stückes, und ich führte sie weiter aus in einem kleinen Aufsatze, von dem jedoch nichts gedruckt ist als eine kurze Angabe, welche daraus Pertz im Frühjahr 1839 im Archiv VII, 771 mittheilte. Im folgenden Jahre fand ich in Paris eine Abschrift des Cavenser Codex, und später überzeugte mich dessen Ansicht in La Cava selbst, daß er und der von Madrid in diesem Stücke aus einem und demselben Exemplare abstammen. Von der Modeneser Handschrift aber wurde meine Vermuthung bestätigt durch den **Dr. Johannes Merkel** aus Nürnberg, als dessen jahrelange vielseitige Forschungen über altes Germanisches Recht ihn aus den Schätzen der Vaticana, wo Laureani's großes Wohlwollen für ihn auch mir zu Gute kam, im Sommer 1846 nach Modena führten. Die Abschrift, welche ich, wie so vieles Andere, seiner Freundschaft verdanke, war mir von doppeltem Werthe; denn außer dem, daß sie meine Ansicht bestätigte, gibt sie auch einen viel bessern und ursprünglichern Text als die Madrider und Cavenser. Bevor ich sie noch kannte, theilte ich den Madrider Text an Jacob Grimm mit, welcher ein Stück daraus, nämlich die Sage von Godan und den Langbärten, in Haupts Zeitschrift 1845 V, 1. bekannt gemacht hat. Das Ganze ist noch ungedruckt; Baude di Vesme in Turin hat es aus der Madrider und Cavenser Handschrift vor seiner Ausgabe der Langobardischen Gesetze in den Turiner **Historiae Patriae Monumenta** schon 1845 abdrucken lassen, wo der Graf Balbi und Abbate Gazzera mir die Aushängebogen zeigten; die Anmerkungen waren damals noch nicht gedruckt, und erschienen ist das Ganze, so viel ich weiß, auch jetzt noch nicht.

Über die Entstehung des Werkes sind wir ohne alle Nachricht; der einzige Aufschluß darüber läßt sich aus den Handschriften des Langobardischen Gesetzes schöpfen. Die älteste von allen, die S a n g a l l e r, aus dem Anfange des achten Jahrhunderts, beschrieben Archiv V, 226, hat leider die ersten Blätter mit Rotharis Vorrede und dem Index verloren; was um so mehr zu bedauern ist, da diese Hand= schrift nur Rotharis Edict enthielt. So ist es ungewiß, ob nicht auch diese kurze Geschichte darin stand; doch möchte ich das aus den unten anzuführenden Gründen bezweifeln. Demnach bleibt für unser Werk die erste

1) die **Vercelleser** Handschrift, auch noch aus dem achten Jahrhundert, beschrieben Archiv V, 230. Sie hat ebenfalls die erste Quaternion verloren, und wie schon oben gesagt, ist es mir gewiß, daß darauf eben diese Geschichte stand. Sie enthält die Gesetze von Rotharis, Grimuald und Liutprand; da aber das Ende verloren ist, so ist es ungewiß, ob nicht auch Ratchis und Aistulfs Gesetze darin standen.

2) Die **Modeneser** Handschrift vom Jahre 991 (be= schrieben Archiv V, 262. Muratori I^b, 8. Zaccaria bibl. di storia litter. II, 377) enthält: „Moysen gentis Hebreo- rum etc.; die poetischen Inhaltsangaben; Fragen über das Römische Recht und Regeln für Richter; Bilder; Lex Sa- lica in ungewöhnlicher Ordnung; Ribuariorum; Lango- bardorum in 60 Rubriken, aus den Gesetzen von Rotharis, Grimuald, Liutprand, Ratchis und Aistulf systematisch ge= ordnet, aber ganz anders als in der späteren Lombarda, und ohne Vorrede und Index; Alamannorum; Baioario- rum; Capitularia Karls, Pipins, Ludwigs, Lothars und Ludwigs II. Vor alle diesem voran geht aber eine unge= zählte Quaternion, deren f. 1 verloren ist, es enthielt den Anfang von Auszügen aus Isidor über Römisches Recht, welche auch das zweite, dritte und vierte Blatt füllen; f. 5 ist leer; f. 5' beginnt mit einer fast unleserlichen Zeile „... **in** ..... **orum.** Erat insula quae dicitur Scadan quod interpretatur — occisus est a suis" unsre kurze Geschichte, mit vielfachen Correcturen und einigen Rand= bemerkungen im Anfange, welche durch Beschneiden der Handschrift etwas gelitten haben; sie schließt unter Gri=

muald, deſſen Regierungsdauer noch angegeben iſt, faſt in der Mitte der erſten Seite von f. 7. Dieſelbe Hand fährt ſogleich fort, ohne Überſchrift und Trennung, nur mit einer neuen Zeile beginnend „Primus rex Langobardorum fuit Agelmud ex genere Guingus — filius Utfora" wörtlich aus Rotharis Vorrede, nur daß ego fehlt. Dann wieder mit einer neuen Zeile beginnend folgt: „Post Grimuald ut supra regnavit Pertari — Karolus a. XL", alſo eine kurze Fortſetzung unſerer Geſchichte in wenigen Zeilen. Hier- nach ſind ſieben Zeilen leer; dann folgt ein Kaiſerverzeich- niß ohne Regierungsjahre: *Successiones imperatorum post dnī nrī Ihū Xpī incarnationem.* Christus natus est XLIIo Octaviani imperatoris anno. Obiit Octavianus suc- cedente Tiberio — decedente Iustiniano Pipinus primus regna recepit. Defuncto Pipino regnavit Karolus. Mor- tuo Karolo regnaverunt Pipinus et Karlomannus. Post Pipinum Karolus imperator factus fuit. Post decessum Karoli imperavit Hlodovicus eius filius. Nach einem leeren Raume von acht Zeilen ſteht: Testes boni sunt, quorum et fides et opinio probatur. Der Reſt der Seite f. 8 und f. 8' iſt leer. Aus dieſer Beſchreibung, die ich Dr. Merkel verdanke, ergibt ſich, daß der Ordner der Modeneſer Handſchrift einen ältern Codex vor ſich hatte, in welchem die kurze Geſchichte bis et occisus est a suis" und dann ſogleich Rotharis Prolog und ſeine, Grimualds, Liutprands, Ratchis und Aiſtulfs Geſetze ſtanden, wo aber von ſpäterer Hand hinter Rotharis Prolog an einer leeren Stelle die Geſchichte bis auf Deſider fortgeſetzt war; viel- leicht waren auch dort die Kapitularien zugefügt und das Kaiſerverzeichniß. Der Modeneſer Schreiber nahm dieſen Codex nebſt einem andern, der die übrigen Volksrechte ent- hielt, und ſetzte daraus den ſeinigen zuſammen, wobei er aber die Edicte der Langobardiſchen Könige in ein Syſtem brachte. Da er hierbei die Prologe nicht hatte anbringen können, ſo legte er eine beſondere Quaternion vor, und

schrieb barauf die Geschichte und allerlei Anderes, was in
seinen Originalen stand.　Der Prolog des Rotharis paßte
für ihn nicht mehr, da er die Gesetze systematisch geordnet
hatte; er nahm daher nur die Königsreihe und den Stamm=
baum daraus, und fügte das ziemlich ungeschickt gleich hin=
ter die Geschichte, anstatt es erst hinter die Fortsetzung zu
stellen. Doch hielt er sich von eignen Interpolationen ganz
frei, so daß wir in ihm den ältesten und besten Text
haben.

3 a) Die M a d r i d e r Handschrift D, 117, beschrieben
Archiv VII, 770, im zehnten Jahrhundert im Beneventa=
nischen geschrieben, enthält f. 1 *„In n. D. inc. origo gen-*
tis Langobardorum, id est sub consule qui dicitur Sca-
danan quod interpretamur — occisus est a suis. et r.
Grimoald a. novem. et post ipsum r. Bertharis", also
ein paar Worte mehr als in Modena, der Text aber nicht
so gut wie dort, mit manchen Fehlern und willkürlichen
Änderungen, doch auch einzelnen besseren Lesarten; für uns
abgeschrieben von Dr. Duflot und nachher wieder von Knust.
f. 5 Rotharis Prolog, Index, Bild und Gesetze; f. 72'
Grimoalds Index und Gesetze; f. 75 Liutprands Index
und Gesetze; f. 141 Ratchis Bild, Vorrede und Gesetze;
f. 148' Aistulfs Bild und Gesetze; f. 157 Arechis Bild,
Vorrede und Gesetze; f. 161 *Pauca de glosa,* ein Glossar,
in welchem die Handschrift mit dem Ende von f. 162 ab=
bricht. Der so verlorene letzte Theil derselben ist nach Pertz
Vermuthung A. VII, 770 erhalten in der zweiten Hälfte
der Handschrift Chigi F, IV, 75, beschrieben A. V, 309,
welche aus zwei ursprünglich nicht zusammengehörigen Stük=
ken besteht.　Das erste, erst später mit dem zweiten zusam=
mengebunden, enthält auf den ersten 58 Blättern der Hand=
schrift Benedicts Chronik; das zweite beginnt f. 59 mitten
in dem Ende von Einhards Leben Kaiser Karls; also sind
einige Quaternionen verloren, welche den Schluß des obi=
gen Glossars und fast den ganzen Einhard enthielten (der

alfo in diefer Handfchrift grade wie in der Bonner im
Rheinifchen Archiv I befchriebenen Handfchrift den Kapitula=
rien vorgefetzt war); f. 59' *De alode;* f. 60 die Lango=
bardifchen Kapitulare Karls, Pipins, Ludwigs, Lothars,
Ludwigs II, in welchen letzteren die Handfchrift abermals
abbricht, da ihre letzten Blätter verloren find.

3 b) Die Cavenfer Handfchrift, befchrieben von Pertz
Archiv V, 247, von Einer Hand aus dem Anfange des
elften Jahrhunderts, nach Merkels Vermuthung in Monte=
cafino unter Abt Theobald 1023 gefchrieben (Tosti storia
di M. Cassino I, 287), und erft im Jahre 1263 aus der
Kirche Cafale Ruptum nach La Cava gekommen, enthält:
f. 1 Bild, Godan mit Frea und den Winnilern darftellend;
dann gleich „*In n. d. n. I. C. incipit horigo gentis nostre
Langobardorum*, id est consuli qui dicitur Scandanan
quod interpretatur — et post ipsum regnavit Vertari
rex" ganz wie in der Madrider Handfchrift, nur etwas
fehlerhafter; das zweite Blatt mit den Worten Respondit
— habu ift verloren; ich habe das Ganze aus einer Copie
in Paris Résidu St. Germain carton 157 abgefchrieben
und diefe Abfchrift in La Cava nach der Handfchrift felbft
berichtigt; f. 5 Rotharis Vorrede, Index, Bild, Gefetze;
f. 79' Grimualds Index und Gefetze; f. 83 Liutprands
Index und Gefetze; f. 158' Ratchis Vorrede, Index, Bild,
Gefetze; f. 168 Aiftulfs Vorrede, Bild, Gefetze; auf den
Schluß f. 177 in der Mitte folgt gleich von derfelben Hand
der Brief des Byzantinifchen Kaifers an Karl nebft der
Antwort, aus der Cafinefer Handfchrift 353 abgefchrieben;
f. 178' „Astalin i. e. deceptio — iure i. e. legem. *Expl.
closa*" ein kurzes Gloffar ohne Überfchrift; f. 182' „*Inc.
de reges Lang. quomodo regnaverunt in hoc mundo.*
Alboin — Totonicum regnum suum" ein Königs= und
Kaiferverzeichniß, das der Schreiber aus einer alten Hand=
fchrift Erchemperts abgefchrieben, aber aus Paulus und
deffen älteft Cafinefer Fortfetzung interpolirt hat; f. 187

„*Anni ducibus Beneventi et priß*. Zotto — indictione
quarta" aus der Caſineſer Handſchrift 353, nur das Ende
eigen; dahinter gleich die Nachricht von Skaunipergas Schen=
kung, ebendaher; f. 189 „Landulfus senior — et regnavit in ea mensibus quattuor" die Fürſten von Capua, eben=
daher; f. 193 Arechis Bild und Geſetze; f. 199 Adelchis
Bild und Geſetze; f. 207' Iohanns Bild und Geſetze;
f. 209 Bilder und Kapitularien Karls, Ludwigs, Pipins,
Lothars, in dem die Handſchrift durch den Verluſt der letz=
ten Blätter abbricht. Der Schreiber benutzte alſo dasſelbe
Original wie der Madrider; aber ſo wie dieſer den Kapi=
tularien als hiſtoriſche Einleitung Einhards Leben Karls
vorſetzte, ſo ſtellte der Cavenſer vor die Beneventaniſchen
Geſetze aus einer andern Quelle die Verzeichniſſe der Be=
neventaniſchen und Capuaniſchen Fürſten.

Der Gothaner Compilator endlich, von dem ſogleich
die Rede ſeyn wird, hat ebenfalls dieſe kurze Geſchichte zum
Grunde gelegt, ſie aber vielfach interpolirt. Von Rothari
oder eigentlich ſchon von Adaloald an verläßt er ſie aber
gänzlich, und es könnte daher ſcheinen, daß ſein Original
ſchon mit Rothari aufhörte. Da er aber auch den Anfang
bis auf Odoaker gänzlich weggelaſſen hat, ſo iſt es mir
wahrſcheinlicher, daß auch die Weglaſſung des Endes nur
ihm, und nicht ſchon ſeinem Originale beizumeſſen iſt.

Es geht hieraus hervor, daß über den Verfaſſer dieſer
Origo gentis Langobardorum auch die Handſchriften nichts
Beſtimmtes geben. Zunächſt möchte man an Rothari den=
ken; Paulus Worte „relegat prologum edicti quem rex
Rotbari de Langobardorum legibus composuit" ſcheinen
ihn wirklich als Verfaſſer zu nennen. Aber ſie ſcheinen
auch nur; quem gehört nicht zu prologum, ſondern zu
edicti, denn Paulus ſchreibt hier buchſtäblich Rotharis eigne
Worte ab, wie wir dieſelben in der Cavenſer Handſchrift
des Edicts leſen: Incipit edictum quem Deo iuvante Rothari vir excellentissimo rex Langobardorum renovavit

cum primatos iudices suos, oder wie die Wolfenbüttler
hat: Inc. edictam quem renovavit domnus R. r. L. una
cum suis optimatibus et iudicibus. Paulus [also nennt
diese Geschichte nur prologus, sagt aber keineswegs, daß
sie von Rothari sey. Hätte der sie seinem Edicte vorsetzen
lassen, so würde er nicht in seine Vorrede ein zweites Ver=
zeichniß der Könige aufgenommen haben, was ja dann als
Wiederholung gar keinen Sinn hatte. Vielmehr geht aus
seiner Vorrede hervor, daß Rothari diese unsre Geschichte nicht
kannte. Sie würde auch, wäre sie von Rothari, vor allen
Handschriften des Edicts stehn, wie seine Vorrede, während
sie doch nur in sehr wenigen sich findet. Es scheint aber
auch nicht, daß sie unter ihm verfaßt und erst von Andern
bis auf Berthari herabgeführt sey; denn in Stil und Dar=
stellung ist gar kein Unterschied zu bemerken. Auch Secun=
dus schon erwähntes Werk kann es nicht seyn, denn nach
Paulus Angaben müssen wir uns das viel ausführlicher
denken, und was die Hauptsache, Paulus citirt beide als
verschiedene Werke. Ich glaube daher, daß diese Geschichte
gleich nach Grimualds Tode abgefaßt und von dem Schrei=
ber einer Handschrift von Rotharis und Grimualds Edict
diesem vorangesetzt ist. Daraus ging sie dann in mehre
andre über, und erhielt in einer davon (der Quelle der
Modeneser) eine Fortsetzung bis auf Desiderius.

Als eine Fortsetzung kann man gewissermaßen auch den
kleinen selbständigen Abriß von Liutprands Leben „Domnus L. rex Lang. — iacet humatus" betrachten, welchen
Dr. Merkel in der Gothaner Handschrift entdeckt und mir
mit seiner gewohnten Güte mitgetheilt hat. Er steht dort
f. 357 zwischen Liutprands Vorrede und dem Index seiner
Gesetze, ohne Überschrift, mit so viel Anklängen an Paulus
Diaconus, daß an einem Zusammenhange zwischen beiden
kaum zu zweifeln scheint. Man möchte glauben, Paulus
habe ihn benutzt, wenn nicht Ausdrücke, wie Mediolanium
metropoli Italiae, oder domni Carolimagni regis statt

Karl Martell, ferner domni Pippini regis filio supradicti domni Karoli, oder universam Romaniam peragravit et usque ad magnam Romaniam Langobardorum terminos posuit, endlich in ecclesia b. virginis Mariae quae dicitur ad perticam, quam ipse a fundamentis edificavit, iacet humatus (während Paulus ihn in basilica b. Adriani, alle andern in aede S. Petri ad Coelum aureum ruhen lassen) vielleicht einen spätern Ursprung unter der Fränkischen Herrschaft anzudeuten scheinen. Doch findet sich Einiges darin, was Paulus gar nicht oder was er anders hat; daher ist das kurze Stück nicht unwichtig.

Was nun schließlich das Vorkommen eines solchen historischen Abrisses in den Langobardischen Gesetzbüchern betrifft, so darf uns das um so weniger befremden, da wir auch in den übrigen Ähnliches finden. Sieben Handschriften des Westgothischen Gesetzes enthalten, eine vorn, die andern am Ende, eine kurze *Chronica regum Vuisegothorum*, woraus die Herausgeber durch einen Lesefehler einen Verfasser Vulsa herausgelesen haben, der nie existirt hat. Es ist ein Königsverzeichniß mit der Regierungszeit, entstanden vielleicht schon unter Eurich oder Levigild oder Reccared; die älteste uns erhaltene Form gehört unter Chindasuind (in Rom Christ. 1024); diese ist etwas überarbeitet und fortgesetzt unter Recesuind (Kopenhagen 805, und mit einer Fortsetzung bis auf Roderich in Paris 4667); dann wieder unter Erwig (Paris 4418. 4668. 4669 und noch in drei Handschriften, welche nicht das Gesetzbuch enthalten); zuletzt unter Egica (Paris . . . von Knust benutzt, und noch in drei anderen Handschriften ohne die Gesetze). Hier scheint es fast, als wenn die Abfassung, wenigstens unter den letzten Königen, officiell geworden wäre. Beim Salischen Gesetze finden sich auch dergleichen historische Abrisse in sieben Handschriften: St. Gallen 731 vom Ende des achten Jahrhunderts hat hinter dem Salischen und vor dem Alamannischen Gesetze *Nomina regum Francorum* von Da-

gobert bis Pipin mit der Regierungszeit, einer Fortsetzung
der Isidorischen Chronik entnommen, bei Pertz SS. II, 308;
Paris 4409 aus Tours hat hinter dem Gesetze *Nomina
regum Francorum* bei Pertz ib.; Paris Suppl. Lat. 75
aus Metz hat vor dem Gesetze eine *Genealogia regum Fr.*
bei Bouquet II, 697; Paris Suppl. Lat. 164 bis aus Rheims
hat eine solche *Genealogia* hinter dem Gesetze; Paris 4628ᵃ
aus St. Denis hat davor eine *Chronica*, gedruckt von
Guérard in den Notices et extraits XIIIᵇ, p. 62; Bonn
hat davor eine *Origo Francorum* nach Pardessus Vorrede
n. 38; Rom Christ. 1036 hat davor auch eine *Origo
Francorum* „Destructa urbe Troia etc. nach Pardessus
n. 51. Hier ist freilich die Zahl dieser sieben Handschriften
gegen die sechszig anderen desselben Gesetzes worin nichts
der Art steht, weit geringer als bei den Langobardischen
und Westgothischen; auch erscheint die Aufnahme und Wahl
dieser Stücke hier nur als Sache der Schreiber und des
Zufalls. Den Kapitularien sind ebenfalls in den Handschriften mehrfach *Nomina regum atque imperatorum* bei-
gefügt, wie in denen von La Cava, Susa, Mailand, Modena, Gotha, Breslau, Paris 4628ᵃ. In den Kanon-
sammlungen endlich haben die fast immer voraufgehen-
den *Nomina pontificum Romanorum* dieselbe Entstehung.

B. In der Gothaner Handschrift der Volks- und Kai-
sergesetze, beschrieben von Pertz Leg. I. praef. 28, die früher nach St. Martin in Mainz gehörte, aber nicht dort,
sondern nach Merkels Vermuthung in Fulda im Anfange
des elften Jahrhunderts geschrieben ist, geht dem Langobardischen Gesetze auf f. 335 ebenfalls eine kurze Geschichte
vorauf, welche Ritter in der Vorrede zum zweiten Theile
seines Codex Theodosianus. Lips. 1736. fol. unter dem
von ihm zugefügten Titel Series principum Langobardorum aus dieser Handschrift, aber sehr fehlerhaft herausgegeben hat; ihm folgt Baude di Vesme in seiner Ausgabe

des Langobardischen Gesetzes p. 181. Die Geschichte be=
ginnt ohne Überschrift „Asserunt antiqui parentes mit einer
ziemlich langen theologischen Betrachtung über die Bekeh=
rung des Volks, geht dann mit Hic incipiens originem
et nationem seu parentelam Lang. zu der Geschichte selbst
über, und beschreibt anfangs ganz selbständig, mit Beru=
fung auf Hieronymus und auf mündliche Überlieferung der
Vorfahren, den Zug des Volkes von seinen ersten Sitzen
am Vindilicus amnis ab extremis Galliae finibus nach
dem zweiten Wohnsitze in Scatenauge Albię fluvi ripa,
dann nach Saxonię patriam, locus ubi Patespruna cog-
nominatur, wo sie sich Agelmund zum ersten Könige wähl=
ten, und mit ihm in Beowinidis zogen, wo noch heute
ihres Königs Wacho Haus und Hof zu sehen ist; dann
ad Traciam und in Pannoniam. Von hier an mit den
Worten „Illo vero tempore exuit rex Odoacer schreibt
der Verfasser wörtlich die *Origo Langobardorum* ab, wo=
bei er freilich hier und da einzelne Worte wegläßt, andere
ändert oder verdirbt, aber auch nicht selten bessere Lesarten
hat als die Modeneser, Madrider und Cavenser Handschrift;
ja einige Male hat er etwas, was diesen dreien fehlt, aber
wörtlich auch bei Paulus vorkommt, der doch so wenig den
Gothaner als der Gothaner ihn benutzt hat; also muß
dies in der gemeinschaftlichen Quelle beider, eben in jener
Origo, gestanden haben, und nur irrthümlich in jenen drei
Handschriften ausgefallen seyn. Die Handschrift, die er be=
nutzte, war demnach besser und vollständiger als die, wor=
aus jene drei abstammen. Außerdem hat er aber noch eine
Anzahl eigner werthvoller Zusätze, die aus guter Quelle
geschöpft seyn müssen, wie er denn überhaupt mündliche
Tradition als seine Quelle mehrmals selbst angibt. Von
Agilulfs Tode an verläßt er die *Origo* ganz und gar; von
den beiden folgenden Königen gibt er nur Namen und
Jahre; von Rothari noch zwei Bemerkungen über seine Ge=
setzgebung und daß durch ihn das Volk zur katholischen

Kirche gebracht sey; von allen folgenden bis auf Desider nur die Namen und Jahre. Dann ergeht der Verfasser sich im Preise Karls des Großen und seiner Verdienste um den Schutz St. Peters und um die Langobarden; erwähnt seine Eroberungen, seine Kaiserkrönung, wie er dann regnum Italiae tradidit magno et glorioso filio suo domno Pippino magno regi, der Thracien und die Avaren unterworfen, das treulose Benevent nach Verdienst gezüchtigt, die Beowinidis gebändigt, Corsica von den Mauren befreit habe (807), und schließt: presentem diem per eius adiutorium splenduit Italia, sicut fecit antiquissimis diebus, leges et ubertates et quietudinem habuit per domni nostri merita, prestante domino nostro I. C. amen." Also schrieb der Verfasser zwischen 807 und 810 wo Pipin starb, in Italien und zwar nicht im Beneventanischen; er war gut päpstlich und gut Fränkisch gesinnt, und sein kleines Werk ist nicht ohne Werth; leider ist der Gothaner Codex die einzige Abschrift, in der es auf uns gekommen ist.

Paulus Langobardengeschichte.

S. die vorige Abhandlung.

Auszüge aus Paulus.

1) *Incipit liber XVII, quem ex Winilorum id est Langobardorum istoria decerpsimus, a praefato quam constat auctore editam* „Cum iam ut praemissum est — Anastasius presbiter ordinatus est", als Fortsetzung an Paulus Historia Romana gehängt, wo und von wem unbekannt, aber schon im neunten oder spätestens im zehnten Jahrhundert. Die obige Überschrift steht, so viel ich weiß, nur in der Handschrift von St. Victor. Über die Handschriften und Ausgaben s. oben S. 311.

2) *(Epitoma Halensis)* „Hi prefuerunt genti Winilorum — defunctus est", ohne Überschrift, ganz kurz, schließt mit Arivalds Tode, indem das Ende verloren scheint.

Es ist nichts als ein ganz kurzer Abriß der Könige, allein aus Paulus und meist mit dessen eignen Worten, ohne irgend etwas Eigenes. Zeit und Ort des Epitomators ist völlig unbekannt; daß es nicht von Secundus von Trient seyn kann, wie De Rubeis annahm, ist schon oben bemerkt. Handschr. Halle membrana pervetusta, quae videtur septingentis annis vix esse posterior nach Christ, der sie entdeckte, ist jetzt verloren; Inspruck; Benedig Marciana XIV, 137 sind Collectaneen des De Rubeis, unter denen Merkel eine Abschrift eben dieses Stückes fand mit dem Titel: Copia del frammento di Secondo Trentino, tratta da un originale che conservasi nella biblioteca imperiale d'Innspruk. Ausg. Ioh. Fr. Christ origines Langobardicae e membr. pervetusta. Halae 1728. 4°; daraus abgedruckt im Arch. IV, 465, und von Baude bi Besme in seiner Ausgabe des Langobardischen Gesetzes in Historiae Patriae Monum. V.

3) Ein etwas längerer Auszug, ebenfalls ohne allen Werth, sechs Blätter lang, steht ohne Überschrift mitten unter vielen andern Sachen in einer Handschr. in *Schlettstadt s. XII in. aus einem Kloster des Konstanzer Sprengels.

4) *Hystoria Longobardorum.* Septentrionalis plaga — assimulandus sit" von Ekkehard seiner Weltchronik beim Jahre 565 eingefügt, ganz aus der Bamberger Handschrift des Paulus, ohne allen Werth.

5) „Septentrionalis plaga — ludibriis subiacet. Explicit" steht mit dem Titel *Origines Langobardicae ex calce chronici Hugonis Floriacensis* bibliothecae regiae in einer neuen Abschrift Paris Suppl. Lat. 84.

6) *In nomine Dei et s. n. I. C. inc. Origo gentis L. quae egressa est ab insula quae Scandinavia dicitur.* „Refert Paulus qui gesta L. plenissime scripsit — rex ab egritudine convalescens non hoc" nicht fertig geworden, bricht in Liutprands letzter Krankheit unvollendet ab; ganz aus Paulus, ohne Werth. Handschr. *Paris 6161 ch. s. XV auf zehn Octavblättern; * Rom Urbin. 983. s. XV ex.

7) „Primi duces Longobardorum Ybor et Aigio — fecit monasterium S. Athanasii martyris in Olona" ganz aus Paulus, kurz und ohne Werth, ist von Albacrucius, einem Glossator der Lombarda zwischen 1150 und 1200, wörtlich und an sehr ungeschickter Stelle in seine Vorrede eingefügt, deren Mittheilung ich Dr. Merkel verdanke. Albacrucius Werk steht in der Handschr. Paris 4617; *Bologna coll. Hispan. 73; Olmütz capit. cathedr. 210.

8) *Istoria Longobardorum,* ein ganz kurzer Auszug aus Paulus; aber unter Liutprand wird erzählt, wie er auf einem Spazierritt Klagen über unrechtes Maß hörend, seinen Fuß auf einen Stein setzte, dessen Spur noch zu sehn ist; steht in der Handschr. *Paris 4931. s. XIII ex. hinter Johannes Codagnellus Chronik, gleich dieser aus einer ältern Handschrift abgeschrieben.

9) Ein Auszug aus Paulus steht in dem von Ortimanara Vita della contessa Matilda p. 3 als ihm gehörig angeführten codice nel quale contiensi un breviario della storia di Paolo Diacono scritto circa 1300 in pergamena, in welchem auch noch die von ihm edirte Vita Mathildis steht. Vielleicht ist das dieselbe oder eine verwandte Handschrift, welche seit dem Januar 1843 im Brittischen Museum n. 14092. s. XV ist.

10) *Gesta regum Langobardorum* stehn in Venedig Marciana, Zanetti 402. chart. 8⁰. s. XV hinter Auszügen aus Palmerius, nach Arch. IV, 143.

11) *Abbreviatio P. D. de bello Lang.* in Middlehill chart. s. XV nach Hänel p. 895.

12) *Chronica,* aus Paulus, ohne Werth, steht *Paris St. Victor 269. s. XV.

13) Einen kurzen Auszug hat Knust abgeschrieben aus einer *Madrider Handschrift.

Paulus Fortsetzer.

1) **Andreas Bergomas,** ein Priester, von Geburt

und Geſinnung Langobarde, der im Auguſt 875 Kaiſer
Ludwigs II Leiche vom Oglio bis- zur Abba geleitete, ſchrieb
877 oder bald nachher eine *Abbreviatio de gestis Longobardorum* bis auf Liutprands Tod, ſehr kurz und ganz
aus Paulus hystoria Langubardorum. **Et quorum hic
super continent** (d. h. was darauf hier weiter folgt),
eorum historiae minime ad nostram pervenit notitiam
(d. h. davon weiß ich kein Geſchichtswerk, das ich eben ſo
excerpiren könnte), **sed in quantum per seriem litterarum**
(einzelne Aufzeichnungen, Annalen und Kaiſerverzeichniſſe)
**seu per antiquos homines potui veraciter scire, hic
scrivere delectatus sum.** Er ſchreibt unglaublich barbariſch
und hat manche Unrichtigkeiten, aber auch Vieles was ſonſt
nicht bekannt iſt; und gegen das Ende iſt er als Augen=
zeuge von Wichtigkeit. Der Schluß, jedoch wohl nicht viel,
iſt verloren. Handſchr. *St. Gallen bibl. civit. C, 23 aus
dem Kloſter herſtammend und aus mehreren verſchiedenen Stük-
ken zuſammengebunden, darunter zuletzt eine Quaternion von
urſprünglich fünf Doppelblättern, deren äußerſtes mit dem Anfange und Schluſſe des Werkes aber jetzt verloren iſt; von
Langobardiſcher Schrift s. IX und vielleicht Autograph des
Verfaſſers. Sie muß ſchon vor dem zwölften Jahrh. ins Kloſter gekommen ſeyn, denn in der Handſchr. *St. Gallen n. 620
hat die Hand deſſelben Jahrh., welche darin Paulus Langobar-
diſche Geſchichte durchgängig corrigirte, an den Rand derſelben
fortlaufend Andreas Werk geſchrieben, jedoch dabei das barba-
riſche Latein nach Kräften geändert und hier und da etwas
zuſammengezogen. Leider fehlt auch hier der Schluß, indem
das Ende des Paulus dort verloren iſt, ſo daß die Randſchrift
jetzt ſchon gleich nach Ludwigs II Begräbniſſe, alſo noch früher
als das Autograph, mit in Baioariam abbricht; aber dennoch
kann der Anfang hieraus ergänzt werden, wenngleich wegen
der Änderungen des Sangaller Abſchreibers nicht ganz wörtlich.
Ausg. Mencken SS. I, aus dem St. Galler Autograph; Muratori Antiquitt. I, aus Mencken; Pertz SS. III, 231, aus dem

Autograph; alle also ohne den Anfang, den ich erst 1845 in der Handschrift n. 620 aufgefunden habe und daraus hier folgen lasse: *Quidam Andreas scribit hanc adbreviationem.* Longobardorum gesta, unum volumen sex tamen libros, a Paulo viro philosopho contesta et per ordinem narrata invenimus. Exinde pauca de multis in hac adbreviatione contexere nisi sumus, et sub eadem hystoriole, in quantum Deo auxiliante summatimque sermonem exinde adtrahere conati sumus scribere. In septentrionali plaga Europae, in finibus Germanie fere, insula est nomine Scatinavia; in qua propter multitudinem populorum legimus populum illam in tres partes esse sorte divisum; et pars tercia, cui sors cecidit, Winoli vocati sunt. Positis super se ducibus Hibor et Agio germanis cum matre Gambara, egressi de Scatinavia venerunt in regionem quae appellatur Scoringa; ubi per aliquot annos consederunt. Erant ipsi Winoli iuvenili etate, barba florida, et pro quod plures videntibus estimarentur, etiam eorum feminae crine solutae erga faciem ad similitudinem barbae composuerunt. Unde post hoc Longobardi dicti sunt. Ubi super Wandalos primam victoriam ceperunt, pro famis labore de Scoringa egredientes, in Mauringam ingressi sunt. Deinde in Gotholanda venerunt, ubi aliquantum temporis commorati sunt. Mortuis interea Ibor et Agione constituerunt super se Longobardi primum regem Agelmund nomine. Hic rexit Longobardos a. 33. Deinde venerunt ad quoddam flumen, ubi Lamisio cum una Amazone pugnavit et vicit. Transierunt eundem flumen. Cum ad ulteriores terras pervenissent, ubi quasi fidentes per neglientiam resoluti, nocta dum cuncta quiescerent, super eos Bulgares irruentes plures ex eis occiderunt, etiam regem Agilmund interimunt. Congregati qui remanserunt, Lamisionem super se regem constituunt, et super Bulgares vindicta ulcisci cupiebant, sicut et fecerunt. Ex illo iam tempore Longobardi audatiores effecti sunt. Defuncto Lamisione regnavit pro eo Leth annis 40. Eodem mortuo reliquit regnum

Hildeoc filio suo. Hoc quoque defuncto, Godioc regnum suscepit. Venerunt exinde in Rugulanda, et ibi aliquanti temporis commorati sunt, quia fertilis erat. Mortuo Godioc successit Claffo filius suus. Eo defuncto Tato eius filius ascendit ad regnum. Egressi de Rugulanda habitaverunt in campis patentibus per a. tres, ubi pugnaverunt contra Herulos victoria patrata; et sic omnis Herulorum virtus concidit, ut ex illo tempore ultra super se regem omnino non haberent. Mortuo Tatone-Wacho regnat, qui super Suabos irruit eosque suo dominio subiugavit. Defuncto igitur Wachone, Walthari suo filio regnum reliquit. Hoc quoque defuncto, regnat pro eo Audoin. Hic habebat filium Alboin nomine, qui, cum Gepidi super Longobardos irruerent, magna eos strage stravit. Mortuo Audoin Alboin filius suus in regno successit, qui sibi in coniugio sociavit Clodisindam filiam Lotharii regis Francorum et cum Avaris perpetuam pacem fecit, et Cunimund regem Gepidorum superavit; et tantam adepti sunt predam, ut iam ad amplissimas pervenirent divitias. Gepidi vero a Longobardis subiecti sunt. Longobardi vero in Pannonia habitaverunt, et longe lateque nomen eorum percrebuit. Narsis qui tunc preerat Rome Italieque, bellum adversus Totilam regem Gothorum preparans, legatos ad Alboin dirigit, ut ei contra Gothos auxilium ministraret. Tunc Alboin electam manum per mare Adriaticum dirigit; qui in Italiam transvecti, sociati Romanis pugnam inierunt cum Gothis. Quibus ad internitionem pariter cum Totila rege suo deletis, Longobardi honorati multis muneribus victores ad propria remearunt. Omni tempore quo Longobardi in Pannonia residerunt, Romanis adiutores fuerunt. Narses patritius bella Romanorum sustinuit eosque semper defendit. Econtra ipse Romanorum invidiam pertulit. Nam ipsi Romani ad Iustinum imperatorem Narseum accusaverunt, qui et ipse augustus et Sophia uxor eius mandans eis, quia enuchus u. f. w. ziemlich wörtlich wie die Ausgabe.

2) **Continuator Casinensis** „Liutprand rex — discere poterit." Die von Pertz A. V, 131 beschriebene Vaticanische Handschrift 5001, in Salerno ums Jahr 1300 von Einer Langobardischen Hand geschrieben, enthält Folgendes: f. 1 „In nomine domini et salvatoris nostri Iesu Christi. incipit liber quarundam ystoriarum dominorum diversarum guerrarum regni Ytalie, prout inventum fuit in quodam antiquo libro scripto litterarum Longobardarum, cuius libri principium non continebatur. et propter hoc, sicut incipiebat predictus liber suas ystorias recitare, ita et nos incepimus in presenti libro ipsius ystorie scribere et continuare. Auf diese Vorrede des Salernitaner Abschreibers folgt gleich ohne Überschrift das, was er in seiner alten Handschrift fand, folgendermaßen: „Anno ab inc. — Radelchis pr. s. a. unum", wovon unten B 1ᵇ mehr. f. 2 „Residente — vir pie sive potens" ohne Überschrift, aber mit sehr großem Anfangsbuchstaben, ist die Chronik von Salerno, nur in dieser einzigen Handschrift erhalten. f. 105′ „Liutprand — discere poterit", wovon sogleich. f. 106′ „Longobardorum series — inseram" ohne Überschrift, ist Erchempert. f. 131,, Quotiens de urbe — offertur" bei Pellegrini (daraus Muratori IIᵇ, 283.' Pratilli III, 318) ist der Brief eines Papstes, ohne Bezug auf die vorigen Werke; er war in der alten Quelle dieser Handschrift gewiß von andrer Hand auf leeren Raum hier eingetragen. f. 132 „De hostibus et scamaris — hominibus" bei Pellegrini (daraus Muratori II, 256. Pratilli III, 198) ist Sichards Capitular, ebenfalls ohne Zusammenhang mit dem Vorigen. f. 137 „Recordationem — vestro" bei Pellegrini (daraus Muratori IIᵇ, 283. Pratilli II, 319) ein Inventar der Besitzungen Potos. f. 138 „O comes — docent" bei Pellegrini (daraus Muratori IIᵇ, 284. Pratilli II, 321) Pertz SS. III, 469, ist Ardericus Lobgedicht auf Graf Rofrid. f. 139 ein Langobardisches Glossar. f. 140 „Tres — Alamannos"

ein ganz kurzer Völkerſtammbaum, bei Pertz SS. VIII, 314; dann eine Notiz über die Geſetzgeber der Salier und Bai= ern. f. 140' „A Zottone — expulsus" wovon unten B 1ᵇ mehr. f. 143 „Ego Radelchisus — meum", bei Pellegrini (daraus Muratori II, 260) iſt Radelchis Capitular. f. 147 „Eia fratres — finire" bei Pellegrini (daraus Muratori IIᵇ, 286. Pratilli II, 323) Pertz III, 470 iſt ein kurzes Loblied auf Landulf, deſſen Ende zu fehlen ſcheint, und der Schlußvers des alten Schreibers: Sicut navigator desi-derat ad portum venire. Ita scriptor desiderat librum finire. Hiermit ſchloß alſo, wie ſchon Pertz bemerkt, die alte Handſchrift, welche der Salernitaner Schreiber copirt hat; und was er noch hinzufügt f. 148—162, eine Papſt= und Kaiſerchronik bis auf Bonifaz VIII einſchließlich, das ſtand nicht in jener Handſchrift.

Über dieſe ältere Quelle der Handſchrift 5001 läßt ſich aber auch noch von anderer Seite her etwas ermitteln. Leo von Oſtia ſchreibt oft wörtlich zahlreiche Stellen ab aus Erchempert und dem Mönch von Salerno, und I, 7. 8 auch aus dem kurzen anonymen Stücke, welches in unſrer Handſchrift 5001 zwiſchen jenen beiden auf f. 105' ſteht; I, 49 hat er nachher noch eine Stelle nachgetragen aus dem was in derſelben auf f. 140' ſteht. I, 20 citirt er aber, als aus der historia Herchemperti, eine Stelle des Mönchs von Salerno. Alſo muß er jene drei in Einer Handſchrift vereinigt vor ſich gehabt haben, der er nun den Namen des einen Stücks als Geſammtnamen gibt (grade wie er die ganze Caſineſer Handſchrift 353 Iohannis abbatis chronica nennt, obgleich nur ein ganz kleiner Theil derſelben Johan= nes zum Verfaſſer hat). Dieſe Handſchrift enthielt alſo grade daſſelbe, was die Vaticaniſche auf f. 2—130'; der übrige Inhalt der letztern mochte in jener ältern Quelle theilweiſe wenigſtens ſpäter nachgetragen ſeyn in derſelben Art, wie die Caſineſer Handſchrift 353 ſolche Nachträge von anderer Hand zeigt. Nun finde ich aber unter den

Handschriften, welche nach Petrus Diaconus III, 63 Abt Desiderius in Montecasino schreiben ließ, eine Historiam Herchemperti, und es ist wohl anzunehmen, daß dies die Handschrift war, welche Leo benutzt und der Salernitaner Schreiber von 5001 copirt hat.

Wie haben wir uns aber die noch ältere Handschrift zu denken, aus welcher Desiderius abschreiben ließ? Hierüber können die Vulturneser Chronik und die Cavenser Gesetzes= handschrift einigen Aufschluß geben. Letztere, im Jahre 1023 auf Montecasino geschrieben, hat dasselbe Königs= und Kai= serverzeichniß wie f. 1 der Vaticanischen Handschrift, hat aber zu Bertari einen langen Zusatz aus Paulus gemacht, und anstatt der Könige von Liutprand bis Desider wörtlich dasselbe Stück eingefügt, das dort auf f. 105' steht. Jo= hann vom Volturno hat in seine Chronik als drittes Buch eine wahrscheinlich ältere Geschichte der Zerstörung seines Klosters durch die Sarazenen aufgenommen, deren Anfang „Langobardorum — substituit" ganz und gar aus Pau= lus ausgezogen ist; was dann folgt „Igitur — tempore Adriani papae", ist wieder dasselbe Stück auf f. 105' der Vaticanischen Handschrift, nur daß der Vulturneser den Anfang wegläßt und eine Stelle über Desiders geistliche Stiftungen einschiebt; das folgende „Quam undique — Vin= centii" ist aus derselben Quelle, welche Leo von Ostia I, 12. 8 ausschreibt; das Übrige ist größtentheils aus Erchem= pert abgeschrieben. Der Vulturneser hatte also eine Hand= schrift Erchemperts, wo jenes Stück gerade wie in der Va= ticaner voraufging, und wo wahrscheinlich auch noch Paulus davorstand. Gerade so muß Erchemperts Autograph gewe= sen seyn; denn er knüpft sein Werk, wie seine Worte iam fati Desiderii zeigen, an etwas in demselben Bande Vor= hergegangenes; und da nun der Salernitaner Schreiber, Leo und der Vulturneser alle drei dicht vor Erchempert eben dies Stück finden, so wird auch Erchempert mit jenem Ausdrucke kein anderes meinen.

25*

Das genannte Stück „Liutprand rex — poterit" ist eine ganz kurze Geschichte der Könige von Liutprand bis auf Desiderius, also geradezu eine Fortsetzung zu Paulus. Es ist fast ganz und wörtlich aus dem Leben der Päpste Zacharias und Stephan ausgezogen, auf die auch die Schluß= worte **Si quis autem hoc pleniter nosse desiderat, legat episcopale Romanum, illic discere poterit** verweisen; neu und selbständig sind eigentlich nur zwei kleine Sätze, über Piumarola und Karlmanns nach Montecasino gesendete Leiche, also beide auf dies Kloster bezüglich, weßhalb mir auch das Ganze dort entstanden scheint. Pellegrini ist der Meinung, Erchempert selbst habe es verfaßt, um den Über= gang von Paulus Geschichte zu der seinigen zu bilden. Aber dann sieht man nicht recht ein, warum er es nicht gleich mit seinem Werke verbunden haben sollte; auch ist seine gutlangobardische Gesinnung etwas im Widerspruch mit dieser päpstlichen Geschichtschreibung. Ich glaube vielmehr, daß Erchempert es schon hinter der Handschrift des Paulus fand, in welche er sein eigenes Werk als Fortsetzung hin= einschrieb. Der Vulturneser benützte noch dieselbe; Abt Desiderius ließ in seiner Abschrift an Paulus Stelle den Anonymus Salernitanus treten, indem er aus Paulus eine besondere Handschrift machte, wie der Katalog bei Petrus Diaconus III, 63 zeigt; und diese Abschrift Desiders ist es, welche von Leo benützt und ums Jahr 1300 zu Salerno wiederum abgeschrieben ist in der jetzt Vaticanischen Hand= schrift 5001, die nun ihrerseits wieder die Quelle sämmt= licher Papierhandschriften des Anonymus und Erchemperts ist. Aus den letzteren stammen die Ausgaben von Carac= cioli (daraus Murat. V, 15. Eccard SS. I, 49) und Pelle= grini (daraus Pratilli I, 39. Murat. II, 229. Grävius Thesaur. IX, 1).

3) **Erchempertus**, ein Langobarde aus der Graf= schaft Teano, schrieb bald nach 889 seine *Hystoriola Lan- gobardorum Beneventum degentium* gewissermaßen als

Fortsetzung des Paulus, an den er in den ersten Worten ausdrücklich anknüpft; und zwar schrieb er es, wie schon gesagt, wahrscheinlich in eine Handschrift, in der schon Paulus und dessen Casineser Fortsetzung standen. Diese benutzte der Mönch von Salerno und Johann vom Volturno; Abt Desiderius ließ sie copiren, und daraus wieder ward um 1300 in Salerno die Vaticanische Handschrift 5001 abgeschrieben, aus der alle neueren stammen. Ausg. Carraccioli chronologi antiqui tres. 1626 (wiedergedruckt von Murat. V.); Peregrini hist. princ. Langob. 1643 (wiedergedruckt bei Graevius thes. IX, 1; Eccard SS. I, 49; Muratori SS. II; Pratilli I, 46); Pertz SS. III, 241.

4) **Monachus Salernitanus** hat seine 978 geschriebene Chronik von Benevent ebenfalls an Paulus angeschlossen, indem er sie mit Ratchis beginnt. Den Anfang hat er fast wörtlich aus den Gestis pontificum genommen, mit allen Schimpfwörtern, die sie gegen die Könige brauchen; daneben aber hatte er ein kurzes Königsverzeichniß von ganz entgegengesetzter Gesinnung, welches er ganz naiv mitten zwischen jene Excerpte einflicht. Auch nachher wirft er seine Quellen oft wunderlich durch einander, und Ordnung ist das was man am wenigsten bei ihm suchen darf; er trägt ganz den Charakter eines Improvisators. Das Verzeichniß der Könige, Kaiser und Fürsten von Benevent, welches in der Handschrift ihm vorangeht, und daher von den Herausgebern ihm beigelegt wird, ist gar nicht von ihm, sondern nur von dem Schreiber der Handschrift ihm vorgesetzt, wie namentlich daraus erhellt, daß die Zahlen desselben von den seinigen fast überall abweichen. Es ist durch einen Beneventaner im Jahre 897 aus einem viel ältern abgeschrieben und mit einer kurzen Fortsetzung über die Beneventanischen Herzöge 890—897 versehen, welche der Schreiber der Vaticanischen Handschrift an dieser Stelle weggelassen hat. Handschr. *Rom Vat. 5001. Ausg. Pere-

grini h. pr. Lang. 1643; Muratori SS. II^b; Pratilli II; Pertz
SS. III, 467.

5) Continuator Romanus: „Igitur Hildeprandus
— Italiam intraverunt", anonym, ganz aus den Gestis
pontificum, mit Beibehaltung selbst der Worte; nur ein=
mal bei Aistulf ist deren ausführlichere Erzählung hier zu=
sammengezogen. Eigenthümlich sind nur wenige Zeilen,
und auch die enthalten gar nichts. Für den Verfasser hiel=
ten Freher, Gruter und Lindenbrog den Paulus Diaconus,
während doch Erchempert ausdrücklich sagt, daß der nur
Ratchis pene usque regnum geschrieben habe. Vielmehr
scheint es, da es allein das Verhältniß der Päpste zu den
Langobarden berücksichtigt, und die in der Handschrift fol=
genden Annalen auch fast nur Rom betreffen, in Rom ent=
standen, wahrscheinlich im neunten oder zehnten Jahrhundert.
Handschr. *Rom Palat. 927. s. XII ex. im Kloster S. Trinitatis in monte Oliveti prope Veronam von Einer Hand geschrieben, enthält: Excerptum ex Orosio; Trogi historia; De
sex aetatibus mundi; Exc. ex Eusebio, Cassiodoro, Iordane;
Pauli h. L. deren Schluß diese Fortsetzung bildet, welche dieselbe Hand und Dinte aber gleich ohne Trennung weiterführt:
Anno 774. Anno 775. Anno 776 Rotchaus dux For. b. occiditur. Anno 777. A. 778. A. 779. A. 780. A. 781. Carolus
— Aquitaniam. A. 782. A. 783. A. 784. A. 785. A. 786 hoc
anno u. s. w., wie bei Freher und Muratori, nur daß in der
Handschrift alle Jahre angegeben sind, auch die, bei denen nichts
steht; es schließt im Jahre 825 mit perscriptum. Dann folgen, von derselben Hand, die Annalen des Klosters Monto-
liveto bei Verona, welche Biancolini Vescovi di Verona p. 3
hieraus gedruckt hat; der Schreiber hat sie bis 1181 in Einem
Zuge geschrieben, und von da an zu verschiedenen Zeiten fort=
geführt bis 1199; dann hat eine andere Hand sie fortgesetzt bis
1223. Also copirte der Veroneser Schreiber im Jahre 1181
eine ältere Handschrift, wo an Paulus Diaconus diese Fortsetzung und die kurzen Annalen von 774—825 angefügt waren.

Daß letztere in Rom entstanden sind, ist nur durch den Inhalt wahrscheinlich; ob sie aber von verschiedenen Händen hinter jener Fortsetzung geschrieben waren, oder von dem Fortsetzer selbst herrühren, so daß das Ganze „Igitur Hildeprandus. — perscriptum" nur Ein Werk wäre, weiß ich nicht zu entscheiden; doch scheint mir Letzteres weniger wahrscheinlich wegen der ganz verschiedenen Form des zweiten Theils 774—825. *Mailand Brera A. N. XIV. 29 saec. XVI enthält den Paulus mit dieser Fortsetzung bis 825; sie ist aus dem vorigen abgeschrieben. Ausg. Gruter hist. Augustae SS. 1611. fol. gab es zuerst als Paulus VI, 59—61 aus der obigen Pfälzer Handschrift; Lindenbrog diversarum gentium hist. antiquae SS. 1611 ebenso, aus einer von Freher erhaltenen Abschrift (Gruterianam enim editionem serius vidi); Freher corpus hist. Franc. 1613 p. 178 ebendaher; Duchesne SS. II, 206; Bibliotheca patrum maxima Lugd. 1677. XIII, 332 aus Freher; Muratori SS. Iᵇ, 183 aus Freher; Bouquet V, 190. VI, 173.

6) Cont. Barberinianus „Imperante Leone primo imperatore — pati exilium" enthält die ganze Langobardische Geschichte aus Paulus ausgezogen, mit dessen eignen Worten; dann fortgesetzt ziemlich ausführlich bis auf Desiderius Fall und Paulus Verbannung. Handschr. Rom Barberini 1707. chart. s. XVII auf fol. 44—55.

7) Cont. Audomarensis in der Handschrift St. Omer 736 chart. s. XVI, deren erste Heimath unbekannt ist. Sie enthält von Einer Hand: *Antiquarum gentium nomina;* dann *Episcopi Florentini* bis auf Americus Corsinus cepit a. 1411", woraus man vielleicht auf die Abfassung ihrer Quelle in Florenz schließen dürfte; dann *Pauli historia Langobardorum,* und danach *Inc. capitula septimi libri Langobardorum regum.* Quid intendat actor in hoc libro describere. Quibus temporibus Langobardi Italiam venerunt. De primo rege eorundem mortuis ducibus. Brevis evolutio subsequentium regum. Epilogus aliorum regum cum determinatione

originis eorum. De miraculo circa clavem aureum
sancti Petri. Compendiosa ceterorum regum narratio.
Quod, cum in honore essent, spreverunt Romanum imperium. Quod sanctus Germanus Cpolitanus restitit viriliter erroribus Leonis imperatoris. Quid fides catholica sentiat circa reliquias. Quid intendere debeamus
u. f. w. das letzte: Paulus Cassinensis monachus venit
in Galliam. *Stationes ecclesie Romane in adventu.*
„Dominica prima u. f. w. zwei Seiten, offenbar hier an
ganz falscher Stelle; wahrscheinlich war in seinem Original
ein Blatt, das dies enthielt, verbunden. Dann ohne Überschrift jenes siebente Buch selbst: „Propositum quidem
huius superaddidi septimi libri est, priora comatice re-
censere, nonnulla omissa texere, et trium subsequentium Langobardorum regum nomina et tempora necnon gesta secundum traditiones patrum subnotare. Legimus sub Gestis Romanorum pontificum, quod tempore
primi Pelagii successoris u. f. w. schließt mit der Translation des Apostels Bartholomäus im Jahre 809 und dem
letzten Capitel „Claruit etiam his temporibus Paulus gentis sue id est Langobardorum historie scriptor — —
beati patris Benedicti compilavit", welches wörtlich aus
Hugo bei Albericus 807 entlehnt ist. Vielleicht ist das
Ganze aus Hugo compilirt.

8) Cont. Florentinus. „*Brevis hystoria regum
Longobardorum.* Germania provincia est — historiam
legat Longobardorum" ungedruckt; eine Abschrift verdanke
ich meinem Freunde Dr. Merkel. Der Verfasser lebte in
Italien vor 1343; denn Morigia, der damals schrieb, hat
ihn fast ganz in seine Chronik aufgenommen, und citirt ihn
bei Muratori XII, 1065 mit den Worten prout in diversis chronicis explanata habentur. Er beginnt mit einer
kurzen Aufzählung der Provinzen Deutschlands (Saxonia,
Frixia, Suevia, Franconia, Bavaria, Austria, Boemia,
Polonia, Gothya et Pannonia, insule vero Dacia, Nor-

vegia, Scandana vel Scandinavia) und erzählt dann die
Geschichte von Paulus Anfange an aus ihm, sehr kurz,
aber oft mit seinen eignen Ausdrücken, so daß man sieht,
er hat ihn gut im Gedächtnisse gehabt. Aber dabei ist der
Einfluß der entstellten späteren Volkssage schon sehr groß,
und manches wird nach ihr ganz anders als bei Paulus
erzählt. Godan ist kein Gott, sondern ein Zauberer und
Wahrsager, auf den der Ausdruck der Bibel über Bileam
übertragen wird; weil er Unbärtige nicht sehen mag, thun
die Weiber ihre Haare, die Männer Kuhschwänze und Schaaf=
felle vors Gesicht. Albuins Vertrag mit den Avaren bei
seinem Abzuge wird hier vom Einzuge nach Pannonien er=
zählt. Die Gepiden, die er bezwingt, werden in Baiern
verwandelt, die er auf seinem Zuge nach Italien unterwirft.
Bei der Belagerung Pavias kämpft ein Diaconus Thomas
unerkannt mit Albuin, wird besiegt, erkannt und enthaup=
tet; dies hatte also die Volkssage von Alachis auf Albuin
übertragen, und eben so ist der Eid, den hier Albuin deß=
halb schwört, zusammengesetzt aus dem, den Paulus von
Albuin, und dem andern, den er von Alachis erzählt. Die
Könige vor Albuin werden gar nicht genannt, und nach
ihm läßt der Verfasser sogleich die Herzöge folgen, dann
gleich Rothari, Grimald, Gertarith, Lupertus, Ampertus,
Usimprandus, Luytprandus, Ulprandus, Papis, Astulphus
und Desiderius, der in Paris im Gefängniß starb; von
allen diesen gibt er weiter nichts als die Regierungszeit an,
von Albuins Tode bis zum Schluß etwa acht Zeilen;
quorum gesta si quis scire voluerit, hystoriam legat
Longobardorum". Handschr. *Florenz Laur. plut. super.
89 cod. 17 s. XV in. enthält Sermones; Cypriani quaedam;
Descriptio Terrae Sanctae; Iohannis presbyteri epistola;
Brevis hyst. regum Lang.; Tractatus de ordinibus cardina-
lium; Rabbi Samuelis epistola.

9) Continuator Venetus. „Italia provinciarum
omnium . . . . Venerunt etiam post Lango-

bardos vel paulo ante ut alii volunt, Gothi ad Ytaliam
et Vandali, Ypogreti u. f. w. bis auf Karls Sieg, der
auch Angelsachsen in seinem Heere hatte; zuletzt noch Eini=
ges über Ludwig II und die Burgunder. Scheint mit der
Barbarinischen Fortsetzung verwandt. Handschr. Venedig
Marc. h. prof. 33 chart. qu. XV, nach Arch. IV, 150; Wien
h. prof. 800 scheint dasselbe Werk, im Jahre 1391 abgefaßt,
zu seyn.

10) Contin. Traiectensis, *Gesta Langobardorum*, aus Paulus mit Fortsetzung über Pipin und Desider,
nur Ein Blatt, in Utrecht, Arch. VIII, 585.

Der Langobardische Chronist.

In Kopenhagen hat Waitz eine Chronik entdeckt, welche
vom Anbeginn der Welt bis aufs Jahr 641 geht, „Principio Dominus coelum terramque creavit. Sex diebus
rerum creaturam — regnavitque cum matre annis decem“. Bis 378 ist sie nichts als ein kurzer Auszug aus
Hieronymus, zu dem am Rande hier und da kleine Zusätze
gemacht sind, theils de catalogo S. Ieronimi, theils de
Prosperi historia, theils de Hisidori cronica. Von 378
an, wo Hieronymus schließt, ist Prospers Chronik nach sei=
ner zweiten Ausgabe wörtlich abgeschrieben, ohne Änderun=
gen und Weglassungen, ·nur werden hier und da kleine
Zusätze aus Isidor, den Consularfasten u. a. gemacht. Von
Prospers Schluß 455 an noster utcumque potuit studium
desudavit, also die eigne Arbeit unseres unbekannten Ver=
fassers. Bis 525 besteht sie aus einem Auszuge aus ver=
lornen Ravennatischen Consularfasten mit Zusätzen aus Isidor
und einem Papstverzeichnisse, und ist gleich dem Vorigen,
ihren Quellen gemäß, nach den Consuln geordnet. Mit
524 aber verläßt sie diese Form, und wird zu einer Kaiser=
chronik nach Art Isidors, der von nun an ihr Leitfaden
ist, untermischt mit Stücken aus dem genannten Papstver=

zeichniſſe und mit Nachrichten über Juſtinians Feldherrn
Asbadus, über die Kaiſer und die Langobarden, aus unbe=
kannter Quelle. Sie ſchließt: Adalvual filius eius cum
matre Theudelinda regni curam suscepit, regnavitque
cum matre annis decem, alſo bei 626; vielleicht ging ſie
noch etwas weiter, doch kann nicht viel verloren ſeyn, da
dies erzählt wird unter Kaiſer Eraclius qui nunc 30um
imperii agit annum. Alſo iſt das Werk geſchrieben zwi=
ſchen October 639—640; wo und von wem, iſt völlig un=
bekannt; doch vermuthe ich aus der Ausführlichkeit der Nach=
richten über die Langobarden, aus der ihnen offenbar ge=
neigten Geſinnung und aus den Ausdrücken gloriosissimam
Theudelindam reginam, quae non regali tantum iure
quantum pietatis affectu Longobardorum gentem enu-
trivit und nachher wieder gloriosissimam Theudelindam,
daß der Verfaſſer im Langobardiſchen Reiche lebte, wenn
er gleich von Geburt ein Römer ſcheint. Es wäre jedoch
auch möglich, daß dieſe Ausdrücke auf Rechnung ſeiner
Quelle kämen; und da könnte es, bei der großen Ähnlich=
keit, die ſeine Worte manchmal mit Paulus Diaconus ha=
ben, wohl ſeyn, daß dieſe Quelle kein anderer wäre als
Secundus von Trident, den auch Paulus benutzte. Handſchr.
* Kopenhagen Arch. VII, 251.

Benedict von St. Andrea.

Benedict von St. Andrea auf dem Soracte, von Rö=
miſcher Abkunft, wie ſeine Äußerungen über die Langobar=
den zeigen, ſchrieb bald nach 968 eine Chronik von Chriſti
Geburt bis auf ſeine Zeit, deren Anfang verloren iſt. Zum
Grunde liegt anfangs Beda, dann die Annales Lauris-
senses; beide ſchreibt er wörtlich aus, und knüpft an dieſen
Faden größere und kleinere Stücke aus dem Leben des heil.
Martinus, Pigmanius, Barbatus, Bartholomäus, aus Ein=
hard, den Papſtgeſchichten, dem Langobardiſchen Edicte, den
Urkunden ſeines Kloſters, aus annaliſtiſchen Aufzeichnungen,

und namentlich auch aus mündlicher Tradition; vergl. Pertz Arch. V, 148, welcher auch darauf aufmerksam macht, wie hier bereits die Sage von Karls d. Gr. Zuge ins Morgen= land vorkommt, schon 150 Jahre nach Karls Tode und mehr als ein Jahrhundert vor dem ersten Kreuzzuge. Bene= dict wird wohl dafür die älteste Quelle seyn, denn die dem Alkuin beigelegte Vita Antichristi in Duchesnes Ausgabe p. 1215 möchte kaum älter seyn, obwohl sie den Namen des Methodius an der Stirne führt; es heißt darin: Tempore praedicti regis, cuius nomen erit C. rex Romanorum tocius imperii . . . . exurgent ab aquilone spurcissimae gentes quas Alexander rex inclusit in Goch et Magog. quod cum audierit Romanorum rex, convocato exercitu debellabit eos . . . . . impletis autem 112 regni annis veniet Hierusalem, et ibi, ut dictum est, deposito diademate relinquet Deo regnum, et erit sepulcrum eius gloriosum. Benedict, obgleich Römer und eine allgemeine Chronik beabsichtigend, gehört doch wesentlich in den Kreis der Langobardischen Geschichte, die er vorzugsweise behandelt und für die er bei allen Fa= beln und Irrthümern sehr wichtig ist. Handschr. Rom Chigi Arch. V, 148. ihr Anfang, jetzt verloren, war noch zu Pez Zeit vorhanden, denn in dem Verzeichnisse seines Nachlasses in Mölk bei Hormayr Archiv 1828 p. 821 ist unter den von Pez benutzten oder abgeschriebenen Werken aufgeführt: „Benedictus Romanus S. Andreae chronicon a Christo nato ad a. 965 in der Chigischen Bibliothek"; danach könnte möglicher Weise in Mölk noch eine Abschrift davon seyn. Ausg. Pertz SS. III, 695.

Ariprand.

Ariprand, der älteste Commentator der Lombarda, nach Merkels Ansicht zur Zeit Heinrichs V, eröffnet seinen Com= mentar mit einer sehr kurzen Geschichte „*Legis Langobardorum Ariprandi comenta incipiunt*. In extremis or-

bis quandam fuisse terram Scatinaviam — omnes fuerunt", welche ganz auf der später entstellten Volkssage
beruht. Die Königstochter Gambara zieht aus Scatinavia
nach Italien, wohin Narses sie durch übersandte Früchte
einladet, aber bald sich ihrer wieder zu entledigen sucht.
Durch die List mit den Haaren der Weiber erregt sie den
Schein der überlegenen Anzahl, und schlägt Narses in die
Flucht. Sie gibt ihrem Volke Gesetze, nach ihr Rothari und
die folgenden Könige. Nach dem Tode des letzten Kaisers
aus den Franken sagt das Volk seiner Wittwe zur Ver-
meidung des Wahlstreits, der solle Kaiser seyn, den sie zum
Gatten wähle; da wählte sie Enrico de Guibelleng. Handschr.
Rom Christ. 1060 s. XII, von Merkel entdeckt, der mir dar-
aus diese Vorrede mitgetheilt hat.

Albacrucius, ein anderer Glossator der Lombarda
zwischen 1150 und dem Anfange des dreizehnten Jahrhunderts nach Merkel, hat diese Vorrede Ariprands in der seinigen „Cum immensa Dei sapientia weitläufig überarbeitet,
aber so völlig ohne eigene Zusätze, daß diese ganze Überarbeitung nicht den geringsten Werth hat. Gegen das Ende fügt
er, entweder aus einer anderen Quelle oder von ihm selbst
aus Paulus excerpirt, an ganz unpassender Stelle den oben
S. 367 angeführten Auszug aus Paulus „Primi duces
— in Olona" ein, und fährt dann weiter in der Überarbeitung von Ariprand fort: „Vidimus qualiter — omnes
fuerunt". Das Ganze ist ohne allen Werth. Handschr.
**Paris A. VII, 783; *Bologna coll. Hisp. 73 s. XIII; *Olmütz
capit. cathedr. n. 210.**

Die Einzelgeschichten.

1) **Translatio S. Mercurii,** von Arichis II, der
sie in Benevent 768 vornahm, selbst beschrieben, ist mir
leider nicht zu Gesicht gekommen. Handschr. Benevent in
einem Bande Heiligenleben s. XII in. nach Borgia storia di
Benevento I, 210; Benevent St. Sophia ein Lectionar s. XII

ex. Daraus floß die Ausg. von Giovardi, 1730. Eine andere, nach Arichis geschrieben, gibt aus einer Beneventaner Hand= schrift Borgia I, 221.

2) **Translatio S. Heliani** „Quia largiente — amen" in Benevent 763, aber erst später beschrieben, nicht von Wichtigkeit, enthält aber doch einige historische Bemer= kungen. Handschr. Benevent s. XII in., daraus die Ausgabe Borgia I, 199.

3) **Vita Paldonis Tatonis Tasonis** „Humani generis, von Ambrosius Autpertus, der aus dem Fränki= schen Reiche nach dem Kloster St. Vincenz am Volturno kam und dort als Abt 778 starb. Johannes hat das ganze nicht eben bedeutende Werkchen in seine Chronik aufgenom= men, aus deren einziger Handschrift in Rom in der Bar= beriniana es gedruckt ist bei Muratori Ib, 339. Mabillon Acta SS. IIIa. In derselben Chronik gibt Johannes p. 345 —350 auch noch ein anderes Leben derselben drei Stifter, von einem Mönch Petrus, der von sich selbst sagt: haec omnia ex ordine retulit mihi Petro presbytero et mo= nacho benignissimus pater domnus abbas meus Taso, et ut scriberem praecepit. Abt Taso starb 729, und dennoch erwähnt Petrus in diesem Leben Kaiser Karl und selbst den Abt Angelarius, der 889 starb. Also ist jene erste Angabe über seine Zeit falsch, und das Ganze ein spä= teres Machwerk.

4) **Vita S. Barbati** „Sicut evidentissima fidelium, in Benevent geschrieben, gewiß nach Paulus, der sie nicht kennt oder wenigstens nichts von ihrem Inhalte wissen will, aber schon vor Benedict vom Soracte, der sie ganz in seine Chronik aufgenommen hat. Handschr. Montecasino 110. 145. 146. Arch. V, 67. Ausg. Acta SS. Febr. III, 139 aus einer Handschrift in Capua, die ich dort nicht mehr gefunden habe; Ughelli VIII. Ein viel jüngeres Leben „Tempore quo Grimuald, ohne Werth, ist in einer Handschrift in Avignon Arch. VII, 209 und bei den Bollandisten.

5) Vita S. Anselmi „Quia benignum — tumulum“, die Stiftung von Nonantula, 750—804, nach Mabillons Ansicht bald nachher geschrieben, und nicht ohne Werth für Aistulfs und Desiders Geschichte. Ausg. Acta SS. Martii I, Bruchstücke; Mabillon acta SS. saec. IV; Ughelli II; Muratori I^b, 189.

6) Chronica minor Casinensis „Tempore Theodorici regis Gothorum — Roma residentibus“. *Ego Anastasius apost. sedis bibliothecarius iussu SS. Stephani II haec omnia, prout ipse oculis propriis vidi et manibus contrectavi, ad posterorum memoriam et Dei omnipotentis laudem apicibus tradidi et Christi ecclesiis longe lateque constructis direxi anno a mundi principio 5978. Per omnia benedictus Deus in sécula.* woran sich gleich eine Fortsetzung bis zum J. 884 schließt: „Igitur iamdictus — mensibus septem“. Das Werk, das Anastasius 754 geschrieben haben soll, ist in der Absicht verfaßt, zu beweisen, daß Benedicts und Scolasticas Überreste durch Stephan II wieder nach Montecasino zurückgekommen seyen. Es ist compilirt aus den im elften oder im Anfange des zwölften Jahrhunderts geschmiedeten Schenkungsurkunden und Briefen des Tertullus, Justinian, Vitalian, Leo u. a., die nebst noch andern in Petrus Diaconus Regiftrum des heil. Placidus in Montecasino stehen; aus Paulus Diaconus, dem bekannten kurzen Stücke „Franci origine Troiani, den Papstgeschichten, der Casineser Handschrift 353 des Abts Johannes, Leo von Oftia, und allerlei andern Nachrichten, welche meist auch in den Werken des Petrus Diaconus, namentlich in seiner denselben Zweck verfolgenden Homilie über den heil. Benedict vorkommen. Die Fortsetzung richtet sich nur im Anfange auf jene Reliquien; nachher ist ihr Hauptzweck, die Erweiterung der Besitzungen des Klosters nachzuweisen. Sie ist aber dem erften Werke so ähnlich, daß sie beide von Einem Verfasser zu seyn scheinen; und da ist Mabillons Vermuthung mehr als wahr-

scheinlich, um nicht zu sagen sicher, der das Ganze für ein Machwerk des Petrus Diaconus hält. Leo von Ostia kennt es noch nicht; also muß es erst nach ihm gemacht seyn. Petrus aber kennt alle jene falschen Urkunden nicht bloß, sondern ist auch nicht frei von dem Verdachte, sie selbst geschmiedet zu haben; in seinem Regestum, seinem Register des h. Placidus, seiner Lebensbeschreibung und den Homilien über diesen Heiligen, der Altercatio coram Lothario, und namentlich in der Homilie über den heil. Benedict hat er ganz denselben Zweck verfolgt wie diese Chronik des sogenannten Anastasius; und keiner liegt als Verfasser für ein solches Werk näher, als der vielgeschäftige, eitle, für den Ruhm und den Reichthum seines Klosters kein Mittel der Schrift und Rede scheuende Vielschreiber und „cartularius, apocrisarius, cappellanus, logotheta, exceptor atque auditor Romani imperii", wie er sich selber nennt. Eine genaue Zurückführung des ganzen Werks auf die Quellen — eine Arbeit, die in Montecasino leicht auszuführen ist, und das Ganze hat auch eigentlich nur für Montecasino Bedeutung — würde wahrscheinlich ergeben, daß Eigenes, sonst Unbekanntes, darin gar nicht vorhanden ist. Handschr. Montecasino ist verloren; davon sind neuere Abschriften Rom Chigi I. VI, 226 chart.; Venedig S. Giorgio vom Casineser Abt Cajetano geschrieben, aus welcher die Ausg. Muratori SS. IIᵃ, 347 gemacht ist.

7) **Ridolfus notarius.** *Historiola scripta omnium rerum memoria dignarum, que Brissiane civitatis acciderunt imperantibus Franchis.* „In nomine D. D. eterni a. d. i. 774 mense Maio ind. 12 Carolus — edictum clementie et venie publicare fecit", zuerst und allein herausgegeben von Biemmi historia di Brescia. 1749. 4⁰. II, 9, aus den nachgelassenen Papieren des Lateranenser Abts Teodosio Borgondio, der 1726 starb und viel über die Geschichte seiner Vaterstadt Brescia gesammelt hatte. Ob es eine alte Handschrift war, oder nur eine neue Abschrift,

davon sagt Biemmi gar nichts; er bemerkt nur, der Verfasser habe um 1050 gelebt, und da mehre der von ihm genann= ten Personen auch in andern Quellen vorkommen, so sey kein Grund vorhanden, das Werk für ein neueres unter= geschobenes Machwerk zu halten. Wenn schon diese Ver= theidigung Verdacht erregt, so steigt derselbe noch bei der Betrachtung des Inhalts. Es beginnt 774 mit der Ver= schwörung des **dux Brissiae Poto, filius Malogerii fratris regis Desiderii;** Karl schickt gegen ihn **unum de suis prin- cipibus nomine Ismondum,** dessen Verfahren nun erzählt wird, nebst den innern Streitigkeiten der Vornehmen und der Familien; später legt Ismondus jedem einen **bannum mille mancosos auri** auf, u. s. w.; es schließt mit Lud= wigs II Einzug in Brescia 865. Sämmtliche Personen und Begebenheiten kommen, so viel ich weiß, sonst nirgends vor; man glaubt einen Schriftsteller des vierzehnten oder funfzehnten Jahrhunderts zu lesen, nicht aber des elften; kein einziger Geschichtschreiber Brescias außer Biemmi weiß etwas von diesem Werke; auch bei Muratori, Tiraboschi, Fabricius finde ich nicht die geringste Erwähnung desselben oder eines Ridolfus. Es scheint mir daher ein Machwerk des vierzehnten oder funfzehnten Jahrhunderts, wo nicht gar erst Borgondios oder Biemmis selber, was nach dem Vorgange eines Pratill, Tafuri, Ligorio gar nicht so un= wahrscheinlich ist. Es ist nur Schade um die schönen Ge= schichten.

B. Die Königsverzeichnisse.

Ihr Ursprung ist wohl in den Gesetzbüchern zu suchen, wie wir das bei den Westgothen ganz bestimmt gesehen haben. Rotharis Vorrede enthält das älteste, aber allein die Namen, noch ohne die Regierungszeit. Bald verband man damit auch die Kaiser, wie wir das in der Modeneser Handschrift der Gesetze entstehen sehn; in Unteritalien fügte

man ſtatt der abendländiſchen die Byzantiniſchen Kaiſer
hinzu, ſo wie die Fürſten von Benevent. Das älteſte be=
gann mit Albuin; es iſt verloren, aber aus ihm ſtammen
alle folgenden 1. 2. 3. 4. 5 ab.

1) Catalogus Beneventanus.

Auch dies Verzeichniß iſt verloren, aber daß es aus
zweien, der Könige und der Beneventaniſchen Fürſten, be=
ſtand, geht aus 1 a. b. c. d. e. f. g. hervor, welche alle
ſich nicht auf einander, ſondern nur auf eine gemeinſame
Urquelle, eben dies 1, zurückführen laſſen. Es ſcheint ſchon
von Paulus Diaconus benutzt zu ſeyn, denn in den Fürſten
von Benevent ſtimmt der ganz damit überein. Demnach
müßte es urſprünglich nur bis 774 gegangen ſeyn. Nach=
her aber iſt es bis 832 fortgeführt. In 1 a. b. c. näm=
lich iſt damit eine Computation der Jahre bis auf das
funfzehnte Sicos (832) verbunden, ganz in der Weiſe, wie
die bekannten Computationen hinter Euſebius, Hieronymus,
Prosper u. a. Dieſe ſteht in 1 a. vor dem Herzogsverzeich=
niſſe, in 1 b. ganz davon getrennt am Anfange der Fort=
ſetzung, in 1 c. am Ende der dortigen Fortſetzung, in 1 b*.
fehlt ſie ganz. Es wird aber keinem einfallen, eine Com=
putation aufs funfzehnte Jahr Sicos zu machen, wenn er
nicht gerade in dem Jahre ſchreibt oder ſchließt. Alſo muß
ſie in 1 bei Sico geſtanden und den Katalog geſchloſſen
haben. Nachher wurde dieſer fortgeſetzt bis auf Urſus
(890). So ſchrieb 1 b. das Ganze ab, ließ aber die Com=
putation, die nun in der Mitte ſtand und für ihn keinen
Sinn hatte, ganz weg. Darauf wurde 1 wieder fortgeſetzt
bis 897. So ſchrieben das Ganze 1 a. 1 c. ab, aber jener
ſetzte die Computation an den Anfang, dieſer ganz ans
Ende hinter ſeine eigne Fortſetzung. Auch 1 b. nahm die
ſo fortgeſetzte Handſchrift 1 nochmals vor, ſchrieb die Com=
putation und die neue Fortſetzung ab und erweiterte letztere
durch einen eignen großen Zuſatz. 1 g. endlich nahm aus 1

nur die Könige und machte dazu einen eignen Anfang und
Schluß. So läßt sich 1 wieder herstellen. Wo es entstan=
den ist, wissen wir nicht; jedenfalls aber nur in Monte=
casino oder in Benevent.

1a) Ignoti Casinensis
et
Iohannis abbatis cronica.

Die Handschrift in Montecasino 353 ist, mit Ausnahme
der letzten sechs Blätter, von Einer alten, Karolingischen,
noch nicht zur Langobardischen Schrift ausgebildeten Hand
prächtig geschrieben, auf Befehl des Abts Johann I, 915
—934, wie aus dem ersten Blatte erhellt wo IOHANNES
ABBAS abgebildet ist, wie er diese Handschrift dem heiligen
Benedict überreicht, abgebildet bei Tosti storia di Montecasino I, 100. Ihrem Inhalte nach zerfällt sie in zwei
Hauptmassen, beide von jener Einen Hand in Einem Zuge
geschrieben.

f. 1′. † *Incipit prologus regulae s. Benedicti monachorum.* Obsculta o fili — consortes amen. *Explicit
prologus. Item expositio· huius prologi.* Tres enim
sunt u. s. w., wie bei Tosti I, 101; eine andre gleichzeitige
Hand, wahrscheinlich die des Abts Johann selbst, hat das
·.· dabei gesetzt, und unten am Rande supplirt ·.· Pauli
diaconi et monachi S. Benedicti. Diese Erklärung der
Regel schließt (f. 151) mit salventur in alio loco. *De
taciturnitate.* Notandum est enim — (f. 151′) sed omnes
taceant. Deo gracias amen. *Inc. capitula Ludowiki
imp. cum ceteris.* Anno inc. d. n. I. C. 817 — (f. 255)
potestatem. *Inc. ep. Pauli diaconi ad Carolum regem.*
Propagatori — custodiat. worauf noch allerlei auf die
Ordensregel Bezügliches folgt. Dies alles findet sich genau
eben so und in derselben Folge auch in der gleichalten Bob=
bienser Handschrift n. 26 in Turin; es wird also ganz in

dieſer Form und Ordnung ſchon in einer ältern Handſchrift
geſtanden haben.

Um aber die Regel und die Geſchichte des Kloſters in
einem Bande vereint zu haben, ließ Johann von demſelben
Schreiber gleich hinter das Obige Folgendes ſchreiben, was
den zweiten Theil der Handſchrift ausmacht: *Annorum*
supputatio de monasterio S. Benedicti. Quidam ex nostris scire volentes, quot anni essent a tempore S. Ben.
patris usque nunc, nos quoque amore ducti, quantum
potuimus sub calculandi aestimatione collegimus — satel-
litum eius." hieraus bei Pellegrini Hist. princ. Lang. p. 97
(wiedergedruckt von Grävius thes. IX, 1. Pratilli I, 187.
Muratori II, 264.) Pertz SS. III, 222. Der Verfaſſer lebte
nach ſeiner eignen Angabe, wie ſchon Pellegrini bemerkt,
unter den Äbten Baſſacius und Bertharius, und beſchloß
im Jahre 872 auf den Wunſch einiger Freunde, eine Chro=
nologie ſeines Kloſters zuſammenzuſtellen. Nachdem er (Kap.
1; die Kapiteleintheilung iſt übrigens neu; in der Hand=
ſchrift iſt ſie nicht) dies geſagt, fügt er (Kap. 2) eine Nach=
richt über die Ankunft der Langobarden aus Paulus Dia=
conus ein, gibt dann (Kap. 3—7) die Geſchichte der Befrei=
ung Benevents von den Sarazenen im Jahre 867, und
holt, um dieſe zu erklären (Kap. 8—33) die Geſchichte der
Sarazeneneinfälle von 839—867 nach, in ziemlich unbehol=
fener Ordnung und Sprache. Hierauf läßt er ſogleich fol=
gen (man müßte es zählen Kap. 34) *Cronica de mona-*
sterio sanctissimi Benedicti. · Diebus Iustiniani horto-
doxi — haec destructio facta est", gedruckt zuerſt bei
Toſti I, 129. Es iſt eine wörtliche Abſchrift von Paulus
oben S. 325 beſchriebenem Werke, nur daß der Verfaſſer
von dem Gedichte bloß die Anfangs= und Endverſe angibt,
mit dem Bemerken: haec alibi requirantur suo in loco,
und requirantur alibi; und daß er den oben S. 331 ge=
druckten kurzen Zuſatz über die Zerſtörung des Kloſters
anhängt, den er aus Paulus Langobardengeſchichte excerpirt

hat. Er hat dadurch jenes kleine Werk des Paulus, seinem Zwecke gemäß, in eine Geschichte der ersten Periode des Klosters verwandelt. Unmittelbar darauf geht er auf die Wiederherstellung desselben über mit (Kap. 35) *Exordium de monasterio almi Benedicti patris*. Ut Deus omnipotens — monachis oboedituros", bei Tosti I, 130 und das Ende auch bei Pertz SS. III, 198. Er hat es ebenfalls wörtlich aus Paulus VI, 40. 26 abgeschrieben, den Schluß aber Cuius uxor Scauniperga nomine in urbe Casinatium — oboedituros aus einer andern uns unbekannten Quelle geschöpft. Hierauf kommt er auf seine ursprüngliche Aufgabe zurück mit folgenden Worten (Kap. 36): „Libet breviter, ut ex maiorum dictis (d. h. Paulus in Kap. 2. 34. 35. und die Quelle, woraus er Kap. 3—33 und den Schluß von 35 schöpfte) repertum est, me dixisse sufficiat; nunc vero cursim iterandum est huius nostre cronice succinctio, ut lector facile agnoscere queat, quae tempora vel quis princeps huius patriae extitit vel pastor loci istius quo deguit; et ex brevi memorabilique (d. h. leicht zu memoriren) calculo langa qui velit extendat pagina, et narrator existat dolorum tempora." Es ist offenbar, daß dies derselbe Verfasser ist, welcher den Anfang schrieb, und daß er in diesen Worten eben wieder an jenen Anfang anknüpft und sich ausdrücklich auf ihn bezieht, indem er alles Dazwischenliegende (Kap. 2—35) nur als Episode eingefügt hat, um den Leser über die Geschichte des Landes und der Klosterstiftung aufzuklären. Er gibt nun (Kap. 37) *Incipit cronica Langobardorum seu monachorum de monasterio sanctissimi Benedicti*. Ciprianus — Franci" bei Pellegrini (abgedruckt bei Grävius thes. IX, 1. Pratilli V, 109. Muratori II, 270), Pertz SS. III, 198, die vergleichende Übersicht der Beneventaner Fürsten und der Äbte von Montecasino, welche er Kap. 1 versprochen hatte; sie schließt beim Jahre 872. Diese vier Theile bilden also trotz ihren besondern Überschriften ein Ganzes,

das zusammenhängende Werk Eines Verfassers, und nur
durch den Irrthum des ersten Herausgebers Pellegrini ist
es geschehen, daß man bisher die drei letzten Kap. 34—37
davon getrennt und Anderen beigelegt hat. Der Verfasser
schrieb 872 auf Montecasino, weßhalb Pellegrini ihn ganz
passend *Ignotus Casinensis* nennt, ein Name, der
allgemeine Geltung gefunden hat und deßhalb zweckmäßig
beizubehalten ist, nur daß man auch Kap. 34—37 darunter
mit begreife. Sein Autograph ist verloren; erhalten ist
nur diese einzige auf Abt Johannes Befehl um 920 ge=
machte Abschrift.

Was hierauf folgt, ist zwar von derselben Hand wie
das vorige, aber der Inhalt zeigt, daß es nicht mehr dazu
gehört und auch später abgefaßt ist. Es ist Folgendes:
Apostolici viri. Petrus apostolus sedit in Antiochiae
u. s. w. noch ungedruckt; nur das Ende gibt Pertz SS. III,
199. Es geht von derselben Hand bis auf Johanns Ab=
setzung 928. Eine zweite Hand hat später noch hinzugefügt
Leo papa s. m. X. Stephanus papa sedit", wo sie die
Jahre offen läßt; also ist dies vor 931 geschrieben, wo
Stephan starb, und ist wahrscheinlich Abt Johanns eigne
Hand. Dieselbe hat auch vorher den einzelnen Päpsten
Bemerkungen hinzugefügt, die sich meist auf die Kloster=
und Landesgeschichte beziehn. *Imperatores Romani.* Augustus u. s. w. ungedruckt, ebenfalls mit eingeflochtenen Nach=
richten über Benevent und dergleichen; schließt Constantinus
filius supradicti Leonis", ohne Regierungsjahre, der von
913—959 regierte. *Reges Langobardorum.* Alboin u. s. w.
bis auf Desiders Fall, ganz unverändert aus dem alten
Beneventanischen Kataloge abgeschrieben; nur zwei kleine
Zusätze sind gemacht und zwei Zahlen falsch geschrieben.
Dann „A Zottone — prefuit" gedruckt bei Pertz SS. III,
200, die Computation der Jahre bis aufs funfzehnte Sicos,
ebenfalls aus jenem Kataloge, wo sie aber ohne Zweifel
nicht hinter den Königen stand, sondern hinter den Fürsten

von Benevent und zwar eben bei Sico. *Duces Beneventi.* Zotto — martyris subdidit" bei Pertz III, 200; ebendaher, aber mit allerlei Zusätzen und einer kurzen Fortsetzung von 897—913. Hiermit schließt auf f. 283' der ursprüngliche Schreiber. Die zweite Hand, von der die Randnoten bei den Päpsten und eine längere in Kap. 32 herrühren, schreibt nun auf f. 284: *Comites Capuae.* Landolfus — principibus" bei Pellegrini (daraus Grävius IX, 1. Pratilli III, 111. Muratori II, 272) Pertz III, 205. Es ist nicht bloß ein Katalog, sondern zugleich eine freilich ganz kurze Chronik dieser Grafen von 818—909 mit einem kurzen Nachtrage über das Jahr 888 „Secundo — effectus est. Pellegrini wird Recht haben, wenn er für ihren Verfasser den Abt Johannes I selbst hält, der aus Capua gebürtig war und deßhalb an dessen Grafen ein besonderes Interesse hatte. Sie ist also hier im Autograph des Verfassers erhalten, und dieser hat in sie die Bemerkung aufgenommen, welche er vorher schon mit eigner Hand, wie schon Pellegrini erkannte, zu Kap. 32 des Ignotus an den Rand geschrieben hatte. Auch in den vier vorhergehenden Verzeichnissen, die nicht von Johannes verfaßt, sondern aus ältern abgeschrieben sind, werden die Zusätze und Fortsetzungen von demselben Johannes seyn; und auf diese fünf Verzeichnisse, der Apostolici Imperatores Reges Duces Comites, ist der Name I o h a n n i s a b b a t i s c h r o n i c a zu beschränken, womit Leo und Petrus die gesammte Handschrift bezeichnen.

Hierauf folgt noch von gleichzeitigen Händen nachgetragen, f. 286 *Epytaphium Pauli diaconi,* Perspicua — pater" von Hildric, f. oben P. Leben; f. 287 „Ego Radelchis — nepotem meum" die Theilungsurkunde des Fürstenthums, hieraus bei Pellegrini und Pratilli III, 214. Muratori II, 260; f. 289' die letzte Seite der Handschrift enthält zwei Nachträge zu Johannes Verzeichniß der Grafen von Capua: „Quarto — decima" über 903—922, wahrscheinlich von Johanns eigner Hand, bei Pertz III, 206; und „Consilium — nobis" zum Jahre 993, am Ende des zehnten Jahrhunderts geschrieben, bei Pratilli III, 115. Pertz III, 206. In einen leeren Raum hinter dem Königsverzeichnisse auf f. 278' hat eine Hand des zehnten Jahrhunderts die beiden erdichteten Briefe *Augustus imp. patricio Karolo sal.* Mando — consul. *Augusto imp. Karolus.* Grates — canes" nachgetragen, welche eben hieraus in den Mönch von Salerno und die Cavenser Gesetzeshandschrift übergegangen sind. Zuletzt ist noch im elften Jahrhundert auf einen andern leeren Raum die Grabschrift des Abtes Aligern geschrieben „Hic pater — requiem" bei Tosti I, 232. Pertz SS. VII, 636.

Benutzt haben diese Handschrift schon 978 der Mönch von Salerno; 1023 der Casineser Schreiber des Langobardischen Gesetzbuches, das jetzt in La Cava ist; 1105 Leo von Ostia, der sie in der Vorrede unter seinen Hauptquellen aufführt als Chronica Iohannis abbatis, ein Name, welcher durch das Titelbild leicht entstand und dann eben so leicht bewirkte, daß die ursprünglichen Verfasser vergessen und Johannes für den Urheber des Ganzen angesehen wurde; der aber vollkommen richtig ist, sobald wir Chronica als „Compilation" nehmen. Auch Petrus Diaconus um 1130 nennt sie Iohannis abbatis chronicam de persecutionibus huius cenobii et de miraculis hic factis succinctam sed valde necessariam, womit er gerade den Theil der Handschrift meint, welcher das Werk des Ignotus ist. Da Paulus Erklärung der Ordensregel nebst den Papst- und Kaiserverzeichnissen noch gar nicht, das Übrige aber nur sehr zerstreut und zerrissen gedruckt ist, so sollten die gelehrten Casineser die ganze wichtige Handschrift genau wie sie ist, mit buchstäblicher Treue herausgeben als Iohannis abbatis chronica; die älteste Chronik des Erzklosters und das ungedruckte Werk des berühmtesten seiner Bewohner, auf Montecasino verfaßt, gesammelt und geschrieben, in der

Presse des Klosters selber gedruckt und von ·den fleißigen Nachfolgern des Paulus, des Ignotus und des Abtes Johannes herausgegeben, würde ein schönes Denkmal der hohen Stiftung des heil. Benedictus seyn.

1b) Ignotus Beneventanus.

Die oben beschriebene Vaticanische Handschrift 5001 enthält f. 1 „Anno ab inc. — Radelchis pr. s. a. unum" gedruckt bei Muratori II^b, 167. Pratilli II, 33. Pertz III, 470, ein Verzeichniß der Könige, wörtlich aus 1 abgeschrieben; dann die Kaiser bis auf Otto III; dann die Fürsten von Benevent bis auf Ursus, wieder aus 1, aber eigenthümlich fortgeführt bis 897; dann folgt der Mönch von Salerno. Das nicht er jenes Verzeichniß seinem Werke vorangesetzt hat, geht daraus hervor, daß die Regierungsjahre bei beiden sehr von einander abweichen. Der Castneser Schreiber des Gesetzbuches in La Cava hat es aber schon im Jahre 1023 abgeschrieben und interpolirt. Die Recapitulation zum funfzehnten Jahre Sicos fehlt in diesem Verzeichnisse; aber sie steht auf f. 140' „A Zotone — prefuit" (Murat. II, 321. Pertz III, 200), woran sich unmittelbar schließt „Ursus filius praedicti u. s. w. (Grävius IX, 1. 95. Murat. II, 279. Pratilli III, 295. Pertz III, 201), also der Schluß von 1; aber bei den Worten Beneventanae provinciae folgt ein sehr langer eigner Zusatz „Prius tamen quam ista — reposcebat" über die Geschichte Benevents 889—896, und dann fährt es in den Worten von 1 wieder fort „Postea vero — expulsus", womit das Ganze beim Jahre 897 schließt. Wenn hier nichts verloren ist, so wird es um dieselbe Zeit verfaßt seyn, und zwar in Benevent. Es könnte für den Schluß von Erchemperts Geschichte gelten, aber der spricht schon von Guido und will noch mehr von ihm erzählen, und hier wird von Guido in einer Weise gesprochen, daß noch nichts von ihm voraufgegangen seyn kann; auch bezieht es sich auf die Worte des Katalogs über Ursus, ist also entschieden als Zusatz zu diesem Kataloge geschrieben. Leo von Ostia hat eine Stelle daraus zu I, 49 nachgetragen. Ob es mit dem Kataloge auf f. 1 ursprünglich aus Einer Feder geflossen, ist wahrscheinlich, aber doch nicht ganz gewiß; in diesem Falle müßten die Kaiser nach 897 später nachgetragen seyn. Die Handschrift 5001 ist jetzt die einzige; aber mit Hülfe des Cavenser Interpolators läßt sich der Text an manchen Stellen ursprünglicher herstellen, als jene ihn gibt.

1 b*) Ignotus Capuanus.

Die Cavenser Gesetzeshandschrift, welche nach Merkels Vermuthung in Montecasino unter Abt Theobald im Jahre 1023 geschrieben und im Jahre 1263 mit anderem Eigenthum der Kirche Casale Ruptum nach La Cava gekommen ist, enthält von derselben Hand die den ganzen Cobex schrieb, mitten zwischen Aistulfs und Arichis Gesetzen eingeschoben folgendes ganz Fremdartige: f. 177' *Augustus imp. patricio Karolo* mit Karls Antwort, aus der Casineser Handschrift 353 des Abtes Johannes abgeschrieben; f. 178' „Astalin — iure id est legem. *Explicit closa.* sehr ähnlich dem Glossar im Vatican 5001, wird also aus derselben Handschrift stammen, aus welcher Desider das Original von 5001 copiren ließ; f. 182' *Incipit de reges Langobardorum, quomodo regnaverunt in hoc mundo.* Alboin qui primus u. s. w. enthält zuerst die Könige, aus demselben **Ignotus Beneventanus** abgeschrieben; aber bei Pertari hat unser Schreiber einen langen Zusatz, den er ganz aus Paulus zusammengesucht und in sehr barbarischer Sprache wiedergegeben hat; und von Liutprand an verläßt er seine erste Quelle, und schreibt wörtlich, nur etwas barbarisch, die Casineser Fortsetzung zu Paulus ab. Nach deren Schluß wendet er sich wieder zu seiner ersten Quelle, dem **Ignotus Beneventanus**, und gibt aus ihr die Kaiser (gedruckt bei Pertz SS. III, 215); bei Lothar, Berengar, Otto **II** und **III** läßt

er aber für die Zahlen Raum, und fügt einen eignen weit=
läufigen Schluß an bis zum Jahre 1004: regnum suum.
Anni ducibus Beneventi et principibus. Zotto primus
dux u. f. w. bei Pellegrini (daraus Grävius thes. IX, 1,
194. Muratori II, 333. Pratilli V, 33) und das Ende bei
Perz SS. III, 201. Der Schreiber hat es nicht aus 1,
sondern aus 1 a genommen, aber was dort Johannes Eig=
nes anhängt vom Jahre 897 an, weggelassen und dafür
eine ganz kurze eigne Fortsetzung gemacht bis 931: indictione quarta. Hierauf folgt unmittelbar die Nachricht über
Gisulfs und Scaunipergas Schenkung aus derselben Hand=
schrift 353, und dann ebendaher *Comites Capuae.* Landolfus senior u. f. w. hieraus bei Pellegrini (daraus Grä=
vius IX, 1, 195. Murat. II, 334. Pratilli III, 136) und
die Fortsetzung auch bei Perz III, 207. Er copirt Johan=
nes Original ziemlich getreu, aber nur bis 909: principibus.
Den Nachtrag, der dann noch in jenem folgt, läßt er weg,
und gibt dafür eine eigne Fortsetzung von 913—1000:
„Ipse domnus Landolfus — mensibus quattuor", worin
er eine Stelle (Iste — habuisset) aus dem spätern Nach=
trage in Johanns Handschrift f. 289' abgeschrieben hat;
das Übrige ist selbständig. Es geht hieraus hervor, daß er
für die Fürsten von Benevent und Capua nur Abschrift eines
noch erhaltenen Originals, und also ganz ohne kritischen
Werth ist, weßhalb seinen Varianten darin keinerlei Autorität
beigelegt werden darf. Eine solche hat er nur für das
Königs= und Kaiserverzeichniß; und eignen Werth nur in
seinen kurzen Fortsetzungen. Gelebt zu haben scheint der
Verfasser in Capua.

1 c) Monachus S. Sophiae Beneventanae.

Im Jahre 1085 oder bald nachher schrieb ein Mönch
von St. Sophia in Benevent aus 1 die Fürsten von Be=
nevent ab, und setzte sie fort bis aufs Jahr 1085, wo
Benevent an den heil. Stuhl fiel; die Computation zum

Jahre 832 setzt er ganz ans Ende. Dies kleine Werkchen benutzten Leo I, 49 und die Annalen von Benevent im Jahre 1119. Handschr. Rom Vat. 4939 in Langobardischer Schrift vom J. 1119 enthält: f. 1 die Annalen von Christus bis 1119 von Einer Hand in Einem Zuge; eine andere hat einzelne Bemerkungen zwischengeschrieben und am Ende noch die Jahre 1120 und 1128 angehängt. Sie zählen fortlaufend nach Era. Anni Domini. Indictio. also lag wohl zu Grunde eine Handschrift Isidors mit Fortsetzung der Kaiser. Anfangs enthält sie auch nichts als diese, die Langobardischen Könige aus Paulus, und einige Excerpte aus Paulus und Beda; von 774 an hat der Verfasser die kürzeren Annalen in der Vaticanischen Handschrift 4928 zu Grunde gelegt und unsern Fürstenkatalog hineingearbeitet; sie sind bei Borgia dominio app. 22. Pertz SS. III, 173 gedruckt. f. 23 „Zotto primus — praefuit" ist unser Katalog, hier auch aus einer ältern Handschrift abgeschrieben; f. 25 folgen die Urkunden des Klosters, hieraus bei Ughelli. Ausg. Pellegrini I, 264 (daraus Grävius thes. IX, 1, 167. Murat. II, 320.) Ughelli X. Borgia storia di Ben. I, 327. (daraus Pertz III, 202).

1 d) Ignotus Salernitanus.

„Zotto ducatum tenuit — Gulielmus rex gloriosus filius eius a. 23 m. 6" ein Verzeichniß der Fürsten von Salerno, wegen des Titels gloriosus wohl unter König Wilhelm II (1165—1189) abgefaßt, beruht bis auf die Trennung von Benevent ganz und gar auf 1 oder wahrscheinlicher auf einer jetzt verlornen Abschrift von 1. Der Schreiber machte nur einige Schreibfehler, zog bei den letzten Fürsten die Monate und Tage in runde Jahre zusammen und machte gegen das Ende einige kleine Zusätze. Von der Trennung an folgt er einer andern unbekannten Quelle. Seine Zahlen sind auch hier nicht ganz genau, da er statt der Monate und Tage immer runde Jahre setzt; im Ganzen aber sind sie richtig, wenn man nur festhält, daß er immer nicht erst vom Tode des Vorgängers, sondern wie die Urkunden schon vom Anfange der Mitregierung zählt. Doch hat er einige Unrichtigkeiten; auch ist er der erste, welcher den Priscus aufführt, der niemals regiert hat. Handschr. Salerno, chart. mit der Unterschrift: Anno salutis 1548. quae hactenus scripta sunt, ex vetusto corrupto et manu scripto codice Salerni in coenobio divi Nycolai delitescente ego Ioannes Symo Marescalchus Salernitanus fideliter excerpsi. Si qua — Salerni Kal. Aug. Hieraus floß die Ausgabe von Pellegrini, wieder abgedruckt bei Gräbius IX, 1, 165. Murat. II, 319. Pratilli V, 15. Blast series princ. Sal. p. 123.

1e) Ignotus Neapolitanus.

Isidors Weltchronik sind in manchen Handschriften die Jahre Christi und die Indictionen beigeschrieben, und oft auch als Fortsetzung Kaiserverzeichnisse angehängt. Drei davon (Wien hist. eccl. 147 s. XI. Brüssel 3899 s. XII in. Paris 2321 s. XII) nennen sie Chronica beatorum Augustini et Hieronimi, und fügen hinter Diocletian die Worte ein: *Hec sunt nomina imperatorum christianorum qui Romam et Cpolim regnaverunt, et regum seu principum Langobardorum.* Gallienus u. s. w. ganz wie Isidor, nur daß sie (wenigstens Wien und Brüssel; von Paris weiß ich das Folgende nicht sicher) zu den Kaiserjahren auch noch Monate und Tage nebst den Jahren Christi und der Indiction hinzufügen, zu Justin als zweite Columne den Zusatz machen: Temporibus Iustini maioris et Iustiniani imperatorum fuit S. Benedictus abbas sub Iohanne papa. Tunc temporis Theodoricus rex in Italia preerat. Et a b. Benedicto abbate usque ad Gregorium papam anni sunt LXXVIII; dann bei Mauricius mitten im Texte: Huius 1º anno 1ª indictione in Benevento primus dux factus est Zotto qui sedit a. 20. Et 21º eius anno 5ª ind. factus est Archis d. B. qui sedit a. 50; dann bei Eraclius: Huius 22º anno 5ª indict. Alo

Arichis filius dux Ben. a. 1 m. 5. Et 23° eiusdem anno 6 ind. Rodoaldus dux Ben. a. 5. Item in 29° ipsius anno 11ª ind. Grimoald Rodoaldi filius a. 25. Den Schluß Iſidors nach „convertit" laſſen ſie ganz weg, und fahren dafür in dem begonnenen Kaiſer= und Fürſten= verzeichniß fort: „Anno D. 640 ind. 13 Constantinus filius eius u. ſ. w., wie hieraus zuerſt Pertʒ SS. III, 211 Z. 42 gedruckt hat. Man ſieht leicht, daß dies nicht die urſprüng= liche Form dieſes Verzeichniſſes iſt, ſondern daß der Schrei= ber derjenigen Handſchrift Iſidors, aus welcher dieſe drei abſtammen, eine ältere Tabelle vor ſich hatte und in den Iſidor hineinarbeitete, welche ähnlich wie die des Ignotus Casinensis bei Muratori II, 270 eingerichtet war und ſich vollkommen wieder herſtellen läßt. Unter obigem Titel *Hec sunt n. i. c. q. R. et C. r. et r. s. p. Langobardorum,* mit Conſtantin beginnend, enthielt ſie columnenweiſe neben einander die **Anni Domini, Indictiones, Imperatores, Re-ges Langobardorum, principes Beneventani, Salernitani, Neapolitani.** Die Abfaſſung fällt nach Pertʒ ins ſechſte Jahr Pandolfs, 948; denn dieſem, der 943 begann und 38 Jahre regierte, werden nur 6 zugeſchrieben; bei Con= ſtantin († 969), Giſulf († 974), Landolf († 962) ſind die Jahre offen, alſo lebten ſie noch alle bei der Abfaſſung. Entſtanden iſt ſie aus Einzelverzeichniſſen, und zwar ſind die Beneventaniſchen Fürſten wörtlich abgeſchrieben aus 1, als dort erſt die erſte Fortſetzung bis auf Ursus zugeſchrie= ben war; denn von 890 an iſt 1e ſelbſtändig. Für die übrigen iſt mir die Quelle nicht bekannt. Verfaßt zu ſeyn ſcheint die Tabelle, wegen der Griechiſchen Kaiſer und der Neapolitaniſchen Herzöge, nicht auf Langobardiſchem Gebiete, ſondern in Neapel.

1f) Ignotus Vindobonensis.

Die Wiener Handſchrift 580 (hist. eccl. 147) am Ende des elften Jahrhunderts in Italien geſchrieben, enthält nach verschiedenen Werken Isidors, auf f. 151 *Chron. ss. Augustini et Hieronimi*, von der eben die Rede gewesen ist; f. 165' *Chron. s. Ysidori*, die kürzere Chronik; f. 166' *Chron. Bedae* „Adam cum esset — et inde d. Karolus regnum suscepit solus et regnavit", worauf sogleich folgt f. 171: *Hi fuerunt reges Langobardorum* Primus fuit Agelmund u. s. w. Der Verfasser hat 1 getreu abgeschrieben, aber die zehn ersten Könige aus Paulus Diaconus vorangesetzt und bei jedem für die Regierungsjahre Platz offen gelassen; und sodann aus unbekannter Quelle die Kaiser zugefügt bis a. 1056 regnavit annos", wozu eine andere Hand später geschrieben hat LII; also ist es unter Heinrich IV verfaßt. Diese Fortsetzung ist gedruckt bei Pertz SS. III, 217. Die Jahreszahlen derselben sind großentheils falsch.

2) Catalogus Brixianus.

Muratori Antiquit. Italiae dissert. 57 (und daraus Pertz SS. III, 238) gab ein Chronicon Brixiense heraus, welches ihm Brunacci aus einer Paduaner Handschrift mitgetheilt hatte. Über die Handschrift selbst wissen wir nichts; aber die Folge der Blätter muß in ihr oder in der Abschrift verwechselt seyn; denn was bei Muratori den Anfang bildet: „Anno autem inc. — 878 ind. 13" ist offenbar die zweite Hälfte, und das dann Folgende „Anno i. d. n. I. C. 749 — eius pro eo", ist der wirkliche Anfang. Aber auch so ist es kein zusammenhängendes Ganze aus Einem Gusse, sondern es scheinen nur drei Fragmente aus einer längern Reihe von Aufzeichnungen zu seyn, welche im Kloster Ad Leones in Brescia zu verschiedenen Zeiten niedergeschrieben waren. Das erste „Anno inc. d. n. I. C. 749 — nostro monasterio . . . ." ist wichtig für Aistulf und Desider, die darin immer gloriosissimus und excellentissimus heißen; es mag also nicht gar lange nach Desiders Falle geschrieben seyn. Nach monasterio fehlt offenbar die Auf-

zählung deſſen, was Karl b. Gr. dem Kloſter ſchenkte. Das
zweite „Karolus igitur — Maio etc." ganz annaliſtiſch,
bricht im Jahre 843 ab; wie das etc. zeigt, folgte noch
mehr, was aber für uns verloren iſt. Das dritte: „Si vis
scire — 878 ind. 13" iſt ein kleines Ganzes für ſich, im
Jahre 883 geſchrieben; es beginnt mit einer Anweiſung,
die Jahre ſeit der Eroberung Italiens durch Karl und
durch Alboin zu berechnen; dann folgt ein Königsverzeichniß,
welches buchſtäblich aus der Gothaner Origo Lang. oder
aus dem Kataloge genommen iſt, den der Gothaner aus=
ſchrieb, alſo ohne allen Werth; dann die Kaiſer bis 883.

3) Catalogus Longobardus.

Die unter a. b. c. d. e. f. g. h. i. k. ſogleich zu be=
ſchreibenden Handſchriften ſtimmen in dem Königsverzeich=
niſſe, welches ſie enthalten, bei allen Verſchiedenheiten im
Einzelnen dennoch ſo ſehr überein, während doch keine aus
der andern unmittelbar abgeſchrieben ſeyn kann, daß ſie
alle aus einer gemeinſchaftlichen Quelle ſtammen
müſſen. Dieſe ſcheint in der Lombardei entſtanden, denn
ſie führt Karl und ſeine Nachfolger nicht als Kaiſer, ſon=
dern als Könige auf, und zwar in Longobardia. Sie
begann mit Alboin und ſchloß mit Karl dem Dicken, der
allein Carolus divina favente clementia heißt; alſo wird
ſie unter ihm verfaßt ſeyn. Bis auf Liutprand ſtimmt ſie
in Zahlen und Worten ſo ſehr mit Paulus, daß ſie ent=
weder aus derſelben Quelle der er folgte, oder noch wahr=
ſcheinlicher aus ihm ſelbſt gefloſſen ſeyn muß; Letzteres wird
u. a. auch dadurch wahrſcheinlich, daß bei Rodoald, dem
Paulus aus Verſehen annos 5 dies 9 ſtatt menses 5 dies 9
gibt, derſelbe Irrthum auch hier iſt. Eine Überſchrift trägt
dies Verzeichniß in der einzigen Handſchrift 3c, nämlich:
Incipit argumentum ad indictionem per tempora regum
inveniendam, und da ſteht auch bei jedem Könige hinter
den Regierungsjahren noch: „quando vero obiit . erat

indictio .. anno dominicae incarnationis .." Die letztern anni d. i. sind sicherlich eine spätere Interpolation, obgleich sie sich auch noch in e. f. h. finden; denn gewöhnlich sind sie falsch und stimmen auch nicht mit der Indiction, müssen also aus einer andern Tabelle genommen, oder noch wahrscheinlicher vom Schreiber aus dem Anfangsjahre her berechnet seyn. Die Indictionen dagegen könnte man für ursprünglich halten; denn außer c. e. f. h. finden sie sich auch noch an ein paar einzelnen Stellen in a. g. i, so daß es scheinen kann, als seyen sie an den andern von den Schreibern willkürlich ausgelassen. Aber auch sie sind so oft falsch, daß ich sie ebenfalls für später zugefügt halte durch einen Abschreiber, der sie sich aus den Regierungsjahren berechnete, indem er als Ausgangspunkt die ind. prima bei Alboins Einzug in Italien nahm; denn sie stimmen immer mit den Regierungsjahren, auch wo diese falsch sind. Tabellenweise war der Katalog nicht geschrieben, sondern in fortlaufendem Zusammenhange; das sieht man aus dem öfteren vero, eius u. dgl. In b. c. e. f. g. h. k, also in den meisten Handschriften, steht er hinter Isidors Chronik, oft noch mit einem Kaiserverzeichnisse voran. Er hat auch Fortsetzungen bekommen. Die erste geht von Berengar bis 961, in a. b. und wieder fortgesetzt bis 1027 in c. d. e. f. g. woran f. noch eine eigne ganz kurze Fortsetzung bis 1046, und g wieder eine bis 1125 hängt. Eine zweite hiervon ganz verschiedene bis 950 gibt i. Eine dritte von 888—1108, worin die beiden vorigen benutzt sind, enthält h. Die übrigen Varianten der Handschriften in den Namen erklären sich aus der verschiedenen Sprache der Abschreiber; in den Zahlen sind sie besonders dadurch entstanden, daß die Abschreiber ein V der Quelle für II lasen, und umgekehrt.

3 a) *Hamburg, Fragment einer Handschrift, enthält: etwas über die Zahlen; über die ältesten Christenverfolgungen; Abhandlung über die Gewichte; den unter i. zu be-

schreibenden Katalog und dahinter sogleich einen zweiten
„Anno primo Abboini regis in Italia. regnavitque ipse
Alboinus — a. d. i. 961". Es scheint im Ganzen die
getreueste Abschrift des ursprünglichen Katalogs nebst der
ersten Fortsetzung; doch sind darin einige Schreibfehler;
Rodoald, Aripert, Hilprand fehlen ganz, gewiß nur aus
Versehen; doch hat der Schreiber auch wohl absichtlich Ein=
zelnes weggelassen, wie rex, vero u. dgl.; ebenso gleich im
Anfange nach in Italia fehlt offenbar die Indiction. Letz=
tere hat er nur bei Adaloald, Desider, Berengar I und II;
aber auch bei g. und i. kommen sie nur an eben diesen Stellen
vor, also scheint dies schon in dem ursprünglichen Kataloge
gewesen, nicht erst von a. so abgekürzt zu seyn. Ausg. Pertz
SS. III, 873.

3 b) *Rom, Torquato Rossi:* Isidors Chronik, dahinter
die Langobardischen Könige bis auf Otto I, scheint das=
selbe zu seyn mit dem vorigen; nähere Kunde fehlt mir.

3 c) **S. *Mariae de Angelis de Florentia*,** jetzt im
Vatican 1348 s. XI ex. enthält: Canones; Chronica Isidori sive quod est verius SS. Augustini et Ieronimi;
die Kaiser bis Heraklius; Inc. argumentum ad i. p. t.
r. i.; die Päpste bis Paschal II. Das Stück: Incipit argumentum ad indictionem per tempora regum inveniendam. Anno primo Alboin regis hic in Italia —
7 Kal. Apr. ind. 10" von derselben Hand wie die übrige
Handschrift geschrieben, enthält unsern Katalog mit der
Fortsetzung von 3 a, aber diese weitergeführt bis 1027;
eine andere Hand oder vielleicht der Schreiber selbst hat
noch zugefügt Henricus r. a. XVIII. Grade wie in der ganz
gleichen 3 e fehlen Hilprand und Ratchis ganz, indem das
Original aus Versehen von Liutprands Indiction gleich
auf Ratchis Todesjahr übersprang. Dagegen ist er oft=
mals genauer und vollständiger als 3 a. Er fügt aber zu
allen Königen hinter die Regierungszeit noch: quando vero
obiit erat indictio .. anno dominicae incarnationis ..

Darin sind aber, wie schon bemerkt, unter zwanzig Königen nur fünf richtig, die übrigen alle fehlerhaft; und bei Karl d. Gr., Pipin, Ludwig, Lothar I gibt das indictio .. anno dom. inc..., was da jedesmal hinter quando vero obiit erat steht, gar nicht deren Todesjahr, sondern den Anfang des Nachfolgers, zu dem es auch 3 h ganz richtig setzt. Also muß die Quelle von c. e. das quando v. o. erat entweder aus Mißverstand hinzugefügt, oder aber dahinter jedesmal das Todesjahr weggelassen haben. Bei Ludwig II, Karl und Karlmann, Karl dem Dicken ist aber Alles richtig. 3 c. d. h. haben also hierin eine gemeinschaftliche Quelle gehabt, in welcher zu dem ursprünglichen Kataloge die Indictionen und Jahreszahlen hinzugeschrieben waren, aber in einer Weise, daß solche Mißverständnisse entstehen konnten. Eine Abschrift hieraus von Zaccagnis Hand ist im Vatican Christ. 378. fol. 316.

3 d) *Pistoia* im bischöflichen Archive beschreibt Zaccaria biblioth. Pistoriensis p. 3 eine Handschrift: mbr. fol. s. XII. Canones; catalogi patriarcharum, regum Persarum, Graecorum, imperatorum Romanorum, imperatorum christianorum, regum Langobardorum, pontificum Romanorum, hereticorum. Die Päpste schließen mit Calixt II, bei dem die Jahre offen gelassen sind; die Langobarden-könige wie 3 c. e.

3 e) *Pistoia* im Kapitulararchiv bei Zaccaria p. 18: „mbr. quart. s. XII in. Collectio canonum. Sub initium codicis descriptus est index (erst der Kaiser von Augustus bis Heraklius, ganz aus Isidors kurzer Chronik, dann gleich) regum Langobardorum (s. unten 8) imperatorum ac pontificum usque ad „Calixtus sedit annos ". Videtur deinde additum. Es ist also wohl eine Abschrift des vorigen; gedruckt von Mansi zu Baluzii Miscellanea I, 433.

3 f) *Vaticanus Urbinas* 100. *olim* 141. mbr. s. XV enthält nach Arevalo opp. Isidori II, 377 verschiedene Werke

27*

Isidors, zuletzt die Chronik mit einer Fortsetzung: Eraclius
imp. 31 annis. ingressus ergo regalia — et obsessam
Adrianopolim cepit" unter Michael, woran sich sogleich
schließt: Alboinus decimus rex L. regnavit primus in
Italia super L. a. 3 et m. 6 — Postea r. Henricus f.
e. a. 6. deinde veniens Romam a. 1046 et facto concilio causa simoniace heresis deposuit Ioh. pp. cogn.
Gratianum. cui succedens ven. pp. Clemens, prefato-
que regi tribuens coronam r. a. 9 et mortuus est a.
1055. Finis.

3 g) *Vaticanus* 1361. mbr. s. XII. enthält: Papstkatalog bis Innocenz III; Isidors Chronik von Augustus
bis Anastasius; die Langobardenkönige; Italiens Provinzen
aus Paulus; Ivos Panormie; De sex aetatibus mundi
bis auf Christus. Das Königsverzeichniß beginnt: Agel-
mundus r. super L. u. s. w. ganz wörtlich aus Paulus;
von Alboin an aber aus 3, bloß Namen und Regierungszeit, aber sehr flüchtig und fehlerhaft abgeschrieben; Cleph,
die Herzöge, Adaloald fehlen ganz, und von Roboald springt
er aus Versehen statt auf Aripert I, gleich auf Aripert II
über. Bei Karl d. Gr. macht er ein selbständiges Einschiebsel über dessen Alter; Pipin fehlt ganz; zu Ludwig II
wird der Todestag angegeben. In der Fortsetzung stimmt
er ganz genau mit 3 c, aber geht dann noch selbständig
weiter „Henricus imperavit a. 12 — Lateranensi 1125
ind. 3" unter Lothar, dessen Regierungszeit leer bleibt.
Ausg. Pertz SS. III, 217.

3 h) *Guido*, nach Pertz der von Petrus Diaconus
erwähnte Casineser, hat in seinem 1119 compilirten liber
de variis historiis, jetzt in Brüssel n. 3899, ins dritte
Buch auf f. 57' die kurze Chronik Isidors aus den Etymo-
logien aufgenommen mit einer kurzen Fortsetzung „Hera-
clonas cum matre sua Martina — Papiam civitatem",
welche etwas kürzer auch in 3 g hinter der größeren Chronik
steht und fast ganz aus Beda abgeschrieben ist. Unmittel-

bar daran auf f. 59′ schließt sich: „Indic. VIIII. in nomine d. n. I. C. Dei eterni anno ab inc. eius DCXXXV
Rotharis rex r. a. — a. d. i. MCVIII ind. XV", wonach
der Rest des Blattes nebst den folgenden beiden zur Weiter-
führung des Katalogs leer gelassen sind. Guido hat weder
3, noch 3 c. d. e. vor sich gehabt, sondern diejenige Handschrift, aus welcher 3 c. d. e. abschrieb; daher hat er die Indictionen und Jahreszahlen wie 3 c. d. e. aber oftmals richtiger,
oft auch anders gestellt. Er beginnt erst mit Rothari.
Mehrmals hat er ziemlich gedankenlos Zusätze mit ein-
geflochten, welche in seinem Originale offenbar von frem-
der Hand an den Rand gefügt waren. Von Karls des
Dicken Ende an, wo 3 aufhörte und wo in 3 a—g die
Fortsetzung folgt, hat Guido eine eigne Fortsetzung, die
hier und da einige Ähnlichkeit mit jener hat, bei weitem
mehr aber und zum Theil wörtlich mit 3 i. stimmt, von
972—1108 aber ganz eigenthümlich ist. Ausg. Pertz SS. V,
64 von Pipin an; Reiffenberg in Bulletins de l'academie de
Bruxelles 1844. I, 328 gibt das Ganze.

3 i) *Hamburg* enthält vor dem unter 3 a beschriebenen
Kataloge einen andern „Rothari — electus est Berin-
garius et f. eius Adalbertus ad regem", der ziemlich
flüchtig und abkürzend aus der ältern Quelle abgeschrieben
ist. Rodoald, Aripert, Godopart, Garibald, Desiderius
fehlen ganz; auf Aistulf folgt gleich die Überschrift: De regibus Francorum qui in Langobardia regnaverunt; dann
Anno domni Ludowici — 897 ind. 14, ein Satz, der
ins Jahr 919 gehört; dann Anno — tribus, aus dem
Jahre 882; dann erst die Kaiser von Karl d. Großen bis
Karl den Dicken, wie in den übrigen Handschriften; dann
Anno domni Beringarii — sanguinis, über eine Mond-
finsterniß, was wörtlich auch in 3 h steht; dann Carolus
— a. XVIIII über Karl d. Gr., Ludwig und Lothar;
dann Hugo, Lothar und Berengar II ganz wie 3 h. Die
vier angeführten Sätze stehen offenbar an ganz falscher

Stelle und gehören nicht zu dem urſprünglichen Kataloge;
man kann ſich ihre Stellung nur ſo erklären, daß ſie in
der Quelle von i von andern Händen auf leere Zeilen
eingetragen waren, wie ſich grade Platz fand; wahrſchein=
lich mit Verweiſungszeichen. Der Schreiber von i überſah
letztere und ſchrieb Alles in dieſe Geſtalt zuſammen. In
dem erſten Satze wird ein Hieremias episcopus genannt,
der 897 angetreten ſey; dieſer würde Aufſchluß über die
Heimath dieſes Katalogs geben, aber er hat ſich noch nir=
gends auffinden laſſen. Ausg. Pertz SS. III, 872.

3 k) *Florenz* San Marco s. XI, ein Iſidor, dahinter
die Kaiſer bis auf Leo und die Langobardenkönige, nach
Arevalo Isidori opp. I, 370, ſcheint ebenfalls hierher zu
gehören.

4) Catalogi Oscelenses.

Die *Ambroſianiſche Handſchrift des Langobardiſchen
Geſetzes O, 53. s. XI in. aus dem Kloſter Oscela oder
Suſa di Savoya am Fuße des Simplon ſtammend, ent=
hält einen Katalog „In nomine Domini. Ugo rex et
Lautharius — anno LX. V" von 926 bis zum 21. Mai
1013, wo er verfaßt iſt; er nimmt beſonders auf die In=
dictionen Rückſicht. Die zweite *Ambroſianiſche Handſchrift
deſſelben Geſetzes, O, 55, ebendaher, enthält einen andern,
„Die sabati — MXXVIII", von 947 bis 1027, in ſehr
barbariſchem Latein. Beide ſind gewiſſermaßen Fortſetzun=
gen zu 3. Ausg. Muratori anecd. II, 204. SS. IV, 147.
Pertz SS. III, 216.

5) Catalogus Venetus.

Hinter dem Autograph von Johannes Chronicon Ve-
netum im Vatican *Urb. 440 ſteht von einer andern Hand
s. XI in. eine kurze Notiz über Tuchhandel, dann ohne
Überſchrift ein Königsverzeichniß „Hic in Italia regnavit
Alboin — Berengarius imperator" und dahinter von
etwas ſpäterer Hand die Kaiſer von Cäſar bis Balduin II.

Die Könige bis auf Liutprand sind aus Paulus genommen; in den folgenden sind die Zahlen fast alle falsch, Pipin, Lothar, Ludwig II fehlen gänzlich; es schließt mit Berengar I. Ausg. Pertz SS. VII, 38.

6) Catalogus Lucensis.

„Initium Caroli — a. 1056 regn. a. 52" aus einer Hs. s. XII des Domkapitels in Lucca edirt von Mansi zu Baluzii Misc. I, 429 ist die Quelle des oben angeführten Ignotus Vindobonensis, aber voll Fehler.

7) Catalogus Farfensis.

Gregor von Catina, Archivar in Farfa, begann auf Befehl seines Abtes Berard II im Jahre 1092 eine Urkundensammlung des Klosters in zwei Bänden, die er den ersten *Cleronomialis* sive hereditalis, den zweiten *Largitorius* sive notarius nannte, und die Mabillon noch in Farfa sah. Von ihnen ließ in Berards Auftrage der Grammaticus Johannes ein zweites Exemplar in Einem Bande anfertigen, der unter dem Namen *Registrum Farfense* jetzt im Vatican ist. Er beginnt mit einem alphabetischen Register über die Ortsnamen; dann kommt die Vorrede des Johannes, darauf Verse des Schreibers Gregor, und endlich das Werk selbst. Es ist nach den Äbten geordnet, so daß von jedem ein kurzer Lebensabriß gegeben wird und dann die unter ihm ausgestellten Urkunden folgen, denen oft das Bild des Ausstellers in einem Kreise vorangeht. Die Handschrift ist nicht foliirt, sondern die einzelnen Urkunden und Lebensabrisse werden am Rande fortlaufend gezählt. Die älteste ist Faroalds Brief an Papst Johannes; besonders zahlreich sind die Herzogsurkunden; von den Langobardenkönigen sind da von Liutprand n. 10. 175. Aistulf 23. 1181. Desider 58. 1183; von Kaisern dreiundsechzig. Nach n. 190 folgen Kanons und Auszüge aus den Gesetzen Justinians, Karls, Ludwigs, fürs Kloster zusammengestellt; Abtskatalog mit genauer Zeitbestimmung, bei Mabillon Mus. Ital. I^b. Mu=

ratori SS. IV, 296; Papstkatalog, von dem der Anfang
fehlt; Annalen 661—1099 ganz kurz, nur die Kaiser, Kö=
nige, Herzöge und Äbte nebst wenigen andern Bemerkun=
gen, vergl. ebenda; dann gehn die Urkunden wieder weiter.
Die Lebensabrisse der Äbte sind n. 1. 7. 8. 13. 46. 47.
86. 148. 154. 164. 189. 235. 290. 301. 317. 325. 346.
348. 356. 357. 359. 360. 366. 367. 370. 377. 407. 408.
418. 423. 424. 447. 450. 634. 766. 767. 787. 839. Nach
Abt Berards Tode hat Gregor das Werk sogleich weiter
geführt und gibt in n. 1122—1161 eine zusammenhän=
gende sehr ausführliche Geschichte bis zum Jahre 1098.
Hierbei macht er mit zitternder Hand die Bemerkung, er
habe oculorum gravatus dolore die Arbeit nun seinem
Neffen Todinus übertragen. Dessen Hand hat nun alles
Folgende bis zum Ende des Bandes geschrieben, der im
Jahre 1125 mit fol. 1232 schließt; das Ende ist ausge=
schnitten. In Todinus Arbeit ist nur n. 1225 historisch,
alles Übrige besteht aus Urkunden.

Zum bequemeren Gebrauche des Klosters machte der
unermüdliche Gregor aus jenen beiden Bänden noch einen
Auszug, wie er in der Zueignung an denselben Abt Be=
rard II sagt: A vestrae paternitatis sublimi certitudine
. . cohortatus . . hoc trium assumsi cartularum opus
laboris. Quod quia in duobus aliis iam expletis voluminibus magis utilissimum habemus, ideo nunc brevitatem deflorare curamus, ut et ad legendum levissi-
mum et ad audiendum laborem plenissimum exercere
valeamus . . Quapropter de priori cartario magno et
sequenti breviori libello hoc tertium studuimus opus
efficere brevissimum. Dies ist das *Chronicon Farfense,*
dessen Original noch in Farfa ist; eine Abschrift besaß
die Barberiniana, eine andere Caraccioli, woraus Mura=
tori IIᵇ, 293 es hat; noch eine ist in Middlehill. Voran
steht ein Papstkatalog bis 977, und ein Kaiserverzeichniß
„Iulius Caesar primo imp. u. s. w., in welches von

Genserich an die Könige der Vandalen, Gothen, Lango=
barden und die Herzöge von. Benevent und Spoleto ein=
geführt werden, letztere drei aus dem sogleich folgenden
Verzeichnisse genommen und also ohne Werth. Es schließt:
Constantinus a. 35. Leo a. 5", worauf sogleich ohne
Trennung und Überschrift ein Königsverzeichniß folgt:
„Albuinus Langobardorum rex — Henricus imp. a. D.
1084", welchem die Herzöge von Benevent und von Spo=
leto eingefügt sind. Bis auf Liutprands Tod ist Alles,
die Könige sammt den Herzögen, wörtlich und ohne alle
Ausnahme aus Paulus Diaconus, und nicht etwa aus
derselben Quelle, die der hatte, sondern aus ihm selbst.
Von Liutprands Tode an hören die Regierungsjahre der
Könige und die Herzöge von Benevent ganz auf; dagegen
treten von Lothar an mit Escrotonius die Grafen von
Sabina hinzu. Also ist dieser Katalog erst von Liutprands
Tode an von Werth.

8) Catalogus Pistoriensis.

„Adloaldius r. a. X — Henricus regnavit a. XVIII"
also verfaßt im letzten Jahre Heinrichs III, ist aus keinem
der bisher angeführten geflossen; bei den Karolingern sind
in den Jahren viele Fehler. Handschr. Breslau Rhediger.
der Langobardischen Gesetze hat noch Heinrich IV zugefügt;
Pistoja, s. oben 3e; Rom Vat. 629 s. XII hinter Isidors Chro=
nik stehen die Könige von Adaloald bis auf Heinrich III,
wahrscheinlich also dasselbe, was in Breslau, dann die Kaiser
von Heraklonas bis Alexius. Ausg. Manst Baluzii miscell.
I, 433. Pertz SS. V, 64.

9) Catalogus Taurinensis.

„*De regibus Lombardorum.* Alboym — Bernardus
filius Pipini successit patri etc." steht in Turin 1061
s. XIV, beschrieben A. V, 480. Pasini II, 358, hinter einer
Chronik von Ferrara und den Verzeichnissen der Päpste,
Patriarchen, Kaiser, Normannen, Makkabäer, der Syno=

ben, der Frankenkönige, auf f. 27. Es scheint ohne Re=
gierungsjahre und werthlos.

10) Catalogus Nonantulanus.

In der Vaticanischen Handschrift Ottobon. 6. s. X,
beschrieben bei Arevalo Isidori opp. II, 392, steht auf f. 27
ein Verzeichniß der Kaiser und der Langobardischen Könige
bis 904: „Ianus. Saturnus; f. 28 die Äbte von Nonan=
tula bis 933: „Anselmus; f. 30 Isidorus de corpore
Domini. Nach jenem Abtsverzeichnisse scheint die Hand=
schrift aus Nonantula zu stammen.

11) Catalogus Vindobonensis.

In der Handschrift Wien 427. hist. pr. 338, beschrieben
von Chmel Handschriften der Wiener Bibl. II, 77, steht
f. 72 Isidors kurze Chronik, dahinter ein kurzes Königs=
verzeichniß bis 1138. Nähere Angaben fehlen.

12) Summa legum Longobardorum.

„Incipiunt summe legum Longobardorum. Hic liber
lex Longobardorum nuncupatur — et diversis penis
coercendis" ist die Geschichte von Gambara kurz und in
fabelhafter Form; dann die folgenden Langobardischen
Herrscher bis Heinrich III; das Ganze nur eine Seite lang.
Es gehört also vielleicht zu Ariprand und Albacrucius.
Handschr. Paris 4931 s. XIII ex. in Italien aus älteren Hand=
schriften zusammengestellt, enthält von Einer Hand, ohne Tren=
nung der einzelnen ganz verschiedenen Werke: f. 1 Coda-
gnelli chronicon; f. 56 Istoria Longobardorum; f. 57 No=
tizen über die Gründung Konstantinopels, über Kräuter, über
den Aufstand von 1090 in Piacenza; f. 58 Gesta Frederici
„Libellus iste nuncupatur libellus tristicie u. s. w.; f. 70
Annalen von Piacenza „1012. 8 Kal. Madii — populi";
f. 105' Geschichte von Friedrichs I Kreuzzuge „Levavit imp.
F. signum — aromatibus"; f. 107' Belagerung von Damiette
„Ad noticiam ac memoriam — amen"; f. 115' „Inc. sum-

me legum Long. Hic — coercendis", womit die Hand schließt; eine andere schrieb auf den folgenden leeren Raum f. 116 die Weissagungen über Friedrich I „Roma diu tibubans — vivet". Später angebunden ist Iacobi de Voragine chron. Ianuensis.

Nachträge.

Zu Paulus: Versus de mirac. s. Benedicti „Ordiar stehn anonym in Rom Ottob. 477 s. XII. Hymnus de assumpt. b. Mariae „Quis possit steht anonym in der Psalmen- und Hymnensammlung im Vatican Urb. 585 s. XI, die wohl auf Montecasino geschrieben ist; andere legen diese Hymne dem h. Ambrosius bei. Epitaphium Arichis ist auch bei Ughelli VIII, 52 gedruckt. Historia Romana Handschriften: London Kings 15. C. VI vom Jahre 1130, gibt das Werk in der ursprünglichen Gestalt in 16 Büchern, dahinter das Kaiserverzeichniß bis Justin, dann die Langobardengeschichte; Corbie in dem alten Katalog bei Mai Spicil. Vat. V, 209 als Historia Treberensium, Pauli dia- coni·Romana historia citirt, ist also ganz gleich der Brüsseler A. VII, 530 beschriebenen; Rom Christ. 710 s. XI enthält H. L. und H. R. in 16 Büchern; Rom Vat. 1982 in 15 Büchern; Rom Vat. 7312; Middlehill 3075 s. IX von Pertz untersucht, enthält: Ex libro constitutionum; H. R. in 17 Büchern, deren letztes beginnt: Inc. liber XVII quem ex Winilorum decerpsimus a praefato quae constat auctore edita, also genau wie die Handschrift von St. Victor; Kaiserverzeichniß von Augustus bis Leo r. a. constanter VIIII; De regibus qui praefuerunt Winolis et statione eorum: Hi presuerunt — regno adeptus est auf S. 218. Hinten ist im sechzehnten Jahrh. eingeschrieben: Iste liber est Maphei Volater- rani. Das Kaiserverzeichniß steht in mehren Handschriften hinter der H. R., so in London Kings 15. C. VI; Middlehill 3075; Rom Vat. 3339; Berlin Lat. qu. 1; Bamberg A. VI, 43; wahr- scheinlich sind alle die es haben, unter einander näher verwandt; es scheint schon sehr frühe an die H. R. gehängt zu seyn, doch wohl nicht von Paulus selbst. Historia miscella: Handschr. Rom Christ. 549. Berlin A. VIII, 831. Historia Langobardorum

benutzt Andreas von Regensburg; Ranulf von Hygden in seiner
Polychronik: **Pauli Ars:** die Lorscher Handschrift wird in dem
alten Kataloge bei Mai Spic. V, 188 angeführt als ein Band,
worin steht Ars grammatica S. Augustini . item Pauli diaconi
ad Carolum regem . item Isidori ... das spricht noch mehr für
unsern Paulus. **Ep. ad Karolum** Hdschr. Berlin A. VIII, 843.

Zu der Langobardischen Geschichtschreibung: **Origo Langobardorum:** Die Gestalt, welche die Modeneser Handschrift enthält,
also unter den uns erhaltenen die älteste, ist nach Dr. Merkels gewiß richtiger Bemerkung nicht erst unter Berthari, sondern schon
im siebenten Jahre Grimualds abgefaßt. **Epitoma** „Inc. liber XVII
quem ex W. hinter der H. R. ist, wie die von Pertz aufgefundene
Handschrift in Middlehill 3075 s. IX zeigt, schon im neunten Jahrhundert entstanden. **Epitoma Halensis** desgleichen; sie hat
dort auch eine Überschrift und den in allen übrigen fehlenden Schluß
bis unter Rothari; eigenthümlich bleibt, daß sie nicht erst mit Liutprand endet, so daß man fast versucht seyn möchte, sie für älter
als Paulus zu halten; doch dagegen spricht eben ihre wörtliche
Übereinstimmung in Ausdrücken, die Paulus nicht aus ihr haben kann;
vergl. A. V, 646. **Epitoma Schlettstadiensis** beginnt:
Historia Longobardorum. Quia S. Gregorius sepe in Dialogo
mentionem Longobardorum facit, qui sint, unde vel quomodo
Italiam intraverint, paucis perstringam. Septentrionalis plaga a
sole remotior und schließt unter Liutprand: summa Bardonis alpe
(übergeschrieben Barturberk) edificavit. **Epitoma Vaticana**
in dem Miscellancodex Vatic. 8086 s. XV auf f. 50: De Langobardorum gente: Septentrionalis u. s. w. **Vita Barbati** steht
auch in der Sammlung Heiligenleben Vatic. 7810 s. XI auf f. 43
als: Sancti Barbati depositio Beneventi. Daß es erst nach Paulus verfaßt ist, zeigt De Vita Antiquitt. Benevent. II, 51 ff. daraus, daß Romuald darin immer princeps heißt, welchen Titel erst
Paulus Gönner Arichis 774 annahm. **Gambaras Auszug**,
den schon der Gothaner mit der Bekehrung des Volkes in eine
providentielle Verbindung setzt, wird noch mehr in diesem Sinne,
aber zugleich auch viel wunderlicher und weniger sagenhaft, ausgeführt von Benzo in einer Stelle, deren Nachweisung ich Dr. Giesebrecht verdanke; sie steht bei Ludewig Reliquiae VIII, 324.

uir·
m
tr ı
vn̄
o
bar

tē

VIII.

Über eine der älteſten Handſchriften des Schwabenſpiegels, vom Herausgeber.[1]

Als mir vor einiger Zeit das ſchöne Exemplar, wel=
ches die Königliche Bibliothek von Felix Hemmerlins[2]
opusculis beſitzt, in die Hände kam, bemerkte ich darin
auf einem Pergamentfalz neben dem Vorſatzblatte einige
ſchöne Buchſtaben, welche im 13. Jahrhundert geſchrieben,
einem Rechtsbuche anzugehören ſchienen und durch die Ober=
deutſche Sprache zunächſt auf den Schwabenſpiegel hin=
wieſen. Bei näherer Unterſuchung fanden ſich in demſelben
Bande noch ein breiterer, aber nur mit je einer Zeile auf
der Seite beſchriebener Falz und mehrere, aber ſehr ſchmale
Pergamentſtreifen, und zwar letztere auf eine, bisweilen bei
Handſchriften bemerkte Weiſe, dem innerſten Blatte der ſechs=
blättrigen Lagen ſo eingelegt, daß dadurch beim Heften das
Einreißen des Papiers verhindert werden ſollte. Nachdem
dieſe Streifen ſorgfältig herausgenommen und das zuerſt
bemerkte größere Stück gleichfalls vom Papiere befreit war
und vorlag, zeigte es ſich, daß dieſes letztere Stück allerdings
einem Schwabenſpiegel angehörte und die Schrift noch mehr

---

1) geleſen am 4. Februar 1850 in der hiſtoriſch=philoſophiſchen
Claſſe der Königl. Akademie der Wiſſenſchaften zu Berlin.

2) cantoris quondam Thuricensis varie oblectationis opuscula
et tractatus mit einer Vorrede **Ex Basilea Idibus Augusti**
MCCCCXCVII.

gegen die Mitte als den Schluß des 13. Jahrhunderts,
mithin in die für jetzt wahrscheinliche Zeit der Entstehung
dieses Rechtsbuches gesetzt werden muß. Von den neun
schmalen Pergamentstreifen zeigten zwei anderes Pergament,
Schrift des 14. Jahrhunderts und einige Zeilen Lateinischen
Text eines Heiligenlebens, so daß sie hier nicht weiter in
Betracht kommen, die sieben übrigen gehörten dem Perga=
ment, der Schrift und Sprache nach zu den beiden Falzen;
sechs von ihnen waren wagerecht, einer senkrecht geschrieben.
Bei weiterer Untersuchung zeigte sich, daß vier dieser Strei=
fen paarweise zu einander gehörten, die beiden übrigen jeder
für sich allein blieb, alle sechs aber Reste eines und des=
selben Doppelblattes sind. Am schwierigsten schien die
Bestimmung des senkrechten Streifen, der lauter Zeilenstücke
von drei bis fünf Buchstaben enthält, doch gelang es auch
diesen aufzufinden, und zwar hatte er mit den sechs übrigen
zu demselben Blatte gehört.

Es waren mithin Bruchstücke verschiedener Doppelblät=
ter erhalten; und da die sehr schöne deutliche und zierliche
Schrift durch ihren Charakter ein viel sichreres Kennzeichen
des Alters darbietet, als die ohne hinlängliche Begründung
gefaßten Meinungen von der nothwendigen Beschaffenheit
des Textes zu gewissen Zeiten, da auch die Untersuchung
über die älteste Beschaffenheit des Textes durch die neuesten
Ausgaben, die Laßbergsche und die Wackernagelsche, noch
keineswegs abgeschlossen ist, so schien es der Mühe werth,
zu untersuchen, ob und wie weit sich aus diesen Bruch=
stücken auf die Beschaffenheit der zerstörten Handschrift schlie=
ßen lasse, in welchem Verhältniß mithin diese Handschrift zu
den übrigen stehe.

Von den ungefähr zweihundert Handschriften des Schwa=
benspiegels, welche bis jetzt bekannt und in den Homeyer=
schen und Laßbergschen Verzeichnissen, dem Archiv und
anderwärts aufgezeichnet sind, gehören bei weitem die mei=
sten dem 15. Jahrhundert an, eine kleinere Zahl wird ins

14. Jahrhundert gesetzt, und nur einige wenige sollen in das 13. Jahrhundert hinaufsteigen.

Zu diesen gehören die folgenden:

1) die Handschrift des Ungarischen Nationalmuseums, welche ich bei Herrn v. Jankovich gesehen und im 6. Bande des Archivs für ältere deutsche Geschichtkunde angezeigt habe. Sie ist mit gleichem Unrecht von ihrem frühern Besitzer ins 12, wie durch solche, die sie nicht gesehen haben, ins 14. Jahrhundert gesetzt worden, und steht nach der Zahl ihrer Capitel zu urtheilen, 295 des Landrechts, 141 des Lehnrechts, wahrscheinlich noch vor der Ambraser von Senken= berg herausgegebenen Handschrift, welche 305 Capitel des Landrechts, 138 des Lehnrechts enthält, und wenn auch vielleicht nicht mehr in das 13te, doch gewiß in den Anfang des 14. Jahrhunderts gesetzt werden muß.

2) die Laßbergsche Handschrift, im Jahre 1287 zu Frei= burg geschrieben, nur noch zu etwa zwei Drittheilen erhal= ten, und in soweit die Grundlage der v. Laßbergschen Ausgabe; die Capitel werden wie in der nächstfolgenden unterschieden, und nicht gezählt.

3) die ehemals Ebnersche, jetzt dem Freiherrn v. Laß= berg gehörige Handschrift muß nach der übrigens nicht vorzüglichen Schriftprobe eher ans Ende des 13, als in den Anfang des 14. Jahrhunderts gesetzt werden. Sie ist in zwei Columnen geschrieben, die Capitel werden durch farbige Anfangsbuchstaben und durch rothe Überschriften bezeichnet, welche letztere in derselben Zeile beginnen, worin das vorhergehende Capitel endigt. Capitelzahlen sind nicht vorhanden.

Von andern Handschriften, welche in diese Zeit gehören sollten, ist

der Wolfenbüttler Codex Augusteus in Folio, bezeichnet 15. 2, nicht, wie Ebert angiebt [1]), im 13ten, sondern wie

---

1) Archiv für ältere deutsche Geschichtkunde VI. 25.

man sich leicht durch den Augenschein überzeugen kann, im 14. Jahrhundert geschrieben.

Die ehemals Augsburger, Kraftsche, jetzt Gießener, welche in Schilters Thesaurus abgedruckt ist, gehört ins 14. Jahrhundert, desgleichen die ehemals Telbangersche, jetzt Herrn v. Laßberg gehörige Handschrift; die Züricher und Baseler werden ans Ende des 13. oder in den Anfang des 14. Jahrhunderts gesetzt, und so weit man über die Züricher Handschrift aus der Schriftprobe im 2. Hefte der Cranien von Falck urtheilen kann, mit Recht, sie schließt sich zunächst dem Laßbergschen Texte an und hat zu dessen Ergänzung benutzt werden können; von der Baseler ist bis= her keine Schriftprobe vorhanden; in gleicher Lage findet man sich mit der Handschrift des Münchner Stadtarchivs; es beschränkt sich mithin die Zahl der zweifellos noch dem 13. Jahrhundert angehörigen Handschriften auf die beiden erstgenannten, die Jankovichsche und Laßbergsche.

Zu ihnen treten jetzt die Berliner Bruchstücke. Indem wir versuchen, das Verhältniß festzustellen, worin die Hand= schrift, der sie angehörten, zu ihren Altersgenossinnen stand, prüfen wir zuerst die Schrift, sodann den Inhalt.

Der Stoff der Handschrift bestand, nach den vorliegenden Proben zu urtheilen, aus gutem, festem, nicht zu dickem Pergament; das Format war Quart, was wir jetzt Groß= octav nennen, die Breite der Blätter ist aus dem zweiten Falz und einem der Querstreifen, die Höhe aus dem senkrechten Streifen mit Sicherheit zu entnehmen. Aus letzterem sehen wir auch, daß die Seite 38 oder 39 Zeilen enthielt. Da die Streifen nach der Höhe des Felix Hem= merlin zugeschnitten wurden, und die Breite der Doppel= blätter jenes Maß übertraf, so ward das Überstehende weggeschnitten; es fehlt also jedem Querstreifen entweder auf der rechten oder linken Hälfte ein Stück des Textes.

Die sehr feinen Linien, welche die Schrift senkrecht be= gränzen, und die Querlinien für die Zeilen sind mit Braun=

stift oder Bleistift gezogen. Die Dinte ist dunkelbraun. Die Anfänge der Capitel werden durch rothe Überschriften, welche in der Zeile, worin ein früheres Capitel schließt, unmittelbar folgen, so wie durch größere und verzierte rothe Anfangsbuchstaben angedeutet; von Capitelzahlen ist keine Spur.

Die Schrift ist eine mittelkleine, zierliche, gerade, etwas gebrochene Minuskel. Von einzelnen Buchstaben bemerkt man das lange ſ auch stets am Ende des Worts, d rund, r mit einem nach oben gehenden, sonst ungewöhnlichen Häkchen, mit o als ᴑ verbunden, h und z unter die Zeile gehend, v zu Anfang, in der Mitte und am Ende des Worts auch statt u, so in vnde, vnwizzent, bvchen, frevnt, avz, savft, ellev div; a in der gewöhnlichen Minuskelgestalt, oder auch oben etwas scharf zulaufend, beim ae mit dem ᷒e verschränkt ꜳ und einzeln ae, niemals ein geschwänztes ę, i ohne Strich oder Punkt, ausgenommen beim doppel ıı. Man findet die gewöhnlichen Abkürzungen für unde und er, doch auch beide ausgeschrieben. Die Worte sind regelmäßig getrennt; als Interpunction ist nur hin und wieder ein Punkt zu sehen. Ein feiner Strich als Accent findet sich über aſt, ſn.

Bei allen Streifen läßt der Bruch die äußere und innere Seite unterscheiden, und ist daher die Folge des Textes auf jedem Streifen leicht zu erkennen.

Zuerst die sechs schmalen Querstreifen. Wir finden auf ihrer andern Hälfte Theile des Schwäbischen Landrechts vom Ende des 7. bis ins 15. Capitel der Laßbergschen, 9. bis 16. der Wackernagelschen Ausgabe. Die erste Hälfte der Streifen enthält eine Erzählung aus der Jüdischen Geschichte; es lag daher die Vermuthung nahe, daß sie einer Königschronik angehören möchten, welche in mehrern Handschriften des Schwabenspiegels gefunden wird, gerade wie die Sachsenchronik dem Sachsenspiegel, und kürzere oder längere geschichtliche Einleitungen den alten Volks=

rechten nicht selten vorausgehen. Da die Königschronik
noch nicht gedruckt ist, so erbat ich mir, um Gewißheit zu
erhalten, vom Herrn Bibliothekar, Professor Naumann die
Leipziger Handschrift des Schwabenspiegels zur Ansicht, und
Herr Professor Maßmann, der die Bruchstücke bei mir auf
der Königlichen Bibliothek sah, hatte die Güte, aus einer
Münchner Handschrift Cod. German. 287. vom Jahre 1419,
einen Theil der betreffenden Stelle abschreiben zu lassen und
mir mitzutheilen. Die Papier=Handschrift der Leipziger
Rathsbibliothek Rep. II. 74 a ist zu Anfang des 15. Jahr=
hunderts gleichmäßig geschrieben, in zwei Columnen auf der
Seite, und enthält auf den ersten 53 Blättern der Könige
Buch, vom 53. bis 117. Blatt die Kaiserchronik in Prosa
von Julius bis Conrad III, vom 117. Blatte an das
Landrechtbuch. Der Könige Buch handelt von den Köni=
gen und Richtern der alten Ee, des alten Testaments, und
ist darum geschrieben:

> „Das alle Küng und Fürsten und andere Herren und
> alle die der almächtig Got Gericht und Gewalt uff
> Ertrich verliehen hatt, das die an diesem Buch Bilde
> nemen wie Got sitt von Angende der Welt allen
> den gestanden ist mit seiner göttlichen Crafft die durch
> seine Liebe den Rechten bygestanden."

Es besteht aus zwei Theilen, dem Buche der Könige,
welches mit Joseph beginnt, und dem Buche der Könige
Machabeorum, letzteres schließt mit der Geschichte der Ju=
dith. In dem Buche der Könige Machabeorum nun
finden sich die gesuchten Stellen unserer Bruchstücke, und
zwar in dem Abschnitte: „Von Jonathas Tode" Blatt 39'
in der zweiten Columne von der 9. Zeile an bis in die
23. Zeile der ersten Columne des 40. Blattes.

Da dieser Text in unserer Handschrift 15 Zeilen aus=
füllte und man weiß, daß vom Schluß der letzten Zeile
Symeon unde sin sün gesigten bis zum Anfang des Tex=
tes der Kehrseite 23 oder 24 Zeilen fehlen, so ist es nach

dem bereits gewonnenen Maßstabe leicht, diesen letztern Text
im folgenden Abschnitte „Von Onyas" auf der Kehrseite
des 40. Blattes in der 2. Columne 6. Zeile zu finden,
von wo er bis zur vorletzten Zeile der folgenden Columne
fortgeht. Nach demselben Verhältniß muß der Anfang des
Blattes mit dem Anfang des 39. Blattes der Leipziger
Handschrift zusammengefallen seyn. Da nun der Augen=
schein zeigte, daß die unterste der vorliegenden Zeilen zugleich
die letzte der Seite war, so ließ sich weiter versuchen, die
beiden Zeilen des breiten Querstreifen aufzufinden. Die
äußere steht am Ende des Abschnitts von Onyas, Bl. 42,
Col. 1 der Leipziger Handschrift. Auf der folgenden Seite
unserer Handschrift standen alle die Abschnitte: „Von den
Zaichen," „Von Nason," „Von Anthiochus" und der
größte Theil „Von Eleazaro;" die letzte Zeile dieser Kehr=
seite findet sich in der 1. Columne der Kehrseite des 43.
Blattes. Aus diesen Verhältnissen folgt, daß der breite
Querstreif dem auf die schmalen Streifen unmittelbar fol=
genden Blatte angehörte, daß ein Quaternio unsers Bruch=
stückes 18½ bis 19 Blättern der Leipziger Handschrift gleich
war, daß also die 38 Blätter, welche in der Leipziger
Handschrift vorhergehen, gerade zwei Quaternionen der
unsrigen gleich sind, also die schmalen Streifen dem 1.
Blatte des 3. Quaternio dieser Handschrift angehörten, und
schließlich: daß der bei uns nach dem Ende des breiten
Streifen fehlende Theil des Buchs der Könige, Blatt 43
bis 53, zwischen neun und zehn Blatt der Leipziger Handschrift,
gerade vier Blätter der unsrigen, ausgefüllt haben werde.

Wenn also nach dieser Berechnung der Könige Buch
22 Pergamentblätter einnahm, von denen nur Stücke
des 17. und zwei Zeilen des 18. erhalten sind, so begann
das Landrecht des Schwabenspiegels mit dem
23. Blatte, also demselben, wovon wir nicht zwei ganze
Zeilen vor uns sehen. Die erste dieser Zeilen, die unterste
der Vorderseite des 23. Blattes, finde ich im Capitel 1 b.

der Laßbergschen Ausgabe, Seite 6 in der ersten Columne unten; die andere am Ende der Kehrseite im 5. Capitel a. Zeile 1 der Laßbergschen, 8 der Wackernagelschen, 6 der Schilterschen Ausgabe. Die sieben schmalen Streifen mit Theilen des 7. bis 15. Capitels waren also der untere Theil des 24. Blattes.

Um mit diesen Berechnungen abzuschließen, deren Bedeutung für die Kritik des Textes sogleich hervortreten wird, füge ich hinzu, daß das größere, zuerst aufgefundene Bruchstück des Landrechts, das 209. bis 213. und das 301. bis 307. Capitel der Laßbergschen Ausgabe, zum äußersten Blatte des 6. Quaternio, also zum 41. und 48. Blatte der Handschrift gehört hat, und werde ich mich von nun an der deutlichern Kürze wegen der so ermittelten Zahlbezeichnungen bedienen.

Wenden wir uns zu dem Inhalte, so sehen wir aus der Vergleichung des 17. und 18. Blattes mit dem Leipziger und Münchner Texte, daß der Könige Buch, dessen Abfassung nunmehr aus dem 14. ins 13. Jahrhundert gesetzt werden muß, in den spätern Handschriften nicht nur in der Sprache, sondern auch stellenweise in der Fassung verändert worden ist. In letzterer Beziehung finden sich zu dem Texte, wie ihn das 17. Blatt giebt, mehrere Zusätze: „das gut haben wir", „wan dem Künig ist unrecht geseit", Elyodorus; kam nach der Leipziger Handschrift „mit lütten", nach der Münchner Handschrift „mit vil lüten", baten Got „vom Himel." Wo wir von Elyodorus lesen: „er viel hin fur tot", hat die Leipziger: „er lag fur tott", die Münchner: „und er lag tot".

Das Landrechtbuch gleicht, so weit wir vergleichen können, in der Eintheilung und Folge der Capitel der Ebnerischen, Laßbergischen und Züricher Handschrift gegen die Ambraser, da das Laßbergsche 211. Capitel: „Swer fremden akker bawet," so wie auch der Schluß des 213. Capitels: „Swer sines vihes vermisset u. s. w. vorhanden

ist, weicht hingegen im Texte an manchen Stellen von der Laß=
bergischen und Züricher Handschrift ab.

Auf dem 23. Blatte, womit das Landrechtbuch beginnt,
zeigen sich nicht nur in den beiden unvollständigen Zeilen
Abweichungen von dem Züricher Texte, sondern es ist
auch klar, daß die Handschrift den größern Theil des Züri=
cher Textes der Vorrede gar nicht gehabt haben kann. Der
Raum reicht dazu nicht hin, sondern gerade nur zu so viel,
als die Ebnersche Handschrift hat, in welcher die Absätze
b, c, d, e des Vorworts fehlen. Wie nun die Ebnersche
Handschrift der unsrigen schon dadurch am nächsten steht,
daß auch sie dem Landrecht der Könige Buch vorausschickt,
so bestätigt sich ihr enger Zusammenhang auch im Übrigen.
Beweise dafür sind die in beiden gegen die übrigen ältern
Handschriften abgekürzte Fassung des 306. und 307. Capi=
tels und der Zusatz am Ende des 14. Capitels, die Ver=
bindung des 209. und 210. Capitels, die Zertheilung des
302. in zwei Capitel, womit auch die Ambraser Handschrift
übereinstimmt. Das Verhältniß zu der Laßbergschen Hand=
schrift wird dadurch näher bezeichnet, daß die unsrige im
210. Capitel den in jener fehlenden Nachsatz: „er ist der
klage schuldich," gleich der Ambraser, hat, ohne den Feh=
ler in **durhfluchtig** (statt **dinchfluchtig**) zu theilen. Die
Fassung schließt sich theils der des Sachsenspiegels näher
an, als die Laßbergsche und Wackernagelsche Ausgabe, so im
301. Capitel, dem Sachsenspiegel III. 37. §. 3. (S. 141
Homeyer), theils hingegen ist sie nur freier Ausdruck des
Inhalts des Sachsenspiegels, wo- die beiden Ausgaben auch
dessen bestimmteren Begriff beibehalten, so im 302. und
306. Capitel. Hinsichtlich der Capiteltheilung ist beim 209.
und 210. Capitel von der des Sachsenspiegels II. 44 und
45 abgewichen, beim 302. Capitel hingegen dessen Bestand
aus zweien des Sachsenspiegels III. 37. 4 und III. 38. 1
durch Vertheilung in zwei Capitel ausgedrückt.

Die Sprache der Bruchstücke ist die Hochdeutsche der

zweiten Hälfte des 13. Jahrhunderts, wie wir sie in den damaligen Gesetzen der Deutschen Könige finden. Im Einzelnen bemerkt man den Gebrauch

des a in zegagen, fravel,

des ae in taet (thäte), vaeter, pharraer, gaerbten (gerbten, bereiteten),

des ai in ait, arbait, arwaiten, baid (beide), bechlait (bekleidet), beschaiden, dehainen, erscain, ertailen, laisten, laist, sait, taiding, zaichen, zwain, zwaincich,

des å in båwet, fråwen,

des ă in săwer,

des av in savst (seufzet),

des e in enen (ihnen), heligen,

des ei in geit, leit (giebt, liegt),

des ev in grevlichen und als weibliche und Plural-Endung einev, ellev, sinev; eben so

des iv in div, siv, driv, ungetrivlichen,

des i in hit (hätte), sin, striten, triben, wip, verswigen, ze drin,

des o in chom (kam), chomen,

des u in fur, kumt, sun, sulen, vanchnusse, gewunnen,

des û in fûr (führe), gût, mûz, rûfen, sûn, wûst,

und von Consonanten

des b in brister, antburt,

des ch in chom, chomen, chorn; hingegen akker und aker,

des h und ch in braht, durh, dinch, flublich, schuldich, emphinch, iht, niht, reht, rihter, tohter, viech, vich, bevalch, sach,

des s in swaz, swer, swen, slach, slugen,

des t am Ende gewent, gewinnent, geltent, hawent, verwurchent,

des w in erwen, gewen, gegewen, hawen, selwe,

des z in der Mitte und am Ende auz, allez, daz, ez, iz, hiz, wizzen, grozzen, grozzez, fremdez, heiligz, wunder.

Indem ich durch diese Bemerkungen den Charakter und die Stellung der verlorenen Handschrift hinlänglich bezeichnet glaube, halte ich mich zugleich berechtigt, auf die besondere Wichtigkeit derjenigen Handschriften aufmerksam zu machen, welche den Schwabenspiegel mit dem Königsbuche verbunden enthalten. Es giebt deren über zwanzig. Die älteste und vollständigste unter ihnen ist die Ebnersche, deren Übereinstimmung im Wesentlichen mit unsern Bruchstücken nachgewiesen worden ist, und deren Aussehen selbst in der Art der Schrift und in einzelnen Buchstaben, namentlich dem r, an die unsrige erinnert, wenn gleich sie ihr an Alter nachsteht. Von den übrigen Handschriften dieser Art gehören die Frankfurter, Breslauer, Zittauer und Heidelberger Pergamenthandschriften ins 14. Jahrhundert, eine Wiener auf Papier ist im Jahre 1393, alle übrigen sind im 15. Jahrhundert geschrieben.

Die Hoffnung, noch andere Bruchstücke der verlorenen Handschrift zu finden, ist äußerst gering. Da die Verwendung der vorliegenden in die Zeit des noch vorhandenen ältesten Einbands im Anfang des 16. Jahrhunderts fällt, so lag der Gedanke nahe, in andern Exemplaren desselben seltenen Buchs nach ähnlichen Streifen zu suchen. Es gelang, noch vier Exemplare in Berlin und der nächsten Nähe aufzufinden, drei in der Bibliothek des verstorbenen Präsidenten v. Meusebach, ein viertes besitzt Jakob Grimm. Aber keines derselben hat auch nur die geringste Ausbeute geliefert; möglich, daß Besitzer anderer Exemplare darin glücklicher sind.

IX.

Reise nach Österreich in den Jahren 1847, 1848, 1849 vom Herrn Dr. Wattenbach.

Schon in den Jahren 1820 und 1821 hatte Pertz die reichen Handschriftensammlungen der Österreichischen Bibliotheken untersucht und für die ersten Bände der **Monumenta** ausreichend benutzt, für die folgende Zeit Auszüge der Kataloge und vorläufige Nachrichten über manche wichtigere Handschriften mitgetheilt. Im Jahre 1843 gab eine neue Reise desselben genauere Kunde von den Bibliotheken in Böhmen und Mähren, in Linz und in Salzburg (Archiv IX, 463—485); zugleich wurden auf der Wiener Hofbibliothek von ihm selbst die zunächst nothwendigen Arbeiten vorgenommen. Für die folgenden Bände der **Monumenta** war jedoch eine umfassendere Benutzung des in Österreich vorhandenen Materials erforderlich, weshalb mir im Sommer 1847 eine Reise in den Kaiserstaat übertragen wurde, mit der Aufgabe, die sämmtlichen Österreichischen Klosterchroniken, welche vom Anfange des zwölften Jahrhunderts an mit immer neuen Fortsetzungen bis ins 16. bereichert wurden, mit Benutzung aller noch vorhandenen Handschriften für den eilften Band der **Monumenta** druckfertig zu machen; ferner alle für die Fränkische und einen Theil der Staufischen Periode nöthigen Arbeiten vorzunehmen, die zahlreichen Briefsammlungen genau zu untersuchen, und die übrigen

Handschriften geschichtlichen Inhalts für spätere Benutzung vorläufig näher zu bestimmen.

Am 27. August 1847 verließ ich Berlin, und erreichte Wien am Morgen des 29, mit der Absicht, sogleich weiter zu reisen, um die reichen Bibliotheken der Österreichischen Stifter noch bei guter Jahreszeit benutzen zu können.

Die Abwesenheit des Herrn Regierungsraths Chmel, des thätigsten und eifrigsten Freundes und Beförderers unsers Werkes, veranlaßte mich jedoch vorher noch eine Zeit lang in Wien zu verweilen; auch war es von Nutzen, vor dem Besuche der Stiftsbibliotheken die in Wien vorhandenen Handschriften von solchen Werken einzusehen, welche ich auch in jenen wiederzufinden erwarten konnte. Der Herr Baron von Münch=Bellinghausen nahm mich sehr wohlwollend auf und gestattete mir die Benutzung der k. k. Hofbibliothek in ausgedehntester Weise; Herr von Eichenfeld versorgte mich während der ganzen Dauer meines Aufenthalts mit den gewünschten Handschriften mit der größten Freundlich= keit und Bereitwilligkeit, wie auch die übrigen Herren Beamten der Hofbibliothek, namentlich die Herren E. Birk, v. Karajan, Miklosich, mich stets mit Rath und That auf das Bereitwilligste unterstützten.

Für dieses Mal war besonders hist. eccl. 5. zu benu= tzen, ein Band jenes großen Legendars, welches sich in verschiedenen Abschriften in Admunt, Melk, Zwettel, Lilien= feld wiederfindet; das älteste Exemplar ist jedoch in Heili= genkreuz, weshalb ich mich auch zuerst dahin wandte. Der Herr Regierungsrath Chmel empfing mich nach seiner Rückkehr mit der größten Herzlichkeit, stellte mich dem Di= rector des Haus=, Hof= und Staatsarchivs, Baron Clemens Hügel vor, und versah mich reichlich mit Empfeh= lungen für meine Reise.

Ein Ausflug nach Heiligenkreuz (17. Septbr.) überzeugte mich, daß die ausgezeichnet schön geschriebenen Bände des großen Legendariums zwar im Ganzen einen

guten Text enthalten, in manchen Fällen aber doch die
Wiener Handschrift beſſere Lesarten darbiete, ſo daß eine
Vergleichung beider nothwendig war. Daſſelbe Reſultat
ergab ſpäter auch die Unterſuchung der übrigen Exemplare
dieſer Sammlung.

Von Heiligenkreuz zurückgekehrt, verließ ich Wien ſogleich
wieder auf längere Zeit, und erreichte über Bruck und Leo=
ben am 21. Septbr. das altberühmte Benedictinerſtift Ad=
mont. In dem von gewaltigen Felswänden eingeſchloſſe=
nen Ensthale, wo nach den Worten der alten Chroniſten
nur nach oben der Blick frei iſt, erhebt ſich der großartige,
aber unvollendete Bau des Kloſters, welches ſeit ſeiner
Stiftung durch Erzbiſchof Gebhard im Jahre 1074 dieſer
abgelegenen Gegend einen Mittelpunkt geiſtiger Thätigkeit
darbietet, deſſen Verſchwinden nur von den nachtheiligſten
Folgen ſeyn könnte. Den ſchönſten und prächtigſten Theil
des neuen Baues bildet die weitberühmte Bibliothek, deren
reicher Handſchriftenſchatz bis auf die erſte Stiftung hinauf=
reicht, und fortwährend durch zahlreiche, meiſtens im Kloſter
ſelbſt mit großer Sorgfalt geſchriebene, zum Theil auch
von Conventualen verfaßte Werke vermehrt iſt. Unter der
umſichtigen Leitung des Herrn Prälaten Benno Kreil hat
das Stift wieder einen hohen Grad der Blüthe erreicht,
der nun durch die Ereigniſſe des Jahres 1848 von Neuem
gefährdet iſt. Von mehr als hundert Stiftsgeiſtlichen wer=
den an 30 Pfarren verſorgt, die zum Theil auf Befehl
Joſephs II. in den ärmſten Gebirgsthälern errichtet ſind;
außerdem beſetzen ſie das Gymnaſium und Convict in Gratz
(Letzteres iſt ſeitdem aufgelöſt worden), das Gymnaſium in
Judenburg, den Präfecten des Gymnaſiums in Cilli, und
ihre eigene Hauslehranſtalt für ihre und des Stiftes St. Lam=
brecht junge Theologen. Eine Geſchichte des Stifts bis
auf die neueſte Zeit müßte ſehr intereſſant ſeyn, fehlt aber
leider gänzlich. Handſchriftlich ſind mehrere vorhanden, ſo
eine völlig druckfertige, von Amandus Pachler, Abt zu

St. Peter in Salzburg vom J. 1667, aber zur Veröffent=
lichung ist keine gelangt. Der frühere Bibliothecar, P. Urban
Ecker, hat viele geschichtliche Studien gemacht, wurde aber
durch die damaligen Verhältnisse verhindert, sie ans Licht
zu bringen. Sein Nachfolger, Herr P. Barnabas Mauer,
gewährte mir mit größter Bereitwilligkeit alle Unterstützung
bei meinen Arbeiten in der Bibliothek und im Archive des
Stifts; die Gastfreiheit in demselben ist noch ganz so, wie
sie schon in Werken des 12. Jahrhunderts gerühmt wird[1]),
und der Gastmeister, Herr P. Friedrich Schäffer, erwies
mir im Hause und auf Spaziergängen in die großartigen
Umgebungen des Stifts stets die freundlichste Aufmerksam=
keit. Die zahlreichen Handschriften des Stiftes über ihre
und des Salzburger Erzbisthums ältere Geschichte, so wie
die vielen schön geschriebenen Legendarien gaben für einige
Zeit hinlänglich zu thun; die Untersuchung der Handschrift
712. s. XII. führte zu der Entdeckung des Edictum S. Stephani in seiner älteren Gestalt, welches später Endlicher
zu seinem ausgezeichneten Werke über dasselbe veranlaßt hat.
Den Codex des Otto Frising. s. XII, dessen zahlreiche Vari=
anten mich zu lange würden aufgehalten haben, erhielten wir
durch die Güte des Herrn Prälaten im folgenden Sommer
zur Benutzung in Berlin.

Ungern verließ ich Admont am 10. October, um über
Liezen und bei den traurigen Ruinen des Spitals am
Pyhrn vorbei nach Linz zu fahren. Der Syndicus von
Spaun, dessen eifrigem Bemühen das Francisco=Karolinum[2])
hauptsächlich sein Gedeihen verdankt, empfing mich sehr freund=
lich und machte mich mit Herrn Würmsberger bekannt,
durch dessen emsige Thätigkeit das Museum mit bedeutenden
Urkundenschätzen bereichert ist. Da das Urkundenbuch von
Oberösterreich schon unter der Presse ist, glaubte ich mich mit
der Durchsicht der gesammelten Originale und Abschriften

1) Vita Conradi I. archiep. Salisburgensis c. 3.
2) Vergl. Archiv IX. 466.

nicht aufhalten zu dürfen, und verglich nur die genaue
Abſchrift der in Lambach befindlichen V. Adalberonis mit
dem Abdruck bei Pez. Außerdem ſind noch zwei Schwa=
benſpiegel s. XV. und Hagens Chronik von Öſterreich bis
1396 dort.

In der Lyceumsbibliothek, deren Benutzung Herr Prof.
Viehbäck, Capitular von Kremsmünſter, mir gütigſt geſtat=
tete, ſind die Handſchriften der aufgehobenen Klöſter Ober=
öſterreichs vereinigt, von denen einige Legendarien zu benutzen
waren.

Am letzten Tage, den 13. October, kam der Herr Pfar=
rer Stülz nach Linz; da ich ihn in St. Florian verfehlt
hätte, freute ich mich hier, wenn auch nur flüchtig, die
Bekanntſchaft dieſes ſo verdienſtvollen Geſchichtsforſchers
zu machen; dann fuhr ich durch einen Theil des herrlichen
Oberöſterreichs, welches ganz wie ein großer Garten ange=
baut iſt, nach dem Chorherrnſtifte St. Florian, dem
die Bodencultur, ſo wie die Geſchichte des Landes eine
gleich ſorgſame Pflege verdanken.

Der ehrwürdige Prälat, Herr Michael Arneth, war
leider unwohl, der Bibliothecar, Herr P. Carl Ritter, zeigte
mir aber mit großer Gefälligkeit die überaus reiche und
mit neuern wiſſenſchaftlichen Werken aufs Beſte verſehene
Bibliothek; alte Handſchriften ſind wenig vorhanden, kürz=
lich iſt ein **Monachus Sangallensis** s. XV. aus dem Klo=
ſter Wiblingen in Schwaben erworben, deſſen Varianten
Stülz mir für die Geſellſchaft mittheilte; ebendaher ſtammt
ein Legendar s. XIV, worin nur die **V. Bertulfi abbatis
Bobiensis** zu bemerken iſt.

In Kremsmünſter machte mich der Prälat, Herr
Thomas Mitterndorfer, mit dem Archivar des Stifts, P.
Theodorich Hagn, bekannt, von welchem ſeitdem die ſo ſehr
lehrreiche Geſchichte der Bildungsanſtalten Kremsmünſters
erſchienen iſt. Das Archiv, welches namentlich für die
neueren Zeiten ſehr reich an Akten und Correſpondenzen

ift, hat der P. Theoderich in die musterhafteste Ordnung gebracht und auch das Urkundenbuch des Klosters vollendet, deffen Druck leider durch die neueften Ereigniffe verzögert wird. Er beabfichtigte auch die hier befindliche Original= handschrift des **Bernardus Noricus** herauszugeben. Sonft war nur noch ein **Victor Vitensis** zu berückfichtigen; in einer Handschrift von Baumgartenberg befindet fich ein Verzeichniß der Äbte diefes Klosters bis 1419, und von da an gleichzeitig fortgeführt. Die älteften Urkunden Krems= münfters find theils verloren, theils haben fie über Paffau ihren Weg nach München gefunden, doch enthält der schöne **Codex millenarius** fehr alte Abschriften. Unmittelbar an den Stifter erinnert noch der merkwürdige große Becher mit feinen niello = artigen Darftellungen Chrifti und der Evangeliften in Silber und Gold, und der Umfchrift: **Tassilo dux fortis. Liutpirc virga regalis.**

Aber auch von allen folgenden Jahrhunderten bewahrt das Stift Andenken, und die reichen Sammlungen aller Art, die schönen, herrlich gelegenen Gärten, bewäffert von der kryftallhellen überreichen Quelle, welche auch die ebenso geschmackvoll als zweckmäßig angelegten Fifchbehälter fpeif't, endlich der aftronomische Thurm, durch welchen der Name Kremsmünfters allen Naturforfchern geläufig ift, machen es fchwer, fich fo bald wieder von diefem Orte zu trennen, als es mir durch den Zweck meiner Reife geboten war.

Am 16. October erreichte ich Seitenftetten, die Stiftung Udalfchalks, welche fpäter durch feinen Verwand= ten, den Erzbischof Wichmann von Magdeburg noch reich= licher ausgeftattet wurde. Die ganze Gegend ift bedeckt mit Obftbäumen, welche eben jetzt von ihrer fchweren Laft be= freit wurden, um den ungewöhnlich reichen Obftfegen in Moft, das Hauptgetränk der Einwohner, zu verwandeln. — Zu benutzen waren für mich nur die fehr fchön erhaltenen Kaiferurkunden, welche der Prälat, Herr Joseph Gündl, mir mit größter Bereitwilligkeit mittheilte. Die Gaftlichkeit aller dieser Stifter ist zu wohl bekannt, als daß es nöthig seyn sollte, sie in jedem einzelnen Falle zu rühmen; eine Ausnahme ist mir nicht vorgekommen, und an alle Klöster, welche ich besucht habe, knüpft sich in dieser Hinsicht für mich die dankbarste Erinnerung.

In Melk empfing mich der Präfect des Gymnasiums und Bibliothecar, Herr P. Theodor Mayer, dem die Monumenta schon mehrere Mittheilungen verdanken, und dessen Bekanntschaft ich schon in Wien gemacht hatte; der Prälat, Herr Wilhelm Eder, war gerade abwesend. Dagegen gewährte mir ein Besuch des Herrn Pfarrers Ignaz Kaiblinger im Stift das Vergnügen, die Bekanntschaft dieses fleißigen Forschers zu machen, dessen Geschichte des Stiftes Melk binnen Kurzem erscheinen wird. Vom 19. bis 24. October beschäftigten mich das Autograph des Chronicon Mellicense und die unter Pezens Nachlaß befindlichen Abschriften der Annales Neresheimenses und der Vita Theogeri, so wie das hiesige Exemplar des großen Legendars[1]). Dann eilte ich nach Göttweih.

Hier hatte ich die Freude, den ehrwürdigen P. Kämmerer, Herrn Friedrich Blumberger, kennen zu lernen, von dessen kritischem Scharfsinn wir für die Mysterien der älteren Passauer Geschichte Aufklärung erwarten dürfen; er hatte eben zu diesem Zwecke eine Reise nach München gemacht. Ich schrieb die 4 Kaiserurkunden ab, so wie Einiges aus dem Codex traditionum, woraus in den Monum. Boicis XXIX, 2 viel gedruckt ist, aber leider sehr mangelhaft; so gehört p. 54 der Meinhardus dux gar nicht zu dem Verzeichniß, sondern steht von ganz anderer Hand auf der folgenden Seite. In der Bibliothek sind nur wenige alte Handschriften; die höchst merkwürdige Ars dictaminis hat Herr F. Firnhaber zur Benutzung in Wien. Unter den Sammlungen des großen Abtes Bessel kann noch manches Werthvolle verborgen seyn, allein die Untersuchung

[1] Das Archiv des Klosters befindet sich in Wien.

desselben hätte mich zu lange aufgehalten, da die stürmischen und regnichten Tage die vorgerückte Jahreszeit schon sehr empfinden ließen. Die von Bücherdeckeln abgelösten Fragmente alter Göttweiher Annalen gestattete der Prälat, Herr Engelbert Schwertfeger, mir in Wien zu benutzen.

Jetzt war von den Hauptpunkten dieser Reise nur noch Zwettel übrig, nach der Gewohnheit der Cistercienser im Thale des Kamb gelegen, welcher gerade (28. Octbr.) gottloser Weise mit seinen von Regen und Schnee angeschwollenen Fluthen durch die Stallungen des Stifts brauste. Er demüthigte sich indessen eben so rasch, wie er gestiegen war. Herr P. Johann v. Frast, welcher schon Pertz im J. 1820 dort empfangen hatte, führte mich sogleich zum Prälaten, Herrn Augustin Steininger, welcher das Archiv mit seinem sehr reichen Urkundenschatze unter seiner eigenen Aufsicht hat, und mir sogleich das schöne Diplomatar vom Abt Ebro, die sogenannte Bärenhaut, vorlegte, welches Bernhard Linck in seinem Annales Claravallenses so fleißig benutzt hat; auch Ludewig [1]) hat Vieles daraus mitgetheilt; gegenwärtig wird eine vollständige Ausgabe beabsichtigt. Nachdem ich die zahlreichen Handschriften und wohl erhaltenen Originalurkunden benutzt hatte, kehrte ich am 7. und 8. November mit Herrn P. Johann v. Frast nach Wien zurück.

Hier fuhr ich mit meinen Arbeiten auf der Hofbibliothek fort, worüber das Handschriftenverzeichniß [2]) nähere Auskunft

---

1) Reliquiae Manuscr. IV, 24. 253.
2) Ich habe dasselbe nach den verschiedenen Abtheilungen hist. eccl. etc. als der bekanntesten Bezeichnung geordnet, und eine Übersicht der neuern Nummern hinzugefügt. Außer meinen eigenen Untersuchungen habe ich auch Hinweisungen auf die Werke von Lambecius, nach Kollers Ausgabe, von Denis, J. Chmel, das Verzeichniß der Altdeutschen Handschriften von Hoffmann von Fallersleben, welches auch über die verschiedenen Bezeichnungen der Handschriften Auskunft giebt, und Endlichers Catalogus codicum philolog. Latinorum aufgenommen, um späteren Benutzern der Hofbibliothek unnöthigen Zeitverlust zu ersparen. Auch solche Handschriften, welche nach irgend einer Notiz einen brauch=

geben wird, und erhielt durch die Vermittlung des Baron
Clemens Hügel vom Fürsten Metternich die Erlaubniß zur
Benutzung des k. k. Haus=, Hof= und Staats=Archives,
wo ich die von Pertz begonnenen Arbeiten bis zum Jahre
1268 fortsetzte. Besonders erfreulich war mir die Bekannt=
schaft des eben von seiner Münchener Reise zurückgekehrten
Dr. F. E. Rößler, durch dessen Bemühungen zum ersten
Mal der deutschen Rechtsgeschichte an einer Österreichischen
Universität Raum gegönnt war [1]). Durch ihn sowohl, wie
durch Endlicher, durch dessen frühzeitigen Tod seitdem die
Wissenschaft in Österreich einen so unersetzlichen Verlust er=
litten hat, erfreute ich mich vielfacher Förderung bei meinen
Studien, namentlich bei einer neuen Arbeit, zu welcher
besondere Umstände mich veranlaßten. Es war nämlich
die bisher noch aufgeschobene genauere Durchsicht der Hei=
ligenkreuzer Handschriften nachzuholen, was vom 13.
bis 23. December geschah. Der Bibliothecar, Herr P.
Adolf Reinbl, gegenwärtig Prior des Stifts, unterstützte
mich dabei mit der größten Gefälligkeit; da der Katalog
zum Theil verloren war, nahmen wir einen Theil der
Handschriften einzeln durch, bei welcher Gelegenheit sich n.
217. schon beim ersten Anblick als eine bisher unbenutzte
Handschrift von solcher Wichtigkeit erwies, daß ich von dem
Prälaten, Herrn Edmund Komaromy, die Erlaubniß erbat,
sie zu genauerer Untersuchung mit nach Wien nehmen zu
dürfen. — Von dem in vieler Hinsicht merkwürdigen Klo=
ster findet man eine sehr genaue Beschreibung von einem
der thätigsten Österreichischen Geschichtsforscher, Herrn Joseph
Feil, in Schmidls: „Wiens Umgebungen", Band III,
p. 335—377. Die Façade und ein Theil der Kirche haben
sich noch seit der Gründung (1135) unverändert erhalten;

baren Inhalt vermuthen ließen, ohne der Erwartung zu entsprechen, sind
aus demselben Grunde angemerkt worden.

1) Durch seine gütige Mittheilung erhielt ich auch die Nachrichten
über die Bibliothek des Klosters Hohenfurt in Böhmen, welche weiter
unten abgedruckt sind.

der Chor dagegen ist umgebaut und mit gemalten Fenstern aus der Blüthezeit der Kunst geschmückt, so wie auch das im reinsten Altdeutschen Stil erbaute Brunnenhaus; der Herr Prälat läßt dieselben gegenwärtig mit großen Kosten reinigen und von den Zerstörungen der Zeit und früherer ungeschickter Restaurationen herstellen. Nach der Vermu= thung des Wiener Kunstfreundes, Baron E. Sacken, sind die Fenster des alten Chores dieselben, welche jetzt den schönen Kreuzgang zieren, und auf eine im Kloster selbst blühende Kunstschule vom Ende des 12. Jahrhunderts schließen lassen, denn vollkommen ähnliche, zum Theil ganz dieselben Verzierungen und Figuren finden sich in den reichen Initialen des großen Legendariums und anderer Handschriften des Stifts; dieselbe Schule läßt auch eine Handschrift s. XIII. des von hieraus besetzten Klosters Neuberg in Steyermark, jetzt in Wien n. 1180, erkennen.

In Wien prüfte ich die mitgenommene Handschrift näher, und fand, daß sie in ihrem Hauptinhalte — Ansegis, Capitularien, Pönitenziarien — fast ganz übereinstimme mit dem Münchner Codex August. 151; sie enthält aber außer= dem eine Verordnung Herzog Boleslaws von Böhmen zu Gunsten Bischof Adalberts vom Jahre 992, und einen Brief des Papstes Stephan V. an König Suatoplnk von Mähren, beide ungedruckt. Ich nahm davon Veranlassung, die Geschichte der Slavischen Apostel Constantin und Method einer neuen sorgfältigen Prüfung zu unterziehen, eine Arbeit, welche für die Abendstunden dieses Winters reichliche Be= schäftigung gab, und deren Resultate später in der kleinen Schrift: „Beiträge zur Geschichte der christlichen Kirche in Mähren und Böhmen“, Wien 1849, veröffentlicht sind.

Der Januar des Jahres 1848 führte von allen Seiten die Mitglieder der neuen Akademie der Wissenschaften nach Wien, worauf am zweiten Februar die feierliche Eröffnung derselben Statt fand, ein Ereigniß, woran sich manche Hoffnungen knüpften und welches ein erfreuliches Zeugniß

davon gab, daß auch unter den damaligen Verhältnissen
die Wissenschaft Kraft genug besaß, sich eine lange vorent=
haltene und ungern gewährte Anerkennung zu erringen.
Seitdem von manchen lässigen Fesseln befreit, hat die histo=
rische Section der Akademie in rascher Folge schon eine
große Menge historischen Materials und einzelner Untersu=
chungen ans Licht gebracht und unsern Studien vielfache
Förderung gewährt.

Eine Reise nach Pesth zur Vergleichung der im dorti=
gen Museum befindlichen Handschrift der **Vita S. Stephani**
wurde durch Entdeckung der kaum über die Leitha gedrunge=
nen Ausgabe derselben von Podhradczki und die durch Herrn
Johann Czechs Güte mitgetheilten Nachrichten überflüssig.
Dagegen machte die in Berlin besorgte Ausgabe des Cos=
mas eine Reise nach Brünn nothwendig, welches ich am
20. Februar erreichte. Ich fand hier die freundlichste Auf=
nahme bei dem Herrn Ritter v. Wolfskron, dessen Name
durch die schöne Ausgabe der Hedwigslegende den Freun=
den des Mittelalters bekannt ist[1]). Der Herr Prälat des
Königsklosters, Herr Augustin Napp, gestattete mir gütigst
die Durchsicht von Boczeks Nachlaß, der jedoch leider gar
keine Ausbeute gewährte und über wichtige von ihm benutzte
und erwähnte Handschriften, namentlich den **Hildegardus
Gradicensis,** durchaus keinen Aufschluß giebt. Herr Chytil,
welcher den Nachlaß ordnet, und einen Ergänzungsband
sammt Registern zum Codex dipl. Moraviae drucken läßt,
führte mich auch in die Cerronische Sammlung, welche ich
vorläufig durchmusterte, die Benutzung aber, zu welcher mit
Zeitverlust verbundene amtliche Schritte erforderlich gewesen
wären, für den Augenblick nicht nothwendig fand. Durch
die Güte des Herrn Koller sah ich auch die höchst merkwür=
digen Rechtshandschriften des Stadtarchivs, welche einen

1) Die Bilder der Hedwigslegende. Nach einer Handschrift vom
Jahre 1353 in der Bibliothek der P. P. Piaristen in Schlackenwerth.
Herausgegeben von Adolf Ritter v. Wolfskron. Wien 1846. Fol.

großartigen Begriff von der Wirksamkeit des Brünner Schöppenstuhles geben. Die wichtigste derselben, nach den Anfangsworten als Rustici de Schibniz bezeichnet, haben wir jetzt im zweiten Bande der Rechtsdenkmäler aus Böhmen von Dr. Rößler zu erwarten, der in seiner Schrift: „Über die Bedeutung und Behandlung der Geschichte des Rechts in Österreich" schon eine Probe ihrer schönen Miniaturen gegeben hat. Bemerkenswerth ist in den Gerichtsverhandlungen der Übergang zur Böhmischen Sprache im 15. Jahrhundert, aus welchem sich eine große Anzahl Puhony a Nálezowe, Vorladungen und Entscheidungen, erhalten hat.

Den 22. und 23. Februar brachte ich in Raygern zu, wo ich mich für jetzt ebenfalls auf eine kurze Durchsicht der Handschriften beschränkte. Herr Prof. Dudik, den ich schon in Brünn kennen gelernt hatte, der Verfasser der im folgenden Jahre erschienenen Geschichte seines Stifts, stellte mich dem Herrn Prälaten Victor Schlossar vor, welcher das von ihm früher geordnete Archiv selbst unter seiner Aufsicht hat. Es befinden sich darin außer den Urkunden (worunter die bekannten Brewnower von 1045 und 1048, deren Schriftzüge durchaus die des dreizehnten Jahrhunderts sind) die wichtigsten Handschriften und die Papiere des fleißigen Abtes Bonaventura Piter, welcher große Vorarbeiten zu einer Sammlung von Quellenschriftstellern gemacht hatte; es sind aber fast von allen seinen Abschriften die Originale noch erhalten. Das Verzeichniß derselben hat kürzlich der um die Geschichte Mährens so sehr verdiente Supprior P. Gregor Volny im Archive der Akademie der Wissenschaften abdrucken lassen.

Schon auf meiner ersten Reise hatte ich Gelegenheit gehabt, vielfache Merkmale der alle Stände des Volkes durchdringenden Unzufriedenheit mit den bestehenden Einrichtungen wahrzunehmen; aus Mähren kehrte ich mit der Überzeugung zurück, daß dieser Zustand der Dinge nicht

lange mehr werde dauern können. In Wien steigerten die
Nachrichten von der Pariser Revolution und den darauf
folgenden Ereignissen die Aufregung immer mehr; von
Tage zu Tage erwartete man beruhigende Maßregeln der
Regierung, aber vollkommen vergeblich; und so kam es
denn zu den bekannten Ereignissen, welche ein neues Zeit=
alter für Österreich eröffneten, zunächst aber zu immer ge=
steigerter Verwirrung und Unruhe führten.

Nach den Märztagen fuhr ich mit meinen Arbeiten im
Archive und der Hofbibliothek fort, so schwer es mir auch
oft bei der herrschenden Aufregung wurde; als aber am
18. Mai der Kaiser Wien verlassen hatte, die ganze Stadt
schon Vormittags allarmirt war, und gleichzeitig aus Berlin
die beunruhigendsten Gerüchte verbreitet wurden, schien es
gerathener, die Arbeiten für jetzt zu unterbrechen, als sie
unter solchen Störungen fortzusetzen. Deßhalb verließ ich
Wien am folgenden Tage, und kehrte erst am 14. Septem=
ber von Berlin aus wieder dahin zurück.

Für diesen zweiten Abschnitt meiner Reise war die
nächste Aufgabe ein Ausflug nach Mähren, welcher
hauptsächlich durch eine sehr unangenehme Angelegenheit
veranlaßt wurde. Es hatte nämlich im Jahre 1820 der
Abbé Dobrowsky die Ausgabe von Iordanis historia
Getica übernommen und deßhalb von der Gesellschaft den
dazu gesammelten Apparat erhalten. Da bei seinem Tode
die Arbeit noch unvollendet war, übernahm der Professor Mei=
nert in Partschendorf die Aufgabe sammt dem Apparat, und
soll dieselbe, wie man mir versicherte, und wie aus seinen
in der Schmidt'schen Zeitschrift abgedruckten Briefen
hervorgeht, auch wirklich vollendet haben. Pertz hat sich
deßhalb nach Meinerts Tode wiederholt an den Sohn
desselben, den Besitzer von Partschendorf, gewandt, aber
nie eine Antwort erhalten können. Meine Bemühun=

gen in der Sache blieben ebenso fruchtlos, und es blieb
nichts übrig, als zu versuchen, ob die Sache nicht
durch persönliche Besprechung zu Ende zu bringen sey. Um
hiermit zugleich die Benutzung der Mährischen Bibliotheken
verbinden zu können, ersuchte ich S. Durchlaucht den Fürsten Dietrichstein um die Erlaubniß, die reiche fürstlich
Dietrichsteinsche Familienbibliothek in Nikolsburg besuchen
zu dürfen; indessen erhielt ich weder jetzt noch bei späteren
Versuchen eine Antwort. Nachdem ich eine Zeit lang vergeblich gewartet hatte, reiste ich deßhalb am 26. September
von Wien ab nach Brünn. Hier konnte ich durch die
Güte des Herrn Prälaten die schöne Handschrift des Arnoldus Lubecensis collationiren, und besuchte mit Herrn
Chytil die Gubernial-Registratur, worin die Archive der
aufgehobenen Klöster aufbewahrt werden. Es fand sich
hier jedoch keine Spur von den Handschriften, welche Boczek
in seiner Eingabe an die Mährischen Stände als zur Ausgabe geeignet aufführte, und auch in einer dort aufbewahr-
ten neueren Hauschronik des Stifts Hradisch keine Erwähnung des Hildegardus Gradicensis. Am ersten und zweiten
October beendigte ich meine Arbeiten in Raygern, und
fuhr dann nach Partschendorf, wo ich vernahm, daß Herr
Meinert jetzt in Troppau wohne. Ich suchte ihn also dort
auf; er bestätigte mir, daß er sich im Besitze der Papiere
und der fertigen Arbeit seines Vaters befinde, und behauptete nur auf eine sichere Gelegenheit zu warten, um sie
nach Berlin zu schicken. Indessen wollte er mir doch nicht
gestatten, sie in Partschendorf abzuholen, versprach aber, sie
baldmöglichst an mich nach Olmütz, oder nach Berlin zu
schicken. Wir warten darauf, trotz wiederholter Mah-
nungen bis zu dieser Stunde ganz vergeblich.

Am 5. October erreichte ich Olmütz, welches in den
nächsten Tagen durch die Übersiedlung des Kaiserl. Hofes
ein ungewohntes Leben erhielt. Der Domcapitular, Graf
Schneeburg, gestattete mir die Benutzung der Dombibliothek,

wo leider nicht alle von Boczek verzeichnete Nummern zu
finden waren; ein früherer Bibliothecar hat das Local, wo
nach uralter Weise die Handschriften unter einem langen
Tische auf dem Fußboden lagerten, umbauen, und die mei=
sten Handschriften neu einbinden lassen; er starb aber vor
der Beendigung dieser Aufgabe, und die neue Aufstellung
der Handschriften ist noch nicht vorgenommen worden. Von
den vorhandenen gab besonders eine glossirte Lombarda für
längere Zeit Beschäftigung; außerdem nahm ich die Hand=
schriften der trefflich geordneten Universitätsbibliothek durch,
welcher Herr Schyllawi mit großer Sorgfalt und Huma=
nität vorsteht, und benutzte die Urkunden des Stadtarchivs,
wo leider von den durch Prof. Monse entdeckten Frag=
menten des ältesten Traditionsbuches der Olmützer Kirche
nichts mehr zu finden ist.

Der ehrwürdige Fürst Erzbischof von Olmütz, Freiherr
von Sommerau=Beeckh, dessen milde wohlthätige Regierung
und väterliche Sorgfalt für seine Untergebenen, zu deren
Besten er sein ganzes reiches Einkommen zu verwenden
pflegte, ich vielfältig mit großer Wärme rühmen hörte, er=
laubte mir sehr bereitwillig die Benutzung seines Archives
in Kremsier; dasselbe ist auf Veranlassung des Fürsten
durch Herrn Branowitzer in die musterhafteste Ordnung
gebracht worden, und durch die Benutzung des reichen Ur=
kundenschatzes kommt der Geschichtsfreund nur dem Wunsche
des Besitzers entgegen. Handschriften sind aber nicht darin
vorhanden. Während meines Aufenthaltes in Kremsier be=
gann die Beschießung und Bestürmung Wiens durch den
Fürsten Windischgrätz; es war kein geeigneter Moment zur
Rückkehr, weßhalb ich mich nach Prag wandte. Bei dem
durch die militärischen Maßregeln gestörten Betrieb der
Eisenbahnen kam mir unterwegs mein Koffer abhanden,
und ich sah mich der Hülfsmittel für die Arbeiten in Prag
beraubt und in Gefahr, die Früchte meiner Forschungen
in Mähren gänzlich zu verlieren. Von dieser Besorgniß

wurde ich später in Wien befreit, als ich durch die Bemü=
hungen der Betriebsdirection den Koffer wieder erhielt; in
Prag mußte ich mich zu behelfen suchen, so gut es ging,
während meines Aufenthaltes vom 29. October bis zum
6. December, wo mich besonders die Benutzung der geschicht=
lichen Handschriften des Clementinums beschäftigte. Palacky,
welcher durch seine politische Thätigkeit in Anspruch genom=
men war, sah ich nur kurz, dagegen fand ich bei den Her=
ren Schaffarik und Dambeck die freundlichste Förderung
meiner Arbeiten, und erhielt auch durch Schaffariks gütige
Vermittelung von dem Strahofer Herrn Prälaten die
Handschrift des Vincenz von Prag und Ansbert zur Be=
nutzung im Locale des Clementinums. Im Museum, wel=
ches Herr Hanka mir mit großer Freundlichkeit zeigte, war
für jetzt nichts für mich zu arbeiten; die Fürstenbergische
Bibliothek enthält nach der Versicherung des Herrn Ebert
für unsere Zwecke nichts.

Die Verhältnisse in Wien waren jetzt einer ruhigen
wissenschaftlichen Beschäftigung sehr günstig geworden, und
die glücklich gerettete Hofbibliothek mir durch die Güte der
Herren Beamten, ungeachtet der erlittenen Beschädigungen,
zugänglich. Die übrige Zeit verwandte ich dazu, meine
Schrift über Methodius und Cyrill zu beendigen, sodann
aber zur näheren Untersuchung und Bearbeitung der Öster=
reichischen Klosterchroniken, welche sich besonders an die
Melker und Salzburger als Fortsetzungen und Überarbei=
tungen anlehnen. Das Resultat dieser Arbeit wird näch=
stens im eilften Bande der Monumenta vorgelegt werden.
Sehr wichtig wäre für diese Untersuchung der von Hiero=
nymus Pez benutzte Codex autographus der Klosterneu=
burger Annalen gewesen, welcher sich damals in der bischöf=
lichen Bibliothek in Wien befand; obgleich alle Erkundigungen
zu dem Resultate führten, daß derselbe nicht mehr vorhanden
sey, machte ich doch, um volle Gewißheit zu erlangen, im
Sommer 1849 dem Fürst=Erzbischof, Herrn Vincenz Milde,

meine Aufwartung auf seiner herrlich gelegenen Herrschaft Kranichberg, und erhielt mit großer Bereitwilligkeit die Erlaubniß zum Besuche der Bibliothek. Es war aber durchaus keine Spur mehr von der Handschrift zu entdecken, obgleich noch der alte Canonicus Stelzhammer gesagt haben soll, daß er sich erinnere, dieselbe gesehen zu haben. Schon der Geschichtschreiber von Klosterneuburg, P. Maximilian Fischer, hat vergeblich nach diesem werthvollen Denkmale seines Stifts geforscht. Dagegen enthält die erzbischöfliche Bibliothek in einer langen Reihe von Foliobänden die vom Bischof Anton Wolfradt gesammelten Materialien zur Geschichte seiner Zeit.

Ein kurzer Besuch in Klosterneuburg überzeugte mich, daß auch dort nichts Bedeutendes für meine jetzigen Arbeiten zu finden sey, und im Schottenstift erfuhr ich außerdem, daß auch der Otto von Freisingen, welchen Cuspinian zu der ersten Ausgabe desselben benutzte, seit langer Zeit vermißt werde.

Da ich durch Chmels gütige Vermittlung das Original des Chronicon Salisburgense in Wien hatte benutzen können, so konnte ich im September 1849 diese Arbeiten vorläufig abschließen, und noch einen Ausflug nach Salzburg und Steyermark machen. Über die handschriftlichen Schätze von Steyermark hatte ich durch Herrn Diemers Güte Nachrichten erhalten, und auch die schöne Vorauer Handschrift, welche neben den von ihm herausgegebenen Altdeutschen Gedichten die Gesta Friderici I. enthält, in seiner Wohnung benutzen dürfen. Gerne hätte ich die Reise auch auf Kärnthen und Krain ausgedehnt, jedoch die vorgerückte Jahreszeit und der Wunsch, bei dem Drucke meiner Arbeiten in Berlin gegenwärtig zu seyn, verhinderten für dieses Mal die Ausführung.

Nach langer Verwaistheit hatte mittlerweile das Ministerium des Cultus und des Unterrichts an dem Herrn Grafen Leo Thun ein eigenes Haupt erhalten, und die

durchgreifendsten Reformen im Unterrichtswesen belebten die
Hoffnungen aller Freunde der Wissenschaft. Um ohne
Aufenthalt und Weitläuftigkeiten zu den Archiven und
Bibliotheken Zutritt zu erhalten, wandte ich mich mit der
Bitte um Empfehlungen an den Herrn Minister, welcher
mich mit der größten Güte empfing und meinen Wunsch
sehr bereitwillig erfüllte.

Am 16. September fuhr ich nach Linz, wo ich Herrn
Würmsberger sprach, der sehr betrübt über den Tod des
Syndicus von Spaun war, mit welchem das Museum seine
Hauptstütze verloren hat; und von da gleich weiter nach
S a l z b u r g. Der provisorische Kreisvorstand, Graf Mnis=
zech, empfing mich sehr freundlich, und hatte schon Anstalten
getroffen, um mir alle Archive und Bibliotheken zugänglich
zu machen. Aus der Central=Registratur sind alle älteren
Stücke in das Haus=, Hof= und Staatsarchiv nach Wien
abgeführt; das Magistratsarchiv enthält ebenfalls nur
Stiftungen, die nicht über das 15. Jahrhundert hinauf=
reichen, und Urbarien des Bürgerspitales von 1408 an.
Kürzlich hat man bei der Wegräumung eines alten Schrankes
in einem verborgenen Fache die ältesten Urkunden und Haupt=
privilegien der Stadt gefunden, welche mit 1318 beginnen;
darunter der berühmte Igelbund. Die älteste Kaiserurkunde
ist jedoch erst von Sigismund. Der Herr Burgemeister
Gschnitzer hat dieselben als geschichtliche Denkmäler im
städtischen Museum deponirt, welches aus den Sammlungen
besteht, die der Herr Leihhausverwalter Süß mit größtem
Eifer und vielen Kosten zusammengebracht und dann der
Stadt geschenkt hat. — Einige Ausbeute gewährte die
Lyceumsbibliothek, welcher der Herr Canonicus Thanner
vorsteht. Außer mehreren philosophischen Werken, durch
welche dieser ehrwürdige Greis in früherer Zeit seinen
Namen bekannt gemacht hat, hat derselbe auch eine Ge=
schichte des Stifts M a t s e e, welchem er angehört, verfaßt,
die jedoch noch nicht zum Druck hat gelangen können.

Das wichtigste historische Denkmal dieses Stifts, den Codex Maticensis, dessen früher durch Koch=Sternfeld im
Archiv III, 107. 304. Erwähnung geschehen ist, hatte Herr
Thanner die Güte, zu meinem Gebrauche kommen zu lassen;
außerdem dürften auch noch die Originale der Urkunden
Ludwigs des Deutschen vom 8. Mai 861 und Heinrichs II.
von 1013, vielleicht auch noch andere, im Archive des Stifts
vorhanden seyn. Meine Hauptaufgabe war die von Pertz
Archiv IX, 481 verzeichneten Handschriften von S. Peter
durchzunehmen; eine veränderte Aufstellung erschwerte es
dem Bibliothecar, Herrn P. Gregorius Rarer, die Nummern
zu finden; doch kamen alle zu Tage, als wir die Handschriften stückweise durchmusterten. Außer diesen ist noch eine
große Anzahl sehr alter und schön geschriebener Handschriften nichtgeschichtlichen Inhalts vorhanden. Nach Beendigung
dieser Arbeit gestattete der Prälat, Herr Albert Nagenzaun,
mir auch die Benutzung des Archives; ich sah hier das
schöne *Original der Urkunde Heinrichs II, Reg. n. 979,
und das Congestum Arnonis, welches jedoch diese Aufschrift
erst später erhalten hat, und eine Copie s. XII. zu seyn
scheint. Die äußere Gestalt giebt keinen Anlaß mit Herrn
Filz die Ächtheit zu bezweifeln; der unten angenähte Strei=
fen enthält nicht nur die Schlußformel und Zeugen, sondern
auch das Ende des Textes, für welchen das Hauptblatt zu
klein war. Zu benutzen war für jetzt Einiges aus Cod. M.
dessen reichhaltiger und für die älteste Geschichte des Landes
so überaus wichtiger Inhalt eine genaue Untersuchung und
besondere Ausgabe sehr wünschenswerth macht und hoffent-
lich bald finden wird. Cod. H. ist der von Canisius be=
nutzte und außerordentlich fehlerhaft abgedruckte; von den
meisten Stücken besitzen wir bessere Handschriften; nur die
Breves notitiae sind ihm eigenthümlich.

An dem schönen Herbstabend des 29. Septembers be=
trachtete ich noch einmal von Maria Plain das herrliche
Thal, dann brachte der Eilwagen mich rasch nach Grätz.

Der provisorische Landeschef, Herr v. Marquet, so wie der Landeshauptmann, Graf Attems, empfingen mich sehr zuvorkommend, und ich fand auch hier überall meine Ankunft schon angemeldet und die größte Bereitwilligkeit, meine Arbeiten in jeder Weise zu fördern. Der um die Landesgeschichte hochverdiente Archivar der Herren Landstände und des Johanneums, Herr Wartinger, zeigte mir im ständischen Archive die Bestätigung der ständischen Rechte in dem Erbvertrage Herzog Ottokars mit Herzog Leupold vom Jahre 1186 und *Reg. Frid. II. 892, und hatte auch die Güte, mir den von ihm veranstalteten Abdruck der Steyrischen Landeshandfeste nebst dem Ottokarischen Privilegium zu verehren[1]); er hat außerdem besondere Abdrücke der Privilegien von Graz, Bruck, Tüffer, Eisenerz, Vordernberg besorgt. In dem mit Recht berühmten Johanneum, welches nebst vielen andern Anstalten ein glänzendes Zeugniß giebt von der Liberalität, womit die Landstände stets bereit waren, gemeinnützige Zwecke zu fördern, beschäftigte mich längere Zeit der durch den hohen Stifter desselben hierher gebrachte, von Seckau stammende **Codex Reicherspergensis**, da derselbe von dem gedruckten Chronikon sehr abweicht. Es ist darin der Verfasser, der Priester Magnus († 1194) genannt, dann folgt aber noch eine gleichzeitige Fortsetzung bis 1279, welche freilich schon von Hansiz benützt worden ist. Von Kaiserurkunden finden sich hier das etwas verblaßte, aber sonst wohl erhaltene Privileg *Karlmanns für Ossiach, von welcher Herr Wartinger eine vollständige Nachbildung hat lithographiren lassen, und einige spätere; ferner schöne Seckauer Diplomatarien.

Recht schätzbare Handschriften besitzt die Universitätsbibliothek, welcher Herr Kraußler vorsteht; besonders aus St. Lamprecht, welches eine Zeitlang aufgehoben war.

1) Außerdem sind noch der Vertrag zwischen Ludwig und Friedrich von 1325 und die Reformation auf dem Reichstag zu Freiburg 1498 in Abschriften dort vorhanden.

Der Herr Gubernialrath, Propst Krauß, dessen Bekanntschaft ich schon in Admont gemacht hatte, führte mich auch
zu dem Prälaten von Rein, Herrn Ludwig Crophius, durch
dessen eifrige Thätigkeit sich dieses Stift in ökonomischer,
wie in geistiger Beziehung außerordentlich gehoben hat.
Die Bibliothek und namentlich die ganz neu angelegte
Münzsammlung bezeugen die sorgfältige Pflege, welche der
Wissenschaft in der schön gelegenen Abtei zu Theil wird.
Der Herr Prälat hatte die Güte, am Sonntag den 7. Octbr.
mit mir hinauszufahren, und mir das Stift, die Kirche mit
dem schönen Denkmale des Erzherzogs Ernst, die Bibliothek
und das sehr reiche Archiv [1]) zu zeigen; mehrere Originale
der bei Pusch und Frölich so schlecht und unvollständig
abgedruckten Urkunden, so wie die wichtigeren Handschriften
erhielt ich zur Benutzung im Locale des Johanneums.

Am 21. October fuhr ich auf der Ungarischen Straße,
wo uns große Züge heimkehrender Truppen und Kriegs-
bedarfs begegneten, über Hartberg nach Vorau, am Fuße
des Wechsels, wo mitten in dieser einsamen Gebirgsgegend
das imposante Stiftsgebäude plötzlich bei einer Wendung
des Thales den Wanderer überrascht. Der Prälat, Herr
Gottlieb Kerschbaumer, suchte auf alle Weise mir den Aufenthalt so angenehm wie möglich zu machen; die Veränderun-
gen der neueren Zeit, welche alle diese Stifter so hart
betroffen haben, und zum Theil ihr ferneres Bestehen in
Frage stellen, haben doch in der alten Gastfreiheit keinen
Unterschied herbeigeführt. In einer so entlegenen, wenig
bevölkerten Gebirgsgegend tritt der wohlthätige Zweck einer
solchen großartigen Stiftung recht klar vors Auge, die mit
nicht unbedeutenden materiellen und reichen Bildungsmitteln

1) Ich sah hier die Urkunden *Konrads II. n. 2226. 2257,
denen bei Pusch und Frölich die Zeugen fehlen, und Friedrichs des
Schönen Reg. 57. (Cop.) 81, 82. (Cop.) 84. 131. 163. (Cop.)
164. Non. Aug. und Eritag vor St. Laurenz, beide im Copiar.
225. *274.

ausgestattet, jeder geistigen Thätigkeit einen festen Anhalt zu gewähren im Stande ist.

Nachdem ich die Handschriften gemustert und zum Theil benutzt hatte, kehrte ich endlich am 30. October nach Wien zurück, wo noch Einiges nachzuholen, namentlich aber eine neu erworbene Handschrift mit Annalen des Klosters Prüfling noch zu benutzen war. Außerdem gab es in Melk und Klosterneuburg noch Einiges zu arbeiten; dann trat ich am 27. November meine Rückreise nach Berlin an.

Verzeichniß

der

auf der Oesterreichischen Reise

untersuchten

Handschriften.

1. Handschriften der k. k. Hofbibliothek in Wien.

Eugen. fol. 23. *Bohemiae privilegia*, ist bie jetzt im k. Haus-Hof- und Staatsarchive befindliche Handschrift Boehmen 15.

Eug. fol. 64. jeƷt 2607. mb. s. XV. Im Anfangsbuchſtaben iſt ein Helm mit einem Schwan. Franzöſiſche Welt= chronik, mit beſonderer Beziehung auf Boulogne. Au commencement du monde puisque Dieux eut fait — (1307) En cest an mesme le iour de la conversion S. Pol furent les noces faites en leglise nostre Dame en Boulongne du Roy dangleterre et de madame Ysabel fille du roy de France. Et y furent present . . . . li quens Robers de Flandres . . . . li quens de Hainau.

Eug. fol. 65. jeƷt 3356. vh. s. XV. Franzöſiſche Welt= chronik, in der ſpätern Zeit ausführlich, jedoch nur für Frankreich. Au commencement du monde si comme la saincte escripture — (1383) en Flandres qui est dessus nomme. Apres la destruccion de Troies u. ſ. w. die Franz. Könige von Priampus bis auf Karl VI, dann die Grafen von Flandern. Ähnlich iſt nach Archiv III, 472 die folgende Handſchr. fol. 66. jeƷt 2570.

Eug. fol. 79. jeƷt 2569. mb. f. s. XV. Ci commencent les croniques de Normendie et les fais des ducs qui en icellui pays ont regne premierement de Rou le Danoys. *Le Prologue.* Pour ce que ceulx de bonne voulente u. ſ. w. Das leƷte Capitel iſt: Comment le filz Jehan Henry fus fait roy dengleterre.

Eug. fol. 102. jeƷt 3440. chart. s. XV. *Pertinet monaste-rio b. Marie de Bonneſſia.* Die Hennegauer Geſchichten des Jacques de Guise; vgl. Archiv IX, 292. die er= ſten 7 Bücher ſind Lateiniſch; am Ende ſteht: Explici prima pars historie illustrium principum Hanonie edita a fratre Iacobo de Guysia ordinis fratrum minorum conventus Vallencenensis. Der folgende Theil iſt Französiſch, von anderer Hand, und ſcheint älter zu ſeyn. *Expl. la seconde partie des histoires des nobles princes de Haynnault composees par maistre Jacques de Guise natif de Chierue* (ſo) *la franche.* Reicht nicht weiter als die Ausgabe.

Eug. fol. 159. jeƷt 2257. mb. s. XV. enthält nach Guil. de Cunio super Dig. Cynus de sust. et surr. u. A. *Iste sunt arenge a Petro de Vineis super variis et diversis materiis compilate qualiter quis habet coram domino papa.*

Si valorem prudentie — deberem. *Arenga coram d. imperatore.* Vellem quod — devotorum. *A. c. cardinabus.* Si mei sensus — tale est etc. Sind nur Eingänge zu Reden. Zuletzt: *Inc. arenga d. Francisci qd. Accursii doctoris legum coram papa pro rege Anglie.* Congregati maiores — iudicet inter eos.

Eug. in quarto 9. jetzt 476. mb. s. **XV. Epistolae Petri de Vinea** in 6 Büchern. Die Adressen fehlen meistens.

I, 1 = I, 1 der ersten Basler Ausgabe. 2. *⁺Responsiva.* Convenerunt adversus papam — divinitus cantilenas. 3 — 35 = 2 — 34.

II, 1 — 59 wie die Ausgabe, nur steht 23 erst nach 25. 34 fängt an: Etsi fortuna serenior.

III, 1 — 87 ebenso, nur steht 14 erst nach 16.

IV, 1 — 16 ebenso; dann folgen 17 — 20 = 150 — 153; 21 — 24 = 157 — 160 der Wolfenbüttler Handschrift, Archiv V, 396. 24 ist am Ende der Lage abgebrochen.

V, 1 — 27 = Ed. V, 1 — 27; 28 — 38 = Wolf. 164. 166 — 169. 171 — 176; 39 — 59 = Ed. 28 — 48; 60 — 62 = 51. 49. 50; 63 — 73 = 52 — 62. Dann folgt durch einen Fehler der Zählung, der sich aber im Register nicht findet, 80 — 107 = 63 — 90; 108 — 132 = 92 — 116.

⁺ 133. *De restitutione spoliatoris religiosis de ecclesia sua.* Veniens ad presentiam nostram religiosus — redigi mandavisse.

Dann bis zu Ende des Buches wie die Ausgaben.

VI, 1 — 33 = Ed. VI; n. 34 = Hahn Coll. I, 344. Attendite ad petram, aber am Ende vollständiger. 35. Aperi labia s. Archiv V, 366. n. 36 — 38 = Wolf. 78 — 80; 39 — 41 = ib. 84 — 86; 42. 43 = 88. 89 (*Mire probitatis et industrie viro etc. P. de Vineis*); 44 — 49 = 98 — 102; 50 — 56 = 105 — 111; 57 = 115. und dann die Verse Archiv VII, 957 (v. 3. fias. 7. vsum); 58 = 116; 59 — 62 = 118 — 121; 63 = Wolf. 83; dann 64 = 87, aber unvollständig, am Ende der Seite. 65 = 140; 66 — 68 = 124 — 126; 69 — 72 = 129 — 132; 73 = 134; 74. 75 =

137. 138; 76 = 146; 77 = 154 (*Domino Pa-
normitano archiepiscopo*); 78 = 156.

Hist. eccl. 3. jetzt 329. mb. fol. max. s. XV. Ital. Pergament und Schrift. °Vita S. Severini genau in Lesarten und Fehlern mit Admunt. 1. übereinstimmend.
V. Pauli heremite und *S. Columbe* (*Senonensis*). Eo
tempore cum adhuc mundus — II Kal. Ian. regnante
etc.

Hist. eccl. 5. jetzt 336. Ein Band des bekannten großen Legendariums, über welches später im Zusammenhange berichtet werden wird.

Hist. eccl. 6. jetzt 3042. ch. in fol. max. saec. XIV. enthält
nach einer frühern Mittheilung Chmels, Heiligenleben
(Hie hebt sich an der heiligen Leben), darunter f. 150 —
154. Von dem lieben herrn sand Ulreich dem pischolff.
Der lieb herre sand Ulreich der ist von dewtscheun lannden
geporn von gar erbern geslecht. sein vater hies Hubaldus
und sein mueter hies Dyevirdis (ist übergeschrieben; der
Name hieß vorher anders) und waren reich und edel und
nach dem glauben und nach geistlichem leben waren sy vil
chlarer und edler vor Got u. s. w. Unter seinen Mirakeln kommen einige sonderbare Geschichten vor, z. B. Von
dem Schaffer der dreimal nach Rom reisen muß. — f. 153.
Ainsmals an dem antlacz abent do gieng sand Ulreich fur
die stat zu den weinpressen und pet. da waren vil pöser
geist in das selb haus komen und hetten ain capitel und
sagt yegleicher was er geschickt et. Da sprach ainer: Ich
hab geschickt das das haubt der heiligenn kristenhait der
pabst heint pey ainer junckfrawen wil slaffenn, die hat er
yeczunder in seiner kamern und wil nach pey der slaffenn,
und das zw ainem warczeichen so han ich der junckfrawen
rechten schüch hie. Do sand Ulreich hort, do was im gar
laid und gepot dem posen geist das er im den schüch gab
und in an allen schaden zu Rom pracht und wider haim
zu Auspurck das er dennoch an dem antlastag da mocht
den kresem gesegen. Da muest der veint sand Ulreich
gehorsam sein und pracht in zu Rom fur des pabstes
kamern, unde do sprach sand Ulreich zu dem pabst das er
im auff tet. Do erschrack er gar sere und tet im doch
auff, da sagt im sand Ulreich was er gehort het, und
gab im den schüch, den legt die junckfrawen an und sach

wol das er war het. Das was dem papſt gar laib und
tet junckfraw aus der kamern und blaib da der pabſt un=
vermailigt. ..... Darnach trueg der veint ſand Ulreich
wider haim zw Auspurck als im gepoten was das er den=
noch den kreſem geſegent an dem antlastag.

Der Schluß lautet: Das was nach Chriſti gepurd
newnhundert jar und was in dem LXVII. jar da er ſtarb
und was an dem virden tag des hewmonen da man den
lieben heren ſand Ulreich nach gewonhait wolt waſchen, da
gieng als ein gueter ſmack von im das das menſchleiche
zunge nicht auſprechen kan und der ſmack erfullet aller der
menſchen hercz die da waren und der guet ſmack werd pis ſand
Ulreich pegraben ward, do kam ſand Wolff von dem willen
Gotes der was piſcholff zu Regenspurck, unde peſtatt ſand
Ulreich wirdichleichen zu der erdenn in ſand Affra kyrichenn,
da het er im ſelber ein grab haiſſen machen. Da geſcha=
hen vil zaichen, es wurden vil plinter geſehunt. und vil
krumper gerecht und vil ſiecher geſunt, damit pebeiſt Got
ſand Ulreichs heilichait. Nue helff uns ſand Ulreich umb
Got erberben durich ſein groſſe heilichait das wir hie
menſchen werden nach Gots lob und das uns werde nach
diſem leben das ewig leben.

Hist. eccl. 29. jetzt 413. mb. fol. s. XIII. Zum Einband iſt
eine Handſ. der Satiren des Horaz s. XI. verbraucht.
Hermanni Altahensis Chronicon. Die Handſ. iſt
beſchrieben im Archiv III, 477. VII, 474. in Böhmers
Fontes II. p. XLVIII. Die vorne eingetragenen päpſtlichen
Briefe hat Pertz verglichen, die folgenden Verzeichniſſe der
Kaiſer u. ſ. w. habe ich abgeſchrieben; den Herm. Alt.
mit der Fortſetzung bis 1301 hat früher Pirzner für die
Geſellſchaft verglichen, und nun Böhmer in den Fontes II,
486 — 549 herausgegeben. Ekkehards Chronik, welche
den Anfang bildet, iſt bei der Ausgabe als Cod. B 3. be=
rückſichtigt, die Zuſätze Hermanns aber noch nicht benutzt.

Hist. eccl. 33. jetzt 5584. früher Theol. Lat. 146. ch. f. s.
XVI. — f. 1. (nach älterer Zählung p. 181.) Bulle des
Papſtes Urban V. an den Erzb. von Sens und ſeine
Suffragane *Pro viagio ultramarino*, Avignon d. 6. Oct.
1366. Super custodiam *etc.* f. 3'. *Briefe des Abtes
Sigifrid von Gorz an Poppo von Stablo und den
Biſchof B(runo von Toul?), um Verhinderung der beab=

ſichtigten Ehe Heinrichs III. mit Agnes von Poitiers wegen
zu naher Verwandtſchaft. *Inc.* Paternitatem vestram und
Ex quo sublimitas. — f. 7'. *Brief des Prieſters Wi=
nand an Arnold von Cöln über den Zug gegen Liſſabon
1147. Ego Winandus *etc.* f. 9'. *Brief der Cölner
Pilger an denſelben. Primo omnium gratias — et
potest. Der Brief iſt offenbar unvollſtändig, doch ſind die
nächſten Blätter leer. Seite 214 der alten Zählung enthält am
Ende das Wort Nuper, es folgen aber andere, neuere
und nur beigebundene Sachen.

Hist. eccl. 36. jetzt 7691. chart. fol. s. XVII. „Chronica
. vnnd Beſchreibung was fur Biſchoue: auch Ertz Biſchoue,
das hochlöblich Ertz Stifft : vnnd vralte Haubt Stat Saltz=
burg u. ſ. w. für Maximilian II. verfaßt, „durch den
Ehrnueſten Chriſtoffen Jordan Etwo langgeweſten
Fürſtlichen Cantzley verwonnden daſelbſt." Bis auf den
Einritt Johann Jakob Khuens am 17. Februar 1561.

Hist. eccl. 42. jetzt 9779. ch. fol. s. XVII. *Passagium Gotfridi ducis Burgundiae. Inc. epistola in passagio Godefridi.* iſt der Brief an Urban II, Mart. Thes. I, 281. *Incipit prologus in codem.* Universos u. ſ. w. „Rudberti" opus. Ende: mercedem habeatis in coelis in
perpetuum. Amen.
Inc. catalogus ſteht am Ende der Seite, es folgt aber
nichts mehr.

Hist. eccl. 45. jetzt 8072. ch. fol. s. XVI. *Incipit catalogus
episcoporum ecclesiae Saltzburgensis.* Iſt das **Chron.
Salisb.** bei Canisius ed. Basn. III, 2. p. 478. bis 1467.

f. 20. *Catalogus episcoporum episcopatus Chiemensis.*
A. D. 1219. Eberhardus de Truchsen — obiit 1477.
Altendorfer doctor et cancellarius curiae Saltzb. de Lantz-
huet oriundus.

f. 21'. *Hic annotatur quomodo gloriosum corpus almi
confessoris S. Martini ad S. Saltzburgensem ecclesiam
allatum est b. Ruodberto Bavaricae gentis apostolo glo-
riosius contumulatum.* Accepimus a patribus — in cronica S. Ruodberti. Ne rerum gestarum — Lambacense
construxit coenobium. A. D. 900. b. Hartuicus — san-
guine vivus. A. D. 1075. Admuntense coenobium fundatur et dotatur per Gebhardum archiepiscopum Saltzburgensem.

f. 24. Stammbaum der Abkommen Ludwigs des Baiern, dann der Habsburger bis auf Maximilian, und einiges Andere.

Hist. eccl. 46. jetzt 9529. früher hist. Lat. s. n. Schreitweins Katalog der Passauer Bischöfe. Erwähnt bei Lambecius ed. Kollar I, 520. 590. II, 335.

Hist. eccl. 47. jetzt 9527. Laurentii Hochwardi catalogus episcoporum Ratisponensium bis 1539. Lamb. I, 520. 591. Gedruckt bei Oefele Script. R. Boic. I, 159.

Hist. eccl. 50. jetzt 395. früher theol. 125. mb. s. XII. beschrieben in Dobners Mon. hist. Boemiae III p. 2. Archiv VIII, 731. Obgleich er nicht von derselben Hand geschrieben ist, und nicht ganz aus einer Zeit zu seyn scheint, so ist doch die Signatur, welche die 13 Bogen (von f. 7. an) verbindet, wenigstens s. XIII. — Bei Dobner a. a. O. Zeile 17. 18. lies Cernozicih und Westei. — f. 83' Formeln. Quando venit aliquis ad suscipiendam fraternitatem ita dicatur ab episcopo et a singulis fratribus *etc.* Ad capsellas iter agentibus dandas. Pro redeuntibus de via. Absolutio excommunicatorum. Benedictio super sponsum et sponsam. f. 87. Alexander Magnus Philippi ut putabatur — satis facere. *Excerptum de vita Alexandri Magni.* Egyptiorum gentem — se iungebat Samaritis vel ..... bricht mitten auf der Seite ab.

f. 111. *Ann. Opatowicenses s. Palacky, Würdigung p. 52. 305. Abgeschrieben bis 1146, dann folgt eine andere Hand bis 1163 und wieder eine andere bis zu Ende. Der Text hört gerade am Ende eines Blattes auf, aber es folgt noch eine erst später beschriebene Seite, so daß nichts zu fehlen scheint. Auf der letzten Seite steht: Liber monasterii Opatovicensis.

Hist. eccl. 52. jetzt 3332. ch. f. s. XV. Vorne stehen einige Weissagungen, Gallorum levitas u. a. Dann ein langer Brief Bernhards von Kraynburg, aus Salzburg, an Bischof Sil(vester) von Chiemsee über den Fall von Konstantinopel: Nudiusterdius cæpi u. s. w. 1453, Martini. Dann f. 1. *Cesarii dialogus de miraculis.* Comparatum per Ottonem Ebern pro tunc capellanum domini Tulbeck plebanum ecclesie b. Virginis Monaci. 1448. — f. 134. Excerpta ex libello miraculorum *Lacteus liquor.*

f. 151. Imperatores Romanorum. Iulius — Huic successit Fridericus dux Austrie qui electus est in regem

Romanorum a. D. 1440. Summi Pontifices. S. Petrus — Paulus II Veneciis electus est 1464. 18. Aug. coronatus est 16. Sept.

f. 154. *Historia scholastica.*

f. 160′. Excerpta de vulgari scripto fratris Andree monasterii S. Magni in pede pontis Ratisp. quod collegit sub a. D. 1427. Ludvico palatino Reni et duci Bavarie comitique Martinie de origine ducum seu principum Bavarie.

f. 168. Flores temporum. *Prologus Nussarii.*

Sis michi corrector resecando superflua lector
Veraque digneris que desunt iungere veris.
Omnem defectum partim vicio ruditatis
Nussario tribuas partim studio brevitatis.

Marie .... Hermannus ord. fr. minorum scire u. ſ. w. bis auf Günthers Tod: f. 223′. Hic igitur Karolus quod annis regnaturus sit nescio quia adhuc vivit. Guntherus vero veneno obiit ut dicitur. — f. 224′. Clemens VI papa 203ᵘˢ a. D. 1342 electus est. quod annis sessurus sit Deus scit. modo sedit annos 10. De quo — dicti Gaisler vulgariter. Dazu am Rande: *Hic cessat Hermannus in cronica sua. Sequencia per alios super addita sunt.* Dann von anderer Hand: Hos de mandato pape u. ſ. w. bis zum Kometen von 1472. Diese Fortſetzung ſcheint Original zu ſeyn.

f. 234. *Vite philosophorum.* f. 275. Roman von einer Kaiſerin die ihren Stiefſohn liebt. f. 282. *Gesta Tyri Appollonii regis miraculosa.* Geſchrieben 1453 Iacobi apostoli.

Hist. eccl. 58. jetzt 8993. ch. fol. s. XVI ex. vel XVII. "Vita Altmanni ep. Pataviensis, iſt die ältere bis in multis auxit." (§. 41 Ende). Dann folgen noch einige Wunder f. 22′. His ita explicitis *etc.* aus der anderen Vita. Nur hierin und in der Göttweiher Abſchrift iſt die Vorrede vorhanden.

Hist. eccl. 64. jetzt 3175. ch. fol. s. XV. Auf die *Hist. ecclesiastica* bis auf Theodoſius folgt f. 218. Chronicon Bernoldi bis f. 278. und dann eine ausführliche Papſtgeſchichte: Pascalis papa II nacione Tuscus cepit a. D. 1119. seditque annis 18 — (Clemens VI) 17ᵘˢ memorabile est quod sepedictus dominus Karolus imperator serenissimus cum magna sollicitudine ac multa de-

vocione collegit de diversis kathedralibus ecclesiis ce-
nobiis ac ceteris collegiis in Almania et aliis partibus
constitutis valde multas ... (mitten auf der Seite abgebrochen). Durchweg in dieser Art gearbeitet.

Hist. eccl. 69. jetzt 3347. ch. fol. s. XV. *Cronica Karoli.*
Asia ab oriente etc. Sehr fabelhaft; geschrieben zur Ver-
herrlichung der Schotten, enthält die Gründung von Weih
S. Peter vor und S. Jakob in Regensburg und ihres
Klosters in Memmingen — sehr weitläuftig, aber roman-
haft.

Hist. eccl. 73. jetzt 483. mb. fol. enthält von einer Hand
s. XII ex. oder XIII. mit zahlreichen Fehlern:

1) ein einzelnes Blatt mit *geschichtlichen Nachrichten über
   das Bisthum Gurk*, von seiner Stiftung 1072 bis
   1180, nicht viel später geschrieben, jedoch nicht Original. Sie hören ziemlich abgebrochen auf; der leere
   Platz ist zur Eintragung eines Briefes vom General-
   capitel der Kartäuser an E. Bischof von Kärnten über
   die Kartause in Girio benutzt. Zum Theil herausgegeben von Hansiz Germ. Sacra II, 300.

2) *De conversione Bawarorum et Carantanorum.*
   De origine Bawarorum aus dem Chr. Tegerns.
   bei Pez Thes. Anecd. III, 3, 492.
   Excerpta ex anonymo de conv. Baw. mit
   einigen Zusätzen, gedruckt in meinen Beiträgen p. 50.
   Genealogia ducum Austrie — 1177. Hainricus marchio *etc.*

Hist. eccl. 74. jetzt 2676. früher Ambr. 274. Chronik des
heiligen Berges Andechs. Lambec. II, 805. Hoffmann
p. 217.

Hist. eccl. 75. jetzt 3177. ch. fol. von 1501. Der Iordanis stammt aus hist. prof. 652. Über den Paulus
Diaconus s. Archiv III, 629.

Hist. eccl. 78. jetzt 3352. ch. fol. s. XIV ex. XV. *Istum librum donavit Hrbko pro communitate Civis maioris Civitatis Pragensis* steht vorn, hinten aber *Liber Martini
de Weissemburg,* beides s. XV.

f. 1. *Historia de S. Cirillio et Metudio.* Adest dies, s.
Dobrowsky Cyr. u. Meth. p. 26.

f. 2'. *Hist. de S. Sigismundo,* für den kirchlichen Gebrauch
eingerichtet, wie jene.

f. 10. *Speculum humane salvationis*, rythmice. Expl. sp. h. s. A D. 1399.

f. 84. Chron. Sicardi ep. Cremonensis bis 1221; f. Murat. SS. VII, 525.

f. 177. *Primus sexternus de cronica Ungarorum et de gestibus eorundem.* De culmine — dux gliscit pietate, wo fie abbricht unter K. Salomon (c. 1080). An König Ludwig von Ungarn und Neapel gerichtet, größtentheils rythmisch.

Hist. eccl. 81. jetzt 443. mb. q. s. XI vel XII. Pauli ·D. hist. Lang. verglichen von Pirsner, f. Archiv VII, 311. Auf dem Einbande ein Fragment der Statuten Burchards von Worms für die familia S. Petri, f. Archiv III, 629.

Hist. eccl. 82. jetzt 424. theologischen Inhalts. Darin fol. 6′. manu s. X. ˙Charta ingenuitatis. Archiv IV, 225.

Hist. eccl. 83. jetzt 7240. mb. q. a. 1667. Gründungs= geschichte von Arbagger in Bildern, für Kaiser Leopold prächtig ausgestattet vom Propst Melchior Perger. Zuletzt Reg. Imp. 1588. in sehr schlechter Abschrift.

Hist. eccl. 86. jetzt 456. früher Ambr. 267. Theodorici Thuringii historia S. Elisabeth. Lamb. Comm. II, 782. Kollarii Anal. I, 885.

Hist. eccl. 90. jetzt 473. früher Ambr. 277. einst S. Petri in Wormatia. Beschrieben Lamb. II, 810. Enthält *Gesta pontificum Romanorum*, f. Archiv III, 668. V, 74; die *Gesta Francorum* f. Archiv III, 320; die Fortsetzung des Frebegar, f. Archiv VII, 256; *Ann. Laurissenses* (Mon. SS. I, 129), *Einhardi V. Karoli* (II, 438), *Genealogia S. Arnulfi* (II, 306).

Hist. eccl. 106. jetzt 490. mb. oct. s. XII. Sigeberti V. Guiberti (Mon. SS. VIII, 506) und Maclovii; s. XIII. V. S. Germani Parisiensis.

Hist. eccl. 109. jetzt 520. mb. fol. min. s. X. ehemals S. Blasii Admont. *Walafridi Strabonis V. S. Galli*, V. S. Nycolai, Omelia in translatione S. Ruperti, passio S. Agapiti; fol. 103 *Vita S. Pirminii ep. et confessoris.* Multi quidem conati sunt scribendo *etc.* Sanctissimi ac venerabilis viri *etc.* f. 120. *Vita S. Paterniani ep. et confessoris.* (Mittheilung von Pertz).

Hist. eccl. 110. jetzt 532. mb. q. oder kl. fol. enthält V. S. Ioh. Alexandrini, Pass. SS. Cypriani et Iustinae, das dritte Buch von Bedae hist. eccl. Anglorum; f. 47′. *Decreta domini Eugenii III in Remensi concilio* (1148). Qui ab episcopis — faciens et consentiens. f. 48 — 79. *Vita Karoli* unb *Mon. Sangall.* ſ. Mon. SS. II, 439. Alles s. XII. — Dann von einer Hand s. XIV. Einhards Annalen (SS. I, 131) unb von derſelben '(W. altrami) lib. de investituris ecclesiarum.

Hist. eccl. 126. jeßt 547. mbr. in q. s. XV. *Iste liber est mon. S. Floriani Pataviensis dyocesis.* Hystoria de S. Virgilio. Berſe: Pangens chorus dulce melos, bann eine Überarbeitung ber Vita in Lectionen vertheilt, bann die Vita unb Miracula, ganz wie in Sal. 11. unb enblich f. 48' noch eine Bearbeitung „Gloriosus Deus etc.

f. 57. Conflictus Odonis Pictaviensis cum quodam Judeo.

Hist. eccl. 128. jeßt 3469. ch. q. s. XV ex. Sigeberti V. Wicberti cum Gemblacensibus nonnullis. Mon. SS. VIII, 507.

Hist. eccl. 137. jeßt 5927. *Historia S. Iacobi* von Carl Stengelius abbas Anhusanus, nach bem falſchen Chron. Dextri. Von Wirzburg finbe ich in Gentilottis Beſchreibung nichts angegeben.

Hist. eccl. 138. jeßt 577. mb. in q. s. XII. Passiones sanctorum, beſteht aus 2 zuſammengebunbenen Theilen:
I. f. 1'. *Iste liber est sancti Mauricii in Altah inferiori* (ausrabirt): f. 29. *Passio S. Victoris Masillensis.* Cum sub Diocleciano — XII. Kal. Augusti. 34'. *Gesta S. Leodegarii.* Domino ... Erminario urbis Augustodun. episcopo — defero. Gloriosus — latuit absconsum (unvollſtänbig; vergl. Acta SS. Oct. I, 463). 69. *V. S. Remigii* (auct. Fortunato, ib. p. 128). B. Remigii antistitis — auxilio redemptoris. 72. *Vedasti* (ab Alcuino emendata, ohne bie Vorrebe. Acta SS. Febr. I, 795). Postquam Deus — pervenerit. Archiv III, 534. *Omelia in die nat. S. V. dicenda ad populum.* Gaudete — mereamur. 86'. *Germani.* Cunctorum veneranda — ruinas quasi (unvollenbet).
f. 93. *Liber S. Marie in Furstenvelt.*
Istum librum et prediolum in Smidheim apat Snaitse dedit Hermannus abbas de Altah inferiori et conventus suus domino Aenshelmo primo abbati in Varstenveld et fratribus eiusdem ecclesie ord. Cyst. a. D. 1263 ut legentes in ipso fundant orationes ad Dominum pro eisdem.

II. f. 95. *Passio S. Kyliani et sociorum eius.* Sanctorum — curabimus. Canis. ed. Basn. III, 174. f. 109.
V. S. Burcharthi. Terrenarum — letetur. ibid. p. 5.
f. 115'. *Passio SS. Theonesti, Albani, Ursi, Tabram,
Tabratham.* Temporibus impiissimi regis Honorii —
sub Theodosio imp. augusto. f. 127'. *Afrae.* Apud Ri-
tias in civ. Augusta — die VII. Id. Aug. f. 141'.
Lamberti. Sı paganorum *etc.* Igitur S. L. — est
reddita. Am Ende: Liber S. M. in Furstenvelt quem
dedit nobis abbas Hermannus de Altach inferiori a.
1263. und darunter: Ego habui dono 28. Dec. 1554.

Hist. eccl. 145. jetzt 576. mb. q. s. X. V i t a e S a n c t o -
r u m. *Gesta sanctorum patrum Trevericae urbis pontificum Eucharii Valerii atque Materni.* Quamvis — lae-
tabitur wie Acta SS. Ian. II, 918. f. 13'. *V. S. Maximini auct Lupo.* f. 24. *V. S. Nicetii abb. et pont. edita
a b. Gregorio Turonorum antistite.* Si fides dictiṣ —
f. 32. presumat exsolvere. *Expl. V. S. Nicecii archi-
pontificis.* Est apud urbem Trevericam — receptus.
Sind Wunder S. Maximins. f. 33. *Revelatio corporis S. Stephani.* f. 40'. *Vita S. Severi ep. Ravennatis, Vincentiae et Innocentiae* vom Priester Liutolf, mit
ihrer Übertragung nach Mainz durch Erzb. Otgar. Acta
SS. Feb. I, 88. Dann die Passiones S. Pancratii, Luciae,
Vincentii, Albani (in England, wohl aus Beda) und Revelatio quemadmodum caput S. Ioh. Baptiste precursorîs-
que Domini de civitate Herodis Emissa sit delatum quod
est VI. Kal. Martii, unvollständig. Von anderer Hand
s. XIII. folgt V. S. L y b o r i i mit der Translatio, welche
SS. IV, 149 gedruckt ist, jedoch ohne Benutzung dieser
Handschrift. — f. 117'. s. XII. Passio SS. Virginum XI
milium.

Hist. eccl. 147. jetzt 580. früher Theol. Lat. 486 mb. oct.
s. XI. einst Ioan. Sambuci Tirnaviensis, enthält nach verschiedenen Isidorianis f. 151. *Chron. Augustini et Ieronimi.* In principio creavit — anno regni eius (Octavians)
42, ind. 4. Hierauf bleibt eine Seite frei; f. 158. beginnt: Anno D. 39. ind 12. Gaius Callicula regnavit
annis u. f. w. bis zum J. 275. uterentur. Am Anfang
stehen daneben in einer zweiten Columne die Namen der
Consuln. Dann folgt das Mon. SS. III, 211 hieraus ge-

druckte Verzeichniß der Kaiser und Langobardischen Für=
sten; vergl. Archiv X, 399.

f. 165'. *Inc. chronica S. Ysidori episcopi.* Prima aetas —
cognitum est. Die kleine Chronik Isidors, vergl. Arch. IV,
225. VII, 250.

f. 168'. *Inc. chronica Bedae presb.* Adam — Et inde
domnus Karolus regnum suscepit solus et regnavit.

f. 171. *Hi fuerunt reges Longobardorum.* Primus fuit
Angelmund u. f. w. SS. III, 217. Archiv X, 401. Zu=
letzt f. 178'. das ebenfalls SS. III, 217. gedruckte Stück
Initium — annos 52.

Hist. eccl. 148. jetzt 596. mb. in q. *De conv. Baw. et Carantanorum.* s. XI. Ein Blatt fehlt, und die ersten
6 Blätter sind s. XII. ergänzt. — f. 17'. *Inprimis responsio contra Grecorum heresim de fide sancte Trinitatis.* Omnis ecclesiastica disciplina — retinere studeat.
Haec est professio fidei episcoporum apud Wormatiacen-
sem civitatem. XVII. K. Jun. (868) in sinodali conventu
consistentium. quorum nomina sunt. Adalwinus archiepiscopus. Liutbertus archiepiscopus. Rimbertus archiepiscopus. Anno episcopus. Salomon episcopus. Gunzo
episcopus. Arno episcopus. Liutbertus episcopus. Wit-
garius episcopus. Ambrico episcopus. Otgarius episcopus. Gebahardus ep. Ratolfus ep. Ermenricus ep.
Hessi ep. Hildegrimus ep. Teodricus ep. Egibertus
ep. Erolfus ep. Liuthardus ep. Lantfridus ep. Theoto
abba. Adalgarius abba. Heito abba. Brunwardus abba.
Aschericus abba. Teotrocus abba. Egilbertus abba.
Erwähnt Lamb. I, 503. 555.

Angebunden f. 44' ff. s. XIII ex. *De S. Chunigundi* f.
Mon. SS. IV. p. 790.

Hist. eccl. 152. jetzt 602. mb. s. XII ex. ober XIII inc. in oct.
enthält die zweite Vita Altmanni.

f. 36. Die von Tengnagel edirte *Passio Tyemonis.*

f. 48'. *Vita Eberhardi* archiep. Salzb. bei Canis.
ed. Basn. III, 2, 408.

f. 63. *V. Berhtoldi* abb. Gaerstensis. Endlich die
Passio S. Thomae apostoli, Ceciliae virginis und Clementis papae.

Hist. eccl. 153. jetzt 3256*. früher Ambr. 273. ch. q. s. XVI.
Fundatio Mellicensis u. A. siehe Lamb. Comm. II,
803. Kollar Anal. I, 841. Mon. SS. IV, 674.

Hist. eccl. 160. jetzt 7436. früher Ambr. 270. ch. oct. Abschriften des 16ten oder 17ten Jahrhunderts, beschrieben Lamb. II, 791. *V. S. Remigii Rotomagensis*, hieraus bei Kollar Anal. I, 934; *V. Claudii archiep. Vesontini; Genealogia S. Arnulfi* f. Archiv III, 667 und SS. II, 305 n. 2; *V. S. Clodulfi* f. Arch. III, 557; Ercerpte *ex cronica Camerac.* auf 3½ großgeschriebenen Seiten. Post Bertoaldum successit b. Ablebertus *etc.* Dann *V. S. Sylvini ep. Morinensis* und *S. Firmini.*

Hist. eccl. 161. jetzt 632. mb. s. XII. q. gehörte ehemals D. Ioh. Dorstayner canon. S. Magni in Regensburg. Catal. und Gesta pontif. Romanorum bis Vitalianus; das Folgende ist abgerissen und durch eine Hand des 14ten Jahrh. bis Gregor IX. kurz fortgesetzt. *Pertz.* Vergl. Archiv III, 699.

Hist. eccl. 166. jetzt 3012. früher Ambr. 275. Vom heiligen Berg zu Andechs. Lamb. Comm. II, 807. Hoffmann p. 217.

Hist. prof. 1. jetzt 325. Chmel I. 717. mb. fol. max. s. XV. vel XVI. *Chronicon universale Iohannis de Vico Duacensis* (de Duaco opido Flandrensis Attrebatensis dyocesis) wie er sich selbst in der Vorrede bezeichnet. Mit vielen Bildern, Stammtafeln u. f. w. Enthält auch Chronologie, Geographie u. a. m. Fängt an Notum sit cum homo ceteris animantibus und geht bis auf Maximilian und dessen Sohn Philipp, dem es dedicirt zu seyn scheint.

Hist. prof. 7. 8. jetzt 8614'. 8613. *Io. Iac. Fugger Historia Austrica.* Hieraus herausgegeben von Sigismund von Birken, Norib. 1668. Kollar Anal. I, 825.

Hist. prof. 10. jetzt 328. mb. s. XV. fol. beschrieben von Chmel I, 718. Der Inhalt stimmt vollkommen überein mit Rec. 713. von fol. 10. bis zu Ende der Salzburger Annalen. Nur sind hier die Jahre 1284 — 1286 neu und eigenthümlich; dann folgen 1285 — 1327 wie in jener Handschrift, von 1305 an von anderer Hand. f. 69. von anderer Hand die Chronik von S. Magnus in Regensburg: Cum bona imperii — requiem sempiternam, von 1273 — 1419. und f. 92 von derselben Hand die Fortsetzung bis 1438. Licet cronicis — nomine Ernestum. — Die weitere Beschreibung f. bei Chmel a. a. O.

Hist. prof. 27. **Ambr.** 381. jetzt 9234. Die Bairische Chronik des Priors Veit von Ebersberg; s. **Fabricius** s. v.

Hist. prof. 52. jetzt 340. groß fol. in 2 Columnen. Lambec. I, 663. **Ann. Garstenses. Rauch SS. I, 3 — 40.** Vier Blätter, welche wohl der Rest eines größeren Bandes sind; vielleicht fehlt auch am Ende etwas. Geschrieben 1181, sind sie bis dahin nur eine Form älterer Admunter Annalen, deren Anfang mit den Melker Annalen bis 1139 verschmolzen ist. Eine sehr ähnliche Handschrift in Vorau läßt den Verlust des Anfanges bis 953 verschmerzen. Die Fortsetzung bis 1189, von verschiedenen Händen geschrieben, zeigt noch nahe Verwandtschaft mit den Admunter und Kremsmünsterer Annalen; dann sind die Jahre 1190. 1192 — 1196. 1198. aus den Melker Annalen entnommen, 1196. 1199 — 1207. aus denen von Admunt excerpirt; 1207 — 1213 wieder Copie der Melker. Das Folgende ist aber, wenn auch vielleicht aus andern Quellen entnommen, doch nur hier erhalten und von bedeutendem Werthe. Von 1214 bis 1221 bleibt dieselbe Hand, dann nach mehrfachem Wechsel wieder eine von 1230 — 1239, eine andere von 1241 bis 1249; die letzte von 1250 — 1256. Wohl zu unterscheiden sind aber die Zusätze, welche eine Hand des 14ten Jahrhunderts aus den Melker Annalen dazu gethan hat, wie z. B. 1232 — 1236.

Hist. prof. 55. früher hist. Lat. 79. jetzt 343. mb. f. s. XIV. **Lamb. II, 757. Martinus Polonus** erster Ausgabe. Die Kaiser und Päpste sind vermischt. Ende der Päpste: Clem. IV. nat. Gallicus vel Prov. de v. S. Egidii — per regem Karolum decollantur und der Kaiser: pro farina uterentur.

Hist. prof. 71. jetzt 2782. früher Ambr. 320. Enenkel u. a. **Lamb. II, 874. Hoffmann** p. 114.

Hist. prof. 72. jetzt 364. früher hist. Lat. 405. erwähnt bei Lamb. I, 510. 511. 574. 575. 578. II, 758. beschrieben von Chmel I, 725. mb. fol. s. XIV. *Liber S. Marie v. in Newnburga claustrali.* Unter den Versen f. 17'. finden sich folgende (vergl. Arch. VII, 212):

Versus quos scripsit Fridricus imperator domino apostolico.
Fata canunt stelleque volunt aviumque volatus
Quod Fridericus ego malleus orbis ero.

Roma diu titubans variis erroribus acta
  Corruet in (lies et) mundi desinet esse caput.
Versus quos scripsit ei dominus papa.
Nil fatum nil stella potest aviumque volatus.
  Solus ab eterno corrigit ista Deus.
Roma diu iam firma ruet si quando placebit
  Illi qui longo tempore stare dedit.
At (tu fehlt) quem misere gentilis decipit error
  Parce creatori fundere probra tuo.

Der Aufſatz de sex aetatibus mundi f. 26′, 1¼ Seite, enthält nichts Geſchichtliches.

f. 29. **Martinus Polonus** ed. I. bis auf Clemens IV. Päpſte und Kaiſer ſind vermengt. Ende: pro farina uterentur und per Karolum decollantur.

f. 79. *Annales Claustroneoburgenses von 1 bis 1310, hiernach von 953 an gedruckt bei Rauch I, 45. Bis 1267 findet ein Zuſammenhang mit anderen Formen dieſer An⸗ nalen Statt, die hier zuſammengemiſcht ſind, ſo daß oft daſſelbe Ereigniß mehrfach erzählt wird; doch iſt ſchon hierunter viel Eigenthümliches, und von 1268 — 1283 ſind ſie ganz unabhängig; locale Beziehungen finden ſich darin nur auf die Paſſauer Diöceſe. Bis 1275 iſt alles fort⸗ laufend geſchrieben, dann ſind die einzelnen Jahre abge⸗ ſetzt. Das Ende ſtimmt ganz überein mit dem Chron. Florianense bei Rauch I, 215 — 232.

f. 124. folgen von derſelben Hand *die Jahre 1285 — 1327 aus dem Chron. **Salisburgense**, womit ein neues Blatt beginnt. Auf f. 141′. iſt 1323 (ohne Begebenheit) und der Anfang von 1324 ausradirt, und dafür hier und auf 2 eingeklebten Blättern Verſe über den h. Leopold und ſeine Wunder geſchrieben, von derſelben oder ſehr ähnlicher Hand; dazwiſchen ſteht das Jahr 1324 wie im Chron. Salisburgense. Auf die folgenden Blätter ſind nun noch die Jahreszahlen bis 1362 geſchrieben, und dazu von verſchiedenen Händen des 14ten Jahrh. die Notizen eingetragen, welche bei Rauch I, 122 — 126 abgedruckt ſind.

f. 164. *Cronica pii marchionis fundatoris nostri. A. D. 1114. incepta est fundari *etc.* Zuſammenſtellung alles deſſen, was ſich auf denſelben und ſeine Nachkommen be⸗ zieht, aus der Generatio Liupoldi, welche den Anfang des

Chron. Florianense bildet, den Klosterneuburger Annalen
1114. 1143. 1174. und 1175. 1177. 1178. mit bedeutenden
sonst unbekannten Zusätzen; 1139 aus Otto von Freising;
1191 — 1193. 1197. 1200. 1203. 1207. 1210. 1212.
aus dem Neuberger Coder der Admunter Annalen (Rec.
3167A); 1225. 1226. 1230. 1232. 1233. 1235—1239.
1241 — 1243. 1246. 1273 — 1277. aus den Salzburger Annalen, und der Rest stimmt wieder ganz mit
dem Chron. Florianense überein.

f. 176′ von einer spätern Hand s. XV. eingetragen *Duces Bohemie* bis 1420.

f. 177. *Die Reimchronik bei Rauch I, 129 — 156.

f. 184. Chronik der Kaiser und Päpste bis 1243;
f. Chmel.

f. 201. von anderer Hand und kleinerer Schrift die Chro-
nik bis 1261, welche beginnt In nomine domini nostri
Iesu Christi, in hac compilatione *etc.* und den ersten
Theil des Chron. S. Aegidii bei Leibniz bildet. Vergl.
Archiv III, 17. Sie findet sich außerdem in hist. prof.
478. 844. cod. Univ. Prag. IV. H. 25; VIII. B. 11. cod.
Mellicensis R. 3. und im cod. Matseensis.

Hist. prof. 81. jetzt 382 mb. fol. s. XII. Summa Honorii
nach einer Überschrift saec. XIII. In vinea Domini —
Artabasdus intulit bellum Constantino et superatur. Am
Ende unvollständig.

Hist. prof. 82. jetzt 375. früher Hist. Lat. 453. *Ann. Cremifanenses, Rauch SS. I, 157. Der Anfang fehlt,
das erste ist XVIIII. Germanicus qui et Agrippa a Tybe-
rio missus Germanos vicit. Die erste sehr schöne feste
Hand geht bis 1142, in welchem Jahre die Handschrift
zuerst geschrieben ist; 1146. 1147. Die zweite hat schon
vorher Einiges eingetragen, dann 1143. 1144. 1152 —
1182, wie es scheint, fortlaufend geschrieben, zuletzt auch
die Reihe der Äbte seit 1122 eingetragen; die dritte
schrieb von 1183 (hier und bei den folgenden Jahren ist
Früheres ausradirt) bis 1197, nur 1187 — 1189 ist von
anderer Hand. Außerdem aber finden sich durchweg Zusätze vom Ende des 13ten oder Anfange des 14ten Jahrhunderts. Es lassen sich einige verschiedene Hände unterscheiden, die Hauptmasse ist indessen von einem Verfasser,
der nur bald flüchtig, bald sorgfältiger schrieb, und nicht
verschieden zu seyn scheint von dem Urheber der ähnlichen

Gloſſen zum Cod. hist. prof. 990. Adrian Rauch SS. II, 336 hält ihn für Sigimar, Kellermeiſter in Kremsmünſter unter Abt Friedrich I. Dieſe Zuſätze bilden in der neuen Aus= gabe das Auctarium Cremifanense, der Anfang bis 1139 dient als Handſchrift der Ann. Mellicenses, das Übrige bildet die Continuatio Cremifanensis.

Hist. prof. 83. jetzt 373. ſ. Chmel I, 731; enthält vorne 7 Blät= ter der *Annales Lambacenses, Rauch I, 465; nur der Anfang iſt verloren, aber durch die gute Abſchrift h. p. 451 erſetzt. Bis 1197 ſind ſie als Abſchrift der Ann. Cremifanenses mit einigen Zuſätzen zu betrachten; die folgende Fortſetzung iſt ſelbſtändig, bald mehrere Jahre, bald nur ein kleiner Satz von derſelben Hand. Nach dem Endjahr 1283 folgen noch 2 kleine Notizen von 1334 und 1348.

II, f. 8. iſt falſch eingeheftet, mit dem Rande nach innen. Es war früher das letzte Blatt eines XXIV. Quaternio und enthält von einer Hand s. XIV. in. das Ende von ausführlichen *Annalen, die ein Minorit in Thüringen geſchrieben zu haben ſcheint, 1257 — 1264. Bei letzterem Jahr ſpricht er im Präſens. Die andere Seite enthält von anderer Hand den *Anfang der Geſchichte der Jahre 1264 — 1279, welche in h. p. 668 vollſtändig erhalten iſt; hier nur bis 1267.

Bei IV, saec. XII. ſteht am Rande: Hoc ad regem dixit quando communicavit. Audi ó rex. Hoc corpus domi- nicum natum de virgine. passum in cruce sicut tenet sancta catholica ecclesia. sit tibi ad confirmationem verę inter nos pacis et amicicię.

Hec est abrenuntiatio qua papatum refutavit qui iniuste rapuit.

Ego Monoegealdus abrenuntio omni errori. maxime quem in apostolicam sedem presumpsi. et promitto fidem et oboedientiam deo digno et catholico papę Paschali ·.·

Alſo die Entſagung Mangolds (Silveſters IV).

Hist. prof. 84. früher Hist. Lat. 68. jetzt 384. Lamb. II, 755. mb. f. s. XV. Vorne iſt das Wappen des Ioannes Pernschwam de Hradiczin. — M a r t i n u s P o l o n u s. *Cronica de summis pontificibus et imperatoribus ex diversis gestis ipsorum per fratrem Martinum compilata.* Quoniam scire — ad Greg. X — procedere. Dann das Verzeichniß der Kardinäle und Conpilavi — sanctorum;

worauf die Päpſte auf einer, die Kaiſer auf der andern
Seite beginnen; am Rande ſind je 50 Jahreszahlen. Die
Kaiſer endigen in Constantino VI. *De imperio vacante.*
Romanum — defunctus. Die Päpſte Gregorius nat. Lom-
bardus de civ. Placentia, worauf von anderer Hand folgt
sedit a. D. 1272 ab electione u. ſ. w. bis zum Tode
Clemens V subtiliter intuenti.

f. 32 folgt, ohne Zuſammenhang mit dem erſten Theil der
Handſchrift, Tractatus de translatione imperii editus a
magistro **Marsilio de Padua** continens cap. 12.
Geſchrieben 1408. Darunter ein Stempel M. Iodocus
Nass Anno 1564. Am Ende Urbans VI Bulle über die
Reduction des Jubileums auf 33 Jahre.

Hist. prof. 95. jetzt 380. früher Hist. Lat. 50. mb. fol. s. XIII,
iſt der im Archiv VII, 590 irrthümlich h. p. 600. bezeich=
nete; beſchrieben bei Chmel I, 734. Am Anfang, in der
Mitte und am Ende ſteht: *Iste liber est S. Margarete
in Osterhoven scriptus sub domino Ulrico abbate huius
loci.* Auf Gotfrieds von Viterbo **Pantheon** Part. XVII.
folgt *Cronica modernorum post tempora Hainrici VI,* die
*Annales Osterho.venses Rauch I, 491 — 544,
vergl. Böhmers Fontes II, LV und 554 — 569. Später
s. XIV. hat aber jemand auch den *Anfang dieſer Annalen
bemerkenswerth gefunden, und am Rande des Gotfried, des
Raumes wegen auch neben der Cronica modernorum eingetragen. In ſeinem Eifer ſchrieb er auch den Anfang
der Cronica modernorum noch einmal, welcher dann aus=
radirt iſt, aber die Übereinſtimmung iſt noch zu erkennen.
Die Cronica modernorum iſt von anderer Hand geſchrieben, und auch hier wieder Zuſätze am Rande; 1285 beginnt eine andere Hand, 1296 wieder, bis 1313. Das
Folgende iſt von ſpätern Händen, zum Theil vielleicht
gleichzeitig. — Dann das Ende des Pantheon. f. 206.
*Catalogus apostolicorum et imperatorum et primum de
domino nostro Iesu Christo.* Dominus — Innocentius III
subrogatur qui sedit sub eodem imperatore anno uno et
dimidio. *Hucusque Gotfridus Viterbiensis distinctionem
temporum deduxit.* Phylippo primo anno regni sui Wa-
benberch interfecto, bis auf Heinrich VII. Eine Seite.
Dann Verz. der Kaiſer und Päpſte, ſich gegenüber geſtellt,
noch zum Pantheon gehörend, und fortgeführt bis auf
Clemens V, Urban V, und Heinrich VII, Karl.

31*

Zuletzt 'Catalogi archiep. Salzburg. ep. Patav. Babenberg. abb. Osterhov. ducum Bawarie. Rauch I, 540—544.

Hist. prof. 109. früher Hist. Lat. 66. jetzt 390. Lamb. II, 751. mb. f. s. XV. manu Itala. *Iste liber est monasterii b. M. v. sanctique Thome ap. can. reg. in Voröv.* Martinus Polonus ed. II. Päpſte und Kaiſer ſich gegenüber, je 50 Jahre auf der Seite. Geht nach der Vorrede bis auf Johann XXI, im Text ſteht noch Nicholaus III n. Rom. a. D. 1277 sedit annis. Kaiſer endigen Constantino VI.

Hist. prof. 128. jetzt 7692. ch. s. XVI. beſchrieben bei Chmel I, 667.

f. 137. *Ezelini domini Veron. Patavinorum tyranni hystoria* iſt ſehr beſchädigt und ſchwer zu leſen. Actiolinus secundum Italos, secundum Germanos Ezelinus vocatus, dictus de Romano, quem Fridericus II cesar rex Ierusalem et utriusque Sicilie ac dux Suevie sibi socium — Martinus Turrianus victorem exercitum et preda opulentum Mediolanum reduxit tuncque preclarus et potens habitus est. Princeps autem inter socios omnium consensu Martinus declaratur etc.

Hist. prof. 178. jetzt 400. früher Hist. Lat. 47. Legat des Biſchofs Joh. Faber, s. XIII. Enthält die oft vorkommenden *Versus de nummo*, f. 1. *Prophetia S. Methodii.* f. 9. Victor Vitensis. f. 40'. *Einhardi Vita Karoli* (SS. II, 439). f. 51. *Chron. Liutprandi* (SS. III, 271).

Hist. prof. 196. jetzt 402. olim Hist. Lat. s. n. Lamb. II, 758. Chmel I, 696. mb. fol. s. XV. manu Itala. Martinus Polonus ed. I. Päpſte und Kaiſer ſich gegenüber, je 50 Jahre auf der Seite. Der Verf. nennt ſich de regno Boemie oriundus patria Oppaviensis. Endigt bei Clemens IV nacione Provincialis — decollantur. §. Hic papa cum magna — certificando über die Kanoniſation der h. Hedwig. Kaiſer: Constantino VI. Romanum — est defunctus.

Hist. prof. 227. Zur Geſchichte der Streitigkeiten zwiſchen Friedrich IV, Albrecht und den Öſterreichiſchen Ständen; Aktenſtücke, darunter auch kurze Annalen 1368—1482. Iſt jetzt im Archiv, Oesterr. 15. Loc. 104.

Hist. prof. 229. jetzt 9099. chart. fol. enthält die Erzählung von der Ermordung des Grafen Florenz von Holland

s. XVII. und von älterer Hand, wohl s. XVI. **'Anna-
len 814 — 1288.** mit der Beischrift **Maurismonster.**
Das Bedeutendste darin betrifft die Fehde Walthers von
Geroldseck mit den Straßburgern. Chmel II, 20.

Hist. prof. 230. jetzt 57. s. XIII. *Historia miscella, Gesta
Francorum* f. Archiv V, 115, *Gesta Theoderici regis;* f.
Endlicher p. 305.

· Hist. prof. 231. 232. zusammengebunden als n. 9017. ch.
fol. s. XVI. Chmel I, 697; 231 sind die **Flores
temporum**; 232, früher hist. Lat. 439, von etwas älterer Hand, **Chron. Ottonis Frisingensis 1106 —
1158.** — VII, 11 ist bezeichnet als Cap. 1. Quae omnia — perveniretur. fehlen. MCVI. Hucusque protracta
sunt ea quae ex Orosii ac Eusebii et aliorum qui post
scripserunt libris posita reperiuntnr; et sequitur Chronica domni Ottonis Frisingensis. — 15 und 16 bilden
Cap. 5; 17. 18. Cap. 6; 21 fehlt; 22, 23, der letzte
Satz von 24, 25 und 27 ohne den letzten Satz bilden
Cap. 9. — 29 und 30 fehlen, 32 und 33 sind Cap. 12,
Cap. 13 das erste des Appendix p. 197; 14 = App. 2,
wo der zweite Absatz fehlt; 21 = App. 9 und 10. In
Cap. 22 = App. 11. bricht die defecte und sehr fehler-
hafte Abschrift ab.

Hist. prof. 233. jetzt 403. mb. fol. s. XV exeuntis. **Ottonis
Fris. Gesta Friderici.** Chmel I, 698.

Hist. prof. 242. jetzt 3320. olim hist. Lat. s. n. Lamb. II,
753. Chmel I, 701. ch. fol. s. XV. **Martinus Polonus** ed. II, nach der Vorrede bis auf Johann XXI.
Kaiser und Päpste gemischt. Nach Constantino VI. folgt:
Item descriptio summorum pontificum. A. d. n. I. C.
1182 Urbanus III — (Ioh. XXI) diebus 7. Romanum
imperium — est defunctus Iuxta Triponam in domo fratrum ord. S. M. de monte Carmeli et in eodem portu
multe naves u. f. w. Eine Italien und besonders Verona
betreffende Fortsetzung bis 1277. Dann Päpste: Alexander IV papa 185 n. Campanus — (Greg. X) Cessavit
papatus die 10. Rodulfus genere Alemanie — Alberti
de la Scala. Dann Innocenz V. bis Nikol. IV. Adul-
fus genere Alam. — in regno. Celestinus V — (Bonif. VIII)
Pronunciatum fuit a Celestino predecessore suo: Intrabit
ut vulpis. regnabit ut leo. morietur ut canis. Adalbertus

dux Austrie — dioc. Tridentine. Bened. XI. — (Ioh. XXII)
obiit 1334 die 4 Octobris. Cess. papatus. Henricus VI
imp. 94 comes de Lucemburch — potentiam. Ludovi-
cus dux Bavarie — ivit ad curiam. Bened. XII. Clem. VI.
Carulus imp. 196. et rex Boemie — ubi quasi omnes
maiores de Columna ferro perierunt. Innoc. VI —
Greg. XII. dictus est Alexander V. Imperator quidam
Bavarus ellectus in imperatorem descendit cum magno
exercitu in territorium Brixiense de 1401 ut ducem Mediolani — missus Venetiis. Alex. V bis Sixtus IV —
Augusti 1471. Dieſe Fortſetzung iſt ziemlich ausführlich.

Hist. prof. 279. jetzt 3121. ch. f. XV. beſchrieben Lamb. II,
827. Chmel II, 12. Unter vielen **B r i e f e n** u. a. Stücken
s. XIV. XV. findet ſich f. 57. *Littera per imperatorem
Federicum Bononiensibus destinata pro relaxatione regis
Entii eius filii per dictos Bononienses capti, edita per
Petrum de Vineis summum oratorem ipsius imperatoris
cancellarium.* Varios — eternum (Ep. II, 34). *Responsiva.* Exurgat Deus et — aper. D. Bon. (auch in der
Pariſer Handſ. 8566).

f. 95'. *Litera composita per Petrum de Vineis cancellarium imperatoris Federici transmissa gubernatori Neapolis, hortando eum ut iustitiam faceret et non dimitte-
ret scelera inpunita.* Inpunitas — revolvatur. (Cod.
Wilher. 6). Darauf folgt ein *Ermahnungsſchreiben der
Florentiner an die Bologneſer, welche der Comes Virtutum
befehden wollte, mit Beziehung auf ihre Standhaftigkeit
gegen König Enzio, vom 3. Mai 1390. „Fratres caris-
simi *etc.* Ferner von anderer Hand die Correſpondenz zwiſchen Hahn und Fuchs, Haupts Altd. Bl. **I, 3.**

Hist. prof. 330. jetzt 8219. ch. fol. s. XVII. Chmel II, 17.
enthält f. 54. *Fragmentum Annalium a. 1267 — 1280.
von Tengnagels Hand, welches einer der zahlreichen Formen **K l o ſ t e r n e u b u r g e r** Annalen angehört. f. 56.
B u r c h a r d i notarii epistola de excidio Mediolanensium.

Hist. prof. 338. jetzt 427. mb. s. XII. Ex libris Io. Fabri. beſchrieben Chmel II, 77. Roberts Historia Hierosolimitana
und Briefe der Kreuzfahrer, dann
f. 42. *Ann. M e l l i c e n s e s s. XII. Die alte Hand hört aber
am Ende der vordern Seite von f. 45 bei 166 auf; über

die zweite (auf Papier) sagt eine alte Beischrift: **Sequentia sunt manu Cuspiniani exarata.** Auch diese hört aber schon 1158 auf. Der Text gehört zu der zweiten Form (B) der Melker Annalen, und steht **Univ. 843** am nächsten.

f. 72. **Chron. Ysidori**, am Schluß mit einem *Verz. der Fränk. Könige und Kaiser bis auf **Heinrich III.** und von anderer Hand bis **Konrad III.**

Auf die **Hist. miscella** und **Honorii Imago mundi** folgt **Einharbs Vita Karoli** f. Mon. SS. II, 438. und **Liutprand** ib. III, 271.

Hist. prof. 391. ist jetzt im Archiv **Oesterr. 172.**

Hist. prof. 443. jetzt **2908.** Österreichische Geschichte 1454 — 1467. aus einer andern Handschrift herausgegeben von Senkenberg **Selecta iuris V.** Vergl. **Lamb. I, 665.** Hoffmann p. 213.

Hist. prof. 451. jetzt **3415.** ch. fol. s. XV. beschrieben bei Chmel II, 205. Auf *Honorii Summa folgt dessen Werk **de luminaribus ecclesiae;** dann f. 140. *Ann. Lambacenses, Abschrift von h. p. 83. und für den dort fehlenden Anfang von 1126 — 1176 die einzige Handschrift. Die Überschrift lautet: **Quedam cronica brevis.**

Hist. prof. 452. jetzt **3416.** ch. fol. s. XV. Die berühmte, einst dem Dr. Joh. Fuchsmagen gehörige Handschrift, welche den in Kollars Analekten abgedruckten Römischen Kalender, nebst Consularfasten, ferner den liber regionarius urbis Romae (für den diese H. S. sehr mit Unrecht noch nicht benutzt ist), dann von ganz anderer Hand Kadlubek und Iord. hist. Getica enthält. • Beschrieben bei Chmel II, 206.

Hist. prof. 477. jetzt **3126.** *Prosper, Iordanis hist. Getica, Gesta Francorum* (Archiv III, 471. V, 112. 126.), *Einhardi Vita Karoli* (SS. II, 438), *Hist. Apollonii Tyrii* und *Pauli hist. Langobardorum* (Arch. III, 629), f. Endlicher p. 277. Nach Arch. V, 668. VII, 340. Abschrift der Florentiner Handschrift Cod. 35. Plut. 65. saec. XI.

Hist. prof. 478. jetzt **436.** mb. fol. s. XIV. Chmel II, 427. *Incipit Cronica Francorum et est domini Falconis.* Ist das von Leibniz als Chron. S. Aegidii herausgegebene

Werk bis 1261 wie in h. p. 72. Die Fortsetzung beginnt
auch hier: *De rege Tartharorum.* A. D. 1262 rex Tartharorum misit nuncios und geht bis zum Tode Gregors X
— a. D. 1276. worauf noch einige Notizen über Concilien folgen.

Hist. prof. 479. jetzt 3375. früher Hist. Lat. 131. ch. s. XV.
26 Blätter, am Anfang unvollständig. Chron. Erfor-
diense, welches schon Lambecius herausgeben wollte,
Comm. I, 511. 578. fängt an: elatus factus est de pecunia illa — Egiptus habuit. Anno ab U. C. 725 —
sic appellari *De nativitate Domini.* Eodem igitur tempore — A. D. 38. Saxones a Macedonia venientes Thu-
ringiam intraverunt et Thuringos expulerunt *etc. Sequitur de orto Francorum.* Francorum generis exordia de
antiqua Troyanorum — A. D. 452. Merwico Clodii filius
regnavit in Francia annis 10. *De origine Saxonum.*
Super origine Saxonum opinio — A. D. 776 Saxones
christiani effecti sunt. *De origine Longobardorum.*
Porro de origine — principium faciat. *Sequitur de
ortu Thuringorum.* Nemrot primus rex — subpeditavit.
De ortu comitum provincialium in Thuringia. Anno vero
ab i. D. 1015 Conradus — de quo omnes de Honsteyn
sunt progeniti. *De morte palatini.* A. D. 1062 Ludewicus — pecudum. *De primo lantgravio Thuringie.*
A. D. 1130 — cladis. u. s. w. bis 1327. hereticum con-
dempnavit. über Ludwigs des Baiern Gegenpapst. Dann
noch kurze Annalen. A. D. 250 cepit monasticus ordo —
1310 moniales extra portam Krampfendor residentes
transposite sunt extra valvam inublurali (? es ist das
Brühler Thor) quibus fratres margravi (? Serviten) suc-
cesserant. Sufficere iam credimus — nequaquam propria
deliberacione et presumpcione sed consilio et assensu
prelatorum meorum.

Hist. prof. 483. jetzt 3414. früher Hist. Lat. 507. Lamb. II,
748. Chmel II, 428. Martinus Polonus ohne die
alte Geschichte, aber mit papissa. Er nennt sich de regno
Boemie oriundus patria Oppaviensi, und gibt ad Honor. IV.
als Endpunkt an. Nach passionibus sanctorum folgen die
Päpste bis (Honor. IV) iuxta sepulcrum Nicolai III sepelitur. *Expliciunt cronice Martiniane a. D. 1457 feria 3
ante festum S. Scolastice virginis.*

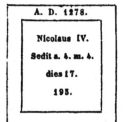

Nicolaus IV nacione de Esculo civitate Marthianus episcopus Penestrinus ordinis fratrum minorum — annis duobus..

Hucusque frater minor Cronicam que Flores temporum dicitur perduxit.

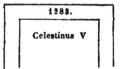

Celestinus V ante dictus Petrus de Marona u. ſ. w. ausführlich bis auf Eugen IV. A. 1430. Item eodem anno 3 die Marcii Gabriel episcopus Senensis card. tit. S. Marci Transtyberim nac. Venetus eligitur et 12. die mensis eiusdem coronatus Eug. IV. nominatur. Item eodem anno in congregacione principum Nürnberge casus quidam de violenta manuum inieccione — Item eodem anno 1431. 26. die mensis u. ſ. w. ſ. Chmel.

f. 49. Die Kaiſer bis f. 72' (K. Eduard) sanus factus ad propria cum gaudio remeavit. *Expl. de imperatoribus. Illud sequens non continuatur ad precedencia.* A. D. 1246 Frid. dux Austrie occiditur. A. D. 1260 ibant homines facie. violenta et percuciebant se flagellis nudos utriusque sexus. A. D. 1274 Gregorius papa u. ſ. w. 1 Columne bis zur Einnahme von Akkon 1291. Dann

A. D. 1273 Cum bona imperii u. ſ. w. Die Chronik von S. Magnus wie h. p. 10.

Hist. prof. 484. jetzt 3409. ch. fol. s. XV. Alberti monachi Sigebergensis Cronica pontificum et imperatorum bis 1454. Lamb. II, 766. Chmel I, 737.

Hist. prof. 497. jetzt 3422, aus Fürſtenzell. Lamb. I, 512. 578. Chmel II, 493. Dieſe Handſchrift, vielleicht noch s. XIV, und hist. prof. 536. s. XV. enthalten zuerſt Kloſterneuburger Annalen, nämlich einen Auszug von Sal. 416, vermuthlich nach einer beſchädigten Copie, denn es fehlen

große Stücke, von denen h. p. 536 einen Theil am Ende
in großer Verwirrung nachliefert. Bis 1260 fast ganz
übereinstimmend mit Pez SS. I, 974, sind diese doch noch
viel mehr abgekürzt, und nur ein werthloser Auszug.
In 497 fehlen Blätter mit den Jahren 1300 — 1327.
Dann folgt die Memoria ducum defunctorum, der Streit
bei Müldorf, und die Zwettler Annalen, alles nach der
viel schlechteren Handschrift h. p. 536 abgedruckt bei Rauch II,
309 — 334. Diese *Zwettler Annalen sind von 1323
bis 1348 ein sehr fehlerhafter Auszug aus denen bei Pez
SS. I, 527 — 542, haben jedoch auch Eigenes; das Fol=
gende bis 1362. 1386. ist ihnen eigenthümlich.

Hist. prof. 536. jetzt 3412. früher 454. ch. q. s. XV.
Lamb. I, 512. 578. Chmel I, 562. Enthält 1) Historia
Troiana von Guido de Columpna, 2) die eben beschriebe=
nen Annalen. Der Text ist viel schlechter, als in h. p. 497,
jedoch nicht daraus abgeschrieben.

Hist. prof. 569. jetzt 9798. ch. fol. s. XVII. *Querimonia
Friderici II imp.* etc. ist Petrus de Vinea I, 1 — 33.
Jeder Brief ist wie im Druck als Kapitel bezeichnet.

Hist. prof. 577. jetzt 2685. mb. q. s. XIV. Kaiserchronik
bis auf Friedrich II. Hoffmann p. 11. Bei Maßmann
cod. W.

Hist. prof. 589. jetzt 2917. ch. fol. s. XV. *Ex libris Seb.
Tengnagelii.* Hoffmann p. 208. Sachsenchronik bis
1230. Ende: Und der Junng Kunig von Pehem prannd
das land zu Osterreich uncz an die Tŭnaw zuhannt
nach der hervart starb der alt Kunig van Pehem der
was genant Ottakher etc. Amen 1467.
f. 85. Österreichische Chronik. Wie lang das sei
das der erst mennsch in das land Osterreich kam u. s. w.
also am Anfang wohl ein Auszug aus der Hagenschen
Chronik. Schließt 1395 mit dem Tode Herzog Albrechts
und einer großen Lobrede auf ihn, deren Ende fehlt.

Hist. prof. 600. jetzt 451. mb. s. XII. enthält nach den
Ann. Fuld. von derselben Hand *Iordanis de regn. succ.
aber nur bis Murat. I. p. 234. arma viderunt. — Dann
nach kleinem Zwischenraum „(B)revem fieri clementia —
pacis accendet", mit der Unterschrift s. XVI. *Finis Ruffi
Sexti viri consularis.* Endlicher p. 286.

Hist. prof. 611. jetzt 460. mb. fol. s. XV. manu Itala.
Martinus Polonus. Der Anfang fehlt bis auf

Johann XIII. Romam reductus est et de persecutoribus
— misit. Dann folgt Otto II. Ende liber debeat inve-
niri. und Adrianus V Innocentii nepos — minorum.
Ioh. XXI nat. Yspanus Portugaliensis sedit m. 8.

Hist. prof. 620. jetzt 2918. s. XVI. ch. q. *Ex libris Seb.
Tengnagel.* Die Hagen'sche Chronik von Österreich und
Fragmente der Klosterneuburger Tafeln, in größter Verwirrung. Dazwischen steht f. 103 bis 107 ein Fragment,
worin sehr ausführlich über Maximilian und Anna
von der Bretagne berichtet wird.

Hist. prof. 621. jetzt 3446. chart. fol. s. XIV. Große
Weltchronik. *Hanc cronicam dedit ven. vir. d. Michael Gewchramer civis olim Wyennensis fratribus in
Maurbach ordinis Carthusiensis qui obiit a. D. 1403.*
Primum regnum Assiriorum — perveniret defectum. wie
h. p. 1035. Dann Beda, Honorius, Martinus,
mit einigen Zusätzen. Ende: veniens est defunctus.

Hist. prof. 630. jetzt 486. mb. fol. s. XII exeuntis. Ek-
kehardi Chron. universale, nur bis zur Hist. Francorum p. 115, 50. Enthält die Geschichte Alexanders.

Hist. prof. 631. jetzt 2692. früher Ambr. 262. mb. s. XV.
in q. Lamb. II, 779. Kaiserchronik. *Dicz ist dew
kronik wie manig chunig und kayser sey gewesen und
auch pabst zu Rome.* An dem anegeng beschuef Got
— Do ward er (Ludwig der Baier) pegraben dacz unser
frawen und er waz an dem reich 33 iar und 3 tag und
ist der dritt und hundertist von Augusto. — *Wie di
stat zu Villach von dem erpidem verdorben ist und di
lawt.* (Pauli conv. 1348). Enb:: daz man auch hewt an
dem tag wol sechen- mag etc. *Explicit hic codex lau-
detur omnipotens rex.*

Hist. prof. 638. jetzt 506. mb. s. XIV. kl. fol. *Hic liber a
Iodoco Welling regio fiscali michi Iohanni Fuchsmagen
iur. doct. dono dedit 13 die Octobris a. 1505. Wienne.*
Dann von Bischof Faber 1540 dem Collegium ap. S. Ni-
colaum geschenkt.
*Ann. Salzburgenses ab O. C. bis 1277, mit der
Series archiepiscoporum bis 1284; der Text ist etwas
besser, als in der sonst ganz übereinstimmenden Hand-
schrift Univ. 830.
Dann die *Reimchronik über das Schisma unter

Aler. III bis zur Hinrichtung Konradins: „Etas nostri temporis — patrocinata." Rauch I, 149.

Hist. prof. 645. jetzt 460'. mb. s. XII exeuntis. Ekkehards Chronik von dem Abschnitt de origine Francorum p. 115, 50 an bis p. 129, 25. Am Ende unvollständig. Archiv VII, 507. Gehört wohl zu h. p. 630.

Hist. prof. 649. jetzt 494. früher Ambr. 254. Lamb. II, 742. mb. q. s. XIV. mit der Inschrift:

> Muto liber dominum: domino ablegante priore
> Posthac Zimbriacis laetor inesse libris.

> L(aurentius) Moller I. U. D. faciebat 21. Aug. a. 72.

Martinus Polonus ed. II. nach der Vorrede ad Iohannem XXI. Bei den Kaisern folgt auf est defunctus: Soldanus — rediit. Rodulphus rex imperavit apud Theotonicos bis auf Heinrich VI (VII) secunda cometa in parte orientali sed minor quam alia videbatur. Päpste: Ioh. XXI. n. Yspanus de civ. Ulixbona a. D. 1276. sedit m. 8. et cess. m. 6. d. 7. Hic autem dictus Petrus — sepultus fuit. Nicol. III n. Rom. de domo Ursinorum — urbe fuerunt. Martinus IV. n. Gallicus — Maii sequentis. Honor. IV. n. Rom. u. s. w. bis auf Johann XXII. Hic papa canonizavit S. Thomam episcopum Erfordensem theologie et decretorum doctorem cuius meritis Deus multa miracula operatus est. Also ganz ähnlich wie die Basler Ausgabe, doch mit Abweichungen. Der Verf. scheint **Bernardus Guidonis** zu seyn, nach Archiv VII, 689; vergl. Hoh. fol. 7.

Hist. prof. 652. jetzt 203. saec. XI. **Iordanis** und das Fragment über die **Göttin Ciza.** Endlicher p. 285. Grimm Myth. I, 269. Archiv V, 673.

Hist. prof. 661. jetzt 509. mb. q. s. XIV. *Hunc libellum dedit monasterio S. Dorothee* (in Wien) *fundator eius.* — f. 1. *Annales Grussavienses 1230 — 1306. f. 1'. De dispositione domini nostri Iesu Christi. f. 2. De dispositione et vita inclite virginis Marie,* und dann unter der Aufschrift: *Item alia descriptio,* eine ganz kurze werthlose *Chronik* von Moses bis 1291. — f. 3. *Quot fuerunt demones in lapsu,* dann *Purchardi de monte Syon descriptio locorum terre sancte.* Canis. ed. Basn. IV, 6.

f. 25. *Cathalogus sive cronica omnium pontificum. imperatorum Romanorum. ubi anni et menses et dies*

eorum ponuntur et notabilia facta eorum distinguntur.
quis papa sub quo imperatore sedit. incipiens a Christo.
qui fuit primus et summus pontifex. et ab Octaviano im-
peratore augusto. qui eius tempore imperavit. et pertin-
gens usque ad Innocencium papam IV et ad Fridricum
imperatorem. Dominus noster — Innocencius IV nacione
de comitatu Ianue. sedit annis 11. mensibus   diebus   .
Hic congregavit concilium apud Lugdunum. ubi deposuit
Fridericum imperatorem. et composuit multas constituciones. post mortem vero Fridrici predicti recessit de Lugduno.
et mortuo Chunrado filio ipsius Fridrici intravit regnum
Apulie et occupavit eundem et mortuus fuit Neapoli.
Alexander nacione Anagninus. sedit a. 6. m. 5 et d. 5.
decessit Viterbii septimo die exeunte Maio. A. D. 1261.
vacavit ecclesia 3 mensibus et 3 diebus. § Octavianus augustus imperavit — post deposicionem vixit per 6 annos.

Hist. prof. 665. jeßt 507. Schw. V, 143. mb. q. s. XIII
incipientis enthält anfangs Bilder, die 12 Monate, Thiere
mit symbolischer Deutung, ein Alphabet von schönen Initialen, mit Ranken, Blättern, Thieren; darauf wieder einige Blätter mit Thieren, und 3 Blätter Rosetten und
andere architektonische Verzierungen.

f. 14. Inc. **mappa mundi.** Quid sit mundus. Mundus
est universitas — flumina ditis.

f. 16'. *Christianus ad solitarium quendam de ymagine*
mundi (Honorius). Dann allerlei Verse.
f. 45. Honorii philosophia mundi, lib. III—V, wie in der
Basler Ausgabe von 1544. 8. p. 110 ff.
f. 81. Chronik, zuerst *Honorius.* Non arbitror — Marcus euangelium scripsit. Dann abweichend. f. 89. *Inc.*
cronica Romanorum pontificum b. Damasi pape ad Ie-
ronimum presbiterum. Damasus papa u. s. w. geht in
einen Papstkatalog über, der ziemlich ausführlich ist
bis auf Nikolaus I, dann nur Regierungsdauer und einzelne Notizen bis auf Cölestin. Fortgesetzt 1197—1409.
f. 99'. Verzeichniß sämmtlicher Bisthümer, worin: Archie-
piscopatus Bremensis hos habet suffraganeos. Barduui-
censem Solesuicensem Raskerburgensem Michilburgensem
vel Zwirinensem Lubichensem Rigensem novum vel Li-
vensem. Vergl. Sal. 62.
f. 105. Verzeichniß der Kaiser. „Anno inc. verbi LVII°

Nero regnavit. Nero imperator u. f. w. Das Ende stimmt mit Honorius überein. 'Fortsetzung bis 1346.

f. 110'. Hugo de tribus rerum subsistentiis.

f. 148'. s. XIII. Ottokars von Steier Testament zu Gunsten Liupolds von Oesterreich. 1186 Aug. 17. Darnach steht noch von anderer Hand:

    In Runa

A. D. 1344. in die b. Marie Magdalene sub secunda missa terre motus factus est ex quo omnes tremefacti fuimus. quia pauci prius aliquit tale vidimus. ꭗquere supra unde oriatur. Und von anderer Hand ein Auszug aus der bei Rauch II, 313 gedruckten Memoria ducum Austrie.

Hist. prof. 668. jetzt 539. einst Hist. Lat. 409. mb. in oct. saec. XII ex. Lambec. I, 510. 575 enthält zuerst die Imago mundi: *Christianus ad solitarium quendam dei. m.* bis auf Konrad III. Bei der Stelle über die Indictionen steht auch hier 70 und 1120. Dann folgt ein Papst= katalog. *Hic est series pontificum Romanorum,* mit Regierungsdauer bis auf Silvester II, dann bloß Namen, nur zuletzt wieder Innoc. a. XIII. m. VIIII. d. XIX. Cele- stinus III m. V. d. IX. Lucius qui et Gerardus. Euge- nius. und von anderer Hand Adrianus IIII. und Alexan- der III.

f. 34'. 'Annalen, in zierlichster Schrift vom Ende des 12ten Jahrhunderts, die etwas abweichende Form der Melker Annalen, welche den Klosterneuburger zu Grunde liegt. Die letzten Jahre sind ausradirt, um diese Annalen mit den folgenden zusammen zu fügen, nämlich f. 63. saec. XIV. Klosterneuburger Annalen, 1104 — 1263, mit einer gemalten Initiale beginnend. Sie stimmen mit de- nen im Cod. Sal. 416 überein, und enthalten von zweiter Hand Zusätze, die Heiligenkreuz betreffen. f. 83' folgt von derselben Hand nach einem kleinen Absätze eine ausführ- liche Geschichte der Jahre 1264 — 1279, mit besonderer Vorliebe für Ottokar geschrieben. Hierauf bleiben 2 Blät- ter leer, dann folgen von derselben oder einer ähnlichen Hand die Jahre 1279 — 1301 der Klosterneuburger An- nalen, wie bei Pez. Von 1302 stand noch die erste Zeile, ist aber ausradirt, und es sind dann Heiligenkreuzer Annalen bis 1310 angefügt.

Diese Handschrift ist häufig ganz oder theilweise abgeschrieben und ercerpirt; ein Auszug ist nach einer Klosterneuburger Handschrift bei Pez als Chron. Vatzonis gedruckt. Es wird nämlich hier der erste Theil bis 1301 einem Vatzo, der letzte dem Fr. Nicolaus Vischel von Heiligenkreuz zugeschrieben.

Hist. prof. 672. jetzt 540. früher Hist. Lat. 155. mb. q. s. XIII. Beschrieben von Chmel I, 550. Enthält Chron. Ottonis Fris. cum contin. Ottonis de S. Blasio; s. Mon. SS. V, 265.

Hist. prof. 678. jetzt 543. früher Hist. Lat. 197. Die bekannte Handschrift s. XIII exeuntis mb. in q. welche das Rationarium Austrie et Styrie enthält. Am Schlusse stehen *bie bei Rauch II, 205 — 208 hieraus abgedruckten Urkunden nebst Reg. Frid. II 1085. — Vergl. Lamb. I, 509. Kollar Anal. I, 27. Chmel I, 569.

Hist. prof. 682. jetzt 561. früher Ambr. 253. mb. s. XIII. *Hugo Floriacensis*, erwähnt Lamb. II, 857. Archiv IV, 225; benutzt Mon. SS. XI.

Hist. prof. 686. früher Ambr. 391. jetzt 557. Lamb. II, 913. mb. s. XII in q. *Gesta Trevirorum*, s. Mon. SS. VIII, 126. Dann f. 46. Ascensus Barcoch servi venditi ad apicem soldanatus Egypti et Sirie qui postea appellatus fuit Beseid Barcoch Melech Eldahar, descriptus et editus per me Beltramum de Mignanellis de civitate Senarum provincie Tuscie in civitate Constancie Alamanie provincie Maguntine a. D. 1416 tempore sacri concilii generalis. und f. 67. Gesta amplissimi viri nomini Thomorlengh in partibus Sirie et Turchie ebenso.

f. 90. wieder s. XII. *De sex aetatibus mundi.* Archiv III, 477. Prima ergo aetas mundi continet annos iuxta Hebreos 1656. Der Schluß lautet f. 93':

4630. Constantinus filius Constantini superioris a. 18. Hic sextam synodum composuit.

4639. Iustinianus filius Constantini a. 2.

4659. Pippinus senior a. 27. Huius 22° anno Cotafredus dux mortuus est.

4686. Karolus a. 27. Huius a. 17. Beda presb. Anglorum obiit.

4696. Pippinus et Carlomannus a. 10 simul.

4713. Pippinus qui supra rex a. 17. Huius anno secundo Bonefacius martyr effectus est et 13° hibernus grandis et durus.

4717. Karlus et Carlomannus simul annis 4.

4762. Karlus qui supra annis 45. qui 30° anno imperator a papa Leone consecratur.

f. 94. *Catalogus SS. Romanorum pontificum* bis auf Paschalis II qui et Reginherus presb. card. ex titulo S. Clementis a. D. 1099 ordinatus.

f. 98. Eine kurze Kaiserchronik, in auffallendem Widerspruch mit den geschichtlichen Thatsachen, bis auf Heinrich V. Anfang: Scripturus Romanum imperium. Sie findet sich auch in den Zwettler Handschriften 95 und 255, und in der Admunter 735, wo auch das hier folgende Stück damit verbunden ist: *De cronicis Reginonis.* Chlodoveus rex Francorum — Heinricus V regnavit. Vergl. Sal. 227.

Hist. prof. 700. jetzt 3476. ch. oct. s. XV. „Prima etas. Incipit ab Adam u. s. w. Verzeichniß der Kaiser, Päpste, Beschreibung von Rom. Zuletzt Briefe über Johanna von Arc.

Hist. prof. 708. früher hist. Lat. 196. Lamb. Comm. I, 505. 560. Ist der jetzt im Archiv befindliche *Codex Hermanni Altahensis.* Reichssachen 9.

Hist. prof. 709. jetzt 2927. ch. s. XV. bezeichnet als Chron. Eberhardi archid. Ratisbon. ist eine am Anfang und Ende unvollständige deutsche Chronik von 577 — 1253. Anno 577. zugend die Sarsen mit Alboino in welsche land verhelgentent Galliam. Aber sy wurden von Mummulo ..... erschlagen und bemütigett u. s. w. Zuletzt Von Manfred. Diser Manfredus ist gewesen ain unnelicher sune k. F. von sinen heudel. wie er seinen vaiter und bruder getäit ist obenan gesayit. Und nach abgang u. s. w.

Hist. prof. 720. jetzt 3529. ch. q. s. XV. *Liber presbiterorum et clericorum de Wydenbach Colon. in quo habentur sequentes scil. Speculum stultorum sive Brunellus qui formam eorum gerit.*

f. 77. *Flos hystoriarum terre orientis* von Fr. Haytonus dominus Turchi consanguineus regis Armenie 1307 verfaßt.

f. 132. *Liber de quibusdam partibus ultramarinis et precipue de terra sancta compilatus per nobilem virum d. Guilhelmum Bolonie ad instanciam .... Thalayrandi Petragoricensis tit. S. Petri ad V. cardinalis.* f. 153' etwas über Erdbeben in Catalonien 1427.

f. 156. *Excerptum de itinerario d. Iohannis de Manda-villa.*

f. 192. *Item alius de locis sanctis editus a Theoderico.*

f. 208. *Libellus penarum (Benedicti de Pileo).* Volens tibi Iohanni vel Bartholomeo fratri meo partem passionum narrare quas in Almanie finibus passus sum, hoc opus-culum edidi quod a sua materia libellum penarum ap-pellari volo. Eine Reiſebeſchreibung durch Italien und allerhand Erlebniſſe in Deutſchland zur Zeit des Konſtan-zer Concils, in Proſa und Berſen. Den Cardinalis S. Angeli nennt er ſeinen singularissimus dominus.

f. 252. *Gamfredus magnus de statu curie Romane.* Nuper apostolica — antifrasis.

f. 268. *De origine et conversione Westphalorum ex cro-nicis Saxonum et gestis Karoli Magni.* De terra West-phalica sic legitur in libro de proprietatibus rerum: Westphalia Germanie inferioris — leges salubres pro transgressoribus statuit.

f. 274. *Conquestus terre sancte.*

f. 290. *Hystoria Troianorum.*

Hist. prof. 756 jetzt 2935. früher Hist 1122. ch. q. s. XVI. (Unreſt) Chronik von Kärnthen. *Olim hic liber per-tinuit ad Bibliothecam ill. et Exc. Domini Col. Max. Comitis de Lamberg Supremi Aulae Imperatoriae Prae-fecti.* Es iſt dem Abell — darnach raidt khunig Ruedolff gen Ulm, und nach rabt der tweyſen furſten ſandt er zw dem khunig. Verte folium." Es folgt aber nichts mehr.

Hist. prof. 800. jetzt 3517. ch. oct. s. XV. *Hystoria de ori-gine Troianorum incipit feliciter lege.* Origo Troianorum — Ascanium. *Expl. h. T. scripta et finita in Ytalia in monasterio Sane vallis sub a. D. 1473. tercio die men-sis Ianuarii.*

f. 38. *Inc. hystoria de Ytalia.* Italia provinciarum — misericordiam suam. Geſchrieben ebend. 1472 Oct. 30. Archiv X, 379.

f. 75. Der ſogenannte *Pindarus Thebanus.* Schließt f. 99:

Pindarus hunc secum trans Pontum duxit Homerum,
Scilicet Argivum dedit esse poema Latinum.

Comes Hector de Costa ipsum P. prestabat. fertig ge-ſchrieben 1473 Mai 22.

Dann *Epistola de origine Venetiarum et Pataviae.*

Incitasti exhortacionibus — honores daret. Nach Genti=
lotti von Xiccho Polentonus civ. Patav. scriba, mit Be=
rufung auf Scardeon. de Antiq. urbis Pat. p. 236. wo
aber dieſer Brief nicht angeführt wird.

Hierauf mit neuer Zählung der Sexterne: *Aeneae Silvii
Picolominei Bohemorum Chronica.* Geſchrieben 6. Juni
1478. Zuletzt die. bekannte Fabel von Erzb. Ubo von
Magdeburg.

Hist. prof. 844. jetzt 589. früher Amb. 255, ſ. Lamb. II,
771. mb. q. s. XIV. *Cronica minor.* Nämlich die h. p.
72 beſchriebene Chronik bis 1261, hier aber mit einer
Fortſetzung von 3 Seiten. A. D. 1262. Rex Tartarorum
misit sollempnes nuncios — (1268) Papa Clemens in
Bitervio mortuus est in cuius morte terre motus factus
est magnus. Hier findet ſich von einer Hand des 16ten
oder 17ten Jahrhunderts die Unterſchrift: Nihil dubito
huius opusculi authorem fuisse Iohannem .Teutonicum ex
Friburgo oriundum ep. Bessinensem et generalem sui ordinis quartum.

Hist. prof. 859. jetzt 3264. ch. q. saec. XIV ex. Commen=
tar zu der metriſchen Chronik des Hugo von Reutlin=
gen. *De origine Lonbardorum.* Gens mala) Cum hic
sepius fiat mencio de Longobardis idcirco ipsorum hystoria est declaranda. Sciendum est igitur quod tempore
Pelagii pape primi *etc.* aus der Legenda aurea. f. 7'.
Hiis et consimilibus sacre scripture dictis Hugo sacerdos
de Rütlingen consideratis ad utilitatem novellorum clericorum facilia dicta de raris materiis diligencium cronicas diversas antea in diversis voluminibus prosaice et
dispendiose dispersas in metrum facile compegit et re-
torsit et precipue cronicas regum Romanorum . . . .
Dividitur autem iste liber primo in duas partes. in prima
premittit prologum sive materiam libri generaliter. in secunda parte prosequitur illam specialiter. Secunda pars
est ibi *Roma prior Christo* . . . . Prima pars in principio libri *Est hic subscripta.* secunda pars ibi *Cronica
subscriptus.* tercia pars ibi *Assis in hoc opere.* Der
Commentar iſt weſentlich geſchichtlich und dürfte für das
14te Jahrh. brauchbar ſeyn. f. 26. ſteht der *Brief Ludwigs
des Baiern Reg. Lud. 2980.

f. 26'. *Hinc alium librum.* Subiungit auctor prologum secundi libri et patet sufficienter in textu. *Rursum materia.*

In hoc secundo libro auctor resumit materiam regum Romanorum supra per quedam incidencia pretermissam. Zwei Blätter über Karl IV, zuletzt der 1348 für ihn von Clemens VI vorgeſchriebene Eid Ego confiteor *etc.* Avin. 29. Nov. pont. a. 6. Da hört der Commentar auf, ſcheint aber unvollendet zu ſeyn.

Hist. prof. 871. jetzt 8904. ch. q. s. XVII. Lambec. I, 514. 584; von demſelben bezeichnet als Antiqua diplomata et documenta literaria ad historiam Hamb. et Brem. pertinentia. Herr Dr. Lappenberg bemerkt darüber, nach einer ihm mitgetheilten Inhaltsangabe, daß es als ein Auszug eines Copiarius des Bremer erzbiſch. Capitels saec. XIII. vel XIV. erſcheint. Es ſtimmt in der Reihenfolge und auch in den jüngſten Urkunden mit dem in E. Lindenbrogs SS. Rer. Germ. abgedruckten ausführlichen Copiarius überein, welcher ſich, von Lindenbrog ſelbſt abgeſchrieben, auf dem Hamburger Stadtarchive befand.

Hist. prof. 873. 874. 875. jetzt 8863. 8864. Volumina tria chartacea quorum primum constat foliis 245, alterum 269, tertium 61. Continetur iis Chronicon Germanicum universale tam sacrum quam profanum ab O. C. usque ad a. C. 1646. sine auctoris nomine. Opus male digestum, peius scriptum; verbo, non magni momenti. *Gentilotti.*

Hist. prof. 898. jetzt 2948. früher Hist. 1129. ch. q. s. XVI. (Unreſt) Chronik von Kärnthen. Zuletzt einige Nachrichten von S. Veit, die bei Hahn fehlen.

Hist. prof. 915. jetzt 2733. mb. s. XIII. Chmel I, 545. Auf einem hinten eingehefteten Blatte, auf dem auch ſteht: *Liber iste est monasterii S. Ioh. b. in Seycz ord. Cartusiensis,* unbedeutende Öſterr. Annalen 1230 — 1269, abgedruckt bei Chmel.

f. 1. *Limites Austrie,* Deutſch. Rauch I, 243.

f. 9. **Priv. Friderici I de limitibus Bohemie.* 1179. Iul. 1. Rauch II, 205.

f. 10. *Friderici II Priv. Austriae* (minus). Reg. Frid. II. 1085.

f. 13 — 102. Joh. Ennichels Chronik. Rauch I, 252. Hoffmann p. 110.

f. 104. *Institutio civium* wie Sal. 416.

f. 105. **Reg. Frid. II.* 890.

f. 108. Herzog Leupolds Priv. für Wien = Sal. 416. f. 73.

f. 116'. *Innocentius de regularibus iura parochialia tur-bantibus*. Etsi animarum. ib. f. 71'. I. can. 127. Wilh. A, 111.

Hist. prof. 987. jeßt 605. mb. q. s. XV. **Monachus Woingartensis de Guelfis**. — f. 12. *Epistola il-lustrissimi Frid. II imp. Rom. ad Honorium III summum pontificem per egregium virum Petrum de Vineis com-posita inc. fel.* Collegerunt. Bricht bei petra doli ab.

Hist. prof. 989. jeßt 612. mb. q. s. XI. *Annales Lauris-senses*, Mon. SS. I, 129. Dann s. XIII. f. 75. Notiz über die Kirchweih in Altaich und die **Dingolvinger Sy-**node, Mon. Leg. IIb, 171. und *V. Gotehardi, schon von Perß benußt, s. Archiv IV, 212.

Hist. prof. 990. jeßt 610. früher Hist. Lat. 147. mb. q. s. XIV. cf. Lamb. I, 510. 574. 575. 666. II, 306. Enthält I) *Einhardi V. K.* und Annales, *Mon. Sangallensis*, s. Mon. SS. I, 132. II, 436. 727. II) nur zufällig damit zu-sammengebunden, f. 82. **Catalogus ep. Pataviensium** mit Zusäßen, welche dem Sigmar zugeschrieben werden. A. D. 250 Philippus — 1284 Werinhardus, und von zweiter Hand: sedit usque ad a. D. 1313 et cente-narius obiit et vacavit sedes. A. D. 508 gens Noricorum u. s. w. Alles gedruckt bei Rauch II, 339 — 380. Die zweite Hand hat große Ähnlichkeit mit derjenigen, welche die Annales Cremifanenses glossirt hat. — Die erste Seite ist abgerieben, weil sie früher die äußere war, aber schwer-lich absichtlich rabirt. Ein Theil der Schriftzüge ist später nachgezogen.

Hist. prof. 992. jeßt 614. früher Hist. Lat. 249. *Ermoldus Nigellus*. Lamb. I, 502. 554. Mon. SS. II, 464.

Hist. prof. 1009. jeßt 608. früher Amb. 272. mb. q. s. XIV. Lamb. I, 511. 575. II, 795. Chmel I, 548. Auf der er-sten Seite steht, etwa s. XVI. *Liber productus ex Mona-sterio S. Floriani supra Anasum etc.* Dann *die Stamm-tafel der Nachkommen S. Leopolds, und auf der Rückseite die Widmung an Albert Pfarrer in Waldkirchen. Auf dem folgenden Blatte stehen unbedeutende *Annalen 30 — 1274. Dann unter der Aufschrift *Generatio Leupoldi* das sogenannte *Chronicon Florianense, gedruckt bei Rauch SS. I, 215 ff. mit Randbemerkungen, die von Albert zu seyn scheinen, und einer kleinen Fortseßung, nebst Nekrolog, s. Chmel a. a. O.

Hist. prof. 1035. jeßt 9676. *De regnis principalibus, secundum Chronicam Eusebii et Ieronimi. Ex Coraduciorum bibliotheca.* Abſchrift, mit einem an Rudolf II gerichteten Vorwort und Epilog von Rudolphus de Coraduciis. „Primum regnum — defectum.“ Der erſte Abſchnitt der Chronik in h. p. 621. Der Herausgeber behauptet, Onuphrius Panvinus habe dies ausgeſchrieben.

Hist. prof. 1053. jeßt 3284. ch. duod. s. XV. Die Flores Temporum des Hermannus Minorita. Nach Adolf, qui 7 annis et uno mense regnavit, folgt: 1297 in festo penthecosten und am Rande: *Heinricus surdus de Eychset que secuntur addidit.* Ende: Wenceslaus rex Boemie cum Guta regina .... (1362) moritur imperatrix suprascripta etc.

Hist. prof. 1070. jeßt 3028. Ducis Ernesti expulsio, iſt das Deutſche Gedicht, ſ. Hoffmann S. 33. Haupts Zeitſchrift VII, 253. Auf dem Umſchlage ſind folgende Fragmente eines Nekrologes s. XIV. Oct. 21. Otto abbas in Lambaco (1241). — 23. Chunradus abbas (Garst. 1182). — 27. Wernhardus abbas Lambacensis (1264). — 28. Margarita regina Bohemie et Austrie (1267). Fridericus abbas in Garsten. Syboto custos S. Ypoliti. — 31. Ulricus ep. Pataviensis qui obiit in Apulia (1221). Leutoldus de S. Zenone prepositus frater noster. — Nov. 1. Chunradus canonicus pincerna Salzpurgensis.

Hist. prof. 1083. jeßt 3282. ch. duod. s. XV. Nach der Vita Neminis und einigen andern Stücken f. 8. *Inc. Cronica Boemorum ab ipsorum inicio conscripta de multis excerpta aliis provincie illius cronicis que ita breviata memoriam inducit posteris et tradita (ſo) qui fuerunt inventores terre iudices duces principes reges et episcopi archiepiscopi scriptotenus relicta.* Primus inventor terre Boemie fuit Czech — A. D. 1424 Zyzka nequam moritur qui multa mala fecit in regno Boemie. f. 18'. *Conscripcio super fundacione monasterii S. Marie in Rudnicz et opere pontis ibidem per venerabilem Iohannem IV Pragensem episcopum 24um facto.* In nomine Domini amen. Cunctis fidelibus — sempiternam. 1329 — 1338. Anderes Böhmiſche und Lateiniſche, dann f. 28'. *Ista prophecia est Rome facta a. D. 1303 per quendam devotissimum doctorem in agone mortis.* Zacharia Quia non trahet ullus eoam terciam Hocque propheta novus veniet sub tempore per quem — Sub quo tunc vana cessabit gloria cleri.

f. 29'. eine neue Prophezeiung. Nunc explano nunc explano quod deus regem dabit Qui tyraunos et paganos in brevi subiugabit u. f. w.

f. 37. Portentuosos eventus terrendaque prodigia bis Emula nam rabies illos mordebit atroci Zakaria, quia non trahet ullas eam Hocque u. f. w. bis gloria cleri. *Ista metra sunt rescripta ex antiquo exemplari per dominum Pesskonem Regestratorem quondam Cancellarie Regis de quo se vix ipse expedire potuit a. D. 1394.*

f. 40'. Kurze Annalen. A. D. 1214 Wenzeslaus I rex est coronatus. Eodem anno grossi fabricati sunt. A. D. 1295 Plznam struxerunt quam novam nuncupaverunt. A. D. 1306 u. f. w. A. D. 1405 fuit magna inundacio ..... robora evertentes. A. D. 1316 in die Bonifacii natus est Karolus imperator. A. 1345 Karolus electus est u. f. w. bis 1415. Idus octavo Iunii hora quasi XI vel hora terciarum fuit eclipsis solis ..... noctis. A. 1396 rex Sigismundus — sexta. A. 1410 in divisione — sunt. Dann allerlei Stücke zur Geschichte Böhmens s. XV.

f. 70. Annalen. A. D. 1346. Nova civitas Pragensis fundatur bis (1438) in Wratislavia permansit ..... Ende fehlt. Von 1410 an ausführlich; 2 Blätter.

f. 104. *Prophecia Gamaleonis.*

Hist. prof. 1094. mb. s. XIV. Hermannus Minorita bis 1336. Fehlt.

Hohendorf. fol. 7. jetzt 349. mb. s. XV. Martinus Polonus ed. I. mit der Fortsetzung des Bern. Guidonis bis 1328. Die papissa als Zusatz am Rande. Die Jahreszahlen sind beigeschrieben, aber nicht 50 auf der Seite. Ende der Kaiser Constantino VI. Die Päpste sollen nach der Vorrede bis Clem. IV gehen; im Text folgt auf Clem. IV — certificavit. Mortuus etc. (sic) Gregorius X n. Lumb. bis Adr. V — suus reliquid suspensam omnino cessavit. Dazu am Rande: *Hic finiantur cronica Martini Polonii. alia que hic super adduntur nimis succincte ponuntur, set in sexterno sequenti latius et lucidius inseruntur ab alio artifice.* Es folgt noch Nikol. III, Martin IV, Honorius IV — 6 die intrantis Maii, ganz kurz; dann Romanum imperium — est defunctus. *Cronica de summis pontificibus et imperatoribus ex diversis gestis*

ipsorum per fratrem Martinum domini pape penitenciarium et cappellanum compilata. — f. 39. von anderer Hand, vielleicht derselben, welche die Randnote oben schrieb: *Huc usque cronica fratris Martini Polonii ord. Pred. protenditur et finitur.* Nicholaus III n. Rom. de domo Ursinorum — in Domino quievit. Martinus IV n. Gallicus de Bria — post mortem. Hon. IV n. Romanus — S. Petri. Nich. IV. n. Lombardus — in potencia non multum. Celestinus V convers. heremita — (Ioh. XXII) 1328 suo post tempore scribendorum. *Expl. et finitur hic opus fratris Bernardi. Hic sixternus est de cronica fratris Bernardi Guidonis ord. Pred..*
f. 44. Honorii Augustodunensis Philosophia Mundi, libri 3—6. wie in der Handschrift Hist. prof. 665.
f. 62. Berengarii ep. Biterrensis et postea eccl. Rom. card. de excommunicatione liber. f. 75. *Concilium apud Valem Guidonis celebratum a. D. 1216.* Ad decus et honorem — supponantur. f. 75'. *Conc. celebratum apud Castrigonterii a. D.* 1231. Nos intimo mentis u. f. w. Noch mehrere Concilienbeschlüsse, zuletzt Turon. 1239. f. 77. Geschrieben a. D. 1421 die 4. mensis Decembris in civitate Andegavensi.

Hoh. fol. 80. jetzt 7010. ch. s. XVII. *Priviléges, Investiture et autres actes concernans le duché de Milan et ses deppendances concedées par les Empereurs d'Allemagne.* Von 1396 an: Darin auch fol. 192'. *Tristani Chalci scribae Mediol. nuptiae Maximiliani Austrii et Blancae Sfortiae Romanorum regum.*

Hoh. fol. 102. jetzt 7218. ch. s. XVI. ist der Willelmus Gemeticensis.

Hoh. q. 23. jetzt 2647. mb. s. XV. Französische Weltchronik, besonders Frankreich betreffend. Cy commence li VIe aages du monde qui est apelles le temps de grace pour la grant grace que Diex fist a lumaine ligniee quant il vault vostre humanite prenre et dure iusques a la fin du monde. En cest premier an — (1322, die Jahreszahlen fehlen.) En cest an ot victoire li roys demgleterre de ces anemis que li cuens de Lencastre avoit esmeus contre lui. Si avint que li roys ot bataille contre euls. Et fu occis li contes de Herefort et li cuens de Lencestre prins. et pluiseurs aultres barons

qui tout furent pendu, et li cuens de Lencastre ot la
teste copee.

Ius can. 18. jeßt 2070. enthält spätere kanonistische Sachen
in großer Fülle. f. 90. ein Papstkatalog bis Johann
VI. f. 103. Iesu Christi fidelibus universis eiusdem domini nostri servis Arnoldus ord. Pred. minimus advocatus pauperum. Ein höchst interessantes Stück. Arnold
will gegen den Papst eine Kirchenreform durchsetzen, er
glaubt dazu durch göttliche Eingebung aufgefordert zu
seyn, und behauptet, im Einverständniß mit K. Friedrich
gegen Innocenz IV zu handeln; vielleicht stammen von ihm
die Arnaldisten, welche von Gregor IX und Innocenz IV
vielfach gebannt sind. — f. 105. folgt ohne Absat eine
Schmähschrift auf Innocenz IV. (Mitgetheilt von Dr.
Giesebrecht.)

Ius can. 38. jeßt 2153. f. 94. am Rande manu s. XII:
*Haec conscriptio inventa est in scrinio Loupoldi mar-
chionis in quo reliquiae eius reconditae sunt ab Oudarico
Pataviensis ęcclesiae episcopo, quando capella eius Gor-
zae dedicata est, quae super portam eiusdem urbis edificata est.* Hanc cartam communi consilio suorum con-
scribi fecerunt Peringerus Paviensis episcopus et Adalbertus marchio. Servicium quod infra notatur debet dari
episcopo, seu archipresbitero; duobus annis archipresbitero, et in tercio episcopo. Simile dimidius modius, et
integer polente, et tres friskingi, et 5·ydriae vini, vel
medonis, et 10 ydriae cervisiae. (Si ipse?) episcopus
tercio anno ad(vene)rit, debet illi ·duplicari. Insuper
5 modii annonae dentur.

Ius can. 39. jeßt 2141. Eine darin befindliche Kanonen=
sammlung bestimmt Graf Reisach bei Theiner p. 241.

Ius can. 42. jeßt 2147. Enthält dieselbe Kanonensamm=
lung wie 39, nach Theiner l. l.

Ius can. 45. jeßt 398. mb. fol. s. XII. Codex Udalrici
Babenbergensis, früher Tengnagels Eigenthum. Lamb. I,
504, 557. Auf der letzten Seite steht s. XIII. *Epitaph.
ducis Friderici Austrie et Stirie.* Forma iacet — crucis
iste.

Ius can. 53. jeßt 2162. mb. fol. s. XIV. Auf dem hinte=
ren Deckblatt steht: *Notandum quod liber iste collectus
ex dictis iuris quasi per totum. completus est a Heinrico sacerdote. anno Domini 1348. infra tempus pen-*

*thecostes et paschale. Iste liber est mon. Scotorum in
Wyenna.* Darin Summula Iuris u. a. m. Dann eine
Chronik der Päpste und Kaiser bis auf Clemens V
(— feliciter mereamur.) und Heinrich VII, mit befonderer
Berückfichtigung der Geschichte des Kirchenrechts. Anfangs
fehr kurz, könnte fie gegen das Ende Brauchbares enthalten. Die neuere Bezeichnung ift *Cronice Romanorum
pontificum et imperatorum accurtate.* f. 87. Notandum
quod sequens tractatus collectus est ex cronica Hermanni Contracti quam ipse de novo Testamento subtiliter compilavit. Iesus Christus *etc.* Das Ende lautet:
1313. Vir vere katholicus Heinricus imp. post ass. b.
M. V. quo die communicaverat secundum quod in omnibus sollempnitatibus contra morem aliorum principum
facere consueverat, viam universe carnis est ingressus.
Ex cuius morte qualis luctus per totam Alamanniam et
suam mortem audiencium principaliter aput eum existencium. non arbitror aliquem posse sermonibus explicare.
De quo dominus Petrus archiepiscopus Moguntinensis
fertur dixisse: In quingentis inquit annis non credo hominem vixisse. cuius mors maius dampnum intulerit toti
mundo. Quomodo autem vel quali morte transierit ex
hoc mundo. patet in versibus subnotatis.

Annis millenis tria C X cum tribus I que
Prohdolor Heinricus cesar probitatis amicus
In festo duplici Tymothei Symphoriani.
Toxatus (*cod.* Coxatur) calice moritur domino miserante.   i. predicator
Iure dolet mundus quod Iacobita secundus
Iudas nunc extat. mors cesaris hoc manifestat.

Ius can. 60. jetzt 410. Briefe Bischof Johanns v.
Straßburg u. a. m. siehe Chmel II, 312. Palacky Formelbücher, Abhandlungen der k. Böhm. Gef. der Wiff. V,
2. 1843. p. 237.

Ius can. 64: jetzt 5113. ch. fol. s. XV. Meiftens Aktenstücke
vom Konstanzer Concil. f. 131. ein einzelnes Blatt,
worauf Privilegia aureis litteris supra valvas ecclesie
Spirensis scripta. Dümge Reg. Bad. p. 29.

Ius can. 69. jetzt 5116. ch. fol. s. XV. Briefe und Aktenstücke, die fich auf das Basler Concil beziehen. Die
epistolae Frid. imperatoris find von Friedrich IV.

Ius can. 80. jetzt 2186. früher Hist. Lat. 462. Lamb. I, 654. mb. oct. s. XII. Enthält nach einer Mittheilung des Herrn Dr. Giesebrecht dieselbe, unter Paschalis II verfaßte Ka= nonensammlung wie Cod. Vat. 1346, welcher in Theiners Disquisitiones crit. p. 345. beschrieben ist. Vor= angestellt ist auf den ersten 12 Blättern ein Chron. Rom. pontificum von Bonizo, nämlich ein Auszug aus dem 4ten Buche seines Werkes de vita christiana.

Ius can. 81. jetzt 2171. s. X. Collectio canonum, be= schrieben von Theiner, Disquisitiones crit. p. 143.

Ius can. 83. jetzt 449. früher Theol. Lat. 198. Codex Carolinus. Lamb. I, 501. 543. Schon 1820 von Pertz verglichen. Archiv III, 83.

Ius can. 84. jetzt 2177. s. XIII. Jvos Exceptiones regu- larum ecclesiasticarum. f. 79. Verschiedene Stücke über das Verhältniß der Griechischen Kirche ,zur Römischen und die Gesandtschaft des Karb. Humbert 1054, geschrieben für einen gewissen Panthaleon. — f. 89. Nugae cuiusdam Greculi contra observationes Latinorum. — f. 91. Petri Da- miani liber Gratissimus. (Giesebrecht.)

Ius can. 90. jetzt 2182. früher Theol. 494. mb. fol. s. XII. Altaichisch. Regula S. Benedicti u. a. m. — f. 38' — 123' ein Martyrologium mit beigefügtem *Nekrolog. Leider ist sehr Vieles ausrabirt.

Ius can. 91. jetzt 2178. mb. fol. s. XII. Anno d. i. 1139 u. s. w. Canones concilii Lateran. und andere. *De reformanda religione ecclesiarum.* Statuimus ut si- quis symoniace — quicquam accipiat. Dann nach leeren Blättern f. 5. Voluntati vestrae reverentissime pater — peccatis. und ein Brief Eugens III an Erzb. Moyses von Ravenna wegen der Heirath des Guil. Traversaria. „Ec- clesiarum Dei rectores — prohibeas." — f. 6. die Ka= nonensammlung, welche Theiner dem Hilbebert von Mans zuschreibt, Disquis. crit. p. 165. — f. 173. Ver= trag Kalirts II mit Heinrich V, benutzt Mon. Leg. II, 75. — f. 173'. Sanctorum patrum exempla u. s. w. *Canones concilii Later.* 1123. Archiv III, 545. Dann *Briefe Eugens III von (1146) Juni 2. Mai 25. hieraus gedruckt bei Theiner p. 208. 209. Boczek n. 268. 269. 267; von anderer Hand der Eugens vom 5. Juni (1145) und Lu- cius III vom 20. Aug. (1144). ib. p. 210. 211. und

n. 255. 251; und wieder von anderer Hand Eug. von
(1146) Sept. 13. ib. p. 211. und n. 271.

Ius can. 99. jetzt 2198. q. s. IX. Collectio canonum,
beschrieben von Theiner, Disquis. crit. p. 152.

Ius can. 101. jetzt 495. früher Hist. Lat. 26. mb. kl. fol. s. XIV.
Inc. statuta provincialia domini Petri Erzbischofs v. Mainz. —
f. 30. *Inc. constituciones domini Clementis pape cunti
promulgat* (sic) *per dominum Iohannem papam XXII.* —
f. 58. *Inc. prologus et miraculorum insignia S. Quiryni
gloriosi regis.* Zuerst die Passio, dann f. 63. die Translatio „Cum S. Bonifacius (Quorum unus comes primus
Bawarie alter Okarius Burgundiorum dux fuit. quem a
prisco gens propter ingenciam ossium suorum Ossigerum
vocitabant. Versus: Hoc sibi re proprium gens dederat
tytulum. Qui filium u. s. w. Immer mit Versen gemischt; nichts von Norix und Theodo.) f. 68. Miracula.

Ius can. 105. jetzt 2213. saec. XII. vel XIII. oct. Auf der
zweiten Seite von f. 42. beginnt eine andere Hand; nach
Dr. Giesebrechts Vermuthung ist die Handschrift in Italien
geschrieben. Die früheren Besitzer zeigt die Inschrift: Liber monasterii b. Marie Magd. in Franckentall inter
Spiram et Wormaciam iuxta Renum Canonicorum reg.
ord. S. Augustini. Eine Kanonensammlung. f. 9.
Nikolaus II Decret über die Papstwahl, mit den Unterschriften, welche mit der Mon. Leg. IIb 176 als 1b bezeichneten Handschrift ziemlich übereinstimmen. f. 10. Send-
schreiben des Papstes Clemens (Wicbert) Quantae et quam
pestifere — albare peccatorum, auch im Cod. Udalrici
(ed. Ecc. I, 177) enthalten. — f. 11'. Sammlung von
Beispielen über das Verhältniß von Papst und Kaiser.
Sixtus papa a quodam Basso — (Leo II) veniat ordi-
nandus. *Inc. hystoria Karoli Magni regis Francorum
et decreta b. Stephani Adrianique papae.* Tempore ex
quo Longobardi etc. enthält Adrians Lateranensische Synode von 150 Bischöfen. Vergl. Archiv V, 83. — f. 13.
Inc. Decreta Leonis pape. Convenit und *Item decretum
eiusdem pape Leonis.* Quod domnus. f. 14'. *Ex decretis Paschasii pape ad H. imp.* Regnum, benutzt Mon. Leg.
IIb, 166. 168. 65. Dann ein Verzeichniß der Könige
von Italien. Alboinus rex Longobardus rex in
Italia regnavit a. tribus et mensibus 6. Accepit regnum
a. d. i. 568. obiit a. d. i. 572. bis Obit a. D. 1002. Quando

Heinricus rex coronam accepit. 1013. mense Februario. Hierauf falſche Decretalen u. a.

f. 37'. Wenrichs Brief an Gregor VII bei Mart. Thes. I, 214. und der dem Sigebert zugeſchriebene p. 230. Die Handſchrift gibt, obgleich fehlerhaft, doch viele Verbeſſerungen gegen den Druck. Nun folgen Auszüge aus kanoniſtiſchen Werken; f. 88. Ottonis I edictum, Mon. Leg. II, 32. (anno Z. 30. fehlt).

f. 94. Eine Sammlung von Beiſpielen, wie Kaiſer die Päpſte abgeſetzt haben, bis auf Otto I und Benedict. Legitur in eisdem gestis (Rom. pont.) quod Ursino et Damaso — nunquam se papam electuros absque electione vel assensu imperatoris et filii sui.

Ius can. 114. jetzt 551. mb. q. s. XIII. enthält 2 verſchiedene, nur zuſammengebundene Theile, zuerſt Urkunden des Salzburger Domkapitels; darunter f. 9. Reg. Frid. II. 670 und viele päpſtliche.

Ius can. 127. jetzt 2227. früher Theol. Lat. 509. mb. q. s. XIV. *Constituciones papales, fratris Gwidonis.* Frater Gwido tytuli S. Laur. in Lucina miseratione divina presb. card. A. S. L. ad perp. rei memoriam. Postquam Deus — 4. Idus Maii. Rauch I, 98. Kollar Anal. I, 1.

f. 10. *Constituciones concilii Lugdunensis.* Ut circa — procedat.

f. 27'. *Constituciones provincialis concilii (Salzburgensis)* von Erzb. Friedrich. Ad honorem — contemptores.

f. 42. *Constituciones synodales Pataviensis episcopi.* Quoniam sedes — ap. S. Ypolitum a. D. 1284. 16. Kal. Aprilis.

f. 54'. Desgl. von Wernhard von Paſſau 1293 in octava Ioh. bapt. Pattavie.

f. 55. Desgl. 1294 feria 4. post dom. Reminiscere ap. S. Ypolitum.

f. 56'. *Innocentius :* Etsi animarum. D. Neapoli 11. Kal. Dec. a. 12. (Hist. prof. 915.)

f. 61'. Martins IV Bulle für die mindern Brüter: Ad fructus uberes. Ap. Urbem veterem 4. Idus Ian. anno 1.

f. 62. Gregors X Transſumt der Geſetze Friedrichs II. Reg. 389. Lugduni 15. Kal. Sept. anno 3.

f. 66'. Deſſelben Bulle für die Ciſtercienſer: Licet ad hoc.

f. 68. *Reg. Rud. 376.* — f. 69'. Friedrichs II Edict gegen die Stadträthe, benutzt Mon. Leg. II, 286. Dann noch Bonifaz VIII Schreiben „Mulieres quas vagari, „Clericis laicos (Reg. 281) und „Super cathedram preminencie.

Ius can. 130. jetzt 611. · früher Hist. 157. mb. oct. s. XII. Incipiunt Salutationes u. f. w. wie der Codex Udalrici, und aus demselben n. 5 — 8. 10. 15. 16. 18. 19. 21 — 23. 25. 26. 29 — 32. 35. 37. 38. 41. 44. 46. 47. 50. 53. 57 — 59. 77 — 79. 81. 82. 87. 94. 99. 113. 104. 123. 122. 125 — 127. 129. 131. 132. 134. 136. 138. 139 (Datum Albani 12. Kal. Aug. ind. 2.). 141. 144 — 146. 165. 163. 167. 168. 214. 216. 235 — 237. 187 — 193. 195. 196. 200. 198. 199. 201 bis excrescere. 315. 258. 211. 212. 254 — 257. — f. 44′. *Episcopi ad episcopum.* — 202. 203. 207 — 209. 218. 221. 223. 233. 234. 242. 243. 246. 247. 277. 278. 288. 314 h. a. b. c. f. d. e. 305. 306. 309. 311. — f. 61. *Nota. De quodam excommunicato rem mirabilem.* Moguntiae erat quidam negotiator — videatis. Valete. — 319. 320. 159 — 161. 163. 322. 324. 326 — 330. 335 337. 333. 334. 336 (D. Beneventi 15. Kal. Nov.).

f. 69′. *Epistole Ivonis Carnotensis episcopi.* An Urban II de I. quondam Suess. episcopo. *Audivi nescio quorum — prebeatis. — Regi Anglorum de absoluto a sacramentis et fiduciis N. de Septolio. In litteris a — impendissem. — C. abbati S. Mariae de consecratione altarium.* Consuluit parvitatem — arbitratus. Vale.

f. 70′. *Brief des Bamberger Klerus an Erzb. A. von Mainz. Primum quidem — devotiores. Über die Bedrückungen ihrer Kirche durch einen Ungenannten.

f. 71. *Ep. Ivonis* an Fr. O. de excommunicato incendiario. Am Ende der Seite abgebrochen.

Ius can. 133. jetzt 629. mb. oct. s. XII. *Briefsammlung Erzbischof Eberhards von Salzburg.* Voran steht *Hesso schol. de concilio Remensi. Dann sind auf einige früher freigelassene Blätter die Briefe bei Tengnagel (Monum. adversus schismaticos) 24 — 28 eingetragen, wo statt Innocentius — P(aschalis) zu lesen ist und 27. statt Henrico — AR. Darauf folgen fortlaufend geschrieben die Briefe bei Radevicus ed. Urstis. p. 265. mit Dat. Anagniae 12. Kal. Oct. und die beiden p. 270. Dann fangen schon verschiedene Hände an, zuerst über C. abb. Biburgensis, darauf Tengn. 29. 30. Hier und nach 34. fehlt das äußere Blatt einer Lage, wodurch die Briefe unvollständig sind. — f. 18. Briefe über Abts= wahlen in S. Michael in Bamberg und Kremsmünster, hieraus gedruckt bei Ludewig SS. Rer. Bamb. I, 837 — 848. Dazwischen f. 20'. Tengn. 31—33. — f. 25'. Frag= ment einer Schenkung an eine Marienkirche. Dann Tengn. 34 — 37. — f. 28'. Die Briefe bei Radevicus p. 318 (von Alexander) und 321. — f. 34. Tengn. 38. — f. 35. Rad. p. 318 (Victor). f. 36. Rede vor einem Concil gegen Alexander III, unvollständig. — f. 39. Rad. p. 327. vollständiger, an Eberhard von Salzburg. Dann Tengn. 39. 40. Rad. p. 333. 336. Tengn. 41—52. 54. 53. 55 (Dat. Anagnie) — 61. 63. 62. 64.

Ius can. 136. jetzt 2240*. früher Theol. Lat. 180. mb. s. XIV. duod. Lamb. II, 310. Ein Fragment mit einem Theil der bekannten, hinter dem Chron. Reichersberg. gedruck= ten P a s s a u e r Briefe.

Ius civ. 10. jetzt 3036. früher Ambr. 143. ch. f. vom J. 1482. S a ch s e n s p i e g e l, die g o l d e n e B u l l e, F r i e d r i ch s II L a n d f r i e d e n (benutzt Mon. Leg. II, 312). Lamb. II, 691, Hoffmann p. 229. Mone, Anzeiger 1839. VIII, 37. wo noch mehrere Rechtshandschriften beschrieben sind.

Ius civ. 11. jetzt 338. früher Ambr. 138. Lamb. I, 512. 513. 581. 582. II, 652. *Karoli IV bulla aurea*, und *B. de A. de expeditione Italiae recte instituenda*. Gedruckt bei Datt de pace publica p. 578.

Ius civ. 14. jetzt 2087. Die Bemerkungen über Wahl und Tod einiger Päpste stehen auf dem vorletzten Blatte und beziehen sich auf das 13te und 14te Jahrhundert. (Giese= brecht.)

Ius civ. 26. jetzt 9031. ch. fol. Eine Sammlung neuerer Abschriften von verschiedenen Händen, doch älter als Lam- becius. Der größte Theil ist aus dem Cod. Lauresha- mensis; ferner f. 100. eine ganz kurze *Fund. Amorba- censis*, f. 101. *Caroli Magni prol. de correctis lectio- nibus officiorum*, außerdem U r k u n d e n, worunter K. U. f. 9. Dagobert für Weißenburg; Reg. Kar. 591. 778. 1014. 1504. auf fol. 79. 71. 62. 1. — Reg. imp. f. 45. n. 737; *f. 75. n. 1074; f. 96. n. 1083; *f. 54. n. 1191; *f. 55. eine andere für Confunga vom 22. Apr. 1015; f. 58. n. 1396; *f. 74. n. 1497; f. 4. n. 4434.

Ius civ. 76. jetzt 9351. Seifridi abb. Zwettlensis c o d e x
R u d o l f i n u s, f. Lamb. I, 508. 561. u. Gerberts Cod.
ep. Rud. Vorrede.

Ius civ. 78. jetzt 9080. ch. s. XVII. Unvollständige Abschrift
des Diplomatars der Kanoniker von S. Maria in M a g =
d e b u r g (Ludewig Reliquiae Man. II, 333), anstatt des
ausgeliehenen Originals zurückgekehrt. Lamb. I, 505. 557.
Archiv I, 450.

Ius civ. 82. ist jetzt im Archiv, Oest. 106.

Ius civ. 115. jetzt 8453. Nur lose Blätter in fol. sollten
laut des Verzeichnisses 21 seyn, sind aber nur 7 oder 8.
>   I. Enthält nur ein Rescript vom J. 1611, welches dem
>   Magistrat von Wien hinsichtlich des Baues einer neuen
>   Synagoge zugeschickt wurde.
>   II. Einige Excerpte aus gedruckten Chroniken, welche bei
>   Urstisius, Freher u. f. w. vorkommen, und die Main=
>   zer, Würzburger, Erfurter u. a. Judenschaften an=
>   gehen.
>   Durchaus nichts Neues oder Unbekanntes. *Chmel.*

Ius civ. 174. jetzt 3404. ch. in sol. min. *Manuale protho-*
collorum Iohannis Beyr de Ochsenfurt clerici Herbipo-
lensis dioc. Imp. auctoritate notarii etc. Von 1478 bis
1508. Enthält auf 302 Blättern lauter Privatsachen,
Testamente, Prozesse u. f. w. Deutsch und Latein. Auf
dem Umschlag ist ein Diplom von 1448 Rome, Legitima=
tionsurk. weilands K. Sigismund für Porphyrius, natürl.
Sohn Ioannis de Eckingen alias Sydenmeyer civis imp.
civ. Constantiensis. *Chmel.*

Ius civ. 186. jetzt 2873. früher Hist. Lat. 73. R e i c h s g e =
s e t z e von Rudolf und Albrecht, und Karls IV goldene
Bulle in Übersetzung. Hoffmann p. 261. Mon. Leg. II,
431. Enthielt früher auch Eberhard von Windeck. Lamb.
I, 514. 582.

Ius civ. 273. jetzt 3269. I u r a B o h e m i e. Lateinische Über=
setzung des Gesetzbuches König Wladislaws (Prag 1500)
für König Ferdinand I, von Rodericus Dubravus a Du-
brava.

Lun. in fol. 2. jetzt 3763. ch. s. XV. Auf dem letzten Blatte
eine schlechte Copie der seltsamen falschen Bulle Leos VIII
für E i n s i e d e l n von 965 Nov. 11. Hartmann Ann. Heremi p. 71. Conf. Mon. SS. V, 70 lin. 50.

Lun. in fol. 44. jetzt 1193. mb. fol. s. IX. Ein sehr schön ge=

schriebener Evangeliencodex. Auf der letzten Seite Nachricht von der Einweihung der Kapelle durch Erzb. Tiemo
1094 Juli 12.

Lun. in fol. 47. jetzt 3296. ch. s. XV. ist die Chronik des
Priesters **Andreas ad S. Magnum** von C. G. bis
1422 und fortgesetzt bis 1438. Dann das Werk über
das Konstanzer Concil in 7 Theilen. Dann das Provin-
cialconcil Eberhards v. Salzburg 1418 und eine Sammlung von Aktenstücken und Berichten, besonders über die
Hussitenkriege, bis 1429.

Auf das letzte Blatt hat jemand 1516 ein Privileg geschrieben, wodurch Alexander von Macedonien Yllustri pro-
sapie Schclavorum et lingue eorum für gute Kriegshülfe
alles Land ab aquilone usque ad fines Ytalie meridio-
nales schenkt, ut nullus sit ausus ibi remanere residere
aut se locare nisi vestrates. Et si aliquis alter ibi in-
ventus fuerit manens, sit vester servus et servi postea
vestrorum posterorum. Dieß soll unter den Slaven noch
jetzt verbreitet seyn und für echt gehalten werden.

Lun. in fol. 48. jetzt 2844. s. XVI. ch. „Seneca — schanckhung."
Hagens Chronik von Österreich.

**Lun. in fol. 52. jetzt 3911. ch. fol. s. XIV. Collationes pa-
trum.** Item sermo de dignitate sacerdotum. Item Tractatus de morte. Item expositio Hugonis de S. Victore
super canone misse. Item **Vita S. Udalrici** auf den
letzten 7 Blättern, in 2 Columnen zu 32 Zeilen. Zuerst
ein summarischer Inhalt der 32 Capitel. Item de ortu
et infantia S. Udalrici confessoris. et de ablaccione et
profectu ipsius u. s. w. Egregius Christi confessor Udalricus ex Alamannorum prosapia exstitit oriundus. Cuius
parentes Hucpaldus ac Dietpurga ambo quidem secundum seculi huius dignitatem clari et nobiles sed fide
atque divina religione multo clariores fuerunt et nobiliores. Also nach Berno. Ende: Ipsa autem ut se sen-
sit sanatam currendo antequam episcopus perveniret ad
ecclesiam precessit eum laudans et benedicens Deum.
Chmel.

Lun. fol. 121. jetzt 3695. ch. s. XV. Enthält u. a. Legenda S. Udalrici auf 9 Blättern in 2 Columnen.
Egregius Christi confessor Udalricus ex Alamannorum
prosapia patre scil. Hupaldo et matre Dyetpirga claro
genere et diviciis huius mundi extitit oriundus, qui ut

moris est divitibus nutrici traditur u. f. w. Auf dem
vierten Blatte *Collecta* in 7 Zeilen, dann einige Wunder,
unter denen auch die Geschichte von dem Papste und der
Jungfrau wie Hist. eccl. 6. *Chmel.*

Lun. in fol. 126. jetzt 3337. ch. s. XV. *Prol. in libros de
moribus egregiisque dictis omnium philozophorum et poe-
tarum.* Cum ex honesta vita gentilium u. f. w. Am
Schluß des ersten Bandes ist die *Cronica Markolfi* angehängt: Cum staret rex Salomon. Ist die bekannte Geschichte von Salomon und Markolf.

Lun. fol. 186. jetzt 3663. ch. s. XV. enthält schon seit s. XV.
zusammengebunden
1) Sermones — *Et sic est finis huius pronunciamenti
   A. D. 1458.*
2) P a s s i o S. P l a c i d i auct. Stephano Aniciensi. Acta
   SS. Oct. III, 139. — *Hystoria de S. Scolastica.*
   Tempore quo Iustinus — non cessat.
3) Die Ungarischen Legenden, welche ursprünglich
   einen abgesonderten Band ausmachten: V. S. Stephani
   regis, Hemerici filii eius, Gerhardi ep. Morosenensis,
   Ladizlai regis; Abrahe heremite.
4) *Legenda de S. Wilhelmo.* Inclite laudis ac perhennis
   memorie Pipini regis tempore — gloriam nominis
   sui. *De S. Ruperto.* Hodierna festivitas. Weiterhin
   De S. Gangolfo. Vir itaque Domini — vivencium
   publicasse. *De S. Corbiniano.* Venerandus igitur Dei
   famulus — iugiter sanitatis. 47 Capitel. *V. Leonis. IX.* Nach einigen leeren Blättern eine *Notiz über
   Leopold d. heiligen und *Verz. der Erzb. von
   Salzburg bis 1519.
5) *Salzburger Legenden. V. Rudberti, Virgilii,
   Eberhardi, Hartwici. Translatio S. Martini. V. Gebehardi.
6) *V. Ottonis Bab. „Scripturus, und *Passio b. Ma-
   thye apostoli,* unvollständig.

Lun. fol. 190. jetzt 3745. chart. Roberti Holkot in librum
Sapientie P. II. Am Ende des ersten Bandes steht:
*Explicit postilla rev. doctoris et magistri Roberti Holt-
got ord. fr. Pred. super libro Sap. scripta et finita per
Fr. Ioh. Hachelstater de Ratispona professum mon. S.
Mich. in Maennsee a. D. 1441.* Auf den letzten Blättern
des zweiten Bandes ist der versificirte Katalog der

Salzburger Erzbischöfe *Urbs Iuvavensis (bis 1429)
eingeschrieben, dann ein Papstkatalog (nur Namen) und
*Verz. der Äbte von Monsee.

Lun. in q. 4. jetzt 3825. ch. s. XV. Auf dem Einband
s. XII. ein *Brief Aler. III. an Erzb. C. von Mainz,
das Kloster Monsee zu schützen gegen den Bischof von Passau.
Data Ferentum 12. Kal. Aprilis.
  f. 1. *Tractatus de Contractibus egregii doctissimique
sacre pagine professoris magistri Heinrici de Hassia*
u. a. m. *Libellus exhortans monachum ad studium lec-
cionis regularis et quedam impedimenta eius reprehen-
dens.* Religioso fratri Othmaro Hager monacho mon. S.
Crucis in Werdea Aug. d. Iohannes vocatus de Spira
professus in Mellico *etc.* Finitur Mennse ... 1469. —
Passio, translatio et miracula S. Quirini mit der Gründungsgeschichte von Tegernsee. — *De S. Ruperto.* Hodierna
festivitas. *Virgilio. *Vita et miraculis S. Erndru-
dis. Am Schluß wieder ein Perg.Blatt aus einem Nekrolog s. XII. mit späteren Zusätzen.

Lun. in q. 13. ch. s. XVI. I. jetzt n. 9378. *Subscripta de
institutione monasterii Altahensis inferioris Hermannus
abbas ex vita S. Gotehardi et ex chronicis ac privilegiis compilavit* etc. Monasterium istud ex consilio S.
Pirminii. 3 Blätter, bricht ab bei den Anfechtungen des
Klosters durch die Grafen von Bogen unter Friedrich II.
II. jetzt n. 4024. *Der Anfang der Vita Ottonis Babenbergensis (vollständig Lun. fol. 186).

Lun. in q. 37. jetzt 11609. *Chronologia brevis antiquissimi
et celeberrimi monasterii Monnsee.* Ist eine Arbeit des
vorigen Jahrhunderts; Wig. Hund wird darin citirt.

Lun. in q. 59. jetzt 3520. ch. s. XV. 1. Epistola missa a
CPoli ad conc. Basiliense de victoria Turcorum contra
Ungaros et exhortatoria ad concordandum Grecos et La-
tinos. „Reveréndissimi — De mense Septembri.“ 2.
Bulla Nicolai pape cum addicionibus Calisti pape de
desolacione civitatis CP. et de modo obviandi et re-
sistendi Turcis. 3. Epistola eiusdem Calisti pape ad
card. S. Angeli protunc legatum de modo imponendi et
colligendi decimam pro subsidio contra Turcos ire vo-
lencium. 4. Arenga collecta per dom. ordinarium magistrum Nicolaum de Lüczelburg. 5. Epistola mag. Bernardi de Krayburg de obitu regis Ladislai. 6. Oratio

Nicolai Sagudini ad regem Alfonsum de expugnacione
CP. deque gestis et moribus imperatoris Turcorum.
7. Ep. missa a Turcis ad papam. 8. Due ep. de eadem
re a Rod. misse ad mag. Iohannitarum in Allem. et ad
d. marchionem Frid. de Brand. protunc existentem in
Iherusalem. 9. Alia ep. ad idem valde lamentabilis
card. Sabinensis. 10. Ep. de eadem re et aliis mag.
B. de Krayburg. 11. Oratio ad idem per ep. Cuphensem
ad regem Ladislaum. 12. Ep. d. Enee ep. protunc Senensis
ad papam Nic. V de pugna Ungarorum et Turcorum. 13. Oracio collacionalis ad regem Lad. dum regnum Ungarie suscipe-
ret. 14. Tres ep. mag. Iohannis de Spira. 15. Ep.
mag. Georgii de Pewrpach de obitu mag. Reinperti
mülwåg. 16. Ep. b. Bernardi ad Rupertum monachum.
17. Miracula d. Ludovici Arelatensis cardinalis et plura
de eodem. 18. Liber ymnorum Aurelii P r u d e n c i i.
19. Passio d. n. I. C. per metra etc. 20. Epistole 43
breves et pulcherrime in 1 sexterno. 21. Sinonima Ciceronis cum certis epistolis et coloribus rhetoricalibus.
22. *De fundacionibus quorundam monasteriorum et aliis
ex cronicis collectis.* Gründung von Dietramscelle, Tegernsee
u. f. w. Allerlei Notizen und Excerpte, worunter vielleicht
Brauchbares seyn kann. Am Schluß: C r o n i c a L u d w i c i
i m p e r a t o r i s Q u a r t i. Gebr. Pez SS. II, 415. Boehmer, Fontes I, 148. Gründung von Etal mit Reg.
Lud. 1485. 23. Legenda de S. Nicolao de Tolentino.
24. *De certis miraculis que contigerunt circa corpus
Christi in Schlesia et legenda SS. Primi et Feliciani in vulgari.*
Lun. in q. 81. jetzt 818; als Rec. 3329. beschrieben bei
Denis II, 1538. Enthält:
1) mb. s. XII. H o n o r i u s de imagine mundi. *Christianus ad solitarium quendam de i. m.* Nach inundato
steht Honorio roth. Bei der Indictionenberechnung
LXX per XV m. addens XII — et fiunt M. C. XX.
f. 38'. Lotharius regn. a. 8. Cuonradus 15. Fridericus
38. Heinricus filius eius 8. Philippus rex frater
eius 11. Hic Babenberch ab Ottone palatino frau-
dulenter occiditur. Die Zahl 15, dann 38 und was
darauf folgt, sind von anderer Hand zugesetzt. Papstkatalog mit Regierungsdauer bis Steph. II a. 5, d.
28. Dann Namen bis Adr. III; doch Innoc. a. 13,
m. 8, d. 19. Celestinus II. m. 5, d. 8.

2) wie alles Folgende ch. s. XV. f. 40. Benedictiones
per annum.

3) f. 48. Speculum sacerdotum.

4) f. 61. Fund. mon. Lunelacensis metrice. Gedruckt im Chron. Lunaelacense, Ratisb. 1748. 4. p. 128.
Darauf folgt dasselbe in Deutscher Übersetzung.

5) f. 73. Sermones de sanctis etc.

6) f. 107. V. S. Wolfgangi auct. Othlono. Benutzt
Mon. SS. IV, 524.

Lun. in q. 182. jetzt 4010. chart. s. XV. Predigten; auf leere
Blätter ist der metrische Katalog der Erzbischöfe von
Salzburg (bis 1429) geschrieben.

Lun. in oct. 123. jetzt 1754. mb. s. XII. *Liber collectus ex
sententiis illustrium virorum a Liutoldo monacho Mon-
seensi s. XII. Item duae eiusdem epistolae consolato-
riae ad sorores Admontenses.* d. i. Trost über seine Abreise, und Antwort auf theologische Bedenken. Liutolds
Namen finde ich in der Handschrift selbst nicht.

Lun. in oct. 127. jetzt 11090. *Fundatio inf. Altaich* u. A.
ist von Prior Matthias Aubele verfaßt, 1585.

Med. 88. jetzt 5307. ch. s. XV. enthält f. 399. eine Anleitung zum Briefschreiben, ohne geschichtliche Bedeutung.

Novi 12. jetzt 4188. mb. chart. mixt. fol. s. XV. *Lectura
communis in tercium librum sentenciarum,* enthält f. 5'.
Testamentum Fridrici imperatoris (pro religiosis, ironisch).

Novi 61. jetzt 8643. Vita S. Stephani regis u. A. Nur
ganz neue Abschriften aus Wiener Handschriften.

Novi 76. jetzt 9517. enthält verschiedene Copien von Privilegien des Klosters Goeß, deren Originale noch vorhanden sind.

Novi 169. jetzt 896. mb. s. XIV. duod. Vocabularius Lat.
Germanicus. Hoffmann p. 373. f. 17. „Tu scripturus
alicui potenti u. s. w. Beispiele aus Halberstadt.
f. 27. *Manifest des Bischof Gardolf von Halberstadt über
seine Wahl. f. 29. Ne autem hec duo opuscula scil.
libellus dictaminum et alter videlicet privilegiorum
inter antiquorum scripta numerentur sciendum est priorem nos composuisse a. i. d. 1193. alterum vero 1194.
f. 30'. *Expl. summa.* (T)u scripturus alicui potenti u. s. w.
f. 36. *Forma privilegii imperialis.* f. 37. *Edictum regis ad barones ne gravent ministros ecclesie,* ist wohl

vom König von Frankreich. Viel Übereinstimmung mit
Sal. 413. Dann eine Sammlung von novellenartigen
Exempeln. Exemplum contra luxuriam u. s. w.

Novi 185. jetzt 1749. mb. duod. s. XIV. war Eigenthum
domus porte b. Marie virginis in Axpach. Summa
Thymonis. Eine große Anzahl systematisch geordneter
Briefe, wie es scheint, erfundener. Weder päpstliche, noch
kaiserliche sind darunter.

Novi 205. jetzt 900. mb. duod. s. XV. Auch aus Axpach.
Die versus de scismate f. 197 lauten:

Dodrans sept. tria C. inceperunt duo pape
Urbanus Rome Clemens sed in Avinione.
Est primus iustus. antipapa sitque secundus.
Non cardinales sed carnales statuerunt
Hoc magnum scisma. sit sponsa Iesu sine ruga.

Auf dem ersten Blatte steht:

Machamet paganos in fide fecit prophanos.
Thalmut Iudeos. sic Huss decepit Bohemos.

Novi 221. jetzt 4079. ch. duod. s. XV. vel XVI. Gebetbuch.
— f. 70 steht: Hezalinus abbas huius monasterii (nämlich Monsee) secundus (statt 20us) in ordine fuit. Qui
a sanctissimo Ratisponensium presule Wolfgango huic
monasterio datus est. Obiit autem a. 999. Hoc tempore
divus Wolfgangus claret. episcopatum deserens per qua-
driennium in vastissimis Abersee alpibus heremiticam
duxit vitam. Anno obiit Domini 994. Ratispone regnavit
22 annis.

Novi 259. jetzt 3123. ch. fol. s. XV exeuntis. *Augustin.
Vienn. in via regia.* — f. 1. *Modus epistolandi M. T.
Ciceronis viri eloquentissimi.* Nach Cicero und Leonar-
dus Aretinus verfaßt von Georg Schilher.

Novi 260. jetzt 3419. ch. fol. s. XV. Epistolae Petri
Blesensis. — f. 95. *Generoso et famoso domino Iohanni Castri Ambrosii Bernnardus de Sacra valle in se-
nium ductus salutem.* Doceri petis a nobis de cura rei
familiaris — senectutis. Dann sind die gewöhnlichen
Verse über die Kurfürsten eingetragen Maguntinensis —
summum. Dann Hystoria quadripartita u. s. w.

Novi 265. jetzt 8462. ch. fol. s. XVI. *Bibl. Augustin. Vien.
in via regia.* Von älterer Hand steht auf dem ersten
Blatte *Losennstain.*

f. 1'. Der Ketzer Paternoster.

f. 2. In disem puech stet geschriben anfengklich ain
Cronic herkomen des Erczherzogthumbs Oesterreich mit
iren geliedern u. f. w. Bis 1484. Veyt Hueter Secretarius oder Sernteiner zu Garsten hat dis buech geschriben und vollendt. Get geb im ain seligs end. —
In ber Vorrede wird ber jetzt erwählte Kaiser Karl erwähnt. Nach ber Vorrede steht: *Hernach volgt anfengklich die Oesterreichisch Cronic. ain auszug derselben.*
Item von erst hat es gehayssen Indaysapta u. f. w. bis
zu Kaiser Friedrichs Burgbau: Er sas ain weyl darin,
darnach zoch er wegkh und lies ain pawman hinter im,
(scheint unvollständig). Dann folgt eine Sammlung von
Aktenstücken s. XV. und von anderer Hand f. 247′ Oswald
von Weichs Stadtrichters zu München gerichtlicher Spruch
wider Hans Ettenhofer 1486.

Novi 275. jetzt 1291. mb. fol. s. XV. *Hunc librum dona-
tione inter vivos dedit ad librariam facultatis artium venerabilis pater artium liberalium et sacrae theologie
doctor egregius ecclesie S. Stephani hic in Bienna canonicus magister Andreas de Potennprunn. Dominus
sit tam liberalis donationis retributor.* (s. XVI. und von
neuerer Hand:) *Bibl. Augustin. in Vienna in via regia.*
Vorne eingeschrieben ist: *Prophetia Ioachym de regibus
Boemie.* In etate sexta — computabitur.

f. 2. Hic est sermo quem Albertanus causidicus
Brixiensis de S. Agatha composuit et edidit inter
causidicos Ianue et quibusdam notis super confirmacione
vite illorum tempore domini Manuelis de Man^to Ianue
currente 1244° in domo Vradarii domini Petri de ni-
gro causidici in die S. Nicolai confessoris. — f. 11′.
Expl. liber de doctrina dicendi et tacendi ab Albertano
causidico Brisiensi de hora S. Agathe compositus et compilatus sub annis Domini 1240 de mense Decembris.
Iac. rubrice libri consolationis et consilii quem Albertanus causidicus Brixiensis de hora S. Agathe compilavit
atque composuit a. D. mill. ducent. in mense Aprili et
May. f. 32. Inc. liber de amore Dei et proximi et aliarum
rerum et de forma vite hominis. f. 65′. Expl. liber de
amore et dilectione Dei — vite quem A. c. B. de h. S. A.
compilavit et scripsit existens in carceribus domini Friderici imperatoris in civitate Crem. a quo captus fuit
cum esset capitaneus castri Bavardi ad defendendum

locum ipsum ad utilitatem communitatis Brixie a. D. 1238. de mense Augusti in die S. Alexandri quo obsidebatur civitas Brixiensis per eundem indiccione undecima. — f. 67. A. D. 1410. finitus est liber iste videlicet Albertanus et Lucianus, per manus d. Petri de Morassicz presbiteri Luthomisslensis dioc. ad instanciam honorabilis domini Nicolai Vlaldini de Przyedloizicz canonici ecclesie Wissegradensis et archidiaconi Prerowiensis necnon ad laudem et honorem benedicte Trinitatis, in die omnium animarum. Et eodem anno mortuus est papa Allexander V qui fuit in generali concilio pro unione sancte matris ecclesie canonice electus. cui successit eodem anno Baltha(sa)r postea vocatus Iohannes XXIII. Eodem eciam anno Cruciferi de Prussia per regem Polonie sunt pervalide prostrati et multipliciter destructi. etc.

f. 135. Expl. Lucianus per fratrem Heinricum magistrum de Ratispona ord. Heremitarum S. Augustini ad erudicionem singulorum lucide compilatus in civitate Parisiana. Finitus feria 6. ante domin. Esto michi a. D. 1408. Dazu mit blauer Farbe: Sed per scriptorem huius voluminis d. Petrum de Morassicz anno nat. eiusdem 1410. tempore conflictus regis Polonie cum Prutenis.

Zuletzt noch eine Bulle von Papst Clemens, über eine Vision, Ad memoriam reducendo. Unvollständig.

Novi 277. jetzt 8833. enthält neben Briefen aus neuerer Zeit Abschriften von *Reg. Rud.* 287. *Reg. Lud.* 966. 973. 721. 722. *Reg. Rud.* 981.

Novi 282. jetzt 4745. ch. oct. s. XV. f. 113. Nota opera satis mirabilia quorum aliqua sunt bona et aliqua mala. 3 Seiten. Am Schluß: Hec omnia collegi ex Cronica Hermanni que dicitur Flos temporum.

Novi 309. jetzt 1747. *Iste liber est domus Porte b. Marie in Axpach ord. Chartus. in Austria.* mb. duod. s. XIV. An den ersten Theil, theologischen Inhalts, ist angebunden eine Ars dictaminis Rogamus vos fratres mit Beispielen; darunter: *Significat civitas domino suo maximam afflictionem suam,* da sie gehört, daß vom Papste keine Hülfe zu erwarten sey. Continuis afflictionum malleis — sumptibus subvenire. — *König Friedrich an die Wiener von der Belagerung castri Gummar gegen den Palatin Matheus von Trentschin:* „Iocundum vobis esse — celeriter dirigemus. — *Klagen der Wiener über die Feindseligkeit des Ritters Johannes de VI. an König Albrecht: „Gravis tribulacio nos — celsitudine procuretur." — *König Rudolf an einen Abt, über seine Bemühungen, einen allgemeinen Landfrieden zu Stande zu bringen: „Pacem generalem tocius — et iuvamen." — *Aufnahme in eine Fraternität: „Devotionem quam vos — in morte." — *(Rudolf?) meldet, daß er vor der verabredeten Zeit kommen werde: „Pater reverende vobis — et iocundum." — Nach einer Summa de penitencia u. A. wieder: *Prohemium sequentis operis.* Novitiorum studia, und dann: *Incipiunt pratica sive usus dictaminis magistri Laurentii de Aquileia.* Salutationes. Beide ohne Briefe.

Novi 669. jetzt 331. mb. fol. Transsumt der Privilegien von S. Lambrecht, von 1471. Darin f. 3'. Otto III n. 853. *Konrad II n. 1285. f. 4. *Heinrich IV transsumirt die Urkunde Heinrichs von Kärnthen über die Stiftung, 1096 Veronae s. d. — f. 5'. *Heinrich V n. 2030. — f. 7. *Konrad III nimmt sie in seinen Schutz. Mit Zeugen. D. Salzpurc 12. Kal. Iun. 1149 ind. 12. — f. 8. *Friedrich I n. 2539. — f. 11'. *id. 2663. — f. 14. *Friedrich II bestätigt Heinrich V n. 2030. Mit Zeugen. D. apud Ferentinum im März 1223. — f. 15. *Friedrich II nimmt sie in seinen Schutz. D. apud Gretz 1237 (1236) m. Decembris 10. ind. (Diese und Reg. Rud. 313. sind aus dem Orig. im Archive des Johanneums in Graetz abgeschrieben.) — f. 21. *Reg. Rud. 312. 313. *Derselbe verkündet einen Rechtspruch zu Gunsten des Klosters, Wienne 1278. Idus Aprilis, regni a. 5. — f. 25'. Reg. Frid. III. 154.

Da die zweite Abtheilung des Verzeichnisses der Codices novi von Pertz noch nicht berücksichtigt werden konnte, so folgt hier ein kurzer Auszug aus demselben. Benutzt habe ich davon nur die vorstehende n. 669.

Novi 318. chart. *Freydank,* Abschrift der Handschrift der Helmstädter Univ. Bibl. Misc. F. 58, von Eschenburg. 1784.

Novi 392. ch. f. 29. *Elegia Miseri Henrici* (Septimellensis) cum praef. prosaica. s. XIV.

f. 166. *Versiculi de arte dictandi et epistolas condendi.*
Dictandi nominis (normas?) per me gratis cape formas.

Novi 400. ch. Der herren von der Burgerstuben zu Augs-
purg Hochtzeit Register, angefangen a. 1484.

Novi 403. chart. s. XVI. Annalium regni Poloniae Ioannis Longini (Dlugossi) libri 12 summarie collecti. Excerpta cum contin. — 1480, per Laurentium Sandomi-
riensem coll. a. 1569.

Novi 416. ch. s. XV. Engelberti Admontensis de regimine principum liber.

Novi 419. mbr. s. XIII. Ortilonis notulae etc. von Han-
thaler edirt. Untergeſchoben.

Novi 420. mbr. s. XIV. Carmen heroicum Theotiscum de
Ottone rubro. „Swaz ain man durch guten mut, v. Bü-
sching, Museum I, 581.

Novi 422. ch. s. XVIII. Chron. Garst. Abſchrift d. Hist.
prof. 52.

Novi 423. ch. s. XVIII. Chron. Osterhov. Abſchrift v. Hist.
prof. 95.

Novi 424. ch. s. XVIII. Suppl. Andreae Ratisp. Abſchrift
aus Hist. prof. 10.

Novi 429. ch. s. XVI. Genealogia comitum Zolleriae 801
— 1420. 18 Abbild. mit kurzen Nachrichten.

Novi 432. ch. s. XVI. Caroli IV. avi a Noe incipiendo
picti.
f. 62. Icon, exhibet Ottonem imp. in conventu Worm. S.
Wenceslao in comitatu angelorum intranti occurrentem.

Novi 433. ch. s. XV ex. vel XVI in. Icones avorum Maximiliani I.

Novi 456. ch. s. XVIII. Petri de Vineis epistolae. Apo-
graphum e Codd. Bibl. pal. ut videtur.

Novi 457 mbr. s. XV. Historia Gerardi de Roussillon, e
Latino Gall. reddita per Ioh. Vauquelin, iubente Philippo
Burg. duce.

Novi 466. mbr. s. XIV. Incipit provinciale Romane curie,
continens omnes provincias et ecclesias subiectas Rom.
pontifici.
f. 5. Excerpta ex Eusebio, Flavio Iosepho, Hegesippo,
Victore Floriacensi, Richardo Paris. etc.
f. 7—47. Martinus Polonus, continuatus usque ad
a. 1335.

Novi 467. s. XV. mb. Statuta privilegia et varia documenta
Gandaviensia 1241—1454.

Novi 474. s. VI. papyr. Instrumentum publicum, ed. Sci-
pio Maffei Stor. dipl. p. 138.

Novi 485. ch. s. XV. Speculum historiale Germanice. „Anno
Dom. 1438. in die Barnabe ... finem recepit liber iste
per manus Heinrici Wislaw."

Novi 486. ch. s. XV. Registrum privil. eccl. coll. S. Hedwigis Bregensis, completum 1476.

Novi 487. ch. s. XVIII. Chron. Ottokari regis Boh. fund.
S. Coronae quam fecit dom. Petrus abb. Aulae regiae.

Novi 503. s. XVIII. ch. (Laurenz Friese) W ü r t z b u r g.
Chronicka 1392—1532.

Novi 513. ch. s. XVII. Chron. Austriae T h o m a e E b e n -
d o r f f e r de Haselbach usque ad Albertum VI. scr.
1614.

Novi 514. ch. s. XVII. Statuta privil. et acta Universitatis
Viennensis usque ad a. 1648.

Novi 544. mbr. s. XV. Aufrichtung sammt Jörgen Pruder-
schafft und ritterlichen Ordens 1493. ·

Novi 553. ch. s. XV. H e l e n a e K o t t a m e r i n, prolium
Alberti II imp. custodis, narratio de iis quae post Alberti
mortem usque ad Ladislai V. pueri e regno fugam in
Hungaria contigerunt, fine mutila. Deutsch.

Novi 555. ch. s. XV. A u s t r i e C r o n i c a. „Anno post
diluvium 810 in Theomanaria Abraham paganus militaris
natus est, eius coniux Susanna. Is ob litem et pauper-
tatem a suo domino comiti Sathan alienigena ex terra
amiracionis trans mare venit in terram prope Danubium.
bis zur Einnahme Konst. durch die Türken.

Novi 563. ch. s. XV. Hanns Coplar von Salczburg Reise
in das gelobte Land mit Herzog Wilhelm von Sachsen
1461.

Novi 605. ch. s. XVII. Diplomatarium Egranum und Chro=
nif von Eger bis 1605.

Novi 609. mb. s. XIV. Chron. ab O. C. bis 1220. mit Bildern, besond. nach Gotfribs Pantheon.

Novi 671. ch. s. XVI. Coen. Formpacensis fundatio et descriptio.

Novi 672. ch. s. XVI. Coen. Formpac. liber traditionum.

Novi 689. jeßt 477. s. XIII. mbr. Adhortationes patrum
sanctorum monachorum. f. 104′ die Geſch. des Vicedom
Theophilus.

f. 148. *V. Brendani.* Sanctus Brendanus filius Seu-
locha *etc.*

Novi 694. ch. s. XV. Orosius.

Philol. 39. jeßt 3330. ch. fol. s. XV. *In Christi nomine
eiusque virginis gloriose Infrascripti sunt sermones et
epistole diversorum doctorum ac excellentium dictatorum.*
Oratio d. Petri de Alpharotis Paduani legum doctoris exposita coram serenissimo principe Roberto de Bavaria D. G. Romanorum rege et semper augusto nomine
totius universitatis Paduane a. D. 1400. die dominico 20.
mensis Nov. Padue in pallacio magnifici domini Francisci
de Carraria. — Bis auf die Jnvectiven Saluſts und Ciceros und Cicero ad fratrem de petitione consulatus alle
von Jtalieniſchen Gelehrten s. XV.

Philol. 50. jeßt 2887. Seifried Helblings Gedichte ſind
hieraus herausgegeben von Karajan in Haupts Zeitſchrift
IV, 1 ff.

Philol. 61. jeßt 409. mb. klein fol. s. XIV. Formelbücher
und Brieffammlungen. Lamb. I, 562. Palacky Formelbücher L, 236. (Abhandl. der k. Böhm. Gef. d. Wiſſ.
1843). Schon von Dolliner und Bucholß benußt, ſ.
Archiv VII, 943. Auf dem erſten Blatte ſteht s. XIV.
Conradus Aychperger. Überall ſind ausführliche Jnhalts-
angaben an den Rand geſchrieben, dann in einem vorne
eingehefteten Quaternio zuſammengeſtellt, und am Rande
ausradirt; ſie ſind nur aus dem Texte ſelbſt entnommen.
Die Eigennamen ſind ſelten zu erkennen, und auch der
übrige Jnhalt ſcheint oft willkürlich umgeſtaltet zu ſeyn.
Mit f. 54. beginnt eine neue Zählung der Quaternionen
*Pars principalis prima. Inc. formularius de modo pro-
sandi. Distinctio I.* Ad habendum preclaram diluci-
damque. Auch der theoretiſche Theil iſt ausführlich und
ſehr lehrreich; f. 19. erwähnt der Verfaſſer domus nostra
scilicet Paungartenperg.

1 — 5. *Incipiunt forme salutacionum.* Dann *de commis-
sionibus.* f. 12′. n. 6. *Greg. IX. de examinanda electione*

ep. Misnensis. Bone memorie N. — litteras destinetis.
Derſ. an . . über einen Streit marchionum Brand. I. et
O. unb archiep. Magd. wegen Zehnten. Ex parte venerabilis — baptismata parvulorum. n. 8. *Forma commis-
sionis secularium principum in causis propriis. Frid. etc.*
Ne nobis circa — beneplacito voluntatis. n. 9. *O. ep.
Patav. de querimonia mon. S. Nycolai.* Dilecti nostri
prepositus — nichilominus exequatur. unb Mehreres von
Paſſauer Biſchöfen. — f. 13. *De citacionibus.* n. 13.
*Forma citacionis iudicum subdelegatorum. „O. et C. ar-
chiep. Magd. et Col. I. et O. march. Brand.* Literas
domini pape — peremptoriam assignantes.“ *De procu-
ratoriis.* 14. *Forma procuratorii ad petendum inducias
vel probandum impotenciam veniendi.* Antwort. Noverit
reverentia vestra — et consultum. 15. *Desgl. ad pro-
ponendum exceptionem dilatoriam in solidum.* Reverentie vestre notum — et constare. f. 13′. *De donatoriis.*
n. 19. *Forma donatorie mere. „Greg. tali ecclesie.* Ad
apostolatus nostri — seu honorem.“ — *De petitoriis.* n.
21. *Forma petitoriarum sive litterarum per quas capitulum rogatur de aliquo eligendo. Posset etiam esse
forma planctus de morte prelati et commendatio prelati
de novo electi. „Greg. . . . canonicis* (über ben Tob C.
episcopi Magd. mit Empfehlung bes Propſtes). Licet ex
decessu — fortitudinis erigatur.“ — f. 14. *De senten-
ciis.* n. 22. *Forma diffinitive sentencie. „Greg. F. Magd.
Quia, equa est — debeat commendari.“* ernennt ben
Magb. Decan G. zum Biſchof von Halberſtadt mit Caſ-
ſirung ber beiben ſtreitigen Wahlen. — f. 14′. *De con-
firmacionibus.* n. 27. *Forma confirmacionis condicionalis. „Greg. archiepiscopo.* Venerabili in Christo — apostolica confirmamus (scil. electionem R. prepositi post
mortem A. episcopi). — f. 15. *De appellacionibus.* n.
30. *Forma appellacionis sine termino. „B. ep. (Myssan.)
A. preposito.* Cum venerabiles patres — denuo profi-
temur.“ — *De executoriis.* n. 32. *Forma executorie
condicionalis. „F. card. archiepiscopo Mog.* Romane sedis clementia — ecclesiasticam compellatis. Verlangt
eine Dompfründe in Wirzburg für magister C. nepos domini P. card., ben Papſt G. beſonders liebt. — f. 15′.
De dispensacionibus. f. 16. *De indulgenciis.* f. 16′.
De exempcionibus. De visitacionibus. f. 17. *De in-*

.

quisicionibus. De formatis. De obligatoriis. f. 18. *De testamentis.* Beispiele aus Wien. f. 20. *De privilegiis.* n. 49. *Forma papalis priv. perpetui.* Gregor für den Cistercienserorden. n. 50. *Reg. Rud. 451. In n. s. et i. T. amen. R. divina favente clementia Rom. imp. vel rex et semper augustus,* also gemischt aus den Privilegien Friedrichs II und Rudolfs für Wien, und so auch der Inhalt. n. 51. Liupolds von Österr. Privileg. für Baumgartenberg. Kurz Beiträge III, 403. — n. 52, 53. *Forma privilegii personalis* und *temporalis,* stehen f. 46'.
Incipiunt exordia papalia sive ecclesiastica circa statum ecclesiarum sive locorum religiosorum. 1. De ydoneitate instituendorum prelatorum u. f. w.
Incipiunt exordia imperatorum et regum Romanorum super defensione ecclesiarum. 2. Ad viros religiosos u. f. w.
Incipiunt proverbia. 1 De iusticia u. f. w.
Incipiunt littere papales. 1. Prohemium in opus sequens. f. 25. *Elucidatis ab inicio.* n. 2. *Papa provincie ad fidem suscipiendam. Lucis eterne — beneplacita promptiores. Greg. H. et B. principibus.* n. 3. *Gerb. Cod. ep. II, 15. p. 81* (lin. 6. *previderit. L. 14. et karissimum in Christo filium nostrum regem* Fr. et n. v. c, talem geruntur). n. 4. *Gerb. I, 27. p. 34.* f. 25'. n. 5. *Gerb. II, 11. p. 73.* — n. 6, *Papa Rom. regi narrans sibi bonum zelum quem habet in provisionibus ecclesiarum et commendans personam provisam per eum. Inter curas multiplices — valeas ampliorem.* n. 7. *Gerb. II, 44. p. 117.* wo aber der Anfang fehlt. *Nobilis animi tui — commendare.* — n. 8. *Papa capitulo Coloniensi ut restituant castrum male occupatum regno vacante regi. Scribit etiam regi quod paciente illud recipiat, nec bella et mortes hominum concitet. In vestris actibus — persuasionibus acquiescat.* f. 26. n. 9. *Papa tali provincie ad fidem suscipiendam. Creator tocius — preconium referatis.* — n. 10. *Papa Romanorum regi, commendando ipsum multipliciter, et excusando nuncios suos et se ipsum de longa mora quam in curia fecerint. commendando ipsos nuncios de prudencia et diligencia. et recommendat regi nuncium quem ad eum dirigit et significat quod nuncios suos benigne audivit et quod scripsit omnibus fidelibus quod*

sibi adhereant consiliis auxiliis et favore. Grande ma-
tri — feliciter consumandi.

f. 26'. n. 11. *'Papa incolis Sycilie narrando quomodo
ipsos diligit, et commendando personam eius cui provinciam Sycilie committit* etc. Ad diversas mundi — inviolabiliter observari. — n. 12. *'Papa ep. Coloniensi
commendando sibi electum regem (Ritschardum) multis
modis. de fortitudine sive constancia. audacia. fidelitate.
largitate. et devotione. et referens sibi grates quod ipsum procuravit eligi. et recommendat sibi ipsum. preci-
piens quod sibi assistat in omnibus quibus potest consiliis. auxiliis et favore.* Cum magnifica et pia — commoda proniores.

f. 27. n. 13—15. Wilh. A 5. 7, unþ 11. mit dem Zu=
ſaþ, daß ſündhafte Geiſtliche ſich nicht durch Appellation
nach Rom ſollen ſchüþen können.

f. 28. n. 16—19. Wilh. 13. 16. 19 = Reg. Innoc. III.
18 (bei Boehmer). *Wilh. 20.

f. 29. n. 20 — 24. *Wilh. 22 = Reg. Innoc. III. 118.
Wilh. 23. 33. *39· 42.

f. 30. n. 25—27. Wilh. 40. 50. *57·

f. 31. n. 28—31. Wilh. 60. 58 (— veniam peccatorum).
61 = Reg. Greg. IX. 156. Wilh. 62 = Reg. Innoc.
IV. 17.

f. 32. n. 32. Reg. Innoc. IV. 6; n. 33. *Wilh. 68; n. 34.
Papa hortatur fideles ad subsidium terre sancte. Sacro-
sancta Rom. ecclesia — premium pollicentur. n. 35.
Wilh. 80 (— viderit expedire).

f. 33. n. 36. Wilh. 83 (— memoriam largitatis). *Papa in-
sinuat regi Sycilie famem qua in Urbe laborat propter
defectum annone. supplicans propter Deum et amorem
suum quod per bladi transmissionem populo Rom. suc-
currat.* — n. 37. *Wilh. 84 = Reg. Greg. IX. 30; n.
38 — 42. Wilh. 85. *89. *93· 92. *100·

·f. 34. n. 43—46. Wilh. *103· 107 = Reg. Greg. IX.
169 (*ecclesiarum rectoribus*). 102. *106 = Reg. Greg.
IX. 160.

f. 35. n. 47 — 50. Wilh. *101· *34 = Gerb. II, 30.
Wilh. *35 (— honoribus augeamus. *Papa regi*). 49
(*Papa regi*).

f. 36. n. 51. *Wilh. 56 (— non ingrati. *Papa Rom. regi*).
n. 52. *Cod. Vat. 4957. n. 16. Recte discrecionis examen

— libere conferenda. n. 53. *Papa notificat ep. Coloniensi processus quos fecit contra eligentes vel procurantes eleccionem Chunradini. mandans sibi quod eos in sua provincia singulis mensibus faciat publicari. Fundata domus Domini — mensibus publicari. Vergl. Clem. IV. Reg. 344.

f. 37. Incipiunt littere imperatorum et regum Romanorum. 1. *P. de Vin. III, 22. Im Ausdruck ist viel Abweichung, aber keine wesentliche Verschiedenheit. Namen fehlen meistens. — n. 2. *Imperatoris filius regi Anglie. Si magnificencie — offeret nunciorum. Baluz. 9. — n. 3. P. de Vin. II, 25; n. 4. *Wilh. B 19; n. 5. P. de Vin. IV, 6; n. 6. ib. 5 (— inponere non obmittas). n. 7. ib. II, 21 ; n. 8. ib. III, 25; n. 9. *Imperator rogat regem Francie. quod interdicat Lucanis commercia in regno suo. quos pro suis excessibus panno supposuit imperiali. Furiosam superbiam et — noveritis expedire. Vergl. P. de Vin. II, 13.

f. 38. n. 10. *Imp. principi. Adaucte — tytulum vendicasti. P. de Vin. I, 8. — n. 11. *Imp. cognate sue consolando eam super morte ducis Bawarie (soceri sui). Dum — abstergas. Mart. Coll. II n. 91; n. 12. P. de Vin. III, 9; n. 13. *Imp. civibus et civitati significat ad gaudium. quod tali die accinctus est gladio militari. Geminare videmur in — milicie claritudo. Martene n. 99. — n. 14. Reg. Frid. II. 929 (— prosapia paciatur). — n. 15. *Imperator potestati vel civitati significat quod papa violavit pacem inter eos firmatam. mandans eis quod quedam statuta que de novo fecit inter alia statuta sua faciant scribi et inviolabiliter observari. Multifarie — temporum firmiores. Mon. Leg. II, 354 ex cod. Wilher. abweichend.

f. 39. n. 16. *Imp. nobilibus subditis. quibus filium suum regem Chunradinum regendum commisit significat excessus Ch. predicti. iniungendo eis quod viros morum honestate conspicuos et fama celebres sibi applicarent qui ipsius distortos mores corrigerent et emendarent. Fatigatus — graviter commoveri. Wilh. B 88. abweichend. — n. 17. *Imp. Rom. conventui consulit atque suadet ut N. feminam superbam nimium et rixosam. totumque collegium perturbantem a monasterio expellant. Ascendit de mari — totaliter dedicavit.

Incipiunt littere regum.

n. 1. *Rex Rom. domino pape significando ei pacem et concordiam perpetuam quam cum rege Francie firmavit. Ut de felici — petimus exhiberi. Nur der Anfang bei Gerbert Cod. ep. II, 28. p. 95. — n. 2. Gerb. III, 14. p. 159. aber *duci Saxonie.* Quantis — mirabili respiravit. — n. 3. Gerb. III, 15. p. 161. — n. 4. *Romanorum rex principi pro coniuge assumenda.* Wilh. B 125.

f. 40. n. 5. Wilh. B 120; n. 6. *Rom. rex episcopo. Mentis nostre tabernaculum — et intendant. Hieraus gedruckt Lamb. Comm. I, 568. — n. 7. *Rom. rex principi transmittit feoda etc. Solis et aurore — potencie insurgemus. — n. 8. Gerb. I, 1 (Reg. Rud. 1); n. 9. *Reg. Rud. 85. aber ohne Namen und Datum, sonst wenig abweichend von dem Original Cod. Lubec. I, 325. — n. 10. Gerb. I, 19. p. 26; n. 11. *Rom. rex principi regratiando sibi de fidei puritate quam habet ad eum. Delectabiliter introivit — precipue reformetur. — n. 12. Gerb. I, 46. p. 56; n. 13. *Rom. rex citat episcopum. quod curiam visitet quam est celebraturus. Ad Romane monarchie — fiducialiter commendamus.

f. 41. n. 14. Rom. rex civibus supplicando pro fratribus quod ad usum eorum eis unam viam dent et concedant. Firmamenti pulchritudine — incrementum. — n. 15 — 19. Gerb. II, 56. 33. 1, 44. 45. 8; n. 20. *Rex. Rom. principi resumendo et restituendo eum plene ad gratiam ac remittendo sibi iniurias in eum et imperium commissas. A primordiis nostri — continuis augeamus.

f. 42. n. 21 — 25. Gerb. I, 25. III, 3. I, 18. 2 (— rev. filiali). *20; n. 26. *Imperator super beneficio inpensis regraciatur ut supra in prima epistola. Florida ordinis vestri — perseverantie foveatis. — n. 27. ⹀ Gerb. I, 10; n. 28. *Imperatoris littera per quam quis assumitur in familiarem. Fecunda nobis indicata — participio gavisurum. — n. 29 ⹀ Gerb. I, 16.

f. 43. n. 30 ⹀ Gerb. I, 17; n. 31. *Littera per quam imperator committit alicui advocaciam alicuius ecclesie. Etsi generaliter omnium — habeat potestatem. — n. 32. Rex Rom. provincie significat. quomodo Germaniam in pace posuit. et quomodo intendit ire in Ytaliam ad pa-

candum eam. premissis sibi nunciis solempnibus qui viam sibi parent. Ab illo bono — adveniat mansuetus. — n. 33. *'Rex Rom .principi. adhortando eum ad pacem et concordiam cum fratre suo recipienda.* Desiderantes ex intimis — et reducant. — n. 34. 35 = Gerb. II, 16. 1, 28. — n. 36. *'Rom. rex iudicibus mandat.• ut aliquem apostatam in suum ordinem sevientem capiant et reservent pena debita puniendum.* Quia facinoresorum — reportare. — n. 37. *'Rex Rom. regine regratiatur. super sincero affectu quem erga eum gerit. et super eo quod cupit filiam suam filio suo matrimonialiter copulari.* Congratulacionis amice — subsequatur.

f. 44. n. 38. *'Rom. rex iudicibus suis mandans quod tali de suis offensoribus faciant iusticie complementum.* Quia miserande miserie — super eo. — n. 39. *'Rom. rex episcopo. consolando eum super morte advocati sui. ac promittendo quod de consilio suo sibi de alio providebit.* Ex quo — successore. — n. 40. *'Rex Rom. subdito suo. commendando sibi quoddam claustrum ac ipsius fratres.* Acceptus — incrementum. — n. 41. *'Rex Rom. militi suo. comminando sibi quod gravem sentenciam contra eum ferat si cum adversario suo non componat.* Querelam — procedamus. — n. 42. *'Rex Rom. domino pape regratiando sibi. quod ita gratiose nuncios suos recepit.* Resplenduit — fulcimentum. — n. 43. *'Rex Rom. domino pape supplicando. quod tali de certo episcopatu dignetur providere.* Si super iustis — copulari. — n. 44. *'Rom. rex iudici. quod promptus sit in iusticia facienda.* Querelam gravem — rependemus. — n. 45. *'Rom. rex universitati. recommendando sibi clericum familiarem suum.* Digne illos — impendatis. — n. 46 = Gerb. I, 30. — n. 47. *'Rom. rex universitati notificat. quod tales eis dedit rectores mandando. quod eis in omnibus pareant et intendant.* Inter cetera quorum — potestatem. — n. 48. 49 = Gerb. II, 2. 12. — n. 50. *'Imp. patriarcham hortatur. quod viriliter et fideliter pro defensione sua et imperii hostibus se opponat.* Quantis qualibusque — largiora.

f. 45. n. 51. *'Rom. rex episcopo confortando eum ne desperet. promittendoque sibi tantum numerum armatorum. qui ad defensionem suam sufficere possint. et si castra sua obsidione vallentur. quod ea defendat et a fortitudine hostium liberabit.* Horrende persecucionis — inpendemus. — n. 52. *Rom. rex apostolico regratiatur de continuis consolacionibus sibi inpensis consulendo sibi. quod predicacionem crucis strictius et forcius commendet. narrando etiam sibi negocium eorum quibus hoc negocium est commissum.* Grande multiplicatum — iniungatur.* n. 53. *Rom rex iudicibus. quod talem infantem in suam specialem recepit defensionem.* Ad hoc nostris — evitare. n. 54 — 59 = Gerb. I, 41. III, 6. 12 (hier ein Satz weniger). II, 31 (ebenfalls ein Satz weniger). 40. 41.

f. 46. n. 60 — 63 = Gerb. III, 21 (hier ein Satz weniger). 20. II, 38. III, 26. — n. 64. *Rom. rex domino . . pape congaudendo de electione de eo facta. ipsius electi personam multipliciter commendando ac se sibi et totum statum suum submittendo.* Laudabilis et gloriosus — voluntatis. Auch in Heiligenkreuz n. 509.

Incipiunt littere privilegiorum et exempcionum sive libertatum.

n. 1. *Forma privilegii. quo quis pro se et heredibus suis eximitur ab omnibus prestacionibus decimis et collectis.* Etsi ad fideles — eximendos. Dat. a. D. etc. Kal. Iulii regni· nostri a. 5. — n. 2 = *P. de Vin. VI, 1 (hier ein Satz weniger). n. 3. *Forma privilegii quo imp. recipit monasterium in suam specialem protectionem.* Equitatis vigor exigit — volueritis evitare. — 4. *F. p. super permutacione bonorum feodalium.* Divini cultus nominis — super eo.

f. 47. n. 5. *F. p. quo imp. recipit in suam graciam specialem et protectionem. Salzburg. Ratisp. et Pataviensem ecclesias. et quod precipit eorum ministerialibus. quod sine predictorum episcoporum licencia. ad aliorum servicia se non convertant.* Quanto nos Deus — prosequemur. — n. 6 = Gerb. I, 14. — n. 7. *Incentivi — enitescat.* Gerb. p. 149. — n. 8. *Divine — conterantur.* Gerb. p. 150. — n. 9. *Episcopus . . subdito suo commendando eum de legalitate. fide. et devocione quam habet ad ecclesiam. hortando et monendo eum. quod in futurum ecclesiam defendat. sicut huc usque facere consuevit.* Ex sincere dilectionis — puritatem. — n. 10 — 12 = Gerb. II, 39 (hier eine Zeile weniger). 9. I, 5. f. 48. n. 13 = Gerb. I, 3. — n. 14 = Wilh. B 122. — n. 15. *Episcopus . . principi super consolatione de-*

*functi. non arguens ipsius planctum sed prohibens ne
modum excedat.* Audivimus et conturbatus — gloriari.
ähnlich wie Philol. 305. f. 34. doch mit vielen Abweichungen, weil es eben nur Phrasen sind, wie auch der
vorhergehende Brief. — n. 16 = Gerb. II, 51. — n. 17.
Religiosus religioso commendando vitam contemplativam
etc. *Care frater non — possessurus.* n. 18. *Frater fratri super mala conversacione* etc. *Si fraterne — quid
ruboris.* = Philol. 383. f. 20'. (Wilh. B 150 — parce
michi). — n. 19 = Gerb. I, 37.

f. 49. n. 20. *Conventus .. principi tali. commendando
se sibi ac supplicando. quod eis velit adesse in expe-
diendis consiliis et auxiliis suorum negociorum.* Propi-
natum nobis nuper — oportunis. n. 21. *Civitas Rom.
regi commendando ipsius personam multipliciter. ac se
et sua sibi offerendo. excusando se etiam de eo quod
nunciis suis non prestiterunt iuramentum fidelitatis.* Qui
vergente mundi — tractatum. n. 22. *Rex Rom. regi*
etc. Cum inter reges — informandam. Gerb. p. 155.
mit einem Satz mehr am Ende. n. 23 = Gerb. I, 11.
n. 24. *Capellanus Rom. regi. quod eum recipiat in familiarem.* Lustratis per mundi — aperire. n. 25. *Subditus domino suo offert se promptum ad servicia sua.*
Hactenus se grati — affectibus blandiantur. n. 26. *Amicus
amico suo obsequium offert.* Tot et tanta de — palmi-
tes adolescant. n. 27. *Cives Rom. regi* etc. Quia ordinatione
divina — reformabit. = Gerb. II, 27. — n. 28. *29
= Gerb. II, 53 (hier am Ende stark abgekürzt). III, 2
(hier ein Satz mehr — reverenda).
f. 50. n. 30 — 32. = Gerb. II, 58. Wilh. B 121 (hier
— et mandatis). Wilh. A 51 (hier — Deum. Ita ut
dum vestra spiritualia participamur, in redibicione temporalis promocionis ac subsidii vobis gratuito teneae-
mur). n. 33. *Clericus episcopo suo. offerendo se paratum ad obsequium suum.* Ex quo divine — perpetuo
militando. n. 34. *Subditus maiori suo* etc. Si super ex-
hibitis — clarioribus enitescat. n. 35. *Cardinalis Rom.
regi. regratiando ei. quod servicia sua modica recipit
ita grata. offerens se et suos ad maiora loco et tempore oportunis.* Magnitudinis vestre — magna fiant. —
n. 36 = Gerb. I, 9. — n. 37. *Episcopus Rom. regi
notificat. quod sententias infamie et alias tulit in quos-*

34*

dam ministeriales suos. pro excessibus suis. petens quod has confirmet et eos subiciat banno imperiali. Error incorrigibilis — sententia annotare.

f. 51. n. 38 = Gerb. II, 8. — n. 39. *Forma privilegii. quo imp. confirmat ecclesie antiqua privilegia. ac etiam aliquid de novo concedit.* Conditor universe perpetuo possidenda. — n. 40—44 = Gerb. II, 59. III, 29. 4. P. de Vin. VI, 7. III, 10. — n. 45. *Forma privilegii super institucione novi fori.* Licet in latitudine — intimantes.

  Littere papales imperatorum atque regum.

n. 1. *Episcopus Rom. regi congaudendo de eo quod dies est sibi prefixus ad dyadema imperii suscipiendum. ac significans. quod sue solempnitati personaliter velit interesse. vel si legittimis inpedimentis inpeditus hoc facere non posset. quod ibi mittet suos nuncios solempnes.* Regalibus litteris — frequentemus.

f. 52. n. 2. *Rex Ungarie principi* etc. Wilh. B 12. Boehmer, Reichssachen 1241 n. 163. — n. 3. *Littera magistri Friderici abbatis Gerstensis. reprehendendo fratres minores de nimia ambicione.* (Gegen ihren beabsichtigten Bau in Ens und sonstige Übergriffe.) Eloquens scientia qua — detraheret elevatos. Dann beginnt mit f. 52′ eine andere Hand. n. 3. *Privileg (Rudolfs) für ein Cistercienserstift.* Totiens regie celsitudinis *etc.* — n. 5. *Rom. rex regi Francie* etc. Gerb. II, 23. — n. 6. *Rom. regi provincia* etc. Benedictio — regi nostro. Der Anfang von Gerb. II, 7.

f. 53. n. 7 = Gerb. I, 15. — n. 8. *Imp. civitati alicui. commendando eam de fidelitate circa imperium et strennuitate. ac commendando eis nuncium suum quem ad eos direxit.* Avite magnanimitatis — recommissum. — n. 9. = Gerb. III, 33. — n. 10. *Imp. indulget alicui. quod quem possit privilegiare super officio tabellionatus.* Ne contractuum memoria — iuramento. Dat. etc. — n. 11. *Imp. super commissione eiusdem officii dat privilegium.* Quia fidei tue — concedimus facultatem. — n. 12. *Imp. omnibus principibus* etc. Gerb. II, 29. — n. 13. *Forma super investitura feodorum (episcopi).* Romani imperii celsitudo — pareant reverenter. — n. 14 = Gerb. I, 22.

f. 54. n. 15. *Rom. rex regratiatur domino pape de eo*

*quod pacem in orbe procurat. et de concordia et ami-
cicia. quam inter eum et regem Sycilie ordinavit.* De
misericordie — parcere recusaret. n. 16 = Gerb. III,
23. — n. 17. **Rom. rex super institutione novi fori
concedit privilegium.* Benigna gratie nostre — libertatum. — n. 18 = Wilh. B 78. — n. 19. *Friedrich II mel=
det seinen Sieg über die Mailänder. Felicium prosperi-
tas continuata — se avertant. Vergl. Wilh. B. 80. —
n. 20. **Rex Rom. iudicibus commendando eos de fide
et legalitate sua.* Adiecit nostre felicitatis — nocumen-
tum. — n. 21. **Rex Rom. episcopo. absentiam suam tem-
poralem ignoscendo.* Quanto celsius ex — venias in-
dilate.

f. 55. n. 22. *23· = Gerb. I, 24. II, 3. — n. 24. *lex
per quam* etc. f. Mon. Leg. II, 285. — n. 25. 26 =
Gerb. II, 20. 21. — n. 27. **Imp. significat principi suo.
commendando eum de legalitate erga imperium et fide.
hortando eum quod in promovendis honoribus imperii
ferventer invigilet et laboret.* Quantum nobis in eo
— convalescat.

f. 56. n. 28 — 33 = Gerb. II, 49. I, 13. 7. II, 43
(hier ein Satz weniger). 42 (ebenso). I, 34. — *n. 34
= f. 51'. n. 1.

f. 57. *n. 35 = f. 51' n. 45. — n. 36. 37 = Gerb. I,
43. III, 11. Bei beiden fehlt hier der Schluß. — n. 38.
**Imp. significat regi Francie quod gaudet de affinitate
cum domo sua contracta.* Inter cetera augustalium —
exhibebit. n. 39 — 43 = Gerb. I, 23. II, 1 (Schluß
fehlt). III, 25 (ebenso). I, 47. 31.

f. 58. n. 44. **Imp. regi quod delectat eum ei et domui
sue perpetua familiaritate couniri.* Funiculi triplicis —
efficaciter aspirabit. 45. **Forma privilegii quo imp. recipit in suam protectionem monasterium. innovando et
confirmando ei privilegia prius concessa.* In excellenti
specula etc. 46. **Forma privilegii quo imp. privilegiat
aliquem quod possit facere tabelliones.* Claret imperii
celsitudo — astringantur. — n. 47 = Gerb. III, 34. — n. 48
*F. p. quo archiep. confirmat collacionem factam mona-
sterio.* Etsi numinis — communimus. 49. **Imp. com-
minatur hereticis.* Pestilentes heretice — condempnati.

f. 59. n. 50 — 53 = Gerb. II, 25. I, 49. *P. de Vin.
VI, 13. Gerb. I, 6. — n. 54. **Episcopus supplicat regi*

quod sententiam contra hostes et infideles ecclesie sue latam confirmet. et quod eos proscribat per suam sententiam. significans sibi quantum in ecclesiam suam deliquerunt. Urgente nos iure — confirmantes. Dat. etc. — n. 55 = Gerb. III, 38.

f. 60. n. 56 = Gerb. I, 29. — n. 57. *Forma privilegii quo principes Germanie approbant omnia. que rex Rom. recognovit confirmavit seu innovavit ecclesie Romane.* — n. 58. ˙*Princeps scribit Rom. regi quantum congaudeat potentie sue ac felicitati. ac super sponsalibus inter eum et quendam regem contractis.* Dum Romani regni — regnum eius. — n. 59. *Minor regratiatur maiori. super eo quod sibi dignatus est statum suum scribere.* ⏺*fferens se et sua sibi. ac excusando se quod sibi rescribere attemptavit.* Tante preeminencie scribere — et honoris. Wilh. B 128? — n. 60. 61 = Gerb. I, 4. 37.

f. 61. n. 62 — 67 finb nur Exordia. Ohne Abſaß und Unterſcheidung folgen bann wieber anbere Briefe. 1—3 = Gerb. II, 5 (ber Schluß fehlt hier). 48. Wilh. A 37.

f. 62. n. 4. 5 = Wilh. A 59. P. de Vin. III, 44.

f. 63. n. 6 → 8 = P. de Vin. I, 36. Wilh. B 11 (*F. imp. civibus*). A 81 (*Papa civitatibus Ytalie*).

f. 64. n. 9 = ˙Wilh. A 90. — f. 65. n. 10 — 12 = Wilh. A 91 (*Papa regi*). B 31. P. de Vin. III, 26.

f. 66. n. 13. 14 = P. de Vin. I, 18. II, 8. — f. 67. n. 15. = Wilh. A 15.

f. 68. n. 16. *Papa adhortatur et mandat civitatibus Ytalie quod dent Parmensibus auxilium contra Frid. imp. Nisi* — suum. Dat. Lat. p. n. a. 5. Wilh. A 55. — n. 17. Boehmer Reg. Greg. IX. 142.

f. 70. n. 18. Eger cui lenia — impostorem = Vat. 4957. n. 46.

f. 71'. n. 19. P. de Vin. I, 3. — f. 72' n. 20. Wilh. B 65. — f. 73. n. 21 — 23 = P. de Vin. I, 2. 4. 21 (hier biel fürzer).

f. 74. n. 24 — 26 = P. de Vin. I, 6. 7. ˙1·

f. 75. n. 27 — 29 = Wilh. ˙B 38. ˙43· ˙52 (Reg. Conr. IV. 133).

f. 76. n. 30. 31 = ˙P. de Vin. II, 20. Martene 74. — n. 32. *Imp. F. filio suo etc. et quod communitas Alexandrie relictis erroribus Mediolanensium etc.* Etsi pontifices — propensius animetis. Vergl. Wilh. B 99. —

n. 33. 34 = Wilh. B 100 (*civibus* ohne Namen. Datum regni nostri anno 10). 102 ebenfalls ohne Namen.

f. 77. n. 35 — 37 = P. de Vin. I, 14. Wilh. B 7 (*F.*
imp. regi Francie. Attigisse — transmittemus. Datum
Sycil. regni nostri a. 10.) Vin. IV, 1 am Ende kürzer.

f. 78. n. 38. 39 = Wilh. A 70. 8 (*Regi Francie*).

f. 79. n. 40. 41 = Wilh. A 14. 96.

f. 80. n. 42. **Littera conductus imperatoris regisve Ro-*
manorum. Von Albert, für die Cist. Äbte, die zum Ge-
neralcapitel reisen. n. 43. *Forma earundem minorum*
principum. Von Herz. Rudolf, für Prager Kaufleute, die
nach Venedig reisen. 44. *Littera diffidationis.* Von Herz.
Rudolf an den Herzog von Baiern. 45. *Forma ad idem.*
Von Graf Heinrich von Hardeck an . . von Messow.
Hierauf kommen 46 — 59 Stücke, die schon früher da gewesen sind, zum zweiten Male, nämlich f. 13'. n. 21.
f. 15. n. 32. f. 15'. n. 33 — 37. f. 16'. n. 40. f. 17.
n. 41. f. 16'. n. 39. f. 20' n. 49. 50. 51. f. 25. n. 2.

f. 82'. n. 60. *Cardinalis commendat episcopum de bono*
opere ac proposito. significans ei quod papa non solum
petita per eum concessit sed etiam propositum suum
multipliciter commendavit. „*Ven. in Christo patri d. Io.*
ep. Argentin. fr. Ny. permissione divina Ostyensis et
Veltrensis ep. etc. Inter illustres nervose — reservatur.
n. 61. *Commune (Bonon.) significat alicui electionem de*
se factam in potestatem. petens quod ei consentiat. Licet in latitudine — acceptetis.

f. 83. n. 62. *Hec dicit idem quod supra proxima.*
Quoniam de manibus — veniatis. 63. *Electus (A. de la*
Turre) in potestatem communi (Bonon.). Cum omnes
homines — subituri. 64. *Electus ad officium prefecture*
regratiatur de honore sibi impenso et excusat se quod
officium non potest acceptare. Cum dignitas et — aver-
tit. *Explicit.*

Hierauf folgt der Traum Pharaos, dann f. 93. Bitte eines Schülers an den Archidiakon Clemens um Unterstützung, in 22 Formen, nämlich Ep. sumpta a receptoris
generatione, denominatione, conversione u. f. w. f. 95.
Lecto luctu — coronam. Klagen über den Fall von
Affon. **Rhetoricae epistola ad mag. Got(fridum) imp.*
aulae protonotarium. Quis dabit aquam — docebunt.
Ein Brief der Frau Venus ist ausradirt. Venus Dei

gratia mundane universitatis per propagacionem . . . . .
conservatrix. Militum suorum strennuissimo . . . den Na=
men konnte id) nid)t mel)r erkennen.

Philol. 69. jeßt 404. Ital. membr. fol. s. XIV. *Inc. Summa
dictaminis composita per magistrum Riccardum de Po-
phis olim camere domini pape clericum.* Noviciorum —
infundatur. Amen. *Expl. epistole mag. Ricardi de Pofis.*
— *Inc. prologus in libro Senece de remediis fortui-
torum.* Hunc librum composuit Seneca — felicitas nostra.
2 Blätter.

Philol. 70. jeßt 407. Ital. mb. fol. s. XIV. *Hunc librum
legavit d. Barbara Steuchisserin* (? cf. Ius can. 60.) *vidua
zum Lam* (s. XV). In isto libro continentur:

Primo Summa dictaminum T h o m e d e C a p p u a cardinalis continens 10 partes quarum quelibet parcium habet
tabulam cappitulorum annexam.

Item Epistole Achalici regis d. i. C a s s i o d o r i V a r i a r u m
I, 8 — 12. und, mit feblendem Anfang, II, 16 — IV, 39
(„hic finit liber“); „Annus et annus — retineant.“ For=
mel eines Verkaufs, und noch X, 22. 23.

Item Extracta ex libris moralium de regimine dominorum
qui alio nomine dicitur secretum secretorum Aristotelis
ad Alexandrum. in cuius fine tractatur de physionomia
cuiuslibet hominis et de signis et moribus naturalibus
hominum. de planetis. et de forma cuiuslibet signi. de
significacione lune in signis. de gemmis. lappidarius.
quedam hystorie. et fabule multe per modum exem-
plorum conscripte. Die Gefchichten find von Theophil
und vom König von Ungarn; das leßte eine Novellenfamm=
lung; f. 155. die Gefchichte vom Wolf und Fuchs im
Brunnen, und noch manche Thiergefchichten.

Philol. 71. jeßt 3372. früber 407. ch. fol. s. XV. Eine
Infchrift *Salve. Iste liber est Georgii Apsiti Coroniensis*
fcheint s. XVIII. zu feyn.

    I. Inc. epistola principibus ecclesiasticis moderni tem-
poris per Luciferum principem tenebrarum et eius
satellites missa. Dann P e t r u s d e V i n e a. I, 35
— 39 fehlen. Nach IV, 16 folgt (aber nicht im In=
der) 17. Lugubris exurgente mit der falfchen Über=
fchrift: *Fridericus conqueritur de morte imperatricis
uxoris sue* (Wilher. B 122); 18. Wilher. B 19. —
V, 112. 111. find vertaufcht. Nach VI, 15. folgen

die Erordien VI, 27. 28. 31. die dann nachher fehlen. Zuletzt: Nota formam et modum per quem potestates capitanei ancyani communitates civitatum Lombardie ad benivolentiam inducuntur. Qui modus et forma circulariter secundum quod civitates situate sunt hic continetur. Primo de civitate Tervisina que per dominum regitur. Cui scribitur: Nobili ac potenti viro d. Richardo de Camino. deinde Duci Venetorum ancyanis consulibus ac communitati civitatis eiusdem u. f. w. Nur Abbreſſen. *Expl. Summa magistri Petri de Vineis etc.*

II. Summa cancellarie Karoli IV imperatoris. Nur angebunden. Vergl. darüber Haupts Zeitſchrift VI, 27.

Philol. 72. jetzt 3376. ch. fol. s. XV. *Item liber dictaminum literarum Friderici imperatoris conquerens universis super domino apostolico de sua excommunicatione et depositione in 7 tractatus distinctus* (es ſind aber nur 6) *urbanibus verbis.* iſt Petrus de Vinea mit Regiſter vor jedem Buch und Überſchriften der einzelnen Briefe. I, 34—39. und III, 51 fehlen.

Philol. 153. früher Hist. 203. jetzt 481. mb. in q. s. XIV. Petrus de Vinea, verglichen durch Herrn Goldhann, f. Archiv VII, 970. Auf dem letzten Blatte ein Brief des Erzb. Lodomer von Gran (1279—1299) an den Papſt Bonifaz VIII. Die Stuhlweißenburger Kirche habe durch den vorigen König Ladislas (†1290) und einen ſchrecklichen Brand ſehr gelitten; deßhalb bittet er den nach Theodors Erhebung zum Biſchof von Raab erwählten Propſt Gregor von der Reiſe nach Rom zu diſpenſiren. D. Strigonii Petri et Pauli. Dann ein Brief von L. an ſeine Mutter E. B. et P. regina, nämlich die zweite Gemahlin ſeines Vaters R. B. et P. rex. Große Gefahren von ſeinen Gegnern verhindern ihn, perſönlich zu kommen. f. 116. *Inc. summa dictaminis composita per magistrum Riccardum de Pofis extracta de registris papalium dominorum scil. Urbani Clementis et aliorum paparum. Novitiorum — effundatur. Expl. Summa m. R. de P. secundum stilum Romane curie.* Dann ein Bannſpruch über Räuber und Brandſtifter; Dank für einen überſandten Becher „Morditiva — habeatis". Hahn Thom. Cap. 307. — Einige Erordien. Eine Urkunde .. prepositi eccl. collegiate S. Petri in Posaga dioc. Quinqueecclesiensis, unb von berfelben Hanb: Der Erzb. von Gran, beauftragt mit der Kreuzprebigt gegen Tartaren, Kumanen, Neugarios, fpeciell gegen .. banum filium Pezde et Pezdam fratrem eiusdem, überträgt ben Auftrag einem Dritten.

Philol. 187. jetzt 526. mb. q. s. XIII. exeuntis. Palacky, Abhanblungen ber k. Böhm. Gef. b. W. V, 2. 1843. p. 225. Zuerft Iohannis Lemovicensis Somnium Pharaonis, bann ohne alle Unterfcheibung f. 11. Briefe ber Gefangenen in Parma. *Infandam sed plus — voluntatem. f. 12. *Urbem Parme multimode — graciosam. — *N. consiliario pape* Racionis causa multiplex — obligatus. *Vehementis doloris instantia — velitis. — *Rex Sicilie scolaribus ut Salernum veniant.* Profunda mente pensantes — commodum consequatur. — *N. fratri* um Gelb zum Stubiren. Persuasio necnon instantia — libertatis.

f. 13. Talis würbe gerne zurückkehren, wenn es möglich wäre. Nondum perlectis finaliter — oculi visione. — *(Uxor marito?)* *Non potest quidem — propositum redeundi. — *Frid. Iusticiario.* Non potest vobis — repereris contumaces. — *Desgl. Multipharie multisque modis ut mundus — exicio condemnare.

f. 14. *Frid. principi.* Utinam aliquem ex orbis — securitas pararetur. — *(Idem fideli suo?)* *Quod in Lombardie — predictorum. — *Captivus captivo.* *Laudate Dominum in — nuncius dirigatur. — *(Iusticiarius Friderico?)* *Celsitudini vestre presentium — carceri deputatis. — Klagen eines Gefangenen. Non sum iniurius — destitutum.

f. 15. *Petrus captivus Parme queritur de mala fide Iohannis quondam amici sui.* Si totus mundus — hominum mentionem. — *Frid. fideli suo.* Firmum in pectore — constet nobis. — *Princeps principi.* Ex intime dilectionis — assignare curarent. — *Desgl. Vestre benignitatis sinceritas — suffragiis procurando. — Wilh. A 39. Datum Perusii.

f. 16. *(Frid. papae?)* *Amarus nuper aures — malicia gloriari. — *Rex tali de morte fratris.* Cum excellentiam deceat — tuus serenetur. — Licet iam dudum — concedatis. (Liebesbrief.)

f. 17. Licet nostrum animum — recrearet. u. f. w. siehe Palacky p. 228.

f. 29. *Inc. dictamina Petri de Vinea;* nämlich II, 1. 9. 11 — 14. 5. I, 1. 4. 8. 10. III, 3. 6. IV, 2. III, 9. 10. 27. 32. 23. 34. V, 2 — 6. 11. 10. VI, 1. 9. 14. 4 — 6. Dann f. 39′ zwei Erordien „Etsi prosequatur officium — perpenditur". „Satis nobis ad gloriam — debitam gloriosos". — Petr. de Vin. III, 44. — f. 40. Duobus similibus — imploro. an einen Arzt u. f. w.

f. 44′. Brief von einem Mitglied der Römischen Curie an den Englischen Minister (cum tranquillus regni status de manu vestra queratur) über die Gefangenschaft des comes Centuariensis quondam iusticiarius Anglie. „Pro nobili viro — debitores". — Kleine Briefe, oft nur Erordien.

f. 47. „Ab Ungaro missi enses. „Missus equus a cesare. „Missus nuper pannus u. f. w.

f. 50. *Recessus domini W. ven. Salzb. episcopi — et profectum. (*Princeps clero*). — Recogitantes et amaritudine — collocare dignetur. Trostbrief *de morte filii.* — Differebamus scribere hactenus — et exemplar (*De morte nepotis*). *Expliciunt dictamina magistri Thome.* — Utinam nos sic — responsivam. u. f. w. bis f. 56′. Pacior vehementer — scribere; ein Prepositus Carnotensis, abstammend von optimatibus minoris Britannie, rechtfertigt sich gegen Anschuldigungen seines Rivalen in der Propstei. — f. 57. *Expliciunt.* Merito filie u. f. w. siehe Palacky.

f. 64. Wilh. A 40. — f. 70′. Reg. Rich. 97. — f. 71. *Frid. regi Boh.* Orbis orbitas. — f. 72. P. de Vin. I, 32. — f. 72′. Sole domicilium `leonis — enodari (Unsinn). „Stelle matutine *etc.* „Telo Cupidinis — in palatu". — f. 73. *Omnipotens conditor f. Böhmer Reg. Imp. 1198—1268. p. 369. — f. 73′. Frid. über die versuchte Vergiftung: *Audite gentes de — melius reformemus. — f. 74′. Wilh. A 84 = Reg. Greg. IX. 30. — „Non Noemi, Hahn Thom. 305. — f. 76′. an den Kaiser über die Friedensverhandlungen mit dem Papste. *Missa nuper per iudicem P. de Vinea — noscitur exstitisse. — f. 77. *Letentur celi et exultet — domino habeatur. über die Wahl Clemens IV. Summi providencia — offense. ein Erordium. Humilis doctrina — considerantes; desgl. zu einer Entscheidung zwischen den Kirchen

von Bourges und Bordeaux. — f. 77'. Reg. Hon. III.
70. — f. 80' u. f. w. fiehe Palacky.

Philol. 229. jeßt 3462. früher Ambr. 457. ch. oct. s. XV.
*Maximiliano duci Austrie etc. huius libri usum dedit
doctor Thomas de Cilia a. D. 1471.* — Briefe, Reden
u. f. w. s. XV. befonders aus Italien. — f. 136. *Ruffi Sexti
viri consularis rerum gestarum populi Romani Valenti-
niano augusto liber.* Pio — auguste. — f. 146. *Imperatorum ab C. Cesare deinceps compendii libellus ad
Nicolaum marchionem Estensem seniorem a Benevenuto
Imolensi libellus editus.* Optas *etc.* Nur eine Seite.

Philol. 241. jeßt 3244. ch. oct. s. XV. *Liber gloriosiss.
virginis Marie in Furstenfeld Cist. ord. Fris. dyocesis.*
Verfchiedene rhetorifche und grammatifche Schriften; f. 211
— 245. Briefe von Cicero. f. 183 — 199'. Anthonii
Haneron mirifici oratoris ac eciam famosissimi Parisen-
sis studii decoris compendium brevibus epistolis ad ar-
chidiaconum Tornacensem editum. Enthält auch wirkliche Briefe s. XV. von P. Luder, Poggius u. a. nach
Heidelberg gehörend.

Philol. 298. jeßt 3530. ch. in q. s. XV. Mathei domini
Petri de Perusio oratoris coram serenissimo cesare
Sigismundo Rom. rege oratio incipit, und andere Reden
und Briefe der Zeit.

f. 82. Dicta et exempla notabilia Petri Alphonsi
Hispani.

f. 112. Excellentissimo ac serenissimo principi et domino suo d. Henrico divina favente clementia Romanorum regi dignissimo et semper augusto corona sublimis et affirmatoria coronarum eius in alma Urbe recon-
dita. Aufforderung an Heinrich VII, fich die Kaiferkrone
zu holen.

Philol. 305. jeßt 590. einft Hist. 245 A. von Herrn Gold-
hann irrthümlich als Theol. 310. bezeichnet. mb. in q. s.
XIV. In 2 Columnen außerordentlich fehlerhaft gefchrieben.
Den Inhalt f. Archiv VII, 912. Auf der erften Seite
fteht Interrogatoria pro testium examinatione. Der ältere
Text fängt auf der zweiten Seite, dann aber von anderer
Hand noch einmal auf f. 3' an „Contingit enim dissimi-
lem filium u. f. w. eine Sammlung von Phrafen bis
f. 14'. proprium vendicarat. *Inc. exordia. Cum* favor.
Kaiferliche, darunter auch fchon Vollftändiges. f. 23'. *Inc.*

exordia papalia. Ut pro regis = Wilh. Auf f. 33. fangen
ganze Briefe an. Die hier eigenthümlichen sind ganz un=
bedeutend, ausgenommen vielleicht f. 91. *Geminata precum,
von einem Sohne an seinen Vater (Friedrich II?) für ma=
gister P. um eine Pfründe. f. 163'. Expl. summa dictaminis. Inc. liber de hereticis. Der fehlt aber; statt
dessen ist angebunden Pharetra fidei contra Iudeos.

Philol. 383. jetzt 2493. mb. q. s. XIV. Briefsammlung
(benutzt von Dolliner). *Friedrich der Schöne meldet, wie
es scheint, einem Kardinal am päpstlichen Hofe aus ver=
wandtem Hause seinen Regierungsantritt nach Rudolfs
Wahl zum König von Böhmen, und bittet um Förderung
der Anliegen seines Protonotars Bernhard von Kiburch,
den er nicht entbehren kann, und deßhalb dessen Verwand=
ten Konrad Weiß, Domherrn von Zürich, gesandt hat.
Grandis fiducia peramabilis — promocio conprobatur.
Sehr fehlerhaft. — *P. duci Venet .. .. H. Dei gratia*
bittet um Einstellung der Belästigung seiner Kaufleute in
Venedig wegen eines nicht in seinem Gebiete geschehenen
Raubes. Intellectui nostro continua — debeamus etc.
D. in Civitate. — Der Protonotar Bernhard bittet Mei=
ster H., Pfarrer in La, Notar des Königs von Böhmen,
seine Bemühung um ein Kanonikat in Passau zu förbern.
Nostis desiderium meum — assignantes. — Friedrich von
Österreich *Rudolfo de Arburch purgravio in Wecennekke.*
Cum vos Lupoldum — in eisdem. — f. 2. *Frid. magistro Matheo.* Versichert ihn seiner Gnade, hat aber
jetzt Nichts zu geben. Quamquam obsequia *etc.* — *Frid.*
Cum ex illis 7 vasis vini Rabioli — debeatis. — An
Meister C. seinen Onkel, Protonotar des Erwählten von
Böhmen, H. scolaris in passaio Linze. Bittet um Ver=
wendung in seiner Kanzlei. f. 2'. *Albrecht an den Mar=
schall von Laubenberch. Fidelitati tue studiose — litterarum. — *Eine Urkunde desselben, gedruckt in Chmels Ge=
schichtsforscher II, 416. f. 3. *Friedrich an Heinrich VII.
Fama publica didicimus — habundare successibus. Un=
ter noch manchen, besonders für Österreich und Böhmen
interessanten Briefen (worunter mehrere von der Königin
Anna und an dieselbe) schrieb ich ab: f. 3'. *Alb. Rudolfo
duci.* Cum providus vir — defalcari. f. 4. Desgl. Cum
nos strennuo — conformes. — *Alberto regi ep. Siyn-
nensis.* Constitit nobis et constat — Hungarie redeuntes.

Gebr. bei Chmel l. l. 400. f. 4'. (*Frid. duci?*) *H. abbatissa Gassensis.* Cum sinceris orationibus — adhibere. — *Alberto regi Emericus ep. Varadiensis.* Cum dominus noster — dignemini adhibere. Chmel p. 401. — f. 5. *Frid. dux Austrie nobili Ung.* Fidei et favoris — adhiberi. Chmel p. 402. —. *Reverendo ... Frid. dux Austrie.* Innotuit nobis quod — securi. ib. p. 403. — *Alb. Rudolfo duci Austrie.* Vir discretus H. — inferatur. — f. 5'. Urkunde Friedrichs von Österreich, bricht mit Blatt 7 ab. Dann auf neu gezählten Quaternionen mehr Formen von Privaturkunden, darunter f. 11'. Gerb. Cod. ep. III, 24. — f. 12'. *Frid. imp.* Impensis nobis a Deo — communiri. bestätigt die Besitzungen eines Hospitals. — f. 13'. *Albertus (rex?)* Rechtsspruch. Von f. 17. an folgen *Lucis eterne* — liberales. Philol. 61. f. 25. vermehrt durch viele Phrasen. f. 18. Wilh. A 85. — *Päpstliche Ermahnung, dem gebannten Kaiser nicht anzuhängen. Quia super talibus — benignos. eine zweite Hälfte. — *Gerb. II, 44. vollständiger Philol. 61. f. 25'. — f. 18'. *Conrado regi pot. Nursie.* Archiv VII, 977. — *Manfredo talis (Bononiensis).* Licet regiam maiestatem — et fecundo.

f. 19. *Magnifico et potenti viro d. Petro de Vico talis (Bononiensis).* Misericordia previa — congeries statutorum. — *Domino suo talis.* Dilucidissima vestrarum series — congeries earundem.

f. 19'. *Communitas pape.* Divina dignata clemencia — mansuetudine consedamus. Dann Cum pondus michi — modum etc. nur ein Eingang. Wilh. A 71. Sicut venti inpulsio — lacrimarum. — Wilh. B 138. 136. 137. 147. 150. 162. 166.

f. 21'. Ex parte rogantis = Philol. 305 f. 35. — Wilh. 169. 154. 149 (— benign. dignetur). 151. 145. 175.

f. 22. Gerb. II, 17. 27. 6. I, 21. *Episcopus Rom. regi.* Magnificentiam — mei (das Ende von Gerb. II, 53; gedruckt bei Chmel l. l. p. 409).

f. 23. Gerb. I, 26. — *Talis domino suo.* Licet non mukorum — commendatum. — Wilh. A 51. Gerb. I, 42. — (*Imp. principi?*) *Cupientes ex intimo — et daturus. — Amicorum vera fervensque — sicud possum. Gerens de vestra — fructuosum.

f. 24. *Talis pape.* Quia per N. de — subvenire. — *Fr.*

R. abb. Wer. Exigente pie devocionis — est con-
suetum. — P. de. Vin. V, 8. 15. Wilh. B 63. 64.
f. 25. Wilh. B 71. 76. 92. 93. 113. Hier endigt Quat.
II, dem erst Quat. V sich anschließt; Quat. III beginnt mit
dem Schlusse des Briefes eines Pariser Studenten. Dann
Venerabili etc. Noverit vestra discrecio — divine. Bitte
eines alten Dieners um Unterstützung, und andere Bitt-
briefe. f. 27. Brief an einen König *Cum ad retunden-
dam — potentia gubernari. Antwort: *Cum nostri ad-
ventus — resarciri. und noch mehr Briefe und Antworten,
wahrscheinlich alle erfunden. Später Mehreres von Böhmischen Königen. Vergl. Chmel l. l. p. 410. 411. —
f. 38. *Licet multifidis indigenciarum — poterit reperiri.
Verlangt 100 Mark zur Feier der Vermählung mit der
Tochter des Röm. Königs. *Cum cuiuslibet intersit — se-
queretur. Dat. in die sancto etc. Deprecirende Antwort.
f. 39'. *Nisi celebris vestre fame solempnitas longe lateque per partes diffusa remotas et precipue per magistrum P. de Prece altissonis clarificata titulis ihn ge-
lockt hätte, wäre er nicht nach Böhmen gekommen; bittet
um gute Aufnahme, — cancellarii Bohemie. — *Diffusa
est fama — signare velitis. An den Kanzler des Königs;
dieser war nach Polen gezogen, der Schreiber wollte ihn
in Prag erwarten, und hat kein Geld mehr. *Casum ino-
pinati doloris — et optamus. Die Friauler bitten den
König nach dem Tode des Capitaneus Wl. um einen Nachfolger; rühmen sehr den H. Propst von Aglei, seinen vicarius. Chmel, Geschichtsforscher II, 403. *Ad nostram
est ex terre — rogamus. Erklärt, daß sein langer Aufenthalt in Schwaben und am Rhein nicht aus Mangel an
Liebe zu seinem Sohne, dem Erben von Böhmen (puer),
herrühre; am 5. Januar werde er in Vribero seyn. Am
Ende abgebrochen. Nach einem Blatte mit Urkundenformen,
die sich auf das Bisthum Basel beziehen, folgt Quat. V.
f. 42. Die Fortsetzung von f. 25'. Wilh. B 24. 11 (*civibus talibus.* Schluß: mandatis). 19. 22. 25.
f. 43. Wilh. B 131 (gedr. bei Chmel l. l. p. 403). 9.
Gerb. III, 32. II, 28.
f. 44. Gerb. III, 20. I, 40. III, 34. 26. II, 35. 52.
Schluß fehlt mit den Mittelblättern der Lage.
f. 45. Ende von Wilh. B 2. 3. *Comitantes latus regium
— et curari. Der König bittet seinem exemptus clericus

die Residenz zu erlassen. **Chmel l. l. p. 411.** *Etsi generaliter omnium — duximus faciendam.* Eingang eines l. Privilegs für eine neu gegründete Stadt.

f. 45', Begrüßungen, anfangend mit der Königin Anna von Böhmen; u. a. Magistro P. honor. viro magistro cancellarie regni Boemie ac Wissegradensis ecclesie preposito principi suo devoto. Dann Phrasen, Fragmente und wieder ganze Briefe. f. 48'. *P. D. G. ep. Basil. nobili* etc. Cum controversia. f. 51. *Rev. fratri P. D. G. Senoce archiepiscopo M..... Aurel. episcopus* etc. Cum emergit, und mehreres das Bisthum Orleans Betreffendes. Dann eine Sammlung von Synonymen; auf den letzten 2 Blättern wieder Basler Formeln.

Philol. 412. jetzt 2512. Einige, besonders Böhmen betreffende Briefe sind nach Dolliners Abschriften daraus mitgetheilt in Chmels Geschichtsforscher II, p. 407 ff.

Philol. 426. jetzt 636. duod. mb. s. XIV. Ende eines Briefes der Rectores Lambardie, der in Prag Univ. XIV. H. 10 vollständig ist (Ad vestram). Dann: *Inc. Arenge magistri Guidonis ad Dei laudem.* Vobis tanquam domino nostro, nämlich an den Podesta von Bologna; nach einigen Stücken aber tritt in Beispielen von allerlei Briefen der Bischof von Brandenburg ein. Geschäftsbriefe aus dieser Gegend, Hildesheim, Halberstadt, Meienborp u. s. w. f. 32' fängt ohne einen besondern Absatz wieder eine andere Art von Briefen an (Archiv VII, 977). *Die Mailänder an Innocenz. *Innocenz an den Kaiser. *Kaiser F. an den Papst, Nostra excellentia. Dann werden Bischöfe von Paris und Orleans genannt, jedoch f. 34' wieder der Brief einer Nonne in Meyendorp an ihre Schwester in Halremunt. f. 35'. *Frid. imp. baronibus.* Subditorum constancia — posita veniatis, und *der Pfalzgraf an Friedrich. f. 36. *O. comes. Dann ähnliche Briefe von Geringeren. f. 36'. *Talis miles. *Ad pacem venias. *Intelleximus. Eine Legitimation von Innocenz Quia porte — perhibentes. Dat. 5. Kal. Apr. p. n. a. 1. f. 38'. Dapifero de Burnis ... Fr. D. g. comes maior de Bichelingin. f. 39. Marchio de Landesberch; ep. Merseb. für die Nonnen in Lipzk. Urkunde Landgraf Albert von Thüringen für B. Friedrich von Mersburg 1265 Dec. 12. — f. 42. wieder Italienisches. f. 42'. *Omnis gratia. 45'. *Volentes ad mit der Antwort. Zuletzt wieder Merseburger und

Hallenſer Briefe bis f. 48. Dann kommen theologiſche Sachen.

Philol. 427. jetzt 637. mb. s. XIII ex. oct. min. S u m m a d i c t a m i n i s. Cum debitum ordinarie *etc.* Zuerſt eine theo- retiſche Anleitung, dann Briefe in Privatverhältniſſen, be- ſonders viel von Pariſer Studenten. f. 28'. *Heinricus rex.* Innotescat. f. 40 und 49'. *Frid.* Nosse — inso- lentes. f. 50'. *Frid.* Nosse — ante mit der Antwort (ſ. Archiv VII, 978). Die Briefe ſind faſt ohne Inhalt, in der Regel mit Antwort, und wohl faſt alle erfunden. — f. 58. beginnt eine alphabetiſche Sammlung von Sen- tenzen. f. 72'. L. rex Francie befiehlt ſeinem Seneſchall, wegen der Beläſtigungen durch den comes Britannie alle Barone Frankreichs zu verſammeln. Der Seneſchall mel- det die Ausführung des Befehls. Ein Ritter bittet König L. von der Verſetzung ſeiner Burg abzuſtehen. Der König bewilligt es.

f. 74. Inc. *summa magistri Widonis.* Ähnlich wie die vorige. *De filio ad parentes.* Reverendis parentibus u. ſ. w. f. 83. *Quia scimus et credimus — mendacii veritatem. Eine Stadt meldet der andern einen großen Sieg über die Cremoneſer und Conſorten, und Einnahme von Castrum S. Cesarii. f. 85. *Flori florum et rose ....* *Serviens ille* etc. f. 88. *G. episcopus P. archipresbi- tero.* Precepit nobis imperialis — commendare. f. 90'. M. patriarcha Aquil. beſtätigt I. clerico Paduano die Ver- leihung der Kirche S. Marie de capite pontis durch I. ep. Paduanus. D. in civ. Parisiensi a. D. 1230. 4. Kal. Apri- lis. f. 91. *Frid.* Imperialis. f. 95. *Materiam. *Impe- ratorie. *Reformacioni. *Vestre. (Archiv VII, 979). f. 96. Non obliviscor gratie — reviserunt. *Altitudini vestre incognitum — litteris cerciores. Post decessum tui ge- nitoris — promereri. *Papa (Greg.) ad patriarcham.* Cum pastoralis officii — salutis. Er ſoll Frieden ſtiften. f. 97. Der Patriarch entſchuldigt ſich, da er propter inimici- cias capitales nicht hinkommen kann. Item alia a quo- cunque prelato ad papam pro absolucione excommunicati. De patriarcha ad patriarcham u. ſ. w. f. 98'. * *De pre- lato ad imperatorem.* Omnis = 426. f. 42'. Briefe mit Antworten über alle möglichen Verhältniſſe, Alles Lombar- diſch. f. 127. *De comitissa ad caraneam.* Nobili et sapienti domine H. honorabili caranee talis loci etc.

f. 128. *De privilegiis sedis apostolicæ. Greg.* Aures.
De priv. Romani principis. Frid. Fideles.

Philos. 179. jetzt 3143. beſchrieben und benutzt in Doſtiners Codex epistolaris Ottakari. Vergl. Endlicher p. 272.

Philos. 421. jetzt 273. mb. q. — f. 223. saec. XIV. *Super equivoca.* Omne datum. Enthält nur aequivoca nach dem Alphabet, von dem biſchöflichen Notar Dominicus, ge=bürtig aus Meißen, weil das Buch des Matheus Vindocinensis durch die Schreiber ſo verdorben ſey.

Rec. 210. jetzt 5909. ch. 4. *Codex hic plerisque historiolis ad Neapolitanam rem spectantibus etsi mutilis attamen antiquitate praestandis desumptus est ex Archivio Ven. Domus SS. Apostolorum de Urbe Neapolis. Anno 1716.* D. Eustachius Caracciolus C. R. *Sono in questo tomo le croniche seguenti:*

1) Una cronica mancheuse d'alcune carte, la quale comincia dal primo di Ottobre 1495 sino alli 20 di Gennaro 1519 in lingua Napolitana.

3) (sic) Annali e Diurnali di Lodovico di Raym. Seniore e Iuniore u. ſ. w. fehlt.

4) ausgeſtrichen und in der Handſchrift ſelbſt ausge=ſchnitten.

5) Diario del Guarino per anni 16 cioè dal 1492 — 1507.

6) Chronicon Lupi Protaspatae ut antiquis literis scriptum est in altero exemplari msto. Extracta fuit copia ista ut iacet a quodam compendio manu scripto littera Longobarda quod habui a magᵒ Andrea Cardutio cive Barensi. Ego Io. Bapt. Nenna V. I. D. Ben. (saec. XVI).

7) Acta Visitationis eccl. Neap. fehlen.

8) Cronica di Bartomeo Caraciolo.

Rec. 318. Schw. II, 3. jetzt 9808. ch. s. XVIII. *Chron. Florianense,* aus Hist. prof. 1009. abgeſchrieben, und *V. S. Leupoldi* „ex Vito Arenpeccio manuscripto".

Rec. 676. Schw. II, 106. jetzt 447. mb. fol. s. XIV. *Thomae de Capua* Summa dictaminis, verglichen durch Herrn Goldhann, nach 2 Blättern mit unbedeutenden Briefen. Auf der letzten Seite ſteht die Prophezeiung:

Gallorum levitas Germanos iustificabit,
Italiæ gravitas, Gallo confuso, negabit.
Annis millenis ducentis et nonaginta,

Bis denis adiunctis, consurget aquila grandis.
Gallus subcumbet, aquile victricia signa
Mundus adhorabit, erit urbs vix presule digna.
Constantine cades, et equi de marmore facti,
Et lapis erectus, et multa palatia Rome. -
Papa cito moritur, cesar regnabit ubique,
Sub quo tunc vana cessabit gloria cleri.
Ferner: *Ad faciendum bonum atramentum.*
Vitrioli quarta, mediata sit untia gumme.
Integra sit galle, superaddas octo falerni.

Rec. 685. Schw. II, 108. jeßt 9786. ch. s. XVII. Abſchriften von Urkunden des Kloſters Weißenburg nach No-
tariatstransſumpten. Darunter 2 von Dagobert, dann
Reg. 170. Reg. Kar. 1183. Reg. imp. 292. 414. 438.
713. Mon. Boica 31, 275. Reg. 1966. 2701. Rud. 169.
640. 716. 714. 1135. 1139 (vom 24. Mai). Ad. 67.
Alb. 358. Lud. 2033. Heinrich V, Reg. imp. 1975.
Heinr. VII. 323. und endlich von Karl IV, 1347 Dec. 15.
Hagenau.

Rec. 686. Schw. II, 108. jeßt 9787. ch. f. s. XVII. Ganz
ähnliche Abſchriften von Urkunden des Bisthums Speier
Darnach Nomina divorum principum imperatorum videlicet et regum ac coniugum eorundem in ecclesia Spirensi
quiescentium mit kurzen Biographien, von Konrad II bis
auf Albert. Sequuntur nomina mulierum, von Giſela bis
auf Friedrichs Tochter Agnes: quorum aliqua ego oculis
conspexi in eisdem sepulchris a. D. 1480 dum pavi-
mentum ecclesie de novo sternebatur. Hierauf folgen
noch einmal die Privilegien von Münſter nebſt Beſtätigung
durch Kaiſer Friedrich, und dann eine Biſchofschronik.
Transcripta per modum cronice de origine primeva se-
dis episcopalis ecclesie domine Marie vel domini Stef-
fani civitatis Nemetinae modo Spira appellate ex vete-
ribus codicibus recollecta. Pro faciliori — anno 1513
in numero 64.

Rec. 700. jeßt 8131. nach Schwandtner II, 113: ch. fol.
s. XV. Anonymi Chronik der Stadt und Grafſchaft Cilly.
Vom Urſprung bis auf K. Friedrichs IV Zeiten inclusive.

Rec. 713. Schw. II, 118. jeßt 389. mb. fol. s. XIII exeuntis. *Iste liber est monasterii B. M. V. sanctique Thome*
canonicorum regularium in Vorav. Zuerſt ein Papſt-

Katalog, vermiſcht mit Salzburger Nachrichten. *Recapitulatio de pontificibus.* Post passionem Domini b. Petrus — 1283 Goetfridus Pataviensis *etc.* consecrantur.
Die Zuſätze ſind meiſt unbedeutend und aus den bekannten
Salzburger Annalen genommen.

f. 7. *Brevis recapitulatio imperatorum Romanorum.* Anno
ab U. C. 759 Iulius Cesar — Frid. II, 1211. Enthält
nichts Brauchbares.

f. 9. *Recapitulatio de episcopis Salzpurgensibus.* S. Rudbertus — Obiit autem a. D. 1284 in die parasceues. Iſt
der gewöhnlich mit den Salzburger Annalen verbundene
Katalog.

f. 10. Quedam extracta de Barlaam de cultu paganorum.

f. 12'. *Nota de exordio Noricorum.* Noricos a Norice
— ossa solum. Wie in der Tegernſeer Chronik.

f. 13'. *Nota unde primitus venerint Lombardi. et quo
tempore Ytaliam possederint.* Tempore primi Pelagii *etc.*
bis zur Bekehrung Agilulfs, wie bei Iacobus de Voragine.

f. 14'. De Machmet propheta Sarracenorum. De Beda
presb. quare dicatur venerabilis. Ysidorus in libro de
vita et obitu virorum illustrium. Extractum de ymagine
mundi, Item de eodem opinio Rabi Moyses. Dann von
anderer Hand eingetragen eine Vorauer Urkunde von 1306,
worauf einige Blätter leer gelaſſen ſind.

f. 23. *Incipiunt Cronice ab initio mundi.* Non arbitror
u. ſ. w. alſo der Anfang des Honorius, deſſen Name auch
von ſpäterer Hand übergeſchrieben iſt. Hier iſt aber viel
zugeſetzt. Nach Chriſti Geburt folgt: *De regimine spiri-
tali et temporali.* Tunc concurrerunt duo regimina Romane urbis et totius orbis. pontificale et imperiale. Hii
sunt duo gladii s. spiritualis et materialis *etc.* Et quia
primo summo pontifici u. ſ. w., wie Martinus, der im
Folgenden mit den Salzburger Annalen verſchmolzen
iſt. Von der Mitte des 12ten Jahrhunderts an ſind es
wörtlich die Salzb. Annalen, anfangs noch aus Martinus
interpolirt. Die Jahre 1285 — 1326 ſind erſt ſpäter zugeſetzt. Auf der letzten Seite ſteht s. XIV. die *Genealogia ducum Styrie*, gedruckt bei J. Cäſar I, 105.
Rec. 742. Schw. II, 127. jetzt 7234. ch. s. XVI. *Ex bibl.
sereniss. archiducis Ferdinandi* etc. *Graetii Styriae.*

Die Kärnthner Chronik von Un r e ft, ganz wie in Hist.
prof. 898. Dann: Ein kürzer warhaffter begriff, wie sich
der zeit des aller Durchl. Großm. Rom...... Ferdinan=
den vatterlichen und genedigiften Hambfuechen von 51—53 in
Sibenwurgen Alle Erloffen, durch Veiten Gailel von
Presburg der zeit Khriegs Secretaryen dafelbft mit fun=
dern vleiß zufamen getragen u. f. w.

Rec. 780. Schw. II, 141—144. jetzt 8341. Sammlung ver=
schiedener Actenstücke zur Geschichte des 14ten bis 17ten
Jahrhunderts. Voran stehen Abschriften der Urkunde
Friedrichs I de terminis Bohemie und des Privil. minus,
offenbar entnommen aus Hist. prof. 678.

Rec. 790. Schw. II, 148. jetzt 8351. ch. f. s. XVIII. Ec=
cardi Origines Habsburgicae und andere neue Arbeiten
und Sammlungen. — f. 127. *Ann. Claustroneob.* 1104
— 1279. aus Hist. prof. 668. — f. 181. Abschrift von Hist.
prof. 536.

Rec. 834. Schw. II, 160. jetzt 2822. ch. q. s. XV. Schwa=
benspiegel f. Hoffmann p. 238. — f. 121. Eine kurze
Deutsche Chronik von Anfang der Welt bis auf Herzog
Friederichs von Bayern Tod in Böheim, an S. Barbara
Tag a. 1393. ligt begraben zu Landshut in dem Frauen=
kloster genannt Salifnthal. Datum finis des puchs do
man zalt MCCCC Jar an Freitag nach Sand Jacobs Tag
und in dem XL Jar. *Gentilotti*, vergl. Hoffmann l. l.
Die Handschrift gehörte einst einem von Trenbach, deffen
Wappen darin ift.

Rec. 930. Schw. II, 195. jetzt 8210. ch. fol. s. XVII. Buech
des Lanndsrechten in Österreich. f. 1 — 130. Ordnung
des Lanndsrechten des Erzherzogtumb Österreich ob der
Enns f. 131 — 140. (gedruckt). Ungeltsbrieff K. Rue=
dolffs (II), unvollständig. f. 141—144. Herzog Albrechts
Schadloßbrieff vom 27. Nov. 1421. f. Kurz Österr. unter
Albrecht II. II, 44.
f. 145ʹ. desgl. vom 27. Dec. 1432. ib. 215. f. 146.
Spruchbrief von H. Friedrich und H. Albrecht. Geben zu
Wienn an fand Dorotheentag 1440. f. 147ʹ. K. Friedrichs
Urk. vom 23. Juni 1450, bei Chmel, Materialien I, 320
n. 151. f. 148. Brief von H. Albrecht. Geben zu der
Freyenstat an Eritag nach fand Georgentag 1461. f. 150.
Schadlosbrief von H. Albrechten. D. S. Pölten am Samb=
stag vor S. Joh. zu Sunbendten. 1462. desgl. zu Wienn

um Freytag nach S. Sebaſtianstag 1463. K. Friedrichs
Beſtättigung über das Landsrecht und ander des Lands
Notbürft. Neuſtatt an Suntag nach S. Michaelstag 1464.
Materialien II, 280. Privileg Karls IV niemand außer
Landt vor Recht zu ſteen, allain er wurde rechtloß gelaſ-
ſen (an H. Albrecht). Prag 1361 an S. Stephanstag.
Desgl. Wien 1366 an dem nechſten Sambſtag nach Creutz-
erfindung. — Pawordnung von 1542. *Chmel.*

Rec. 940. Schw. II, 202. jetzt 2172. einſt Collegii Soc. Iesu
Viennae, beſteht aus 3 verſchiedenen Theilen.

    I. mb. s. XIII. Eine **Kanonenſammlung**, nämlich
    des Concil. Lateran. III. mit dem Anhang, wie bei
    Harduin Concil. VI, 2, 1695.

    II. s. XV. Inc. capitula commentata per Io. An. doctorem
    decretorum.

    III. ch. s. XV. Commentum decretalis Nobis. de iure
    patronatus (c. 25. X. 3, 38).

Rec. 962. Schw. II, 207. jetzt 7743. ch. fol. saec. XVII.
C. Leopoldini Soc. Iesu in Austria 1668. Privilegien der
Olmützer Kirche, wovon ſich in Kremſter Originale und
ältere Copien befinden.

Rec. 1047. Schw. II, 238. jetzt 7699. nach Schwandtner ch.
fol. s. XVII. enthaltend

    I. Anonymi Chronick des Herzogthums Steyer. Erſtes
    Buch in 77 Capiteln bis 1272. Zweites in 35 Ca-
    piteln bis 1676.

    II. Haubtmanitſch, Chronologiſcher Extract aller Denkwür-
    digkeiten von Pettau.

    III. Anonymi Chronick der Graffſchaft Cilly von den Rö-
    merzeiten bis auf die Regierung K. Friedrichs IV nach
    Erlöſchung des Stammes der alten Grafen von Cilly.

Rec. 1064. Schw. II, 245. jetzt 464. Denis II, 1518. Marsilii Patavini Defensor Pacis und Tractatus de Translatione Imperii, saec. XIV. Am Einband ein Stück von
P. de Vinea I, 1.

Rec. 1080. Schw. II, 252. jetzt 3522. ch. q. s. XVI. vom
Biſchof Joh. Faber ſtammend.

f. 1. *Cimbriaci* poetae protrepticon in Attilam *Callimachi*
und desſelben Rede an K. Marimilian; dann der Attila
ſelbſt.

f. 20. Einhards V. K. bei Pertz SS. II, 439 die Handſchrift B3c.

f. 35. *Honorii Chronicon.* Non arbitror — Lotharius regnavit a. 8. Edenradus (ſtatt Conradus).

f. 48. *Callimachi* Res gestae Wladislai u. A.

f. 168. *Regino*, Cod. 12. bei Perß SS. I, 542.

Rec. 1463. Schw. II, 364. jeßt 3500. früher Hist. Lat. 321. *Chron. Austr. Henrici Gundelfingen.* Kollar Anal. I, 727.

Rec. 1495. Schw. II, 375. jeßt 9782. Neue Abſchrift aus Hist. eccl. 148.

Rec. 1498. Schw. II, 376. jeßt 9797. ch. f. s. XVII. Ab= ſchrift der Annalen a. 1104—1279 aus Hist. prof. 668.

Rec. 1548. Schw. II, 393. jeßt 3399. aus dem Faberſchen Legat.

 I. ch. s. XVI. (Bertholdus). *De regnis et princi-patus* (sic) *secundum chronica Eusebii et Hieronimi.* Primum regnum — defectum. f. 2. *Inc. chronica ven. Bede presb. de VI mundi etatibus sec. heb. veritatem.* Prima — (f. 75´) Leonis a. 9. *Hucusque Beda* u. ſ. w. ohne Bezeichnung der Fortſeßung. f. 109´ Balduwinus imperatori rebellat. *Abhinc post Hermannum Bertolus* (sic) *cronicam continuat.* He-rimannus qui — propter quem.

 II. ch. fol. s. XV. exeuntis. *Iste liber est d. Ladislai Sunthaym canonici S. Stefani.* A e n e a e S i l v i i· historia Austriaca.

 III. ebenſo. Desſelben historia Bohemica.

 IV. von etwas älterer Schrift *Ann.* C l a u s t r o n e o-b u r g e n s e s 973 — 1327. hieraus gedrucft Rauch II, 213. Iſt eine ſchlechte Abſchrift von Sal. 416.

 V. ch. s. XV. Cronica mon. Cremsmunster, ſ. Rauch II, 337. Auf der leßten Seite ſteht: *Iste liber est regis Romanorum.*

Rec. 1737. Schw. II, 447—451. jeßt 7245. *Bertholdi An-nales*, ſ. Mon. SS. V, 264.

Rec. 2004 A. Schw. IV, 13. jeßt 3942. ch. fol. s. XV. *Iste liber est domus Porte b. Marie in Axpach ord. Carth. in Austria et est de libris d. Conradi de Ro-senham.* Prologus in Mammotrectum. u. ſ. w. f. 184. M a r t i n u s P o l o n u s ganz wie Univ. 832 bis suspensam reliquit. Darauf Romanum imperium — est defunctus. *Deo gracias de fine huius Cronice in vigilia S. Mar-tini* 1464.

Rec. 2006 A. Schw. I, 563 und **IV, 14.** jeßt **687. mb. f.**
s. XIV. beſchrieben bei Denis II, 647. — **f. 105. Mar-**
tinus Polonus, geſchrieben für den Prager Profeſſor
Bonsignore de Bononia. Es iſt die zweite Ausgabe, bis
Joh. XXI. Im Tert folgen auf est defunctus noch 2 Seiten bis 1305: **Rodolfus cepit a. D. 1276. Imperavit a.**
14 — meruerunt. und auf **Ioh. XXI. nac. Hispanus —**
sepultus est. noch 1½ Seiten: **Nicolaus III nac. Roma-**
nus — a. D. 1280. Martinus IV n. Galicus — inchoato
a. D. 1285. Hon. IV n. Romanus — 1236 in fine. Ni-
colaus IV n. Lombardus — a. 1391. Celestinus V con-
versacione heremita — in Ytalia. Bonif. VIII n. Campa-
nus — sui anno 9. Bened. XI n. Lombardus — a. D.
1304. Clemens V n. Vasco de loco qui Vinandria di-
citur — et exili. Vergl. Denis l. l.
Rec. 2063. Schw. III, 105. jeßt **8133.** nach Schwandtner:
ch. f. s. XVII. Anonymi Deutſche Chronik oder hiſtoriſche
Beſchreibung der Grafſchaft und deren Grafen von Cilli
in Unter-Steyer vom Urſprung der Stadt Cilli bis auf
das XVte Seculum oder die Zeiten K. Friederichen des
Vierten Erzh. zu Öſterreich.
Rec. 2104. Schw. IV, 70. jeßt **2188. mb. q. s. XV.** Am
Anfang fehlen 8 Blätter. *Forme minoris iusticie au-*
diencie contradictarum. Formeln von Entſcheidungen der
Römiſchen Curie unter Clemens V und Johann XXII, un-
ter dem Vorſiß des Vicekanzlers Pampinian, Biſchofs von
Parma. Mit vielen vollſtändigen Rechtsfällen.
Rec. 2116. Schw. IV, 74. jeßt **3355. ch. fol. s. XV. Omne**
tempus ab exordio mundi u. ſ. w. Geographie, Natur-
geſchichte, Geſchichte, mit vielen Fabeln. f. 51′ fängt die
Sexta etas an.
 Iesus Christus in Bethlehem nascitur. Tiberius. a D. 15.
  Hic *etc.*
Endigt wie **Martinus Polonus** Nicolaus IV .... dies
tres. und Emericus .... in mari suffocatur. f. 97. nach
einigen leeren Blättern Romanum imperium — est defunctus. und von anderer Schrift noch etwas über Rudolf, Gregor X und Adolf, ganz unbedeutend. f. 99. Cum
ecclesia Chrempsmunstern a d. Tassilone. **Bernardus**
Noricus nach Pez I, 689. n. I. II. und III. bis 693 C.
peremptus pro iusticia, wo der Tert am Ende des Blattes abbricht.

Rec. 2129. Schw. IV, 81. jetzt 3221. s. XV. Iordanis
etc. Endlicher p. 287.

Rec. 2130. Schw. IV, 82. jetzt 3474. ch. oct. s. XV. Auf
Walthers von Lille Alexandreis folgt *Item formolarius*,
eine Sammlung von Briefen und Urkunden, Wien und
Böhmen betreffend, aus der Zeit Karls IV, die aber mei=
stens erfunden zu seyn scheinen. Am Schlusse steht: *Expliciunt Correctoria Tybini.*

Rec. 2194. Schw. IV, 109. jetzt 3402. *Loci Capuccinorum
Salisburgi. Ex dono domini Perger.* s. XV. ch. fol.
Vorne einige chronol. Aufzeichnungen, dem Chron. Salisb.
entnommen. Nach einem Register f. 25. Inc. f l o r e s
t e m p o r u m collecti per quendam fratrem de ordine
minorum. „Marie v. i. ego sacrista vel edituus ord. fr.
minorum . . . . ad a. 1290. Weicht von Eckards Aus=
gabe sehr ab; gänzlich nach (Nicol. IV) cardinalibus
acquievit. De quo non intellexi quod fratribus quondam
sui ordinis u. s. w. Die Kaiser endigen mit Alberts II
Tod und den Epitaphien Alberts II, seiner Gemahlin Eli=
zabeth, und ihres Sohnes Ladislaw hoc malo reus. Der
erste Theil ist interpolirt, wie auch in dem f. 90. folgen=
den M a r t i n u s P o l o n u s; bis Gregor X nach der Vor=
rede. Auf diese folgen die Kardinäle, die Quellen, dann
Päpste und Kaiser vermischt. Gregor X endigt: rex in
Alemaniam est reversus. Papa igitur moritur a. 1275.
woran sich die Fortsetzung schließt. Die Kaiser sind schon
vor dem Ende des Martinus stark interpolirt, und enthal=
ten viel aus Ioh. Victoriensis. Ende: Imperator sibi Wa-
variam inferiorem et filio suo comitatum Tyrolis infisca-
vit. A. D. 1340 Heinr. dux — statimque eius filius
Ludowicus in Alba regali ubi est sepultura regum, cum
maximo populi tripudio coronatur (1342). Hic Karoli
marchionis Moravie filiam habuit conthoralem.

f. 174. *Von der Stat Regenspurk namen.* Nach Christi
gepurd 16 iar *etc.* eine Art Chronik bis 1284. Nur
1 Blatt.

f. 175. *De ducibus Wauarie* bis auf Rudolf von Habs=
burg. Mehr Reflexionen über Kirche und Reich, das Ge=
schichtliche unbedeutend.

f. 184'. Copia bulle de translacione S. Dyonisii.

f. 185'. Über Bischof Heinrich von Regensburg und seinen

Tob. A. D. 1296, 7. Kal. Augusti — floruerunt. aus
Eberh. Altahensis.

f. 186. De Machometo.

f. 191. *Catal. archiep. Salzb.* bis 1466. Von Lun.
fol. 186. fast nur in der Form abweichend. Bemerkens=
werth wäre nur vielleicht über Rupert: In Wormaciensi
autem regione plurimi tunc infideles erant qui sanctita-
tem beati viri Rudberti non ferentes ipsum de civitate
et regione Wormacensi cum magna iniuria eiecerunt.
Sanctus vero vir cum suis in partes Noricorum *etc.*

f. 194'. *Catal. abb. S. Petri* bis 1466 und fortgesetzt bis
1518.

f. 199. Privil. S. Rom. eccl. a Constantino imp. magno
datum.

f. 202. *Urbanus ep.* .... Scriptum est. Über seine Hei=
lung in Montecaffino. Datum Capue die Kal. Apr. p. m.
Ioh. d. card. ind. 14. a. d. i. 1092. p. v. d. U. II. a. 4.
und Transsumt davon durch Paschalis quia illud incipiebat nimia vetustate consumi! — *De invencione corporis
S. Benedicti.* Egregii ac preciosissimi conf. B. octavum
— reddidit. Amen.

f. 203. *De ortu b. patris Benedicti.* Iustinianus etc.

f. 206. Brief des Abtes Symon von S. Peter an Papst
Clemens, bittend den Abt Richter wieder begraben zu
dürfen, den sie auf Erzb. Ulrichs Befehl ausgegraben hatten.

Rec. 2257. Schw. V, 11. jetzt 3362. ch. s. XVI. f. 1 — 157.
Dictamina Petri de Vineis in 6 Büchern.

Rec. 3044. jetzt 1487. s. XIV. Denis II, 262. Auf dem
Einbande stehen s. XIII. die Briefe aus P. de Vinea I,
16. 18. 28.

Rec. 3074. Schw. V, 64. jetzt 1578. enthält unbedeutende
Annalen 1100. 1206—1350. Abgedruckt Denis II, 1283.

Rec. 3085. Schw. V, 68. jetzt 3345. ch. fol. s. XV. Mar-
tinus Polonus ed. II bis auf Nikol. III. Überschrift:
Cronica Martiniana seu Romana sequitur. Gegen das
Ende sind Kaiser und Päpste vermischt.

Hic cessant pontifices	Nicolaus III n. R. sedit a. D. 1277. Hic deficiunt pontifices.
Hic cessant imperatores	in Constantino VI. Darauf folgt aber noch Romanum imperium — Qui Abel parum honoris et commodi ex hoc est assecutus etc.

Expl. Cronica Martiniana seu Romana Pontificum et Imperatorum etc. 1428 etc.

Rec. 3087. Schw. V, 70—73. jeßt 3358. ch. fol. s. XV. f. 1. Chron. Noricorum. Bavaria que et Noricus, von 508 an annaliſtiſch, aber kurz, bis 1347 Ludwicus dux Bawarie eligitur in regem Romanorum. Cui in ducatu Bawarie successerunt filii eius Steffanus et Albertus. f. 8. Chronik v. Scheiern. Do man zalt von Christi geburd 700 iar und in dem 76 u. ſ. w. bis zur Stiftung des Kloſters 1124; ſchließt mit der (überſeßten) Urkunde Heinr. V. n. 2284. Vießleicht fehlt am Ende etwas, denn das Folgende iſt nur angebunden.

· f. 11. Ganz kurzer Auszug aus V. Gebehardi. Anfang fehlt. Plura de isto archiepiscopo require in eodem monasterio (Admunt), historiam pulcerrimam invenies hic brevitatis causa omissam. — Einige Ercerpte aus der Conversio.

f. 12. Passio S. Quirini. Duo Quirini *etc.* 13. Translatio und Gründungsgeſchichte von Tegernſee. Erant ex propinquis Pipini duo principes super principes. Quorum unus Adelbertus Bawarie primus comes. alter Otgarius Burgundionum dux fuit quem a prisco gens illa adhuc canens Osigerium vocat *etc.* 16. Noricos autem ubi hec acta cernuntur a Norice wie in H. e. 73. f. 18. His prelibatis miracula S. Quirini — recepit. Anno D. 1477. finitum feria 3. ante Benedicti abbatis.

f. 19′. *Duces Bawariae* von 514 bis 1255, wie Sal. 414.

f. 20′. Stammbaum der Nachkommen König Ludwigs IV.

f. 21′. Flores ex legenda S. Erhardi Ardmacensis episcopi.

f. 22. über die verſchiedenen Namen der Stadt Regensburg. „Tiberius cesar — utilitates." Privilegium monachorum de Scocia ad S. Petrum Ratisp. von Heinr. IV. n. 1931.

f. 23. Sequuntur alique cronice omnium principum tam spiritualium quam secularium a nat. d. n. I. C. 690 et infra bis 1452 und fortgeſeßt bis 1464. Bis 1179 nur einige Kloſtergründungen (S. Emmeram, Prül, N. Altaich, Seitenſtetten, Gaerſten, Reichenbach, Prüfling), von da an Hermann v. Altaich mit wenig Abweichungen, doch ohne Actenſtücke. Am Ende folgt ohne Unterbrechung

Eodem anno Rudolfus comes de Habspurg in regem eligitur qui a Reno u. f. w. Von da an lückenhaft, nur 1277 (speciell über Weltenburg). 1290—1303. 1347. 1366. 1368. 1370. 1377. 1381 — 1389. 1392. 1408. 1412 —1416. 1424. 1433. 1436. 1437. 1440. 1444. 1446. 1449. 1450. 1452. Besondere Berücksichtigung der Seybelstorfer.

f. 49. Vertrag der dreier Hertzogen von oberen und niberen Bayern. München, Erichtag vor S. Kathrein 1392.

f. 52. Der Rechtspruch umb den Ansatz der verlassen Furstentumb weiland Hertzog Georgens von Bayrn sel. gedechtnuß, von K. Mar, Cöln b. 30. Juli 1505.

f. 57. Fabeleien über Helfenburg (= Iuvavia).

f. 58. *Ex cronica Salczburg. ecclesie* = Canis. VI, p. 1252—1293. III, 2, p. 478. ed. Basn. jedoch etwas ausführlicher bei den einzelnen Erzbischöfen. Nach 1475 eine Fortsetzung, die ziemlich übereinstimmt mit Duell. Misc. II, 152, und von p. 156. an wörtlich; nur fehlen die annalistischen Interpolationen. Am Ende folgt noch die Biographie Sigismunds, 1494. 1495.

f. 79'. *Episcopi ecclesie Chiemensis* bis auf Bernhard von Kraiburg, und fortgesetzt bis auf Berthold.

f. 80. *Chron. monasterii in Stams* 1253—1463 (1496).

f. 82'. Stammbaum der Nachkommen König Rudolfs I von Habsburg.

f. 84. *Catal. archiep. Laureac. et Patauiensium.* „A. D. 250 Philippus — 1455, fortgesetzt bis 1500 Alexandro papa VI."

f. 86. *Catal. ep. Ratisponensium.* „A. D. 485 sub Gelasio — 14. Hainricus de Absperg quondam prep. Rat. eligitur."

f. 90. Methodius de principio et fine mundi, geschrieben 1476.

f. 97'. *Carmen Erbonis.* „Indue cilicium — Erbonem benedicat." scr. 1477.

f. 99. *Maximi bellatores inter Iudeos paganos et christianos.* (Es sind Josua, David, Judas Makabeus, Hektor, Alexander, Cäsar, Karl, Gotfrid, Artus.) Nota 7 Ursach darumb kunig Adolf vom R. R. durch die Kurfursten durch Urtail entseczet ist worden als ichs in ainer Croniken funden hab.

f. 99'. Die vier getailt Sewlen des R. Reichs.

f. 102. Notitia episcopatuum. Festa pallacii Romane ecclesie.

f. 107. 1471. Kayſer Fribrichs Boberbrieff auf ben tag gen Regenspurg aᵒ lxxiᵒ nebſt Berzeichniß der Reichsfürſten; dann noch eine Urkunde Eberharbs II über die Stiftung des Bisthums Chiemſee, und einige Formeln.

f. 112'. *Der metriſche Katalog der Erzbiſchöfe von Salz = burg bis 1164. Dann Theologiſches.

Rec. 3101. Schw. V, 77. jetzt 525. mb. q. s. XV. *Incipit coronica.* Anno ab i. D. 928 Lewpoldus primus marchio in Austria post Rugerum de Pechlarn u. ſ. w. Die Kloſterneuburger und Zwettler Annalen nebſt der Memoria ducum defunctorum und dem Streit zu Müldorf wie H. p. 536. Bei swa man in nennen in letzterem iſt die Randnote s. XV. daz ist der Eberstarſer. Der Name ſteht auf einer rabirten Stelle.

Rec. 3103. Schw. V, 78. jetzt 2803. Beſchrieben bei Hoff= mann p. 240. Die auf den Schwabenſpiegel folgen= den Wiener Rechte beſchreibt Chmel in einer früheren Mittheilung genauer ſo:

f. 70—134. Wienner Stabtrechtbuch, angefangen von Frie= brich dem Schönen 1320.

f. 98. Umb purgkrecht So herczog Ruedolff der viert geben hat. 1360.

f. 99'. Aber von den fuetrern ain brief 1370. „Wir Ni= clas der würfel. purgermaister *etc.*

f. 100. Von fremdenn wein 1369. H. Albrecht. S. Michelstag.

fol. 100'. Von den fuetrern. H. Albrecht und Leopolt. 1368. samstag nach S. Laurentzen tag.

f. 101. Das ist die hantfest der hausgenossenn. Koenig Ruedolf.

f. 103. Holczwägen. H. Ruedolf 1359. Graff Albrecht von Habspurgk nyderlegung, ze Wienn 1281. an S. Ia= cobs Abennt.

f. 104'. Beſtättbrief über die hanntfeſt ze Wienn. H. Albrecht 1351. Eritag nach sand Pangreczentag.

f. 105. Hie hebent sich an die hanntfeſt und statrecht der löblichen Stat hie ze Wienn der gemain prauch als man die halt. bis f. 143, und weiter f. 144'.

f. 143. Von den Neunstettern. H. Ruedolf 1358.

f. 147. H. Ruedolf Freyung und Gericht für die Wien= ner. 1361. Eritag vor S. Iacobstag.

f. 149'. H. Ruedolf bestattung über die fleischacker. 1364.

f. 151'. Von Kauflewten und von Kramern hie ze Wienn. H. Albrecht 1375 an sand Phil. und Iacobstag.

f. 154. Item die Recht der Vischer hie zu Wienn.

Rec. 3118. Schw. V, 88. jetzt 3284*. ch. q. s XIV. Flores Temporum. Die Überschrift, etwas später wie der Text, lautet: *Cronica sacriste Pysani ord. Minorum. Marie ..... ego sacrista vel edituus ord. fr. Minorum* bis zur Wahl Adolfs von Nassau, est electus. Dies folgt gleich nach Honorius IV und dem Bock von Mergentheim, der in andern Handschriften fehlt. Dann: *De temporibus modernis.* Post predicta igitur cupiens duo era minuta inmittere ..... ego Heinricus licet insufficiens sum conatus — (1343) valde humiliter se submisit. Eodem anno de mense Sept. in villa Pechwizz Aug. dyoc. inventi sunt pulli corvorum in quodam nido tunc sine pennis geniti e vicino. *Ab inc. D. a. 1380 completa est hec cronica in valle Omnium Sanctorum per manus Ulrici monachi de Neuwurga cognomine Silberchnoll. in die SS. Processi et Martiniani. anno quo supra. hora quasi nona.*

Rec. 3167A. jetzt 1180. Schw. V, 106. Denis II, 564. mb. s. XIII. in groß Folio. Schön geschrieben, mit Initialen, die sehr an die Heiligenkreuzer Handschriften erinnern. Auf den Liber Proverbiorum, Ecclesiastes, Cantica, Liber Sapientiae, Ecclesiasticus folgt f. 50 von anderer Hand eine Chronik, anfangend: Adam primus homo ad imaginem u. s. w. Zuerst die 5 Weltalter, übergehend in einen Auszug aus Otto von Freisingen, mit dessen Worten Gest. I, 44. dicendum relinquimus. dieser Theil schließt f. 61. Unmittelbar daran schließt sich eine annalistische Fortsetzung: 1151. Ab expeditione — 1216 Otto imperator ab Apulia regressus est. Eodem anno Fridericus .... Eine Bearbeitung von Admunter Annalen, bedeutend abgekürzt, jedoch wegen der Lücke in der Admunter Handschrift und einer eigenthümlichen Fortsetzung von Werth. Am Ende fehlen Blätter, das nächste Stück, f. 65, ist s. XIV. Es beginnt mit 1241 und ist zuerst eigenthümlich, dann verwandt mit der Klosterneuburger Chronik bei Pez, deren unvollständiges Ende hierdurch zu ergänzen ist. Dann folgt noch von anderer Hand eine

Fortſetzung von 1351—1355. Darunter ſteht mit rother Farbe *frater Otto.* Dann eine Nachricht über den Brand des Kloſters Neuberg in Steyermark im Jahre 1396 und darunter von einer andern Hand s. XV. *Frater Iohannes Greczer cenobita.*

f. 74. wieder von der erſten Hand der Chronik: *Inc. catalogus apostolicorum* mit Regierungsdauer und Jahrszahlen, bis auf Gelasius II. Bei Hadrian, Pascaſius, Valentin, Leo IV. ſtehen Bemerkungen über Pallien Salzburger Erzbiſchöfe und die Reliquien des heil. Hermes. Statt Cessavit iſt wunderlicher Weiſe immer geſchrieben: Cesarius.

f. 77. *Isti regnaverunt in Latio et Romana urbe ante consules et imperatores.* Italus u. ſ. w. bis auf Octavian: sequenti die daretur pro tribus denariis. Nur 1 Spalte. Darauf Namen der Kaiſer und Päpſte ſich gegenüber, bis auf Honorius III a b. Petro 181us und Friedrich II.

f. 79. Liber Thobie. Iudith. Hester. Esdra. Machabeorum.

f. 146'. *Hic expl. l. Machab. Inc. liber de civitatibus et de vicis transmarinis.* Vertamus eia stilum u. ſ. w. Am Ende die Patriarchen von Jeruſalem bis auf Fulcherius, cuius tempore capta est Ascalona.

f. 152. De etatibus hominum und De etatibus mundi, 1 Spalte. Dann eine Kanonenſammlung.

f. 158. Passio Domini secundum Nichodemum u. a. m.

f. 199'. *De antiquis edificiis et mirabilibus almae urbis.* Murus civitatis — et imperabat.

f. 204. *Sanctus Honorius christianus ad solitarium quendam de imagine mundi* (auch 70. 1120).

f. 220. *Expl. liber II de i. m. Inc. alia explanatio de compoto non tamen Honorii.*

Rec. 3169. Schw. V, 103. jetzt 4028. ch. q. s. XVI. enthält u. a. Legenden der hh. Florian, Ulrich, Maximilian. Die des h. Ulrich f. 11'—27. beginnt: Nota quod hec legenda S. Udalrici 4 habet partes. Prima enim pars ostendit ex quibus et quomodo sit genitus Ubi et circa quos et quomodo sit nutritus et quomodo dignitatem episcopalem sit adeptus *etc.* Frater Augustinus Awer de Scherding canonicus et professus domus S. Floriani prope Anasum. rogate dilectissimi domini pro conventu nostro et orate domini pro scriptore huius opusculi ... f. 12. Egregius Christi confessor Udalricus ex Alamannorum prosapia exstitit oriundus. Cuius parentes Hupaldus scilicet ac Tihetpirga ambo quidem secundum seculi huius dignitatem clari et nobiles sed fide atque divina religione multo clariores fuerunt atque nobiliores *etc.* Unter ben Mirafeln auch das Hiftörchen vom Papst. *Chmel.*

Rec. 3184. Schw. V, 112. jeŧt 524. mb. q. s. XIII. exeuntis. M a r t i n u s P o l o n u s edit. II. Inc. coronica summorum pontificum ac imperatorum totius orbis (ad Ioh. XXI). Päpfte und Kaifer gemifcht. Das Ende, von Karl dem Großen an, fehlt.

Rec. 3247. Schw. V, 126. jeŧt 617. mb. q. s. XIII. Diplomatar von S e iŧ. Privilegia heremi vallis S. Iohannis ord. Cartusiensis. Keine Kaiferurfunden.

Rec. 3303. jeŧt 2672. mb. s. XV. Chronif von Anbechs, f. Denis II, 906. Hoffmann p. 343.

Rec. 3316. jeŧt 723. S a l a b i n s Brief an Friebrich I, abgebrucft bei Denis II, 327.

Rec. 3329 ift = Lun. in quarto 81.

Sal. 11. jeŧt 339. mb. fol. ex bibl. capituli metrop. Salzb. enthält

I. s. XIII. p. 1—6. M i r a c u l a S. V i t a l i s. S. Ruodbertus primus Iuvavensium doctor. venerabilem Christi confessorem Vitalem ob eximiam castitatis et sancte conversationis gratiam. migraturus ad Christum. successorem sibi designavit. Qui susceptum regimen ut in vita prenominati patris S. Ruodberti legitur. et prudenter amministravit. et feliciter complens. requievit in Christo. XIII. Kal. Novembris. Cuius merita Deus revelare dignatus ad sepulchrum ipsius. quod in Salzburgensi monasterio S. Petri habetur. ad honorem nominis eius multa miseris mortalibus ad ipsum clamantibus beneficia prestat. Anno igitur inc. D. 1181. subscripta signa tale habuerunt exordium. Quedam mulier uxor cuiusdam — remedium adepta est.

II. s. XIII. V i t a e S a n c t o r u m. p. 7. Inhaltsverzeichniß. 8. *De S. Genofeva,* wie Acta SS. Ian. I, 143. p. 23. *Affra.* Apud prov. Retiam — confessionem. 55. *V. S. Radegundis* (auct. Ven. Fortunato). Redemptoris — prosequantur. 66. *Revelatio nominum et corporum*

quorundam de XI milibus virginum. Vobis qui pios.
(a. 1156). 105. *V. Gertrudis.* Sancta et insepara-
bili — et spiritum sanctum wie iu Sal. 404. 134.
Burgundafore. Meminisse — finivit. 143. *De S.
Waltpurga* (auct. Wolfhardo). Domino beatissimo —
aspexerit credat. 175. *Odilia.* Temporibus Hylderici
— Y-dus Decembris. 198. *V. S. Liobe.* auct. Rudolfo. Acta SS. Sept. VII, 760. 242. De b. Maria
Magdalena. Hier hört mit dem Quaternio XV
plötlich die Hand auf, mitten im Satz; der folgende
beginnt mit der Passio S. Eugenie von einer andern
Hand derselben Zeit. Das Inhaltsverzeichniß s. XIII.
umfaßt beide Theile.

III. p. 291. *De S. Virgilio.* Davon scheint p. 309 — 313
der älteste Theil zu seyn, gewiß noch s. XII; p. 301 — 308
ist von anderer Hand, vielleicht gleich alt; etwas jünger sieht p. 291 — 296 aus, und bedeutend jünger
s. XIII ex. p. 297 — 300. — Am Schluß folgt eine
kleine Fortsetzung von 1208, und dann ein salbungs-
reich ausgearbeitetes Leben Virgils, s. XIII, im Original, wie es scheint. — p. 317. *Vita et miracula S.
Hartwici* von der ältesten Hand unter den vorigen.
p. 323. *V. et m. b. Eberhardi* von derselben Hand,
mit schöner Initiale; p. 327 beginnt eine andere
Hand.

p. 337. Anno ab inc. D. 1225. ind. 13. sub Friderico imperatore secundo cum esset ingens pestilentia
animalium ubique orbe terrarum, miserator et misericors Dominus, paciens et multum misericors, post
castigationes innumeras, immo inter media ipsa fla-
gella virtutem sue potentie innovando. inclitum confessorem suum Virgilium novis miraculorum insigniis
decoravit. Unbedeutend. Ein infans cuiusdam militis
Rûdegeri de Tanne wird. u. a. geheilt.

p. 339. Multifariam multisque modis olim Deus lo-
quens patribus in prophetis novissime diebus istis
locutus est avo nostro Chingischan per Temptemgri
u. s. w. Dat. in civitate Maraga anno 10. Nochoe
die 10. mensis Aprilis. Prophezeiungen.

p. 341. Anno ab inc. D. 1223, ind. 11. pridie Idus
Iunii presidente ecclesie Salzb. ven. Eberhardo archiep.

ap. sedis legato, divina gratia favente aput S. An-
dream, in Lauent ab eodem Rev. metropolitano et
eius suffraganeo Seccowensis ecclesie Karulo episcopo
primo, haec sunt acta, videl. reliquie sanctorum mar-
tirum Viti et Modesti, quae in eadem S. Andreae
ecclesia fuerant locate et multis annis minus reverenter habito, sunt translate *etc.* Viele Wunder;
Valuingus de Ossiáco ist der einzige darin vorkommende Name.

Sal. 16B. Schw. V, 139. jetzt 3331. ch. fol. s. XV. Papstgeschichte bis auf Martin V. Die Inschrift: Hunc librum Historiarum conpilavit sew collegit bone memorie
d. Iohannes de Nyunheym prepositus Xanctensis
corrector bullarum U. I. D. primus inventor stili cancellarie abreviater de parco (parte?) maiori fundator hospi-
talis Theutonicorum Rome. Saxo nacione. transscriptus
expensis mei Ambrosii Slaspekch Canon. Trident. a. D.
1471. non bene correctus etc. giebt etwas genauere Nachricht über den Verfasser, als bisher bekannt gewesen zu
seyn scheint, nach der Beschreibung von Rom III, 3. p. 380.
Der Anfang lautet: Ihesus Christus filius Dei ab eterno.

Sal. 17B. Schw. V, 139. jetzt 3381. ch. fol. s. XVI. bezeichnet als *Iacobi de Moguntia Chronica.* Zuerst
eine allgemeine Geschichte, besonders aus Stammtafeln
u. dgl. bestehend. f. 33. Christianus amator historiarum
chare posteritati u. f. w. Geschichte des Erzbisthums
Mainz bis 1522; zuletzt sehr ausführlich. Eingeschoben
ist f. 45. das Leben der heil. Hiltegund von Schönau. —
f. 83. Die Reihe der Bischöfe von Aldenburg (Lübeck)
bis auf Albert Krummendick. f. 84. De fundatione ecclesie S. Petri vallis Wimpinensis u. a. m. Eine Sammlung von vielerlei Notizen, Bischofsreihen u. f. w. Darin
ist aufgenommen, von etwas älterer Hand, f. 118. *Cronica
presulum et archiepiscoporum Coloniensium,* ganz wie
die Brüsseler Handschrift 674. Archiv VII, 629.

Sal. 19B. Schw. V, 139. jetzt 1795. mb. f. s. XV. Hic con-
tinentur infrascripte hystorie notate: Primo hystoria S.
Stanislay ep. Cracov. et martiris (ohne Werth). Se-
cundo hystoria S. Adalberti ep. et mart. Pragensis.
Tertio hystoria S. Hedwigis vidue ducisse Slesie.
Quarum prime due descripte ac notate sunt ac festa

eorum instituta per ill. principem ex genere ducum Mazovie ac genealogia regum Polonie d. Allexandrum ep. Trid. (1424—1444) S. R. E. card. S. Laurentii in Damaso ac patriarcham Aquil. in concilio Basil. creatum. Tertia vero per d. Georgium Hocke ex nobili prosapia ducatus Slesie oriundum .... inmediatum predecessorem nostrum ex partibus Slesie in papiro huc transmissa et iussu nostro in pergameno descripta et notata ad futuram dictorum predecessorum nostrorum memoriam. *Iohannes Hinderbach eorundem successor indignus* (1465—1486) *propria manu subscripsit et in eorum memoriam in capella episcopali seu kathedrali ecclesia conservari et singulis annis eorum festa agi constituit* etc.

Sal. 25. jețt 1420. mb. fol. s. XII. ſehr ſchön geſchrieben, + vorne ein Bild S. Rudbertš; enthält „Rudbertus abb. Tuicensis de victoria verbi Dei. Secundo Hugo de vita claustral. discipline. Tercio ˚Passio Tiemonis archiep. Iuvavensis (iſt die von Tengnagel edirte). Quarto .... Rudberti a. Tuicensis .... anulus."

Sal. 27. jețt 4222. ch. fol. s. XV ex. Nach Sermones de Sanctis auf dem lețten Blatte f. 474. *De S. Virgilio* — ein Theil der gewöhnlichen Vita.

Sal. 27B. Schw. V, 141. jețt 348. mb. f. s. XV. Auf dem erſten Blatte ſteht: *Incantus pro rugis* (Raupen) *expellendis in zardinis.* Etenim ceciderunt omnes qui operabantur iniquitatem et pulsi sunt et non potuerunt stare. Ite in pace in nomine I. C. filii Dei vivi *etc.* — Iohannis de Mussis historiarum libri 5; verſchieden von ſeinem Chron. Placent. bei Murat. SS. XVI, 443. Quia non valet omne bonum ..... Ego Iohannes de Mussis de Placentia provincie Lonbardie regionis Ytalie septuagenarius, natus quondam Nicolay Manfredi familia antiqua magis quam clara, gratia suffragante divina hunc librum diuturnis laboribus fabricatum de pluribus hystoriis .... composui denigrando papirum ...... Ab anno Adam usque ad a. Christi 1400 de omnibus notabilibus mundi hystoriis per successiones temporum et de omnibus aliis digne notis que undique fuere et in orbe consistunt in hoc libri volumine plenissime lector invenies. Seine Quellen ſind: Libri Pauli Orosii. Pauli dyaconi. Eutropii. Martiniane. Glosarum. Dantis. Hugonis de S. Victore. fratris Vincencii Belvacensis. Gervasii. Gothifredi Viter-

biensis. Sygiberti. Prudencii sive eue columbe. Liber de
summa Trinitate S. Anshelmi. Comestoris. Ieronimi de
illustribus viris. hystoriarum. et ewangeliorum Christi.
fratris Iacobi de Voragine in libro legendarum. Salomonis. Iosephi. Ysidori liber de exemplis et similitudinibus
rerum. Iohannis de Mandevil de Anglia. Thome super
Augustinum. Tartarorum a libris fratris Aytoni et fratris
Vincencii. libri Alexandri. et Fatui de Obertis. liber de
gestis Romanorum. et libri Suetonii. Lucani. Salustii.
Conquistus. et perdite terre sancte. et Florii breviatoris
Tyti Livii. ymago mundi Petrarche. Stacii. Ricobaldi de
Ferraria. et Alcorani Machometi. Vegecii. Cronice Mediolani. Cronice Placencie. Glosarii ecclesie Placentine.
Solini. Pauli Marchi de Veneciis. fratris Odorici de Foro
Iulii. et libri quam plurimi aliorum auctorum. Es ist
eine große Encyclopädie. Das dritte Buch enthält die
neuere Geschichte bis 1400; dann folgt von anderer Hand,
in entsetzlichem Latein, eine Fortsetzung bis 1412, die Lombardei betreffend, und ein langes Gedicht in Terzinen:
Scrise gia damor piu volte rime — Che paradixo al
nostro fin ci doni. — Auf der letzten Seite steht ein Epitaphium des Johann Visconti in 36 Versen: Quam fastus
quam pompa levis quam gloria mundi — Et clauxi diem
m° ccc° liiii° die V° octubris.

Sal. 29B. Schw. V, 141. jetzt 3311. enthält

I. ch. f. s. XV. Historia Troiana fratris Guidonis de
Columpna ord. Predicatorum.

II. mb. s. XIV. Ital. Perg. und Schrift. Petri de Vinea epistolae mit Zusätzen von anderer Hand, die
auch nicht mit numerirt sind. Buch I fehlt. Nach
dem Schlusse des zweiten folgt der Brief Innocenz III
an Otto IV. Quamvis ad regimen. Reg. Ott. IV.
p. 55. — Reg. Greg. IX. 9. — *Superillustrium et
illustrium — responsum. Ein Lombarde bewirbt sich
bei einem Herzog und König Friedrich um ein erledig-
tes Cardinalat. — Die Briefe Peters von Vinea brechen
plötzlich ab V, 72. in omni bono. Dann Wilh. A. 85.
Bonifaz VIII Encyclica (archiep. Bituricensi et suffra-
ganeis eius). — *Reverendo in Christo patri domino P.
Dey et A. S. G. abbati S. I. de P. B. acamp. me-
morandum esse novissima etc. Regratior Deo primum.*
Bittet, ihm seine Bücher herauszugeben. — König Robert

von Sicilien an König Philipp von Frankreich: **Dum
viget consanguinitatis — faciendas.** Bittet von Genua
aus um Hülfe gegen die Gibellinen, und den Tod seines Bruders Peter und Neffen Karl zu rächen. —
Von späterer Hand s. XV. ein kurzer Brief aus Trient
an I.eonardus, die Incorporirung seiner Kirche in
Merlinga mit Reichenau betreffend, vom VIII. Marcii
anno etc. 94. — *Kaiser Ludwig meldet den Venetia-
nern seine bevorstehende Ankunft in Italien, fordert sie
auf, von der Belagerung **terrarum imperii** abzustehen,
und beglaubigt seinen Hofmeister **Ioh. de Clemona** und
seinen Protonotar **Ulrich. Levantes in circuitum —
nostro. D. Ulme 27. Ianuarii, r. v. n. a. 23. imp.
vero 11.** (1338.) Endlich noch ein Geleitsbrief des
Bischofs Gregor von Trient.

Sal. 31 B. jetzt 3382. ch. f. s. XV. Chronik. *De origine
Francorum.* **Francorum gentis exordium — A. D. 1.
1220 circa festum S. Georgii mart. curiam celebravit
apud Franckenvort Fridericus rex 14 diebus ubi pluribus
adunatis principibus multa de statu et utilitate regni
tractata sunt. iniusta thelonia. iniuste monete. bella ci-
vilia nisi de consensu et consilio regis et principum
omnesque iniusticie sub iudicio et pena vite a rege et
principibus interdicte sunt. Ibi eciam Fridericus —** hört
mitten in der Zeile auf.

Sal. 33 B. Schw. V, 142. jetzt 3129. Endlicher p. 287. ch.
in q. oder kl. fol. Ital. Schrift s. XV.

1) *Iordanis de regnorum successione.*
2) **hystoria de fortuna Apollonii Tyrii et Tharsie eius
coniugis.**
3) f. 63. *Iordanis hist. Getarum.* **Volentem me — expones.**

Sal. 36 B. Schw. V, 142. jetzt 3377. Ottonis Fris. hist.
Friderici s. XV.

Sal. 62. jetzt 1225. mb. s. XIII. Genesis cum glossa etc.
f. 86 — 88 sind auf leeren Raum die Einkünfte der
Röm. Curie eingetragen. **In Alemannia, in archiep.
Moguntino: Eccl. S. Marie sita in loco qui dicitur Ponten-
bach unum marab. Eccl. S. Ioh. bapt. in Selbolt 1 marab.
Monasterium quod dicitur cella domine Pauline 1 marab.
Mon. Reineresbrunnen 2 sol. Erphordienses. Eccl. regularium in Flanheim 1 marab. Mon. Guernum 1 sarra-
cenat. In ep. Pragensi eccl. S. Petri in Wisgrade**

12 marcas argenti u. f. w. Also ähnlich wie Cencii liber
censuum bei Murat. Ant. V, 851. doch mit Abweichungen.
Die Suffragane von Bremen heißen hier wie bei Muratori
p. 877: Bardvicensis Solesvicensis Raskeburgensis Mi-
chiliburgensis Lubicensis; Abgaben daraus sind nicht angemerkt.

Sal. 72. jetzt 89. mb. klein fol. s. IX. f. Endlicher p. 197.
— f. 7'. Isidori Chron. *Inc. liber de ordine temporum.* Brevem temporum per generationes — hoc est
in anno quinto imp. Eraclii an. 5816. Residuum tempus
— potestate. Dann saec. X. ein Verzeichniß der Bücher,
welche Erzb. Friederich von Salzburg nach Perhtars Tode
erhielt, gedr. bei Endlicher. Ebendaselbst sind die Er-
klärungen Gallischer Namen abgedruckt, doch nicht ganz
correct.

Sal. 76. jetzt 1524. mb. fol. s. XIV. in 2 Columnen, enthält nach der Regel S. Augustins und ihrer Auslegung
f. 39' ᐧdie Conversio Baw. et Carantanorum.
f. 46. nur durch eine rothe Initiale unterschieden. ᐧV.
Chunradi archiep. Salzburgensis. Dann nach einigen
leeren Blättern, die alle noch gleich liniirt sind, von anderer Hand f. 62' ᐧder metrische Katalog der Erzbischöfe von
Salzburg bis auf Heinrich von Pyrnprunn. Angebunden ist ein am Anfang unvollständiges Martyrologium.

Sal. 79. jetzt 434. mb. fol. min. früher dem Salzb. Domcapitel gehörig, enthält

1) s. XIV. ein Calendarium (Non. Marcii obiit Generosus
   vir dominus Georius comes in Schaumburg frater domini Reverendissimi archiepiscopi Friderici protunc
   ecclesiam Salczeburgensem regn. Anno 1491.) Daran
   schließt sich ᐧCollectio de tempore et de translacione
   b. Rudberti. f. 13'—14'. Qualiter pignora S. Hermetis in Saltzburgam sunt translata. f. 15. in 2 roth
   und schwarzen Kreisen: †Isti sunt recepti in commu-
   nionem fraternitatem videl. Iohannes Chymensis ep.
   Petrus Pataviensis ep. Item Chunradus Chymensis ep.
   Item Leupoldus Secoviensis ep. †Isti recepti sunt in
   c. f. scil. Wernhardus Secoviensis ep. Item Hainricus
   Ratispon. ep. Dominus Rapoto ep. Eystetensis. D.
   Hainricus de Perthersoadem. Liutoldus comes. und
   dann ein langes Verzeichniß: Ulricus de Steine u. f. w.
   Am Ende des Quat. abgebrochen.

2) s. XII. f. 16. Martyrologium, darin f. 30. aus der Conv. Car. eingenäht. f. 81. Das Generalcap. der Cistercienser macht das Salzburger Domcapitel aller guten Werke des Ordens theilhaftig. 1228.

3) f. 82. s. XIV. Regula Augustini. 87. Kalixt II Priv. f. d. Salzb. Domcapitel. D. Laterani p. m. Hugonis S. R. E. subd. 11. Kal. Mar. Ind. 1. i. d. a. 1123. pont. 5. Honorii desgl. mit abgeschnittenem Datum. 4 Urk. von Erzb. Eberhard 1228—1244.

4) f. 90'. *Nekrolog s. XII. und von da an fortgeführt. f. 130. Item registrum fratrum et sororum vivorum 1421—1494. und einige andere Aufzeichnungen der Art.

5) f. 141. ist noch ein einzelnes Blatt der *Conv. Carant. wie f. 30. saec. XIII ex. vel XIV. Danach sind viele Blätter ausgeschnitten, auch der Anfang der *V. Chunradi von derselben Hand.

6) f. 154. kurze Predigten s. XIII ex.

Sal. 81. jetzt 1262. mb. fol. s. XIII. Sermones, dann f. 86. eine gedrängte Papst- und Kaiserchronik bis zur Wahl Innocenz IV. 1243. Octavianus primus Romanorum imperator. cum in toto — sollempniter predicavit. Enthält schon alle die Fabeln von den Ottonen und Konrad II. Dann Raymundi Summa etc. auch Deutsche Predigten. f. 145. *Vita Oswaldi regis*. Successores Eadwini — predicabat.

Sal. 94. jetzt 1413. sind zum Einbande *2 päpstliche Originalbullen verwandt, von Gregor IX gegen Friedr. II. 1228. (portum Brundus. egrediens quo pro certo ierit ignoratur) und Innocenz III über die Bischofswahl in Gurk 1213.

Sal. 101. jetzt 4185. ch. fol. s. XV. enthält f. 79. Legenda de S. Rudberto — als Predigt ohne Bedeutung.

Sal. 103. jetzt 953. mb. fol. s. XII. enthält auf der letzten Seite s. XII. vel XIII. den *Brief Friedrichs I an den Griechischen Kaiser Predecessorum nostrorum dive — reciperes.

Sal. 127. jetzt 4006. ch. s. XV. „Bertholdus archiep. Salisb." ist nur ein Ablaßbrief von ihm, 1415 Dec. 13. Wyenne.

Sal. 168. jetzt 1284. Darin ist f. 257'. s. XIII. vel XIV. Folgendes über die Kurfürsten eingetragen: Hii sunt electores imperatoris:

Moguntinensis. Treverensis. Coloniensis.
Inde palatinus dapifer. dux portitor ensis.
Marchio prepositus camere. pincerna Boemus.
Preficiunt regem. servant hoc ordine legem.

Maguntinensis, prothonotarius aule imperialis. Treverensis, archicancellarius Ytalie. Coloniensis, archicancellarius
Germanie. Comes palatinus dapifer. dux Bavarie mar-
schalcus. marchio de Brandenburch camerarius. Boemorum rex pincerna.

f. 273. *Visio b. Hildegardis de Pinguia.*

Sal. 189. jeßt 1049. mb. q. s. XII. *Istum librum habemus
pro memoriali a claustro Bertherskadem pro libro Isaie
quem eis concessimus glosatum.* Hieronymus de interpret. hebr. nominum u. f. w. f. 174'. *Hesso de concilio Remensi. Von anderer Hand folgen unmittelbar
Canones conc. Rem. a. 1148: Qui ab episcopis suis ana-
themate — officia interdicimus wie bei Mansi XXI, 713.
f. 173'. ist folgendes Gedicht eingetragen:

O pietas o ius o regni sceptriger huius,
Celum terra mare debent vobis iubilare.
Curia celestis de cuius civibus estis,
In vestra cura posuit terrestria iura.
Curia terrestris iussis obnoxia vestris,
Pro vobis orat, pro vestra laude laborat.
Gloria pax requies celo terreque marique,
Gloria iusticia sapientia regnat ubique.
Rex et lex et pax regnum regit ordinat unit,
Predam furta nefas gladio cruce carcere punit.
Regnator summus fuit actenus undique nummus,
Nummus erat princeps, quod non licet esse deinceps.
Cessent emptores, non est qui vendat honores.
Questus vilescit, rex noster vendere nescit.
Exitiale forum, subversio iudiciique,
Non erit ulterius, super aula principis huius.
Venditor antiquus, Symon magus, emptor iniquus,
Cesset librare, cesset nummos fabricare.
Malleus est fractus, regali fulmine tactus.
Libra iacet spreta, periit sua falsa moneta.
Fabrica tota perit, faber incudem sibi querit.
Querit in ecclesia, non inventurus in aula.
Ergo sanctarum pastores ecclesiarum,
Pellite vendentes et ementes, templa tenentes.

Von etwas anderer Schrift folgen noch diese Verse:

In claustris Christi sunt semper quatuor isti,
Cum Petro Iudas, cum Iezi fur Ananias.
Petri sunt quique perfecti discipulique,
Venditor ecclesię Iudas cognoscitur esse.

Sal. 225. jetzt 1064. mb. 4. s. XII ex. enthält Verschiedenes zusammengebunden.

f. 38. *De introitu beati Rudberti* mit der C o n v. C a - r a n t. die am Ende von f. 41. mitten im Satze aufhört, so daß offenbar Blätter fehlen.

f. 61—80. *V. S. S e v e r i n i , f. Archiv III, 545. Auf die Rückseite von f. 80 und 95 hat eine Hand s. XIV: B r i e f e geschrieben, Petr. de Vin. V, 57—65. Dazwischen sind Fälle aus dem kanonischen Recht mit der Lösung, s. XIII.

Sal. 227. jetzt 1062. mb. oct. s. XIII ex. Zuerst Theolo- gisches. f. 59. *Incipit epistola cuiusdam ad Honorium solitarium.* Septiformis *etc.* Also doch wohl die Imago Mundi, aber vermischt mit der in H. p. 686 befindlichen Chronik „Scripturus. Karl Martells Gemahlin heißt hier Reginza. Geht nur bis auf Heinrich III.

f. 80. *Inc. epistola Alexandri regis magni Macedonum ad magistrum suum Aristotilem de situ Indie et itinerum vastitate.* Semper memor — domitaverat annis.

f. 85. *Summa Solini poete de hominis generatione. et quibusdam naturis quorundam animalium in quibusdam · locis habundantium.* Testante Solino u. f. w.

An mehreren Orten sind Einkünfte verzeichnet; f. 117'. Isti sunt qui tenentur solvere in pascate munera d. pre- posito Strigoniensi. f. 117. Zwei Briefe über eine Holz= ladung von Wien nach Ofen, welche Nicholaus palatinus f. Heinrici dem magister B. doctor decretorum, Propst zu S. Thomas in Gran, hat wegnehmen lassen, vom Meister Benedikt an Bischof Andreas von Raab, und vom Erzb. Lodomir von Gran an den Palatin; ferner der Entwurf zu einem Briefe Benedikts an den Palatin. Dann f. 117'. Concepte von Briefen Benedikts an B. Thimoteus von Agram und f. ult. an die Graner Archidiakonen, über den M o n g o l e n e i n f a l l von 1285; endlich an Dr. B. in Padua über eine Schuldforderung.

Sal. 292. jetzt 5393. ch. f. s. XV. enthält Verschiedenes zum Basler Concil. Die *Versus de schismate* f. 285.

beginnen : Pontifices ecclesiarum terrarum reges validarum sine opere perpendite, und endigen : palacia. Amen. *Repeticio.*

> Assurgat mundi vastitas et tota christianitas sancte
> conpaciendo
> Ecclesie et vigelet ne error fidem violet concilia
> spernendo.

Sal. 299. jetzt 2072. mb. fol. s. XIV. **Innoc. IV.** apparatus super decreto. Auf dem letzten Blatte steht: Isle liber valet Padue libram et dimidiam venetorum grossorum.

Sal. 311. jetzt 2090. mb. fol. enthält

f. 1. s. XI. *den metrischen Katalog der Erzbischöfe von Salzburg bis auf Tiemo. Auf der Columne daneben: Anno inc. D. 693 S. Ruotbertus obiit. A temporibus S. Ruotberti usque ad Arnonem episcopum fuerunt anni .... Qui Arn a Leone papa usu pallii honoratus est Karolo imp. Post hunc Adalrammus ab Eugenio papa pallium suscepit. Post hunc Liutprammus usum pallii a Gregorio papa suscepit. Post hunc Adalwinus a Nikolao papa pallium suscepit. (etwa s. XII.) Dann einige Tradi-tionen.

f. 1'. s. XI. *Nomina regum Francorum*, mit den Jahren bis auf Heinrich I, aber gedankenlos abgeschrieben; die Namen bis auf Heinrich IV ohne Zahlen. Daneben *Brief Bischofs H.* von Regensburg an Eberhard über seine Wahl zum Erzbischof 1147.

f. 2. *Nomina pontificum Romanae sedis* ohne Zeitan-gaben.

f. 2'. *Nomina pontificum Iuvavensis sedis et abbatum* bis auf S. Gebhard und fortgesetzt bis auf Eberhard II, und *2 Briefe* über Eberhards Wahl.

f. 3. *Nomina fratrum canonicorum et monachorum et mona-charum eiusdem sedis.* Darunter Hartwic noster prepos. ep. Brihsinensis. Brun noster prepos. et ep. Cenetensis. (†23 Ian. *Necr.*) Tietmar prep. noster ep. Curiensis. — *Fratres quorum elemosin. v(i)sitamur.* Ludouuic imperator. Heinrich II rex I imperator. S. Hartuuic archiepiscopus. Tietmar archiepiscopus. Beldinc archiepiscopus. Gebe-hart archiepiscopus. Penzo qui et Piligrim diac. u. f. w. Milites, nur 8.

f. 3′. *Annales 991—1168.

f. 4′. *Ecce mancipia nobis oblata.* Ad Antherigan u. ſ. w. Iuvavia p. 286.

f. 5. Anno ab inc. D. 1058. 7. Kal. Mart. ind. 11. Fridaricus filius comitis Epponis propter beatum episcopum Hartwicum qui fuit suus quondam secundum carnem cognatus dilexit locum istum. Ideo donavit et obtulit canonicis ęcol. SS. P. et. R. ubi idem episcopus sepultus est consentiente sibi Christina iugali sua locum qui dicitur villa S. Oudalrici . . . . . . reliquit earum rerum vestituram, cartamque ipse Fridaricus ipsis canonicis presens presentibus dedit scriptam et confirmatam secundum legem Longobardorum et Baioariorum u. ſ. w. Gebruckt Iuvavia Anh. p. 287.

f. 5′. *Fratres de foris.* Episcopi. Otto Radesp. (†1089). Altuuin Brihsin. († c.1097). Guntheri Babinperg. (†1065) und von anderer Hand Teitmar Curiensis (†1070). Adelpraht Wormac. (†1107). Altman Patav. (†1091). Über jebem ſteht ꝋ. Später eingetragen iſt auch Admuontenses: Wezelinus abbas. Etzo abbas.

f. 6 ff. *Necrologium.* f. 36. iſt ein *Brief K. Konrabs III (Iuv. 286) und eine Urk. eingeſchrieben. Dann regula canon. und f. 93 — 98 wieder Urkunden s. XII. f. 95. „Numerum annorum u. ſ. w. Berechnung über das Zeitalter des heil. Rupert vom J. 1129. f. 97′. Die Fabel von Carl Martells Grab. Archiv III, 580.

f. 98. eine Urkunde in Verſen:

> Vitę celestis pro spe. Deus est mihi testis.
> Testis Wichardo. quod ego comiti Gebehardo.
> Sic mea donavi. quod testibus ante probavi.
> Ut data. pro certo. sacro daret ipse Rŏdberto.
> Heres. finita si non esset mihi vita.
> Predia cum villis apud Erenstin fratribus istis.
> Hic conscribantur qui testes esse probantur.
> Merboto. Bertoldus. frater suus atque Gerloldus.
> Heinrich Liupoldus. simul et cum fratre Raffoldus.
> Hoc et Albertus cum fratre scit atque Richerus.
> Liupoldus de Stamehaim et Albertus frater eius.

Geroldus. Merbot. Bertoldus de Haimingen. Richer. Raffolt de Sconenberch. Heinrich Scoldenir. Heinrich de Steveniggen. Nortman de Tachingen. Liutolt de Haberlant. Dann von anderer Hand ein *Gedicht gegen die Mönche sub pede montis, welche biese Güter an sich geriffen haben. Endlich s. XIII. *Verse auf das Schisma zwischen Papst und König „Dic Cayphę — fient quaecunque secuntur.“

Sal. 313. jeßt 2136. mb. fol. s. XII. Cum operis huius — cuius nullus est finis. Burcharbs Kanonensammlung, ohne spätere Zusätze. Schön geschrieben, hat aber burch Feuchtigkeit gelitten.

Sal. 321. jeßt 2184. s. XIII. enthält nach Bernhardi Glosse de Novellis ein Verzeichniß aller Bisthümer. (Giesebrecht.)

Sal. 323. jeßt 2192. mb. fol. s. XII. Die Kanonensamm- lung bes Jvo, bann f. 104. Privil. Leonis VIII de in- vestituris, Mon. Leg. IIb, 166 benußt. f. 104'. Die *Auffor- berung Eugens III an die Salzburger Prälaten, um Laetare auf bem Concil zu Troyes zu erscheinen. Indubi- tatum procul dubio — tractetis. D. Altisiodori 4. Idus Octobris. Darauf noch 2 Blätter aus einer Kanonen- sammlung in zierlicher Urkundenschrift s. XII. Zuleßt ein Schreiben über die Excommunication, speciell gegen Gui- bert unb beffen Anhänger. Dominus noster I. Christus — deputemur. — f. 107. s. XIII. vel XIV. Cursus titulorum decretalium, verfaßt 1251. Am Ende: Anglorum regi scripsit tota scola Salerni — quatuor ista. nur 12 Verse.

Sal. 328. jeßt 566. mb. q. s. XIV. aus verschiedenen Stücken zusammengesetzt, enthält die Synobalbeschlüffe bes Karbinals Guibo in Wien 1267, bes Bischofs Johann von Tusculum in Wirzburg 1287, unb die Beschlüsse mehrerer Salzburger Provinzialsynoden, bann *Concil. Lugdun.* (1274) Zelus fidei, *Bonif. VIII.* Super cathe- dram, *Bened. XI.* Inter cunctas sollicitudines, *Ioh.* Sus- cepti regiminis; *Iuramentum prestandum in synodo* unb *Ista sunt in singulis synodis per archidiac. a clericis inquirenda.*

Sal. 333. jeßt 2230. mb. oct. s. XII exeuntis. Darin f. 92 ff. Kanones. Der Anfang fehlt. Quod non li- cet osculari mortuum. Ex conc. Agathensi. f. 93. De his qui infantes suos a baptismo suscipiunt. Ex conc. Mogunt. cap. X. habito presente Ludewico rege. Endigt mit De commixtione animalium. Ex penit. Romano. Dann f. 94. ein Inhaltsverzeichniß. Ut clericus si damnum ec- clesie u. s. w. Der Text beginnt: Si quis clericus do- cumenta u. s. w. Kanones, burch Inhaltsverzeichniffe unterbrochen, aber ohne Angabe der Quellen. Sie scheinen

Concilien des neunten Jahrhunderts und früheren entnom=
men zu seyn. f. 117. nach einer Inhaltsangabe: Prima
accione Theodulfi Malachitanae ęcclesiae antistitis u. f. w.
f. 126'. Zacharias servus Dei reverentissimo et sanctissimo fratri Theodoro ep. eccl. Ticinensi. Pitatium quod
nobis etc. f. 136. Libro II Titulo 1. Nullius autem sunt
res sacrae. Die Überschriften waren am Rande vor=
gezeichnet, sind aber dann nicht ausgeführt, und vom
Buchbinder meistens weggeschnitten. Später ·sind sie mit
Dinte übergeschrieben. f. 145. De libro institutionum
cap. VI. Nullus episcoporum rogatur u. f. w. f. 146
ist die Überschrift eines Abschnittes De clericis et eorum
causis. Die Handschrift ist unvollständig und bricht ab
f. 161. in einem Abschnitt über die Ehe.

Sal. 343. jetzt 2094. mb. fol. s. XIV. *Libri de Feodis.*
Darin unter andern *Iacobus de Ardizone. Pertz.*

Sal. 379. jetzt 522. mb. q. s. IX. vel X. Inc. nomina
evangelii. Inc. species evangelii. f. 2' stehen folgende
Verse:

Versus de conditore templi.

Culmina ampla vides haec. hanc quis conderet aedem
Nosse cupis si, novum praecelsa mole cenaclum:
Arn antestis et index caelesti numine fretus.
Parietibus politis concrepant corda fibrarum.
Sanctarum volvuntur tunc pagina legum.
Attoniti silent siderio lumine vernênt,
Dulcia dum hauriunt divino de latice mera.
Pervigil excubiis servas qui tutamine mandros,
Christe pius pastorem fac suo cum grege letantem,
Suppremo sanctorum milibus in sorte socellum.

Dann Beda de natura rerum. f. 29. Concordia testimo-
niorum S. Gregorii. f. 57. Eine Kanonensammlung
ohne Überschrift. 1. De ordine inquisitionis causarum.
2. De provincia. 3. De non gradenda provincia .....
250. De laicis non iudicantibus presentibus sanctis.
Expl. capitula. Der Text fängt an: 1. Innocencius de
causis inquit — f. 113'. in sinagoga. et rel. *finit. Inc.
capitula Kanonum.* 1. De confirmatione caritatis Dei. —
404. De terminis antiquis. *Expl. kapitula istius partis.*
Excerptio synodum, mit einem Prolog: Domne et sancte
pater patrum . siquis etc. *Praefatiuncula.* Haec sunt
verba atque iuditia — diligere. I. *Moses.* Diliges

Dominum u. f. w. bis zum Ende des Cap. 404. *dilatio
usuram parturit.* Die Quellen sind oft gar nicht angegeben, sonst das alte und neue Testament, alte Concilien und
Päpste. Darauf folgen unmittelbar 3 Abschnitte, jeder mit
LXVII. bezeichnet. *De reliquis sextae aetatibus.* Haec
de cursu. *De trina operatione fidelium quando veniat
Dominus. De temporibus antichristi.* 69. *De die iuditii.*
70. *De septima et octava aetate saeculi futuri.*

Sal. 385. jetzt 2949. oct. ch. s. XV. enthält zuerst das
Puech von dem Leben der haydnischen Maister u. f. w. und
dann von anderer Hand Reichsgesetze, f. **Mon. Leg.**
II, 431, 27. Hoffmann p. 206. Auf K. Albrechts Frid-
brif, gegeben in Nürnberg, folgt f. 243. Landfriede K.
Ludwigs, Nürnberg 1323 ausgender obern Wochen (3 April).
f. 244. *Kunig Otten (von Ungarn) Freyhait,* Landshut
1311 Viti, für seine und seiner Neffen Herzöge von Baiern
Lande, gegen die ihnen gewährte „Fuedrung." f. 252'.
K. Friedrichs Reformation, vom Hof zu Augsburg vidi-
mirt für Konrad von Gumpenperg zu Scherungk, Frankfurt d. 14. Aug. 1442, erneuert Neustadt 5. Feb. 1456. —
f. 263. *Satzungen der Pfalzgrafen bei Rhein Herzoge von
Baiern für ihre Lande,* München 1399. Auf dem letzten
Blatte der Schluß des Urtheils gegen Tristramen Drug-
setzen von Waltegk wegen Einfangung eines Domprobsten
auf offener Straße.

Sal. 404. jetzt 430: mb. fol. s. XI. **Vitae beatorum
gloriosorum confessorum.** Darunter f. 43. *V. S.
Hilarii Pict. ep.* Beatissimi Hilarii confratres vitam —
habetur. Igitur b. H. — Pictavis sunt conditae *etc.*
f. 47'. *V. S. Remigii* (brevis, Acta SS. Oct. I, 128.).
Beatissimi — aeterna. Haec Gregorius Turonensis in
libro de miraculis sanctorum. Remigius inquam — reliquit. f. 51. *Vedasti* auct. Alcuino, ohne die Vorrede;
f. Arch. III, 544. f. 58. *Anniani ep. Auriliensis.* Tempore illo cum Hunorum — commendare dignetur. f. 62'.
Theudarii abb. auct. Adone. Mab. Acta SS. O. S. B. I,
678. — f. 76'. *Eustasii* auct. Iona. Mab. II, 115. f. 83.
Burgundafore auct. eodem. Mab. II, 439. Endigt hier:
non credit. — f. 109. *Chiliani* wie bei Canis. ed. Basn.
III, 1. — f. 111. *Syri* et Niventii Tycinensis urbis presulum wie bei Sur. VII, 695. — f. 121'. *Gerdrudis* wie bei
Mab. II, 463. doch sind die Endworte hier et spiritum

sanctum. — f. 133. *Radegundis* auct. Ven. Fortunato.
Mab. II, 319. Enbigt: mirabilia prosequantur. — f. 141.
Servatii ep. Ad inluminandum humanum — sine fine. —
f. 144'. *Medardi* auct. Fortunato. — f. 148. *Aviti presb.*
Igitur Avitus infra Aurelianorum — conservare dignetur.
Acta SS. Iun. III, 353. — f. 156. *Arnulfi,* f. Archiv III,
557. — f. 167. *Ambrosii* auct. Paulino.

Sal. 412. jetzt 3447. ch. q. s. XV. mit Wappen geschmückt,
worunter f. 49. das des Schreibers Io. paw(man) und
f. 113. zwei mit der Beischrift Bononia und Arma Communitatis Bonon. Martinus Polonus ed. II, nach der
Vorrede bis Joh. XXI. Päpste und Kaiser stehen sich gegen=
über: f. 120. folgt auf veniens defunctus est. eine kurze
Deutsche Fortsetzung von 1273 bis zur Herausgabe König
Lassas durch Friedrich IV. Nur anderthalb Seiten. Die
Päpste gehen ohne Absatz bis auf Martin IV: Grecos quoque .... excommunicavit in Urbe veteri non sine multa
admiracione cristianorum. Moritur Perusii et sepelitur
ibidem in ecclesia maiori etc. — f. 122. Germania a
germinando *etc.* f. 123. Do man zalt nach Kristi gepürd
7 c und 76 jar da was ein Babst genant Adriano mit
dem kriegt ein künig genant Desyderius desselben künigs
tochter het ainen hertczogen von Bayrn u. f. w. Eine Art
Bairischer Chronik bis auf Herz. Ludwigs Ermordung
in Kelhaim, ohne Bedeutung. *Iohannes pawman scripsit
etc. 1463 etc.* f. 130. Vermerckh den außzug der Cora-
nicken des landes zw Oesterreich wie vil es name hat
gehabt u. f. w. bis f. 147. Und der selb Gorschik wart
dar nach zw Sand Görigen tag 1458 zw künig erwelt
durch ander ungelawbig da wider was der von Rosenberg der von Sternberg und etleicher mer frumer kristen
herren etc.

Sal. 413. jetzt 521. mb. fol. s. XIII. Auf den Adam von Bremen (Mon. SS. VII, 272) folgen *Item diverse forme litterarum,* ein vollständiger, systematisch geordneter Brief=
steller, am Ende des 12ten Jahrhunderts in Frankreich
verfaßt, wie die Erwähnung der ministri sathanae qui
vulgari vocabulo coterelli dicuntur, f. 92 und sonst häufig,
zeigt. Die Briefe sind zu kurz und zu regelmäßig, um
original, wenigstens um vollständig seyn zu können; sie be=
ziehen sich meistens auf Französische Verhältnisse, und ge=
hören einer, wie es scheint, damals blühenden Schule zu

Magdunum ober S. Lifard in ber Diöcefe Orleans an.
f. 85. *Papa Maguntino archiepiscopo R. E. C. mandat
ut desperare nolit. quamvis cives sui coniuraverint cum
imperatore.* Ad honorem cedit et — fortitudo. f. 86.
*Secuntur littere ecclesiasticarum personarum domino
pape eodem ordine scribentium quo scripsit eis.* Zuerſt
bie *Antwort bes Erzbifdofs Longo iam tempore — mol-
liorem. f. 87. *Littere apostolici ad seculares personas;
primum ad imperatorem, rogans eum ut Col. desistat
infestare.* *Recordari debes fili — innovari. f. 88. Sequitur. ut persone seculares scribant pape.* *Imp. pape
dicens falsum esse quod in eum fingit Col. archiepiscopus.* In personam meam — talioni. *Expl. littere apostolicae.* *Inc. littere ecclesiasticarum personarum inter
se scribentium.* f. 92. *Ecclesiasticae personae episcopo
quae sunt ei suffraganeae vel minores eo.* woran ſid
bann allerlei anbere Briefe reißen. f. 98. *Discipuli magistro quod ad eum dictandi causa se conferant.* Una
vobis concessa est a Deo gratia quod habere dicimini
pre cunctis aliis in dictandi scientia principatum. Tam
felicis fame preconio concitati, disciplinam vestram adire
volumus, ut velitis nobis corrigere bis in die. Lectionum
de numero curabunt alii si curamus nos tantum fieri
dictatores. — f. 100. *Littere ecclesiasticarum personarum ad seculares.* *Archiep. Mag. imperatori conquerens de quodam comite.* Cum sit nobis astrictus —
cognoscatur. f. 103. *Littere clericorum ad parentes
suos.* f. 104. *L. secularium personarum ad ecclesiasticas.* *Imp. archiepiscopo Mag. et suis canonicis rogans
ut interventu suo latorem presentium investiant vacante
canonica.* Hunc nostrum clericum — commendarent.
*Imp. episcopo mandans ei quod a data sententia solvat
quendam comitem paratum stare iuditio sapientum.*
Talis comes nobis — iudicabit. f. 108. *Sequitur ut vi-
deamus quibus verbis et quibus salutationibus persone
seculares utantur. Prius igitur tale tema assumamus.*
*Imperator Romanus regi Frantiae petens ut illius filia
suo filio coniungatur.* Singularem et unicum — sugge-
rentur. f. 118. fommen wieber päpſtliche Briefe. f. 118
archiepiscopo. Ne dolor capitis — actionem. *Resp.*
Non est fides — equitati. f. 127. *Expl. litt. apostolici
ad personas ecclesiasticas. et ipsarum ad papam.*

·*Sequitur ut papa scribat laicis et ipsi pape. Papa comiti Flandriae ut componat cum rege Franciae.* f. 128.
*Litt. laicorum ad papam. Primum ·rex ut componat cum
imperatore Romanorum.* Ad ruborem cedit — pertur-
bare. f. 129'. *Expl. litt. d. papae. Inc. litt. ecclesiasticarum personarum. Card. prelatis* etc. f. 131'. *Lit. episcoporum tam sibi ipsis invicem scribentium quam aliis
minoribus personis ecclesiasticis.* f. 145'. *Litt. episcoporum ad laicos. Primum episcopus regi conquerens*
etc. f. 151'. *Litt. abbatum ad abbates et ad alias pares
vel inferiores personas ecclesiasticas.* · Darunter auch
viele andere. f. 161'. *·Dictator versificatori ut versuum
relicta levitate dictaminum ad profectum accedere non
moretur.*

*Amico suo karissimo C. dilectus et conpatriota suus
B. magis utilibus minus utilia posthabere.* Vir discretus honesta sequitur et ea maxime que maiorem fructum
prestare debeant et honorem. Quos ducit mollicies
aetatis insipidae et infelix lascivia, teatrales se con-
ferunt ad meretriculas, et cum molli versiculo nimis-
que tenero pruritus generant auditori cuilibet. Ad
honorem suum hoc putant cedere quod cedit ad
risum. Circumscripta namque bonorum hominum asper-
natur discretio quod ipsi diligant, et sic eos tibicini
adequat ordini quod ad gradum non provehit altiorem.
Moram satis in vili studio minorum vilium, et profectum nullum aut nimis modicum ex labore tali diutino
consequeris. Vero enim vero qui dictandi secuntur
scientiam, ad reges veniunt et prelatis ecclesie tradun-
tur a regibus, ad honores ecclesiasticos interventus sui
potentia promovendi. Amans te fide solida laudo et
consulo quod relinquas decetero cornices garrulas, et
ad vivum fontem dictaminis ad profectum plenum accedere non moreris. Fontem istum Magdunum reperi
qui non timet solem nec estus aridum quia venam
habet iugem et liberam, et quo frequentius de illo
sumitur, et plures reficit, plus habundat.

f. 163'. *De eodem.* Qui ponit studium in scolari militia,
male ponit si profectum nullum prestantia magis utilibus
ante ponit. Quanti sit precii dictandi scientia sciunt qui
sapiunt, et accepto potu de fonte tam sapido nunc primum agnosco. Locum satis amenum inveni, ciborum

copiam, et doctrinam perutilem et iocundam. Nimis
tractabiles inveni clericos, et honori scolarium assistentes,
multo magis quam valeat explanari. Ad illorum consor-
tium et ad meum precipue vos invito, nec multorum mater
incommodorum dilatio vos moretur.

Dann noch ein ähnlicher Brief über Magdunum, Minus
utilia posthaberi — auditorem. f. 171. *Expliciunt litt.
clericorum. Litterae laicorum sibi invicem scribentium.
*Primum ergo imp. Romanus regi Franciae demandans
ei diem in quo erat colloquium habiturus.* Multa sepe
negocia — exequente. *Rex imperatori ut conponat cum
apostolico.* In ministros Dei — pharaonem. *Resp. imperatoris.* Omni excessui fenestram — crederemus.
Zuletzt Formeln von Urkunden und Theoretisches. — Ein
Dictamen Bernardi de Magdano wird Arch. VII, 124 erwähnt.

Sal. 414. jetzt 546. s. XII ex. sehr sorgfältig und sauber
geschrieben, enthält f. 2 — 6. *Conv. Baw. et Carantanorum. f. 49' nach Originis ep. ad clericos von
anderer Hand *Series pont. Romanorum:* nur Namen und
Regierungsdauer in großer Confusion; zuletzt nur Namen
von Honorius II bis Anastasius IV.

f. 50' von derselben Hand:

De monstris hominum naturis atque ferarum.

Est species hominum portans caput ipsa caninum u. f. w.
Allerlei Wundergeschichten, zuletzt: Zaurobaugi sunt populi
in latere tercie Indię in tenebris habitantes pilosi. et ut
boves caudati. et mulieres similiter. cum quibus demones
aptam habent conversationem. qui de tenebris exeunt et
immergunt se velut pisces in Tigrim. qui per Indiam
terciam fluit. et querunt sub aqua preciosissimos lapillos
et gemmas. et cum his conparant cum Indis necessaria
tacentes. et redeunt in tenebras. et inviti morantur in
aura. Qui eos vidit quidam Ethyops dixit nobis. In
illa vicinia sunt etiam Pigmei cubitales. habitantes in
subterraneis speluncis. caput habentes quantum asini.
et barbam usque ad pedes pendentem. habentes capras
et vineas de quibus vivunt.

f. 51' von einer Hand s. XIII. *Duces Bawariae bis
auf die Söhne Ottos IV. Auf dem Einbande steht: pro-
batio penne gallus novit suam henne.

Sal. 416. jetzt 352. mb. „Leopoldini Soc. Iesu in Austria
1668." f. 2. De origine et ortu inclitorum et famoso-

rum comitum Habsburg atque Zeringen nec noa genera-
cione eorundem an. 1512. von Matheus Marscalcus doctor
canonicusque Augustensis — de Piberbach, deſſen Name
und Wappen auch auf dem letzten Blatte iſt.

f. 20. beginnt die ältere Handſchrift s. XIII ex. mit He-
norius: Non arbitror infructuosum — Cunradus. *Hec
est series pontificum Romanorum.* Petrus — Celestinus
menses V dies IX. Lucius qui et Gerardus. Eugenius.
Hier beginnt die eigentliche Chronik, die *Annales Claustroneoburgenses*, mit: 1. I. C. dominus noster
u. ſ. w. Von 852 an gedruckt bei Freher SS. I, 431.
Von 1266 an wechſeln die Hände bis 1276. Tunc eligitur Adrianus V papa. Dann beginnt von einer andern
Hand auf einem andern Blatte (f. 57) Ad honorem, Freher p. 470. Von 1283 an werden die Hände ſehr wech-
ſelnb. 1303—1308 ſind s. XVI. Dann folgt auf einem
neuen Blatte f. 66. s. XIII. Herzog Friedr. II Privileg
für Wien Gloria principum von 1244 Iul. 1. „Hec est
forma mute que purchmaut dicitur *etc.* Hec est forma
institutionis que fit per civium arbitrium annuatim tempore quo denarii renovantur *etc.* *Friedrichs II Privileg
für Wien. Imperium ad tuitionem von 1237 April.
f. 71'. Innoc. ep. s. s. Dei dilectis filiis universis cuius-
cumque professionis vel ordinis p. l. insp. s. et a. b.
Etsi animarum. Datum Neapoli XI. Kal. Dec. P. n. a.
12. (1254). vgl. Hist. prof. 915. Darüber m. s. XV.
   Mendacium fictum. falsarii non pape dictum.
   Hoc fans delictum. vendicat iure mortis ictum.
   Perdat amictum. victum ad legis edictum.
f. 72'. Die Fortſetzung der chronolog. Bemerkungen, wovon
1311. 1312. 1322 noch s. XVI, auf früher leer gelaſſenem
Raum, wohl von Matthäus Marſchall, die übrigen s. XIV.
bis p. 488. l. 2. monachus.
f. 73. Priv. Herz. Leopolds für Wien — Stadtrecht s. d.
„Gloria principum. Dann von anderer Hand der Brief
über die Schlacht bei Kiersy: Venerabili — nonam. gebr.
bei Freher.
f. 76. von älterer Hand *Hic notantur memorie defunctorum omnium ducum Austrie et eorum heredibus (sic).*
Primo a. D. 1281 obiit sereniss. d. d. Rudolfus bis
1344 novo monte. Was dann folgt, iſt s. XVI von dem
Marſchall von Piberbach, und gehört zu dem folgenden

Stammbaum der Habsburger. f. 78' unten die beiden Notizen von 1132 und 1148 s. XV vel XVI.

f. 79. s. XV. Chron. Hermanni Altah. mit Fortsetzung von 1152—1300; s. Böhmers Fontes II, LII.

f. 92. s. XIV. 'Rudolfs Priv. f. Wien 1278 Iun. 24 Romanum imperium und Cum vota.

f. 97'. Loca terre sancte. 98. Di hantveste ze Wienne, von Herz. Albrecht. Hoffmann, Altd. HSS. p. 254.

f. 102'. Der häufig vorkommende Brief des Priesters Jo= hannes an Kaiser Manuel.

f. 106. *Hirzelin über die Schlacht bei Göllheim 1298. Böhmers Fontes II, 479. f. 108'. A. D. 1322 feria 2 post Mich. proxima do lat man wizzen — wart Chunig Frid. ledig. ib. I, 161. f. 110'. Soldanos archos Babiloniorum Assiriorum *etc.* magno sacerdoti Romanorum.

f. 112 — 117. s. XVI. Briefe Fr. II. Reg. 1008. De iure prothomiseos. Mon. Leg. II, 332. und Reg. 993. Datum in castris in obsidione Esculi 18 *Kal.* Iulii 13. ind. Dazwischen noch ein Stammbaum von Ansigis bis auf Konradin, Archiv III, 586.

Sal. 422. jetzt 8223. ch. fol. s. XVII. **Anonymus Leo- biensis.** Der Anfang bis 1215 fehlt. Nach Pez I, 971. ainem Hawer czehen. folgt 972 B. „An dem Sontag — schweren. Da waß das gnadenreich Jar, da gieng groß Volck gehn Rhom. und die Kost war gar recht fail. Hie hebt sich an der streit von Künig Fridrichen von Osterreich alß er gefangen wardt. A. D. 1318 — gehn Rom." Voll- ständiger, als die Ausgaben, übereinstimmend mit Palat. 971. Archiv V, 202. Dann folgt noch: A. D. 1410 fe- ria 2 post Oculi in quadragesima videlicet in die S. Matthiae ap. Conventus Kremae (d. i. der Dominicaner in Krems) igne domestico est concrematus, und Nachricht über einen Brand der Stadt Krems im Jahre 1414.

Sal. 425. jetzt 3354. ch. fol. s. XV. **Compendium cro- nicarum.** Bis auf die Wahl Wenzels. Als Quellen nennt der Verf. die Werke Iosephi Eusebii Ysidori Iero- nimi Augustini Comestoris Thome de Aquino Vincencii fratrisque Martini. Beginnt: Sapiens consilium docet in ocii tempore — nondum tamen pervenit ad coronam.

    Anno milleno centeno terque triceno
    Hiis sexaginta commisces et bene disces

Austria quod tota flet principibus viduata.
Post hec cornuto discet servire tributo.

Finitus est liber iste cronicarum a. D. 1457. Vergl.
Archiv VI, 210. VII, 697. Cod. Lycei Salzb. 4, 25.

Sal. 426. jetzt 3353. ch. fol. s. XV. aus Trient stammend.
Mit einem Cäsar sind Geschichten vom h. Quirin zusam=
mengebunden. f. 167. *Inc. prologus in gesta S. Quirini
regis et martiris.* Genealogiam — 8. Kal. Aprilis. f. 170.
*De translacione S. Q. r. et m. ad ven. mon. Tegernsee
O. S. B. Fris. dyoc.* Cum S. Bonifacius — benedicebant
Deum. Mit Versen gemischt, enthält die Notiz über den
Namen Ossiger. f. 174'. *Miracula.* Geschrieben 1475.
f. 181. *Inc. Quirinalia Metelli.* O flos — convicia
sanctis. 1475. und noch Einiges über diesen Heiligen.

Sal. 428. jetzt 3081. ch. fol. s. XV. Hoffmann p. 212.
H a g e n s Deutsche Chronik von Oesterreich. Nach dem
Schluß (wie bei Pez) steht noch Sequitur aliud, aber es
folgt nichts weiter.

Schwandtner ist der Verfasser eines handschriftlichen Kata=
loges, nach dessen Bänden und Seitenzahlen häufig die
Handschriften bezeichnet sind. Da aber häufig mehrere
Handschriften auf einer Seite beschrieben sind, andere Hand=
schriften viele Seiten einnehmen, so sind hier die speciellen
Bezeichnungen derselben vorgezogen worden. Um aber die auf
jene Weise bezeichneten Handschriften leichter auffinden zu kön=
nen, folgt hier eine Zurückführung der Schwandtnerschen
Seitenzahlen auf die anderen Rubriken für die in gegen=
wärtigem Verzeichnisse berücksichtigten Handschriften.

Schw. I, 153 = Univ. 164.	Schw. I, 597. = Un. 815.
I, 250 — 262 = Un. 219.	I, 600. = Un. 818.
I, 286 — 288 = Un. 237.	I, 605. = Un. 829.
I, 289 = Un. 238.	I, 608. = Un. 830.
I, 317 = Un. 279.	I, 609. = Un. 832. 833.
I, 374 = Un. 398.	I, 611. = Un. 838. 839.
I, 506 = Un. 635.	I, 615. = Un. 843.
I, 511 = Un. 637.	I, 625. 626. = Un. 881.
I, 544 = Un. 713.	I, 635. = Ua. 916.
I, 552 = Un. 725.	I, 669. = Un. 1017.
I, 563. = Rec. 2006 A.	II, 3. = Rec. 318.
I, 567. = Univ. 740.	II, 106. = Rec. 676.

Schw. II, 108. = Rec. 685. 686. Schw. IV, 70. = Rec. 2104.

II, 113. = Rec. 700. IV, 74. = Rec. 2116.

II, 118. = Rec. 713. IV, 81. = Rec. 2129.

II, 127. = Rec. 742. IV, 82. = Rec. 2130.

II, 141 — 144. = Rec. 780. IV, 109. = Rec. 2194.

II, 148. = Rec. 790. V, 11. = Rec. 2257.

II, 160. = Rec. 834. V, 64. = Rec. 3074.

II, 195. = Rec. 930. V, 68. = Rec. 3085.

II, 202. = Rec. 940. V, 70—73. = Rec. 3087.

II, 207. = Rec. 962. V, 77. = Rec. 3101.

II, 238. = Rec. 1047. V, 78. = Rec. 3103.

II, 245. = Rec. 1064. V, 88. = Rec. 3118.

II, 252. = Rec. 1080. V, 103. = Rec. 4028.

II, 364. = Rec. 1463. V, 106. = Rec. 3167 A.

II, 375. = Rec. 1495. V, 112. = Rec. 3184.

II, 376. = Rec. 1498. V, 126. = Rec. 3247.

II, 393. = Rec. 1548. V, 139. = Sal. 16 B.

II, 447—451. = Rec. 1737. V, 139. = Sal. 17 B. 19 B.

III, 105. = Rec. 2063. V, 141. = Sal. 27 B. 29 B.

IV, 13. = Rec. 2004 A. V, 142. = Sal. 33 B. 36 B.

IV, 14. = Rec. 2006 A. V, 143. = Hist. prof. 665.

Suppl. 58. ch. in oct. s. XV. Des Priesters Johannes Brief an K. Emanuel. Nunciabatur *etc.* f. 7. *Breviloquium de virtutibus antiquorum principum et philosophorum.* Quoniam ut dicit. f. 109. Die Historia Lombardica aus der Legenda aurea cap. 176.

Suppl. 115. ch. fol. s. XV. Item auctoritates utriusque testamenti. Et auctoritates Iohannis Crisostomi. Coronica seu flores temporum. Materia regiminis Romani imperii. Et de vita phylosophorum. C. F. 71. und darunter Anthonius Annberger. f. 73′. ist ein Wappen gezeichnet mit der Überschrift Annaberg.

f. 87. Inc. Cronica seu flores temporum. Ähnlich wie Hist. eccl. 52, wenn auch mit vielen Abweichungen, bis auf Clemens VI. Dann folgt eine Fortsetzung bis zur Erwählung Friedrichs IV von Österreich zum Könige und Victors zum Papste. Geschrieben 1441 per fratrem Ioh. Spies tunc priorem conventus in Ratenberg (wahrscheinlich Rotenburg in Schwaben, Graffsch. Hochberg) licet inmeritum ord. heremit. S. Augustini.

f. 133. *Sequitur prologus cuiusdam auctoris in materiam*

regiminis Romani imperii. Mentes hominum — crescat ad gloriam etc.

Suppl. 290. mb. s. X. XI. 3 Blätter in flein Fol. Tra=
bitionen und Tauſchverträge unter Erzb. Hartwig von
Salzburg.

Suppl. 372. mb. fol. s. XII. enthält

f. 1. *Ann. Pruveningenses,* d. h. Regensburger
Annalen, die in Prüfling abgeſchrieben und mit Zuſätzen
vermehrt ſind. Zu Grunde liegen dieſelben, wie in der
Münchener HS., welche im Archiv III, 363. V, 658.
beſchrieben iſt. Die Zahlen ſtehen ganz flein am Rande,
und es iſt oft undeutlich, wohin ſie gehören; oft fehlen ſie
auch ganz. Am Rande ſind Zuſätze von einer Hand s. XII
ex. vel XIII, die älteren Regensburger Annalen entnom=
men zu ſeyn ſcheinen. Das dem Schreiber vorliegende Ori=
ginal war wohl mit Zuſätzen verſehen, die er in den Text
aufnahm, da mehrmals die Reihefolge der Sätze durch Zei=
chen wieder geändert iſt, z. B. 752. Die erſte Hand geht
bis 1130, dann eine andere gleichzeitige Hand bis 1146,
eine dritte bis 1155 und von da an gleichmäßig bis zu
Ende (1167).

f. 7. Oſtertafeln und Cyclen mit *annal. Randbemerkungen,
meiſtens vom Ende des 13. Jahrhunderts, deren Mehr=
zahl Prüflinger Hausgeſchichte betrifft.

f. 14´. *De anno et partibus eius.* Annus solaris *etc.*

f. 19. De tribus circulis astrolabii inveniendis, mit Zeich=
nungen. f. 22. Bezeichnung der Zahlen durch Finger und
Hände.

f. 23. Est quidem hic ordo *etc.* Die Sternbilder erflärt
und abgebildet.

f. 29. Die Winde und f. 30. die Elemente, ebenfalls mit
Abbildungen. Die Erde reitet hier auf einem Centauren,
den ſie zugleich ſäugt.

f. 32. Ein Kalender mit wenigen nefrologiſchen Notizen,
und noch verſchiedene aſtronomiſche Schriften. f. 39. ſteht:
vel Victor obscure scriptum
Hii omnes eximii computiste fuere Nestor Capuanus episcopus Anatolius Laodicie ep. Theophilus Alexandrine ep.
Eusebius Cesareae ep. Cyrillus item Alexandrinus. Dyo-
nisius Romanus abbas. Columbanus. Hos sex Beda in
testimonium compuli sui sumpsit. Beda ipse. Rabanus.
Elbericus. Hii duo imitatores Bedae fuerunt. Herimannus

Suevigena phylosophus quamvis ultima (lies ultimus) in computatione sua est subtilissimus. Hic multa et ammirabili et hactenus inaudita regula composuit.

f. 42. Compotus Bedae. f. 97. Expl. liber de temporibus. Inc. liber Bedae de natura rerum. f. 105. Inc. cronica eius de sex mundi aetatibus. Zule$t$ noch etwas über Sternbilder u. a. m.

Theol. 66. je$t$ 679. Unbedeutende Annalen 1195 — 1291. abgedruckt bei Denis I, 188.

Theol. 87. je$t$ 701. Denis I, 2861. — f. 147. Nachricht über die Einweihung einer Kapelle durch Erufrid Bischof von Altenburg am 20. Juni 1070. ib. 2870. — f. 147. Brief Eugens III an Erzb. Heinrich von Mainz. ib. 2871. und von neuerer Hand, s. XIII. *Brief Wichmanns von Magdeburg an die Mainzer Kirche über die Verwüstung der Halberstädter Kirche 1179. Super horrendo et — discretio vestra. — f. 148. älter, s. XII. der Brief der Kreuzfahrer Multiplicare preces an den Papst. Mart. Thes. I, 281.

Theol. 99. je$t$ 7650. Laur. Brzezinae Chron. Boh. 1348 — 1421. Denis I, 1792. Palacky, Würdigung p. 208.

Theol. 115. je$t$ 738. enthält f. 198′ einen Brief Urbans III an Friedrich I, gedruckt bei Denis I, 1208.

Theol. 130. früher Ambr. 31. je$t$ 4226. Lamb. Comm. II, 575. Gotfrids von Viterbo Speculum regum.

Theol. 149. früher Theol. Lat. 360. je$t$ 1815. Necrologium Augiense. Lamb. I, 502. 555.

Theol. 164. je$t$ 748. mb. s. XII. Denis I, 884. enthält f. 22. Gesta Pontificum Romanorum. Arch. III, 669. f. 31. Acta S. Nycolai. f. 51. V. S. Gotehardi auct. Wolfherio. Arch. IV, 224. f. 72. V. S. Willibaldi. f. 76. V. S. Maximini auct. Lupo. f. 80. V. S. Nicecii Trev. f. 84. V. S. Symeonis. f. 89. Passio S. Antonini. f. 93. Translatio SS. Synesii et Theopompi (Ughelli V, 490. ed. II).

Theol. 188. je$t$ 4201. s. XV. f. 46. „Formulae scribendarum epistolarum levis momenti." Denis I, 2245.

Theol. 207. je$t$ 951. fol. s. XII. Denis I, 834. Auf Veranlassung des Abts Gebhard von Windberg geschrieben, enthält f. 178. Alexanders III Privileg für die Prämonstratenser

vom 27. April 1177. Ferrariae. unb f. 181. *Frie-
brichs I Privileg für Winbberg, 1173. ind. 7. 2. Kal.
Iun. Ratispone.

Theol. 217. früher Ambr. 93. jeßt 4204. Lamb. II, 630.
Denis I, 2551. ch. s. XV. enthält f. 196. Ysidori card.
Ruteni epistola de excidio Constantinopolis, 8. Juli 1453.
f. 201'. Kalixt III Brief an Erzb. Sigismund von Salz-
burg, 8. Apr. 1455. f. 202. Deff. Gelübbe gegen bie
Türken, unb Publication mehrerer seiner Schreiben burch
Erzb. Sigismund. f. 205. Die Statuten bes Karbinals
Guibo von 1267. f. 207. bie von Friebrich von Salz-
burg von 1274 unb 1281. u. a. m.

Theol. 235. jeßt 4217. ch. s. XV. Denis I, 1265. f. 52.
Bonifaz VIII Schreiben an K. Philipp von Frankreich
„Ausculta, unvollständig.

Theol. 247. jeßt 1543. Denis I, 2743. Sermones Clementis VI. Collatio Arnesti archiepiscopi Pragensis.

Theol. 259. jeßt 751. *Epistolae Bonifacii* (verglichen von
Pertz, f. Archiv III, 170) etc. f. Denis I, 1002. Hoffmann
p. 366. Zuletzt eine Notiz über bie Weihe Williberts
von Köln, am 18. Jan. 871. u. a. f. Denis I, 1009.
Archiv III, 172. VII, 802.

Theol. 294. jeßt 4257. ch. s. XV. Am Enbe f. 288'. Miracula S. Leopolbi von 1323, f. Denis I, 2133.

Theol. 302. früher 23. jeßt 1550. Guidonis card. Decreta Hungarica. Lamb. I, 621. Kollar Anal. I, 21.

Theol. 330. jeßt 984. mb. s. XIII. fol. Denis I, 739. f. 29.
Brief Konrabs von Montferrat an Bela III über bie Belagerung von Tyrus, gebr. ib. 740. — f. 30. von Boe-
munb III von Antiochien, ib. 744. — f. 31. Erbonis
planctus de capta Ierusalem.

Theol. 332. jeßt 4195. ch. s. XIV. Sermones Clementis
VI. etc. Denis I, 2756.

Theol. 333. jeßt 1548. f. 18. *Series pontificum et imperatorum* bis 1463. Denis I, 434. f. 24. *Nomina archiepiscoporum Coloniensium* bis 1463. ib. 435.

Theol. 343. jeßt 968. enthält einen Brief bes Erzb. Kon-
rab von Salzburg an abbas P. de abbate W. per Brunonem eiecto, s. XII. gebr. bei Denis I, 1001.

Theol. 348. jeßt 963. mb. s. XIII. beschrieben bei Denis I,
2393, enthält bie Briefe ber h. Hilbegarb unb bie von

ihr verfaßten Vitas S. Ruperti com. pal. und Disibodi episcopi.

Theol. 379. jetzt 1042. enthält kurze unbedeutende Annalen 1100—1300. abgedruckt bei Denis I, 173.

Theol. 383. jetzt 1040. Vita S. Servatii, f. Denis I, 2296.

Theol. 406. jetzt 1051. mb. s. XII. Denis I, 774. enthält nach Werken Augustins die zuerst im App. ad Chron. Reichersberg: gedruckten Briefe, das Erzbisthum Lorch betreffend. Dann f. 88'. Traditionen an die Passauer Kirche.

Theol. 418. jetzt 1845. s. XI. f. 65'. *Necrologium*, f. Denis I, 2968.

Theol. 470. jetzt 1453. *Epistola de seditione Rom.* handelt von Steffano de Porcariis. Denis I, 506.

Theol. 512. jetzt 4889. Denis I, 2816. ch. q. s. XV. enthält f. 153. ein Verzeichniß der Erzb. von Salzburg bis auf Bernhard von Ror, verschieden von dem in Rec. 2194. und Lun. fol. 186, und für die spätere Zeit vielleicht noch zu berücksichtigen.

f. 160. *Verz. der Bischöfe von Chiemsee.

Theol. 529. jetzt 832. mb. q. Denis I, 698. fol. 75. *Legenda S. Stephani regis s. XV inc. in Lectionen abgetheilt. *Iste liber est conventus Wienn. ord. fratrum predicatorum in Austria* steht f. 76. Dieser Theil ist von den übrigen Bestandtheilen der Handschrift ganz unterschieden. Am Ende fehlt ein Blatt oder mehr.

Theol. 565. jetzt 1322. *Lessus de Ottone III.* Denis I, 658; vergl. Wilmans Otto III. p. 130. Archiv VII, 115. 1004.

Theol. 618. jetzt 1321. Denis I, 1255. Das *Verzeichniß der Erzbischöfe von Köln bildet mit der Vita Silvestri (von derselben Hand s. XIII.) einen unabhängigen Theil der Handschrift.

Theol. 643. jetzt 4948. f. 303. Cronica magistri Iordani qualiter Romanum imperium translatum sit ad Germanos. Denis I, 2581.

Theol. 646. jetzt 4764. ch. s. XV. Denis I, 1566. — f. 24. Chronik, anfangs Honorius und Martinus Polonus, wie Rec. 713 dann Ann. Salzburg. bis 1327 et expensis, zuweilen dem Cod. S. Petri näher stehend, aber mit starken Auslassungen. — f. 154. Die Buchstaben neben den

bei Denis abgedruckten Notizen beziehen sich auf den vor=
hergehenden Stammbaum.

Theol. 727. früher Ambr. 268. jetzt 1946. Vita S. Morandi, s. Lamb. II, 784. Kollar Anal. I, 899.

Theol. 732. jetzt 1609. Denis I, 2977. vergl. Hoffmann p. 2.
Daraus schrieb ich die Formeln und Briefe f. 17—
53 ab. — f. 64. Haupts Zeitschrift V, 71.

Theol. 739. jetzt 861. Denis I, 1345. Enthält f. 82' eine
kurze Summa dictaminis ohne Werth; dann folgt von an=
derer Hand der Brief Innocenz II an K. Konrad, mit
der Antwort, gebr. bei Denis 1350. und der Brief eines
Ritters an seinen Grafen, der in der Mitte abbricht, am
Ende der ersten Seite von f. 84.

Theol. 826. jetzt 4343. f. 85. *Chronologia Romanorum pontificum* bis 1352. Denis I, 2151.

Theol. 831. jetzt 4349. *Chronicon ordinis Minorum*, s. Denis I, 2498.

Theol. 855. jetzt 2668. f. 137. *Catalogus pontificum Romanorum*, s. Denis I, 808.

Theol. 937. jetzt 4902. s. XV. Denis I, 1592. enthält Hussitica, und f. 97. Briefe Gregors VII, nämlich VII, 11.
II, 72. 68. VII, 25.

Univ. 164. Schw. I, 153. jetzt 3400. Aus dem Legat des
Bischofs Joh. Faber. ch. fol. s. XV. f. 1. *Chron. Eusebii Ieronimi.* f. 84. Quoniam in ydeomatibus u. s. w.
Über die Hebräische Sprache. f. 89'. Regio Transtiberim
— templum Gorgonis iuxta quod vel in eo fuit sepultus
Numa Pompilius secundus Romanorum rex. f. 98'. Otto III
fit caesar anno 992. Tunc fuit institutum quod Romanus imperator deberet eligi — Karolus moritur a. 1380.
Sigismundus filius eius nupsit filie Ludowici regis Ungarie. *(De translatione imperii.)* f. 99. *Chron. Austriae.*
Anno post diluvium 810 in Theomanaria natus est Abraham bis f. 102'. A. 1453. imp. Turcorum Constantino-
polim devicit et omnes christianos miserabiliter occidit
aut ad fidem negandum compulit. f. 105. De annis
huius seculi — Gurgastium est casa brevissima ubi
pisces mittuntur. Über alte Geschichte. f. 111. Est eciam
circa perscribendas. Über Abkürzungen. f. 114. *F. Bor-
natusii (?) de Monte magno ad ill. principem Guidan-
tonium Montisffereti comitem super nobilitate disputatio.*
Apud maiores — relinquitur. f. 120. Inc. prefacio

Cornelii poete ad Salustium in librum Daretis Frigii.
f. 133. *Omnis reverencie* . . . . . *Thome tit. SS. Nerei et
Achillei atque Patricii presb. card.* . . . . . *Iohannes consilium propositi capiendi.* Quid agimus — 1379 ind. 2.
Nonis Ianuariis. Deo gracias. ΤΕΛΟΣ. f. 151. *Inc.
vaticinium Sybille Erithee et Babilonice.* Exquiritis —
foret Avernus. f. 154. Saturnus pater — habebat. *Finis
libri poetarii de fabularum integumentis Ovidii.* 1469.
f. 181´. *Iesuida Ieronimi de Vallibus Paduani.* f. 192.
Rerum opifex Deus u. f. w. *Expl. secundum Almadel
liber intelligenciarum. Finitus a. D.* 1469.

Univ. 219. Schw. I, 250—262. jeßt 4959. ch. q. s. XV.
enthält u. a. das Gedicht Papa stupor mundi mit Gloſſe. —
Ferner Briefe, Urkunden, Formeln, wovon mir K. Wenzels Brief an ſeinen Bruder über Karls IV Tod f. 210.
das älteſte Stück zu ſeyn ſchien. — f. 485. Residuum
epistolarum Petri de Vineis. Inicium vero illarum
epistolarum quere in albo libro. continentur epistole Petri
Blesensis folio 28° a fine cum tali signo∗. Es ſind die
Briefe III, 69 — V, 81, ohne Abtheilung der Bücher oder
Zählung der Briefe.

Univ. 237. olim 690. bei Schwandtner I, 286 — 288 jeßt
226. mb. q. s. XII. Vom Biſchof Joh. Faber legirt. Endlicher p. 286. mit irrthümlicher Bezeichnung als Univ.
690. **Iordanis.** Inc. de origine actibusque Getarum.
Historia Ior(nandi durch eine ziemlich neue Correctur).
f. 47. De historia Teutonicorum, ſ. Grimm, Mythol. I,
269. f. 49. (Iordanis) hist. Romana. Dann Dares Phri-
gius und Hist. Apollonii Tyrii.

Univ. 238. Schw. I, 289. jeßt 578. mb. q. s. XIV. Vom
Biſchof Joh. Faber legirt. Martinus Polonus ed. II bis auf
Johann XXI. *Inc. cronica fratris Martini penitenciarii
domini pape et cappellani.* Auf Joh. XXI, sepultus extitit.
folgt noch, ohne Unterſcheidung, Nycholaus III nat. R. de
domo Ursinorum bis auf Honorius IV sollicite prose-
quenda. Mortuus est Rome et apud S. P. sepultus.
Wohl aus Bern. Guidonis. Bei den Kaiſern iſt nach est
defunctus. von anderer Hand zugeſeßt Soldanus vero —
remeavit.

f. 70. Eine ganz andere Handſchrift, auf Papier. Anno
D. 880. Karlomannus rex Bawarie apud villam Ottingam
obiit — (1358) duntaxat durandis. *De morte H.* de

Virnenburg archiep. Moguntini. Item H. de V. — fides habeatur. *De exitu Predicatorum.* A. D. 1277 — reducente. *Item fabule Rudolfi regis.* Rudolfus rex quadam vice transiens pontem Thuregi *etc.* f. 128. Ioh. cancellarius u. f. w. Verſchiedene Notizen. Das Ganze iſt in Straßburg verfaßt und ſcheint von Werth zu ſeyn. Am Ende ſteht noch Lucifers Brief ad principes moderne ecclesie.

Univ. 263. jeßt 4260. s. XV. Succincta chronologia bis 1439. Denis II, 897.

Univ. 279. Schw. I, 317. jeßt 1467. mb. f. s. XIII. Liber sententiarum. Am Ende ſind die beiden *Briefe Innocenz III bei Baluz. Epp. Inn. III. Vol. II. p. 752 und 756. Quia maior und Vineam Domini eingetragen. Reg. Innoc. III. 321. 323.

Univ. 398. Schw. I, 374. jeßt 3213. ch. q. s. XV. Endlicher p. 227. — f. 64. Exemplares epistole magistri Anthonii. f. 77. Anthonii Haneron mirifici oratoris ac eciam fam(os)issimi Lovaniensis studii decor(is) conpendium de brevibus epistolis ad archidiac. Tornacensem editum explicit. Inc. eius extravagancia quedam ad superiora exempla. Et primo exemplum de brevi epistola in primo genere epistolarum. *Philippus dux Burg. Brab. etc. episcopo civitati totique populo Leodiensi salutem.* Hortamur vos u. f. w. f. 80. Finite sunt epistole quedam exemplares mag. Anth. Haneron super tractatulo de brevibus epistolis ad archid. Torn. ex universali Lovaniensi studio transmisse Deo gracias 1458 etc. Der Verf. war Propſt von S. Donatian und Rath Karls des Kühnen und Maximilians.

Univ. 635. Schw. I, 506. jeßt 3281. ch. duod. s. XV. Floribus rhetoricis verba *etc.* Eine *Summa dictandi* mit Briefen, die eifunden zu ſeyn ſcheinen und ſich meiſtens auf Frankreich beziehen; p. 152. ff. finden ſich wirkliche Briefe, das Basler Concil betreffend.

Univ. 637. Schw. I, 511. jeßt 604. mb. q. s. XIII. Aus den Faberſchen Büchern. Memoriale temporum, Abkürzung eines größeren Werkes desſelben Verfaſſers, in Frankreich geſchrieben. Geht bis zum zweiten Jahre Innocenz IV. Quoniam ut olim scriptura — illuminabit eam.

Univ. 713. Schw. I, 544. jeßt 4573. ch. fol. s. XV. Sermones magistri Hugonis de Prato ord. Pred. doct. Theol.

Parisiensis, Pauli Burgensis Scrutinium Scripturarum u. f. w.
f. 314. Flores Temporum, ohne Namen des Verfaſ=
ſers. Nach Nikol. IV. acquievit. Hic confirmavit regulam
terciam b. Francisci. *Quod sequitur apposuit frater Iohannes minor usque ad finem.* Im Ganzen wie Ekkards
Ausgabe, doch mit vielen Abweichungen. Die Kaiſer en=
digen: et refundens Gunthero contra eum electo expen-
sas quas fecerat pro regno obtinendo, et modo regnum
quiete possidet Deo dante. *Hec frater Iohannes et sic
est finis.* Die Päpſte: Quos tamen papa excommunicavit
et vitari precepit. Item Guntherus invasor regni veneno
interiit ut videtur. *Hec frater Iohannes. Hec de hoc
opere.* Dann Curtata biblia u. a. m.

Univ. 725. olim 461. Schw. I. 552. jetzt 4839. ch. f. saec.
XIV. in 2 Columnen. Einſt *Collegii ducalis Wiennensis.*
Bezeichnet als Exposicio hymnorum et sequentiarum et
quidam sermones, enthält f. 351 — 356. Legenda S.
Udalrici episcopi. Sie fängt an: Egregius Christi
confessor Udalricus ex Almannorum prosapia patre S.
Hupoldo et matre S. Dierpirga claro genere et diviciis
huius mundi extitit oriundus. Qui ut moris est divitibus
nutrici traditur *etc.* Auch hierin iſt die Geſchichte vom
Papſte und der Jungfrau. Ende: Post mortem eius tot
et tanta fecit miracula quod nulla ligwa bene et plena-
rie sufficeret enarrare. Tamen aliqua potuerunt de ipso
enarrare. Idem enim vir Rubertus quem vir beatus exstitit nimis digressu intestinorum suorum feras curaverat
(sic) detentus aliis infirmitatibus et offensis rogavit se
ad eius tumulum deportari. Ubi cum pervenisset dixit:
O sancte Udalrice me vivus curasti, modo non dubito
posse si vis te mortuum curare me. Sed quod vis supplex rogo ob inmensam gratiam qua nunc frueris et ob
amorem domini nostri Iesu Christi. Qui continue multis
videntibus est curatus in virtute d. n. I. C. Qui est
benedictus in s. s. amen. amen. *Expl. legenda S. Udalrici ep. et confessoris.* (Chmel.)

Univ. 740. olim 460. Schw. I, 567. jetzt 3149. ch. s. XV.
nach Schwandtner Excerpta ex Valerio de Valentia, finit
cum historia Friderici.

Univ. 789. jetzt 2196. enthält *Epitome decreti Ivoniani*
s. XII. nach Theiner p. 183.

Univ. 815. Schw. I, 597. jetzt 4265. Aus dem Legat des Joh. Faber. ch. fol. s. XV. Inc. nova legenda de sanctis per circulum anni. Qui me scribebat Iohannes Steirer nomen habebat. f. 108. *Primus tractatus huius libri qui dicitur Minor cronica Martini posset dividi in duas partes principales prout in prologo ipsius dicitur* u. ſ. w. Dann das Inhaltsverzeichniß, worauf der Text beginnt: Marie virginis indignus ego sacrista, also die Flores Temporum, bis 1290. Die Päpſte ſind roth geſchrieben. Stark interpolirt aus Herm. Altahensis, und fortgeſetzt bis auf den Tod Heinrichs VII.

i. Predicator
Iure dolet mundus quod Iacobita secundus
Iudas non (nunc?) extat. mors cesaris hoc manifestat.

Univ. 818. Schw. I, 600. jetzt 416. mb. s. XII ex. vel XIII. fol. Vitae Sanctorum, enthält *V. S. S e v e r i n i, ähnlich dem Cod. Linz. C c VII 7. und dem Zwettler. Es ſind aber Correcturen darin, theils offenbarer Fehler des Copiiſten, theils willkürliche Änderungen. — V. S. Corbiniani auct. Aribone.

Univ. 829. Schw. I, 605. jetzt 3408. ch. fol. s. XV. Doctoris Ioh. Fuchsmagen, dann vom Biſchof Joh. Faber legirt. Liber A u g u s t a l i s . . editus per d. Franc. Petrarcham ad ill. march. Estensem. Finit . . . . Kal. Ian. intrante novo anno 1385. Bis auf Wenzel, modicum occidentis. Jeder Kaiſer hat ein Blatt für ſich, die mehrfach falſch gebunden ſind. f. 2. nach Octavianus (Octavian iſt doppelt) — propositum non faciunt. *Porte Urbis.* Porta — templum Solis ad Gradellas. *Finis* Τελωσ *Rasta. Inc. libellus de scripturis lapidum et cognitionibus et virtutibus eorundem.* In quocumque — gratum hominibus. f. 24. *De Romanis et eorundem edificiis.* Troia condita fuit in tertia etate. — (Iulius) mancipavit Scheint der Anfang von f. 2. zu ſeyn.
II. f. 133. *De Britania minori.* A. D. 386 Conan nepos Octuari regis Britanie magne — Qui dum similiter non haberet prolem, reliquit ducatum filio fratris sui Richardi videlicet Francisco his diebus mortuo, qui duas filias Annam et Ysabeam reliquit pulcerrimas quas hic Redonis vidi a. D. 1490 die 4. Augusti. f. 137. von derſelben Hand: A. D. 57. Claudius Britanniam benê (pene?) amisit — 1168. Henricus rex Anglie minorem Britaniam

subiugavit. Et Eudo dux .eorum fugatur in exilium missus in Galliam u. f. w. Neuere geſchichtliche Arbeiten und Sammlungen zur Geſchichte von Frankreich, England und Spanien.

III. von älterer Hand f. 215. *Inc. Cronica Apostolicorum.* Marie indignus ego sacrista, alſo Flores Temporum, bis Adolfus .... est electus. Post predicta ..... ego Heinricus licet indignus u. f. w. Schließt wie Rec. 3118. ohne die Unterſchrift. Dann ganz kurze Öſterreichiſche Annalen, beginnend 1314 mit der Gründung von Maurbach, bis (1405) et multa milia hominum de Wyenna propter famem recesserunt.

Univ. 830. Schw. I, 608. jeßt 463. mb. fol. min. s. XV. Durch Pirsner für die Geſellſchaft benußt, f. Archiv VII, 667. Der Name der früheren Beſißer iſt auf dem erſten und leßten Blatte ausrabirt, ebenſo f. 44̇, doch laſſen ſich hier noch die Worte leſen: *Iste liber est monasterii sancte Dorothee in Wienna.* Der Biſchof Johann Faber legirte dann 1540 die Handſchrift ſeinem Collegium ad S. Nicolaum. Das bekannte gedruckte Blatt, das hierüber, wie in ſo vielen Handſchriften, Nachricht giebt, hat die Überſchrift: *Chronica Honorii, verosimiliter Canonici Salisburgensis.* Die alte Aufſchrift lautet: *Inc. Cronica ab initio Mundi.* Non arbitror infructuosum — (1277) nacione Romanus. Darunter ſteht wieder in Curſivſchrift s. XV. *Expl. cronica honorii.* Doch iſt unter honorii etwas ausrabirt. Dann: *Cronica Salczburgensium episcoporum.* S. Rudbertus — 1084 (ſtatt 1284) in die parasceue. Darunter wie oben: *Expl. cronica honorii* (ſo corrigirt für *martini*) *de tempore ab inicio mundi usque ad a. 1277. Item episcoporum Salczburgensium.* Und noch 6 versus memoriales. — Es iſt die häufig vorkommende Verſchmelzung der Chronik des Honorius mit den Annalen des Salzburger Domkapitels.

Univ. 832. Schw. I, 609. jeßt 3390. ch. f. s. XV. Presentem codicem testamento librithecae collegii ducalis ordinavit quondam spectabilis vir Magister Ieorgius de Grafenwardt bacc. theol. formatus. cuius anima deo vivat. A. D. 1492. Collegiatus eiusdem. — f. 1. De vita et moribus philosophorum veterum. f. 109. Phylippi liber de introduccione loquendi, geſchrieben 1433. Am Schluß Liber Petri (Hemblaker? durchſtrichen) und von anderer

Hand plebani in Dreskirchen. f. 181. Martinus Polonus, ohne die alte Geschichte, aber mit papissa. Er nennt sich Fr. Martinus O. P. d. pape pen. et capp. de regno Boemie oriundus patria Oppaviensis. Endigt Constantino VI. und, während in der Vorrede steht ad Clem. VI, (Adrian V) suspensam reliquid. Iohannes XXI nac. Hispanus a. D. 1276 sedit etc. — Am Ende der Handschrift steht: Ordnung die man halt so man ain Kunig gesegent und krönnet. Ein Blatt, unvollständig.

Univ. 833. Schw. I, 609. jetzt 2693. Kaiserchronik bis auf S. Bernhards Kreuzpredigt (also nicht 1236); f. Hoffmann p. 4. Bei Maßmann W.

Univ. 838. Schw. I, 611. jetzt 3334. ch. fol. Iohannis Fuchsmagen doctoris impensa scriptus; dann 1540 vom Bisch. Joh. Faber seinem Collegium ad S. Nicol. legirt. Chron. Ottonis Frisingensis. Im 7ten Buche sind bedeutende Abweichungen. Auf VII, 33 folgt als cap. 28: Hactenus Otto Fris. episcopus. Abinde Otto de S. Blasio u. s. w. bis (cap. 79) divertit. Hactenus Otto de S. Blasio. Et finis D. G. 1482. Reihe der Päpste und Kaiser, dann Gesta Francorum, f. Archiv III, 476. V, 115. Auf dem ersten Blatte stehen Notizen des Dr. Fuchsmagen über Karls von Burgund Größe und Untergang.

Univ. 839. Schw. I, 611. jetzt 3335. ch. f. s. XV. Chron. Ottonis Frisingensis. f. 154. Finis in dominica Invocavit que fuit 11. mensis Marcii a. D. 1481. D. G. f. 3. Magister Thomas Resch wacc. formatus theol. hunc librum michi Ioh. Fuchsmagen doctori dono dedit a. 1508. die 2. Iulii. Darauf kam es an Bisch. Faber und zu dessen Stiftung.

Univ. 843. Schw. I, 615. jetzt 926. mb. fol. s. XII. Vom Bischof Joh. Faber. Auf ein Poenitentiale folgen f. 39. Annalen, fortlaufend geschrieben von 1 — 1177; nämlich die Nebenform der Ann. Mellicenses, welche den Klosterneuburger Annalen zu Grunde liegt. Nach einem kleinen Absatze, in welchem die Jahreszahlen 1178. 1179. ausradirt sind, folgen dann von anderer Hand s. XIII. Annalen von 1178 — 1224, ebenfalls fortlaufend geschrieben, und zwar im Schottenstift, wie die Notiz 1195. Finanus abbas loci istius obiit. beweist. Übrigens sind sie

den Klosterneuburger Annalen nahe verwandt. Hierauf
kommt wieder von derselben Hand mit den ersten Annalen
ein Papstkatalog, mit Angabe der Regierungsdauer,
doch von Johann XVI an nur Namen, bis auf Alexander III.
Auf dem letzten Blatte ist eine neue Fortsetzung der An=
nalen bis 1233, die ebenfalls in die Klosterneuburger An=
nalen übergegangen, aber hier Original zu seyn scheint.
Auch zum Einbande ist eine Urkunde des Schottenstifts
verwandt.

Univ. 881. Schw. I, 625. 626. jetzt 2373. mb. fol. s. XIV.
enthält f. 107. eine Summa dictaminis. Sicientes
artis dictatorie gimnasium venite ad aquas presentis
opusculi. f. 108' heißt es: Numquam tamen in litteris d.
pape ponuntur nomina prelatorum quibus scribit, set ponuntur duo puncta .. inter que remanet modicum spa-
cium carte quod nomen proprium representat et ideo
quod significet quod non proprietati persone set dignitati u. s. w. Nach der Theorie folgen ganze Briefe, von
Studenten u. A. — f. 118'. *König Adolf beruft die Für=
sten zum Reichstag. Divine maiestatis speculacio — imperii serviendo. voll Phrasen. f. 119. *König Adolf ver=
weist einem Grafen, daß er eine von Räubern verlassene
Burg dem Eigenthümer nicht zurückgebe. Dominus custo-
dit — talio inferatur. Bei den Privilegien ist beispielsweise f. 121' eins von A. Misn. et orient. marchio für ein
Cist. Kloster. D. Misne 1296 Non. Sept. — *König Adolf
überläßt dem Magdeb. Erzb. A. in seiner Diöcese das
Recht, welches ihm selbst bei persönlicher Ankunft zustehen
würde, und befreit seine Leute vom Zoll. Cum imperato-
ria maiestas. Der Stil und R. Ratisp. ep. als Kanzler
lassen eher auf Friedrich II schließen. f. 122. Urk. des
Bisch. Withego von Meißen. f. 128. eine Legitimation
von König Adolf. Si rigoris austeritas — testimonium
etc. f. 130. Imperialis vero commissio poterit sic for-
mari: *Ludewicus ... fideli suo tali. Ne nobis circa —
gratie. ganz nach der Urk. Friedrichs II im Cod. Phil. 61.
f. 12'. mit welcher Sammlung auch andere Stücke über=
einstimmen. f. 132. A. episcopus spricht ein Interdict
aus mit ausführlicher Motivirung 1332 die dominico infra octavas b. Martini, und ein Schreiben deshalb von
P. Misenensis eccl. episcopus.

f. 136. *Incipiunt quedam epistole concepte per Bertholdum*

· *de Tuttelingen notarium m Christo patris d. Rudolfi ep. Constant. super controversia d. Iohannis pape XXII et d. Lud. de Bawaria Rom. imp. et primo ponitur prohemium epistolare in quo probatur an dignitas papalis sit superior dignitati imperiali in qua veritas conclusionis expressatur.* Levantes in celum oculos — hauserit dignitatem. *Inc. prima ep. d. I. p. XXII ad d. L. imp. Rom. et est ammonicio.* Malleus divine gracie˙ — prefocentur in ortu. Datum etc. *Inc. rescriptum sive responsio d. L. imp. ad ep. precedentem et est primum.* Adorna thalamum amenitatis — in malum. Dat. etc. *Sequitur 2. ep. d. I. p. ad d. L. predictum et est etiam ammonicio.* Inter cetera que egrotantes — dubio procedemus. *Sequitur responsum sive rescr. L. i. ad ep. preced. et est 2. in ordine.* Ad celebres decurrite — est illis. *Sequitur ep. in qua d. I. p. XXII deponit d. L. i. R.* Ad succidendum infructuosos — omnino hominum etc. *Sequitur ep. in qua d. L. i. ammonet d. papam ut ad urbem revertatur Romanam. alioquin velit urbi et orbi sicut communis exposcit utilitas de spirituali capite providere.* Gloriosus Deus in sanctis — collocare. D. Rome etc. *Sequitur ep. quam Romani concives mittunt d. Iohanni pape supplicando sibi ut ad urbem revertatur Romanam. alioquin intendent et assencient provisione faciende urbi et orbi de futuro pontifice per sacratum principem d. L. i.* Visitavit nos sedentes — fervencius inpugnemur. D. Rome etc. *Seq. rescr. sive responsum d. I. p. ad 2 epistolas inmediate precedentes.* Ex ore sedentis — procedemus. *Seq. ep. in qua d. L. i. R. deponit d. I. p. cum universo senatu ac populo urbis Rome.* De ventre matris — emanarunt. *S. e. in qua d. I. p. predictus cassat sentenciam latam contra eum per d. Lud. predictum.* Etenim sederunt principes — nunciamus. Dat etc. *Sequitur appellacio d. L. i.* Nos Lud. etc. Lecte et interposite sunt hee appellaciones a. D. 1324 in die 7. mensis Maii hora circa vesperarum in cappella domus habitationis fratrum Teutonicorum ord. S. Marie in Saschinhusen iuxta Franckenfurt. Presentibus dominis Bertuldo seniore — Symone dicto Nydirndorfer de Monacho clerico Fris. dyoc. etc.

f. 159. Brief des Priesters Johannes an K. Emmanuel.
f. 160'. Der Brief der morgenländ. Kirche Multiplicate

38*

preces — concedat. f. 161'. *(M)aradach soldanus* etc. *pape.* Ortodoxe fidei. f. 162. Papſt Clemens an den Sultan. Candor lucis. Der Sultan regi ultramarino. Noveris quod.

Univ. 916. Schw. I, 635. jetzt 5382. ch. fol. s. XV. Librum presentem suo in testamento legavit ad collegium b. Marie virginis domus rubee rose aput fratres Predicatores in Wyenna pro studio theologie egregius ac venerabilis vir et dominus olim magister Thomas de Haselpach arcium ac theologie professor eximius, in Perchtoltzdorff plebanus famosus atque ecclesie ad S. Steffanum canonicus premeritus pater ac superintendens prefati collegii fidelissimus etc. Itaque. hoc ut prefertur utentes volumine studendo eius animam Deo recommendent devocius. Enthält zuerſt eine Copie von Hist. prof. 668. Dann Quintiliani Institutiones oratoriae.

Univ. 1017. Schw. I, 669. jetzt 3344. ch. klein fol. s. XVI. Super nomismatis cuiusdam inscriptione Chuonradus Peutinger Augustanus. — f. 9. *Cronica episcoporum Smogroviensis et Ricozinensis eclesiarum que nunc Wratislaviensis appellatur eclesia fel. inc.* Tempore primi Polonorum principis — 1482 ipso die S. Anthonii. f. 20. *Catalogus pastorum et episcoporum Tridenti.* Tempore quo Christus — (1493) S. Maxentie. Im 15. Jahrh. ausführliche Biographien. f. 29. *Cathalogus archiepiscoporum Iuvav. hodie Saltzeburgensium.* Canis. III, 2, p. 478. Fortgeſetzt bis 1477, meiſtens wie bei Duellius Misc. II, 152, aber ausführlicher über den Einfall K. Mathias, wovon dagegen Rec. 3087 gar nichts hat.

Schließlich laſſen wir hier eine Vergleichung der neuen Nummern mit den älteren Bezeichnungen folgen.*)

---

*) Bei dieſer Gelegenheit mögen zugleich einige Irrthümer und Druck-fehler des älteren, aus den Katalogen excerpirten Verzeichniſſes berichtigt werden.

Archiv II, p. 404 l. 13 v. u. ſtatt 306 lies 305.
         412 l. 8 v. v. „ 109 „ 160.
         421 l. 10 v. u. „ 834 „ 394.
         424 l. 12 v. u. „ H. e. $\frac{66}{30}$ lies 166 f. 30.

57. Hist. prof. 230.	338. Ius civ. 11.
89. Sal. 72.	339. Sal. 11.
203. Hist. prof. 652.	340. Hist. prof. 52.
226. Un. 237.	343. Hist. prof. 55.
273. Philos. 421.	348. Sal. 27 B.
325. Hist. prof. 1.	349. Hoh. fol. 7.
328. Hist. prof. 10.	352. Sal. 416.
329. Hist. ecol. 3.	364. Hist. prof. 72.
331. Novi 669.	373. Hist. prof. 83.
336. Hist. eccl. 5.	375. Hist. prof. 82.

Archiv II, p. 425 l. 10 v. u. statt 559 lies 59.

465 l. 5 v. o. „ S. „ S. II, 376.

465 l. 9 v. o. „ S. „ S. II, 393.

465 l. 13 v. o. „ S. „ S. V, 77.

468 l. 2 v. o. „ S. „ S. V, 70.

468 l. 6 v. o. „ S. „ S. IV, 109.

469 l. 3 v. u. „ 909 „ 709.

470 l. 9 v. o. „ S. „ S. II, 3.

471 l. 5 v. u. „ 348 „ 338.

471 l. 3 v. u. „ 655 vel 565 lies 665.

472 l. 10 v. o. streiche vel 511.

474 l. 14 v. u. statt 358 lies 338.

474 l. 13 v. u. „ H. p. 147 lies H. e. 147.

504 l. 15 v. o. „ H. p. 128
— 237 „ H. p 128. f. 237.

513 l. 2 v. o. streiche aut 521.

513 l. 10 v. o. statt 662 lies 672.

518 l. 2 v. u. „ II „ I.

519 l. 2 v. o. „ II „ I.

519 l. 3 v. o. „ Eugenium lies Eufemium.

519 l. 5 v. o. lies Gelasii II.

521 l. 2 v. u. streiche aut 552.

551 l. 11 v. o. statt 689 lies 989.

551 l. 19 v. o. streiche aut 96.

575 l. 13 v. u. statt 39 lies 36.

575 l. 12 v. u. streiche E. 36 (4).

576 l. 2 v. u. statt III lies II.

585 l. 6 v. o. „ 989 „ 990.

585 l. 7 v. o. „ H. p. „ Th.

586 l. 14 u. 16 v. o. statt 989 lies 990.

606 l. 18 v. o. statt 145 lies 45.

632 l. 2 v. o. „ 158 „ 159.

632 l. 3 v. o. „ Fol. „ 9 in quarto.

634 l. 17 v. o. „ Ic. „ I.

635 l. 20 v. o. streiche S.

380. Hist. prof. 95.
382. Hist. prof. 81.
384. Hist. prof. 84.
389. Rec. 713.
390. Hist. prof. 109.
395. Hist. eccl. 50.
398. Ius can. 45.
400. Hist. prof. 178.
402. Hist. prof. 196.
403. Hist. prof. 233.
404. Philol. 69.
407. Philol. 70.
409. Philol. 61.
410. Ius can. 60.
413. Hist. eccl. 29.
416. Un. 818.
424. Hist. eccl. 82.
427. Hist. prof. 338.
430. Sal. 404.
434. Sal. 79.
436. Hist. prof. 478.
443. Hist. eccl. 81.
447. Rec. 676.
449. Ius can. 83.
451. Hist. prof. 600.
456. Hist. eccl. 86.
460. Hist. prof. 611.
460*. Hist. prof. 645.
463. Un. 830.
464. Rec. 1064.
473. Hist. eccl. 90.
476. Eug. q. 9.
477. Nov. 689.
481. Philol. 153.
483. Hist. eccl. 73.
486. Hist. prof. 630.
490. Hist. eccl. 106.
494. Hist. prof. 649.
495. Ius can. 101.
506. Hist. prof. 638.
507. Hist. prof. 665.
509. Hist. prof. 661.

520. Hist. eccl. 109.
521. Sal. 413.
522. Sal. 379.
524. Rec. 3184.
525. Rec. 3101.
526. Philol. 187.
532. Hist. eccl. 110.
539. Hist. prof. 668.
540. Hist. prof. 672.
543. Hist. prof. 678.
546. Sal. 414.
547. Hist. eccl. 126.
551. Ius can. 114.
557. Hist. prof. 686.
561. Hist. prof. 682.
566. Sal. 328.
576. Hist. eccl. 145.
577. Hist. eccl. 138.
578. Un. 238.
580. Hist. eccl. 147.
589. Hist. prof. 844.
590. Philol. 305.
596. Hist. eccl. 148.
602. Hist. eccl. 152.
604. Un. 637.
605. Hist. prof. 987.
608. Hist. prof. 1009.
610. Hist. prof. 990.
611. Ius can. 130.
612. Hist. prof. 989.
614. Hist. prof. 992.
617. Rec. 3247.
629. Ius can. 133.
632. Hist. eccl. 161.
636. Philol. 426.
637. Philol. 427.
679. Theol. 66.
687. Rec. 2006 A.
701. Theol. 87.
723. Rec. 3316.
738. Theol. 115.
748. Theol. 164.

751. Theol. 259.	1845. Theol. 418.
818. Lun. q. 81.	1946. Theol. 727.
832. Theol. 529.	2070. Ius can. 18.
861. Theol. 739.	2072. Sal. 299.
896. Novi 169.	2087. Ius civ. 14.
900. Novi 205.	2090. Sal. 311.
926. Un. 843.	2094. Sal. 343.
951. Theol. 207.	2136. Sal. 313.
953. Sal. 103.	2141. Ius can. 39.
963. Theol. 348.	2147. Ius can. 42.
968. Theol. 343.	2153. Ius can. 38.
984. Theol. 330.	2162. Ius can. 53.
1040. Theol. 383.	2171. Ius can. 81.
1042. Theol. 379.	2172. Rec. 940.
1049. Sal. 189.	2177. Ius can. 84.
1051. Theol. 406.	2178. Ius can. 91.
1062. Sal. 227.	2182. Ius can. 90.
1064. Sal. 225.	2184. Sal. 321.
1180. Rec. 3167 A.	2186. Ius can. 80.
1193. Lun. fol. 44.	2188. Rec. 2104.
1225. Sal. 62.	2192. Sal. 323.
1262. Sal. 81.	2196. Un. 789.
1284. Sal. 168.	2198. Ius can. 99.
1291. Novi 275.	2213. Ius can. 105.
1321. Theol. 618.	2227. Ius can. 127.
1322. Theol. 565.	2230. Sal. 333.
1413. Sal. 94.	2240*. Ius can. 136.
1420. Sal. 25.	2257. Eug. fol. 159.
1453. Theol. 470.	2373. Un. 881.
1467. Un. 279.	2493. Philol. 383.
1487. Rec. 3044.	2512. Philol. 412.
1524. Sal. 76.	2569. Eug. fol. 79.
1543. Theol. 247.	2570. Eug. fol. 66.
1548. Theol. 333.	2607. Eug. fol. 64.
1550. Theol. 302.	2647. Hoh. q. 23.
1578. Rec. 3074.	2668. Theol. 855.
1609. Theol. 732.	2672. Rec. 3303.
1747. Novi 309.	2676. Hist. eccl. 74.
1749. Novi 185.	2685. Hist. prof. 577.
1754. Lun. oct. 123.	2692. Hist. prof. 631.
1795. Sal. 19 B.	2693. Un. 833.
1815. Theol. 149.	2733. Hist. prof. 915.

2782. Hist. prof. 71.	3334. Un. 838.
2803. Rec. 3103.	3335. Un. 839.
2822. Rec. 834.	3337. Lun. fol. 126.
2844. Lun. fol. 48.	3344. Un. 1017.
2873. Ius civ. 186.	3345. Rec. 3085.
2887. Philol. 50.	3347. Hist. eccl. 69.
2908. Hist. prof. 443.	3352. Hist. eccl. 78.
2917. Hist. prof. 589.	3353. Sal. 426.
2918. Hist. prof. 620.	3354. Sal. 425.
2927. Hist. prof. 709.	3355. Rec. 2116.
2935. Hist. prof. 756.	3356. Eug. fol. 65.
2948. Hist. prof. 898.	3358. Rec. 3087.
2949. Sal. 385.	3362. Rec. 2257.
3012. Hist. eccl. 166.	3372. Philol. 71.
3028. Hist. prof. 1070.	3375. Hist. prof. 479.
3036. Ius civ. 10.	3376. Philol. 72.
3042. Hist. eccl. 6.	3377. Sal. 36 B.
3081. Sal. 428.	3381. Sal. 17 B.
3121. Hist. prof. 279.	3382. Sal. 31 B.
3123. Novi 259.	3390. Un. 832.
3126. Hist. prof. 477.	3399. Rec. 1548.
3129. Sal. 33 B.	3400. Un. 164.
3143. Philos. 179.	3402. Rec. 2194.
3149. Un. 740.	3404. Ius civ. 174.
3175. Hist. eccl. 64.	3408. Un. 829.
3177. Hist. eccl. 75.	3409. Hist. prof. 484.
3213. Un. 398.	3412. Hist. prof. 536.
3221. Rec. 2129.	3414. Hist. prof. 483.
3244. Philol. 241.	3415. Hist. prof. 451.
3256*. Hist. eccl. 153.	3416. Hist. prof. 452.
3264. Hist. prof. 859.	3419. Novi 260.
3269. Ius civ. 273.	3422. Hist. prof. 497.
3281. Un. 635.	3440. Eug. fol. 102.
3282. Hist. prof. 1083.	3446. Hist. prof. 621.
3284. Hist. prof. 1053.	3447. Sal. 412.
3284*. Rec. 3118.	3462. Philol. 229.
3296. Lun. fol. 47.	3469. Hist. eccl. 128.
3311. Sal. 29 B.	3474. Rec. 2130.
3320. Hist. prof. 242.	3476. Hist. prof. 700.
3330. Philol. 39.	3500. Rec. 1463.
3331. Sal. 16 B.	3517. Hist. prof. 800.
3332. Hist. eccl. 52.	3520. Lun. q. 59.

3522. Rec. 1080.
3529. Hist. prof. 720.
3530. Philol. 298.
3663. Lun. fol. 186.
3695. Lun. fol. 121.
3745. Lun. fol. 190.
3763. Lun. fol. 2.
3825. Lun. q. 4.
3911. Lun. fol. 52.
3942. Rec. 2004 A.
4006. Sal. 127.
4010. Lun. q. 182.
4024. Lun. q. 13.
4028. Rec. 3169.
4079. Novi 221.
4185. Sal. 101.
4188. Novi 12.
4195. Theol. 332.
4201. Theol. 188.
4204. Theol. 217.
4217. Theol. 235.
4222. Sal. 27.
4226. Theol. 130.
4257. Theol. 294.
4260. Un. 263.
4265. Un. 815.
4343. Theol. 826.
4349. Theol. 831.
4573. Un. 713.
4745. Novi 282.
4764. Theol. 646.
4839. Un. 725.
4889. Theol. 512.
4902. Theol. 937.
4959. Un. 219.
4948. Theol. 643.
5113. Ius can. 64.
5116. Ius can. 69.
5307. Med. 88.
5382. Un. 916.
5393. Sal. 292.
5584. Hist. eccl. 33.

5909. Rec. 210.
5927. Hist. eccl. 137.
7010. Hoh. fol. 80.
7218. Hoh. fol. 102.
7234. Rec. 742.
7240. Hist. eccl. 83.
7245. Rec. 1737.
7436. Hist. eccl. 160.
7650. Theol. 99.
7691. Hist. eccl. 36.
7692. Hist. prof. 128.
7699. Rec. 1047.
7743. Rec. 962.
8072. Hist. eccl. 45.
8131. Rec. 700.
8133. Rec. 2063.
8210. Rec. 930.
8219. Hist. prof. 330.
8223. Sal. 422.
8341. Rec. 780.
8351. Rec. 790.
8453. Ius civ. 115.
8462. Novi 265.
8613. Hist. prof. 8.
8614*. Hist. prof. 7.
8643. Novi 61.
8833. Novi 277.
8863.8864. Hist.prof.873–875.
8904. Hist. prof. 871.
8993. Hist. eccl. 58.
9017. Hist. prof. 231. 232.
9031. Ius civ. 26.
9080. Ius civ. 78.
9099. Hist. prof. 229.
9234. Hist. prof. 27.
9351. Ius civ. 76.
9378. Lun. q. 13.
9517. Novi 76.
9527. Hist. eccl. 47.
9529. Hist. eccl. 46.
9676. Hist. prof. 1035.
9779. Hist. eccl. 42.

9782. Rec. 1495.	9798. Hist. prof. 569.
9786. Rec. 685.	9808. Rec. 318.
9787. Rec. 686.	11090. Lun. oct. 127.
9797. Rec. 1498.	11609. Lun. q. 37.

Handschriften des k. k. Haus=, Hof= und Staats = Archives.

Vergl. Archiv VI, 100 — 131.

Boehmen 15. früher in der Hofbibliothek Eug. fol. 23. Bohemiae Privilegia. Authentische Sammlung, verfaßt von einer dazu eingesetzten Commission, nachdem die Landtafel verbrannt war, a. 1547. Beglaubigt durch das Landgerichtssiegel. Vor Karl IV fällt nur f. 188. Kunig Johanses zu Beheim Voreinigunge unnd Büntnuß mit Albrechtenn und Otten Hertzogen zu Ostereich und zu Steyer, Wien d. 30. Nov. 1332. s. Böhmers Reg. p. 199. (Erg. p. XII. und f. 237. Reg. Lud. Baw. 3017.

Oestreich 15. Loc. 104. siehe Hist. prof. 227.

Oestreich 25. Loc. 105. Kayser Fridrich Allerlai Oestereichische Sachen. A. 1443.
f. 4. Reg. Frid. IV. 1573. von 1443. Dec. 26. Datum in Grecz. Darin sind Reg. Rud. 292 (Nov. 3) und 328 (12. Kal. Marcii).

Oestr. 31. Loc. 105. ch. fol. s. XVI. I. Cronica successionum ac rerum gestarum Rmorum dominorum Patriarcharum Aquilegiensium et Magnificorum Nobilium Patriae Foriiulii. Abschrift, zum Theil wohl Auszug aus den Vitis patr. Aquil. bei Murat. XVI, 1 und 73—86. Endigt mit der Urkunde des dort zuletzt erwähnten Vertrages von 1445 Jun. 8. — II. Verzeichnisse der Erzb. von Trier und Cöln, Bischöfe von Metz und Worms. Neuere Compilation. Das letzte endigt: Ioannes Camerarius de Dalburg 1482 ob. 1503. Anno 1499 crastina die Nativ.

Deipare exivit clerus civitatem Vormatiensem ad conser-
vandam libertatem ecclesiasticam. Versus:
Gorgonii festo Wormacia quod pudor esto
Ob fastum enorme clerus tuus emigrat a te.
Annos Verbigene minus uno dum legis MD.
Anno 1509 clerus Vormatiensis intravit civitatem Vorm.
in profesto Vincula Petri ad primas vesperas. Non ta-
men obtinuerunt privilegia sicut abantiquo sed novam
concordiam inierunt cum civibus. Dann ebenſo von
Utrecht.
V. Tractatus de habilitate temporis ad processum versus
Italiam etc. an Karl IV von B. de A. Gedruckt bei
Datt de pace publica.
X. Ioseph Gruenpeckh Historia Friderici III imperatoris et Maximiliani.
Oestr. 70. Loc. 107. Phanntſchafften vom achten Jahre
der herzoglichen Regierung Friedrichs, 1310 bis 1314.
ſ. Archiv f. Kunde Öſterr. Geſch.-Quellen. 1849. I, 519.
Oestr. 76. Loc. 107. Diplomatar der Karthauſe Gaming
(fund. 1330) s. XIV. mb. 2 Bände. Notandum quod in
presenti libro continentur omnia privilegia domus Throni
et ordine distributa, ita quod primo loco ponuntur papalia .... secundo vero ducalia. Kaiſerurkunden finden
ſich nicht darin.
Oestr. 76½. Diplomatar von S. Lamprecht, iſt eine neue
Abſchrift der Handſchrift in der Hofbibliothek Novi 669.
Oestr. 78. Loc. 107. Codex secundus privilegiorum Cam-
pililii conscriptus sub abb. Petro I post a. 1443.
Daraus Reg. Frid. II. 204. 636. Rud. 408. 577. Frid.
Pulchri 55. 70. 72. 73. 187. 188. 192. Einige Stellen
ſind zur Unterſtützung von Hanthalers Genealogien corri-
girt, z. B. p. 76.
Oestr. 93. Loc. 107. Cod. dipl. Austriae. Eine Sammlung
Abſchriften s. XVII, die für unſere Zwecke nichts enthalten.
Oestr. 98. Loc. 108. Cod. dipl. Austr. s. XVII. Ein alphabet.
Repertorium über Rechtsgrundſätze u. ſ. w. mit Belegen.
Oestr. 103. Loc. 99. Cod. Brixinensis s. XIV. Vorne
ſind Boehm. Reg. 1795. 2618. s. XV. eingetragen. Pri-
vilegia eccl. Brixinensis et primo de Creyna. de vena-
cione Hainricus IV rex. Boehmer 1852. 1770. 1458.
f. 8. von demſ. Tage (16. Jan. 1040) Schenkung eines
Waldes zwiſchen 2 Flüſſen Souwa. — 950. 1070. f. 10.

*Otto II verleiht Bisch. Albuin den Hof Ribniza, welcher
dem ungetreuen Askuin genommen ist. D. in campo Pa-
tavii am 8. Sept. 978 (statt 977). — Dann Reg. 551.
846. 1571. 1942. Reg. Kar. 1096. 1182. Reg. Imp. 1326.
1335. *1459. — f. 18. n. 1507. — f. 19. 1699. — f. 20.
*Konrad II s. d. Sinnacher II, 367. Reg. Imp. *1682.
914. 920. 413. 914. Kar. 1034. — f. 24. Otto II (bei
Giesebrecht n. 129); noch einmal f. 27'. Reg. Kar. 1225.
1261. — f. 33. Iura ecclesie von 1316. f. Sinnacher V,
106. — Reg. Imp. 1882. 1878. — f. 38. Friedrich I.
1155 s. d. Reg. Kar. 753.

Das Folgende von f. 41. an ist s. XV. Reg. Conr. IV.
18. Mon. Leg. II, 333. *Reg. Heinr. (VII) 81. Mon. Leg.
II, 254. Reg. Phil. 83. und *desselben Inhalts von 1207.
Aug. 21. Kutilenburg. — f. 45. Consilium de ferrifodi-
nis in monte Fursilii, darin *Reg. 2595. Zuletzt s. XVI.
n. 1197. Von den hier nicht als benutzt bezeichneten Urkunden sind die Originale theils in Wien, theils waren sie
in München, von wo sie angeblich ausgeliefert, aber in
Wien nicht zu finden sind. (Vielleicht in Brixen?)

Oestr. 106. Loc. 108. früher Cod. Ambr. 321. dann Ius
civ. 82. ch. fol. XVI. Chronickh etliche Freyhaiten Österreich Cärnthen und Steyr betreffendt mer die Einkhommens
unnd Zöll der gedachten Lännder, auch zwen Heurat der
Österreich. Fürsten. — *Friedrich II bestätigt die Rechte der
Steirischen Ministerialen und gibt die Urkunde Ulrichen de
Wildonia zur Aufbewahrung; Zeugen Graf Mainhard v.
Görz u. A. 1249. 12. Cal. Maii in castro Cremone.
Auch die Privilegien von Österreich und andere sonst bekannte Urkunden sind darin. f. 246. Reg. Lud. 2222.
f. 247. *Reg. Lud. 2313. f. 310. Lud. 1670. 1671.
*1672. f. 316'. Urk. der Söhne Ludwigs, entsprechend
derjenigen der Herzöge von Österreich vom 2. Mai 1335.
n. 190. und viele spätere Urkunden nach 1348.

Oestr. 111. Loc. 110. ch. s. XVII. Darin p. 28. Reg. Ioh.
64. 225. p. 31 ff. 5 Bündnisse zwischen Karl IV, Wenzel, Markgr. Johann und den Herzögen von Österreich.
Viele Urkunden von Karl IV u. s. w. p. 193. Reg.
Ioh. 222.

Oestr. 116. Loc. 110. Documenta Desertinensia s. XVII.
Enthält Boehm. Reg. 2342.

Oestr. 149. Chron. Garstense ist eine Abschrift von Hist. prof. 52.

Oestr. 163. Conceptbuch der Österr. Kanzlei Friedrichs IV. 1478. s. Archiv f. Kunde Österr. Gesch.-Quellen 1849. II. p. 79.

Oestr. 172. vormals Hist. prof. 391. ch. f. s. XVI. durch Feuchtigkeit sehr beschädigt, und Oestr. 173. ch. fol. s. XV exeuntis. Von dem ersten Romzuck keiser Friderich I. So ich ersuch und durch lise alle historien. Für K. Max geschrieben, nach Ottos Gesten. Schließt mit dem Briefe Friedrichs an Otto von Freising: und wie erlich wir Friderichen .... Die letzten Worte fehlen, wie überhaupt das Werk nicht ganz vollendet ist. 173 ist das Original, 172 Copie davon. Hier folgt ein Register über die Urkunden eines Archives, in 173 dagegen der zweite Theil des Werkes: Rom Zugk keisers Friderichs III. Noch dem kunig Albrecht tods vergangen uff Symonis und Jude. Endigt mit dem Briefe des Kaisers an den Papst über die Einnahme Konstantinopels. Auch nicht vollendet.

Reichssachen 9. Locat. 244. Formelbuch Albrechts I s. Archiv f. Kunde Österr. Gesch.-Quellen 1849. Heft 2. Von dem dort abgedruckten Inhalt ist *n. 2. gerichtet an Herz. Rudolf von Baiern. Inveterati iuris — discordia. 5 und 6. sind Mon. Leg. II, 467. 470. Von 8. ist das Orig. vorhanden. 23. ist Gerbert Cod. ep. II, 43. III, 8 und *Wernher etc. *Rudolfo.* Tot et tanta — Ecce igitur. 24. Gerb. I, 41. 25. *Bitte der Geistlichkeit an K. Rudolfs Sohn, Herzog N., ihre Privilegien zu achten. Cedit nomini vestro — forte notam. Auch in Heiligenkreuz, n. 509. 26. Wilher. B 147. — 27. Dilectus meus unigenitus — fiducia presentabo. 30. Gerb. I., 12. — 32 und 33. Kopp, Urk. p. 54. 56. — 34. *Cum felicis recordationis — eruamur. Datum. — 54. Quantum devocionis ac — introducat. In cuius etc. — 55. 56. 59. sind von anderer Hand eingetragen. 79. ist Reg. Alb. 92; 96. Reg. Rud. 287; 99. Noveritis me has — tenere promitto; 100. Wilher. B 19; 101. 102. P. de Vin. IV, 6. 5; 103 ff. Wilh. B 24. P. de Vin. V, 8. I, 6. Wilh. B 138. 122. 153. 165. 128. 132. 99. 100. — 114. *Inc. practica sive usus dictaminis mag. Laurencii de Aquil(egi)a.* Salutationes ad summum pontificem — curricula longiorum. *Explicit.* – 115. ist Gerb. II, 33; 116. Cum

ex largiflua — suavitatem. 120. 121. find von anderer
Hand eingetragen; dann beginnt ein abgefonderter Theil
der Handschrift, mit der Überschrift *de libro domini abbatis*, nämlich der geistliche Theil. Die Briefe find alle sehr
kurz, und wenn nicht alle ganz erfunden, stark abgekürzt.
Nach n. 337. p. 146. steht *Expliciunt exscripta de quadam summa dictaminis*. Nach 343. p. 148. *Sublimitatis
regie litteras — retinere.* wieder *Explicit hec summa*.

Reichssachen 14. Loc. 244. Codex Hermanni Altahensis f. Archiv f. Kunde Österr. Gesch.-Quellen I, 1. und
Fontes Rerum Austriacarum I, 136.

Salzb. 10. Loc. 123. Andreas von Kienburch Salzburger
Chronik s. XVII. u. a.

Salzb. 17. Loc. 124. mb. q. s. XI. Verträge und Erwer-
bungen der Salzburger Kirche unter Erzb. Thietmar; die
letzten find successive eingetragen. Dann folgen mit besonderer Vorrede die des Erzb. Balduin. Iuvavia p. 222.
247.

Salzb. 18. Loc. 124. mb. q. Codex Odalberti, Iuvavia
p. 122. und Fridarici p. 190.

Salzb. 19. Loc. 124. s. XIV. Diplomatar des Salzb. Domkapitels. f. 22. Reg. Frid. II 909 in einer Bestätigung
Aler. IV. Viterbii 5. Kal. Dec. pont. a. 3. — f. 34.
*Reg. Kar. 1089. Reg. Imp. 227. 228. — f. 36'. *Reg.
Kar. 1088. — f. 37'. *Reg. Imp. 922. — f. 38'. Reg.
Phil. 112. Frid. II 670. — f. 41. Reg. Frid. II 909. —
f. 43. Urk. Friedrichs II von 1219 Oct. 22, welche fich
auch in den Kammerbüchern befindet, und Reg. Rud. 350.
397.

Salzb. 23. Loc. 124. Andreas von Kienburg Salzburger
Chronik s. XVII.

Salzb. 27. Loc. 124. mb. q. s. XIV exeuntis. Diplomatar
von Matfee. Enthält keine alte Urkunden und keine
Kaiferurkunden.

Salzb. 31. Loc. 124. Copia recens codicis traditionum eccl.
Berchtesgadmensis vetustissimi, mit einer Einleitung
über die Gründung derfelben: Cenobium regularium canonicorum quod u. f. w.

Salzb. 41. Loc. 125. Codex traditionum eccl. Salzb.
885—1482. Ist vielmehr ein ausführliches chronologisches
Verzeichniß der Urkunden des Salzburger Archivs.

Salzb. 42. Loc. 125. 6 Bände. Die Salzburger Kammer=
bücher, schon von Pertz benutzt, f. Archiv IV, 225. VI, 495.
Tyrol 60 A. Loc. 96. Monumenta eccl. Brixinensis,
Vol. II von J. Resch. Angefangener Druck und Manuscript
des Calendarium Wintherianum.
Tyrol 60 B. Abschriften von 24 Brixener Urkunden in K. K.
O. u. V. Österr. Archiv; 1767 von Reschmann beglaubigt.
Tyrol 61. Loc. 96. ch. s. XVI. Sammlungen über Kloster=
gründungen u. a. ' Viel aus der Reichenauer Chronik des
Gallus Oehem. f. 48. Übersetzung eines Privilegs Ottos III
für Reichenau vom 22. April 998. nebst der Ermahnung
an Alawich; dann von Heinrichs II Privileg n. 1154. mit
einem Sendbrief des Abtes Berno an den Kaiser; von dem
Immunitätspriv. Heinrichs IV für die Insel Augia 1065
Mai 31. — Ausführliche Relation eines Rechtstreites des
Klosters Gengenbach 1233 — 1236.
Tyrol 83. Loc. 97. Groß fol. ch. s. XVII. Copialbuch des
Bisthums Trient. f. 3. *Reg. 1905. — f. 30. *Ent=
scheidung Friedrichs I, daß die Veräußerungen B. Alberts
in seiner letzten Krankheit ungültig seyen, apud Salevelde
1188 ind. 6. Dec. 6. und *daß er den Bann suae ipsius
personae Niemandem erblich verleihen könne, Dec. 8. —
f. 74. *Reg. Frid. II 54. — f. 155. Friedr. II bestimmt
die jährlichen Abgaben der Leute zu Sopramonte, Oveni,
Cabene, Vigoli, Baselge und Sardagne, 1236 Apr. Spire.
Abschrift einer im Wiener Archive noch vorhandenen *Co=
pie. — f. 184. *1337· Aug. 13. Markgr. Karls Ein=
setzung als Capitan der Kirche Belluno und Feltre. —
f. 192. *Reg. 2661. — f. 193. *Urk. Friedrichs I de
ducatu Trident. usque ad aquam Cismoni, von 1161.
Dann Reg. *2524· und 1324. 2643. beide aus dem Ori=
ginal abgeschrieben. *Heinrich VI verbietet im Tridentiner
Bisthum ohne Erlaubniß des Bischofs Festen zu erbauen
oder Bündnisse und Verschwörungen aufzurichten. Laudae
1191. Ian. 20. — f. 197. *K. Adolf cassirt die Beleh=
nungen, wozu Herzog Meinhard die Bischöfe von Trient
gezwungen hat. Frankfurt d. 13. Nov. anno 5. f. 199'.
Reg. 2713, aus einer noch vorhandenen *Copie. f. 200.
Reg. Ad. 332. f. 205. *Friedr. I bestätigt die Gründung
des Klosters in Ouue durch Graf Arnold von Griffenstain,
und nimmt es in seinen Schutz. 1189 s. l. f. 214'. Re=
stitutio in integrum contra Maynardum comitem Tyrolis,

von Karl IV. 1347 Iul.´ 21. in civitate Bellunii. Die
Abschriften sind meistens nach Notariatstranssumpten ge=
macht.

Tyrol 86. Loc. 98. mb. klein fol. Originalcodex der Tausch=
verträge u. a. der Brixener Kirche unter Albuin und
Hartwich, und einige spätere Urkunden.

Tyrol 122. Loc. 100. ch. s. XVII. Verzeichniß der Vorder=
österreichischen Lehenstücke und ihrer Lehensträger.

Tyrol 160. Loc. 103. mb. q. Codex Traditionum eccl.
Brixinensis von Altwin bis ins 14. Jahrhundert. Keine
Kaiserurkunden.

Tyrol 161. Loc. 103. mb. q. s. XIV. Verzeichniß der Ein=
künfte der Kanoniker von Brixen, durch Propst Winther
c. 1230 verfaßt, mit dieser Vorrede: Quia regnum celorum multipliciter acquiritur et acquisitum cum gaudio
possidetur ea propter dominus Wintherus Brixinensis ecclesie maior prepositus utilitatibus canonicorum in futurum providere cupiens meritorium sibi fore existimavit
ut pote unum de genere bonorum hoc reputans si possessiones ad usus canonicorum pertinentes occultatas in-
veniret et congregaret dispersas. que licet in introitu suo
modice fuerunt quoniam eunti ad scolas vel in peregri-
nacione vix 2 marce pro uno solvebantur stipendio sed
postmodum cum decimis et possessionibus a venerabili
Hainrico episcopo et antecessoribus suis aliisque bonis
christianis nobis collatis. per gratiam Dei plurimum sunt
augmentate. Ubi autem site essent et quid et quantum
redderent. et quibus diebus hec vel illa inter canonicos
distribuenda forent. a canonicis sui temporis ignorabatur.
nec in scriptis non essent annotata. Cum itaque de hiis
investigare proponeret et proposito insisteret sollerti in-
dagacione ac labore non modico voti sui campos est
effectus subtracta inveniens et recolligens dispersa. Et
ne hoc iterato in recidivum relabi possit. quia tunc labor eius infructuosus disperiret. ea que bene collegit
in subiecto kalendario in scriptis redegit. et in anteriori
parte pagine possessiones unde servicia debentur et in
sequenti parte eiusdem pagine beneficia que oblaciones
dicuntur et anniversarios dies eorum qui predictas possessiones dederunt per totum annum locavit. Preterea
possessiones reliquas. vinum. granum. caseos. denarios.
caseos. pisces. oleum. avenam. ad usum prebende

solventes cum pensionibus earumdem. suis locis fideliter
et diligenter distinctas inseruit. Deinde possessiones.
ligna ad opus pistorum et coquine solventes cum beneficiis cocorum pistorum et aliorum claustro serviencium
apposuit. Ea eciam que temporibus suis labore et fideli
amministracione eius canonicis accesserunt. ne posteros
suos lateret consequenter subiunxit. Ad ultimum vero
ea que de redditibus propriis canonicis maioris ecclesie.
et S. Marie in capella. S. Michaheli. et custodie ad lumen pro remedio anime sue et parentum suorum tradidit. notavit. Apposuit etiam ea que ad lumen maioris
ecclesie pertinent.

. Dazu gehört auch ein Nekrolog. Angehängt ist noch ein
späteres Güterverzeichniß; dann das Officium SS. Ingenuini
et Albuini mit Noten.

Univ. 12. Loc. 252. ch. q. s. XIV. **Martinus Polonus.**
Die Kaiser endigen Constantino VI; für die Päpste giebt
die Vorrede Nikolaus III an, der Text endigt mit Johann XXI in ecclesia S. Laurencii tumulatur. Dann folgt
auf 4 Blättern ein **Chron. Bremense:** Anno gratie
750 b. Bonifacius passus est et b. Willehadus propera-
vit in Frisiam. 756 Saxones baptizantur — Hinricus
electus Bremensis sedit m. 4. a. D. 1307 in Maio obiit.
Darauf wieder Martinus: Romanum imperium — est defunctus. und nach einem Absaße: Post mortem vero dictorum videl. regis Castelle.— 1308 Hinricus comes de
Luscellenborg ad imperium eligitur et in epiphania Domini eiusdem anni Aquisgrani ab electoribus coronatur.
Nur 1 Seite.

Finivi librum sine manibus scripsi istum
Omnibus omnia non mea sompnia dicere possum.
*Explicit cronica fratris Martini ordinis fratrum Predi-
catorum.*

Univ. 13. Loc. 252. Neue Abschrift von dem zweiten, geschichtlichen Theile des Codex von Matsee.

Univ. 14. Loc. 252. ch. q. s. XV. 1) Chron. Polon. Anno
inc. d. 965 domina Dubrouta filia Boetue ducis Bohemie cum d. Meczkone duce Polonorum — (1248) et
archiep. Magdeburgensi in eius auxilium vocato castrum
et civitatem tradit Lubucensem. A. D. 1249. S. Stanis-
laus ep. Cracov. per Inn. papam IV canonizatur et ka-
thalogo sanctorum ascribitur.

2) Die g o l d e n e B u l l e, bezeichnet als Karolina prima und secunda, letztere die *Leges promulgate in curia Metensi:* Si quis cum principibus — valeant erudiri.

3) *Franc. Petrarcae liber augustalis.*

4) *Pauli dyaconi hist. Eutropii.* Domine pie Adelperge — R. P. iura reduxit.

5) M a r t i n u s P o l o n u s, ganz wie die Kopenhag. Hand=schrift 456. Archiv VII, 662.

Univ. 23. Loc. 252. mb. fol. s. XV. Chron. R i c h a r d i C l u n i a c e n s i s, sehr schön ausgestattet. Iste liber fuit olim Ladislay filii Alberti ducis Austrie et Romanorum Hung. et Bohemie regis et Elisabeth filie Sigismundi filii Karoli IV suprascriptorum regnorum regine et quondam predecessori nostro domino ..... Georgio Heke de Slesia donatus in distributione rerum suarum mobilium ac clenodiorum unacum pychario deaurato quodam ad instar calicis formato. 1457 tempore Iulii. *Incipiunt cronica fratris Richardi Pict. ord. Cluniacensis.* Deus ab eterno est — (1161) igne conbuste sunt. Hierauf folgt noch ohne Unterscheidung: Tempore Federici fuit abbas Ioachim, dann Verschiedenes über Friedrich II und einige Päpste, bis 1284, wohl ohne Werth.

Über ein Copialbuch der Stadt Asti s. XIII. mit Kaiserur-kunden, welches ich nicht gesehen habe, s. Meiller, Baben=bergische Regesten p. 220.

Handschriften des Schottenstifts zu Wien.

I. C. b. 9. mb. s. XII vel XIII. Vita S. B e r n h a r d i von Abt Wilhelm.

De translatione S. Quirini m. Post multa curricula — cum fide poscuntur. Walafrid Strabo's Leben des h. Othmar, und V. S. U d a l r i c i: „Egregius — bene-ficia."

I. D. c. 6. mb. q. geschrieben 1346. Vita S. U d a l r i c i von Berno. Darauf folgen *Signa de veteri vita* (von Gerhard)

und die Translation von 1183; dann das Officium. Am
Ende sind noch einige Mirakel dazu geschrieben.

I. D. e. 4. saec. XIII. **Vita S. Servacii.** „Illustrissimi
viri — aspira. Troiugenarum — ferre quam plurimis.
Dann die zweite V. Altmanni, benutzt von Pez.

I. E. d. 4. fol. s. XV. **Marsilii de Padua** Tractatus de
translatione imperii. Dann P. de Vinea ep. I, 1.

Handschriften des Stiftes Klosterneuburg.

Vergl. Archiv III, 519—521. VI, 186—190.

---

691. ch. f. s. XVI. enthält zuerst die **Chronik Ottos von
Freising.** Anno 1512 scripsit Georgius Leb canonicus
Claustr. Von anderer Hand folgt f. 126. *Cronica ducum
Austrie.* Leopoldus primus marchio in Austria post Ru-
gerum de Pettlam a. 928 — (1386) vulnera Christi.
Hieraus bei Pez SS. I, 972 als Anonymus Zwetlensis ge-
druckt; es ist nichts als ein schlechter Auszug aus den
Handschriften Hist. prof. 497 oder 536 in Wien oder einer
ganz ähnlichen, denn auch die Fehler derselben finden sich hier
wieder. f. 148' Der Streit bei Mülbdorf, ebenfalls hier-
aus bei Pez SS. I, 1002. Darauf folgt, wieder von Lebs
Hand, f. 151'. In principio creavit Deus u. s. w. Eine
Übersicht der Herzöge von Österreich bis auf Rudolf, und
dann nach einem ¾ leer gelassenen Blatte das sogenannte
Chronicon Vatzonis (Pez SS. I, 707), ein Auszug aus der
Wiener Handschrift Hist. prof. 668. aber wichtig durch die
Bemerkung bei 1301: Hucusque Vatzo suam perduxit historiam. Extuno frater Nicolaus Vischel de S. Cruce
incepit suam etc. und die Fortsetzung bis 1455. Am
Schlusse steht: Georgius Leb ex Eginewurga 1514. Bei-
gebunden ist noch „Der löblichen Fürsten und des Lands
Oesterreich Altharkomen und Regierung" gedruckt in Basel
s. a. L. Hain, Repertor. I, 1. p. 95.

697. fol. ch. s. XV. Primo dicendum est de 4 regnis maio-
ribus u. f. w. Alte Römische Geschichte bis auf Augustus.
Dann Quoniam scire u. f. w. Martinus ed. I. bis auf
Clemens IV, aber schon in Alexander III abgebrochen. —
f. 111. Die Salzburger Annalen bis 1277 mit dem
Bischofsverzeichniß bis 1284, genau, auch in augenfälligen
Fehlern, übereinstimmend mit den Wiener Handschriften
Hist. prof. 638. Univ. 830. — f. 157. Die Flores
Temporum (ohne Namen des Verfassers) bis 1290;
das Ende findet sich aber f. 61. und dann f. 93'. die Fort-
setzung Hainrichs (von Rebdorf?) bis 1378.

929. mb. q. s. XIII. Friedrichs II Brief, hier d. 19. Marcii, ist der Mon. Leg. II, 261, doch ohne Benutzung dieser
HS. gedruckte. Dann der Friedensvertrag zwischen K. Andreas von Ungarn und H. Leopold, vom
6. Juni 1225, hieraus gedruckt in Fischers Geschichte von
Klosterneuburg II, 177. und Friedrichs I Privileg vom
17. Sept. 1156.

1062. mb. s. XIV. Salzburger Annalen, genau so, wie
in 697.

Handschriften des Stiftes Heiligenkreuz.

Vergl. Archiv III, 566. 567. VI, 182 — 184.

11—14. Das Legendarium. Am Ende des ersten Bandes ist von einer Hand s. XIII. eine märchenhafte Beschreibung Indiens mit den Fabeln über das Grab des heil.
Thomas eingetragen, mit folgender Einleitung:
Clericus quidam Elyseus nomine in India natus. et nutritus cui pater erat Samuel. et hic dixit nobis ea que
secuntur. Talis est consuetudo Indorum. in sacris ordinibus. quod nullus promovetur in ordinem diaconatus
quin habeat 30 annos etatis sue. nullus etiam presbiter
ordinatur nisi sit 50 annorum. et nullus episcopus ordinatur nisi sit 80 annorum. vel ad minus 70. et nullus

eligitur episcopus nisi ex nobilibus terre illius. Sed quidam episcopus electus et ordinatus et bene litteratus. nec bene scientia usus in heresim lapsus est. ita ut diceret spiritum sanctum non procedere a patre et filio. et propterea intitulatus est. et a(d) concilium vocatus est. et tunc miser tantum desipuit ut diceret patrem et filium et spiritum sanctum non esse unum Deum. propterea dampnatus est ad mortem. et igni traditus est. et adustus est. Talis est consuetudo terre illius. quia non sunt ibi nisi tria iudicia dampnationis. ut dampnati conburantur. aut in aquis demergantur. vel feris ad devorandum tradantur. hoc est ursis leonibus leobardis. ibi etiam non effuditur sanguis humanus alienis christianis. quia terra veritatis est. ideo nemo mentitur. nec iurat nisi prout decet. quod si quis fecerit aut fornicatur. aut adulteratur secundum predictam legem dampnatur. Etiam talis est consuetudo terre illius. ut nemo ducat uxorem ante 30 annos. et nemo accedit ad uxorem propriam. nisi ter in anno pro sobole creando. Episcopo supra dicto dampnato rex Indie nomine Iohannes qui cognominatus est presbiter. non ut ita sit ordinatus. sed propter reverentiam suam presbiter est appellatus. Idem rex inito consilio. misit legatos suos. quosdam monachos. ad dominum apostolicum. ut melius certificaretur de catholica fide. non quod inde dubitaret. sed ut prohiberetur vulgare scandalum. de sententia illata in predictum hereticum dampnatum. Predictis autem monachis in itinere deficientibus. misit rex alios nuntios. duos episcopos. Illis autem Latinam linguam ignorantibus. ibi tantum utitur Chaldaica lingua. propter hoc sumpserunt secum predictum Elyseum. ut esset interpres eorum apud dominum apostolicum. quia didicerat linguam Latinam a quibusdam peregrinis ab hinc illuc venientibus et in domo patris eius manentibus. Illis autem episcopis in itinere obdormientibus uno in periculo maris. et alio in Apulea. iste Elyseus est profectus ad dominum apostolicum. Dominus autem apostolicus audita legatione regis Indie. precepit litteras fieri. scilicet expositionem super ˙spalmum. *Quicumque vult.* Acceptis Elyseus iisdem litteris. et muneribus sibi datis. iter redeundi arripuit. volens redire per Ungariam. venit ad quandam silvam. que vocatur Canol. ibidem spoliatus est. scilicet litteris et

muneribus et vestibus et omnibus que habebat. ita quod
vix nudus effugit. Sed quia magnum frigus esse cepit.
in via destituit. et omnino desperavit. Veniens autem
Frisacum. in hospitali susceptus est a quodam monacho
presbitero ab abbate Admuntensium illic constituto. et
misericordia motus curam eius egit. cum fratribus ibidem
manentibus. illo autem ibi manente per 14 dies. et con-
valescenti. interrogatus ab eodem monacho. quales essent Indie et qualiter cuncte essent ordinate. Elyseus
ita exorsus est. *Indie tres sunt. quarum una inhabita-
bilis est. propter ardorem solis. et propter pavorem gri-
forum* u. f. w.

17. Cod. mb. fol. s. XII. „Logos liber. Bona fortuna. Eine
Griechisch-Lateinische Sprachlehre und Lateinische Vocabula-
rien, mit einzelnen Deutschen Glossen.

33. Auf dem ersten Blatte steht von einer Hand s. XIV.
Fr. Dei gratia dux Austrie et Stirie nec non futurus rex
Romanorum potencia tamen remota karissimis suis ac
špalibus intercessoribus viris conventualibus S. Crucis
sincerum promocionis effectum.

39. mb. fol. s. XV. Inc. prologus Burgundionis iudicis
in commentacione b. Iohannis Crisostomi super ewange-
lium S. Iohannis ewangeliste. Martene Coll. I, 828.

44. Concordia discordantia canonum. mb. fol. s. XIII. ist
Gratians Decretum.

46. In fol. ultimo Innocenz II Bulle für Stephanus abb.
Cistercii. D. Cluniaci 10. Febr. 1132 ind. 10.

64. Acta canonisationis S. Petri Tarantasiensis.

80. *Cassiodori hist. ecclesiastica.* Nomina eorum qui interfuerunt concilio Basileensi.

82. mb. fol. s. XIII. Auf dem letzten Blatte Karoli M.
Decretum de expeditione Romana. Mon. Leg. IIb, 2.

88. Auf dem letzten Blatte eine Schilderung des Königreichs
Jerusalem von einem dort gewesenen Pilger, aus dem
13ten Jahrhundert.

104. Ruperti abb. expositio in Matheum s. XII. Auf dem
letzten Blatte ˙Catalogus ep. Pataviensium. Pez SS.
I, 11.

110. Petri Blesensis epistolae s. XIII.

145. Bedae hist. eccl. Anglorum. Vita S. Remigii auct.
Hincmaro, s. XII.

166. Iohannis de Utino historia — 1458.

180. **mb. s. XI. Orosius.**

188. **mb. fol. s. XII. Ivonis Carnotensis epistolae** (vergliden, Ardiv VI, 184).

197. **fol. min. s. XIII inc. Ottonis Frisingensis chronicon.**

212 in fine. **Epistola Albini ad Singulfum.**

217. **mbr. in q. saec. X.** Eine große Sammlung geistlicher und weltlicher Gesetze. Die Quaternionen sind mit A bis Z. ~. ÷. I — XIIII. bezeichnet; später saec. XIII vel XIV. mit Einschluß des Inhaltsverzeichnisses I — XLIIII. Offenbar sind die Quaternionen zum Abschreiben vertheilt worden, und daher ist fast jeder von einer andern Hand geschrieben. Als das Ganze fertig, und schon die 3 inneren Lagen des Quat. III (XXIII) falsch zusammengelegt waren, wurde das Inhaltsverzeichniß auf 28 Blättern dazu geschrieben, und bildet jetzt die 4 ersten Quaternionen. Am Schlusse fehlte schon im 14. Jahrh. eine Lage mit c. 64 — 72.

Über die Herkunft der Handschrift ließ sich nichts ermitteln; für Heiligenkreuz scheint sie erst spät durch Kauf erworben zu seyn, nicht vor dem 14. Jahrhundert. Auf dem Einbande steht unter verschiedenen Federproben abbas Glonicē, saec. XII vel XIII. Der Text ist im Ganzen ziemlich correct; bei den Abschnitten befestigte blaue Fäden bezeugen den wirklichen Gebrauch.

f. 1'. *Inc. prologus paenitencialis.* Diversitas u. s. w. f. 8 fängt das zweite, f. 12' das dritte Buch an. Das vierte Buch f. 16. ist Paenitentialis Bedae presbiteri, das fünfte f. 34. von Raban wie bei Canis. ed. Basn. II, 2, 293—312. Das sechste f. 64. beginnt mit Rabans Briefen an Reginbald und Humbert, u. a. gedruckt bei Mansi Coll. Concil. XVI, 863 ff.

f. 76. *Inc. capitula sinodi Wormacensis,* von 868, wie Ardiv VII, 809. Es sind 174 Capitel, indem viele andere Auszüge damit verbunden sind, darunter auch wie dort über die Gilden f. 105'. Auch Fragen sind darunter, wie CXII. Qualiter sit cooperta ecclesia. aut si sit camerata. aut ibi columbae vel aliae aves nidificent.

f. 121. *De synodo Liutberti archiepiscopi.* Cap. 178. Si duo fratres in silva — germani diiudicetur. Cap. 179. Siquae mulier — esse volumus.

f. 121'. beginnt wieder eine ähnliche Sammlung von

77 Capiteln. Darunter f. 128'. Rescriptum Gregorii pape ad Augustinum in Saxonia Anglorum.

f. 151. 'Lex Alamannorum.

f. 173. 'Ansegisi Capitularia, übereinſtimmend mit dem Münchener Codex August. 153. ſ. Mon. Leg. I, 266. Eine große Menge anderer Kapitularien, welche darauffolgt, ſcheint gleichfalls durchgehends mit jener Handſchrift übereinzuſtimmen. Da die verſchiedenen Schreiber nicht gleichmäßig ſchrieben, blieben häufig ganze oder halbe Seiten am Ende der Quaternionen leer, welche dann ſpäter benutzt ſind, um andere Stücke einzutragen; ſo am Ende des Quat. XI (G), wo auf f. 46 das Edict des Herzogs Boleslaus von Böhmen von 992 ſteht. Auch im Inhaltsverzeichniß blieben zwei Blätter leer, auf welche saec. XI. der Brief Stephans V an Suatopluk geſchrieben iſt. Da er aber zu lang war, wurde für die Fortſetzung eine eigene Lage genommen, jetzt Quat. XII. f. 47. Beide Stücke habe ich in den Beiträgen zur Geſchichte der chriſtl. Kirche in Mähren und Böhmen herausgegeben. Auf das erſte Blatt jenes Quat. XII. iſt dann noch saec. XII. eine Predigt eingetragen.

220. a. 1381. (Abb. Sifridi) *Summa dictaminis prosayci.* Kurz und ohne vollſtändige Briefe.

226. Epistolae S. Bernhardi s. XII. fol. Am Ende kurze Nachricht eines Augenzeugen über die Schlacht bei Mohacz 1526.

227. s. XII. Mehreres von Petrus Damiani; darunter auch die Viſion über Pandulfs Tod.

230. mb. s. XII. Vita Gregorii I papae auctore Ioh. diacono. Im Text ſind auch Briefe wie IX, 116. und am Ende XI, 2. 1. 12. II, 34. XI, 45. ed. Maur.

282. mb. s. XII. Vita S. Galli und Othmars von Walafrid Strabo; S. Walpurgis von Wolfhard, ohne den Prolog.

507. Khärneriſche Chronik und des Hauſes Öſterreich Freiheiten s. XVII. chart.

509. chart. fol. s. XVII. Scheint eine Abſchrift des verſchwundenen älteren Cod. epistolaris Rudolfi I zu ſeyn. Eine eingeſchriebene Notiz beſagt: Author huius scripturae in hoc libro formatae vocitabatur P. Andreas Pörckholtz S. Crucis Prof(essus qui) dicitur fuisse occisus ab aurigis ob quasdam altercationes in via cum ipsis

habita, dum versus suam patriam in Silesiam usque Vra-
tislaviam pergeret.

Liber I, 1 — 42 = Gerbert Cod. ep. I, 23. 26. 24. 25.
15. 8. II, 7. I, 5. 38. 11. 7. 18. 2. 44. 45. 46. 43.
III, 3. I, 10. II, 24. 25. I, 16. II, 22. 40—42. III, 32.
II, 28. I, 28. 17. II, 14. 26. III, 33. II, 20. 21. 1. 13.
I, 35. II, 30—33.

Liber II, 1—4 = Gerb. II, 38. 37. III, 26. II, 44.

*5 (= Wien Philol. 61. f. 46. n. 64.) Ä. Rudolf ſchickt
dem neu erwählten Papſte (Innoc. V.) durch einen heim=
lichen und vertrauten Boten ſeinen Glückwunſch; die feier=
liche Geſandtſchaft werde bald nachfolgen; meldet, daß er
mit Hülfe aller Reichsfürſten den König von Böhmen, ein=
zigen Verächter des Reiches, zu bekriegen ſich rüſte. „Laudabilis et gloriosus — debeamus.“

6 — 37 = Gerb. II, 23. 10. 17. 39. 45. 55. 56. 60.
53. 8. III, 11. II, 48. 47. I, 31. III, 10. II, 52. 57.
*Cum — continetur. bei Gerb. p. 155. Gerb. II, 50.
46. III, 6. 12. II, 54. 58. III, 13. 7. 14. 15. 17. 16. 18. 9.

Liber III, 1 — 47 = Gerb. I, 4. III, 1. 2. 23. 31. II, 43.
III, 8. II, 18. III, 5. II, 27. III, 21. 20. I, 40. 21. 32.
34. III, 34. II, 2. 35. 36. III, 25. I, 47. III, 36. II, 35.
I, 12. 13. II, 4. III, 19. I, 39. III, 27. 37. I, 36. 33.
II, 59. III, 29. 4. 28. I, 42. II, 6. 5. III, 35. II, 19.
I, 41. 48. III, 22. 30. 24.

Dann folgt noch ein Anhang, welcher enthält 1. Reg. Rud.
Reichsſachen 135; 2—14. Reg. Rud. 716. 292 (3 Nov).
755. 572 (Orig. in Zwettel). 534 (daf.) *487 (Copialbuch
in Zwettel). Alb. ducis, Lichn. I. n. 1130 (Orig. in
Zwettel). *ib. 1129 (Copialbuch in Zwettel). 946 (Or. daf.).
*Alberti regis 1298 Dec. 6. Linck I, 516 (Copialbuch in
Zwettel). Beſtätigung desſelben Privilegs durch Richter und
Conſuln der Stadt Wien, 1299 Dec. 8. Alberti ducis,
Lichn. 995 (Copialbuch in Zwettel). *Brief Alberts, Lichn.
II, p. CCLXXIV. n. 24.

*15. Brief der Kön. Eliſabeth, enth. Bitten um Gebete,
damit der Friede bald zu Stande kommen möge, nachdem
der König ſiegreich aus Böhmen zurückgekehrt ſey. „Devotionem vestram — Christum.“

*16 (auch im Formelbuch K. Albrechts). Der Clerus (Sue-
viae nach der Überſchrift) bittet wiederholt Herz. Rudolf,
die Privilegien, welche ſein Vater, der Röm. König (Rudolf),

der Geistlichkeit seiner Herzogthümer verliehen, zu achten, und die ihm aufgelegten Abgaben zu erlassen; sonst würden sie gegen die ihnen aufzulegenden Zehnten und die dem Legaten für Alemannien 3 Jahre lang zu leistende Procuration an den Papst appelliren. „Excellenti etc. Cedit nomini — notam."

*17. Der Erzb. v. Salzburg schreibt an die Bischöfe von Freisingen und von Gurk Friedensvorschläge, welche er sie bittet mit zu besiegeln und Herz. Albert vorzulegen, der Radstat belagert hält. (1295.)

18—21. Reg. Rud. 1091. 1076. 173. 590.

Handschriften des Stiftes Götweih.

Vergl. Archiv III, 72. VI, 190.

I. 17. Electio Lotharii III verglichen mit dem Abdruck bei Pez SS. I, 570. Den Inhalt der HS. bilden Passiones Sanctorum.

O. 27. geschrieben 1659. Vita Altmanni und Gebehardi, eine Abschrift der Ausgabe des Abtes Johannes von Lambach 1619. Passio Thiemonis, aus Tengnagels Ausgabe abgeschrieben.

P. 12. Die Abschrift der Vita Altmanni prima ist von 1571, s. Pez SS. I, 114.

P. 73. Fragmente von Götweiher Annalen auf 2 von Bücherdeckeln abgelösten Blättern. Zum ersten Mal gedruckt Mon. SS. IX, 600. Auf der letzten Seite steht von einer Hand s. XIII. Folgendes: Contra sanguinem. Scribe in cedula heo nomina. et circumda umbilico. scriptura versa ad carnem. † E(r?)on † wesu † Ailgvt † Mvrmina † (leer) † Straguna † ..... ia † vena † cessa †

Der Codex Traditionum im Archiv enthält die *Reihe der Bischöfe von Passau, Pez SS. I, 11. und der *Äbte

von Götweih; auf letztere folgt das bei Pez SS. II,
281 abgedruckte Verzeichniß.

Über andere Götweiher Handschriften hat Chmel Mitthei=
lungen gemacht im Notizenblatt zum Geschichtsforscher II, 1.

Handschriften des Stiftes Melk.

Nach eigener Ansicht und nach der Bibliotheca Mellicensis
von Martin Kropff, Wien in qu. 1747.[*]) Vergl. Archiv
III, 75. 311. VI, 192—194.

B. 26. ch. duod. s. XV. Articuli pro passagio in T u r c a s
sub Friderico imp. 1471 Ratisb. concepti. K. Matthias
Zug gegen die Türken 1475. Über den Einfall der Un=
garn in die Türkei unter Treckol. Kropff p. 58.
C. 12. mb. f. s. XV. Der letzte Band des großen Legendars;
die früheren sind M. 4—7 bezeichnet.
C. 23. mb. fol. s. XIV. Gregors IX Decretalensammlung,
und Canones Concilii L u g d u n. 1245. Kr. p. 39.
D. 12. mb. q. s. XIV. *Itinerarium Terrae Sanctae.* Cum
in veteribus *etc.* s. Kropff p. 34.
D. 23. mb. f. s. XII. Honorius de imagine mundi, s. Ar=
chiv III, 314. Drei Briefe S. B e r n h a r d s, Kr. p. 33.
E. 5. ch. f. s. XV. Brief von A e n e a s S i l v i u s, s.
Kropff p. 50. Arch. VI, 193.
F. 8. mb. f. s. XIII. L e g e n d a r i u m, s. Kropff p. 23.
Archiv III, 312 und unten die Beschreibung der Legenda=
rien, wo auch das neuere Exemplar der Sammlung,
welches die Ergänzung hierzu bildet, besprochen wird.

---

[*]) Es sind jedoch nicht alle von Kropff verzeichnete Handschriften
noch vorhanden; auch sind in neuester Zeit die Nummern der
Bände verändert.

F. 36. mb. fol. s. XV. Ioh. Kekch mag. in theol. Tegernseensis Flores Chronicorum. Kr. p. 55.

G. 2. ch. q. s. XV. f. 86. Schußbrief für 2 Priester aus Indien, von K. Labislas 1455. ib.

G. 3. Formelbuch aus der Zeit Karls IV, Wenzels, Sigmunds, f. Arch. VI, 193. Kr. p. 50. 52. 73. 74.

G. 16. ch. q. s. XV. Brief über die Kaiserkrönung Friedrichs III und König Labislas. Kr. p. 57.

G. 18. ch. q. s. XV. Ein langer Brief aus Prag, mit Klagen über die Hussiten. Verbum mihi ad te *etc.* Kr. p. 59.

G. 23. ch. q. s. XV. Kropff p. 59. Beginnt mit den Worten: In Christi nomine 1455. Nota quod sequens materia ab exemplari plurimum incorrecto est rescripta, et ideo non potuit correcte per totum copiari, res tamen esset multum utilis et compendiosa. Später macht der Schreiber, Johann von Weylham, die Bemerkung: Omnia superius scripta sunt in studio R. P. d. Iordani card. de Ursinis, rescripta vero Rome per Ioh. Brantpacher 26. die May 1428 *etc.* Sed hec copiatio facta est - a. 1455 die 19. Aug. non tamen ab exemplari originali. Es ist eine Überarbeitung des Isidor. Nach einer gütigen Mittheilung des P. Theodor Mayer ist der Anfang: *Prima etas.* Inc. ab Adam et continet generaciones 10 et annos *etc.* 9 Zeilen. *Secunda etas* habet annos secundum Hebreos 292. continet generaciones 10 — Semiramis regina Babiloniam condidit. 8 Zeilen. *Tercia etas* continet 942 annos — Lacedemoniorum regnum oritur. 22 Zeilen. *Quarta etas* continet — post Troianorum excidium. 19 Zeilen. *Quinta etas*, 30 Zeilen. *Sexta etas* inc. a Christo *etc.* bis 621, 86 Zeilen. *Incipit cronica a summis pontificibus. Septima etas.* Gregorius papa et doctor a. 10. hic fecit recedere totam Ytaliam a potestate Leonis augusti heretici *etc.* Nur 19 Zeilen. Dann folgen die Memorabilia urbis Romae in folgenden Abschnitten: Conditores urbis Rome. Ianus filius Iaphet *etc.* Muri, turres, castella, propugnacula. Porte Rome, in civitate Leonina, Transtiberim. Vie. Arcus triumphales. Montes. Terme. Pallacia. Theatra. Pontes per Tiberim. Angulie (*sic*, darunter die Säulen Antonins u. s. w.). Fora. Equi. Templa. Cimiteria. Regiones antique (12).

Regiones sic distribuuntur. Regio montium — Regio trium — Regio columne — Regio Campimartii u. f. w. Mulieres clare Rome.

Außerdem enthält die Handschrift nach Kropff p. 51. noch einen Brief des Herrn von Bonlavillier an den Herzog von Mailand über die Jungfrau von Orleans.

G. 38. mb. fol. s. XIV. Thomae de Capua Summa Dictaminis, f. Archiv III, 315.

H. 3. ch. f. 1446. K. Ludwigs Rechtsbuch, und das „Statpuech." Kropff p. 74. Arch. VI, 193.

H. 10. Passio S. Colomanni, welche sich auch in H. 104. K. 4. Q. 55 befindet. Kr. p. 109. In demselben, so wie in H. 104. K. 4. L. 80. ist die Inventio S. Crucis Mellicensis, Kr. p. 129. Verschiedene Mellicensia sind von Kropff angemerkt, u. a. die von Pez edirte V. Gothalmi in 5 Handschriften. Nicht näher bestimmt ist auch der Coder des Chron. breve 1438—1464 bei Pez SS. II, 461.

H. 17. ch. f. s. XIV. *Fr. Odorici descriptio partium Orientis.* Licet multa et varia. Kr. p. 35. — saec. XV. *Burckardi de Monte Syon Descr. Terrae Sanctae.* ib. p. 52. *Descriptio Terrae S.* in 158 Capiteln. Terra sancta promissionis Deo amabilis u. f. w. ib. p. 58.

H. 44. ch. duod. s. XV. Benedicti de Bavaria monachi Ettalensis memoriale seu epistola ad Laurentium abb. Gottwic. de vita sua et monachorum in mon. Sublacensi, scripta c. a. 1471. Kr. p. 51.

H. 87. ch. oct. s. XV. Decreta concilii Basil. sessio 20. a. 1435. Archiv VI, 193. Visio Karoli (Crassi) von 1482. Kr. p. 52. Archiv III, 314. 676.

H. 108. mb. duod. s. XIV. Historia fabulosa de origine Cartusiensium. Kropff p. 36.

I. 3. enthält, nach einem neuen Inhaltsverzeichniß, auf
p. 3. s. XII inc. *Sequentia de S. Maria*, hieraus gedruckt in Hoffmanns Fundgruben II, 142.
p. 4. s. XII. Kalender, mit dem *Nekrolog auf den gegenüberstehenden Seiten. In dem Abbruck bei Pez SS. I, 304. sind die successiven Nachträge und die Bemerkungen s. XIV und XV zu älteren Angaben nicht unterschieden.
p. 28. Ciclus magnus Dionisii.

p. 30. s. XIII. Die von Pez (I, 290) dem Konrad von Wizenberg zugeschriebene 'Chronik der Markgrafen von Österreich bis 1156. Die Überschrift Ad ducem ist jünger, und das übrige Liupoldam — civitate von derselben Hand s. XIV, welche so viele Zusätze in dieser Handschrift gemacht hat. — Jünger als die Chronik, s. XIII, sind p. 31. die Epitaphien, bei Pez p. 313. Das erste lautet so:

Mors quasi ceca furit, quasi ventus, hiemps, rapit, urit
Cum filiis flores, vorat omnes carnis honores.
Quinque sub hac tumba mortis proceres tenet umbra,
Quos redimens gratis Deus omnibus adde beatis.

Hac situs in fossa Cholomanni martyris ossa
Fratribus Heinricus dedit hiis princeps et amicus.

Marchio Liupaldus a verme sit igneque salvus,
Huius honor sedis, fons cenobii, pater edis.

Dormit Adalbertus hic. surgat luce refertus.

Quem sopor hic urget. Leupaldum gratia purget.

Vita sit Ernusto. pars omnibus in grege iusto.

Confer eis vitam. virtute fideque petitam.

p. 32. folgt dann der gezeichnete Leichenstein, dessen innere Schrift lautet:

Marchiones Austrie.
Leupoldus primus fundator.
Heinricus qui S. Cholomannum contulit nobis.
Adalbertus qui S. Crucem huc attulit.

Dann sind 3 Zeilen ausradirt, an deren Stelle jemand s. XIV. schrieb:

Ernestus lanceam S. Maŭricii et crateram
S. Udalrici
Lewpoldus qui monasticam vitam
hic instituit.

Dann von der ersten: Marchionissae.

Rihkart. Suenhilt. (Alhayt.) Frewiza.

Mehtilt. (Iuditta.) Marchionisse.

Ut sint in celis animae

Pete quisque fidelis.

Die eingeklammerten Namen sind von derselben Hand s. XIV.

p. 32. sind Verse über die Tartaren eingeschrieben, gedruckt bei Pez SS. II, 398. Dann:

IV. Idus Oct. obiit Liupaldus marchio (1095).

Iste docet titulus. quem nostra ferat caro fructum.

Isque monet tumulus. quem fata gerant tibi luctum.

Marchio laus veri. Leupaldus gloria cleri.

Hoc iacet indigno quadro sub limite signo.

Hic Medilicha suis. studuit te comere donis.

Hunc sociare tuis. studeas prece thure patronis.

und s. XIV: Leupaldus qui dotes et ecclesias sex Medlich Dräschirchen Weykkendorf Lauchse Wuldeinstorf Ravolspach donavit locumque apostolice sedi obtulit exemptum.

Item a. 1520 multi erant latrones et valde prope monasterium, a quibus quidam pauper est depredatus. quod autem nichil habebat in bursa, cogitur commedere et ipsam bursam vacuam.

p. 33—43. der *Papstkatalog s. XII.

p. 44. s. XIII ex. vel XIV. Der *Bericht über die Nachkommen Leopolds des Heiligen, Pez SS. I, 573.

p. 45—166. *Annales Mellicenses, geschrieben 1123. Für jedes Jahr sind 2 Zeilen bestimmt, von Anfang an schon bis 1300; das folgende Pergament ist mit Dinte liniirt. Was in den Fortsetzungen von verschiedenen Händen, oder von denselben in verschiedenen Absätzen geschrieben ist, kann wohl nicht mit Sicherheit bestimmt werden. Anfangs wechseln die Hände sehr häufig; erst im 15ten Jahrh. sind längere Stücke gleichmäßig geschrieben.

p. 167. Verzeichniß der hospites, von der Reform 1419 bis 1532, und Nachricht von 4 im Jahre 1550. 1551. entwichenen und verstoßenen Mönchen.

p. 171. Von der Weintheurung a. 1560, s. Ann. Mell.

p. 172. Reformatio huius monasterii facta est isto modo u. f. w. mit einem Verzeichniß der Geiſtlichen bis 1535.

p. 178. Gratia d. patriarche Aquilegiensis pro mon. Mellicensi, mit den Regule cancellarie und der Nachricht vom annus Iubileus, von Johannes von Mediaſch; bei Pez in der Chronik a. 1474—76. gedruckt.

p. 182. Über die Öffnung des Kreuzes, ſ. Ann. Mell. 1420. Ferner ein Epitaph Petrarcas.

p. 183. Papierblatt mit der ſpäteren Überſchrift: De tecto turris campanarum nostre eccl. Mellicensis. Der Inhalt, über den Thurmbau 1465, den Regen von 1466, hat Schramb im Chron. Mell. p. 476. 473; über die Ketzer ſ. Ann. Mell. 1466. Dazugeſchrieben iſt dann ſpäter eine Notiz über den Brand im J. 1516 und: Turris autem cum cornu a. 1525 sero edificata et frigus erat. Turris vero cum campanis plumbea tegitur tectura 1526. Ferner über die Wahl des Abtes Urban 1564.

p. 185. Abtsverzeichniß von 1504, fortgeſetzt bis 1739.

p. 186. Eingeheftetes Original, Rescriptum fratrum Dunfermleyensium de genealogia S. Colomanni. 1524.

I. 8. mb. f. s. XIII. V. S. Martini auct. Severo. Vita et miracula S. Matthiae. V. S. Silvestri papae, S. Nicolai cum mirac. et translatione; Nicetii archiepiscopi, Cunigundis. Passio XI m. virginum; S. Katerinae. V. S. Bertholdi (benutzt von Pez SS. II, 86). Sermones. Kropff p. 22. Eingetragen ſind Reg. Rud. 287. 292. und benutzt Mon. Leg. II, 407. 410.

K. 24. Chron. Austriae 1415—1457. Kropff p. 311.

K. 31. mb. fol. s. XII. De locis et sacris stationibus, qui sepulchrum Domini visitare volentibus occurrunt. Anfang: Omnibus volentibus visitare. Kr. p. 18.

K. 51. mb. q. enthält gleichzeitig eingetragen K. Friedrichs Aufforderung an die Karbinäle, einen neuen Papſt zu wählen. Wien, 1316. März 7. Kropff p. 33. Arch. III, 314. VI, 193. Fehlt in Böhmers Regeſten. — Ein Brief des Sultans an Clemens V von 1305. Kr. p. 36.

L. 52. ch. fol. s. XV. Honorii liber de luminaribus ecclesiae. Kr. p. 359.

L. 80. Historia fundationis mon. Mellicensis. Auch in 5 andern Handſchriften, ſ. Pez SS. I, 293. Kropff p. 121.

N. 13. Die für die Geſchichte des 15ten Jahrh. ſo wichtige Handſchrift, deren Inhalt Kropff p. 50. 52 ff. angiebt, fehlt leider. Vergl. Birk in den Quellen und Forschungen p. 225.

O. 44. ch. q. s. XV. K. Friedrichs III Reformation von 1442. Kr. p. 74.

O. 52. ch. q. Gedicht des Priors Peter von Rosenheim auf B. Leonhard von Passau. Kr. p. 214.

P. 1. ch. q. s. XV. *Passio dominorum sacerdotum sub domino marchione (Culmbacensi) secundum Mathiam.* In illo tempore dixit princeps consulibus et ministris suis: Scitis quia post biduum steura fiet et clerus tradetur *etc.* Kr. p. 56.

P. 27. ch. q. Aktenstücke zur Geschichte des Streits über Friedrichs III Vormundschaft für Ladislas. Kr. p. 72.

Q. 20. ch. q. Klage um K. Laslas Tod. Pez SS. II, 679.

Q. 34. mb. q. s. XIV. Bernardi scholastici Andegav. hist. miraculorum S. Fidei. Fängt an: Cum omnipotens. Kr. p. 35.

R. 3. mb. q. s. XIV. Katalog der Römischen Päpste bis auf Gregor X, der Kaiser bis auf Friedrich II; der Bisthümer (Arch. III, 315); dann *Cronica minor,* dasselbe Werk wie in Wien, Hist. prof. 72. f. 201. Kropff p. 23.

R. 11. mb. oct. s. XIV. Bericht des Patriarchen der Inder an Kalirt II über die Kirche S. Thomas u. f. w. Quadam die in palatio Lateranensi non parva congregatio cleri et populi facta est *etc.* Kr. p. 33.

R. 13. q. min. s. XI ex. V. S. Galli, Leonardi, Egidii, Viti, f. Archiv III, 312.

R. 24. mb. q. s. XII. Martyrologium, Regula, und auf den beiden letzten Blättern ein Papstkatalog bis auf Stephan VII. Eingetragen sind 2 Briefe vom Bamberger Michaeliskloster. Kr. p. 15 — 17.

R. 28. ch. q. s. XIV. Anon. Mellicensis de scriptoribus ecclesiasticis. Kr. p. 36.

R. 30. Aktenstücke über K. Albrecht II, f. Kr. p. 51. 57. Archiv VI, 192.

Handschriften des Cistercienserstiftes Zwetl.

Vergl. Archiv VIII, 724. Archiv f. Kunde Österr. Geschichtsquellen 1849. I, 363.

•

13. Der erste Band des großen Legendariums, geschrieben
von Cuonradus. Der Bericht am Schluße *Qualiter Zwetlensis civitas a nobis per violentiam abstracta est.
Postquam fidelissimi — translatum.* ist saec. XV. Vergl.
Link Ann. Claravall. I, 295. Die übrigen Bände sind
n. 14. 15. 24. Vergl Archiv f. Kunde Österr. Gesch.
p. 371.

35. über die **Chunringer**, gedr. Pez SS. I, 524.

40. mb. fol. s. XIII. Passio **Hermachore**. Acta SS. Iul.
III, 251. **Mauricii.** „Tempore illo — factum constiut.“
Floriani. „In diebus — 4. Non. Maii.“ XI milium
virginum. „Regnante — municipatum capiæmus *etc.*

49. mb. fol. s. XIII. V. **Ambrosii** auct. Paulino. **Remigii** auct. Hincmaro. *Severini. Corbiniani auctore
Aribone. Severi arch. Rav. Acta SS. Feb. I, 82.

59. ch. fol. s. XV. Anon. **Leobiensis,** Pez SS. I, 755.
Vorher Excerpta ex Honorio, bibl. Gesch. u. aub.

72. mb. fol. s. XIII. **Heiligenleben.** *V. S. Goaris.*
Iul. II, 333. *Adelberti* antiquior. *Colomanni.* Mon. SS.
IV, 675. *Otilie.* Temporibus Hilderici — de hac
vita. *Lamberti.* S. ig. L. oppido — reddita. *Afre.*
Aput Recias — 7. Id. Aug. *Gengolfi.* Vir itaque — vi-
ventium publicari. *Wenezlai.* Crescente — dimiserunt
eam. *De miraculis S. Panthaleonis* (in Paſſau a. 1046 ff.
ohne geschichtl. Inhalt). Post longa — est sana. *Passio S.
Thomae Cant. V. S. Galli.* Nisi — digneris. *Othmari.* Ig. O-
genere — deferretur. *Waltpurge.* Ig. postquam — recepit. *Genovefae.* Ig. b. G. in Nemethodorensi — corpora-
lem quatenus *etc.* *Hylarii*, von Fortunat, ohne Prolog
und Wunder. *Vedasti*, von Alkuin, ohne den Prolog.
Eucharii Valerii et Materni. Quamvis sanctorum — honorabiliter posuerunt.

77. mb. fol. s. XIII. zum Vorlesen bei der Mahlzeit gebraucht.
V. **Bonifacii** auct. Othlono. Am Schluß folgt ein
Verzeichniß der Mainzer Erzbischöfe. Isti sunt episcopi

Mogontiacenses. Sophronius. Marinus. Bothadus. Ruthadus.
Aureus. Maximus. Sidonius. Sigimundus. Liutgasius. Be-
zelinus. Lantwaldus. Laboaldus. Rigobertus. Geroldus.
Gewilieb. Bonifacius archiepiscopus. Lullus. Rihholf.
Haistolf. Otker. Rabanus. Karolus. Liutbraht. Sundrolt.
Hatto. Heriger. Hildibrant. Friderih. Willehalmus. Hatto.
Routpreht. Willigis. Erchanbolt. Aribo. Bardo. L . . . polt.
Sifridus.

> O vos qui nostis. quid perferat ille laboris.
> Qui se scribendo. castigat tempore crebro.
> · Assiduis precibus. memores sitis precor eius.
> Qui promptus librum. conscripsit et edidit istum.
> Tu quoque sancte Dei. memor esto sui Bonifaci.
> Ob cuius laudem. librum conscripsit eundem.
> Ut regno Christi. per te valeat sotiari.
> Quis sim. qui vobis fero munus tale laboris.
> Vos quoniam scitis. nolite precor dare multis.
> Ne persona mei vilis. fatiat mea sperni.
> Sit magis hoc studium. vobis deposcere Christum.
> Ut sibimet placita. maneant presentia scripta.

84. Vor einem Martyrol. s. XII. eingeheftet ein *Calendar.*
mit vielen, von verschiedenen Händen s. XIV und XV eingetragenen historischen Nachrichten. Einige davon hat Pez
SS. I, 541 herausgegeben, mehr Linck in den Zwettler
Annalen. Was noch lesbar war, findet sich Mon. SS. IX.
Vieles ist aber ohne chemische Mittel nicht zu lesen. Verschiedene urkundliche Aufzeichnungen hat Joh. v. Frast aus
dieser HS. im Archiv der Wiener Akademie p. 381 mitgetheilt, nebst einem Bücherverzeichniß und Abtkatalog, wo
aber bei Bouslav statt Gallie, calicem zu lesen ist, und
vorher plenaria.

87. mb. fol. s. XIII. Passio S. Emmerammi, von Aribo.
Mauricii. „Sanctorum passionem — reboant." Ki-
liani, Canis. ed. Basn. III, 1, 174. Dionisii. „Epistola piissimi augusti — veneratio redundat." Faustini
et Victorici (in Frankreich) „Eodem ig. temp. quo Maximianus — 3. Idus Dec."

95. Die kleine *Kaiserchronik „Scripturus Romanum bis
auf Friedrich I, und dann von anderen bis 1212 fortgeführt; s. Wien h. p. 686.

102. mb. fol. s. XII. Nach Greg. in Ezechielem und Orig.
Homiliae in Genesim sind auf 2 Blätter die bei Pez SS. I, 520

gebruckten Annalen eingetragen; fortlaufend geschrieben
bis 1160, wo aber alles Locale von zweiter Hand ist,
dann 1164—1167 und 1168—1170 fortgesetzt. In der
neuen Ausgabe SS. IX, 499 ist der Anfang von 1075—1139
neben den Ann. Mell. gedruckt, das Folgende als Continuatio I Zwetlensis.

172. mb. fol. s. XII. Geschenk Gnemhertls. ʼHonorius de
im. mundi, bis zum achten Jahr Lothars, worauf noch der
Name Konrads, und von anderer Hand eine kurze Fortsetzung bis 1197 folgt. Die Zahlen bei der Indictionenberechnung sind 70 und 1120. Es folgt dann noch ein
Papstkatalog bis auf Eugen III, nur Namen und Regierungsdauer.

255. mb. fol. s. XII ex. *Cronica ab incarnatione Domini*,
bis 1189 gleichmäßig geschrieben, gedruckt von 1012 an
bei Pez SS. I, 543 mit Weglassung langer Stellen aus
Wippo und Otto von Freisingen, welche kürzlich von Fraß
a. a. O. p. 414 mitgetheilt sind. Die Melker Annalen
bis 1159 sind hier mit Zusätzen vermehrt (Auctarium Zwet-
lense), dann folgt das bei Urstisius hinter Radewik gedruckte Stück von 1160—1169 und endlich die Continuatio II Zwetlensis, welche leider am Schlusse unvollständig zu seyn scheint; es sind zuletzt 8 Zeilen ausradirt. Bei
dem Jahre 718 ist hier die bei n. 95. erwähnte kurze
Chronik bis auf Heinrich V eingetragen. *Papstkatalog
Pez Thes. I, 3, 326. von einer andern Hand ders. Zeit
s. XII ex.

285. hat auf dem ersten Blatt folgende Notizen:
A. D. 1239 in octava S. Michahelis facta est eclypsis
solis tanta in meridie ita ut stelle apparerent.
A. D. 1273 in die S. Remigii die dominica electus est
rex Rudolfus apud Frankenfurt.
Item 1274 celebrata est sollempnis curia apud Nurenberc
octava Martini.
Item 1276 profectus est in Austriam Kal. Sept. Egidii.
Item a. 1278, 7 Kal. Sept. occisus est rex Ottakarus Boe-
mie ab exercitu regis Romani Rudolfi.
Item 1281 rex Rudolfus reversus est de Austria et venit
Ratispona 7. Idus Iunii.
Item a. D. 14 et in 61º inimici fuerunt in monasterio
et spoliaverunt illam provinciam etc. Item Wier haben

den veynten muezen geben 12 hundert gulden und
6 stuckh taffat und 10 fuxwemlein schawben und habent uns abgeprent daz dorff zw Ruermars etc.

295. mb. fol. s. XIV. Summa dictaminis. *Inc. formu-*
larius in artem prosandi conpilatus a monacko ord. Cy-
sterciensis. Ad habendam preclaram etc. Stimmt über=
ein mit der Wiener HS. Phil. 61.

299. s. XII. Victor Vitensis. Dann die Hist. miscella.
Inc. hyst. Romanae gentis. Primus in Italia ut quibusdam placet regnavit Ianus — medietate sublato. Lib. II.
Finito ig. Punico bello. XVII. Cum iam ut premissum
est — Anastasius presb. ordinatus est. Augustus regnavit annis 56 — Leo regn. Constantinop. ann. 9. *Inc.*
Gesta Karoli. Mon. SS. II, 439. In ben bekannten Ver=
fen steht: Enchardum. *Inc. liber Liuprandi* (bis III, 37.
dominum). Mon. SS. III, 271. — *Epistola Ioh. presb.*
ad imperatorem C. P. — *Carmen de nummo.*

315. *Annales Zwettlenses 1—1349. Pez SS. I, 527.

345. 2, s. XIII. 1098. 12. Kal. Apr. fundatum est Cister-
cium. — 1135. 3. Idus Sept. domus S. Crucis. — 1138.
2. Kal. Ian. Zwetel. Monasterium vero dedicatum est
1159. — 1142. Poungartenberge. In ben Verfen über
bie Einnahme Jerufalems, welche Fraft noch baraus mit=
getheilt hat, ift offenbar zu lefen: Boemundum et Ray-
mundum.

Handschriften der Lycealbibliothek zu Linz.

Vergl. Archiv IX, 465.

C c I 3. mb. in q. s. XIII. *S. Mariae in Gaersten.* Hei=
ligenleben. *V. S. Cholomanni* von Erchenfrib. *Florini.*
Beati Florini — ex Britannia regione quae est sita inter
montana Retiae Curiensis prouintiae *etc. Otilie.* Temporibus Childerici u. f. w. *Gotehardi cum mirac.* Summe
reverentie — impetrat. *Maximini* von Lupus. *Mariae*

Magdalenae — — Anno ig. pass. vel. resurr. Dom. plus minus 749 regnante Ludwico regum piissimo necnon filio eius Karolo viguit pax — Burgundiae Gerardus. *Sigismundi regis.* Sepe dominus — restaurantur. *Gerdrudis.* Ig. venerabilis, 1 Seite. *Gengolfi.* Vir itaque u. f. w. Mai II, 644. *Ruodiberti.* Oriundus est — iugiter rhythmisch. Dann Hodierna u. f. w. Canis. II, 2, 356.

C c I 6. V. S. Othmari.

C c I 9. chart. V. Meginradi Augiensis, Wolfgangi.

C c III 1. mb. fol. s. XIII. *S. M. in Gaersten.* Gesta S. Remigii. „Sigmarus nomine non merito. V. S. Chunegundis. Mundane conditor *etc.* Ex preclaro *etc.* Vgl. Mon. SS. IV, 790. Passio S. Mathiae mit der Inventio 1127.

C c III 7. mb. fol. s. XIII. Auf der ersten Seite s. XIII ex.

            regis
Fertilis Austria. regna geris tria. marchio. dux. rex.
Sunt ea copia commoda plurima. sanctior hora.
Suscitat advocat edocet adtrahit ad meliora.
Inperialia munera talia conveniendo.
Austria suscipe dilige vivere pace fruendo
Hoc duce principe. terra vales bene. robore forti.
Ense suo. fugias latro te cito subtrahe morti.
Fortis in adversis. Otaherus alter ut Hector.
Hostes prosternit. dat opem celi tibi rector.
Laude calescit. corpore crescit viribus ille.
Sint racioni conditioni gaudia mille.
Princeps australis cleri pater est generalis.
Est formido malis vultus suus imperialis.
Pace reformata manet Austria tota beata.
Plebs tibi mansura plures res est habitura.
Huius in augmento fidei. ducis ipse memento.
Quisquis ad altare cupiens missam celebrare.

Sulpicii Vita Martini, Briccii, Lamberti. „Si paganorum *etc.* Igitur b. L. oppido u. f. w. Oudalrici von Berno.

C c IV 1. mb. in q. V. S. Martini etc. auct. Sulpicio. s. XII. 'V. Berhtoldi abb. Gaerstensis s. XIII. V. Nikolai.

C c IV 10. *Roberti hist. Hierosol.* (manca).

C c IV 18. *Passio Chyliani.*

C c V 5. *Roberti hist. Hierosolimitana.*

C c V 7. mb. fol. s. XIII. Heiligenleben. „Istum librum scripsit Romanus S. Lamperto in Suben." *Passio Wenezlai.* Crescente. *Floriani*, Pez SS. I, 36. *Růdberti.* Canis. II, 2, 356. *Severini* (Ante hoc ferme. regibus. Asturis. comagênis übergeschr. chumberc). *Transl. S. Benedicti.* Mabillon Acta SS. II, 352. *V. Eucharii Valerii et Materni.* Acta SS. Ian. II, 918. *Maximini* von Lupus, ohne den Prolog. *Corbiniani* von Aribo. *Vita et transl. S. Severini Colon.* Dominus redemptor *etc.* Qui beatissimi *etc.* *Cuniberti.* Temp. Dagoberti *etc.* *Goaris,* Acta SS. Iul. II, 333. *Hylarii* von Fortunat. *Miracula S. Virgilii.* Quadam die in muro — tumulum recepit. Auf dem letzten Blatte steht ein ziemlich unverständliches *Gedicht auf Friedrichs des Streitbaren Tod von gleichzeitiger Hand: „Accipe — cecidisti."

C c V 13. mb. fol. s. XIII. „Romerii montis" d. i. aus Baumgartenberg. Heiligenleben, ganz übereinstimmend mit Cod. Zwetl. 72. Am Ende steht noch das Leben Heinrichs II von Abalbert.

C c VI 8. *V. S. Hermâgorae.*

C c VII 7. mb. fol. s. XIII. „Liber S. Marie virg. in Poumgartenberge." *V. S.. Remigii* von Hinkmar. *Severini. Corbiniani.* Zwischen beiden fehlt quat. XVII. Auf dem letzten Blatte ein Verzeichniß ihrer Bibliothek — unbedeutend.

I. o. 7. mb. q. s. XIII. bezeichnet wie die vorige Handschrift; außerdem steht von neuer Hand über dem Anfang: Montis Romerii wie in C c V 13. *Inc. prefacio Honorii in Cantica canticorum ad Symonem abbatem.* Symoni donum sapientie .... Honorius .... Quia predecessori tuo b. m. venerabili abbati Counoni librum David utcunque explanavi u. f. w. Derselbe Commentar befindet sich in I q 12, aber ohne diese Namen.

I. p. 2. Sulpicii Severi *V. S. Martini.* Epist. *Urbani II* ad Ivonem Carnotensem.

Handschriften des Benediktinerstifts S. Peter in Salzburg.

Vergl. Archiv IX, 481—484.

IV, 25. ch. oct. von 1460. Das Bairische Landrecht von 1346, Samstag nach obristen tag. Dann der Sachsenspiegel, 3 Bücher von 53, 54, 83 Capiteln. „Des heyligen Geists mynn gesterkch u. s. w. Zuletzt: „Das puech sagt von den rechten und eren der purger und der stat Salzburg und dye von alter her chemen sindt mit der säligen fuersten gunst und rabt und hilff."

V, 32. oct. s. XII. Auf dem ersten Blatte steht saec. XII: Ad Gurk. Honorius super cantica canticorum. Vitring Augustinus super psalterium. Oziach Iohannes elemosinarius. Eppo de Gurrenz Gemmam anime. Reginh. cl. super psalterium. Dann folgen Verse Ade peccatum — tartara merent. Anselm, Cur Deus homo. Sermones S. Ioh. Chris. in laudem b. Pauli apostoli. Hermannus Aug. de mensura astrolabii, wo die plana spera des Ptolomeus wazzalcora genannt wird. *19 Verse über die Habsucht Roms, mit Beziehung auf Heinrich IV und Wigbert. Roma caput mundi — ira tremendi. — Ordo ecclesiasticus. Scriptum Lanfranci viri religiosi Longobardi primi abbatis Cathmensis quod per inspirationem S. Spiritus rogatu discipuli sui Paterbrunensis canonici et communis ecclesiae utilitate inductus contra Beringerii Andegavensis bis peiuri hereticam pravitatem edidit. Auf dem letzten Blatte der *Brief des Erzb. Walter von Ravenna an Konrad von Salzburg über die Wahl Innocenz II. Quoniam quidem vos — intimare curate. Valeas semper.

VI, 5. ch. oct. s. XV. *Nomina Rom. imperatorum* bis auf Ladislas Tod. Iulius primus cesar qui primo Romanum — Prage pomo intoxicatur. *Arbor ducum Austrie* etc. *Ex cronica Salzeb. ecclesie,* kurz. Circa annos D. 580 Hildebertus bis 1467. Dann Non arbitror u. s. w. aus Honorius. — Kurze Annalen 70—1429, saec. XVI. *Nomina summorum pontificum* bis 1464. Erzbischöfe von Salzburg bis 1465. Bischöfe von Chiemsee bis auf Bernhard von Kraiburg.

VII, 11. mb. fol. s. XIV ex. *Dominus Georius ep. Pataviensis donavit nobis* (13)99. V. S. Severini. Stimmt
meistens überein mit der Wiener Handschrift Sal. 225,
bringt aber manche neue Fehler; die beiden Briefe fehlen.
f. 23. Passio S. Trudperti wie in den Actis SS. Apr.
III, 426. Auch mit den Versen am Schluß:

Tempus si poscas quo scripsimus hec, ita noscas.
Millenis decies septem. ter tresque ducentis
Annos adicies. in carne Dei venientis.
Abbas Wernherus tunc rexit martiris edem.
Verna Dei verus. sibi qui det in ethere sedem.

Abt Wernhers Tod ist auch im Nekrolog des Salzb. Domkapitels zum 21. Oct. angemerkt. Officium de b. Maria,
dann Legenda de S. Oswaldo. Also wohl eine Abschrift
vom Cod. I. des Archivs.

VIII, 7. mb. fol. s. XII. *Excerpta de iure canonico.* 1. De
episcopis. Ex conc. ...... Ut prime sedis episcopus.
Ohne bestimmte Unterscheidung der Bücher. Am Ende ist
noch Einiges zugefügt, auch eine Urkunde vom Propst Robbertus, ein Recept für die Gicht, und die Formata Bischofs
O. von Passau an Er. von Augsburg für den Priester
Gumpold. Die Schriftzüge sind älter als Bischof Otto,
weshalb die Namen wohl Odalrich (1092 — 1121) und
Ermann (1096 — 1132) zu ergänzen sind, so daß ind. 5.
entweder 1097 oder 1112 ist. Die übrigen Zahlen sind
verdorben.

VIII, 15. klein fol. s. XII. Ivos Panormie mit der Vorrede: Exceptiones ecclesiasticarum regularum. Zuletzt sind
einige Kanones von Eugens Conc. Rem. u. a. zugefügt,
dann Leonis papae excommunicatio invasorum bonorum
eccl. in Francia: Indicatum est *etc.*

VIII, 18. q. s. XII. Beda de proverbiis Salomonis. Der
Brief „Teomars" von Montecassino, und *Urbans III.
Brief über die Wahl Mangolds zum Abt von Kremsmünster.
Cum nostris fuisset — providendum. Hieraus gedruckt
bei Pez Thes. VI, 2, 33.

IX, 2. fol. s. XIII. Godefridi Vit. Pantheon. Enthält
außerdem *ein päpstliches Trostschreiben an den König von
Ungarn über den Einfall der Tartaren. Luctum Uni-
geniti sibi — poterit edoceri. Dann Gedichte de nummo,
de femina und *eins von 35 Strophen über die Tartaren:

Manet ante ostium deus ultionum - Maculas peccaminum.

IX, 3. f. s. XII. Liber Roudperti Tuic. abb. de victoria verbi Dei. Das erſte Blatt enthält außer einigen Verſen den *Brief Victors an Erzb. Eberhard gegen Alexander III, mit der Einladung, zum Concil zu kommen. Divinis humanisque rationibus — noster instituit. D. Taurini 17. Kal. Februarii. Am Ende ein *Katalog der Bibliothek von S. Peter s. XII ex.

IX, 8. Augustinus de Trinitate. Am Ende eingetragen *Heinrichs VI Befehl an Erzb. Albert, den Abt Peregrin von S. Peter zu ſchützen und ihm Recht zu ſchaffen.

IX, 20. s. 'XII. fol. Hieronymi epistolae. Am Ende ein *Gedicht über den Verluſt des h. Landes. Plange Syon et Iudea — Lacrimas Tharsensis, mit Noten.

IX, 32. s. XI vel XII. fol. Hic libellus continet flosculos ex decretis ceu vernantibus pratis presulum Rom. conciliorum generalium nec non et specialium apostolica auctoritate roboratorum vel etiam quorumdam orthodoxorum patrum dictis defloratos. ob varia huius quoque temporis incommoda humane inbecillitati imminentia quid cuique in ecclesiasticis sit agendum paciendumque negotiis designantes. non minus quoque Cresconii Ferrendique ut dicunt laudanda continens opuscula ob commoditatem legentium utilitatemque minus intelligentium pariter inscripta. Dann iſt Ruotberti ep. Met. formata ad Willibertum Col. eingetragen. Hic habetur concordia canonum conciliorum infra scriptorum u. ſ. w. Dann Epistola Cresconii ad Liberium. Der Text beginnt: Christum convenit maxime. 301 Capitel. Dann verſchiedene Kanones ohne Überſchrift. Ep. Rabani ad Heribaldum Alcedronensem ep. und wieder 34 Kanones, wovon der letzte über Ebo. Ep. Rabani ad Reginbaldum, 12 Kanones u. ſ. w. vergl. Arch. IX, 482. Citirt wird u. a. Ciceros Laelius.

X, 24. mb. fol. s. XII. Moralia b. Gregorii papae. Eingetragen iſt der merkwürdige *Brief Erzb. Adalberts an ſeinen Propſt Gundaker, den Caſtellan M. und S. de Surberch über ſeine Reiſe nach Verona, und in dem folgenden Band *Alexanders III Brief an die Bologneſer Eterna — subiacere, Radevic. ed. Urstis. p. 318.

s. u. früher im Archiv. Eins der sogenannten erzbischöflichen Katenichen, Briefe und Urkunden aus der Zeit der Erzbischöfe Ortolf und Pilgrim II enthaltend.

Archiv von S. Peter.

H. saec. XIII ex. enthält zuerst das Leben Rubberts in der etwas überarbeiteten Gestalt, wie es· bei Canis. ed. Basn. III, 2, 340—344 abgedruckt ist. Darauf folgen die Breves noticie gedr. bei Hansiz II, 19—33. mit der Nachricht von der Translation S. Ruperts. f. 11. *Inc. V. S. Virgilii.* Canis. 287—297. f. 17'. *Inc. V. S. Eberhardi archiepiscopi* u. s. w. hieraus gedruckt ebend. p. 408—448.

I. ist nach Herrn v. Koch = Sternfeld, Archiv III, 104. vom Ende des 13ten Jahrhunderts; der Inhalt vollkommen übereinstimmend mit VII, 11 der Bibliothek.

K. mb. klein fol. A n n a l e s S. P e t r i, wie es scheint, saec. XII. zuerst geschrieben. Die Hand ändert sich 1131 mit dem Quaternio, 1164 und 1189 beim Anfang einer neuen Seite. 1212 tritt wieder ein Wechsel ein, und von da an wieder häufiger, doch sind noch oft längere Stücke fortlaufend geschrieben und augenscheinlich copirt: so namentlich 1255—1268. Dann ist 1268—1327 erst im 15ten Jahrh. nachgetragen, und noch jünger ist 1328— 1373. 1375. 1376—1398. Hier hören die Annalen am Ende der Seite und der Lage auf. Auf der folgenden steht von etwas älterer Hand saec. XV. Bawaria que et Noricus — palacium imperiale. Invenitur autem — papa scribit. Cum autem — S. Blasii, wie bei Rauch II, 420—423. Descripto ordine archiepiscoporum S. Pataviensis ecclesie — ordinem redeamus. Tempore Bonifacii — interiit über Mahomet. Clemens ep. s. s. Dei. Ad memoriam reducendo *etc.* Er verheißt Ablaß.

M. Der berühmte Codex Traditionum, welcher auch die Namen der lebenden und verstorbenen Brüder enthält. Eine so sehr wünschenswerthe zuverlässige Ausgabe ist jetzt von kundiger Hand zu erwarten. Außerdem findet sich darin p. 2. *das metrische Verzeichniß der S a l z b. E r z b i s c h ö f e, saec. XI. Heinrichs II Schenkung von Admunt 1005 Dec. 7, deren schönes *Original unversehrt im Archive be=

wahrt wird; p. 16. **Alkuins** Gedicht Claviger *etc.* und
p. 29. Ordo episcoporum abbatumque Iuvavensis ecclesiae, von derf. Hand bis auf Hartwig und Wezilin ge=
schrieben, aber nur Namen enthaltend.

Bibliothek des Lyceums in Salzburg.

4. Loc. 25. ch. fol. s. XV. Compendium cronicarum.
Sapiens consilium — pervenit ad coronam, nämlich Wen=
zel. Der Verf. heißt **Peter** nach folgender Stelle: Eodem anno vid. 1322 Ego qui presentes compilavi ac
conscripsi cronicas, natus sui in festo Petri ad Vincula.
Cuius nomen propter hoc in baptismo fuit michi donatum. Anno vero 1334 in die Clementis de nocte sequenti
mare intumuit intantum in Hollandia u. f. w. Doch wird
er Archiv VI, 210 anders genannt. Vgl. die Wiener HS.
Sal. 425. Auf dem Einbande find 2 Urkunden des Kon=
stanzer Concils, vom 24. Juli 1416 und 22. Febr. 1418
über die Huffiten.

62. Loc. 21. ch. f. s. XV. Martinus Polonus, ohne die
alte Geschichte, doch mit der Papissa. Die Päpste endigen
nach der Vorrede mit Clemens IV, im Text mit Innocenz V,
suspensam reliquit. Die Kaiser mit dem Tode des Königs
von Navarra, et sepultus. Dann Decretum concilii Constant. de communione sub utraque specie, Inquisicio hereticorum per card. Bonaventura u. a. m.

74. Loc. 17. ch. fol. s. XV. Jakob von Königshofen
Chronik, mit der Inschrift: 1550. W. von Khunigsfeldt.
Der Anfang fehlt bis auf Adam und Eva. Der zweite
Abschnitt geht bis auf Wenzels Wahl, der dritte bis zu
Urbans VI Rückkehr nach Rom, der vierte bis auf Bischof
Friedrich, der fünfte bis zum Landfrieden von 1389.
Dann folgt das alphabetische Quodlibeticum.

78. Loc. 49. ch. q. s. XV. Flores Temporum. Sum
Bernardi Ungeri doctoris ex munificentia d. Georii Hasl
capellani ecclesiae Rottenburgensis; dann 1633 Chr.
Besold ex dono d. Iohannis Frid. Ochsenbachii. Darauf
Collegii S. Caroli O. S. B. Salisb. 1657. — Marie.....

Hermannus ord. fr. minorum bis 1349. Schließt mit der Wahl Günthers von Schwarzburg und den Flagellanten, *vitari precepit.* Außerdem enthält die Handschrift *Petri Blesensis epistolas*, die Synodalbeschlüsse des Kardinal Guido und 3 Salzburger Provinzialsynoden.

Kollegiatstift Matsee.

Liber traditionum seu registrum ecclesie Mat. Et cronica minor Romanorum. In Quart, saec. XIV exeuntis. Über diese Handschrift hat bereits Herr v. Koch - Sternfeld berichtet, Archiv III, 107. 304. Der erste Theil enthält Traditionen und eine aus urkundlichen Nachrichten und geschichtlichen Notizen gemischte Klosterchronik, bis 1355, mit Zusätzen von 1364. 1365. 1475, deren Herausgabe wohl der Localgeschichte zu überlassen ist.

p. 47. Redditus denariorum ecclesie nostre Matitzensis in plebe Anthering u. s. w. saec. XIV ex. mit späteren Zusätzen; p. 111. Urkunden, worunter p. 131. die von K. Ludwig. Mit p. 183. beginnt der zweite Theil, offenbar eine ganz verschiedene, nur angebunde Handschrift. Eine Copie davon befindet sich im Wiener Archiv, Univ. 13. Es ist die so häufig vorkommende Chronik bis 1261, s. oben p. 463. Sie ist interpolirt, doch ohne eine Spur alter Annalen, besonders aus Hermannus Altahensis, von dem und Eberhardus Alt. auch die Fortsetzung genommen ist. Dann folgt aber eine eigenthümliche *Fortsetzung von 1305 — 1374, wovon 1328 — 1374 in die Salzburger Chronik von S. Peter übergegangen sind. Ursprünglich aber war das Ende schon 1358; da ist eine Chronik der Bischöfe von Passau eingeschoben: Cum sacrosancta, wie bei Rauch II, 351 ohne das cursiv Gedruckte. S. 352 fehlt per longeva — factum est ut. Auf p. 354 coronas folgt p. 356 bis adnotare; p. 354. Nunc restat bis p. 355. vacavit. A. 250 Philippus cum Philippo filio — exaltavit. 267. Eucherius u. s. w. Fast nur Namen und Regierungsdauer. Ende:

1266. Wlodizlaus dux Polonie eligitur sed antequam veniat Pataviam, postulatur in archiepiscopum Salzburgensem. Magister vero Petrus vir prudens et litteratus, pedagogus ipsius ducis a papa datur in ep. Pataviensem. qui sedit a. 14. m. 3. Passus multa mala et fecit ecclesie multa bona. Wozu von zweiter Hand: qui etiam primo fecit pontem Danubii in Patavia. und saec. XV: Tempore istius castrum Matze donatum est ad Pataviam.

1280. Wichardus ep. Pat. sedit a. 2. m. 10.

1283. Gotfridus Westfalus prothonotarius regis Romanorum sedit a. 2. m. 3.

1285. Wernhardus ep. Pat. sedit a. 30. Postea vacat sedes a. 7. Bene fecit ecclesie.

1342. (ist das Todesjahr) Albertus ep. Pat. dux Saxonie sedit a. 22. Dazu von zweiter Hand: Qui fecit ecclesie nostre Mat. multa bona ut apparet supra in litteris.

13.. (von zweiter Hand ausgefüllt: 60) Gotfridus Weizzenekker ep. Pat. sedit annis .... Von zweiter Hand ist noch hinzugesetzt: Albertus de Winchel concorditer electus ab Urbano papa V confirmatus.

Hierauf folgen kurze Annalen: 508. Hoc tempore gens Noricorum bis 1339. Heinricus dux Bawarie frater iam dicti Ottonis obiit Lantshuet ibique sepelitur, relinquens unum filium scil. Iohannem. Fortgesetzt 1347. 1348. 1375. 1393. 1395. 1396. Dann Bawaria u. s. w. dasselbe, was am Ende der Chronik von S. Peter steht. Hierauf folgt, wie schon erwähnt, die Fortsetzung von 1363—1374. Am Schluß stehen die Verse über die Spolirung von Berchtesgadem 1382.

Das „Chron. Bawaricum eccl. Maticensis", wovon sich unter Pezens Nachlaß die Abschrift aus einer Tegernseer HS. befindet, enthält nur die bekannten Stücke Bawaria quae et Noricus u. s. w. mit einigen Zusätzen, worin Thassilo nostrae eccl. Maticensis fundator genannt wird. Es heißt darin: Severus imperator cum suis ab Algero duce Baw. in campo Brixinensi viriliter est prostratus. und bei Thassilo: Hic est Thassilo de quo scribitur in libro synodalium statutorum in his verbis: *Anno 27. regni gloriosissimi ducis Bawariae Tassilonis pridie Idus Octobris habitum est concilium in Newnhaim 18 scil. capitulorum.*

Handſchriften der Univerſitätsbibliothek in Graeß.

---

fol. 33, 25. ch. fol. s. XV. Alanus de planctu nature. Sompnium Pharaonis. Item ars dictandi. Ad cognoscendum modum et formam dictandi epistolam — et sic patet lilium rhetorice. Privilegium Iohannis vallis fatue comitis a Plutone sibi concessum. Dann wirkliche Urkunden. Infeudacio domini ducis Austrie Styrie et Kar. nämlich Albrechts von Karl IV, Seveld 1348 Juni 5. De adiutorio prestando d. Ludwico quondam Romanorum regi, Vertrag K. Johanns mit den Herzögen von Öſterreich, Göding 13. Kal. Oct. 1323. und Reg. Ioh. 506 — 508. 223. 224. 299. De renunciacione ducatus Karinthie per d. Karolum march. Moravie. D. etc. 41. Confederacio inter d. Alb. ducem Austrie et d. Kar. imp. cum esset marchio Moravie. D. etc. 41. Confirmacio seu ratificacio renunciacionis terrarum Kar. Carn. et Marchie per imp. Karolum cum esset m. M. D. etc. 41. — Quomodo d. Andreas rex Ungarie domine Angneti consorti sue filie d. Alberti R. regis comitatum Posoniensem cum castro Pos. etc. tradidit et donavit. D. per mauus Gregorii Albensis eccl. electi aulis (ſo) nostre vice canc. 1297. 4. Non. Nov. regni anno 8. — Fedus amicicie inter d. Karolum reg. Ung. et d. Rudolfum ducem Austrie. D. etc. 1304. Quod rex Ung. non debet concordare cum aliquo nisi includat ducem Austrie. D. etc. 1314. Si aliqui de regno Ung. rapinas et spolia committerent in terris Austrie et Styrie, quomodo sint corrigendi. D. etc. 21. De treugis habendis inter regem Ung. et duces Austrie etc. D. etc. 36.

fol. 33, 38. ch. s. XIV ex. Rechtsbuch K. Ludwigs von Baiern.

fol. 33, 95. Urkundenabſchriften, vom Erzb. Johann geſammelt; zuerſt der Habsburgiſchen in archivo eccl. coll. ad S. Mich. Beronae, darunter Reg. Rud. 12. Alb. 476. und Heinrichs VI Inveſtitur für Graf Ulrich von Kiburg als Propſt d. Hagenowe 8. Kal. Iun. ind. 4 (sic). mit Abbildung des Siegels. Ferner Reg. Alb. 589. Kar. 1118. 1139. 1140. 1195. Reg. Imp. 1147 (1015 Rotenberch).

1149 (19. Kal. Maii 1015. Babenberg). 1345. — Hein=
rich IV schenkt Geroltisdorf an Gurk, 1066 s. d. Wirzi=
burg. — Reg. Imp. 493. — Otto II schenkt Graf Wil=
helm Güter am Berg Doberich 9. Kal. Oct. 975. ind. 7.
a. r. 20. imp. 13. Constantiae. — Reg. imp. 1847. Rud.
317. 318. imp. 2670. 3679. und andere Österr. Privile=
gien; Frid. II. 874. 893 (*Orig. in Wien). 892 (*Orig.
im stänb. Archiv). Rud. 290. 325. 478. 721. 754. 855.
859. 953. 1044. Reichssachen a. 1298 n. 241. Alb. 81.
610. 180. 457. 527. Reg. Heinr. VII. 7. 161 ff.
Enblich des Konrad Wenger aus Brixen Vertheidigung der
Deutschen gegen die Beschuldigungen des Iacob Cauiceus
Parmensis, an K. Sigismund gerichtet.

fol. 39, 29. enthält ein *Necrologium Seccowense.*

fol. 39, 58. Kaiserchronik (benutzt von Diemer).

fol. 40, 8. mb. s. XII ex. Psalterium ex interpret. Eusebii u. a. Zuletzt Defloratio b. Ysidori in nominatissi-
mis nominibus legis et evangeliorum. Darauf folgt ein
Rechtsbuch, wahrscheinlich *Petri Exceptiones legum Ro-
manarum,* und noch eins mit dem Anfang: Que sollemp-
nitas in divinis et humanis legibus requiratur. Es kommt
darin vor: hoc quoque legibus et canonibus approbamus.
dicit namque religiosiss. et catholiciss. imp. Iustinianus.
Testamentum non iure factum i. non sollempniter factum
pro infecto habendum est. et hoc in constitutis. in codice et digestis. atque in novellis multociens invenitur.
Dann die Lex Bawariorum mit dem Prolog: Moyses
gentis hebree bis II, 20 enim duplum, die folgenden
Blätter sind ausgerissen. Voran steht ein Stück über
Münzen und Maße.

fol. 42, 27. ch. s. XV. Dyalogus Gregorii pape ... quem
scribi fecit d. Erhardus Widmer plebanus in Pischofs-
dorff. — Honorius de imag. mundi (endigt Lotharius
a. 13 regnavit). Martinus Polonus ed. I. Er nennt
sich de regno Boemie oriundus patria Oppaviensis. Die
Päpste gehen nach der Vorrede bis Clem. IV, im Text endigen sie: (Innoc. V) suspensam reliquit. Ioh. XXI n.
Hysp. a. D. 1276 sedit. Die Kaiser bis est defunctus.
Dann Cum ecclesia Chremsmünsterensis a. d. Tassilone,
kurze annalistische Chronik bis auf die streitige Kaiser=
wahl Friedrichs und Ludwigs inter quos discordia adhuc

durat. Aber das Letzte ganz kurz. *Cronica ducum Austrie.* Quia tempore ducum Wabarie bis auf den Tod K. Albrechts. *Hec sunt festa palacii servanda in Romana curia* und dann das *Provinciale,* Bisthümer u. s. w. Darunter auch hier Bardewik.

fol. 42, 35. ch. s. XV. **Schwabenspiegel.** „Hye hebt sich an das kayserleich Rechtpuch etc. In nomine Domini. Herr Got himelischer — gerichte mit recht. Hye hebt sich an daz lehen püch. Das erst Cap. Wer Lehen recht chünden well der volig disem püch — herschilts nicht hat." Dann noch ein Absatz, und darauf K. Rudolfs Landfrid mit der Unterschrift: Dyser landfribe ward gemacht und der brief ward geben ze dem hof in dem concilio ze Wirtzpurch an unser frawen abendt in der vasten (nämlich 1287, und erneut:) a. D. m°. ooo°. L°. sexta feria sabato post nativitatem b. Marie p. Virginis. Zuletzt Iacobi de Tranis Processus Luciferi.

fol. 42, 57. mb. s. XII. aus S. Lamprecht. Zuerst ein Kalendarium (A. D. 1287. 4. Kal. Maii exustum est cenobium S. Lamberti in die S. Vitalis m.), dann eine merkwürdige Darstellung von S. Benedicts Leben in Bildern; ein Martyrologium, die Regel, Privilegium Hainrici fundatoris nostri und ein sehr reiches **Nekrologium.** Ein zweites befindet sich fol. 40, 44.

fol. 42, 59. mb. s. XII. ex. aus S. Lamprecht. Auf dem Vorsatzblatt steht s. XIII. Hos historiographos in uno volumine sed sub 24 (corrigirt 23) librorum distinctione

conprehendere proposuit Hartwicus. Orosium. [I] Ottonem [II] Fris. episcopum. Romanam historiam. [III] Iordanem. [IV] Trogum [V] Pompeium. [VI] Honorii chronica. [VII] Reginonis chronica. Livium. [XIII] Nicephorum vel Geor. . . . . [VIIII] noch eine Zeile, die leider ausrabirt ist.

Inc. hystoria Romanorum. Primus in Italia ut quibusdam placet, 12 Bücher bis obsessam Adrianopolim accepit. *Incipiunt capitula de Gestis Francorum.* Cap. I. De origine ac gestis Francorum etc. LII. Quod Karolus pugnam gessit contra Hilpericum — potestatem. *Inc. hystoria Francorum.* Principium regni Francorum — qui nunc anno 6. in regno subsistit. *Incipiunt Gesta Theoderici regis.* Theodericus natione Macedonum ex permissu Leonis — a Buccellino victus nomen vitamque amisit.

fol. 42, 63. s. XII ex. aus S. Lamprecht, wie einige Notizen am Ende zeigen. Chron. Ottonis Frisingensis, dann der Brief des Priesters Johannes an K. Emanuel, Visio Tnugdali, V. S. Bachumii und S. Albani. Inter Christi constantissimos — sunt miracula. Zuletzt wird erzählt, daß Erzb. Richolf von Mainz ein Kloster erbaut habe; also ähnlich wie Canis. ed. Basn. IV, 158. Dann Officium SS. XI m. Virginum.

fol. 42, 64. mb. s. XII. aus S. Lambrecht. Historia Barlaam et Iosaphat, dann das metrische Verzeichniß der Erzb. von Salzburg bis 1168 und einige Wunder S. Eberhards. Darauf mit neuer Quaternionenzählung die Geschichte des Apollonius Tyrius und die Hist. Gothorum des Ekkehard, p. 115, 50 — 130, 61. 141, 63 — 150, 31. sufficiat. nunc ad describendam Saxonum historiam stilus noster se convertat. p. 176, 20 — 180, 12. Hoc ordine Heinricus — deficeret. Venerabilis igitur Mathildis — seculorum amen. Finis adest libri fac me Deus ethere scribi. Wie die Münchener Handschr. Archiv VII, 487.

fol. 42, 66. ch. s. XV. aus S. Lambrecht. Formular für Rechtsgeschäfte aller Art des kanonischen Rechts, mit sehr vielen wirklichen Aktenstücken. f. 124. Inc. formularium novum conpilatum per Hainricum de Lobenstain et primo de citacionibus. Citacio inquisicionis fiende contra decanum Soliensem super inobediencia et irregularitate u. s. w. Eine sehr beachtungswerthe Handschrift.

quarto 33, 61. ch. s. XIV ex. aus Udine. Urkundenbuch, wahrscheinlich eines Notars, Privatsachen betreffend.

quart. 34, 14. ch. s. XV. *Registrum multorum auctorum* des Hugo von Trimberg, f. Denis I, 467.

    Mille simul cum ducentis annis conputate.
    Octoginta pariter a nativitate
    Domni diccula presens est registrum
    Editum in Baubenberg ruda per magistrum
    Qui suis scolaribus illud conpilavit
    Dum Gangolphi martiris scolas gubernavit
    Nicolao III sedi presidente
    Regnique monarchyam Rodolpho regente.

Enthält auch noch andere Gedichte, De victoria Christi u. a. m.

quart. 34, 19. ch. s. XV. Wiener Recht, Rauch III, 144, aber mit Abweichungen. 235 Capitel. Dann die Handvest von 1340. Geschrieben 1429 von Wolfgang Amelstorffer aus Passau. — Der Pekchene Recht ze Wyene ze pachenu etc. Das sind die Gesetz und dy Zöl auf dem Wasser in der Stat zu Newnburgkloster halben. — Receptum contra pestilenciam. — Vermerkcht die Dörffer die in das Gericht gehöret gen Klosternewnburgk.

quart. 35, 12. Verschiedenes über, für, gegen Wiklef, Huß u. a.

oct. 33, 52. ch. s. XV. (Historia Romana.) Condita ergo a Romulo — Adrianopolim cepit. *Inc. Gesta Theoderici regis.* Th. nat. Macedonum — amisit.

oct. 37, 21. ch. s. XV. enthält unter vielen andern Stücken zunächst nach dem tractatus de regimine apum die Gesta Francorum, übereinstimmend mit fol. 42, 59.

Handschriften des Cisterzienserstiftes Rein unweit Graetz.

13. Epistolae S. Bernhardi s. XII exeuntis.

39. Chron. Ottonis Frisingensis s. XII.

50. Passiones Sanctorum s. XII ex. darunter Vedasti, Sigismundi regis, Chiliani (Fuit vir vitae) und Otiliae.

56. fol. mb. et ch. mixtus s. XV. Martinus Polonus ed. II. Die Päpste stehen abgesondert voran, bis Nikol. III nat. Rom. a. D. 1277 sedit. Dann von anderer Hand kurze Biographien von Nikol. III, Martin IV, Honorius IV — iuxta sepulchrum Nicolai III sepelitur. Bei Martin IV steht: Huius tempore multa fuerunt disturbia in Ytalia Apulia et Sicilia de quibus longa est narracio sed infructuosa et ideo obmissa. Hic papa post mortem ipsius dicitur diversis sanitatum signis apud infirmos claruisse,

41 *

et qui scripsit dicit se hec vidisse. Die Kaiser endigen Constantino VI, worauf nach einem kleinen Zwischenraum Romanum — defunctus folgt.

Dann Gotfrids Pantheon. Expl. liber Pantheon amen. Non venit ad portum qui ducit per mare scortum. Zuletzt horologium sapientie.

69. s. XIII. Vitae Sanctorum. Zuerst S. Remigii auctore Hincmaro, dann S. Stephani regis Ung. auctore Cartuico und seines Sohnes Emrich. Zuletzt wunderbare Geschichte zweier Genossen und Liber visionum in 150 Capiteln. Auf dem Einband steht Oscito, gayn und dafür an einer andern Stelle cæin; sternuto, neuse; singultio, hesche und hochse; nausio, spirtzzize und spirtizze; sterto, sni. Bemerkenswerth ist noch ein Deutscher Kalender von 1373.

Handschriften des Chorherrenstifts zu Vorau in Steyermark.

Nach dem Katalog des Julius Franz Gusman von Wien, vom Jahre 1733, und eigener Untersuchung.

---

8. Deutsche Bibel, geschrieben 1467, mit einer Chronik der Kaiser und Päpste bis auf Karl den Großen, ohne geschichtliche Bedeutung.

9. 67. und 74. enthalten Gregors IX Dekretalensammlung nach Iul. Caesar Ann. Styriae II, 866.

11. mb. fol. s. XII ex. beschrieben von Diemer (Deutsche Gedichte. Wien 1849. Einleitung), welcher hieraus, nebst andern Deutschen Gedichten, die Kaiserchronik herausgegeben hat. Den Schluß bilden Ottos von Freisingen Gesta Friderici mit der Fortsetzung; die letzten 3 Lagen sind aber ausgeschnitten. Geschrieben sind sie von Wolfgang, iubente Bernhardo preposito (1185 — 1202).

12. mb., fol. s. XII ex. geſchrieben auf Koſten deſſelben Propſtes, enthält u. a. nach der Geſchichte von Barlaam und Joſaphat die Passio S. Quirini. *Passio S. Quirini mart. VIII K. Apr. cuius translatio est XVI. K. Iul. ab Heinrico monacho dictata.* Duo Quirini feruntur etc. Erant ex propinquis Pippini duo principes super principes. quorum unus Adalbertus Bawoarie primus comes. alter Otkarius Burgundionum dux fuit quem a prisco gens illa adhuc canens Osigerium vocat. Hat die Geſchichte von „Dieto“ und viele Wunder. — 'Passio; S. Tiemonis. Dann Collectaneen; Verſe auf einen eiferſüchtigen Prieſter:

> Prespiter Algere tibi consilium dare vellem
> Si velles nostra cedere consilio.
> De muliere tua Walpurgi quam tenuisti
> Per longum tempus longa querela tibi u. ſ. w.
> Hoc in decretis pape Nasonis habetur
> Quod mulier plures possit habere viros.
> Hoc tu decretum firmum sub pectore serva
> Ne sis catholica pulsus ab ecclesia.

Mehreres über die Römer und die päpſtliche Curie; Roma reclamanti morem gere matris alumno u. ſ. w. Vergl. Diemer, Deutſche Gedichte XI.

24. auf Befehl Konrads II (1282 — 1300) geſchrieben, enthält Eusebii Hist. eccl. in 11 Büchern. Dann die von Julius Cäſar benutzte Hauschronik von Vorau s. XVI.

70. ch. fol. s. XV. Iste liber rhetorica iudiciarii processus, seu eloquencie candelabrum iure appellatur. In 6 Büchern, von Boncompagnus, mit eigenen Briefen als Muſter. Viele Briefe finden ſich auch in dem letzten Theil von König Albrechts Formelbuch in Wien, ſo die ſcherzhaft erfundenen der Königin von Ungarn und Herzogin von Oſterreich; andere können echt ſeyn. Recitatus equidem fuit hic liber, approbatus et coronatus lauro Bononie apud S. Iohannem in monte in loco qui dicitur Paradisus a. D. 1215, 7. Kal. Apr. coram universitate professorum iuris canonici et civilis et aliorum doctorum et scolarium multitudine numerosa. Item datus et in commune deductus fuit Padue in maiori ecclesia in presencia Alatrini summi pontificis capellani tunc A. S. L. venerabilis Iordani Paduani episcopi, Gofredi theologi cancell. Mediolanensis, professorum iuris can. et civ. et omnium

doctorum et scolarium Paduo conmorancium a. D. 1226. ultima die mensis Martii. Eine Handschrift dieses Werks befindet sich in Bern (Arch. V, 499), eine andere, wie Herr Dr. Merkel mir mittheilte, in Montecassino. Vergl. Tiraboschi. Dann von anderer Hand ein Rechtsbuch: Rex pacificus cunctorum u. f. w. Processus iudiciarius cum formis . . . . . a. D. 1453. Darauf folgt noch ein Brief-steller, anfangend Quoniam in ante expositis. Die Samm-lung selbst ist vollkommen übereinstimmend mit der Wiener Philol. 61. f. 25 — 83. Zuletzt kommen 164 angeblich altrömische Briefe, anf. Gaudeo plurimum.

73. Auf dem ersten Blatte eingetragen s. XIV. De haereti-cis in Chremsa 1315.

104. s. XV. Historia de quodam rege Franciae, ist ein Roman.

111. s. XII oct. Libri 5 S. Bernhardi de Consideratione, ad Eugenium papam. Epistola Petri Cellensis ad abba-tissam Fontis Ebraldi: Inspector conscienciarum. Liber Bernh. Clarevall. de gratia et libero arbitrio. Tractatus de arte compotorum. Einige Verse, z. B.

Hoc vestimentum tibi quis dedit? an fuit emptum?
Estne tuum? — Nostrum. sed qui dedit abstulit
ostrum.
Pontificum spuma, fex cleri, sordida struma.
Qui dedit in bruma mihi mantellum sine pluma.
Pauper mantelle, macer absque pilis, sine pelle,
Si potes expelle boream rabiemque procelle. —
Tunc ita mantellus: Mihi nec pilus est neque vellus,
Et facerem iussum, sed Iacob non Esau sum.

Dann 6 Briefe Ivos, und allerlei Excerpte in Prosa und in Versen. In eos qui de forma confidunt. Versus Pla-tonis translati de Greco: „Utilitas monitis. Contra de-latores de necessitate mortis et contemptu eiusdem. De paupertate. — Die Briefe, welche in den Gestis Fri-derici III, 7. II, 8. IV, 19. mitgetheilt sind. Nach Eu-gens III Brief steht das Certamen papae et regis von Hugo Metellus (Archiv VII, 1005). Dann Confessio Im-briconis ep. Wirzib. Cum bene perpendo, ohne geschicht-lichen Inhalt. Ruodigerus de vanitate saeculi: Fistula dulce sonat. De vanitate Scoti: Nuper eram locuples, endigt wie Archiv VIII, 409. worauf aber noch dies Di-stichon folgt:

Ille pudor patriae me non impune tuentem
Iusticiae leges expulit a patria.

Ferner Gedichte von Maximianus, Sedulius, Arator, Prudentius u. a. Auch Excerpte aus Horaz, Terenz, Ovid, Juvenal. Tullius de amicitia. Seneca de beneficiis. Verschiedenes von Augustin, S. Bernhard.

Eine andere beigebundene Handschrift enthält Hilarius contra hereses; eine dritte s. XIV. einen Tractat de preparacione cordis, mit der Unterschrift:

Nach gueten werchen gezem baz wol
Daz man dem schreiber scholt loenen wol.

Nach einer Sammlung Predigten folgt endlich noch eine Handschrift s. XII ex. mit einem *Papstkatalog bis auf Alexander III, später bezeichnet als Cronica papalis Martini, und von derselben Hand Annalen bis 1197, nämlich die Melker mit Zusätzen, wie in der Garstener Handschrift und ebenunter Fortsetzung. Benützt Mon. G. SS. IX.

115. Caesarii historiae in partibus 10.

132. Epistola Nicolai abb. Mellicensis, Petri prioris et totius conventus.

135. Salustii bellum Iugurthinum und Epistolae Casparinae, ein Briefsteller.

147. Passionale Sanctorum s. XIV, ohne geschichtlichen Werth.

151. mb. 8. Auf dem ersten Blatte einige Verse und Recepte; auch Prophezeiungen des Mayster Thealertus der groß Sternseher aus Enngelanпt und zw Padaw geprachtigzirt. Dann s. XIV. Seneca de remediis fortunae. f. 5. *Ep. S. Bernhardi* Multi multa sciunt — solem iusticie d. n. I. C. — *Summa fratris Simeonis de Busco ducis:* Summula de summa Reimundi prodiit ista. *Novus Cato.* Incipit hic Cato preponens dogmata nato. *Tractatus de sectis hereticorum.* Darauf beginnt eine neue, nur beigebundene Handschrift s. XIII vel XIV. Nach einzelnen Notizen de excidio Troiae u. a. *Chronica Mundi* bis 1277, d. i. die Annales Salzburgenses, zuletzt von verschiedenen Händen geschrieben, ohne jedoch darum Original zu seyn; dann noch ein übrig gebliebenes Blatt des dazu gehörenden Katalogs der Erzbischöfe.

195. Derselbe Brief S. Bernhards wie in 151. und Honorius de imagine mundi.

198. Summa sacrificiorum etc. Item pars epistolarum magistri Petri Blesensis.

199. Auf dem Einband ein Fragment einer päpstlichen Bulle über die Vermählung des Grafen Meinhard mit Margareta von Kärnthen. „Nuper per *etc.* Dann das *Chron. Reicherspergense bis 1191, von allen andern Handschriften abweichend; statt der Nachrichten von Reichersberg ist die Gründungsgeschichte von Seckau eingeschoben. Es füllt 3 Lagen, jede von anderer Hand; von der vierten ist noch ein sehr eng beschriebenes Blatt vorhanden, dessen Gegenblatt ausgeschnitten ist.

200. Calendarium mit geschichtlichen Notaten über Vorau.

209. Legenda Sanctorum s. XIII, in Predigtenform.

210. desgl. s. XIV. von Fr. Iacobus.

216. Historia tripartita.

225. Breviarium cum neorologio.

236. Decretum Gratiani nach Iul. Caesar Ann. Styr. II, 866.

267. s. XIV. *Incipiunt cronica ab inicio mundi,* wozu dann jemand geschrieben hat Honorii. Ganz ähnlich den Wiener Handschriften Rec. 713. und Hist. prof. 10. Bei 1283 fängt eine neue Hand an, und bei 1284 wieder; doch ist es nicht Original, obwohl nicht lange nachher geschrieben. Eigenthümlich ist nur ein kleiner Zusatz am Ende. Auf dem Einband befindet sich ein Fragment aus dem neunten oder zehnten Jahrhundert:

> (G)LOVPISTV IN GOT FATER ALMAH.....
> ent in sinan sun den ..... chri....
> in den uui (hun ah)tun k....
> dri eines g.....lmahtig....
> himil e....rd...q....
> almahtigin fater...

Aehnliche Fragen sind mehr vorhanden, doch stimmt keine hiermit überein.

271. Martyrologium Usuardi, scriptum 1447. Regula b. Augustini. Constitutiones in concilio Lugdunensi Greg. X super reformatione Terre sancte; Frid. archiepiscopi in Salzburga; Gwidonis in Wienna; Frid. II arch. Salzb. 1281, Rudolfi 1288, Khunradi 1298, Pilgrimi 1386. Gregorii X epistola ad imp: Grecorum ex concilio Lugdunensi.

274. Catalogus ornatus ecclesiastici quem Ditricus hic loci canonicus et custos, subinde prepositus, in resignatione

sui officii sub d. Chunrado prep. (1282—1300) reliquit.
Item catalogus librorum quem idem reliquit. Gedruckt
und erläutert in Cäsars Annales Styriae II, 861 — 869.

276. Statuta bei der Reformation von Vorau vorgeschrieben.
1433.

294. Dialogus inter clericum et militem de contemptu regalis aulae. Dial. inter clericum et magistrum. Conso-
latorium afflicti clerici.

299. Die bekannten Wiener Constitutionen des Karbinal
- Guido von 1267. Ferner Iohannis ep. Tuscul. Herbipoli
1287 feria 4. post Letare; provincialis concilii archiep.
Friderici et Chunradi 1304. 1310.

330. Vita S. Elisabeth s. XIV.

Handschriften des Benediktinerstiftes Admunt.

Vergl. Archiv VI, 162—181. Die dort gebrauchten Nummern sind hier eingeklammert.*)

I, 1. 2. s. XI. Byblia tota in 2 maximis voluminibus quam
dominus Gebhardus fundator predicti monasterii eidem
contribuit, wie es in Peters von Arbon Katalog heißt.
Vorne sind eingeschrieben *Verse über die Folge der Erzbischöfe von Salzburg und der Äbte von Admunt, s. XV. Letztere sind bei Pez II, 210. gedruckt.

2. (1) mbr. fol. max. s. XI. Passionale, außerordentlich
schön geschrieben, in 2 Columnen, auf vortrefflichem Pergament, und doch voll Fehler, deren keiner corrigirt ist.
æ häufig, auch e. ü. œ; enthält f. 54'. *Passio S. Columbae virg. Eo tempore — Senonas die pridie Kal. Ian.
f. 98. *V. S. Severini. 109. *Hylarii* auct. Fortunato.

---

*) Die Nummern der jetzigen Aufstellung rühren von der Anord-
nung des früheren Bibliothekars Benedikt Stadelhofer her, Verfassers des fleißig gearbeiteten Kataloges.

116'. *Mauri* auct. Fausto. 219. *Adhalberti*, Mon. SS. IV, 577. 283. *Bonifacii*. Temporibus — sepulta est. Sic quoque *etc.*

2. (2) Pars altera, enthält **Gallus**, **Columban**, **Hilarius** von **Poictiers**.

13. Legenda Sanctorum, mbr. fol. s. XIV. Nichts von Bedeutung.

15. (4) mb. fol. max. s. XII ex. Weltchronik, deren Ende fehlt, der letzte Absatz fängt an: Anno imp. Constantini XI mortuus est Muhauias prothosimbolus Sarracenorum qui fuit pretor annis XX et amire functus officio annis XXIIII. Scheint Original zu seyn; am Rante sind Zusätze von ganz ähnlicher Hand. und ähnlich denen in der Handschr. des Chron. Ott. Fris., welches hierin viel benutzt ist. — Anfang: In principio erat uerbum. Dann von den Weltaltern. Sexta ab aduentu Christi usque in finem seculi. preclara Iohannis precursoris baptismate. et nouo ac inaudito uirginis partu. ac pro tocius mundi salute saluatoris Christi passione et resurrectione ac apostolorum eorumdemque successorum doctorum predicatione et Octaviani Augusti ac successorum eius Romanorum imperatorum monarchia; habens usque in presentem annum a predicta Christi incarnatione annos 1187. sed et indictionis quintae ac solaris cycli 20. habens annum. qui est imperii Friderici imperatoris annus 33. regni uero 36. epactas 9. concurrentes 3. et annalem litteram l. posterius punctatam sibi uendicans. Usque ad hunc igitur annum computantur a decessu Constantini Magni 846 anni. a Karoli quoque Magni obitu 375. ab Ottonis Magni primi Teutonici imperatoris morte 203. a proxima eclipsi solis. que facta est in Augusto mense sub Lothario imperatore. 55 anni. a proxima expeditione Chunradi Romanorum regis et Ludewici Francorum regis 41. a priori expeditione Gotfridi ducis et Boemundi Apuli 93. Hic est etiam annus in quo domnus Urbanus papa ab hac erumpnosa uita 12. Kal. Nou. migrans. successorem reliquit Gregorium VIII. sanctae Romanae ecclesiae cancellarium. qui prius Adilbertus dicebatur. (Zusatz von wenig verschiedener Schrift unten am Rande: cuique octo tantum septimanis perfuncto et mortuo successit Clemens Prenestine ecclesie episcopus qui prius Paulus erat nun

cupatus.) et in quo in transmarinis partibus orientis. peccatis nostris exigentibus. Saladinus monarchus Sarracenorum exercitum Christianorum optinuit in pretio et omnibus penê Christianis trucidatis seu captis. rege quoque
Ierusalem capto. sanctam crucem nichilominus cepit et
in Babiloniam asportauit.

V. Hystorias igitur rerum gestarum ab Adam *etc.*

16. Irimberti abb. Admunt. in Regum. mb. fol. s. XIII.

17. Irimberti abb. Admunt. in Iosue, Iudicum et Ruth. mb.
fol. s. XII. geſchrieben von ben Nonnen Regilinde und Ir-
mingardis. Auf dem erſten Blatte m. s. XIII. Gregors IX
Bulle contra Tartaros. *Dilecto filio suo priori provin-*
ciali fratrum predicatorum Thetonie S. et A. B. Vocem
in excelso *etc.* D. Later. 10. Kal. Iul. pont. a. 15. —
2. Non. Octobris facta est eclipsis solis a. i. d. 1241.

19. (5) ch. fol scriptus a. 1425. Ottokar v. Horneck.
Am Schluß auf 3 Seiten chronol. und geneal. Notizen
über Öſterr. Fürſten von 1273 bis 1420.

24. 25. (6. 7) Zwei Bände des bekannten großen Paſſionale;
zuweilen mit beſſeren Lesarten, als die andern Exemplare,
doch im Ganzen fehlerhafter. In 25 ſind vorne B r i e f e
aus den K r e u z z ü g e n s. XIII; der des Templermeiſters
Dietrich, 1187, bei Baron. §. 4. Dann: Nunciamus vobis dómino Archumbaldo mag. hospitalarium Italie u. ſ. w.
gedruckt in Ansberts Bericht über den Kreuzzug Friedrichs I
ed. Dobrowsky p. 2. und im Chron. Reichersp. 1187.
„Inclito ac feliciss. domino B. D. G. Ungarie magnifico
regi .... C. eiusdem gracia Montis ferrati marchio ....
ceterique nobiscum Tyrum defendentes, gedruckt bei
Denis I, 741. R. patriarcha u. a. an Honorius. Mart.
Coll. 5, 1479. — S. de Ionuilla u. a. an denselben.
„Cum pro liberatione *etc.* D ... Id. Nov. Zuletzt: A. D.
1299. Nova venerunt Venecias per duas galeas venientes de partibus ultra marinis *etc.* über die Tataren.

58. Homiliae Godefridi abb. Adm. in festa, s. XII. Ed. B.
Pez Aug. Vind. 1725. fol.

62. Eiusdem sermones ab Adventu usque ad omnium Sanctorum.

63. 73. Eiusdem homiliae.

89. *Cassiodori* hist. bipartita s. XI.

94. mb. fol. s. XII. Vorgebunden ist saec. XIII. Passio S.
Mathie ap. nebst der Translatio, anfangs ähnlich wie
Acta SS. Feb. III, 445. Dann *Miracula* = Pez Thes.
II, 3. p. 7—26, aber mehr. Von verschiedenen oft wech=
selnden Händen geschrieben. Zu den Mon. SS. VIII, 231.
mitgetheilten füge ich folgende Notizen: sollempnitate apostolorum in qua ob reverentiam b. Petri captivi absol-
vuntur.

… interim tamen plurima medicamina apposuit, Iudeo-
rum quoque auxilia ac vetularum carmina, set nichil ex
his remedii salutaris accepit.

vir de Bunna que et Verona. Apternaco qui regalis est
locus. Traiecto quidam oriundus·.… morbo quem im-
pacientissime ut Brabantinus tulerat, exemptus est.

Platea Treveri quedam carnificum est, unde et nomen
obtinuit. in qua et ego parvulus cum senatore quodam
nobili mansi. — Tempore quo Gaufridus abbas cuius
sub nomine Gesta S. Mathiae versifice scripta dedicavi-
mus monachum professus est. quidam paraliticus de
Tulpiaco regia quondam domo veniens, meritis apostoli
salutem consecutus est. Die eigentliche ältere Handschr.
enthält Pass. S. *Ermachorae* (Acta SS. Iul. III, 251.),
Floriani (Pez SS. 1, 36 etwas umgearbeitet), *Quintini.*
Sanctum atque perfectum — 8. Kal. Iul. post *etc.* *Benigni.* Eodem tempore Aurelianus — Kal. Nov. regnante
etc. *Marcelli.* Beatissimus igitur — migravit ad Christum.

Auf dem letzten Blatte s. XIII. 'Klagelieder um Friedrichs
des Streitbaren Tod, mit Noten, gedr. bei Pez SS. II,
398. 399.

128. mb. s. XIII. „Aurora. huius principium est biblia depi-
cta et continentur in eo multa in eius principio signata.“
wie es in Peters von Arbon Katalog heißt. Am Schluß
Galterii Alexandreis.

143. (12) mb. s. XII. V. S. Mauri auct. Fausto. V. S.
Symeonis stylitae.

150. Am Ende Fragm. Necrologii s. XII. 13. Kal. (Dec.)
'Wernherus abb. (Gottwic.) roth. 10. Kal. Oata com. Chuo-
nigunt marchionissa. 9. Kal. Adam abb. de Eberac von
jüngerer Hand. 7. Kal. Ekkebertus abb. (Swarzah. † 1075.)
roth. Die andere Seite ist aufgeklebt.

162. Canones s. XI. Anshelmus Luc. contra Wicbertum, unvollständig.

164. (16) *Chron. Ottonis Frisingensis. 165. (17) Die Verse auf deſſen Tod, Gesta Frid. IV, 11.

174. (18) 2. Inc. explanatio quam fecit WICHBODO presbiter domni Caroli imperatoris ..... in Exodo. s. XII.

184. (20) s. XI. Martyrol. Huswardi. 4) *Necrologium.

225. (22) mbr. fol. min. s. XII. enthält noch außer den Archiv VI. angeführten Heiligenleben *V. S. Genofevae.* S. ig. Genovefa — fulgenti virgini *etc. Preiecti.* Superna — patientiae. *Gengolfi.* Veneranda — et vitae *etc. Medardi.* Beatissimi — nostra preterit ut *etc. Bedae.* Munusculum *etc. Burchardi ep.* Terrenarum — migravit ad caelum *etc.*

231. (23) *Cassiodori* Variae, s. XII.

248. (24) mb. fol. s. XI. *V. Severini von Eugippius, Corbiniani und Emmerammi von Aribo. SS. martyrum Agaunensium.* SS. pass. mart. qui Agaunum — virtus operatur. *Quomodo pignora S. Hermetis de Roma huc advenerunt* (nach Salzburg, nämlich durch Liuphrammus 851). Sanctorum — Kal. Iul. ubi *etc.*

250. Vitae SS. s. XII. ohne Bedeutung.

267. (25) s. XII. fol. Metelli Quirinalia ed. Canis. III, 2, 117. aber hier ist mehr: Sexta pars Quirinalium. Peri Paracliton sive de advocatis.
De iniquitate iudicum et advocatorum. Flectens omnia *etc.* Wegen ihrer krummen Wege braucht er auch krebsartige Verse, nämlich die sich auch rückwärts oder umgestellt lesen laſſen, was durch Buchſtaben über den Wörtern bezeichnet ist.

   Nos igitur factis primatum retrogradatis
   Vel propriis votis oblique scilicet actis
   Vel gravibus votis divino robore victis
   Retro flexile causas versu dicimus ipsas
   Ut latebras cancri vestiget formula cancri.

Die hier erzählten Geschichten stimmen zum Theil überein mit den von Theodor Mayer mitgetheilten im Archiv der Wiener Af. d. W. 1849 II, 342 ff.
De advocato qui demone correptus villam pretorianam cum appendiciis 70 mansuum reddere conpulsus est. Später heißt es von Herzog Arnulf:

Dux tulerat terras Arnoldus pestifer istas
Nisus scandere vi non lectus culmina regni
Ac temerans veterum tunc plurima cenobiorum.

De Isanrico qui in porta curtis b. Quirini bovem ex
banno oblatum iugulans ipsa nocte periit.

Fit monasterio tutor post tempore pauco
Non equidem fervens nec causas munere censens,
Non nimium durus, nec qui cupide tulerit ius,
Set studio iusti spernebat commoda lucri,
Et dederat nomen Bernart huic lenius omen.
Qui scelere dandum nolebat tollere bannum,
Faustus coniuge clara celso stemmate nata.
Stirps fuit hec comitis iam supra desipientis
Quem retuli pro se rem sacris restituisse.

Die folgende Erzählung ist sehr dunkel.

De advocato Sigbotone et eius vicario Wolvoldo.
De Arbone abbate et qualiter eum advocatus consilio
nequam reum cesari fecerit irreparabili dampno loci.

Abbas prefuit Arbo stridens limine cardo,
Dum gemitus populi capiens, fert commoda nulli.
Quo valuit nisu miseros hic fovit ab ausu
Prememorato, censor ubi sua vult sua questor,
Qui sibimet legem sanxerunt, rodere plebem.
Dat comitis mire fraus istum cesaris irae,
Consiliorum tegna, penis conficienda,
Qua dederat tandem tantam vis regia cladem
Dum locus hic stabit quod eam non exsuperabit.
Rex Latio rediens Heinricus previa mittens
Summis nuntia claustri, iussit prandia mitti,
Per fluvii valles Eni, quo fert via calles,
Sicui Norica tellus post Latium petitur rus.
Mons ibi celsus honori te dat magne Georgi;
Illic cesaris alis pausunt agmina lassis.
Ipse prior sacrae rex offert martyris arae,
Hunc reverens ordo proceres fert non sine dono,
Re tenuis qui tunc locus ipse viget melior nunc.
Christi milite clarum quem flos miliciarum
Cum populis ambit sollers, quem munere comit.
Arta manet sedes, medicans hic queritur edes,
Tanti nomine sancti, siqui clade coacti, —
Seu febribus tacti, spem poscant anxietati;
Quem titulum donis abiens rex auxit et agris.

Planstris congrua mandans illuc miserat abbas
Serviciorum xenia, set tutor vafer illa
Astu verterat acri, suadens nòn ea tradi,
Ceu fuerit fallax de cesare nuntia portans,
Que melius noscens post mittat munera prudens.
His retinet verbis mens callida munia regis,
Tradit crimine victum spreti principis istum,
Crebro qui sibi plebis causa nomine regis,
Ius minitans questus interdum solverat eius.
Sic · graviter frustra prestolans non sibi missa,
Rex nimium neglecta re motus, ferit acta,
Digno verbere culpis instans durius ultis.
Poscit curia missis ambos regia scriptis:
Actor scilicet ac consultor pellitur illac,
Qua procerum turmae Ratispone glomerant se.
Abbas plectitur eris dampnis, tutor honoris.
Iste quater geminas templi de sede coronas,
Quas solidas flavo nec non ars fecerat albo,
Ebdomadarum sex pastu dat, sic adigit rex.
Ille parat fasces sumptos Otto gerat ingens (von Wolf-
                           ratshausen)
Vir generis clari quem restat commemorari.

De comite Ottone advocato S. Quirini et de fine vicarii
supranominati.

Tandem tempore nostro fit tutor comes Otto u. f. w.

De sepultura vicario eidem vix obtenta set a demonibus
diu sepiusque violata.

De Adeleida sorore comitis et oblatione eius ac morte.

Egra soror comitis tutoris nomen habentis
Mater splendida stirpis Sulbacio dominantis
Cuius filia Greci scandit culmina regni,
Fratris menia visit *etc.*

De scismate inter papam et regem ubi preterita referens
poetico more presentia tangit.

Quod diu scisma lateque resederit, etiam auctoribus eius
defunctis, et qualiter archiepiscopus ecclesiam b. martyris
tractaverit.

         — — — (mortuo Gwiberto)
Set residet pestis rebus sub scismate gestis.
Presul denique montis libera iura canentis (Heinrich
                         von Freising)

1098. Regis munere sedem tantam nactus et urbem,
Navim non bene Petri scandit munere sceptri:
A patriarcha*) preditus ordine pontificatus,
Qui retinens a rege datas tunc res Aquileiae,
Post dominum papam cum cesare pacificavit.
Exin quoslibet ordine lectos amplificavit,
In propriis gradibus firmatos consolidavit;
Quos statuit pridem, primatus culmine stravit,
Quorum portio grandis presul prememoratus
Semper scismate culpabatur cauteriatus:
Quamquam limina Petri scandens se stabiliret,
Clari pragmate cleri quamvis presul obiret.
Atqui sevior illis archiepiscopus**) horis,
Ac titulis lesis it corrector diocesis,
Per geminos comites in Cisalpina potentes.

1135. Martyr ubi pausas, aspernans hic petit aulas,
Laudum carmina sprevit, nec prece thus adolevit;
De foribus lateris trans templum versus abibat,
Hinc reliquas edes quam multis septus adibat.
Fratres cum patre poscens quare dixit adesset,
Quod veteres aras sacrando frangere vellet. *etc.*

*Quod altaribus confractis SS. Crisogoni Castorii con-
spectis ossibus extimuerit.* In diefem Abfatz bricht die
Handfchrift ab, der offenbar Blätter fehlen.

Historia belli sacri in 6 Büchern. Belligeras audite
vias Ierosolimite bis Urbs spoliis crevit. bello pacata
quievit.

275. am Einband Fragm. chronici s. XI, von den Jahren
142 ff.

289. Anselmi Cantuariensis Meditationes ad Matildem comitissam, s. XI.

315. ch. s. XIV ex. 9) Hist. Alexandri.

320. am Ende Fragm. Necrologii — fand fich nicht darin.

326. (27) mb. fol. s. XIII. B e d a e Hist. Anglorum. *Passio S. Lamberti* auct. Stephano. *V. Otmari.* Igitur Otma-
rus — deferretur. *Brictii.* Ig. post excessum — magnifice sanctitatis. *Radegundis*, von Fortunat. *Purcardi ep.*
wie 225. *Walpurge* auct. Wolfhardo. *Gertrudis.* Sancta

---

*) Udalrico.
**) Konrad I von Salzburg.

et — festivitate *etc.* Cum miraculis. *Germani.* In illo tempore — proximo loco. *Ermachore et Fortunati.* Predicante beato — 3. Idus Iulii. Auf dem letzten Blatte: Anno gracie 1260 regnabit Mefredus bastardus *etc.* Prophecia Martini Romani.

352. (28) Rp. Gebehardi.

376. s. XII. Passionale — *Afrae, Lamberti, Emmerammi.*

390. s. XII. Cornelii Secundi Cosmographia stylo Africano conscripta.

392 und 589. mb. q. s. XIV. *Inc. prologus in annotacionem omnium librorum Admontensis cenobii.* Obedientia *etc.* Anno ig. d. i. 1370 (1380. cod. 392) sub domino Alberto abbate facta est inquisicio librorum nostri Admontensis monasterii per Fr. Petrum cantorem (P. Suevum de Arbona predicti monasterii monachum professum). Et inventi et sollempniter sunt notati libri infra scripti. Meistens noch vorhanden. Hystoria successorum Karuli. Inc. *Regnante domino.* Hystoria Francorum. Inc. *Pippinus.* vermißte ich. Ein Exemplar der Scolastica hystoria ist aus dem Legat Friderici monast. Adm. notarii, dem Bücher aus der Abmunter Bibliothek verbrannt waren.

393. (29) s. XII ex. vel XIII. Mon. SS. IV, 580. Enthält noch V. Genofevae, Gamulberti, Gengolfi, und mitten zwischen V. Gengolfi und Liutgeri ein Mittel gegen morbus caducus, Fasten u. s. w. und diese Beschwörung:

Sicut cervus thebeus viperam naribus producit. sic ego te nessia. tropho. crampho. herdo. nagado. accadens morbus in nomine patris et filii et spiritus sancti et in nomine omnium sanctorum educo etc.

400. in q. s. XII. *Honorius de imagine mundi, ohne alte Überschrift. Die Zahlen bei der Indictionenberechnung sind 70. 15. 12. 1120. Der letzte Abschnitt von Karolus an hat die Überschrift: Regnum Bawarorum, und ist nach Lothar von anderer Hand fortgesetzt bis zu Friedrichs II Wahl.

401. s. XV. Descriptio Terre sancte. „Cum in veteribus. Historia belli sacri 1217 — 1220." ist Oliverii scol. hist. Damiatina.

410. (30) mb. 8. s. XII ex. *Passio Tiemonis.

412. (31) s. XII. q. Passionale. Enthält noch V. Sigismundi und Benigni.

431. (32) f. Archiv VI, 176.

434. (33) s. XII. vel XIII. Gerhohi Reichersp. cod. epistolaris, enthält die hieraus gedruckten Stücke in B. Pezens
Thes. VI, 444 — 534; seine Apologie an Hadrian IV;
Brief an den Karb. Oktavian „Diaconus vester Nicolaus
— huius perplexio." Brief Brunos von Straßburg, Thes.
I, 2, 220. Dann von Gerhoh und ihn betreffend, was
im Thes. VI, 534—563. 398—400. 563 — 593 gedruckt
ist, und ein Schreiben von ihm an die Karbinäle „Si lin-
guis — inimicis meis etc.

439. (34) mb. s. XIV. Summa dictaminis Laurentii de Aquilegia. Darin u. a. *Frid. imp. principibus*. Cum secundum creatorem ... imp. anno 1. Viele Briefe Österreich.
und Kärnth. Herzöge.

440. (35) V. S. Wolfgangi. Mon. SS. IV, 525.

443. 3. s. XII. Hieronymus de scriptoribus illustribus und
Anonymus Mellicensis.

454. (37) s. XV. ohne Werth.

455. s. XII. Homiliae Gotfridi abbatis.

462. 7. Fragment eines Chartulars s. XIV. und eines Brief-
stellers s. XV.

475. (40) mb. in fol. min. s. XIII. Das Chartular des
Klosters, geschrieben c. 1240. Vorne ist die von Canisius
herausgegebene Chronik, welche sich der V. Gebehardi
anschließt; bis 1235 ist sie ganz gleichmäßig geschrieben,
nach einem andern Original, worin 1177 ein Blatt gefehlt
zu haben scheint. Die Fortsetzung (Pez Thes. II, p. LIV)
geht bis 1242 und von anderer Hand bis 1259. Vor
der Chronik ist ein Quat. eingeheftet, mit den Gesetzen
Friedrichs II Reg. n. 389, aber datirt December 1221, in
einem Transsumpt Gregors (X) Lugduni 15. Kal. Dec.,
und einer Aufforderung Gregors (X) an den Erzb. von
Salzburg und seine Suffragane, das Kreuz zu predigen,
nebst Darstellung aller dafür vom Concil bewilligten In-
dulgenzen. „Si mentes — mentionem. D. Lugduni 15.
Kal. Oct. Pont. nostri a. 3." (1274.) Nach der Chronik
ist die Urkunde eingetragen, wodurch Berthold von Bamberg, Albert, Hartmann und Rudolf, König Rudolfs Söhne,
mit den durch den Tod principum Austrie, Styrie, Karinthie, Carniole et Marchie vacant gewordenen Lehen der
Bamberger Kirche belehnt, apud Pabenberch 1279. 15
Kal. Oct. Dann beginnt das eigentliche Copialbuch, zuerst

die päpstlichen Urkunden bis 1187, dann Erzb. von Salzburg, Äbte, Kaiser u. a. bis 1235. Aus beiden Pez Thes. III, 3, 659—808.

488. mb. s. XV. Mag. Rolandini summa notariorum.

497. (41) mb. in q. s. XII. 1. Consuetudines Cluniacenses, im Auftrage von Abt Wilhelm für Hirschau aufgezeichnet. 2. *Der metrische Katalog der Erzb. von Salzburg, woran sich eine V. Gebehardi schließt, und eine *Passio Tiemonis in Versen. Auf der folgenden Seite noch eine gleichzeitige Aufzeichnung über Abt Gotfrids Tod 1228, gebr. Mon. SS. IX, 593.

501. (42) mb. in q. s. XIII. inc. *Papstkatalog bis auf Innoc. III. Dann von derf. Hand *Ann. Admunt. bis 1250. 1425. Pez SS. 2, 150. Mon. SS. IX, 570. von Einer Hand bis 1200 sehr sorgfältig geschrieben und gleichzeitig corrigirt. Dann fehlt ein Blatt; 1205 scheint schon von anderer Hand zu seyn, es ist kein Roth mehr angebracht wie früher; von da an wechselnde Hände, doch 1213—1225 wieder eine fortlaufend schreibend, so daß ein anderes Original vorgelegen zu haben scheint. Am Ende sind Blätter ausgeschnitten.

522. s. XV. ch. Honorius de imagine mundi, endigt: regnum Persarum defecit quod stetit per annos 233 etc. Expl. Honorius.

530. s. XII. Irimberti abb. Adm. in Cantica.

552. (44) Bedae Hist. Angl. und Passio S. Thomae Cant.

559. mb. s. XIV. Chron. de constructione urbis Rome. „Murus civitatis Rome — card. S. Agathe." Ganz fabelhaft.

560. mb. s. XIV. Mag. Gualterii Castellionensis Alexandriados carmen heroicum.

567, 3. Innocentii II ep. ad sorores Admunt. „Super his etc. D. Lat. 13. Kal. Apr.

583. s. XV. Hist. scholastica. 2. Decisio univ. Viennensis contra quosdam errores Iudenburgi grassantes a. 1420. 3. Odorici de Foro Iulii Hist. orientalis.

589. f. 392.

596. ch. s. XV. 4. Epitaphium Sigismundi imperatoris. „Cesar et — peto fiet," et domini regis Alberti. „Ecclesiam Christi — peto," — Dann Contra Rockyzanum u. a.

600. Am Schluß Copie von Reg. Frid. II, 890. s. XIV.

602. (46) s. XII. V. S. Leonhardi. „B. ig. L. tempore

Anastasii. Hermachore. „Predicante *etc.* Liutoldus abbas, Oudalricus patriarcha erwähnt. Balthildis, Mab. II, 775. ohne ben Prolog.

605. ch. in oct. s. XV. Liber de amore et dilectione Dei et proximi von Albertanus, f. oben p. 500. Das Castell, in welchem er gefangen wurde, heißt hier Ganardum; das Richtige ift wohl Gavardum.

607. (48) Vita S. Elisabeth.

642. mb. q. s. XIV. Historia Lombardica Iacobi Ianuensis. Am Schlusse sind folgende kurze Annalen zugeschrieben:

A. D. 1100. Ordo Cysteroyensium incepit.

1206. Ordo fratrum minorum.

1216. Ordo predicatorum.

1156. Marchionatus Austrie mutatus est in ducatum. Eodem anno ducatus Boemie mutatus est in regnum per F. imp.

1171. Thomas Cantuarie passus est.

1213. Gerdrudis regina Ungarie occisa est.

1215. Innoc. papa habet concilium Romanum.

1235. Natus est Heinricus dux 13. Kal. Sept.

1236. S. Elyzabeth translata est et Heinricus auxilio relegatus.

1241. Eclypsis solis facta est et Ungaria devastata per Tartharos.

1260. Flagellatores surrexerant et rex Boemie vicit Ungaros.

1244. H. dux Bawarie dominam Elyzabeth duxit uxorem.

1257. Rex Boemie victus est a domino H. duce Bawarie apud Muldorf.

1278. Tertia feria post Bartholomei rex Boemie Ottacarus occiditur per Rudolfum regem Romanorum.

1305. Rex Wenczesslaus obiit.

1306. Wenczesslaus filius suus occiditur in die Oswaldi regis. (Aug. 5.)

Später setzt eine andere Hand noch Folgendes zu:

1346. in tercia feria in translacione S. Bened. conf. (Iul. 11.) electus fuit marchio Maravie primogenitus regis Bohemie in imperatorem vel regem Romanorum.

1344. Arnestus ep. factus est archiep. in purificacione.

A. D. 1351. Rex Bohemie et Romanorum rex inhibuit taxillos ludere.

650 und 682. s. XII. Irimberti abb. Adm. in Ruth und
Fuit vir.

654. (50) s. XII. in q. enthält auch *V. et Transl. S. Martini.* Plerique mortalium *etc. V. Wenczlai.* Crescente
etc.

664. (61) enthält noch *V. Lantperti* von Stephan, ohne den
Prolog; *Afre:* Aput Retias *etc. Floriani:* In diebus.
Radegundis, von Fortunat, ohne Prolog; *Goaris.* Acta
SS. Iul. II, 333.

668. s. XIV. 9. Honorius de im. mundi, unvollständig.

673. s. XII. V. S. Galli von Walafrid Strabo.

677. (52) s. XII. *V. S. Remigii auct. Hincmaro.* Gloriosa
quedam — ˜omisimus scribere. Dieselbe 708 (54).

686. s. XII. *Ne cro L. Admuntense.

703. (53) s. XV. *V. S. Wenceslai:* Oriente. *Procopii:* Procopius dicitur quasi *etc.*

712. (55) mb. q. s. XII. 1. Augustin de perfectione iusticiae.
2. im 4ten Quat. fol. 5. Eiusdem de natura summi boni.
3. im 7ten fol. 5. Remigius de materiis psalmorum.
4. im 8ten fol. 16. *Lex Bawariorum, von verschiedenen Händen geschrieben, die mit den Quaternionen
wechseln. Auch die offenbarsten Fehler sind nicht corrigirt,
nur eine Hand s. XV. ist sichtbar, so daß sie nie im Gebrauch gewesen zu seyn scheint. Sie könnte wohl noch
von der ersten Ausstattung herrühren.
So weit scheint die Handschr. ursprünglich zusammen gehört zu haben; der Band ist neuer, wie die Bezeichnung
der Quaternionen durch Arabische Ziffern zeigt, und die
Inhaltsangabe des Peter von Arbon, worin nach Augustin
und Remigius folgt: Et Leges Iustiniani. Et super Cantio.
Et super Apostolorum. Et vita Vilhelmi abbatis. beweist,
daß vor der vita Wilhelmi Quaternionen herausgenommen
sind.
5. quat. 15. *Prefatio regalis decreti.* Edictum Stephani regis Ungariae.
6. quat. 16. Epistola ad regem Karolum de monasterio
S. Benedicti directa. Propagatori *etc.* Exemplar promissionis antiquorum patrum. Capitula quae tempore
Ludewici imp. ab abbatibus directa sunt. „Anno i.
d. n. l. C. 817 — (c. 78.) arbitrio“ und andere Regeln. — Die Hand dieses Quaternio, der früher nicht
dazu gehörte, könnte schon dem 13ten Jahrh. angehören.

7. quat. 17—20. ˚V. Willihelmi abbatis. Sehr sorgfältig geschrieben und gleichzeitig durchcorrigirt. Die
Schrift ist der der **Lex Baw.** ganz ähnlich, zum Theil
identisch mit der, wovon ein Facsimile genommen ist.

714. s. XIII. Cartolarius magistri Conradini scr. 1223.

735. (58) mb. oct. s. XII. enthält nach dem gleichzeitigen
Inhaltsverzeichniß 1. Excerpti versus psalmorum *etc.*

2. Placidus de honore ecclesiae (Pez Thes. II, 2, 75.).
Danach ein Brief Gregors VII an Hermann von Metz:
Quod ad perferendos — concordantes, wo er abge-
brochen ist.

3. Privil. Constantini imp. quod dedit S. R. E. et S.
Silvestro papae, ist so wenig vorhanden, wie

4. Libellus Petri de duabus arboribus.

5. ˚Catalogus apostolicorum.

6. *Series quorundam regum et ducum.* Letztere fehlen,
erstere aber ist doppelt, übereinstimmend mit Hist. prof.
686. fol. 98, f. oben S. 478.

7. Tractatus de sacramento altaris.

739. ˚Victor Vitensis, s. XII.

759. s. XIII. „Aurea gemma" d. i. Ars notariatus. Darin
ein kaiserl. Privileg f. Lyon: Romane reipublice.

Das große Legendarium.

Fast in jeder der bisher erwähnten Bibliotheken fanden
sich einzelne Bände eines großen Legendars vor, welche wir
uns vorbehalten haben im Zusammenhange zu besprechen.
Dasselbe ist schon vielfach benutzt worden, und hat wegen
seiner Reichhaltigkeit und als einzige Quelle mehrerer wichtigen Lebensbeschreibungen eine besondere Berühmtheit erlangt.
Auch in diesem Archiv ist wiederholt (III, 312. 567. VI, 166.
182. 185. VIII, 724.) davon die Rede gewesen, doch findet
sich nirgends der Inhalt desselben vollständig zusammengestellt.
Ich habe deshalb alle Stücke, welche irgend in den Bereich

unserer Arbeiten fallen können, verzeichnet, und hoffe durch
Mittheilung dieses Inhalts späteren Benutzern desselben manchen Zeitverlust zu ersparen; seiner Reichhaltigkeit wegen wird
er sich auch bei der Prüfung anderer Legendarien leicht benutzen lassen.

Die Grundlage der ganzen Sammlung bildet das Legendarium von Wolfhard, vom Ende des neunten Jahrhunderts,
dessen an B. Erchambald von Eichstedt gerichtete Vorreden
zu den einzelnen Monaten Pez und Hueber herausgegeben
haben, Cod. dipl. I, 90; zum Theil aus einer Tegernseer HS.,
welche wohl Wolfhards ursprüngliches Werk enthält. Von
ihm stammen ohne Zweifel die vielen aus Gregors von Tours
Schriften entlehnten Stücke, so wie die Passionsgeschichten
aus den ersten Jahrhunderten. Für uns wichtiger sind diejenigen Biographien, welche in späterer Zeit der Sammlung
eingefügt sind. Die noch vorhandenen Exemplare sind folgende:

1) in Heiligenkreuz n. 11. Januar, Februar, März; n. 12.
   April, Mai, Juni bis incl. Childrudis; n. 13. Juli,
   August, September; n. 14. Nov. von Columban an,
   December. Dieses Exemplar scheint das älteste zu
   seyn, da die Reihe der Salzb. Erzbischöfe bei Oct. 27.
   hier schon mit Adalbert (1183 — 1200) schließt.*)
   Die Schriftzüge und die außerordentlich reich und geschmackvoll verzierten Initialen entsprechen dieser Zeitbestimmung vollkommen. Der Text ist im Ganzen sehr
   correct, ohne jedoch eine Vergleichung der anderen
   Exemplare überflüssig zu machen.
2) in Lilienfeld Jan. Febr. März, und Jun. 26. bis
   Ende Septembers, s. Archiv VI, 185. Dies Exemplar,
   welches ich nicht selbst gesehen habe, dürfte wohl direct
   aus dem Heiligenkreuzer geflossen seyn.
3) in Wien n. 336. Hist. eccl. 5. saec. XIII. April, Mai,
   Juni.
4) in Admunt n. 25. Jan. Febr. März; n. 24. April,
   Mai, Juni, saec. XIII.

---

*) Er wurde schon 1168 Erzbischof, aber durch Konrad von Mainz
1177 — 1183 verdrängt. Da im Texte die Wunder des heil.
Virgil nach 1181 erzählt werden, können die Worte „ad presentem domnum A." nur auf die Zeit zwischen 1183 und
1200 bezogen werden. Das Zwetler Exemplar fügt noch Eberhard hinzu.

5) in Zwetl n. 13. Jan. Febr. März; n. 24. April, Mai, Juni; n. 14. 15. Oct. Nov. December.

6) in Melk F. 8. saec. XIII ex. Januar und Febr. bis incl. Scolastica, s. Archiv III, 312—314; M. 4. enthält den Rest vom Februar, März, April; M. 5. Mai, Juni; M. 6. Juli, August; M. 7. Sept. October; M. 8. C. 12. Nov. December. Diese Bände sind erst am Ende des funfzehnten Jahrhunderts von dem Conventualen Christopher Lieb geschrieben worden; Kropff in der Bibl. Mellicensis p. 317. beschreibt sie und theilt die Inhaltsangabe mit.

Bemerkenswerth sind noch die vielen Irischen Legenden; es scheint, daß nicht nur im Schottenstift Mönche dieser Nation waren, wenigstens sind in Heiligenkreuz die Irischen Legenden besonders fleißig gelesen und mit Randbemerkungen saec. XIII. versehen. Es heißt da: Numquam in vita mea tam preclara miracula legi sicut sunt hec admiranda mundo prodigia nisi quod incredibilia viderentur. sed Deo omnia sunt possibilia....... Solus sanctus Patricius est sibi similis in miraculis. S. Mochulleus Hybernie episcopus simul tria milia mortuorum suscitavit. S. Flannanus et S. Columba et S. Brigida, isti sunt excellentissimi sanctorum Hybernie. S. Columbanus, S. Gallus, S. Furseus et sanctus noster Malachias, isti omnes gloriosi de genere Scotorum.

Bei dem folgenden Verzeichnisse habe ich so viel wie möglich angegeben, wo die einzelnen Stücke gedruckt zu finden sind; bei der Bezeichnung der Endworte ist zu bemerken, daß gewöhnlich der letzte Satz: prestante Domino u. s. w. nicht berücksichtigt ist, da er sich überall wiederholt, und nicht als Kennzeichen dienen kann.

Januar.

3. *Genofevae virginis.* S. igitur G. in Nimetodorensi — in virginis dignitate. Acta SS. Ian. I, 143. Archiv III, 312.

4. *Clari abb. Viennensis.* Vitam vel actus, hier — pridie Non. Ianuarii. Acta SS. Ian. I, 55 Mabillon Acta SS. O. S. B. II, 483 (— agitur Kal. Ian.).

4. *Severini auct. Eugippio.* Tempore quo Attila — ampliatur. mit den beiden Briefen; s. Archiv VI, 169.

8. *Herhardi ep. Ratisponensis auct. Paulo.* Inter lilia — ascendere potest. Ian. I, 55. Archiv III, 313.

... *Mochullei ep. Hiberniensis,* f. Archiv III, 313.

13. *Hilarii ep. Pictaviensis.* Igitur b. Hil. ep. regionis Aquitanae — letatur sanctis *etc.* Vergl. Arch. III, 313.

15. *Mauri abb. auct. Fausto.* Faustus — lumen vitae. Mab. I, 274 (— dies 14).

16. *Fursei.* Fuit vir vitae — beneficia orationum. Ian. II, 36. Mab. II, 300. vergl. Archiv III, 313.

18. *Severi episcopi.* B. igitur S. natione Indus — medicinam recipiat. Er kommt nach Vienne.

22. *Vincentii diac. Caesaraugustani.* Probabile satis — est edificata. Ian. II, 394 (— quietem reponitur).

25. *Preiecti ep. Arvernensis.* Superna karitas — pacientiae. Mab. II, 646. Ian. II, 633. Prolog und der letzte Theil fehlen hier. Archiv III, 313.

26. *Balthildis reginae*, ohne den Prolog. Benedictus Dominus — Dominum exorare. Ian. II, 739. Mab. II, 775. Vergl. Archiv III, 313.

27. *Gamulberti.* Opusculum quoddam — sanitati. Ian. II, 783.

29. *Valerii ep. Trevirensis.* Post obitum S. Eucharii — percepisse laetatur. Ian. II, 921.

Am Schluß im Melker Exemplar Visio Wettini, Mab. IV, 1, 265. f. Archiv III, 314.

Februar.

9. *Mariani Scoti mon. Ratispon.* Sanctorum patrum — in Syon Deum. Acta SS. Feb. II, 365. Archiv III, 314.

10. *Scolasticae.* Soror S Benedicti — sepultura repararet.

18. *Frihardi inclusi.* Multi enim *etc.* aus Gregor von Tours, Vitae Patrum c. 10.

20. *Emiliani heremitae.* Quantum disciplina — translatus est. ib. c. 12.

24. *Mathiae ap. cum translat. et miraculis.* Letztere, die im Heiligenkreuzer Exemplar fehlen, hat B. Pez aus dem Melker herausgegeben, Thes. II, 3, 1. Sie stimmen überein mit der SS. VIII, 231. benutzten Erlanger Handschrift.

25. *Waltpurgis.* Cum igitur sacra virgo — ambulandi recepit.

28. *Lupicini et Romani abb. Iurensis monasterii in Burgundia.* Wohl aus Greg. Tur. V. P. c. 1.

März.

1. *Herculiani martyris*, worin Totila vorkommt. Ex prima conditione — filiis suis gratias agens Deo. Pez Thes. II, 3, 126 ex cod. Mell.

2. *Senech.* Vanitas vanitatum — habenda mandavi. Ex Greg. Tur. c. 15.

4. *Humberti abbatis (Igniacensis).* Sicut hac nocte — ad quem ipse pervenit. Bis auf den Anfang, wie der Sermo des h. Bernhard, I, 1072. ed. Mabillon.

10. *Attalae abb. Bob. auct. Iona.* Cum ergo — fructus recipiant. Mab. II, 123. Fehlt im Melker Exemplar.

12. *Gregorii I papae auct. Ioh. diacono.*

15. *Habrahae abb.* Nulli katholicum — presidio sublevantur. Aus Greg. Tur. V. P. c. 3.

17. *Gerdrudis.* Igitur venerabilis — operari. Siehe Archiv VI, 169.

21. *Benedicti abb.* von Papst Gregor I. Fehlt im Melker Exemplar.

22. *Glodesindis.* Temporibus Childerici — fructu reversas. Iul. VI, 210. Doch fehlt hier der Prolog.

27. *Ruperti ep.* s. Archiv VI, 170. 183.

28. *Gunderammi regis.* Post mortem — ipse construxerat. Aus Gregor von Tours.

29. *Eustasii abb. Luxov. auct. Iona.* Igitur venerabilis — exemplum dimisit. Mart. III, 786. Mab. II, 115.

Am Schlusse dieses Bandes steht im Heiligenkreuzer Exemplar die Visio Wetini; im Zwetler eine Correspondenz des Abtes Erbo (II von Prüfling 1168—1187?) mit dem Mönch Engelhard, und von diesem erzählte Wundergeschichten; die erste hat Bischof Eberhard von Bamberg aus Italien mitgebracht. Volmerus decanus Babenb. kommt darin vor. Im Admunter steht am Ende V. b. Kunigunde virginis. Ex preclaro etc. 1 Seite s. XIII ex.

April.

2. *Burgundofarae.* Meminisse lectorem — paucis non credit. Mab. II, 439 (— videlicet sponsum).

4. *Ambrosii auct. Paulino.* Hortaris — suplicium.

8. *Theudarii abb. auct. Adone.* Ado — donet. Mab. I, 678.

13. *Liudgeri*, f. Archiv VI, 166.' Schließt mit dem Ende
von c. 32. der Ausgabe Mon. SS. II, 423.

16. *Gregorii abb. S. Andreae.* Cum divine pietatis —
nostri plissimi cesaris (Ottonis III) augende saluti reser-
vavit. Es kommt etwas von den Sarrazenen darin vor:
Unus ex Sarracenorum primoribus Scandalis nominatus á
rege suo in obsidione Cassiane civitatis delegatus.

19. *Leonis IX. auct. Wiberto.* Mab. VI, 2, 49. Acta SS.
Apr. II, 648.

23. *Nicetii ep. Lugdun.* Presentiae divinae — gesta cog-
nosceret. Apr. I, 96. aus Greg. Tur. V. P. c. 8.

24. *Adalberti*, f. Mon. SS. IV, 576.

26. *Richarii.* Sollempnis haec — sufficit. Acta SS. Apr. III,
441. erwähnt.

20. *S. Petri Lombardi.*

29. *Gregorii ep. Lingon.* aus Gregor von Tours V. P. c. 7.
Egregiae — declaravit.

29. *Hospicii.* In diebus illis — perierunt. Aus demselben
excerpirt.

30. *Walthurgae.* Igitur postquam felix — sanitatem recepit. Von Wolfhard, ohne die Einleitung, und am Ende
verschieden. Feb. III, 523.

M a i.

1. *Sigismundi regis.* Tempore Tyberii — redeunt sanitatem. Acta SS. Maii I, 86.

4. *Floriani.* In diebus illis — tertio Nonas Mai. ib. p. 462.
cf. Pez SS. I, 35.

5. *Godehardi ep. Hildesheimensis*, von Wolfher, benutzt von
Pertz, f. Archiv IV, 225.

13. *S. Mariae ad martires* — eine kurze Nachricht über die
Einweihung dieser Kirche und die Einsetzung des Aller-
heiligenfestes durch Ludwig den Frommen.

13. *Servatii.* S. Servatius sicut in gestis eius legitur anti-
quioribus — habet locum sepulturae. Also nach Hariger.

13. *Gangolfi.* Vir itaque Domini — et vitae Domini etc.
Mai II, 645. Der Prolog fehlt.

15. *Willifridi ep. Eboracensis.* Anno quo Brittanniam —
calle sequatur. Archiv VI, 167. Acta SS. Apr. III, 294.

16. *Peregrini ep. Autisiodorensis.* Tempore illo cum —
Iunii. Mai III, 563.

20. *Austregisili*. Igitur A. natus Augino *etc.* Mai V, 229'.

22. *Senesii et Theopontii translatio*. Omnipotentis — Iunii. Ughell. ed. II. V, 492.

23. *Desiderii ep. Vienn.* von Warnahar. Quanta sit — non permisit. Mai V, 244.

25. *Albartı.* S. Albartus natione Anglus — non sunt separati. Er ist der Genoſſe des h. Erhard, kommt mit ihm unter Formoſus nach Rom, dann allein über Paläſtina und Salzburg nach Regensburg, wo er ſtirbt.

26. *Augustini Angl. episcopi.* Anno ab inc. — eodem rege regnante.

27. *Bedae.* Munusculum — audivi. Der Brief des heil. Bonifaz.

28. *Carauni.* Caraunus igitur sanctus *etc.* Mai VI, 749.

28. *Germani ep. Autisiodorensis.* Igitur Germanus u. ſ. w. Von Conſtantius. Iul. VII, 202. ohne die Vorrede.

28. *Germani ep. Parisiensis.* Omnium sanctorum — octies denos temporum vixit annos. nunc vivit eterno.... unica potestas.

28. *Iohannis I papae.* Natalis S. Ioh. p. quo tempore Theodericus — Olibrio consule. Ganz kurz.

29. *Maximini ep. auct. Lupo.* Lupus — mereamur. Surius d. 29. Maii.

...*Gregorii VII. auct. Paulo Bernriedensi.* Fehlt im Zwettler Exemplar.

Juni.

1. *Symeonis inclusi.* Igitur vir Dei — ascendit pedibus. Von Eberwin, Acta SS. Iun. I, 89, aber ohne den Prolog.

4. *Quirini ep. Sisciensis.* Cum mundi principes — Iunii. Iun. I, 381.

5. *Bonifacii,* ſ. Mon. SS. II, 332.

8. *Medardi.* Beatissimi Medardi — ornamentum. Von Fortunat. Iun. II, 79.

9. *Columbae.* Beati nostri patroni — integer labe ipse. Von Adamnan. Iun. II, 197.

11. *Bardonis archiep. Mog.* Bardo qui et Bardeo u. ſ. w. Mab. VI, 2, 5.

12. *Venantii abbatis.* Solitarium atque — arbitramur. Aus Gregor von Tours V. P. c. 16.

16. *Ferreoli*. Greg. Turou. de Gloria martyrum I, 71.

16. *S. Quirini*. Temporibus Claudii — anno 921. Archiv der Wiener Af. b. W. 1849. II, 291—303.

17. *Aviti abb. Miciacensis*. Igitur Avitus infra Aurelianorum — conservare dignetur. Gedruckt bei Surius, vergl. Acta SS. Iun. III, 352.

21. *Albani*, mit Nachrichten über das Kloster S. Alban zu Mainz, von Gozwin. Canis. ed. Basn. IV, 157. Bergl. Acta SS. Iun. IV, 89.

23. *Edildrudis*, aus Beda. Accepit rex Ecgfridus — ab altithroni. Iun. IV, 491.

28. *Haimeradi*, von Eckebert. Domino — divite vena. Iun. V, 386.

30. *Martialis ep. Lemovicensis*. Predicante domino — participes adscisci. Fabelhaft.

30. '*Ottonis ep. Babenbergensis*. Moyses — fecit. Nach dem Heiligenkreuzer Exemplar herausgegeben von Endlicher im vierten Bericht der Gesellschaft für Pommersche Geschichte und Alterthumskunde.

Im Wiener Exemplar scheint das letzte Blatt ausgeschnitten zu seyn, dafür aber zwei andere eingeheftet, worauf von einer Hand s. XIV. die Auffindung der Reliquien in S. Pölten geschrieben ist, gedruckt bei Pez SS. I, 744. Im Zwettler folgt noch das Leben der Hildegund von Neuß, die aus Palästina als Mann verkleidet kam, im Streite der beiden Trierer Prätendenten einen Brief an den Papst nach Berona bringt, nachher unter dem Namen Joseph Mönch in Schönau wird, in Versen: Grande novumque — lucis amena. Anno ab inc. D. 1188, 12. Kal. Nov. obiit ancilla Domini in Sconaugia. Bergl. Acta SS. Apr. II, 780. — Hierauf noch ein unbedeutendes Verzeichniß von Zwettler Handschriften, saec. XIII.

Im Melker Exemplar befanden sich einst noch die Ungarischen Legenden, welche aber jetzt fehlen. Im Inhaltsverzeichniß steht nämlich: In fine voluminis videl. a folio 294. ponuntur 4 legende scil. de S. Stephano rege Hungarie. Item de S. Hemerico filio eiusdem. et de S. Ladislao rege Hungarie. Et de S. Gerhardo ep. Moronensi *(sic)* et martire regni Hungarici. Que tamen legende non pertinent ad seriem legendarum in hoc volumine contentarum. Vielleicht befanden sie sich auch nur in dem Original, welches dem Schreiber vorlag, und wurden von ihm weggelassen.

Juli.

1. *Karilefi*. Religiosi et sanctorum — claruit miraculis. Vergl. Mab. I, 650.

4. *Oudalrici*, von Perno.

... *Willehelmi abb. Hirsaugiensis*. Mab. VI, 2, 725.

6. *Goaris*. In diebus Hiltiberti — dignatus est. Acta SS. Iul. II, 333.

7. *Willibaldi*. Origenem egregii — Domino collatis. Canis. ed. Basn. III, 1, 16.

8. *Kyliani*. Sanctorum martyrum — manifestare curabimus. ib. p. 174.

11. *S. Benedicti translatio*. Cum diu gens — laudibus peregerunt. Von Adrewald. Mab. II, 352.

11. *Hildolfi ep. Treverensis*. Quicumque baptizati — conventu fidelium. Acta SS. Iul. III, 221.

12. *Hermachorae*. Post resurrectionem — 4. Idus Iulii. ib. p. 251.

12. *Hainrici imperatoris*. Anno — accendatur. Mon. SS. IV, 792.

15. *Marcelli ep. Parisiensis*. Beatus igitur Marcellus — migravit ad Christum. Von Fortunat, ohne die Vorrede, bei Surius, Nov. 1.

18. *Materni ep. Mediolanensis*. In illis diebus succiso — 15. Kal. Augusti. Acta SS. Iul. IV, 364.

21. *Arbogasti ep. Argentin*. Sanctissimi sacerdotis — beneficia prestat pius patronus. Acta SS. Iul. V, 177. Bei Grandidier I, p. XXX.

21. *Victoris ep. Massiliensis*. Cum sub Diocletiano — 12. Kal. Augusti. Vergl. Acta SS. Iul. V, 141.

21. *Iuliae*. Tempore illo Iulia — eis vitam eternam. Acta SS. Iul. V, 133.

22. *Mariae Magdalenae, cum miraculis*. Narrat Iosephus — corpus affirmans.

22. *Marthae*. Sanctae ecclesiae — quandoque subiaceret. Vergl. Acta SS. Iul. V, 214.

23. *Apollinaris*. In diebus — 10. Kal. Augusti. Acta SS. Iul. V, 344.

23. *Liborii ep. Cenomanensis*. Beatus L. vir — immundorum spirituum. ib. p. 409. mit abweichendem Anfang.

27. *Miracula S. Pantaleonis* (in Passau). Post longa — auxilia sibi.

August.

1. *Eusebii ep. Vercellensis.* Quae Deo auctore — omnipotens Dominus. Gedruckt bei Ughelli, Italia Sacra. Vol. IV.

5. *Oswaldi regis.* In laudem — gloriam predicabat. Wohl die Acta SS. Aug. II, 95. B. erwähnte Vita.

7. *Afrae.* Apud provinciam — attingit. Apud provinciam — pervenerunt. Acta SS. Aug. II, 55.

8. *Altmanni vita antiquior.* Scripturus vitam etc. Bei Pez SS. 1, 116. Das Lilienfelder Exemplar enthält auch die zweite Vita, ib. 138.

13. *Wichperti presbyteri auct. Lupo.* Reverentissimis — reconpensare dignetur. Acta SS. Aug. III, 133.

13. *Radegundis.* Beatissima Radegundis — mirabilia persequantur.. Von Fortunat, ohne die Vorrede. Acta SS. Aug. III, 68.

16. *Arnulfi Metensis.* In omnipotentis — XV. Kal. Augusti. Vergl. Mab. II, 150.

20. *Stephani regis.* Omne datum — signaverunt. Endlicher, Rerum Hungaricarum Mon. Arpadiana I, 139—162.

20. *Bernhardi abb. Clarevallensis.* Scripturus etc. in 5 Büchern. Acta SS. Aug. IV, 256.

21. *Privati episcopi.* Natale sancti — debitam commigravit. Vergl. Aug. IV, 438.

22. *Symphoriani.* Tempore illo — aperiatur ingressus. Acta SS. Aug. IV, 496.

... *Galli ep. Arvernensis.* Nobilitatis mundanae — cum carne. Mabillon I, 116. aus Gregors Vitis Patrum c. 6.

Im Melker Exemplar folgen am Ende des Bandes Nomina abbatum O. S. B. canonisatorum.

September.

1. *Aegidii.* Sanctus igitur Aegidius — laudibus ferentum. Acta SS. Sept. I, 299. Der Prolog fehlt.

6. *Magni.* Itaque in tempore illo — semper existat. Der Anfang wie bei Canis. ed. Basn. I, 655; V, 2, 913. der ersten Ausgabe.

7. *Clodoaldi presbyteri.* Beatissimi Clodoaldi vitam — requiescit. Verschieden von Mab. I, 134.

8. *Corbiniani.* Dum cupimus — iugiter sanitatis. Von Aribo, gedruckt bei Meichelbeck und Acta SS. Sept. II, 735.

15. *Liudmilae.* Mater b. Wenzlai — miracula. Gedruckt in meinen Beiträgen p. 52. Fehlt im Melker Exemplar.

17. *Lamberti auctore Stephano.* Domino Herimanno — Lamberti est reddita. Acta SS. Sept. V, 581, wo das Ende verschieden ist.

19. *Quintiani ep. Arvernensis.* Omnis qui se — restinguitur. Gregor. V. Patrum c. 4. Sur. Nov. 13.

22. *Mauricii et sociorum eius, cum miraculis.* Sanctorum passionem — laudes reboant. Vergl. Acta SS. Sept. VI, 342.

22. *Emmerammi.* Sanctorum dicta — premerent. Von Meginfred; Acta SS. Sept. VI, 488.

25. *Lupi ep. Senonensis.* Sanctorum gesta — coronat triumpho. Acta SS. Sept. I, 255.

28. *Wenzlai.* Crescente u. s. w. Die Legende D bei Dobrowsky.

28. *Tiemonis archiep. Salzburgensis.* Insignem — IV. Kal. Octobris. Tengnagel, Vetera Monumenta contra Schismaticos p. 70.

28. *Liobae,* von Rudolf. Acta SS. Sept. VII, 760.

October.

1. *Remigii,* von Hinkmar. Acta SS. Oct. I, 131.

1. *Nicetii ep. Treverensis.* Si fides dictis — exsolvere. Mabillon I, 191. Greg. Tur. V. P. c. 17.

1. *Germani ep. Autisiodorensis.* Igitur Germanus — confirmatur predicatione. Von Constantius, aber ohne den Prolog. Acta SS. Iul. VII, 202.

1. *Vedasti,* von Alkuin, ohne die Vorrede. Dominus — beatitudinis gloriam. Acta SS. Feb. I, 794.

2. *Leodegarii.* Domino . . . . Erminmario — absconsum. Oct. I, 463.

3. *Ewaldorum.* Duo quidem — referebat. Vergl. Acta SS. Oct. II, 205.

4. *Sulpicii ep. Bituricensis.* Sanctus ergo — etiam sanantur.

6. *Fidis.* Sancta igitur Fides in Agennensium — miracula. *Revelatio eiusdem.* Post revelatum — apud Conchas agitur. Vergl. Acta SS. Oct. III, 288.

9: *Dionysii episcopi*, mit den Briefen von K. Ludwig und Abt Hilduin.

10. *Gereonis*. Thebeorum — consortiis ad laudem etc. Acta SS. Oct. V, 36.

11. *Burchardi ep. Wirzburgensis*. Terrenarum motus — deesse laetetur. Canis. ed. Basn. III, 1, 1.

11. *Brimonis*, von Ruotger. Mon. SS. IV, 254.

13. *Cholomanni*. Princeps — pertimescat. Mon. SS. IV, 675.

16. *Lulli ep. Moguntini*. Lullus apud Anglos — dictitaverunt. Vergl. Acta SS. Oct. VII, 1083.

16. *Galli*, von Walafrid Strabo. Nisi me — offendant. Mab. II, 228.

21. *XI milium virginum*. Regnante domino — capiemus, wie bei Surius, dann noch eine Editio nova.

22. *Severi ep. Ravennatis*. Quotienscunque virorum — introduxit. Acta SS. Feb. I, 82.

... *Iuliani martyris*. Magnum in nobis — vitae custodiam. Acta SS. Aug. VI, 176 aus Gregor von Tours de Gloria Martyrum II.

24. *Manegundis virginis*. Insignia — virtutem. Acta SS. Iul. I, 313. Mab. I, 202. aus Gregor von Tours Vit. Patr. c. 19.

26. *Amandi auct. Baudemundo*. Scripturus vitam — est Helnone etc. Acta SS. Feb. I, 848. Mab: II, 710.

27. *Ursii et Leopatii*. Legiferi — sepultus est. Acta SS. Iul. VI, 564 ex Greg. Tur. V. P. c. 18.

31. *Quintini passio et inventio*. Oppido Virmandense — habuit. Vergl. Greg. Tur. de Gl. Mart. I, 73.

31. *Wolfgangi auct. Othlono*. Fratrum — laudavit. Mon. SS. IV, 525.

November.

3. *Malachiae*.

3. *Pirminii*. Multi quidem — misericordiam Dei. Bei Mone p. 30.

.. *Benigni (Divion.)*. Post impletum — laudabitur qui etc.

6. *Leonhardi*. Beatus igitur L. tempore Anastasii — curantur. Vergl. Archiv III, 312.

7. *Willibrordi*, von Alkuin. Domno — et premia. Mab. III, 1, 603.

11. *Martini*, von Sulpicius Severus, mit den 4 Büchern Miracula Gregors v. Tours.

12. *Materniani ep. Rem.* Cum perituro — quadragesimo secundo.

12. *Chuniberti ep. Colon.* Fuit vir — regressum.

13. *Brictii.* Hodie karissimi — vivens.

16. *Othmari.* Finitis *etc.* von Walafrid Strabo, Mon. SS. II, 41.

... *Anathelonis ep. Mediolanensis.* A. igitur — relinquere voluere. Murat. SS. I, 2, 207.

21. *Columbani*, von Jonas, Dominis eximiis *etc.* Mab. II, 5.

26. *Chunradi ep. Constant.* von Udalschalf, Mon. SS. IV, 429.

27. *Virgilii, Eberhardi, Hartwici* von Salzburg. Canis. ed. Basn. III, 2, 395.

27. *Gaii ep. Mediolan.* Gayus ergo — largitor aeterni. Murat. SS. I, 2, 207. Statt dessen steht im Melker Exemplar die *Illatio S. Benedicti:* Temporibus Karlomanni *etc.*

December.

1. *Castriciani ep. Mediol.* Seviente foris — attentius perpensetur. Mur. SS. I, 2, 210.

3. *Solae,* ohne den Prolog. In paganorum — subiaceat. Mab. III, 2, 429.

4. *Benedicti Translatio.* Exigis — regressi. Mab. IV, 2, 350, wo das Ende weggelassen ist.

5. *Dalmatii ep. Ticin.* Cum sancta — veniam.

9. *Kalimeri ep. Mediol.* Translato ad — anno et medio. Mur. SS. I, 2, 213.

12. *Eucharii, Valerii, Materni.* Quamvis beata — percepisse letatur. Acta SS. Ian. II, 918.

13. *Otiliae.* Temporibus Childrici — Idus Decembris. Mabillon III, 2, 438.

... *Gerdrudis.* Cum multos — est operari. Die Miracula ib. II, 468.

17. *Marthae.* Sanctae ecclesiae — sufficiat.

... *Martini abb.* Magnum nobis — de tumulis.

... *Monae ep. Mediol.* Calimero — vigilantia. Mur. SS. I, 2, 215. wo das Ende anders lautet.

22. *Mathildis reginae*. Venerabilis — recessit. Der Ekkehardische Auszug, f. Mon. SS. IV, 283.

Handschriften der k. k. Universitätsbibliothek in Prag.

Vergl. Archiv IX, 464. 469—472.

I. C 24. ch. fol. s. XIV ex. Pulkawa nach der ersten Recension. Am Ende steht: Is qui conscripsit heo cronicam eam hucusque dumtaxat perduxit. Dann folgen noch Verzeichnisse der Fürsten von Böhmen bis 1376 und der Bischöfe von Prag bis 1379.
f. 90. (1) *Vita Karoli IV. f. (24) Hic continetur modus coronacionis invlotissimi principis. et domini d. Karoli R. I. IV. Casus quoque et eventus in via pro consumacione sue coronacionis eidem contingentes et primo habetur collacio Iohannis diuti' Porta de Annoniaco super gestis tocius operis subsequentis. „Stripsi in libro etc. Das Buch ist im J. 1354 ordinatus per .... Petrum de Columbario Vien. dyoc. Ost. et Velletr. episcopum cardinalem et scriptus per me Ioh. Porta de Annoniaco Wien. dyoc. capellanum et familiarem domesticum commensalem des Kardinals. Schließt f. (72'.) concessi quietem. Dann folgt die Beschreibung der Reise des Kardinals von Avignon nach Rom, auch von Joh. Porta, dessen Zueignung von 1356 datirt ist. — f. (79). Agenda ceremonialis qualiter papa coronatur. f. 170. (82) Sequitur tenor auree bulle de eleccione imperatoris. f. (96'.) Infrascripte leges promulgate sunt in curia Metensi per d. Karolum IV .... a. D. 1356. „Si quis principibus — erudiri." Expl. leges imperiales principum et officialium regis Romanorum. f. 199'. Inc. tractatus de translacione imperii de

43

Grecis ad **Francos**, de Francis ad Almanos. „Vestra nuper — exposcat."

f. 197'. Inc. excerpta cronice P o l o n o r u m que ad peticionem ven. viri et d. d. Wenceslai principis et ecclesie Wratislaviensis ep. 21. ac illustrium principum Ludovici Bregensis et Ruperti Legnicensis ducum Slezie est collecta. „Scribitur in antiquis etc. Dann die Reihe der Breslauer Bischöfe, alles auf 7 Seiten.

f. 204. Excerpte aus Joh. v. Marignola (1 Blatt), Petrarka, und dann ausführlicher aus Gotfrids Pantheon.

Hierauf folgt f. 312. von ganz anderer bedeutend späterer Hand s. XV. eine Sammlung der für Böhmens staatsrechtliche Verhältnisse wichtigsten Urkunden, nämlich folgende:

1. Gerlach v. Mainz bestätigt die Incorporirung des Herz. Polen und der Bauzener Mark mit der Krone Böhmen. Nurenberg 1355. Lucie.

2. desgleichen der terrarum Bavarie.

3. Transsumpt von Friedrichs I Privileg n. 2386, ausgefertigt auf Ansuchen und in Gegenwart des Markgrafen Karl, in Prag 1346. Ian. 12.

4—7. Reg. Frid. II, 41. 180 (Iul. 26). 42. 43.

8. Heinrichs IV Urkunde über die Grenzen des Prager Bisthums, 1086. Apr. 29 (aus Cosmas).

9. Reg. Frid. II. 687; 10. Reg. Rich. 73 (mit Aug. 11); 11. Reg. Rud. 1074; 12. 13. Reg. Rud. 1052 in 2 verschiedenen Ausfertigungen; 14. 15. Reg. Rud. 980. 1076; 16. Reg. Alb. 73.

17—22. in dens. Regesten Reichssachen n. 167. 163. 173. 166. 223. 224 (D. 2. Idus Martii).

23 28. Reg. Adolfi 1. Rud. 289. Alb. 518. 295. Rud. 981 (3. Idus). Adolfi 2.

29. K. Ludwig schlägt Landgraf Ulrich von Leuchtenberg noch 400 Pfund zu den 1800, wofür ihm Flozz und Barkstein verpfändet sind. D. Regensburg, Montag nach Kreuzfindung 1321. r. a. 7:

30—37. Reg. Alb. 85. 294. Lud. IV. 407. Rud. 763. Wilh. 289 (ohne Jahreszahl). 207. Rich. 18 (14ª die). Lud. IV, 386.

38. Ludwig der Baier verspricht K. Johann für die Königswahl 20000 Mark, wofür er Eger, Flozz und Barkstein

verpfändet, und Znoym, Costelcz und Pohorlicz von dem Herzog von Österreich auszulösen, wofür er Bürgen stellt. D. ap. Frankenfurt 13. Kal. Nov. 1314.

Secuntur littere privilegiorum domini Karoli IV R. I. et Bo. regis date regibus et principibus Boemie super iuribus et libertatibus suis. 6 Urkunden, dann 10 päpstl. Bullen, und zuletzt Iuramentum prestitum Rom. ecclesie per d. K. IV. R. I. tempore sue promocionis, Bulle von Innoc. VI. d. Avin. 2. Kal. Feb. Pont. n. a. 3.

Dieselbe Sammlung findet sich auch in Raigern H i 1.

Endlich hat ein Späterer noch folgende Urkunden nachgetragen:

Iohannes filius regis Franciae promittit profectum et honorem regis Karoli et filiorum suorum fideliter procurare. D. in tentoriis nostris ante Aguillon penult. die Maii 1346.

Idem promittit d. regi Karolo profectum suum custodire et impedire gravamina sua. D. in nostris tentoriis prope Lomberias die 4. Aug. 1347.

Liga inter d. K. imp. et regem Franciae. Et quod delphinatus et Burgundiae ducatus ab imp. in feudum recipiantur. Urk. Karls IV. Prage 1355, 7. Kal. Sept.

Littera reversalis dicti regis Francorum super liga, e. d.

Littera missilis regis Fr. ad imp. quod pronunc non possit predictam ligam renovare et quod rex Angliae invasit eum hostiliter. D. Paris, d. 6. Ianuarii.

Liga inter regem Angliae et Kar. r. Romanorum. D. apud Westmonasterium 23. Apr. anno regni mei Francie 9. Angl. 22.

Liga regis Fr. cum rege Boemiae perpetuo. D. Paris. 1356 mense Maii.

Confirmatio praecedentis ligae. D. Metis Dec. 1356.

Promissio 50 millium florenorum. D. Metis 1356. Dec. 28.

Beide von Karolus primogenitus regis Francie.

I C 25. ch. fol. s. XIV ex. Geschenk von Pelzel. *Vita S. Wenczeslay.* Oriente — miserabiliter finivit. Darin ein Wunder von 1347. *V. b. Adalberti.* Est locus — pateretur. *Vita et passio V fratrum.* Cum beatissimus — 2. Id. Nov. — *In translatione* beider. — *D. S. Procopio.* Pr. dicitur quasi procus pius *etc.* — *De S. Elizabeth.* Venerabilis et illustris — integravit. So weit geschrieben 1377. Dann Theologisches.

I D 10. ch. fol. s. XV. f. Palacky, Würdigung p. 168.

a. Ioh. de Marignolis Chron. Bohemie.

b. Cronica Przibiconis de Tradenina per eundem de gestis incliti regni Boemie compilata fel. inc. de a. D. 1374. (Pulkawa.) Die Handschrift, wonach Dobner seine Ausgabe machte.

c. Vita Karoli IV.

d. Hoc opus licet imperfectum cronice huius est compositum per egregium viram Laurencium de Brzezina (so corrigirt, aber, wie es scheint, gleich vom Rubricator, für Brzezona) arcium liberalium inclite universitatis studii Pragensis magistrum.

e. Desselben Gedicht, f. Dobner Mon. 1, 168. Es ist aber jetzt das erste Blatt ausgeschnitten. — Von neuerer Hand sind noch die Privilegien der Stadt Prag u. a. eingetragen.

III G 3. mb. in q. s. XIV inc. Liber de amore et dilectione Dei et proximi et aliarum rerum, et de forma vite, von Albertanus causidicus Brixiensis de ora S. Agate. f. 52. Inc. Summa dictaminis mag. Dominici Yspani. Omne datum u. f. w. Vergl. Archiv V, 499. Ego Dominicus Dominici oriundus de civitate Visentensi, in arte dictatoria discipulus discreti viri d. Iohannis Severii b. m. quondam archidiaconi Calagoritanensis, thesaurarii Visentensis .... brevem dictandi summam secundum quod notarii archiepiscoporum et episcoporum notarie officium debeant exercere et alias litteras etiam incipiendo per ordinem in hoc brevissimo volumine complicabo. f. 67. fangen auch andere Briefe an. Rev. in Chr. patri d. Ia. t. S. Marie .. ven. dyacono cardinali Ber. D. G. episc. etc. Et si interdum — incepistis. Schickt ihm localia. *Notificat d. Innocencius Mediolanensibus quod factus est papa. Summus orbis opifex — 6. Non. Iul. pont. nostri a. 1. 68. Excusat se quod non accepit donum. Missa blandita sunt - retenta. Remittit amicus equum amico cum gratiarum actione. Equus missus — putetur. Non vult regratiari amicus amico ad presens. Licet grata — ad grates. Rogat amicum quod regracietur Domino de sanitate sibi reddita. De providentia — labiorum. Responsiva. Recepimus namque — peregrinum. *Conso-

latoria de morte. Proprio filio — benedictum. (Troyes 65.)

69. *Littera ad idem.* Vox audita est — exemplar. *Ad
idem.* Vox turturis — honestate. *(Papae de morte comitis Provinciae ad filium.)* 'De morte cuiusdam domini
legum (Iacobi de tali loco).* Audivi et dolui — iudi-
catum.

70. *Fridericus de morte filii.* Petr. de Vin. 4, 1. *Littera de morte Marcellini episcopi quem occidit Fr.*
Grande piaculum — advocandis. (Matth. Paris. 1249.)

73. *Pape et card.* Petr. de Vin. 1, 1. Dann wieder Littere citatorie coram ordinario u. ſ. w.

74. *Commendatur lator presentium.* Vir probate — affectu. *Item alia.* Pfalzgr. Ludwig citirt Ottakar zum
23. Jan. 1275. (ſ. Reg. Rud. 132.)

75. *Prelato scribitur quod sit misericors.* Prout audivi
— sauciati. *Super mandato d. pape preces adicit.*
Mandato domini — rogatis. *Iterate preces maioris sunt
efficacie.* Iterate — intendit. *Proces secure dicit amicus
se dirigere.* Plenam et indubitatam — effecta. *Peticio
amici.* Petere a vobis — quatenus etc. *Hortatoria quod
prelatus recipiat subditum suum.* Descendit pater —
os eius. *Imperatori ex parte card. pro marscalco
suo.* Celsitudo terrena — conteratur. (Palat. 49.?)

76. *Recepit Fr. unum militem in gratia. (Roffredo.)* In
recuperatione — sacerdotum (Martene 26). *Quod recipiat in gratiam comitem de Cellano.* Si diligenter —
amplitabit.

77. *Recommendatur archiep. Colocensis. Regi Francie*
etc. Cum ecclesias — commendare.

.... „Divini mandati — passionis." (ohne Inhalt). *Nun-
ciatur strages facta in Terra Sancta.* Rachel plorans —
genitorum.

78. *Super exercendis bellis Domini.* Divino muniti presidio — cantaturi. Nur Phrasen. *Amicabiles littere.* Et
si ad vestra — voto. *Exhortatoria pro monacho.* Celum vos — frangi. *Quod fiat amico iusticia set plus misericordia.* Credentes vos iusticie — correctoris. *Promittit auxilium amico.* Fatemur nos — voluntatis. Hahn
1, 380. *Amicabiles littere.* In gravaminibus — mitti.
Exponit se et sua amico. Turbamur et premimur — expensis. *Excusatoria.* Gaudemus etc. Hahn 1, 374.

Die Absetzung Fr. II durch Jnn. IV. Ad apostolice *etc.*
f. 82. '*Item alia. Fridericus ... V. illustri regi Boemie ... bonum.* Cause nostre — subministrat. D. ap.
Taurinum. Non. Aug. tercio Ydus. Reg. Frid. II n. 1101.
*Item alia. Viro nobili et potenti d. M. de Cortigia et
providis viris anciamis consilio et communi Padue. G.
de Piis pot. castaldiones consilium et commune Verone
salutem stabilitate et iusticia decoratam.* Audito vestre
ordinate predicacionis titulo et sermone cantavimus Pater
noster. Weiter nichts. *Item alia.* Flori florum — su-
stentet. u. f. w. ohne politischen Jnhalt.

f. 84'. eine bittere Klage des villanus zu Lof, früher seo-
laris Paduanus, daß man ihm den Ort so gelobt habe, der
doch nur ein schlechtes Loch sey.

f. 95'. *Rex leo fortissimus animalium asino et lepori
fidelibus suis gratiam suam et bonam voluntatem.* Cum
omne genus ferarum et omnis multitudo bestiarum tam
mittum quam non mittum nostre dominacionis subsistit
imperio et obediant incunctanter. sola decepcionis vulpe-
cula contumax invenitur que nostre potencie magnitudi-
nem non veretur eademque citata multociens in nostra
curia noluit comparere pro cuius excessibus sedes nostra
tota est inpleta querelis et conquerentes de ipsa nullo-
modo potuerunt asequi rationem. Quapropter fidelitati
vestre predico quatenus peremptorie citare curetis ut pro
sibi obiectis nostro se debeat conspectui presentare VII.
Kal. Apr. gallis et gallinis legitime responsura. formam
citacionis diem coram quibus et quicquid inde feceritis
nobis postmodum per vestras litteras stadiosius intimatis.
Vergl. Archiv V, 374. 387.

f. 105'. noch eine 'Urk. Fr. II für G. com. pal. Tuscie.

III G 5. mb. in q. s. XIV. Compendium theologice veritatis. f. 87'. *V. S. Clarae Assis.* In civitate Assisii —
reliquerunt. 1 Seite. — f. 116 ff. sind von derf. Hand
noch mehrere Heiligenleben eingetragen: *Oswaldi.*
Rex Osualdus — venerari. *Euchamii Valerii Materni.*
Cum b. Petrus — prestantur. *Servacii.* Anna et Esmeria —
angelo ministrante. *Odalrici.* O. Christi conf. ex Alamannorum
— coruscat miraculis. *Ruperti.* Tempore Hilberti — angeli
visitarent. *Corbiniani.* Famulus Dei — tumulatus. *Radegundis.*
Beatiss. R. barbara — probavit. *Goaris.* Tempore Hildeberti
— miraculis. Sie sind zu kurz, um vollständig zu seyn.

III. G 16. ch. in q. s. XV. Schriften von Huß, Briefe und Urk. aus der Zeit. f. 31. und auf dem letzten geschichtliche Aufzeichnungen 1414—1430, die aus Laur. de Brzezina excerpirt zu seyn scheinen.

IV C 23. ch. s. XIV. Summa dictaminis, enthält sehr zahlreiche Urkunden und Briefe von K. Johann und Karl IV und aus ihrer Zeit, aus Böhmen, vollständig bis auf die Daten.

IV H 18. ch. s. XV. Flores Temporum. Anfang: Prima etas duravit. Über Konrabin heißt es: Conradus filius Conradi regis nepos Fridrici iuxta propheciam Clementis IV in Apulia decolatus est. cuius Theutunici ibidem quendam fabrum de Ahsenwort nomine Sstok regem statuerunt licet plurimum renitentem qui curialis ab exercitu se subtrahens post 8 menses ad incudem in patriam suam est reversus a. D. 1269. Die Kaiser endigen mit Karl IV: Sed rex Bohemie scil. Karolus Rom. regnum obtinuit et amicabiliter cum illo de Swarczbork complanatus mediante marchione de Brandenbork. Hic igitur Carolus quot annis regnaturus sit nescio quia adhuc vivit. Guntherus vero veneno obiit ut dicitur. Der letzte Papst ist Clemens IV, endigt: Infelix conjunx rea criminis fugit ad papam cum sua familia. Ast illustris rex Ungarie papam, 4 cardinales ac sui germani occisi reliotam cum aliis pluribus quibus crimen homicidii imponit, communiter diffidavit.

IV H 25. ist nicht Martinus Polonus, sondern die dem Johann von Freiburg zugeschriebene Chronik bis 1261. S. oben S. 463.

V A 6. s. XIV. *Inc. prologus in epistolas sive literulas civiles* (d. h. städtische) *Iohan .... bifurcato seu bipartito stilo in aliquantis ubi opus fuerit scil. veteri et moderno, brevi necnon laciori* u. s. w. Strennua namque etc. Theils wirkliche, theils gemachte Briefe, wie es scheint; ohne Namen. Eine Reihe ist an den Herzog proprium dominum gerichtet, dann andere an den König, an den Röm. Kaiser; an letzteren 3, worin die Stadt Hülfe gegen Lituanen, Tartaren und Comanen begehrt, oder für versprochene Hülfe dankt. — Den Namen im Titel hat hier, wie in vielen Handschriften, ein früherer Scriptor der Bibl. ausgeschnitten, welcher einen Katalog anfertigen sollte. Am Ende sind folgende Briefe zugesetzt:

L. Deorum gratia cuius dominium verentur pecora to-
cius provincie dominabus aucis in pulcro prato salutem
pro meritis. Pravarum mencium ignominia de beneficiis
inpensis. se ingratam satagit efficere. dum per modum
temerarium indulta sibi abutitur potestate. Et ideo dum
sua floscipendit commoda meretur reportare per exces-
sos nepharios contumelias et vituperia iurgiosa. Hinc
est quod ex quadam generositatis nostre clemencia vobis domine ance hactenus ultro indulsimus quod per
saltos nemorum nostrorum ac moncium et per crepitudines
alveorum et nostrorum fluviorum. per campos quoque
nostros per prata irrigua per pascua nostra floribus variis thymo et cytizo multimodisque herbarum decorata
generibus passu iocundo et libero pedeque lato incedere
potuistis. rostrisque vestris spaciosis et patulis decer-
pere gramina et depascere queque loca nostra rigida.
sine offensa qualibet valuistis. quam libertatem in abu-
sionem ad malum vestrum prochdolor convertistis. Nam
carissimum tempe nostrum in quo specialiter solaciari
conswevimus ausu quodam temerario sicut quondam Sym-
pholides mensam regis Phynei stercorum vestrorum squa-
lore prochdolor defedastis. Super quo contempta nobis
facto et super irrogata irreverencia vobis vehementer of-
fendimur et indignabimur quam diu alitus est in nobis.
neo vestras recipiemus excusatorias cum dicat Canon.
quod evidencia patrati sceleris. voce non indiget acla-
mantis. quin ymo vobiscum sinuosam ac tortuosam cal-
care coream decrevimus absque gesticolaribus fidicinibus
tybicinis et quibuslibet tympanistris.
Serenissimo principi L. in tali loco humiles auce de
villa Gerhardi servicium secundum sue possibilitatis mo-
dulum obsequiosam ad omnia reverenciam cum fidei pu-
ritate. Cum nichil sit laudabilius nec preclarius generoso cuilibet ut dicit Tullius quam placabilitate ac clemencia superari et Salomon dicit misericordia et veritas
decent regem. et roboratur per clemenciam thronus eius
'Nobis ergo dominorum domine dignetur vestra genero-
sitas...... Da hört der Brief auf.
V A 14. ch. fol. s. XV. ʼVita S. Stanislai; eine kürzere
Überarbeituug, mit Weglaffung des Historischen; in den
Mirakeln vollständiger als XII B 2. Hier scheinen beide

aus ben Acten geschöpft zu haben. Dann liber de penitentia u. f. w.

V D 23. ch. fol. s. XV. Die Vita S. Bernardi ist vielmehr
eine Abhandlung über die unbefleckte Empfängniß Mariä,
die mit einem Lobe S. Bernhards beginnt.

VI D 9. ch. fol. s. XV. Nomina provinciarum Romani imperii, dann die Namen der Kaiser bis Konrad III und der
Päpste bis Cölestin III; dann: Quo tempore concilia ce-
lebrari ceperunt et de 4 conciliis, und Aufzählung der
übrigen Concilien. *Inc. prefacio Ysidori in sequenti
opere. Inc. liber conciliorum.* Isidorus mercator *etc.*
Decreta pontificum bis Melchiades, dann die Concilien.
Nach dem Conc. Spalense II steht noch die Vorrede zum
britten Theile, weiter aber nichts.

VII D 6. f. Archiv IX, 470. Eine neuere Hand hat es auf dem Einbande bezeichnet als Chron. Ioh. Gerbrandi a Leyde carme-
litae de rebus Hollandiae et praesulibus Traiectensibus.
Extat eadem historia impresa in folio paginis :. 9. Hoc
autem ms. videtur eius compendium esse. Fängt an:
Flandrie ab occidente; ½ Spalte bis naciones. *Hucusque liber de proprietatibus rerum.* Dicitur autem Hold-
landia quasi terra silvestris secundum ydioma Teutoni-
cum. nunc quidem et ipsa provincia vocatur Hollandia
per vocabulum sincopatum. *Qualiter et a quibus Hollandia sit divisa in episcopatum et principatum.* Principes
ergo Francorum u. f. w. Die am Ende erwähnte discordia ist zwischen dem Grafen von Holland und seinem
Sohne über die hoexpertye.

VIII A 16. s. XIII. vel XIV. mb. fol. Epistolae S. Bernhardi,
mit Prolog „Frater Robertus — ordinata" (der aber später zugesetzt scheint) und Register über 250 Briefe; die
letzten Blätter des Textes fehlen, so daß er mitten im
242. Briefe ad Conradum regem R. „Nec dulcis abbricht. — Vorne ist später eingetragen ein Brief an Herz.
Wladislaw von Böhmen „Est michi sermo, zum Kreuzzug
aufforbernb.

VIII B 11. ch. fol. s. XV. bezeichnet als Martinus Polonus, mit dem die hierin befindliche Chronik aber wenig
Ähnlichkeit hat. Sie fängt an: Ab orbe condito usque
ad diluvium u. f. w., ganz kurz; dann Modum autem
cónstruccionis Romane urbis wie M. P. mit dem sie von
hier an zum Theil übereinstimmt, nach C. G. aber mehr

und mehr abweicht, zuletzt auch ganz und gar in die Form einer erzählenden Chronik übergeht. Aufgenommen ist die Chronik des Johannes von Freiburg bis 1261, aber auch hier mit dem fehlerhaften mccxli wie IV H 25. Dann folgt A. D. 1261 rex Thartharorum wie im Chron. S. Aegidii. Ausführlich erzählt ist 1267 (dort 1262, aber verschieden) die Schlacht bei Hassadal in Thüringen, wo Albert von Braunschweig und Heinrich Torun von Anhalt gefangen wurden. Schließt 1278 Iohannes XXI u. s. w. wieder ganz wie Martinus.

Am Ende der HS. stehen noch von neuerer Hand die kurzen Annalen nebst dem Verz. der Böhmischen Fürsten, womit die Chronik des Franciscus Pragensis beginnt.

VIII E 18. ch. fol. s. XV. bezeichnet als Martinus Polonus; fängt an: In primordio temporis. Weiterhin ist wohl viel Übereinstimmung mit M. doch nicht überall. Anfangs Kaiser und Päpste sich gegenüber, dann durcheinander gemengt in großer Verwirrung; mit einer ausführlichen Fortsetzung, welche schließt: A. D. 1334 papa Iohannes obiit in Avinione die 4. mensis Decembris que fuit dies dominica littera dominicali currente B. pontificatus anno 19. Vacavitque sedes diebus 16. Et d. Iacobus presb. card. tit. S. Prisce mag. in theologia ord. Cist. in papam est electus. Elegitque vocari Benedictus.

VIII G 29. ch. s. XV. in q. Auf den Kalender folgt „Boemarius minor" epigrammatische Verse nach dem Alphabet: Defficit effectus tibi causa defficiente. (Der Anfang fehlt. Ende: Zelotipare cave subeat quo non animam ve. Per manus Iohannis de Lethonicz. Hic male finivi quia multum bene bibi. — Die Collecta rev. socii Petri und der folgende viaticus dictandi enthalten nichts Brauchbares.

VIII H 7. mb. fol. s. XII. Aviani fabulae, Theoduli eclogae, dann der Anfang des sogen. Pindarus Thebanus. Das Ende fehlt mit dem Reste der Handschrift. Angebunden ist die etwas ältere Kanonensammlung. Sie beginnt mit Verzeichnissen der Kaiser bis Liberius dehinc quintum annum agit ind. 1. und Päpste bis Urban II, worauf die Namen bis Anastasius und von anderer Hand Alexander III folgen. Dann: De Lino et Cleto. Ioh. III papa omnibus episcopis. Petrus u. s. w. Zuletzt De sacerdotibus qui in ecclesia tollerantur. Nicol. ad consulta

Bulgarorum. Viel aus den Capitularien und dem Röm. Recht. — Auf der letzten Seite stehen die Verse über die Folge der Salzburger Erzbischöfe bis auf Gebhard, übereinstimmend mit der Admunter Handschrift. Darunter als Federprobe s. XIII. Amicorum suorum karissimo domino H. ven. abbati S. Lamberti. Vielleicht stammt die HS. aus S. Lambrecht in Steiermark.

VIII H 75. Missio Asoph. ist nicht s. XIII, sondern XVIII. „Anno 1700 die 19. Martii in festo S. Iosephi .... discessi e Moscua etc.

X A 5. ch. fol. s. XV. enthält S. Bernhards 3 Bücher de consideracione an Papst Eugen, und Briefe de 4 benefioiis „Dilecte sorori und Ad Adam monachum. „Si maneres.

X C 18. ch. fol. s. XIV ex. Iste liber est d. Wylhelmi plebani de Trzebenicz. Inc. cronica Romana edita a fratre Martino penit. d. pape. Die Päpste sind fortgesetzt bis Ioh. XXII nacione Caturcensis sedit a. 19. m. 5. diebus ; nur ein Blatt. Die Kaiser folgen dann abgesondert. Ende: Constantino VI. *Expl. cronica fratris Martini ord. fratrum* (so) *scripta per d. Wilhelmum de Belina amen.* — Dann eine Beschreibung von Palästina: Domino suo ven. et fratri in Domino R. D. G. Toletano comiti. R. eadem gratia archid. Anthiochie. — 3) De monstrosis hominibus. 4) De nativitate vita et morte Alexandri magni. „Sapientissimi quique etc.

XII A 20. Specimen ann. eccl. Boh. ist eine Arbeit des vorigen Jahrh., welche mit einer Vertheidigung des falschen Christian gegen Dobner beginnt.

XII B 2. Mon. Trebon. mb. q. s. XIV ex. Reverendissimus in Christo pater d. Arnestus S. Prag. eccl. primus archiepiscopus, vir magne litterature mireque pietatis, tante erat contemplacionis, quod paulisper nocturno tempore sompni capiebat. ita quod cum compleret devotarum oracionum sacrificium matutinum, sacris leccionibus inherens, in lege Domini meditabatur. nocturna silencia ut religiosarum et notabilium personarum sibi commorancium veridica didicimus relacione, taliter indesinenter expendendo. Inter cetera vero opera sue devocionis idem pater legendo libellum de apibus, post quamlibet ystoriam ipsius libelli seu narracionem manu sua venerabili oraciunculam, qualem se a Deo disponi secundum

narracionem eiusdem ystorie affectabat, per modum cuiusdam recapitulacionis in marginibus ipsius libelli conscri-
bebat. Quem quidem libellum sic manu sua propria an-
notatum, de monasterio Saocensi accepimus mutuatum,
et eum rescribi procurantes, eciam ipsas oraciunculas ob
memoriam ipsius et devocionem legentium in presenti
nostro libro in marginibus fecimus consignari. *Inc. prol.
in librum de apibus quem bonum universale vocant.* —
f. 138′. *Expl. liber bonus de apibus.... Inc. quedam notabilia bona de gaudio et pulchritudine celestis patrie.*
f. 150. *Finis.* Sermo de S. Martha, wie fie Tarrascon
gründete, u. f. w. f. 151′. *Expl. vita S. Marthe.* 152.
*Vita S. Stanislai. Tradunt annales etc. Gedruckt in
Martini Galli Chron. ed. I. V. Bandtkie. Vars. 1824. 8.
p. 321. Im Ganzen correct, nur scheinen manchmal Zeiten ausgelassen zu seyn. — f. 159. V. S. Ludmille von
Christian (fr. sanctus nomine ausgeschrieben). — f. 167.
De S. Wenceslao.* Igitur composito confirmatoque —
queritant propriis. — f. 171. *Vita S. Albani incipit,* eines
Königs von Ungarn, ein Roman. Am Schluß steht: Liber mon. S. Egydii in Witignaw comparatus per nobiles dominos de Rosenberc primos ipsius monasterii fundatores.

XII B 20. ch. fol. s. XV. *Die Cronica Lucinii* (geschr. 1410)
ist ein Roman. Am Ende der HS. ist ein Martinus
Polonus; Kaifer und Päpste sich gegenüber; erstere endigen: Constantino VI. Die Päpste aber sind ziemlich ausführlich fortgeführt bis Urban VI. *Obiit autem Rome a.
D. 1390 Yd. Oct. et requiescit in ecclesia S. Petri.*
Worauf noch eine Erzählung. von dem Türkensiege 1387
folgt.

XII (nicht XVI) B 21. ch. s. XV. „Corone." f. 142. *Bernhardi abb. capitula ad milites templi:* Hugoni militi.
f. 148. Dess. Briefe *ad abb. Guidonem de Tribus fontibus:* Unde vos; *ad Gwilhelmum abb. S. Theoderici:*
Quod me per fratrem; *ad Brunonem postea Colon. archiep.:* Queritis a me; *ad parentes Helye monachi:* Sola
causa; *ad Fulconem puerum:* Bone indolis; *ad sancti-
monialem de contemptu mundi:* Magnum est; *ad Gisil-
bertum ep. Lugdun.* Longe satis; *Dilecto et ven. domino
D. G. Suession. et Reacin. monasterii ab. a. suus con-
solacionem* etc.

XII E 4. (nicht XIII F 14.) mb. s. XIV. enthält Egidius de sacramento corporis Domini, Homilien von S. Bernhard und f. 100. deſſen Briefe, nämlich von den obigen die 4 erſten und den ſechsten.

XIII D 20. mon. Trebon. mb. fol. s. XIV ex. Omeliae S. Gregorii. f. 159. Dieſelben Heiligenleben wie in 1 C 25; f. 241. V. Arnesti. Am Ende ſteht: Liber mon. S. Egydii in Witignaw comparatus per nobiles dominos de Rosemberk primos ipsius mon. fundatores. Dann folgen aber noch mehr Passiones SS. worunter f. 250. Sigismundi: Tempore Tyberii etc. 253. Adalberti von Bruno. Dann Versus: Quattuor immensi u. ſ. w. 283. °V. S. Guntheri, hiernach herausgegeben in Piters Thesaurus absconditus, wo auch die HS. beſchrieben iſt. — f. 292. V. S. Silvestri pape. 317. Servacii: Illustrissimi viri — aspira. Troyugenarum metropolis Francorum — exacta sunt. cooperante etc. 332'. de transl. S. Wenceslai: Licet plura — invenitur. 334'. Passio S. Calixti pape. 337. Passio SS. virg. XI milium. Zuletzt wieder eine ähnliche Inſchrift wie oben.

XIII G 7. ch. s. XV. mon. Trebon. Die Notabilia ſind moraliſch, nicht hiſtoriſch. Das letzte Blatt enthält einige kurze Notizen s. XV.

XIV G 33. iſt eine neuere Abſchrift der Urk. Przemisls vom 17. Jan. 1205, wodurch er bie Rechte und Beſitzungen des Kloſters Oſtrow beſtätigt, nebſt einer Bulle Clemens V.

XIV G 44. mb. s. XIV inc. Inc. modus dictandi. Salutationes ad papam. Sanctissimo beatissimo etc. Enthält keine Briefe oder Urkunden.

XIV G 52. ch. q. s. XV ex. vel XVI. 1. °Vita Wernheri ep. Merseb. — 2. Von derſelben Hand °Cronica Merseburgensis ecclesie. — 3. Von anderer Hand Libellus de zelo christ. religionis, von Lupoldus de Bebenburg.

XIV H 10. (nicht III E 26.) mb. s. XIII ex. Nach einer Sammlung moraliſcher Sentenzen folgt ein Briefſteller „Dictamen est ad unamquamque rem u. ſ. w. Scheint in Bologna verfaßt. Daraus entnahm ich: Friedrich II ſchreibt ſeinen Getreuen de Romaniola, daß er A. zu ſeinem Vicar per totam Romaniolam beſtellt habe: Dilectionis vestre tamquam — cognoscat. Friedr. II giebt dem G. com. pal. Tuscie ein castrum zu Lehen: Si fideles nostros : — testes. Gregor IX gewährt den Lombarden das Recht ut quociescunque intrare voluerit imp. Romanus Ytalicam regionem, sicut in concordia filie ill. b. m. regine Constancie continetur`, possitis societatem facere et iuramentis et promissionibus vos legare pro vestris racionibus conservandis; unbeschadet der Rechte und Ansprüche, welche der Kaiser de pacto vel consuetudine hat: Aures apostolice — incursuram.

Die Rectores Lambardie verbieten den Städten des Bundes die Ausfuhr von Waffen und Lebensmitteln: Quia non est — acquiratur. Dieselben melden, daß die dem Papste zugesagten 500 milites Mitte Januar abgehen sollen, und fordern eine Gemeinde auf, ihren Antheil zu stellen: Ad vestram — videatur. Graf B. de Manente meldet dem Pfalzgraf von Tuscien G. seine Befreiung aus der Gefangenschaft des Kaisers: Respiciens creator — est reversus. Antwort darauf: Gloria sit Deo — saciari. Ferner folgender Brief, vielleicht von 1226: *Preclaro ac magnifico viro domino P. Hyan* (Peter Ziani) *Venecie. Dalmacie. Croacie. et dimidie tocius imperii Romanorum. nec non et quarte partis Romani imperii. duci felicissimo dignis et magnis laudibus decorato. O. illustris dux Austrie et Stirie. salutem et optata semper felicitate beari.* Volentes ad Romanam curiam pro quibusdam negociis proficisci. a vestra gracia postulamus per vestras partes cum nostra familia fiduciam transeundi. Antwort: *Strennuitatis vestre magnificencia bene novit qualiter. nos oportet locis proximis et vicinis. civibus deservire. quia si contraria faceremus. ipsi nobis victualia denegarent. Cum autem gracia Lambardorum in servicium Romani principis volitis accedere sicut fertur. fiduciam vobis non valemus concedere quam petistis. licet in aliis cupiamus excellenciam vestram pro viribus honorare.* Es kann dies nur auf Leopold VI bezogen werden; der spätere Schreiber setzte gedankenlos O. weil damals Ottokar herrschte, wie das sehr oft vorkommt.

Handschriften des Klosters Hohenfurt.

Mitgetheilt von Hrn. Dr. Rößler in Wien.

12. Cod. ch. in 12. s. XV. Formulæ variæ, scheinen von einem Passauer Notar zu seyn. Darin ein Brief von Bisch. Bernhard! († 1451).

85. ch. fl. fol. s. XV. Inc. cronica Boemorum ab ipsorum initio conscripta, de multis excerpta illius provincie *etc.* mit einer böhmisch geschriebenen Fortsetzung 1419—1440.

364. ch. in q. s. XV. Sallustii Catilina, glossirt. Briefe von Aeneas Silvius.

.. ch. fol. s. XV. Vita Karoli IV.

.. ch. in qo s. XV. Aufschreibebuch des Joh. Staitze beim Costenzer Concil.

.. ch. f. s. XV. Bilderbuch, Briefformen und geschichtliche Notizen über böhmische Familien.

.. ch. f. s. XIV. Briefsteller, darin Briefe Karls IV.

Handschriften der k. k. Universitätsbibliothek in Olmütz.

I. II. 8. Augsburger Chronik v. 1548—1564.

I. II. 19. ch. fol. s. XV. „Conventus S. Bernardini extra Brunam." Enthält überarbeitete Heiligenleben.

I. II. 20. Ebendaher; ch. fol. s. XV. Sacro principi domino Martino V. P. M. *Iohannes de Crivellis* scriptor apostolicus hoc Romanorum regum consulum imperatorum compendium dedicavit." Bis zum Tode des Galetius. b) Inc. cronica ab exordio mundi usque ad tempora Eraclii et Sisebuti principum. Cuius auctor extitit (leerer Raum).

„Brevem tempocum sepem. — ~~alte Fürst~~ ~~auf~~ Optas
carissime marchio — modicum occidentis.“ Finitus feliciter libellus qui dicitur *Augustalis* continens sub compendio brevem descriptionem omnium augustorum a primo
Cesare usque ad ultimum (Wenzel) ad illustrem Nicolaum march. Estensem. Editus et compositus per lau-
reatum poetam d. Franciscum Petrarcham Florentinum.
Angebunden ist d) Hainr. de Hassia super prologo biblie.
e) *Summa legum.* „Iste liber legum *etc.* Propter pa-
ternalem amorem *etc.* Mit besonderer Beziehung auf eine
Stadt (Brünn?), 4 Bücher; das letzte Cap. de reproba-
cione articulorum de speculo Saxonum. Dann Decade-
ron i. e. 10 errorum contentorum in spopulo Saxonum
per sacre theologie magistros reprobacio, nomine (?) fr.
Ioh. Klennkot.

1. II. 21. Ebendaher; früher Liber Augustini archidiaconi
Prerowiensis. Auf dem Einbande steht eine Nachricht über
die Grundsteinlegung zum mon. S. Bernardini extra muros
Olom. durch den Abt von Hradisch, 1453 dominico post
Stanislai. Dann auf den ersten Blättern Böhmische
Annalen bis 1368 (bis 1330 = Franc. Pragensis),
Verzeichniß der Böhm. Fürsten, und fernere Annalen 1372
— 1378. 1387. nebst einem Zusatz von einer zweiten Hand,
die auch im vorigen allerlei Correcturen und Zusätze an-
gebracht, und zuletzt ein Verzeichniß der Prager
Bischöfe bis 1414 (pronunc in a. D. 1414) zugesetzt
hat.

1. II. 22. eh. fol. Auf dem Einbande steht: Insignis et
preexcelse magnificencie domino validissimeque strennuitatis glorioso militi domino Procopio de Rabstein incliti
regni Bohemie supremo cancellario Procopius civitatis
Karoli notarius u. s. w. Gehörte dann dem Conventus
S. Bernardini extra Brunam. Cassiodori Variae.
Expl. liber Variarum mag. Cass. Aurelii viri illustris
finitus ante Letare anno D. 1401 Iohanni cardinali scriptus per Bartholomeum de Utert.

1. III. 16. mem. XVI. Von Prof. Monse: Böhmische Übersetzung der
Brünner Schöppensprüche „Leitha Pánie 1343.
Sedlaczy z Seibetz u. s. w.)

1. III. 17. eh. fol. s. XVII. Von den Jesuiten in Brünn.
Privilegia etc. Brunousis; fleißig benutzt von D'Ebert in
seiner Geschichte Brünns (s. St. 4.).

1. IV. 1. ch. fol. Expl. liber *tripartite, hystorie a. D.* 1448
in vig. apostolorum Phil. et Iac. per manus fratris Alberti professi in mon. Lucensi hora 19. Inc. *hystoria
ecclesiastica* Eusebii Cesar. von demſelben 1448 Valentini
beendigt. Inc. *recapitulacio eiusdem hystorie per manum*
fratris Alberti. „Assyriorum igitur u. ſ. w. fortgeſetzt
bis auf die Söhne Ludwigs des Frommen: Karolus vero
pius Franciam Burgundiam et Aquitaniam obtinuit solus.
Dann noch ein kurzes Kaiſerverzeichniß bis; Lotharius dux
Saxonum regnavit annis 3. Conradus rex. annis
Fridrious dux Suevorum regn. annis   . *Expl. recapitulacio* u. ſ. w.

1. IV. 5. ch. s. XV. *Daria: Oratio ad ambaziatores generalis concilii Basiloensis quae sic incipit: Magister* scimus quia verax es. — *Oratio ad amb. regni Bohemiae:*
Deus in adiutorium.

1. IV. 8. ch. fol. s. XV. Inc. liber qui R o m u l e o n intitulatur eo quod de gestis Romanorum tractat, editus ad
instanciam strennuissimi et spectabilis militis Gomeci
Yspani de Albornocio (damals Statthaltera von Bologna).
Anfang: Principalibus placuisse. Am Schluſſe pag. 10.
Buchs (Galerina), ſtebt: Ea que sequatur scripta sunt de
libro *Io. de Crivellis* quem de imperatoribus conscripsit
temp. d. Martini V pape satis breviter et concordat; ut
plurimum ad Fran. Pe. in libello quem fecit et appella-
vit *Augustalem.* Die Fortſetzung, von anderer Hand geſchrieben, beginnt: Et Romam obsedit — constituit. *Liber XI continens gesta cesarum a Constantino usque ad
Sigismundum.* Constantinus I — unde nunc ad te pater
optime (Mart. V.) redeo qui divinitatis instinctu de la-
tronum omnium audacia gladium abstulisti cuiusque iam
septenni pontificatus tui prospera dicione, singula iusticie
pacisque dulcedine gloriantur. Ob ſava improborum regimina destitutas pres aberrare minime pacieris set su-
perne robore tecum armatus ipse Sigismundus rebellio-
nis cuiusvis atterita tyrannide ullam quietem populis perpetuam afferet. Millia quadringentesimo 20umque quintum annum
Phebus aquario residens agebat, cum finem huic
operi tuis laudibus exacto et a te gratiam et benedictio-
nem tue sanctitatis flexis genibus implorare constitui.
Io. de Crivellis. Dann noch ein Cap. mit Inhalte:
„Supra — meminero. *Io. de Crivellis scriptor apostolicus*

44*

scriptum ad pedum oscula beatorum. Zwischen diesem und
jenem steht eine kurze Chronik nach 7 etates, die übergeht
in eine Beschreibung von Rom nach Conditores castella
porte . . . . . regiones u. f. w. Omnia superius scripta
sunt scripta in studio Rmi d. d. de Ursinis. In camera
pavimenti ipsius d. card. mirifico opere depicte sunt 12
Sibille que sic dicant de adventu Christi u. f. w.

1. V. 9. (früher 28a) ch. oct. De Obrzanò. Enthält 3) Vitae SS. per annum s. XV. Ganz kurze Bearbeitungen.

1. VI. 11. mb. q. s. XIV. Brunae Soc. Iesu. S. Iohannis
pauperis de contemplacione anime oraciones, mit Zueignung an die Kaiserin Agnes.

1. VII. 4. ch. oct. s. XV. vel XVI. Soc. Iesu Iglaviae. 1669.
„Hie hebent sich an die Statrechten ze Wienn. Got
vater allmechtiger seint du die welt beschaffenn hast
etc. 1) Wie man sich vor Recht halden sol. Die letzten
Blätter fehlen, es bricht ab im Cap. von der vencknüsse
Recht.

1. VII. 11. mb. q. s. XII. Augustinus de fide und Hinkmars
V. S. Remigii, sehr schön geschrieben. „Liber iste datus
est per Ill. principem d. d. Georgium ducem in Slesia
Monsterhergensem Olse. Comitem Glawensem etc. pro
monasterio Sarensi Rev. patri domno d. Vito abbati a. D.
1490." Pro conventu Brunnensi Ff. minorum Strict. obs.
ad S. M. Magd. 1659.

1. VII. 13. ch. q. s. XV. 3) Disputacio anime cum corpore quam se audisse testatur Mag. Hilbertus grossi capitis doctor egregius. „Noctis — commendavi." Geschr.
1478. Vergl. Karhjans Frühlingsgabe. — 8) Libellus
Pii Enee ad Ladislaum de educacione liberorum 1477.
12) Subscripcio episcoporum numero 58 decretum uni-
versalis concilii edictum in nomine principis. „Solidi-
tatem — subiacebit." Agathe ed. Catal. 3, 449.
26) Enee Silvii ep. Senensis ep. ad Fr. Iacobum „Co-
gnovi ex uno Cancellario Istrie „Scribimus aliqua.
30) Deselben hist. Bohemie. 1476.
31) Pius II Brief an Machmet princ. Thurcorum „Scri-
pturi ad te. 1476.
35) Oracio commendacionis rev. magistri Gregorii Pragensis rectoris universitatis dignissimi per mag. Duchko-
nem ex Mielnik facta 25 Nov. in lectorio theologorum
a. D. 1476.

38) Pii II. oratio contra Turcos, Mantuae habita.

46) Ep. Enee Silvii de heraldorum institutione ad Ioh. de Hinderbach secret. regis, geschr. 1460.

Außerdem viele Briefe Italienischer Gelehrten, auch des Johann von Limoges Somnium Pharaonis.

1. VII. 26. ch. s. XV. 1) Declaratio d. pape (*Mart.* V) super censu ecclesiarum an den Erzb. v. Gnesen, die Bischöfe von Lebus und Olmütz.

2) *Reductio Grecorum* et conversio (per Eug. IV).

3) Brief darüber an die Wiener Univ. vone Chre. Julian S. Angeli. 1430 Iul. 12.

16) Cedula missa d. imp. *Sigismundo* de consilio Bas. cum tractatu sequenti de concepcione virg. gloriose.

17) Remedium quo rex Sigismundus in visu suo recuperatus est, ut iam amplius berillo non indigeret.

18—24) Briefe von und an *Ioh. de Capistrano.*

25) Brief K. Sigismunds an die Stadt Prag über das Konstanzer Concil.

2. I. 3. *Vincentii Bellovac.* Spec. historiale v. 1470. Bd. 1 und 2.

2. I. 4. ch. fol. Dass. vollständig in 4 Bänden. Expl. primum volumen Sp. hyst. finitum sub a. D. 1465. — Conventus Znoymensis fratrum min. stricti observantie. In jedem Bande steht am Ende mit rother Schrift: A. D. 1466 Reverendissimus in Christe pater et dominus d. Wilhelmus de Colonia Agrippina Dei et ap. sedis gratia ep. Nicopolensis et archidiaconus Brunnensis per commendam ordinis fratrum heremitarum S. Augustini hunc librum scribi fecit pont. sui anno 25. Hic existens predicator egregius Brunne in conventu S. Thome predicti ordinis assumptus fuit per sanctissimum d. Eugenium papam IV proprio motu in capellanum et penitenciariam; deinde in episcopum. Et solempniter fuit consecratus Florencie in conventu S. Spiritus ante dicti ordinis. in ornatu et pontificalibus eiusdem sanctissimi d. pape per Reverendissimos patres et dominos Rodolfum episcopum civitatis Castelli protunc sacristanum et confessorem pape eciam eiusdem dicti ordinis et Ortanum ac Valvensem episcopos seculares dominica infra octavas corporis Christi a. D. 1442. pont. eiusdem sanctissimi d. pape a. 12. Hic Wilhelmus episcopus postmodum sub 4 presulibus videlicet Paulo de Miliczin, Iohanni Haaz, Bo-

hussio de Zwola, et Prothasio de Boskowicz moderno
Olbmucensis ecclesie extitit vicarius in pontificalibus. vir
per omnia zelator fidei catholice et apostolice obedien-
tie propugnator. Hic eciam ecclesiam parrochialem As-
sumpcionis virginis gloriose in Strecz et capellam S.
Crucis in Melicz iam translate in Wissav cum dicto ar-
chidiaconatu auctoritate apostolica tenuit in commendam.
Orate Deum pro scriptore. Im 4ten Banbe ift noch ju-
gefe̒t:

  Si tu scriptoris nomen cognoscere velis
  Io sit primum han medium nesque supremum

  Quidam Boemus nacione de Nimburg.

Im zweiten und vierten Banbe folgt weiter von anderer
Hanb: Hic reverendissimus episcopus a. D. 1451 circa
festum S. Petri ad Vincula per 40 dies fuit interpres Reverendi patris et b. m. fratris Iohannis de Capistrano in Brunna et pro empcione loci Brunnensis pro
ratihabitione dedit primum grossum. Deinde in vigilia
SS. Symonis et Iude eciam magna difficultate habita introduxit fratres ad locum et benedixit. tandem imposuit
primarium lapidem et post 3 annos consecravit chorum et
postea fundamentum ecclesie et post (vacat) annorum
curricula totum locum consecravit cum omnibus altaribus
ambitu et cimiterio. Etiam idem Reverendissimus episcopus consecravit totum locum fratrum in Znoyma a. D.
1476. Item in Lupschitz ecclesiam et in Oppavia chorum ac in Olomuntcz chorum ad honorem Concepcionis
B. M. V. cum 3 altaribus. Et istos libros contulit pro
loco S. Bernardini in Brunna a. D. 1479. anno pont.
sui 37. Sanctissimi domini nostri d. Sixti divina providentia anno 8.

2. l. 7. ch. fol. s. XV. Sermones Clementis VI pape,
darunter *de passagio faciendo*. Anfang: Faciem suam;
de mortuis pro card. Iaquitani (?): Tempus. *Quando
passagium fuit concessum regi Francie:* Accingimini;
bgl. *coram prelatis Parisius:* Deum timete; *in sepultura
card. Neupoleonis:* Leonem. *Collacie quando venerunt
de Francia Cardinales Tusculanus et Penestrinus:* Ibant.
Coll. in die cene contra Bavarum: Atrium. *Coll. in red-
ditu card. Bernardi Ruthenensis de Arrogonia:* Et iste.
Coll. quando procuratores ex parte Bavari presentabant

procuratorium et submittebant res et bona, ad vicia pe-
dium bonorum. Nolita! Serven contra archiep. Mogun-
tinum: Filius, Sermo in erectione Nicolai card. Te fa-
ciam. Coll. quando venit cand. Albers de Italia. Sicut
frigus. Coll. in evocatione civitatis Pragensis in metro-
polim et altarum, duarum villarum in civitates, unius
in Bohemia, alterius in Yspania (quam ceperat rex
Castella Alphonsus) vocata Alzisilla anno 2. pont. nostri
ult. die Aprilis. Benedictione. In adventu cardinalis:
Egrediabatur. Coll. quando facit processus contra inter-
fectores Andree regis Sicilie die 1 Febr. pont. sui a. 4.
Vox sanguinis. ogl. a. 4. die 7. m. Apr. in depositione
H. archiep. Mog. Cum iudicatur; in processibus factis
contra Bavarum in cena D. die 13. Apr. anno 4. Hereticum. Sermo in canonizatione recolenda mem. d. Ivonis Heloy presb. Tretonensis dioc. pont. sui a. 4. Zuletzt Collacio facta per archiep. Prag. a. 1345: In te,
und Coll. facta per d. Clementem papam VI in appro-
bacione Karoli in regem Romanorum electi, die Lune VI
mensis Novembris a. D. 1346 pont. nostri a. 5. Salomon. Davon fehlt das Exbr. Vergl. Archiv H, 203.

2. II. 21. ch. fol. s. XV. „Carth. de Dolano." Summa Innoc.
pape IV de penitantia. Acc. 1) Tractatus Wikeffistarum
presentatus Serenissimis principibus regi Pol. et magno
duci Lytwanie (von der Stadt Prag) a. 1420. mit der
Antwort. 6) Protest gegen die Hinrichtung des Joh. Huß.
— 7) *Nachrichten über Bisch. Bruno von Olmüz. 12)
Statuta capituli Olm. von B. Johann 1352. nebst Nachricht von anderen Synodalbeschlüssen und den Einkünften
der Kirche; zulezt K. Wenzels Utk. „Pia maiestas.

2. II. 24. ch. fol. s. XV. Lectiones per anni cindulum in
dioc. Prag. dicendae, scriptae et distributae per ven.
Patrem Conradum ord. Carth. a. 1353. Unvollständig.
Darin das Leben S. Vrbastii von Alkuin, ohne den Prolog, und Gerdrudis: Credimus largiente — dignatus est
operari.

2. III. 3. mb. s. XIV. fol. „Conv. Olom. ad S. Iacobum."
Martyrologium, mit nekrolog. Randbemerkungen. Auf
dem Deckel steht von gleichzeitiger Hand: A. D. 1618 in
vigilia Ascensionis Domini Bohemi Pragae deiecerunt ex
fenestris cancellariae in arca d. Slaxatam et d. Smiecan-
sium (?) consiliarios Mathiae imperatoris et regis Bohemiae

et d. Philippum secretarius et facta est rebellio maxima. A. D. 1619 facta est rebellio Brunae a Moravis in vigilia Ascensionis Domini et die dominico infra oct. Asc. D. Iesuitae fuerunt proscripti Olomutii et ecclesia data haereticis S. Mauritii Olomutii. Eodem anno in festo Assumptionis B. M. V. fuerunt omnes canonici Olomucenses positi ad causas ab haereticis rebellibus et eorum domus spoliatae. Die lunae infra oct. B. M. V. fuerunt omnes vicarii eiecti extra civitatem et eorum domus spoliatae ab Hartmanne Bucham Capitaneo Olomucensi qui exercuit summam tyrannidem in catholicos.

2. III. 31. ch. fol. s. XV. Iosephi Antt. Iudaicae. Dann liber de orientali eccl. quem edidit ep. Acconensis (Iacobus de Vitriaco). Das dritte Buch fehlt.

2. IV. 13. ch. fol. a. 1501. Visiones b. Mechtildis. 3) Hist. Udonis archiep. Magdeburgensis.

2. IV. 16. ch. fol. s. XV. Sermones de sanctis.

2. IV. 22. ch. fol. s. XIV. Glossa super psalterium. — Epistola univ. Oxoniae ad Rich. regem pro tollendo schismate in ecclesia a. 1395.

2. V. 1. mb. 4. s. XII. Augustinus de doctrina christiana. 3) Ammonitio Adelgeri ep. ad Nonswindam reclusam de laude caritatis. Gedr. Pez. Thes. II, 2.

2. V. 4. mb. q. s. XIV. Sermones de temporibus et de sanctis. Zuletzt De S. Wenczeslao: Oriente — patrie perhennis. De translat. eiusdem: Licet ex ante scriptis — dimiserunt eum. De S. Cholomanno: Regnante — deponi. De S. Elizabeth: B. E. quondam — reddidit. — Epistola presb. Ioh. ad Emmanuelem regem.

2. V. 12. mb. q. s. XIV ex. 2) Summa Heinrici „Sicut dicit lex etc. 3) Sermones de sanctis Iacobi de Voragine.

2. VI. 16. ch. q. a. 1469. Speculum animae Henrici de Hassia. 15) Epistola univ. Cracov. generali synodo Basil. directa.

2. VI. 25. ch. q. s. XV. „Carthusie de Dolano.“ Tractatus de sacramentis. Acc. 4) Eine kurze Chronik: Nota. Crisostomus dicit quod Iesus vixit 33 annis et dimidio bis. Item papa Innoc. VI cepit a. D. 1352. — 5) Verz. der Olmützer Bischöfe. — 6) Sermo ad concil. Constant. contra Io. Huss. „Divini ac summi. — 9) Oratio facta per mag. Iacobum ep. Laud. super condempnacione

Ieronimi de Praga heretici in Const. combustio. — Auf
1¹/₂ Seiten einige geschichtliche Notizen über Böhm. Fürsten u. a. Zuletzt von anderer Hand: Item a. D. 1309
rex Iohannes subintravit terram Bohemie; eodem anno
duxit uxorem Elizabeth. Item a. D. 1338 locuste in-
numerabiles vise sunt. Item a. 1348 terre motus factus
est magnus in conv. S. Pauli. Item a. D. 1349 flagellatores venerunt ad terram Bohemie. Item a. D. 1350
fuit prima pestilencia. Et a. D. 1360 fuit secunda. Et
post annum fuit caristia magna. Et a. D. 1368 fuit tercia pestilencia. Item a. D. 1378 obiit Karolus imp. in
vig. S. Andree hora 2. noctis. Item a. D. 1379 confirmacio facta est Urbani pape, cui insurrexerunt Gebe-
nenses. Item a. D. 1380 fuit pestilencia per Bohemiam.
Item a. 1390 et. 15. die m. Sept. Sigismundus rex
adiunctus est thoro maritali in terra Ungarie. Item a. D.
1396 feria 6. proxima ante Scolastice tenitruum auditum
est et coruscaciones in die stante (?) et tunc fuit mor-
bositas et ... sitas hominum nimis. Item a. D. 1392
incepit iubileus annus dominica Letare in castro Wisse-
gradensi et vigebat usque ad exalt. S. Crucis. Item a.
D. 1394 rex Venceslaus detentus fuit proxima feria post
Potenciane per Iodocum march. Moravie et per dominos
terrestres suos etc. Item a. D. 1378 obiit Karolus imp.
in vig. S. Andr. 2. hora noctis. Item a. D. 1385 in
die   m. Sept. coniunctus est rex Sigmundus maritali
thore in Ungaria. Item a. D. 1394 rex V. detentus fuit
in die Potenciane per dominos regem Sigismundum et
Iodocum etc. — 13) Allerlei Geschichten, zuerst wie Kaiser Heinrich II den h. Nikolaus Messe lesen sah und eine
Ohrfeige erhielt „pro fatigacione coniugis tue Gunegundis
quam indebite per purgaciones fatigasti." und davon hin-
fend wurde. — Folgende Segensformel für Wunden:
In dem namen des (vaters) und des sunss und des heiligen geistes daz wasser muss alzo vel gesegent seyn
zam der heilige Iordan vas do goth ynoe getawft vard,
das vas unser liber her Iesus Christus daz ist var in
gotes namen amen † Ioh gesegen dich heut du unwer-
mailte wunde mit den rechten karachtern gotes unsers
liben hern Iesu Christi daz du dein sweren dein swellen
dein smecken dein faulen dein sauren dein nisen dein
flyzen lassest seyn und alles ungelikke lassest seyn. es

sey flengen oder spynnen. oder was daz sey daz dysem
vasser schade sey daz muss von dysen varlen tod seyn
dy ich hye gesegent han mit den varlen gotes daz ist
var in gotes namen amen + O da gebenedayter her
Iesus Christus dyne heiligen funff wunden dy der sawlten
noch der sawrten ny noch geflossen noch der stokten
noch geswullen. noch enswullen nye noch der rotten.
noch der totten nie. do geslug nye keyn ungluk zu.
Alzo muss zu disen wunden und zü disem vasser keyn
unglak slachen noch kumen zu. es sey ungesegent oder
ungesant oder velcherley daz untugent sey. daz dysen
wunden schade sey. daz müz von disem vasser tod seyn.
dar ich hye gesegent hab mit den varlen gotes daz ist
var in gotes namen amen + unsers liben herren Iesu
Christi funff wunden dy heilten wil. vaste von grunde
und sten auff disen hewtigen tage von grunde geheilt.
do geslug nie keyn ungluk zu. alzo muss zü disen
vunden und zü disem vasser keyn ungluk slachen hewt
und ymmer ewicleich daz ich hye gesegent hab myt
den varlen gotes. daz ist var in gotes namen Amen +
Vart ye keyn vasser pass gesegen den daz vasser. zo
kum daz vasser zu dissem vasser und ein vasser zü dem
andern vasser. daz sy den peyde alzo wol gesegent
seyn, als daz heilige vasser vas daz goth auss seyner
seyten ran. dy selbig wunden vart nye rot noch unge-
stalt. noch kam nye keyn ungluk da zü. Alzo müs zü
disen wunden und zu dissem vasser keyn ungeluk kumen zu. dy ich hye gesegent hab mit den varlen gotes
daz ist var in gotes namen. Amen. Reportacio Anno
Domini etc. 2°.

2. VI. 29. ch. q. Ars memorandi etc. 4) Iglauer Statuten von 1348, 2 Blätter, der Anfang fehlt. 5) Das
Bergrecht König Wenzels VI. Beides s. XIV ex.
7) „Daz sind dy artikel einhellig und uberain sind worden zü ainer volchömen und gemain ainung der ganczen
christenhait czwischen dem allermächtigistin fürstin Ro-
mischen und zü Ungern chunig und der hochwirdigen
potschaft des concilii ze Costnicz ze ainem tail und der
darchlewchtigen fursten und chunigen von Arragoni von
Castell von Nawar und ander mächtig graffen und herren
der gehörsam des pabstes Benedicti zw dem anderin
tayl. Item u. s. w. Zulet: Gnädiger lieber herr es

.. hat dy universitett und schül am Erichtag prieff gehabt von Maister Petren von Pulka unsern polen ze Costnicz der schreibt wie daz dy LX rueff prieff dy daz conöilii schiekchen schol dem chünig von Arragony als ir in dem ersten artikel habt hartt innerhalb czwain moneyden geantwurt werden. So habent den dy chünig von Arragony von Castell etc. drew meneyd gen Costnicz ze schikchen ausgenömen an der verczyechung do mag ewr gnad wol merkchen daz ainer wol möcht uber mer czyechen und ritter werden und dennoch czu güter czeit zü Chostnicz chömen zü der wellung ains pabsts."

2. VIII. 11. mb. s. XIV. 3) Sermo quem fecit Mag. Matheus de Cracovia S. Th. D. coram Urbano papa VI cum ceteris ambasiatoribus studii Pragensis.

3. II. 11. ch. f. s. XV inc. Henricus de Hassia de sacramentis. Acc. 1) Statuta eccl. Pragensis a b. Ernesto edita. 2) Statuta eccl. Olom. per Io. et Conr. episcopos.

3. II. 13. ch. f. a. 1471. Speculi historialis pars II.

3. III. 1. ch. f. s. XV. Sermones. Acc. Statuta eccl. Gneznensis et Wratislav. quae Cunezo de Zwola administrator eccl. Wrat. a. 1423 promulgavit.

3. III. 15. ch. f. s. XV. „Fratrum minorum conv. Olm." — Ep. S. Cirilli. Acc. 4) Vita b. Elizabeth: Fuit igitur secundam genus — virtutes; ad laudem etc.

3. IV. 3. ch. f. s. XV. Sermones. Acc. 6) Disputactoues inter corpus et animam per ven. mag. Rudbertum Leoniensem ep. grossi capitis. „Post hominis mortem querunt avide tria sortem. Vult unus carnem Sathan umbram proximitas rem. — Ecce mundus moritur vicils sepultus. 76 Verse bis talis. Noctis — commendavi. Gehörte Conv. Olm. ad S. Iacobum.

3. IV. 15. ch. f. s. XIV. Tractatus brevis de vita philosophorum. Acc. 4) Statuta synodalia Ioh. ep. Olom. 5) Statuta provinc. Ernesti arch. Pragensis.

3. V. 8. ch q. s. XV. enthält Sermones de sanctis ohne Werth.

4. I. 8. 28 Privilegien des Kl. Hradisch nächst Olmüz, von 1446 — 1601; transsumirt 1660.

Von den Handschriften des Olmützer Domkapitels (Archiv IX, 484) untersuchte ich:

177. saec. XII. enthält noch den *Ep. Bernardi:* Sermo. b. Anshelmi ep. und Expositio sex versiculorum per cancellarium missa archiepiscopo Pragensi. Zuletzt einen Vertrag zwischen Markgraf Johann und dem Bischof von Olmütz.

188. Die *Cantus germanici* sind versificirte Legenden.

200. Die *Historia satyrica* fängt an: Interroga de diebus, und ist also die Jerbausche, Mural. Antt. IV, 951.

202. mb. fol. s. XII. *Liber conciliorum et collecta Purcardi 13 librorum:* Hec est formula secundum quam debet s. synodus in nomine Domini fieri. Dann die Canones apostolorum, concilii Niceni u. f. w. mit Unterschriften. — f. 49'. Collectiones Purchardi ex canonibus diversarum synodorum. Am Ende die Urkunden bei Boczek n. 230 und 234.

205. mb. fol. s. XII. „Romanorum decretalia pontificum synodalibus tempore prestant conventibus non incongrue in nostre defloracionis opusculo primas sibi vendicant partes." In chronol. Ordnung. Auf Stephan V folgt f. 69. gleich Leo IX, Alex. II, Urban II. Dann die Concilien, f. 101'. am Ende des XIII. Quat. ist eine leere Seite mit dem `Conc. Remense von 1131 beschrieben. — f. 119'. Hactenus de corpore canonum ea que secuntur aut sentenciae sunt orthodoxorum patrum aut leges catholicorum regum aut synodice sentenciae gallicanorum aut germanorum pontificum. — 1. De his qui a parentibus propriis monasterio offeruntur. Eine systematische Sammlung, worin aber auch wieder päpstliche Dekretalen und Concilienschlüsse vorkommen. — Am Ende „Briefe von K. Ludwig VI über die Wahl Innoc. II und von Innoc. an die Deutschen Fürsten, Pisa 20. Juni; ferner von Adalbert v. Mainz, n. 230 bei Boczek. Alles s. XII. Dann auf 3 Blättern von einer Hand s. XV. das Granum Kathalogi (kurze Geschichte der Bischöfe von Olmütz), von einer zweiten Hand sorgfältig durchcorrigirt; leider unvollständig. — Auf dem ersten Blatte ist eingetragen der Vertrag zwischen Kalixt II und Heinrich V (übereinstimmend mit der Handschr. 2.) und dann ohne alle Unterscheidung Cap. 1. u. f. w. die ersten 17 Kanones des Concil. Lat. I. von 1123.

210. *Eine gloffirte Lombarda saec. XIII. mbr. bricht bei
L. 2 Lomb. II, 29 ab; vorangeheftet ift ein Blatt, worauf
ein Fragment der in Archiv VII, 783. X, 383 erwähnten
historischen Einleitung des Lombardacommentars.

230. *Vitae Sanctorum* s. XIV. find überarbeitet.

270. Das Magdeburger Recht ift von 1352, das Lehenrecht
von 1403.

328. Das Brünner Recht ift der fogenannte Manipulus. Anfang: Duplex.

342. Prager Stadtrecht saec. XVI.

350. *Petrus de Vinea* ift die fyftematifche Sammlung.

411. mb. f. s. XIV. Cronica regum Britannie von *Galfridus
Monemutensis.*

463 und 504. *Epistolae*, find liturgifch.

575. mb. 4. s. XII. *Poetria nova*, gloffirt als rhetorifches
Mufter. „Imperialis apex." Istam epistolam mittit imperatori ut impetret veniam regi suo. „Flos et apex."
Hanc epistolam mittit archicancellario Anglie commendans
eum. „Quod pape." Inc. ep. prohemialis magistri Gau-
fridi Vinosslaui quam scripsit cancellario mencionem faciens de hoc libello et eum yperbolice commendat.
Nicht aufzufinden waren n. 98. Ep. Bernardi, vielleicht die
von Boczek als 379 bezeichnete Handschrift, woraus er die
Briefe Innocenz II, Lucius II und Eugens II mittheilt;
denn 379 find Predigten. Auch 126. Ep. Bernardi, nach
Boczek n. 282 enthält jenes nicht. Ferner 208. Collectio
legum. 289 Epistolae. 308 Constitutiones papales s. XII.
nach Boczek p. 67, wo aber 205 gemeint zu fenn fcheint.
464. Petri Blesensis ep. s. XIV. und der Codex privil.
episcopatus s. XIV.

Städtifches Archiv in Olmütz.

B. II. 8. Handfchriften,

Iura, statuta et consuetudines civitatis Olomucensis, mb.
in folio. Ius Magdeburgense. Wenceslaus de Iglavia.

Urkunden.

M. I. 32. *Privilegium Rudolfs I v. 1278. Reg. 462.

M. I. 24. Johann erlaubt, eine Villa an der March zu bauen. 1314. Sept. 29. Prage.

I. I. 4. Desselben Marktprivileg. Prag d. 30. Sept. 1314. R. a. 4.

M. I. 1. Derf. schenkt den Zoll zu Olmütz. Brünn 26. Febr. 1315. R. a. 5.

M. I. 15. Derf. bestätigt das Privileg K. Wenzels v. 1291. Brünn 1318. Sept. 6.

R. I. 25. Derf. ändert Bestimmungen des Magdeb. Rechts über gestohlene Pferde. Wratislawie 1326. R. a. 15.

I. I. 19. Derf. bewilligt versch. Rechte. Meran 1331.

I. I. 1. Desgl. Chutt. 16. Sept. 1331.

V. I. 2. Markgraf Karl bestätigt das Bündniß zw. Olmütz, Neustadt und Littau. Prag 1346. Sabb. post Conv. Pauli.

B. I. 26. Mittheilung des Breslauer Rechts an die Stadt Olmütz. 1351 vig. Purific. b. V. Marie.

H. I. 1. Markgraf Johann bewilligt, daß Olmütz das Magdeburger Recht gebrauche wie Breslau, und daß die übrigen Städte in Mähren, wie Neustadt, Littau, Sternberg und alle anderen, welche bis jetzt Magdeb. Recht hatten, nur von Olmütz als der Hauptstadt ihr Recht holen sollen. Brünn d. 3. Mai 1352.

M. I. 9. Karls IV. Privileg, in Prag frei zu kaufen und zu verkaufen, wie die Brünner. Prage a. 1376. 8. Kal. Ian. R. B. a. 31. Imp. 22.

C. I. 28. Bestätigung der Privilegien durch K. Wenzel. Prag 17. Febr. 1411.

L. I. 21. K. Wenzel befreit die Stadt O. auf 2 Jahre von allen Losungen und Abgaben, damit sie ihre Schuldenlast desto besser abtragen könne. Prag, Dinstag vor Estomihi 1411.

N. I. 2. K. Wenzel befreit Landleute um Olmütz von Abgaben. Tocfnick 1412. 1. Mai. a. R. 49. 36.

N. I. 13. 14. Derf. bestätigt und vermehrt das Niederlags- und Straßenrecht. Prag d. 26. u. 27. Nov. a. R. 49. 36.

M. I. 13. Derf. bestätigt die Zollfreiheit. Prag 1413 den 16. Sept. R. a. 51. 38.

T. I. 2. K. Albrecht II bewilligt Victorin von Schönwald facultatem testandi, männiglich sein Gut zu hinterlas-

...sen, ausgenommen Geistlichen. Prag d. 8. Juli 1438.
R. a. 1.

V. I. 3. Die Stadt Brünn verspricht D. Hülfe gegen jede
Anfechtung nach K. Albrechts Tode. 1438, Freitag vor
Mathei.

V. I. 1. Bündniß zwischen Olmütz Brünn Znaym und Iglau.
Brünn Samstag nach Bonifacii 1467.
Außerdem zahlreiche Urkunden von K. Sigismund.

Handschriften der ständischen Sammlung in Brünn aus Cerronis Nachlaß.

Vergl. Archiv IV, 264.

5. ch. s. XV. Briefe aus dem 15. Jahrhundert.

11. Abschriften s. XVIII. aus der Bibl. des Domherrn Grafen Giannini in Olmütz, einzeln aufgeführt Archiv IV, 264.
Die Urkunde Ludwigs des Deutschen ist für Wunstorp und
datirt Franconofurt pridie Id. Oct. regni in orientali
Francia a. 33. ind. 4.

23. Epitome chron. Bohemici fehlte noch.

27. *Arnoldus Lubecensis s. XIII. am Anfang stark
beschädigt; nur 3, 25—5, 3 sind vorhanden. — Horatius
s. XIII.

88. ch. s. XVIII. Cosmas, eine Collation des Dresb. und
Metrop. Coder. Coronae regni Boh. satyra in regem
Hungariae Sigismundum. Ex cod. S. Clem. Prag. ch. s.
XV. Y. II. 4. n. 65. Chron. Bohemici fragm. ex cod. S.
Clem. Prag. Y. I. 4. n. 9. von 1420.
Carmen de electione Mathiae in regem Bohemiae. Ex
cod. S. Clem. Prag. Y. I. 3. n. 99.
De exordio Sazaviensis monasterii.

92. Briefe und Formeln aus Karls IV. Zeit. Copie
s. XVIII.

108. Dalemil s. XV. in q. ch. — Fragm. poem. Bohem. s. XV. de Mathia de Trenczin qui Moraviam vastavit. De Henrico de Lippa et Hassenburgicis. De bello baronum cum rege Iohanne 1316. De Plichta de Zierotin. Alles auf 2 Blättern. Cf. Dobrowsky Gesch. der Böhm. Spr. ed. II. p. 147. 148. 255.

157. Fragmenta de syn. Basil. s. XV.

209. Epistola concilii Const. ad Hussitas. Codex a. 1417. Stephani dial. adversus Hussum. Cod. dedicatus Iohanni ep. Olmucensi. a. 1413.

234. ch. q. s. XV. Litterae missae Wenceslao und verſch. Hussitica, deren noch viel vorhanden iſt in andern Handſchriften.
Historia de S. Wilhelmo, von Aquitanien. Hist. de S. Carolomanno — nur die bekannten Geſchichten.

263. Neue Abſchrift. Fragm. chron. Bohemiei 90 — 1040. Spät (4 Berengar) und nichts Böhmiſches enthaltend.

285. Nalezy (Schöppenſprüche) 1585 — 1609.

292. q. ch. s. XV. Nicolai de Bohemia ord. minorum chron. Bohemiae, dem Markgrafen Johann von Mantua (nach Cerronis Bemerkung 1432—1444 perpetuus gubernator imperii) zugeeignet. Leider iſt nur das erſte Buch bis 1308 und der Anfang des folgenden, erhalten. Die Erzählung iſt ausführlich und mit Urkunden belegt.

321. — 327. 332. Puhony e Nalezowe aus den Jahren 1343 — 1600.

328. Pulkawa (war noch in Wien).

386. Neue Abſchrift von Theodulfi Aurelian. Capitulare „Ad virtutes difficile.

Handſchriften des Stadtarchivs zu Brünn.

1. mb. fol. s. XIII. Sachſenſpiegel, Magdeburger Recht, Von Urteilen und Klagen, Iglauer Stadtrecht, Prager Stadtrecht (Rößler über Bedeutung und Behandlung der Geſch.

des Rechts in Österr. Anhang p. IX.) Dann von späterer Hand Brünner Stadtrecht.

2. Brünner Stadtrecht, geschr. 1353; s. Monse, die ältesten Municipalrechte in Mähren, in den Abh. d. k. Böhm. G. d. W. 1787.
3. Codex juris Brunnensis. Manipulus. 1389.
4. dgl. Wenceslaus de Iglavia. 1446.
5. Brünner Schöppenbuch saec. XIV exeuntis.
6. Dass. Lateinisch und Böhmisch s. XV.
7 ff. Fortsetzungen von 1471 bis 1616.
34. Privilegien der Stadt bis 1478.
35. desgl. saec. XIV.
38. Ältestes Stadtbuch von 1344.
39. Losungsbuch von 1343 bis 1360.

Eine genauere Beschreibung dieser Handschriften ist in dem zweiten Bande von Rößlers Rechtsdenkmälern aus Böhmen zu erwarten.

Handschriften des Klosters Raygern bei Brünn.

Vergl. Archiv f. Kunde Österr. Geschichtsquellen. 1849. Heft 5.

Martyrologium Oddonis s. IX. (fängt an: Aeterna Christi munera .... III. Kal. Iul. Rome natal. b. apostolorum) mit den berühmten kyrillischen Randnoten. Am Schluß steht mit etwas verschiedener Schrift: A nativitate d. n. I. C. usque ad Tyberium numerantur anni 14 u. s. w. A Iustiniano usque ad Philippum (so für Pippin) seniorem fiunt anni 2; a Pippino seniore usque ad Carolum a. 27. A Carolo usque ad Pippinum et Carolomannum a. 27. A Pippino et Carolomanno usque dum Pippinus rex constitutus est fiunt a. 10. A Pippino usque ad Carlum et Carlomannum a. 17. et a Carlo et Carlomanno usque ad Carlum fiunt a. 4. et inde domnus Carolus solus regnum suscepit. et Deo protegente gubernat usque in presentem annum feliciter. qui est annus regni eius 42, imperii autem 9. Sunt autem totius summe ab origine mundi anni usque in presentem annum 4761. Vergl. Arch. VII, 272.

Die folgenden Handschriften befinden sich in der Abtheilung H. des Archives.

g. 14. Abschrift der Verse de passione S. Adalberti „Quattuor immensi aus dem Metrop. Cober zu Prag; des Cosmas ebendaher mit Lesarten der Karlshofer Handschrift. — f. 304. Inc. planctus reverendi doctoris Andreae de Brod super civ. Pragensi laudando et vituperando eam: „Verbum mihi — opto." Ex cod. mon. S. Galli ord. Carmel. Calc. Veteropragae descr. 1750. Vergl. Palacky, Würd. p. 302.

g. 17. 'Pitters Abschrift des Vinzenz und *Chron. Siloense.*

g. 18. 'Desgl. des *Ansbertus* und *Gerlaci Chron.* 1193—1197. Daraus hat der Archivar Herr P. Victor Schlossar, jetzt Prälat des Stifts, Dobrowsky die Ergänzungen mitgetheilt.

g. 19. Neplacho. Abschrift der Dorotheer Handschrift.

g. 21. *Chronica Ottokari regis Boh. fundatoris S. Coronae quam fecit d. Petrus abb. Aulae Regiae.* O Deus aspira *etc.* Fuit in regno — (1326) quilibet amen. Das letzte Cap. ist: Oratio pro rege Wenceslao ultimo Ottakaro. — Copia s. XVIII. Vergl. Palacky, Würd. p. 127.

h. 3. Kurze Böhmische Annalen, aus Wiener Handschriften abgeschrieben, bis 1419, 1032—1458 und 1214—1438.

h. 9. Chr. Bartossek de Drahonitz 1415—1457. E cod. Wyssegradensi.

h. 12. chart. s. XV in q. Briefe und Aktenstücke, die Hussiten betreffend. Ep. Petri Damiani ad Goffredum ducem „Qui pigmenta *etc.*

h. 20. Chron. Fr. Andreae mon. S. Magni Ratisp. de Hussitis 1422—1438. Abschrift von Piter.

i. 1. ch. s. XV. in q. Auf dem Vorsetzblatte steht: Liber Martini B .... de Broda Theotunicali anno 1496. Zuerst das Böhmische Landrecht: Poczinasie prawo zemske czeskee dawno nalezenee. — f. 41. Vita Karoli IV. Dann beginnt f. 71. eine Sammlung der für das Böhmische Staatsrecht wichtigsten Urkunden, fast ganz übereinstimmend mit der Prager Handschr. I C 24; 2 Briefe von Ottokar, nämlich Reichssachen 80 bei Böhmer und

n. 1. bei Dolliner, und Petr. de Vin. I, 1. Dann einige gesammelte Sentenzen, Vita S. Nemonis und 7 Mirabilia mundi, Alles von einer Hand. — f. 142. von anderer Hand Münzordnung: Primo notandum est quod triplices denarii bis f. 143. Expliciunt iura publica et politica conpendiosa et utilia. Dann noch einige Verse über Böhmens 30364 villae, 2212 Pfarren (exceptis claustris et castellis) und 64 Klöster.

i. 25. *Ansbertus*, Duplum von g. 18.

i. 31. ch. fol. s. XV. „Iste liber est conventus mon. Fontis S. Mariae in Sar Cyst. ord. Prag. diocesis." Die Chronik des Albert von Siegburg, wie in der Wiener HS. h. p. 484; prächtig geschrieben per fr. Albertum monachum 1458 Feb. 22. Von anderer Hand steht auf der folgenden Seite der Brief des *Ioh. de Huniad* über die Vertheidigung von Belgrad vom 24. Juli 1456, gedruckt bei D'Achery Spicil. 3, 801*) und noch ein Absatz über die Türkenschlacht vom 15. Juni 1387.

i. 32. Copia s. XVIII. *Chron. pontif. et imperatorum.* Dominus noster — (1261) Vacavit ecclesia 3 m. et 3 diebus. Octavianus — (1250) vixit per 6 annos. Beides sehr mager. Auszüge aus *Andreas mon. S. Magni* bis 1378.

l. 3. Vitae SS. s. XIII. Nichts Brauchbares.

l. 5. Vitae SS. s. XIV inc. mb. Legenda aurea.

l. 6. Dieselbe s. XV. ch. in oct. Hier sind folgende Stücke eingeschoben: f. 80. *Hedwigis beate.* B. H. ex illustri *etc.* f. 179. *De S. Ludmilla;* gedr. bei Dobrowsky, Kritische Versuche I, 70. f. 194'. *De S. Adalberto.* 1½ Seiten. f. 199'. *De S. Wenczeslao,* von B. Johann von Olmüz. f. 259. *De S. Procopio.* Fuit itaque b. P. abbas *etc.* 6 Seiten. f. 290. *De S. Ludmilla.* Recordatus avie sue u. s. w.

---

*) hier mit der Einleitung: Item a. D. 1456 hec cedula domino Ulrico de Rosenberg transmissa fuit de Ungaria in qua eciam hec inclusa tenebantur: *Magnifico domino Ladislao de Gara regni Ungarie palatino domino nobis honorando Iohannes de Huniad comes perpetuus Bistricensis. Magnifice domine nobis honorande. Novitates etc.* mit einigen besseren Lesarten, und dem Datum Sabbato ante Iacobi. 1456.

f. 194'. *De hiis qui duxerunt coreas in Saxonia.* Miraculum magnum — Cuius vid. scripti exemplar hiis qui eandem angelorum historiam scripsit a domino Peregrino Coloniensi archiep. se accepisse asseruit dicens: Date sunt hee littere a domino P. C. a. beati Herberti successore a. d. i. 1013.

f. 217. *De 5 fratribus.* Temporibus Heinrici — 1004 pridie Id. Novembris.

f. 308. *De quodam episcopo nomine Udo.* A. D. 950. Ottone III imperante — cuncta trementis. Der Erzb. Udo von Magdeburg, welcher mit einer Äbtiffin de regali cenobio quod tunc Osterholcz nunc vero Vallis liliorum dicitur lebte, wird in der Nacht von Heiligen gerichtet und enthauptet. Kommt oft vor.

l. 11. *Vita S. Guntheri.* Abschrift aus der Witingauer Handschrift. Außerdem befinden sich hier noch folgende 2 Originalurkunden K. Johanns:

1325. 11. Kal. Apr. Brunne. Er überläßt den Brüdern Wernhard und Mathias, Bürgern von Brünn, die Äcker welche sie zu ihrer Curie in Schirnawitz von einigen Bogenschützen (sagittariis), seinen besondern Dienern, gekauft haben, frei von den Diensten, welche diese zu leisten hatten.

1325. 2. Kal. Apr. in Broda Ungaricali. Er bestätigt dem Mathias von Brünn und seinen Brüdern die Freiheit der zu dem Hofe in Schirnewitz gekauften Äcker.

Handschriften der fürstl. Dietrichsteinschen Bibliothek in Nikolsburg.

Nach Boczeks Verzeichniß.

35, 2. Chron. Bohemicum breve 894—1331.

52, 2. Descriptio regis Ladislai a. 1443. Epistola Aeneae Silvii. Saec. XV.

66, 2. Chron. Romana s. XV.

68, 2. Vitae imperatorum s. XIV.

70. Legendae s. XIV.

122, 2. Aeneae Silvii opera et epistolae, ch. s. XV.

127. Legendae s. XV.

137. Teutſche Kronik bis 1391. s. XV. ch. Kronik von Straßburg bis ins 15. Jahrhundert. Fragmente Deutſcher Geſchichte bis ins 15. Jahrhundert.

175. Cronica K a r o l i imperatoris. Bis elegerunt, wie gewöhnlich. Et sic est finis Cronice dive memorie d. Karoli Rom. imp. et regis Boh. de gestis et factis ipsius cum patre ipsius rege Iohanne ceco etiam rege Boh. et factis ipsius sub a. D. 1399 feria 2. ante festum S. Viti martiris. Scripta vero ...... 1407 ... in Alba aqua.

179. mb. s. XIII. Capitularia Karoli Magni et Ludowici. Nach einer gütigen Mittheilung des Herrn M. Koch iſt dieſes der A n ſ e g i s; jedoch bezeichnet derſelbe als Schluß den Abſchnitt: In capitularibus Karoli Magni de Mallo publico Cap. was mit dem Anſegis nicht zuſammen trifft.

182. Leges Venetorum bis 1244. ch. s. XV.

189, 2. Passionale s. XV.

Register

von Herrn Dr. Wattenbach.

A.

D.

E.

F.

Styriae ducum Genealogia 530.
Summa legum 572.

T.

Terrae sanctae descriptio 377. 541. 562. 596. 601. 603. 606.
639. 667.
Theoderici liber de locis sanctis 479.
Theodmari Casinensis epistola 615. 643.
Thomae de Capua Summa Dictaminum 518. 519. 521. 528.
603.
Thomae Ebendorfer de Haselbach chronicon 504.
Thymonis Summa 499.
Translatio S. Agili 233. Benedicti 613. 652. 656. Cornelii pa-
pae 233. Cuthberti 233. Heliani 384. Hermetis 548. 635.
Kalixti auct. Radulfo 232. Martini 233. 452. 495. Mercurii
383. Ruperti 456. SS. Synesii et Theopompi 566. 650. Viti
et Modesti 544. Wencezlai 669.
de Translatione imperii 569. 657.
Trevirorum gesta 227.
Tridentinorum episcoporum catalogus 578.
Tristani Chalci Nuptiae Maximiliani 485.
Tullensium episcoporum gesta 225.
Turpinus de Vita Karoli 238.
Tybini Correctoria 535.

U.

Ubine, Urfunbenbuch eines Notars 624.
Udonis Magdeb. historia 480. 678. 692.
Urfunben 443. 486. 504. 531. 538. 553. 556. 585. 621. 658.
660. 682. 684. 685. 692. cf. Rom. imp. et pontif. diplomata
unb Chartularia.

V.

Vatzonis chronicon 593.
Venetiarum origo 479. Venetorum leges 693.
Versus de curia Romana 614. 627. de electoribus 549. de
nummo 466. 611. 615. de Ottone III 568. de rege iusto 550.
de templo Salisburg. 555. de monachis S. Petri Salisb. 553.
de schismate 552. 554. de Tartaris 615. de Terra Sancta
616. de vanitate Scoti 628.
Beyt Hueters Chronif 500.

Victor Turonensis 160.
Victor Vitensis 431. 466. 611. 644.
Vincentii Bellovacensis Speculum historiale 504. 675. 681.
Vincentius Pragensis 441. 690.
Virdunensium episcoporum historia 225.
Visio b. Audradi 232. Hildegardis 233. 550. Humelinae 234.
  Karoli Crassi 603. Mechtildis 678. Tnugdali 234. 624. Wet-
  tini 647. 648.
Vita (Passio etc. cum miraculis, translationibus) Adalberonis ep.
  Wirzb. 430. Adalberti 544. 608. 613. 632. 649. 659. 669. 690. 691.
  auct. Brunone 669. Aegidii 607. 653. Afrae 168. 458. 542.
  608. 613. 639. 643. 653. Agaunensium 635. Albani auct.
  Gozwino 624. 651. Albarti 650. Alexandri Magni 453. 667.
  Altmanni 454. 459. 593. 600. 653. Amandi auct. Baudemundo 655. Ambrosii auct. Paulino 557. 608. 648. Amici
  et Amelii 239. Anathelonis 656. Anniani ep. Auril. 556.
  Anselmi 385. Apollinaris 652. Arbogasti 652. Arnesti archiep.
  Prag. (667.) 669. Arnulfi 557. 653. Attalae auct. Iona 648.
  Audoeni 232. Augustini Angl. 650. Austregisili 650. Aviti
  557. 651. Balthildis 642. 647. Barbati 384. 414. Bardonis
  650. Bedae 635. 650. Benedicti auct. Gregorio 648. Benigni 634. 639. 655. Bernhardi 233. 592. 653. Bertholdi
  abb. Garst. 459. 606. 612. Bertulfi 430. Bonifacii 168. 632.
  650. auct. Othlono 608. Brendani 505. Brictii 612. 638. 656.
  Brunonis auct. Ruotgero 655. Burchardi ep. Wirzb. 458.
  635. 638. 655. Burgundofarae 543. 556. 648. Carauni 650.
  Carolomanni 688. Castriciani 656. Chiliani 458. 556. 609.
  612. 625. 652. Cholomanni 603. 608. 611. 613. 655. 678.
  Chunegundis 606. 612. 648. Chuniberti 613. 656. Chunradi
  archiep. Salisb. 548. 549. Chunradi Const. 656. Clarae Assis. 662.
  Clari abb. 646. Claudii arch. Vesontini 460. Clodoaldi 653
  Clodulfi 460. Columbae Senon. 450. 631. Columbae abb.
  auct. Adamnano 650. Columbani 168. 632. auct Iona 656.
  Corbiniani auct. Aribone 168. 495. 573. 608. 613 (bis). 635.
  654. Cyrilli et Methodii 455. Dalmatii ep. Ticin. 656. Desiderii auct. Warnaharo 650. Dionysii 609. 655. Disibodi
  auct. Hildegarde 568. Dunstani 233. Eberhardi archiep. Salzb.
  459. 495. 543. 617. 656. Edildrudis 651. Edwardi regis cum
  transl. 233. Elisabeth Schonaug. 234. Elizabeth Thuring. 642. 659.
  669. 678. 681. auct. Theod. Thuringo 456. Emerici 495.
  626. 651. Emiliani 647. Emmerammi auct. Aribone 609. 635.
  639. auct. Meginfredo 654. Eucharii Valerii Materni 458.
  608. 613. 656. 662. Eucherii ep. Aurel. 232. Eusebii Vercell.
  653. Eustasii auct. Iona 556. 648. Ewaldorum 654. Faustini
  et Victorici 609. Ferreoli 651. Fidis 654. Firmini 460. Floriani 541. 608. 613. 634. 643. 649. Florini 611. Frihardi
  647. Fursei 647. Gaii ep. Mediol. 656. Galli 632. auct.
  Wal. Strab. 456. 598. 607. 608. 613. 643. 655. Galli ep.

Arvern. 653. Gamulberti 639. 647. Gebehardi archiep. Salisb.
495. 537. 600. 640. 641. Gengolfi 232. 495. 608. 612. 613.
635. 639. 649. Genovefae 542. 608. 613. 635. 639. 646.
Gereonis 168. 655. Gerardi de Roussillon 239. 503. Gerhardi ep. Moroseni 495. 651. Germani 457. 639. Autisiodor.
auct. Constantio 650. 654. metrica auct. Henrico 232.
Paris. 456. 650. Gertrudis 543. 556. 612. 638. 648. 656.
677. Glodesindis 648. Goaris 608. 613. 643. 652. 662. Gotehardi auct. Wolfhero 482. 566. 611. 649. Gothalmi 603.
Gregorii I auct. Iohanne 598. 648. Gregorii VII 650. Gregorii ep. Lingon. 649. Gregorii abb. S. Andreae 649. Gun-
deramini 648. Gundrici Dunelm. 234. Guntheri 669. 692.
Habrahae 648. Haimeradi 651. Hartwici Salzb. 495. 543.
656. Hedwigis 544. 691. Heinrici II. 233. 679. auct. Adal-
berto 613. 652. Herculiani 648. Herbardi auct. Paulo 646.
Hermachorae 608. 613. 634. 642. 652. et Fortunati 639.
Hilarii Pict. 556 632 647. auct. Fortunato 608. 613. 631.
Hildegardis 233. Hildegundis 544. 651. Hildolfi Trev. 652.
Hospicii 649. Hugonis Cluniac. 233. Humberti abb. 648.
Humelioae Ambianensis 234. Iohannis I papae 650. Iuliae
652. Iuliani 655. Kalimeri ep. Mediol. 656. Karilefi 652.
Karoli IV 657. 660. 671. 690. 693. Ladizlai 495. 651. Lamberti 458. 608. 612. 613. 639. auctore Nicolao 234. Stephano
638. 643. 654. Leodegarii 457. 654. Leonhardi 607. 641. 655.
Leonis IX auct. Wiberto 495. 649. Liborii 458. 652. Liobae auct Rudolfo 543. 654. Liudgeri 649. Liudmilae 654.
691. auct. Christiano 668. Ludowici IV imp. 497. Lulli 655.
Lupi 654. Lupicini et Romani 647. Maclovii auct. Sigeberto
456. Magni 653. Malachiae 655. Manegundis 655. Marcelli
auct. Fortunato 634. 652. Mariae Magd. 543. 612. 652. Mariae de Ognies auct. Iacobo a Vitriaco 234. Mariani Scoti
647. Marthae 652. 656. 668. Martialis 651. Martini 612. 643.
auct. Severo 606. 613. 656. Martini abb. 656. Materni Mediol. 652. Materniani ep. Rem. 656. Mathiae cum inventione
et miraculis 606. 612. 634. 647. Mathildis reginae 657.
Mauri auct. Fausto 632. 634. 647. Mauricii 168. 608. 609.
654. Maximiliani 541. Maximini auct. Lupo 458. 566. 611.
613. 650. Medardi auct. Fortunato 557. 635. 650. Meginradi
612. Moehullei 647. Monae ep. Mediol. 656. Morandi 569.
Nicetii Lugd. auct. Gregorio 458. 649. Nicetii Trev. 566.
606. 654. Odiliae 543. 608. 611. 613. 656. Odiliae et b.
Iohannis filii eius 224. Oswaldi 549. 615. 653. 662. Othmari 608. 612. 613. 638. auct. Walafr. Strabone 592. 598.
656. Ottonis ep. Babenb. 405. 496. 651. Paldonis Tatonis
Tasonis 384. Paterniani 456. Peregrini 649. Petri Lombardi
649. Pirminii 456. 655. Placidi auct. Stephano Anic. 495.
Preiecti 635. 647. Privati 653. Procopii 643. 659. 669. 691.
Quinque fratrum 659. 669. 692. Quintiani 654. Quintini 634

Willelmus Gemeticensis 485.
Winandi epistola 452.
Wipponis opera 165. 610.
Wormatiensium episcoporum catalogus 584.
Wratislaviensium episcoporum catalogus 658. cronica 578.

Z.

Zollerniae comitum genealogia 503.
Zwettel, Archiv 433. Bibliothek 608 – 611.

Druckfehler.